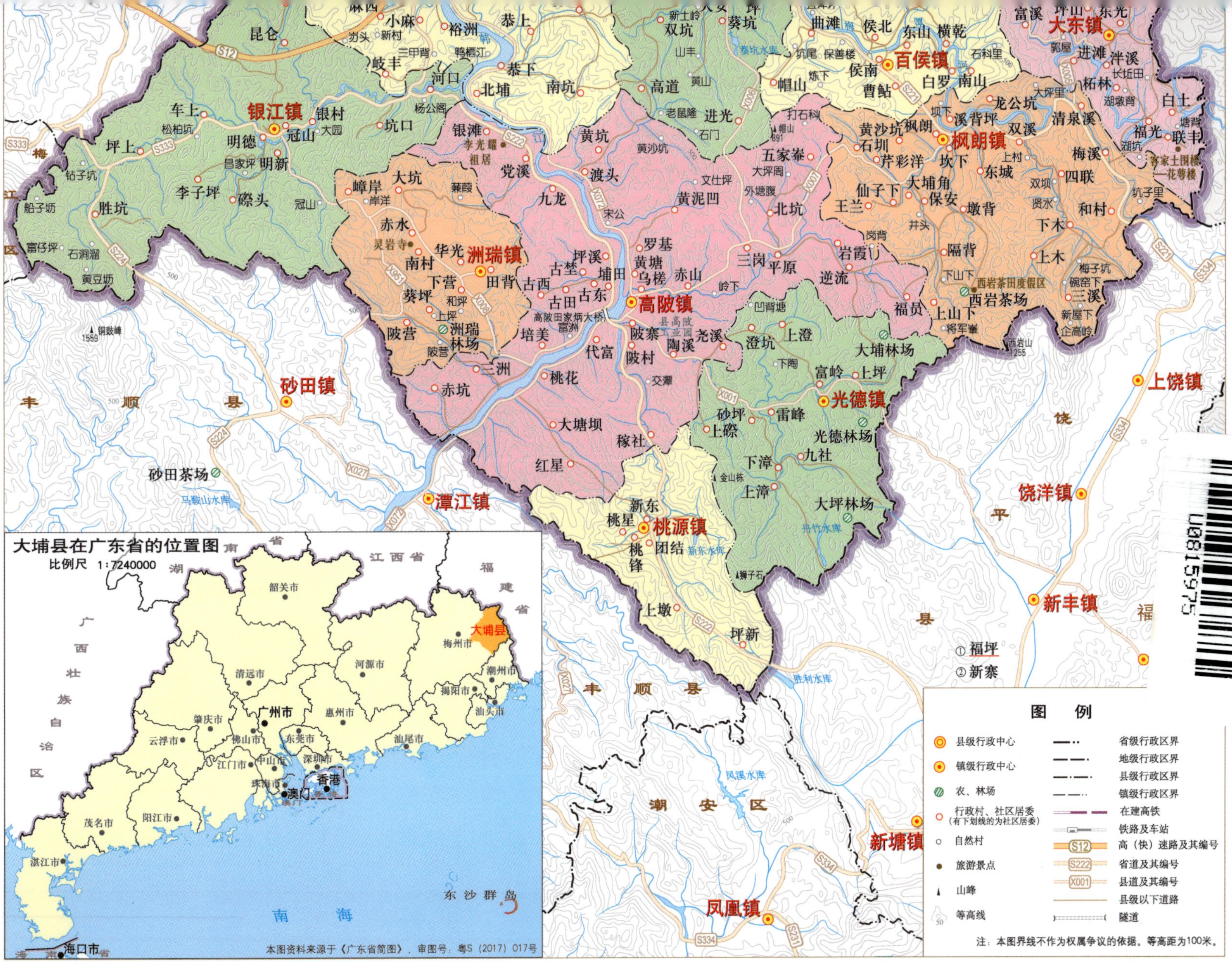

比例尺1：252000　本图资料截止时间为2015年12月　审图号：粤S（2018）08-004号

大埔年鉴

DABU YEARBOOK

2018

大埔年鉴编纂委员会　编

方志出版社
Publishing House of Local Records

图书在版编目（CIP）数据

大埔年鉴．2018/大埔年鉴编纂委员会编．--北京：方志出版社，2019.2

ISBN 978-7-5144-3701-0

Ⅰ．①大… Ⅱ．①大… Ⅲ．①大埔县—2018—年鉴 Ⅳ．①Z526.54

中国版本图书馆CIP数据核字（2019）第047689号

大埔年鉴（2018）

编　　者：大埔年鉴编纂委员会
责任编辑：刘方圆

出 版 人：冀祥德
出 版 者：方志出版社
地址　北京市朝阳区潘家园东里9号（国家方志馆4层）
邮编　100021
网址　http://www.fzph.org
发　　行：方志出版社图书经销中心
电话（010）67110500
经　　销：各地新华书店
印　　刷：梅州程江彩色印刷厂有限公司

开　　本：787×1092　1/16
印　　张：27.25
字　　数：616千字
版　　次：2019年2月第1版　2019年2月第1次印刷
印　　数：0001～1000册

ISBN 978-7-5144-3701-0　**定价**：180.00元

编辑说明

一、《大埔年鉴》旨在全面、系统、准确地反映大埔县自然、政治、经济、文化、社会等方面的基本情况，供各级领导、有关单位及社会各界人士了解和研究大埔参考使用，为编修地方史志积累史料，为推动大埔经济社会发展服务。

二、《大埔年鉴（2018）》以马克思列宁主义、毛泽东思想、邓小平理论、“三个代表”重要思想、科学发展观、习近平新时代中国特色社会主义思想为指导，坚持辩证唯物主义和历史唯物主义的立场、观点和方法，着重记载2017年大埔县基本情况。正文内容采用分类编辑法。设篇目、类目、分目、条目四个结构层次，以条目为表现内容的基本形式。为方便阅读，篇目和分目一级的标题配以花边底纹，条目一级的标题统一用黑体字加【 】号表示，并设置了书眉。全书设特辑、大事记、概况、政治、经济、教科文卫体、社会生活、镇场简况、人物、附录等10篇，共59个类目，140个分目。

三、《大埔年鉴（2018）》内容在2017年基础上作了一些调整。“经济”篇“综合经济管理”类目取消“工商行政”“质量技术监督”分目，新设“工商和质量技术监督”分目；“教科文卫体”篇“教育”类目取消“中等职业教育”“普通教育”“幼儿教育”“成人教育”分目，新设“综述”“学前教育”“义务教育”“普通高中教育”“职成教育”分目；将“政治”篇“中共大埔县委员会”类目中的“客家文化生态保护”分目移到“教科文卫体”篇“文化·艺术”类目中。

四、《大埔年鉴》资料由各镇（场）、县直各单位（部门）及省、市驻埔单位提供。该书所用的统计数字，原则上采用县统计局的《大埔县统计年鉴》的统计数字，有些数字亦采用部门的数据。由于统计口径不一，个别数字可能不尽一致，使用时应以县统计局提供的《大埔县统计年鉴》的数字为准。

五、《大埔年鉴》设副科级以上供稿单位负责人名录。

六、《大埔年鉴》的编辑出版工作得到全县各级领导及各有关单位、个人的鼎力支持和协助，在此诚表谢意。该书在编印中的粗疏、错漏之处，敬请指正。

大埔年鉴编纂委员会

顾　问：朱汉东

主　任：熊锋松

副主任：蓝　欣　饶凌云

成　员：何凯涛　杨自强　张建新　黄庆清

陈培先　郭宣文　郑　彦　刘永东

大埔年鉴编辑部

主　　编：熊锋松

执行主编：张建新

副 主 编：黄万海　肖继海

责任编辑：黄万海　肖继海

校　　对：连法全　黄文姬　蓝蔼芝

封面题字：蓝炽崧

大埔县旅游交通示意图
至龙岩
至永定县城
梅坎铁路
甜竹生态旅游区
丰溪森林旅游度假区
至龙岩
至永定下洋
青电库区
石上盘"龙"
至梅县、蕉岭
江畔人家休闲度假区
青溪
茶阳
茶阳骑楼群、父子进士牌坊
茶阳出入口
西河
张弼士故居旅游区
飞天马茶文化产业园
汀江
梅龙高速
至梅县
至梅县
梅江
三河坝旅游区
三河出入口
三河
大麻出入口
大麻
万福寺宗教文化旅游区
湖寮
泰安楼客家文化旅游产业园
梅潭河
坪山梯田旅游区
大东
双髻山省级森林公园
双髻山蜜柚公园
何如璋故居
百侯
百侯名镇旅游区
花萼楼
枫朗
银江
至梅州
银江
韩江
田家炳祖居
瑞山生态旅游度假区
李光耀祖居旅游区
南方工委旧址
至饶平、潮州
高陂
洲瑞
富大陶瓷工业旅游区
西岩茶乡度假村
光德
至饶平
启明寺、横屏山、鸟子石
至饶平、潮州
桃源
至饶平、潮州
图例
旅游景区
镇级单位
高速公路口
普通公路
高速公路
江河道
铁路
泰安楼客家文化旅游产业园（AAAA）
坪山梯田旅游区（AAA）
父子进士牌坊
（全国重点文物保护单位）
三河坝战役纪念园（AAA）
张弼士故居旅游区（AAA）
江畔人家休闲度假区（AAA）
富大陶瓷工业旅游区（AAA）
中国历史文化名镇
百侯出百侯
山水客山水
百侯名镇旅游区（AAAA）

领导关怀

2017年1月8日，省委副书记、代省长马兴瑞（前排中）莅埔调研基础设施项目建设情况。图为到大麻镇小留村实地考察美丽乡村示范点规划建设情况（李冬敏 摄）

2017年1月8日，省委副书记、代省长马兴瑞（右二）莅埔调研基础设施项目建设情况。图为到高陂镇现场调研韩江高陂水利枢纽工程项目建设情况（李冬敏 摄）

领导关怀

2017年11月30日，副省长黄宁生（前排右二）到大埔县调研教育工作。图为到西河镇北塘红军小学调研（李颂航 摄）

2017年10月1日，海南省政协党组副书记马勇霞（女）到大埔县三河、西河、高陂等镇参观考察。图为到三河镇参观考察（县委办提供）

领导关怀

2017年9月10日，原常务副省长汤炳权（左一）到大埔县参观考察。图为到三河坝烈士陵园缅怀革命先烈（邬向阳 摄）

2017年 5月15日，全国红军小学建设工程理事会副理事长、少将刘建到大埔县调研，并参加大埔县“中国工农红军梅州大埔三河坝‘八一’红军小学”授旗授牌感恩捐赠仪式。图为刘建授旗（曾繁昌 摄）

2017年12月1日，朱德元帅孙子、少将朱和平（中）到大埔县参观考察，了解大埔县人文历史、经济社会发展等情况。图为到“八一”起义军三河坝战役指挥部旧址参观（丘振兴 摄）

2017年4月6日，市委书记谭君铁（前排右二）到大埔县高陂卫生院调研卫生和计划生育工作（县卫计局提供）

领导关怀

2017年3月14日，市长方利旭（前排中）到大埔县调研经济工作。图为到高陂产业园区调研（郭琪琪 摄）

2017年3月15日，市政协主席陈建青（右三）调研大埔县青溪镇青华村精准扶贫工作（县府办提供）

重要会议

2017年5月17日，中共大埔县委十二届二次全体（扩大）会议在县城召开（县政府网提供）

2017年12月17日，中共大埔县委十二届三次全会在县城召开（县政府网提供）

重要会议

2017年6月2日，大埔县十五届人大二次会议在县城召开（县人大办提供）

2017年6月1日，大埔县政协十四届二次全体会议在县城召开（县政协办提供）

2017年4月7日，大埔县召开村（社区）“两委”换届选举工作会议（县委组织部提供）

重要会议

2017年6月3日，举行大埔县委巡察机构、县纪委派驻机构揭牌仪式（县纪委办提供）

2017年7月20日，大埔县在县委、县政府二楼会议室召开第一轮巡察工作动员会（邬向阳 摄）

2017年10月30日，大埔县传达贯彻中共十九大精神大会在县城召开（县委办提供）

重要活动

2017年2月27—28日，由广东广播电视台主办的“广东电视周报美食团”近200名观众、读者，在《外来媳妇本地郎》祝师奶的扮演者舒力生、《七十二家房客》兰姨的扮演者潘结的带领下，到大埔县观光采风（黄燕琴 摄）

2017年1月19日，由广东广播电视台综艺频道、广州市高视传媒有限公司投资摄制的大型少儿剧《魔法国学院》杀青仪式，在大埔县百侯镇侯南村举行（杨萍萍摄）

2017年3月7日，大埔县2017年坪山梯田油菜花旅游节暨广东省摄影大赛颁奖、梅州市百人诗会活动在大东镇坪山梯田旅游区举行（李冬敏 摄）

2017年3月10日，央视科教频道栏目组走进大埔县三河坝取景拍摄清明特别节目《战地黄花》（黄燕琴 摄）

2017年3月29日，市电视台创作团队邀请中国电视纪录片学术委员会和广东广播电视协会纪录片协会专业委员会的专家到大埔县三河坝战役纪念园参观（邬向阳 摄）

2017年3月起，大埔县公安局在县城六所中学开设校园警务室（县公安局提供）

2017年4月12日，第二季《中国新歌声》全国海选大埔赛区第一轮飞天马海选专场赛在县城梅河公园举行（黄慧 摄）

2017年 4月 15日，2017年闽粤赣边客家戏剧联盟会议在大埔县演艺中心翰林剧场召开（张媚 摄）

2017年6月12—21日，央视七套《美丽中国乡村行》栏目组到大埔县取景拍摄，展示被誉为“中国长寿之乡”的大埔风貌（徐洁芳 摄）

2017年6月18—19日，为纪念中国人民解放军建军90周年，省委宣传部联合有关部门和媒体到大埔县开展“南粤星火路”大型采访报道活动（邬向阳 摄）

2017年6月30日，由广东省旅游控股集团援建的梅州市和省直第一座650千瓦光伏电站一期在大埔县枫朗镇四联村落成并网发电（黄燕琴 摄）

2017年7月14日，大埔县在县委、县政府二楼会议室举行农村土地承包经营权确权工作推进会暨首批确权颁证仪式（黄燕琴 摄）

2017年7月29日，在三河镇“八一”起义军三河坝战役纪念园启动“南粤古驿道红色之旅——庆祝建军90周年”广东省系列徒步（梅州大埔站）活动（县委宣传部提供）

2017年9月16日，以“健康产业、地标品牌、农村电商、融合发展”为主题的2017年大埔县蜜柚名茶旅游节暨农村电商发展峰会在县城西湖公园开幕（县府办提供）

2017年9月20日，大埔县在三河坝战役纪念园举行“广东省干部党性教育大埔三河坝教学基地”授牌仪式（县委党校提供）

2017年9月27日，新加坡南洋客属总会客总华乐团巡回演出在大埔县举行专场音乐会（县侨联提供）

2017年10月29日，2017年南粤古驿道“天翼高清杯”定向大赛暨中国南粤古驿道文化之旅（梅州大埔站）在中国历史文化名镇百侯镇客家古村侯南村举行(县府办提供）

2017年 11月 30日 至12月2日，在三河坝战役纪念园举行纪念三河坝战役90周年系列活动（县委宣传部提供）

民俗活动

正月二十一高陂镇迎景
（高陂镇提供）

正月初四西河镇“迎白马”（西河镇提供）

正月十六西河镇“扫街灯”（西河镇提供）

端午节高陂镇赛龙舟（高陂镇提供）

百侯镇侯南村五鬼弄金狮表演（百侯镇提供）

湖寮镇古城村舞龙表演（湖寮镇提供）

正月二十三百侯镇侯南村酢“太平福”(百侯镇提供）

正月二十四大麻镇“迎仙人姑婆”（大麻镇提供）

大埔新貌

县公安局特勤队员在辖区开展徒步巡逻（县公安局提供）

2017年10月，农发行大埔县支行新办公楼建成启用（大埔农发行提供）

航拍大埔县城（高讯 摄）

枫林月朗（枫朗镇提供）

大东镇白土村塘背公园(大东镇提供)

鸟瞰茶阳城（茶阳镇提供）

广东阴那山国家森林公园

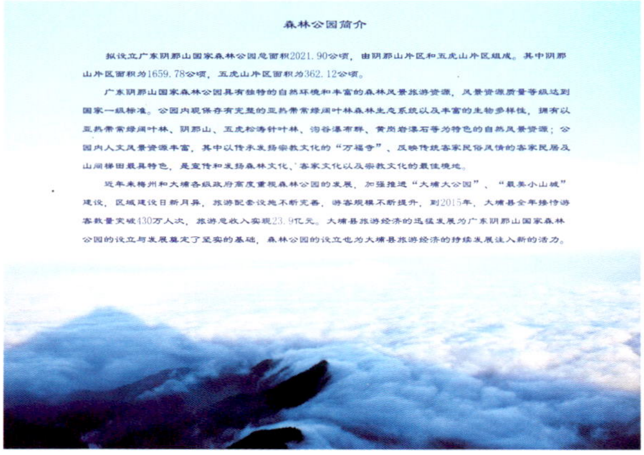

森林公园简介

拟设立广东阴那山国家森林公园总面积2021.90公顷，由阴那山片区和五虎山片区组成。其中阴那山片区面积为1659.78公顷，五虎山片区面积为362.12公顷。

广东阴那山国家森林公园具有独特的自然环境和丰富的森林风景旅游资源，风景资源质量等级达到国家一级标准。公园内现保存有完整的亚热带常绿阔叶林森林生态系统以及丰富的生物多样性，拥有以亚热带常绿阔叶林、阴那山、五虎松涛针叶林、沟谷瀑布群、黄岗岩漾石等为特色的自然风景资源；公园内人文风景资源丰富，其中以传承发扬宗教文化的“万福寺”、反映传统客家民俗风情的客家民居及山间梯田最具特色，是宣传和发扬森林文化、客家文化以及宗教文化的最佳境地。

近年来梅州和大埔各级政府高度重视森林公园的发展，加强推进“大埔大公园”、“最美小山城”建设，区域建设日新月异，旅游配套设施不断完善，游客规模不断提升，到2015年，大埔县全年接待游客数量突破430万人次，旅游总收入实现23.9亿元。大埔县旅游经济的迅猛发展为广东阴那山国家森林公园的设立与发展奠定了坚实的基础，森林公园的设立也为大埔县旅游经济的持续发展注入新的活力。

公园简介

西岭书法公园

旅游服务和基础设施

阴那山片区住宿与餐饮（云景山养生会所）

阴那山片区住宿与餐饮（姜冠农庄）

阴那山片区服务基础设施（揽胜亭）

五虎山片区服务基础设施（靖福塔）

旅游服务和基础设施

万福寺

森林公园全景

（图片由县林业局提供）

目　录

特　辑

大　事　记

概　况

政　治

经　济

教科文卫体

社 会 生 活

镇 场 简 况

人　　物

附　　录

封面照片： 广东省级文物保护单位——泰安楼（杨开城摄）

特　辑

中国地方志指导小组文件

中指组字〔2017〕6号

关于印发《地方综合年鉴编纂出版规定》的通知

各省（自治区、直辖市）地方志编委会（办公室）、新疆生产建设兵团志办公室、全军军事志指导小组办公室、武警部队政治部编研部、国务院有关部委局史志（年鉴）机构：

为确保地方综合年鉴编纂出版质量，中国地方志指导小组根据国家有关法律法规和国务院办公厅《全国地方志事业发展规划纲要（2015—2020年）》，结合地方综合年鉴编纂出版实际，在充分总结经验、广泛征求意见的基础上，修改制定了《地方综合年鉴编纂出版规定》，现予印发，请结合本地、本单位实际情况执行。

中国地方志指导小组

2017年12月21日

地方综合年鉴编纂出版规定

第一章　总　则

第一条　为了提高地方综合年鉴编纂出版质量，推动年鉴事业科学发展，充分发挥地方综合年鉴在促进经济社会发展中的作用，根据国务院《地方志工作条例》，制定本规定。

第二条　本规定所称地方综合年鉴，是指系统记述本行政区域自然、政治、经济、文化、社会等方面情况的年度资料性文献。

第三条　本规定适用于以县级以上（含县级）行政区域名称冠名的地方综合年鉴（以下简称“年鉴”）。

第四条　年鉴编纂出版坚持以马克思列宁主义、毛泽东思想、邓小平理论、“三个代表”重要思想、科学发展观和习近平新时代中国特色社会主义思想为指导。

第五条　年鉴编纂出版应遵守国家关于保密、著作权、出版、广告等方面的法律、法规或规章，遵守党和国家关于民族、宗教和对外关系等方面的法规或政策，维护国家利益、民族团结和社会稳定。

第六条　年鉴编纂应做到观点正确，框架科学，资料翔实，内容全面，记述准确，出版符合国家相关标准。

第二章　框　架

第七条　年鉴框架应涵盖年度内本行政区域的基本情况。

第八条　年鉴框架应做到分类科学，层次清晰，领属得当，编排有序。

第九条　年鉴框架应体现年度特点和突出地方特色。

第十条　年鉴框架应保持相对稳定，可依据年度特点和事物变化情况作适当调整。

第十一条　年鉴框架分类应参照相关分类标准，结合社会实际分工和本行政区域特点进行。

第十二条　年鉴框架结构一般分为类目、分目、条目三个层次。

第十三条　年鉴各层次标题应准确、规范、简洁，能够揭示所记述内容的特点，避免重复。

第三章　资　料

第十四条　年鉴资料应反映本行政区域自然、政治、经济、文化、社会、生态建设等方面的基本情况，以及与本行政区域密切相关的内容。

第十五条　年鉴主要辑录上一年度的资料，一般不上溯下延。

第十六条　年鉴资料应具有为现实服务的价值和存史的价值。

第十七条　年鉴资料应具有连续性和可比性，能正确反映事物发展的脉络和轨迹。

第十八条　年鉴资料应真实，人名、地名、时间、事实、数据、图片、引文等应准确。未经核实的资料不得收录。

第十九条　年鉴采用的数据应以统计部门提供的为准，未列入统计范围的，以业务主管部门提供的为准。数据不一致时，应加以说明。

第二十条　年鉴编纂单位应拓宽资料搜集渠道，资料除依靠各供稿单位提供外，还要通过查阅档案、报刊和提炼网络信息，以及调查访问等方式进行搜集。

第四章　内　容

第二十一条　年鉴内容应存真求实，客观反映经济社会发展中取得的成绩和存在的问题。

第二十二条　年鉴内容记述应综合运用多种形式，一般以条目为基本记述单元。

条目分为综合性条目和单一性条目等类型。综合性条目反映年度内各个领域发展变化的总体情况和主要特点，具有高度的概括性；单一性条目一事一条，基本要素齐全。

第二十三条　条目。条目编写应做到：

（一）选题选材注重有效性、完整性和新颖、准确、系统。

（二）有效信息含量大，避免空洞无物和简单重复。

消除部门工作总结、报告痕迹。不应记述非部门主要职能的信息。

（三）坚持述而不论，寓观点于记述之中。

（四）标题中心词突出，题文相符。

（五）条目排列有序，并避免单个条目构成分目。

第二十四条　大事记。选录大事要得当，做到重要事项不漏，时间、地点、人物（单位）、结果等要素齐备。可将编年体和纪事本末体相结合。

第二十五条　图片。年鉴应有卷首专题图片、随文图片。

图片选用注重典型性、资料性，突出反映重大事件、重要成果和热点问题。

图片要清晰、美观；文字说明应简洁、准确，要素齐全。

随文图片应图文相符，以图释文。

慎用少用领导人、会议照片，忌用人物标准照。

第二十六条　地图。地图选用应遵守国家关于地图管理的法规和有关规定、办法，需经过有审核权的测绘地理信息行政主管部门审核，标注审图号。

第二十七条 表。表格包括表题、表体以及必要的表注等。

表格内容要准确，设计要规范。

第二十八条 附录。附录主要收录具有重要参考价值的资料。

第二十九条 其他形式。年度内具有特殊意义的资料可采用特载、特辑、专文、专记或其他形式集中汇辑。

第三十条 人物记述可采用简介、名录、表等形式，入鉴人物应严格掌握标准，人物记述应做到客观、准确、公允。

第三十一条 年鉴应设编辑说明，主要介绍年鉴编纂的指导思想、记述的时空范围、栏目的设置情况、资料的来源等事项。

第三十二条 年鉴具有工具书性质，应有完备的检索系统。

年鉴应编制详至条目的中文目录，根据需要可编制英文目录或少数民族语言目录。

索引应提供丰富的检索信息，名称概念清晰，标目符合主题原意，标引准确。

第三十三条 年鉴内容记述应减少交叉重复，多处记述同一事物的应各有侧重。

第三十四条 年鉴使用记叙文、说明文等文体，文风要朴实，记述要流畅。

第三十五条 年鉴使用规范、统一的简称和缩略语，名称、时间、地点、事实、数据、计量单位、术语等的表述应前后一致。

第五章　出　版

第三十六条 年鉴编纂应建立健全审读、审核和校对制度，确保质量。

第三十七条 语言文字、标点符号、汉语拼音、数字、计量单位使用和索引编制、图片选用等，应符合国家有关法律、法规和规章、规定。

第三十八条 编辑校对应符合国家出版物质量管理的规定。

第三十九条 封面设计应庄重大方，完整著录年鉴名称与卷号、编者名、出版者名。年鉴名称、卷号要醒目。

年鉴名称，一般冠以行政区域名称，如“××年鉴”。如两级行政区域名称相同，下级年鉴名称另加“市（州）”“县（区）”字样，如“××市（州）年鉴”“××县（区）年鉴”。市辖区与其他市辖区行政区域名称如不存在同名情况，其年鉴名称冠以行政区域名称，如“××年鉴”；如存在同名情况，其名称冠以上一级行政区域名称，如“××市××年鉴”。

年鉴卷号，以出版年份标识，标注在年鉴名称后，如“2020”。

第四十条 版式设计应疏密得当，留白页少，字体、字号选择要既能区别结构层次，又有较好的视觉效果。

第四十一条 版权页刊载版本记录应完整。

第四十二条 一般采用16开本，文字横排。

第四十三条 印刷、装帧应符合国家出版物质量标准。

第四十四条 制作出版电子版年鉴，应遵守国家关于电子出版物管理的规定。

第四十五条 年鉴应逐年编纂，做到当年编纂当年出版。

第六章　附　则

第四十六条 各省、自治区、直辖市地方志工作机构可根据本规定，结合本地区实际，制定实施细则。

第四十七条 专业年鉴、乡镇（街道）年鉴等其他年鉴可参照本规定执行。

第四十八条 本规定由中国地方志指导小组办公室负责解释。

抢抓机遇 主动作为 敢于担当
朝着全面建成小康社会的目标奋勇前进

——中共大埔县委书记朱汉东在县委十二届二次全会上的报告

（2017年5月17日）

同志们：

这次全会的主要任务是，全面贯彻党的十八大、十八届历次全会和习近平总书记系列重要讲话以及省委十一届八次全会、市第七次党代会精神，总结2016年工作，表彰先进，部署今年各项工作任务，团结和带领全县广大党员干部群众，解放思想，抢抓机遇，主动作为，敢于担当，为加快全面建成小康社会而努力奋斗。

现在，我代表县委常委会向全会作工作报告，请予审议。

一、2016年工作回顾

一年来，我县在上级党委、政府的正确领导下，精心实施"生态立县、产业富县、文旅旺县、和谐兴县"发展思路，坚持一心一意谋发展，聚精会神抓建设，攻坚破难，狠抓落实，为全面建成小康社会打下了坚实基础。

（一）综合实力有新增强　树立"抓项目就是抓经济抓发展"的理念，全力推进总投资358.59亿元、年度投资计划54.02亿元的59项重点项目建设，一批批项目建设成为加快振兴发展的重要引擎。全县生产总值80.99亿元，比增9.3%，规模以上工业增加值13.96亿元，比增19.3%，增幅均排在全市第一；本级一般公共预算收入9.6亿元，比增17.3%，增幅排在全市第二；固定资产投资59.6亿元。

（二）实体经济有新发展　一是电力产业逐步做大。目前全县电力装机容量达168.2万千瓦，总投资53亿元的粤电大埔电厂两台60万千瓦机组正式投入商业运行，全年电力工业税收1.96亿元，比增98.5%。二是陶瓷产业逐步做优。推动陶瓷产业转型升级、做优做精，全年陶瓷销售收入20.3亿元、比增7.07%；税收1.3亿元。三是文化旅游产业逐步做旺。全县接待游客538.1万人次，旅游收入30.16亿元，分别比增22.6%、26.2%。四是生态健康产业逐步做活。打响"中国小吃名县"品牌，兴建了大埔小吃文化城。全县新种植蜜柚673公顷、茶叶340公顷，新培育省市县龙头企业25家；顺兴股份成功在"新三板"挂牌上市。

（三）发展环境有新提升　一是立体交通网加快构建。围绕"打造对接海西区的重要门户和潮汕平原北上开拓腹地的枢纽"的目标，加快大潮高速公路（含大漳支线）建设，抓好县与县、镇与镇之间和旅游公路建设，现代立体交通网逐步构建。二是民生水利建设扎实推进。全力抓好高陂水利枢纽工程征地拆迁、移民安置工作，高陂陂寨、乌槎和大麻汶水塘三个移民安置点建设顺利推进；完成了茶阳等14个镇小型农田水利重点县、西河镇漳溪河护岸加固中小河流治理等一批民生水利工程；回购了县城自来水公司，加快建设山丰水库。

（四）城乡面貌有新变化　重点抓好县城和高陂、大麻、茶阳三个具有县城功能的中心镇建设。推进翰林华府二期等10多个投资亿元以上项目建设，城市功能不断完善和提升；大麻六村联动、西河镇省级新农村示范片建设初见成效。强力推进城乡环境综合整治，深入开展整治“六乱”和打击“两违”行为。抓好汀江青溪库区生态环境综合整治，全县江河水质全面达标。省卫生县城通过复审，被纳入国家重点生态功能区。

（五）民生福祉有新改善　坚持“小财政办大民生”的理念，全年民生领域支出占财政总支出的78.2%。进一步完善社会保障体系，健全就业创业服务体系。扎实抓好创建省推进教育现代化先进县工作，实验中学、大埔三小扩建工程有序推进。加快创建省卫生强县，县人民医院改扩建工程、县新中医院规划建设和青溪等镇卫生院标准化及村卫生站公建民营规范化建设有序推进。抓好精准扶贫精准脱贫工作，全县4978贫困人口实现脱贫，占总数的40.6%。全面推进“平安大埔”建设，抓好社会矛盾隐患排查化解工作，全县社会治安保持良好。全县安全生产形势稳定，在全市安全生产责任制考核中，县党政领导班子被评为优秀等次。

（六）党的建设有新加强　深入开展“两学一做”专题学习教育，严格执行《党政领导干部选拔任用工作条例》，圆满完成县镇换届选举工作；一年来，共提调任免干部11批355名。完善县对镇（场）振兴发展考核办法，促进了基层组织更好地履职尽责。认真开展镇（场）党委书记述职述廉述党建和镇（场）领导干部驻点普遍直接联系群众工作，整顿转化软弱涣散村党组织。履行好党委的主体责任和纪委的监督责任，认真落实党风廉政建设责任制和中央八项规定精神．严守政治纪律和政治规矩，抓好省委第十一巡视组反馈意见的整改落实工作，推进全面从严治党向基层延伸。全年立案81宗、结案81宗，给予党纪政纪处分82人，移送司法机关1人。

这些成绩取得来之不易，是省委、省政府和市委、市政府坚强领导、亲切关怀的结果，是历届县委、县政府接力奋进、创新实干的结果，是全县各级党组织和广大党员干部群众凝心聚力、顽强拼搏的结果，是社会各界和海内外大埔乡亲齐心协力、鼎力支持的结果。在此，我代表县委常委会向全县广大党员干部群众，向驻埔部队、武警官兵、公安干警，向所有关心、支持、参与大埔建设与发展的各级领导、各界朋友、广大乡贤，表示衷心的感谢和崇高的敬意！

回顾过去，我们取得了可喜的成绩，必须充分肯定。但跳出大埔看大埔，立足全局看大埔，我们也存在一些困难和问题：一是经济总量小，发展水平低。2016年，全县生产总值80.99亿元，仅占全市生产总值的7.75%，总量居全市第五；全县人均生产总值21182元，分别比全市、全省、全国平均水平低2849元、51605元、32798元，加快振兴发展的压力很重。二是公共财力薄弱。2016年，全县本级一般公共预算收入9.6亿元，比增17.3%，虽然增幅排在全市第二，但总量仅占全市的9.1%；人均公共财政预算收入1656元，占全市平均水平1913元的86.61%。三是主导产业不突出，发展层次低。全县成长型、税源型、带动型骨干产业项目少，规模小，全县规模以上工业企业51家，总产值43.29亿元，仅占工业总产值57.22%；电力和陶瓷两大支柱产业离主导产业差距还较大，2016年规模以上电力产业增加值只有6.56亿元，仅占GDP的8.09%，与主导产业比重还差16.91个百分点；规模以上陶瓷产业增加值只有5.68亿元，仅占GDP的7.01%，与主导产业比重还差17.99个百分点。四是交通滞后仍是制约发展的最大瓶颈。虽然梅龙高速全线建成通车，但目前大埔到广州、深圳等城市仍是梅州市最远的县，县城到三个中心镇和镇与镇之间、旅游公路等级低，一级公路仅有县城至三河的11.3公里；缺少出省出海快捷通道，交通落后的现状仍未得到根本性改变。五是奋发有为、勇于负责、敢于担当的精神有待增强。有些干部作风漂浮，执行力不强、工作不到位，碰到困难和问题躲闪回避；有些干部急功近利，只重视“显绩”，不重视“潜绩”，对重点项目、重点工作和基层急难险重问题，解决的办法不多，工作推进缓慢，等待观望、被动应付等。这些存在问题不容忽视，只有高度重视并直面解决这些问题，大埔振兴发展的路子才会越走越宽广。

同志们，成绩是奋力追赶的基础，差距是振兴发展的动力。我们一定要有正视问题的勇气，有不甘落后的精神，有追赶跨越的行动，进一步增强紧迫感和责任感，以只争朝夕的精神，坚定信心，奋起直追，就一定能够带领全县人民开创更加美好的未来，就一定能够与全省同步全面建成小康社会！

二、2017年工作要求

2017年是党的十九大召开之年，也是全面实施“十三五”规划、决胜全面建成小康社会的关键之年。做好全年工作，意义重大。做好今年的工作，尽管面临不少困难和挑战，但我们要看到当前发展的大好机遇和有利条件，增强加快振兴发展信心和决心。当前，我们山区发展面临三大机遇：一是我国已经进入全面改革新时代带来的新机遇。我国进入全面改革新时代，改革在经济、政治、文化、社会、生态、党建六个领域全面展开，这些改革意味着各主体之间责权利的调整，将会带来很多新的机遇；“一带一路”、粤港澳大湾区等重大发展战略的实施，脱贫攻坚、创新驱动发展等重大决策部署，习总书记对广东工作提出“四个坚持、三个支撑、两个走在前列”的重要批示精神，为我们保持经济持续较快增长提供了新的动力和有利条件。二是积极的财政政策和改善民生政策带来的新机遇。中央经济工作会议提出稳中求进工作总基调，坚持以推进供给侧结构性改革为主线，适度扩大总需求；今年国务院总理李克强向大会作政府工作报告时指出，要继续实施积极的财政政策和稳健的货币政策。省出台《关于深化珠三角地区与粤东西北地区全面对口帮扶工作的意见》，进一步强化海珠区与我县的对口帮扶工作；省即将出台农村人居环境综合整治扶持政策，加大融资贴息资金投入，从改善民生等方面全力推动新农村示范村建设，为加快发展注入了新的动力。同时，梅州市“一区两带六组团”加快建设，带动辐射能力逐步显现。这些都为我们加快发展提供了新的契机。三是我县发展内生动力不断增强带来的新机遇。经过历届班子打下扎实基础，我县发展条件不断积累，发展环境不断优化，竞争力不断提升，后发优势不断显现，干部群众的发展热情、发展信心不断增强。通过积极努力，粤电大埔电厂建成发电、梅龙高速全线建成通车，以及高陂水利枢纽工程、大潮高速（含大漳支线）、广州海珠（大埔）产业集聚区等重大项目的建设加快推进，增强了振兴发展后劲，大埔迎来了大发展的黄金机遇期。同时，我县具有得天独厚的生态优势、多重叠加的政策优势、对接海西区的区位优势、短板补齐的潜力优势，以及全县上下竞相发展、创业创新的浓厚氛围，都将为今后振兴发展提供强大动力支持，为推动大埔发展上新台阶带来难得机遇。只要我们在应对挑战中把握机遇、在克服困难中争取主动，就一定能够在追赶中全面建成小康社会、在振兴中建设美丽幸福大埔。

今年工作的总体要求是：认真贯彻落实党的十八大、十八届历次全会、习近平总书记系列重要讲话和对广东工作作出的“四个坚持、三个支撑、两个走在前列”重要批示精神，坚持“五位一体”总体布局和“四个全面”战略布局，树立“五大发展”理念，认真按照省委、省政府的决策部署，深入贯彻市第七次党代会加快建设“一区两带六组团”的精神，落实“两大振兴政策”，扭紧“三大抓手”，打造绿色产业发展基地，建设对接海西区的重要门户、中国客家文化生态保护示范区，创建国家全域旅游示范县，攻项目、优环境、兴产业、惠民生、抓党建，确保与全省同步全面建成小康社会，以优异成绩迎接党的十九大、省第十二次党代会胜利召开。力争全县生产总值增长10%以上，本级一般公共预算收入增长12%以上，固定资产投资增长20%以上。

今年我县经济社会发展重点工作和举措，概括起来就是：打好“四大攻坚战”，坚持“三化引领”，强化“一个保障”。

（一）打好“四大攻坚战”

1. 打好重点项目建设攻坚战，不断扩大有效投资。一是加快重点项目建设。确定今年为项目建设攻坚年，牢固树立“项目为王、动工为先”的理念，千方百计谋划项目，切实加大有效投资；举全县之力，集各方之智，抓好今年确定总投资421.37亿元、年度计划投资100.53亿元的88项重点项目建设，以大项目促进大投资，以大投资促进大发展。二是破解征拆融资难题。今年全县需征地总量超过过去5年的总和，针对征地面积大、工作压力重的实际，强化督查问责，严格考核奖惩，以最大的力度、最硬的措施，全力破解征地拆迁难题。同时，加强与国开行和农发行的沟通联系，发挥城市建设投资公司等的作用，积极做好融资工作，争取更多资金支持重点项目建设。三是强化责任落实。严格落实“五个一”和时间倒逼工作机制，做实做细责任分解，强化资金、用地、审批等要素保障，确保完成全年固定资产投资任务。

2. 打好交通水利建设攻坚战，不断增强发展后劲。一是建设大交通促进大发展。交通是发展的“先行官”，补齐交通建设的短板，是推动加快振兴发展的必然选择。大力弘扬“大干快上、迎难而上”新常态交通精神，全力推进总投资124.37亿元、年度投资33.22亿元的23项交通基础设施项目建设，重点抓好大潮高速（含大漳支线）公路、县城至枫朗一级公路改建、高陂大道等建设，争取大丰华高速丰顺至大埔段早日动工；从长远的角度、用发展的眼光谋划现代交通体系，突出抓好大丰华高速县城至高陂连接线、大麻至高陂旅游公路和县城至茶阳公路改造提升等的规划建设；改造提升国省县道和旅游公路，形成“对外大连通、对内大循环”新格局，努力实现“大交通带动大物流、大物流激活大产业”。二是建设大水利服务大发展。坚持全力抓进度、合力抓保障，提速各项水利工程建设。突出抓好韩江高陂水利枢纽工程建设，完成乌槎、汶水塘和汇城安置点建设；抓好中小河流治理项目和高陂防洪堤的规划建设，提高防洪抗灾能力；加快县城山丰水库建设，抓好城东、城北片区供水管网改造，抓好43宗村村通自来水工程建设，解决县城供水不足和农村饮用水难问题。

3. 打好美丽城乡建设攻坚战，不断优化人居环境。一是推进特色县城建设。以创建全国卫生县城为目标，坚持“东延西进南改北拓中提质”，高起点设计、高标准建设、高水平管理，构筑“依山傍水、望山亲水、城在山中、森林围城”的生态特色山城；加快万川新城、黎家坪新区控制性详规的落实，推进过境公路建设，抓好龙湾国际等10多个亿元以上项目以及环城大道综合管廊的规划建设，引进大型城市综合体，完善市政服务设施。围绕把县城每一条街都打造成“严管街、样板街”的目标，坚持把严管理变为常态，深入推进“公安+城管”模式，强力整治“六乱”行为，解决好城中村环境老大难问题，让县城成为干净之城、秀美之城、精致之城。二是建设中心镇和特色小镇。推进高陂、大麻、茶阳等中心镇“六个一”项目建设，加强基础设施和公共服务配套建设，扩大中心镇的集聚和辐射作用，形成“一主三附”发展格局。立足精而特的资源禀赋，把三河镇打造为红色特色小镇，把百侯、茶阳等镇打造成为人文特色小镇，把西河、大东等镇打造成为农耕特色小镇，把光德、桃源等镇打造成为陶瓷特色小镇。三是推进人居环境综合整治，建设新农村示范村。突出生活垃圾和污水处理两大难点，重点打造西河镇环境综合整治县级示范镇；每个镇（场）打造 4 个以上城乡环境综合整治示范村，全县打造 60 个示范村；抓紧解决好全县生活垃圾处理问题；严格落实“县对镇”“镇对村”测评排名结果通报制度，确保城乡环境综合整治取得实效。同时，坚持“一村一品”“一村一韵”发展思路，突出规划提升，注重产业引领，保护自然生态、保存文化特色、保留传统建筑，全力建设社会主义新农村示范村。把全县 57 个相对贫困村建成新农村示范村，继续抓好西河省级新农村示范片建设。

4. 打好精准扶贫脱贫攻坚战，不断增强群众获得感。一是做好精准扶贫精准脱贫工作。严格落实脱贫攻坚主体责任，压实各级领导班子挂镇、挂村、挂扶贫困户的责任，综合施策，打好组合拳，采取产业扶持、技能培训、转移就业、教育扶贫、医疗保障、社保兜底等方式，全面增强贫困户发展生产的内生动力，使贫困户“一个不少”实现脱贫。依托广州市海珠区和中直、省直有关单位的结对帮扶，继续实施驻镇驻村扶贫，发挥行业部门脱贫攻坚作用，发动社会力量参与扶贫开发，着力形成大扶贫格局，确保 2018 年如期实现脱贫目标。二是保质保量办好民生实事。办好十件重点民生实事。扎实推进实验中学、大埔三小和田家炳高级职业学校等学校新建、改扩建工程，加快创建广东省教育现代化先进县。加快县人民医院改扩建工程建设，抓好县中医院整体迁建工程，确保今年底前动工兴建；完善县妇幼保健计划生育服务中心项目；加快三河等镇卫生院标准化建设，争取把高陂中心卫生院打造成为县第二人民医院；加快实施村卫生站规范化建设，促进镇卫生院和村卫生站一体化管理，扎实推进省卫生强县的创建，加快建设健康大埔。严格落实“党政同责、一岗双责、齐抓共管、失职追责”安全生产责任体系，坚决遏制各类安全事故发生。加强食品药品安全监督管理，推进检验检测能力建设和建立追溯系统。继续完善城乡社会救助、养老、就业等社会保障制度，着力建立普惠均等的公共服务体系，让全县人民有更多的幸福感。严厉打击违法犯罪活动，完善信访、调解、综治“三位一体”的矛盾纠纷排查调处机制，依法规范信访秩序，营造良好的社会发展环境。推进社区、社会组织、专业社会工作“三社联动”，创新基层社会治理。三是抓好生态文明建设。良好的生态环境是最普惠的民生福祉。绿色生态是我县最大的优势，要像保护眼睛一样保护生态环境，像对待生命一样对待生态环境。牢固树立“绿水青山就是金山银山”的理念，抓好森林碳汇、生态景观林带、森林进城围城和乡村绿化美化四大工程建设，持续改善自然生态功能，创建广东阴那山国家森林公园。加强生态环境保护，加大水、大气、噪声、土壤污染整治力度，强化江河水质和集中饮用水源地保护，全面治理农业面源污染，让山更绿、水更清、天更蓝、空气更清新，让人民群众切实感受到看得见、摸得着的获得感。

（二）坚持“三化引领”

1. 坚持集聚化引领，推进实体经济创新发展。强化“重实体、兴实业”的理念，实施创新驱动发展战略，加快产业转型升级，推动实体经济提质增速。一是建设发展平台。抓好“两园四小区”功能完善、管理提升等工作，促进产业园区扩能增效，推动产业集聚发展。加快广州海珠（大埔）产业集聚区建设，推进高陂大道和产业创新中心建设，力争建成投产企业 5 家以上；改造提升县城科技工业小区、桃源陶瓷工业小区、茶阳食品工业小区、枫朗矿业建材工业小区，形成特色产业集群，拓展工业经济发展空间。同时，坚持产城融合、以产兴城的理念，在县城周边地区规划建设生态环保特色产业园区，为城市可持续发展提供支撑，县有关部门抓紧做好规划建设工作。二是壮大支柱工业。首先，积极发展电力产业。继续发展火电，挖潜提升水电，着力跟进风电、太阳能光伏发电等新能源项目，扩容优化电力设施，争取上级有关部门支持，帮助粤电大埔电厂实现达产目标；抓好高陂水利枢纽工程电站建设，推进三河舟角院电站规划，加快打造电力百亿产业，建设广东省电力能源基地。其次，创新发展陶瓷产业。打响“中国青花瓷之乡”品牌，立足现有企业延伸产业链条，引进、培育上下游企业，解决“有企业无产业”的问题；坚持走资本市场道路，推动吉玉陶瓷股份有限公司等企业上市；引导企业加强与高等院校、科研院所产学研合作，推动陶瓷产业技术创新、转型升级，推进“机器换人”工程等技改项目；大力发展陶瓷电子商务，拓宽产品营销渠道，加快打造百亿元产业。三是培育新兴产业。着力培育发展生物制药、稀土新材料、健康休闲、食品养生、文化创意等新兴产业。同时，积极推动企业“上规、上亿、上市”，争取新培育 2 家以上年产值超亿元的企业，新增 5 家以上规上企业。四是发展总部经济。完善发展总部经济政策，争取新落户总部经济项目 2 个以上。

2. 坚持现代化引领，推进农业持续发展。推进农业供给侧结构性改革，走创新引领、绿色生态、高效安全的农业现代化道路。一是调优结构，做大基地。推进“一镇一业”“一村一品”特色发展，认真抓好全国绿色食品原料蜜柚、乌龙茶标准化生产基地建设；积极扩展优质农产品基地，做大农业产业规模。二是培育主体，做强龙头。着力培育行业领军和上市龙头企业，加快发展家庭农场、种养大户、社会化服务组织；抓好顺兴、衍衍、通美等柚果精深加工厂的建设，提高农业组织化程度。三是提升品质，做优品牌。推进农业标准化生产，深入实施农业品牌战略，开展富硒蜜柚、富硒茶叶等产业发展研究与规划，打响长寿富硒品牌，培育更多国家级、省级名优品牌。四是转变方式，做活营销。转变传统农业生产方式，推动电商平台发展，推进“农超”“农企”“农社”对接，拓展线上线下交易，促进产品销售；推进农村土地确权登记颁证，引导土地经营权流向新型经营主体。

3. 坚持特色化引领，推进旅游全域发展。坚持全方位规划、多产业融合、多元化发展，推动旅游产业向深度和广度拓展。一是规划先行。科学编制《大埔县全域旅游发展规划》和《大埔县高陂水利枢纽工程库区旅游规划》。结合旅游产业发展需要，从规划上将全县作为一个大景区来打造，以建设韩江（大埔）客家文化旅游特色带龙头，突出抓好梅潭河沿线 5 个镇旅游项目建设。二是提升景区。以开展中国人民解放军建军 90 周年活动为契机，以“苏区典范、红色旅游目的地”为目标，全面改造提升三河坝战役纪念园，与福建古田、江西瑞金形成闽粤赣客家红色旅游线路；抓好青溪红色交通线、南方工委旧址等建设，打响红色文化旅游品牌。丰富泰安楼客家文化旅游产业园旅游要素，加快实现百侯名镇旅游区由静态文化向动态体验转变；把乡村旅游与精准扶贫、精准脱贫、乡村环境整治、基础设施完善等相结合，大力发展休闲农业与乡村旅游，打响红色文化、客家文化、农耕文化三张牌。三是融合发展。突出“旅游+”和“+旅游”并重，推进旅游与文化、体育、农业、工业、林业等相融合，重点发展文化旅游、农业旅游和陶瓷工业旅游，培育多元业态产品，同时，坚持“政府主导、部门配合、企业主体、市场运作”的原则，推进市场化运作，促进可持续发展。

（三）强化“一个保障”

事业成败，关键在党，关键在人，重点要推进全面从严治党作保障。做到政治从严、思想从严、作风从严、制度从严、执纪从严、治吏从严，为加快振兴发展、全面建成小康社会提供坚强政治保证。

1. 突出政治建设，坚定理想信念。切实把学习党章作为源头和基础，把贯彻党章作为第一位的要求；深入学习习总书记系列重要讲话精神和对广东工作作出的“四个坚持、三个支撑、两个走在前列”重要批示精神，推进“两学一做”学习教育常态化制度化。增强政治意识、大局意识、核心意识和看齐意识，始终在思想上政治上行动上同以习近平同志为核心的党中央保持高度一致，做到党中央提倡的坚决响应，党中央决定的坚决执行，党中央禁止的坚决不做，决不在执行中央决策部署上打折扣、做选择、讲特殊、搞变通。落实党委（党组）意识形态工作责任制，弘扬主旋律，传播正能量，激发全社会团结奋进的强大力量。

2. 坚持解放思想，转变发展理念。思想上能否破冰，决定行动上能否突围。针对干部队伍不想做事、不愿作为，思想僵化、思维固化，不愿担责、不敢担当等问题，深入推进干部解放思想，引导各级党员干部牢固树立改革创新意识，打破条条框框的束缚，少说“不行”，多说“怎样行”，只要有利于加快振兴发展的事，都要大胆试、大胆闯、大胆干。解放思想不能脱离实际、盲目蛮干，要在上下结合上、在深化县情认识上、在制度创新上解放思想。解放思想要坚持从全县发展大局出发，用发展的眼光来谋划策划，从人民群众根本利益着想，敢想敢干、敢闯敢试。同时，贯彻执行“三个区分”原则，健全激励机制和容错纠错机制，给改革创新者撑腰鼓劲，让想干事、会干事、干成事的干部有位置、有平台，坚决不让不干事、乱干事的干部混日子，最大限度调动干部干事创业的积极性。

3. 强化队伍建设，构筑坚强堡垒。进一步夯实基层基础，牢固树立大抓基层的鲜明导向，不断拧紧螺丝、上紧发条，压实各级党组织书记抓基层党建第一责任。坚持和完善“三会一课”制度，提高党组织自我净化和自我完善的能力。继续开展驻点普遍直接联系群众工作，抓好软弱涣散村党组织整顿转化；强化村“两委”换届工作的组织领导，确保村“两委”换届依法有序推进，选优配强村（社区）“两委”班子。同时，围绕大埔事业发展的需要用干部，坚持德才兼备、以德为先的用人原则和新时期好干部的用人标准，坚持用结果说话，加强干部经常性监督管理，建立能者上、平者让、庸者下的用人机制，注重在重点项目建设、发展实体经济、征地拆迁和民生改善一线发现、培养和选用好干部，引导干部把功夫放到抓落实上，营造干事创业浓厚氛围。

4. 全面从严治党，净化政治生态。政治上的“绿水青山”与生态上的“绿水青山”同等重要。把从严治党贯穿于经济社会发展全过程，认真按照上级关于深入推进全面从严治党的部署要求，严格落实管党治党的主体责任，贯彻执行《关于新形势下党内政治生活的若干准则》和《中国共产党党内监督条例》，进一步增强“四个意识”，严守党的政治纪律和政治规矩。认真落实中央“八项规定”，严格把握监督执纪“四种形态”，坚持“一案双查”，坚决查处党员干部贪污腐败等违法违纪行为，始终保持高压态势，做到有腐必反、有贪必惩。扎实推动全面从严治党向基层延伸，加强审计监督，强化涉农领域、扶贫领域的监督执纪，认真纠正和严肃查处基层贪腐及执法不公等问题，解决群众身边的腐败问题。

5．推动作风转变，狠抓工作落实。“一分部署，九分落实”。蓝图已绘就，关键抓落实。一要抢抓机遇抓落实。现在是加快振兴发展的黄金机遇期，中央和省支持中央苏区、革命老区发展的政策不断出台，含金量越来越高。要以等不起的危机感、慢不得的紧迫感、坐不住的责任感，抓住当前政策性银行融资环境比较宽松的机遇，主动对接，争取更多资金支持重点项目和新农村建设，把黄金机遇期变为黄金发展期。二要率先垂范抓落实。领导干部要以身作则、率先垂范，在落实重点工作、推进重大项目上想在前、干在先，亲力亲为、作出表率。对事关发展的重点环节和突出问题，要落实到位，亲自督导。要坚持关口前移、措施前置、抢前抓早，只有领导干部想到先、做到前，基层群众才能有方向、有措施；只有领导干部抓得紧、抓得勤，基层群众才会有压力、有动力，整体工作才能见实效。三要敢于担当抓落实。要树立敢于担当的意识，提高敢于担当的能力，以加快振兴发展为己任，敢于直面困难，勇于开拓创新，充分发挥模范带头作用；要从不作为、慢作为向敢作为、有作为转变，要敢于把发展的责任扛在肩上、措施体现在行动上，做到“时不我待，只争朝夕”，攻坚破难，求真务实，早见成效。四要转变作风抓落实。持之以恒抓好干部作风转变，扑下身子、走进现场，拧紧责任螺丝，层层传导压力，实打实、硬打硬，说一件、干一件、成一件，把这次全会部署的重点项目、重要工作，变为现实生产力和经济增长点。五要巡察督查抓落实。县委巡察组要加强对全县重点项目、重点工作推进情况进行巡察，对乱作为、不作为、慢作为的干部，严格按照有关规定进行处理；要真督善查，查找差距、鞭策后进，真正让督查、问责成为促进落实的利器，促使县委各项决策部署落地开花结果。

同志们，大埔发展已翻开新的一页，蓝图绘就，正当扬帆起航；实现愿景，更需策马扬鞭。让我们紧密团结在以习近平同志为核心的党中央周围，在中央和省委、市委的坚强领导下，团结带领全县党员干部群众，以更加解放的思想、更加务实的作风、更加创新的举措，为加快实现振兴发展、与全省同步全面建成小康社会而努力奋斗！

政府工作报告

——大埔县人民政府代县长熊锋松在大埔县第十五届人民代表大会第二次会议上的报告

（2017 年 6 月 2 日）

各位代表：

我代表县人民政府向大会报告工作，请予审议。请政协委员参议，请其他列席人员提出意见。

2016 年工作回顾

一年来，县政府在市委、市政府和县委的正确领导下，在县人大及其常委会和县政协的监督支持下，深入学习贯彻党的十八大、十八届历次全会、习近平总书记系列重要讲话精神，按照中央和省、市以及县委的决策部署，精心实施“生态立县、产业富县、文旅旺县、和谐兴县”发展思路，全力加快振兴发展步伐，全县经济社会发展取得新进步。

——综合实力不断增强 全县生产总值 80.99 亿元，比增 9.3%，增幅排在全市第一。固定资产投资 59.6 亿元；全社会消费品零售总额 49.1 亿元，比增 10.1%；外贸进出口总额 2.88 亿美元，比增 9.11%，增幅排在全市第三。本级一般公共预算收入 9.6 亿元，比增 17.3%，增幅排在全市第二；本级一般公共预算支出 35.5 亿元，比增 9.45%。

——实体经济稳步提升 规上工业增加值 13.96 亿元，比增 19.3%，增幅排在全市第一。电力、陶瓷产业发展壮大，电力工业税收 1.96 亿元，比增 98.5%。陶瓷销售收入 20.3 亿元，比增 7.07%，税收 1.3 亿元；大埔青花瓷被认定为国家地理标志产品，培育注册陶瓷自主品牌 66 个。“两园四小区”建设有序推进，广州海珠（大埔）产业园区入园企业达 29 家；三河电力能源产业园区大埔电厂两台机组建成发电，实现产值 8.4 亿元；县城科技工业小区、桃源陶瓷工业小区、茶阳食品工业小区和枫朗矿业建材小区建设扎实推进。实施创新驱动发展战略，新增省市县级工程技术研究开发中心 4 家，专利申请量达 239 件。深入实施乡贤回归投资兴业工程，全县引进项目 43 个，计划投资总额 96.62 亿元，已投入资金 16.23 亿元，分别占市下达任务的 241% 和 101%。

——现代农业加快发展 新种植蜜柚 673 公顷、茶叶 340 公顷，新培育省市县龙头企业 29 家、农民专业合作社 27 家、家庭农场 43 家。顺兴股份成功在“新三板”挂牌上市。成功创建省级出口蜜柚质量安全示范区，全国绿色食品原料（10 万亩大埔蜜柚）标准化生产基地项目通过验收。大埔乌龙茶获得国家农产品地理标志登记保护。全县农村土地经营权确权登记颁证工作扎实推进。建立村级土地流转服务组织 245 个，全县农村土地流转面积 1580 公顷。投入 5923 万元，完成 2153 公顷农业综合开发和 933 公顷高标准基本农田建设。全县农村居民可支配收入

11475元，比增10%。

——文化旅游繁荣发展　新增市级文物保护单位5处、非物质文化遗产3项，4人被定为省级非物质文化遗产项目代表性传承人。完成韩江（大埔）客家文化旅游特色带规划，23个旅游项目建设加快推进，北塘乡村旅游区被评定为国家AAA级旅游景区。完成18个休闲农业与乡村旅游点项目规划编制。百侯名镇旅游区、泰安楼客家文化旅游产业园和张弼士故居旅游区提升改造工程加快推进。大埔入选省首批全域旅游示范区创建名单，三河镇获评省休闲农业与乡村旅游示范镇，梅州赞粄（老鼠粄、算盘子、笋粄）获“中国金牌旅游小吃”称号，打造了8间“大埔小吃”品牌示范店。成功举办2016年南粤古驿道定向大赛“大埔·百侯站”赛事。全县接待游客538.1万人次，旅游收入30.16亿元，分别比增22.6%和26.2%。

——发展环境日臻优化　全力以赴推进59项重点项目建设，累计完成投资54.5亿元，占年度投资计划的101%。完成交通基础设施建设投资6.74亿元，动工建设大潮高速（含大漳支线），大丰华高速公路前期工作有序推进；完成西岩山旅游公路、陂寨移民安置点主干道工程、县道X961线茶阳至三河路面大修二期工程、10条段县乡公路生命安全防护工程和60公里新农村公路硬底化改造；县城过境公路、高陂赤山至留田段过境公路、省道S222线桃源至食饭溪段公路改造工程扎实推进。高陂水利枢纽工程全年完成投资13.08亿元，征地拆迁和6个移民安置点规划建设有效推进。投入2.62亿元，加快推进重点水利项目建设。完成茶阳等14个镇小型农田水利重点县和23宗村村通自来水工程建设；改建塘坝（山塘）7宗，灌区渠道加固15宗34.2公里；修复水毁水利工程78处，维修巩固治理水土流失4.5平方公里。投入7900多万元，完成新建供电配网工程建设。推进信息基础设施建设，新建、改造356个4G站点，投放Wi-Fi热点3000个。

——城乡面貌明显变化　全县城镇化率达到45.19%。完成《大埔县生态控制线划定规划》和县城万川新城、黎家坪新区控制性详规及6个镇的总体规划编制。抓好县城和高陂、大麻、茶阳三个具有县城功能的中心镇建设。翰林华府二期等10多个投资亿元以上的项目建设扎实推进。打通内环中路等连接道路，完成新黎路、广福路改造提升工程。完成县城500公里地下管线普查项目，荣获2016年中国地理信息产业优秀工程银奖。强力推进城乡环境综合整治，深入开展“六乱”整治和打击“两违”行动，省卫生县城通过复审。建成县城生活垃圾填埋场无害化渗滤液处理站，推行“户投放、村收集、镇转运、县处理”，城区、农村生活垃圾无害化处理率分别达100%、80%。完成县城环城大道、虎南路3.3公里截污管网建设，三河镇污水处理设施首期工程扎实推进。全县水环境质量、饮用水源水质、城区环境空气质量全面达标，单位GDP能耗、主要污染物减排通过省、市考核。完成碳汇造林913公顷、生态景观林带62公里248公顷和29个乡村绿化美化示范点建设，森林覆盖率达79.88%，县林业局被评为“全国绿化先进集体”。西河镇省级新农村示范片和百侯、大麻镇幸福村居示范片创建工作有效推进。大埔被纳入国家重点生态功能区，荣获“2016中国最美丽县”“2016中国深呼吸小城100佳”等称号。

——民生福祉持续增进　全县78.2%财政支出用于民生领域。城乡居民人均可支配收入达15368元，比增10.5%。积极扩大就业，城镇新增就业2763人、劳动力转移就业5090人，培训劳动力2641人次，扶持创业304人、带动就业2505人，城镇登记失业率为2.4%。精准扶贫精准脱贫工作有力推进，投入帮扶资金7000多万元，实施种养帮扶项目119个，全县4978贫困人口实现脱贫，占40.6%。十件民生实事目标任务全面完成：城乡低保、城乡医疗救助人均补助、孤儿集中供养、城乡居民基本养老保险基础养老金、基本医疗保险补助、医疗保险基金年度累计最高支付限额等社会保障项目标准进一步提高，建立了事实无人抚养儿童生活津贴制度；投入9800多万元完成县城自来水公司回购，山丰水库前期工作和城北、城东片管网改造按计划推进；大埔三小办公综合楼完成基础建设，教学楼、运动场建设有序推进；全面完成县城迎宾大道上边坡灾害防治工程；建成大埔县肉类联合加工厂；完成4个县、镇森林公园建设；县中医院迁建前期工作扎实推进；新开工建设50套公租房，发放100户租赁补贴；投入3000多万元，全力推进汀江河青溪库区生态环境综合整治，拆除网箱51万多平方米，关闭和搬迁生猪养殖场15家；投入资金1.6亿元，完成莒溪水等10宗84.4公里中小河流治理。

——社会事业全面进步 坚持教育优先发展，启动广东省推进教育现代化先进县创建工作，实验中学、大埔三小扩建工程有序推进，投入1600多万元实施教育装备工程。各类教育均衡发展，九年义务教育阶段巩固率97.2%，高中阶段毛入学率95.45%。加快创建省卫生强县，县人民医院感染科大楼建成投入使用、完成新住院大楼装修工程，三河镇等8间卫生院标准化建设加快推进，完成33间村卫生站规范化建设。基层医疗卫生机构综合改革基本完成，县级公立医院综合改革扎实推进。完成县公共图书馆数字图书馆和县文化馆建设，建成农村文化俱乐部23个。建成县城城北社区体育公园和一批村级公益性体育小广场，大埔小学被评为全国青少年校园足球特色学校。深入推进“平安大埔”建设，严厉打击各种违法犯罪活动，社会治安持续稳定。加强网络舆情监管，完善网上信访平台建设，畅通信访渠道。建成县级多功能应急指挥平台和突发事件预警信息发布中心。安全生产形势持续稳定，县党政领导班子在全市安全生产责任制考核中被评为优秀等次。“全面两孩”政策顺利实施。粮食生产安全稳定。国防动员、人民防空、兵员征集和双拥等工作扎实推进。新闻出版、工会、妇女儿童、残疾人、老龄、慈善等事业取得新进步，物价、外事侨务、机构编制、人事人才、供销合作、住房公积金管理、打私、打假、应急、经协、档案、方志、宗教、气象等工作取得新成绩。

——自身建设有效加强 自觉接受县人大常委会和县政协的监督，22件县人大建议、33件县政协提案全部办复。认真听取工商联、无党派人士及工青妇等人民团体意见。基本完成年初县政府向社会承诺的169项主要工作。完成15个镇（场）公共服务中心和256个村级公共服务站建设，实现县镇村三级平台资源共享，群众办事更加方便快捷。“七五”普法工作扎实推进。推行“五证合一、一照一码”登记制度改革，新发展各类市场主体2620户。继续深化行政审批制度改革，清理取消非行政许可31项。扎实推进权责清单制度，完成45个单位（部门）和镇级政府共6657项权责清单编制。严格执行中央八项规定，深入开展“两学一做”学习教育，工作作风进一步转变。规范节庆、庆典、论坛、展会等活动，“三公”经费、会议费分别减少15%和11.6%。

各位代表，这些成绩的取得，是市委、市政府和县委坚强领导的结果，是县人大、县政协和社会各界监督支持的结果，是全县人民同心同德、团结拼搏的结果。在此，我代表县政府，向全县人民、全体人大代表和政协委员，向驻埔人民解放军、武警消防官兵和省市驻埔单位，向所有关心和支持大埔发展的海外侨胞、港澳台同胞和社会各界朋友，表示衷心的感谢并致以崇高的敬意！

在看到成绩的同时，我们也清醒地认识到，我县经济社会发展还存在不少困难和压力，主要是：经济总量小，实体经济薄弱，主导产业不突出，产业集聚度和发展层次低；交通、土地、资金、人才和环境容量等制约因素仍然存在；投资拉动经济增长后劲弱，去年固定资产投资仅 59.6 亿元；公共资源配置不尽合理，在入学、就医、养老等方面与群众的需求仍有较大差距；一些政府工作人员担当精神、责任意识不强，等等。我们将正视这些困难和问题，采取更加有力的举措加以解决。

2017 年工作安排

2017 年是新一届政府的开局之年，也是实施“十三五”规划的重要一年。从当前的发展趋势判断，影响全球发展的不确定、不稳定因素仍然存在，国内经济下行压力仍然较大。但是我们也要看到，随着供给侧结构性改革的成效逐步显现，经济持续增长的有利条件和积极因素正在集聚。省委、省政府全力推进珠三角与粤东西北一体化发展，释放了政策利好的新信号；海珠区与大埔产业共建迎来“窗口期”，将带来一批优质项目，加速经济发展。特别是随着“两大振兴政策”的深入实施，我县的交通条件、区位因素逐步发生改变，产业集聚平台效应日益显现，城市整体功能和辐射带动作用不断增强，支撑大埔振兴发展的条件更加具备。市委、市政府提出加快构建“一区两带六组团”发展新格局，为大埔产业发展、区域发展带来新的机遇。我们要因地制宜，坚定发展信心，凝共识聚合力，汇众智谋发展，在新常态下实现新作为，推动大埔加快振兴发展。

政府工作的总体要求：认真贯彻落实党的十八大、十八届历次全会、习近平总书记系列重要讲话和治国理政新理念新思想新战略、对广东工作作出的“四个坚持、三个支撑、两个走在前列”重要批示以及省第十二次党代会精神，按照省委省政府、市委市政府和县委的决策部署，坚持“五位一体”总体布局和“四个全面”战略布局，积极践行“五大发展”理念，围绕市加快建设“一区两带六组团”的要求，落实“两大振兴政策”，扭紧“三大抓手”，全力打造绿色产业发展基地，建设对接海西区的重要门户、中国客家文化生态保护示范区，创建国家全域旅游示范县，打好重点项目、交通水利、美丽城乡建设和精准扶贫脱贫“四大攻坚战”，以“集聚化、现代化、特色化”为引领，力求实体经济、现代农业、全域旅游取得新突破，着力改善民生，确保与全省同步全面建成小康社会，以优异成绩迎接党的十九大胜利召开。

经济社会发展的主要预期目标：生产总值增长 10%，一般公共预算收入增长 12%，固定资产投资增长 20%，社会消费品零售总额增长 10%，外贸进出口总额增长 5%，城乡居民人均收入实际增长与经济增长基本同步。重点抓好八个方面工作：

一、大力发展实体经济，推动经济增量提质

加快建设工业园区　统筹推进“两园四小区”建设，打造工业发展新引擎，不断提升产业承载能力。加快推进广州海珠（大埔）产业园区建设，力促进园企业早日建成投产。推进园区交通、能源、通信、环保等配套设施建设，完成新老园区的污水处理管网、自来水供水管网、管道天然气及高陂大道、一纵两横道路建设。抓好园区土地征收、扩容工作，推进 43.3 公顷的园区二期建设，进一步拓展园区发展空间。在县城周边地区科学选址、规划建设生态环保特色产业园区，完善县城功能布局，为城市可持续发展提供支撑。全面落实省扶持产业共建政策，建立健全广州海珠（大埔）产业园区协调联席会议制度，探索推进总部、研发和孵化环节在广州，配套和生产环节在大埔的共建模式，力促产业集聚区加快建设。

发展壮大支柱工业　认真落实《关于进一步加快实体经济发展的实施办法》，重点做大做优电力、陶瓷产业。围绕“建设广东省电力能源基地”的目标，抓好高陂水利枢纽工程电站建设，积极引资发展风电、光伏发电等新能源项目；加强服务，利用好苏区倾斜政策，力促大埔电厂扩大产能。研究设立陶瓷产业发展基金，推进陶瓷产业转型升级，加快打造百亿元陶瓷产业。引进大型上市公司兼并或参股大埔陶瓷企业，促进大埔陶瓷做大做强，进一步打响“大埔青花瓷”品牌。积极争取海珠区支持，加快广州海珠（大埔）产业创新中心建设。积极推动企业“上规、上亿、上市”，新增5家以上规上企业，新培育2家以上年产值超亿元的企业，推动吉玉陶瓷股份有限公司等企业上市。

促进企业转型升级　实施创新驱动发展战略，全面落实《中国制造2025》和省实施意见，用好省技改政策和资金，鼓励企业增资扩产、技改升级、设备更新，推动机器人及智能设备应用。抓好计划总投资5.8亿元的23个已备案技改投资项目，加快通美实业、顺兴股份蜜柚精深加工技改和增资扩产项目建设，推动电力、陶瓷、食品加工等产业转型升级。培育发展生物制药、稀土新材料、健康休闲、食品养生、文化创意等新兴产业。深化产学研合作，在企业和高校、科研机构之间搭建平台，共建研发中心和创新服务中心，引导创新要素向企业集聚。

强力推进招商引资　坚持招商项目数量与质量并重，积极引进不触及环保底线、生态容量合适的优质项目。认真研究珠三角、汕潮揭等地区的产业发展动向、产业转移规律，围绕电力、陶瓷、农业和旅游等产业，开展链式招商、以商引商，争取引进上下游关联配套项目。进一步拓展招商网络，选聘招商顾问，开展中介招商。落实各级招商责任，设立产业扶持基金，完善外出乡贤信息库，争取更多乡贤回乡共襄发展。完善发展总部经济政策，争取新落户总部经济项目2个以上。

二、全力推进项目建设，促进有效投资增长

构建综合交通网络　围绕“对接潮汕揭，融入海西区，构建内畅外联交通枢纽桥头堡”的目标，大力推进总投资124.37亿元、年度投资计划33.22亿元的23项交通基础设施项目建设。加快推进大潮高速公路（含大漳支线）建设，全力抓好征地拆迁工作，完成征地473公顷、拆迁8.5万平方米，确保无障碍施工。争取大丰华高速大埔至丰顺段早日动工。规划建设大丰华高速县城至高陂连接线、大麻至高陂旅游公路和县城至茶阳公路改造提升工程。加快县城过境公路建设，完成桃源至食饭溪段公路改造、国道G235线大埔三层岭至原华侨中学段和大埔五丰至三河大桥段路面改造、梅溪至和村段灾毁路面中修等工程建设。推进湖寮至枫朗段一级公路改建、长治至太宁段路面改造、高陂赤山至留田段过境公路改建、高陂镇产业园区道路、坑口至高陂段公路改建、枫朗至高陂段路面改造、西河镇东方至石涵联络线、湖寮镇璜腾坑至高道联络线等项目以及大埔旅游产业公路建设。

完善水利等基础设施　全力抓好高陂水利枢纽工程征地拆迁、移民安置等工作，争取完成征地601.2公顷、签订拆迁协议77890平方米（其中拆除8963平方米），推进乌槎、汶水塘和汇城安置点建设。抓好总投资7.1亿元的水利项目建设。大力推进中小河流综合治理，完成漳北村至上黄砂村段10.4公里的西河水治理工程建设。规划建设高陂防洪

堤工程。加快山丰水库建设，推进村村通自来水工程和镇级污水处理厂建设。完成 110 千伏茶阳（空下）输变电工程和 2017 年新建配网工程，推进 36 个中心村电网改造升级。

加快建设信息基础设施　推进光纤入户，抓好原中央苏区农村超高速无线局域网建设和应用，全面提高城乡宽带覆盖范围。推动中国网库、深圳百米生活电子商务公司的智慧大埔项目建设。通过购买服务，实现城区公园等公共场所 Wi-Fi 全覆盖。加快建设全国农电商示范县，争取加入阿里巴巴千县万村计划，完成 1 个县级运营中心和 50 个村级服务站建设。

强化项目保障　创造性解决项目建设资金、用地、环评等问题，加快推进总投资 421.37 亿元、年度投资计划 100.53 亿元的 88 项重点项目建设，提高投资质量和效益。深化对原中央苏区等政策的研究对接，瞄准国家、省产业战略和投资方向，争取中央、大型国企倾斜性投资，切实把政策红利转化为发展红利。加强项目库建设，抓好项目筛选、论证和申报等前期工作，储备一批打基础、利长远的项目。大力推广 PPP 模式，鼓励引导民间资本参与市政、社会事业等重点项目建设。发挥城投实业有限公司等的作用，千方百计争取农发行、国开行政策性贷款，力促更多资金支持重点项目建设，着力破解融资难题。

三、提质发展现代农业，努力增加农民收入

推进农业现代化　坚持以工业化的理念经营农业，促进农业高质量、标准化、集约化发展。深度开发富硒资源，建立 5 个富硒农产品基地，打响长寿富硒品牌。精心实施省级现代农业“五位一体”示范基地（蔬菜）项目，抓好良种良法示范推广。做优做强蜜柚产业，新种蜜柚 1 万亩，争创国家级出口蜜柚质量安全示范区，抓好顺兴、衎衎、通美等柚果精深加工厂和县农科所蜜柚脱毒苗圃基地建设，探索规划建设现代农业加工、贸易、物流园区。做精做特茶叶产业，完善大埔乌龙茶质量安全标准体系，创建全国绿色食品原料乌龙茶标准化生产基地，完善乌龙茶博览馆。提升现有农业龙头企业质量，新培育省市县级农业龙头企业 15 家以上。加快发展“互联网+农业”，推进“农超”“农企”“农社”对接，拓宽农产品销售渠道，提高蜜柚、茶叶和南药等绿色产品效益。

改善农业发展条件　深入推进农业供给侧结构性改革，加快推进土地承包经营权确权登记颁证，建立健全土地承包经营权流转服务管理体系。深化农村产权制度改革，明晰农村集体产权归属。发展社会化服务组织，培育新型经营主体和新型农民。坚持科技兴农，优化供给结构，发展有市场竞争力、高附加值、知名品牌的高效农业。全面落实强农惠农富农政策，广辟农民增收渠道。强化农产品质量和食品安全监管，认真实施世界银行贷款广东农业面源污染治理项目环境友好型种植业子项目。扩大农业保险覆盖面，提升农业抗风险能力。坚持最严格的耕地保护制度，严守耕地红线。稳定粮食生产，确保粮食安全。

四、培育发展文化旅游，推动三产上新水平

推动文化发展　完善公共文化服务体系，抓好县档案馆建设，推进“三多三促”农村文化俱乐部、数字文化驿站、乡镇文体广场示范点、行政村（社区）综合性文化服务中心建设。实施文化惠民工程，大力开展“三下乡”活动，完成广东省农村广播电视无线覆盖（中央节目）工程建设。编制泰安楼等 4 处省级文保单位保护规划，推进各级文物保护单位及非物质文化遗产项目、传承人的申报和保护工作，新建非遗传习所、示范点各 10 个。分类推进文化事业单位改革，扩大政府购买文化服务范围，进一步激发文化发展活力。

大力发展全域旅游　融合韩江（大埔）客家文化旅游特色带和休闲农业与乡村旅游发展规划，编制全域旅游发展规划和高陂水利枢纽工程库区旅游规划，打造大埔大景区。突出红色文化、客家文化和农耕文化，加快景区景点建设，重点推进三河坝战役纪念园、青溪红色交通线、百侯名镇旅游区、坪山梯田旅游区和瑞山生态休闲度假区等景区提质升级，每个镇建设1—2个休闲农业与乡村旅游示范点。坚持“旅游+”和“+旅游”并重，推进旅游与文化、体育、农业、工业、林业等产业和行业融合，重点发展文化旅游、农业旅游和陶瓷工业旅游。完善旅游配套设施，抓好智慧旅游建设，推进景区景点电子地图、电子讲解。大力发展特色民宿，力争在A级景区或重要乡村旅游点发展2—3家民宿（客栈）。以中国人民解放军建军及三河坝战役90周年活动为抓手，加大旅游营销推广力度，扩大大埔旅游影响力和吸引力。

发展现代服务业　加快发展金融保险、服务外包、信息技术、检验检测等生产性服务业，推进服务业与一二产业协调发展。擦亮中国长寿之乡金字招牌，推进医养结合，发展养老服务。拓展、信息、住房、家政等消费领域，努力满足多层次、多元化消费需求。大力推动“互联网+”与社会生产生活的深度融合。引导经营服务向“互联网+”转变，扩大便利消费。大力发展农产品仓储、冷链物流、第三方物流等产业形态，优化升级专业市场。开展电商招商，吸引知名电商平台、企业和中介服务机构入驻。

五、坚持统筹城乡发展，致力打造宜居家园

推进城镇扩容提质　实施“东延西进南改北拓中提质”战略，加快推进特色县城建设，抓好高陂、大麻、茶阳等中心镇“六个一”项目建设，形成“一主三附”发展格局。认真实施《大埔县城市总体规划》，高标准编制和落实万川新城、黎家坪新区控制性详规，完成岭下和高圳新区土地详细规划，抓好89个行政村规划编制。坚持“多规合一”，融入“双修”规划理念，推进市政道路、供排水、亮化美化等专项规划，完善绿地系统规划、地名规划。引进国内外知名企业集团建设大型城市综合体，加快推进县城龙湾国际等10多个亿元以上项目建设。抓好县城城东“三旧”改造项目。推进县城地下管廊建设，重点规划建设环城大道单仓管廊。完善一批市政设施，推进县城环城大道提升改造项目、大麻中心大道等建设，规划迁建县气象局。推进建筑垃圾弃土场和县城公共停车场规划建设。

建设特色镇和美丽乡村　学习借鉴江浙地区发展特色小镇的做法，突出地域和历史文化特色，以点带面，推动各镇向特色化、产业化发展，着力把三河镇打造为红色特色小镇，把百侯、茶阳等镇打造成为人文特色小镇，把西河、大东等镇打造成为农耕特色小镇，把光德、桃源等镇打造成为陶瓷特色小镇。进一步规范农村建房，加大传统村落保护开发力度，加快培育省级名镇名村。推进西河镇省级新农村示范片和大麻镇“六村联动”美丽乡村示范点建设，力争2018年底前把全县57个相对贫困村建成新农村示范村。引导金融和社会资本参与农村建设，推动城乡基础设施和公共服务设施互联互通、共建共享。

巩固生态文明成果　以市创建国家森林城市和国家环保模范城市为契机，深入开展新一轮“绿满梅州”大行动，加强林业重点生态工程建设，完成993公顷碳汇造林。创建广东阴那山国家森林公园。加强森林资源的抚育和管护，实施森林防火工作责任网格化、精细化管理。落实最严格水资源管理制度，深入开展“南粤水更清”行动，巩固提升汀江河青溪库区综合治理成果，加强饮用水源水质保护，保障水安全。推进大气污染防治，确保环境质量持续稳定、空气质量和地表水环境质量全面达标，全面完成主要污染物总量减排和考核任务。严格落实项目准入条件，严把环境准入关。

深入推进城乡环境综合整治　以创建全国卫生县城为抓手，严格落实测评办法，加大问责力度，强力推进城乡环境综合整治。深入开展爱国卫生运动，抓好病媒生物防制、公共场所卫生等工作。统筹安排省、市、县专项奖补资金，多渠道筹措城乡垃圾处理经费。引进社会资本，探索建立生活垃圾处理新模式。坚持“公安+城管”的常态管理，严厉整治“六乱”行为，把县城每一条街打造成“严管街、样板街”，建设干净、秀美、精致的最美小城。完善农村生活垃圾“户投放、村收集、镇运输、县处理”模式，实现城乡环境卫生管理一体化。打造西河镇环境综合整治县级示范镇，每个镇（场）打造4个以上城乡环境综合整治示范村。

六、持续深化改革创新，激发发展内生动力

推进重点领域改革　切实把经济重心转到供给侧，适度扩大总需求，扩大有效供给和优质供给。深化“放管服”改革，加快政府职能转变，促进企业降本增效。继续削减工商登记前置审批事项，同步取消后置审批事项。开展“减证便民”行动，推广电子营业执照和“同城通办”，探索“证照分离”改革试点。深化投融资体制改革，完善政府投资管理办法。

推动创新创业　推进科技企业孵化器建设，力争小吃文化城打造成省级创业孵化基地。引导企业建设众创空间，推动科技成果产业化，申报科技计划项目13项、工程中心2家、市级科学技术奖3项以上。大力培育高新技术产业，新增国家级高新技术企业2家、培育入库3家以上。加强专业镇建设，争取申报省级专业镇2个。实施更开放的创新人才引进政策，适时制订出台高层次、高技能人才来埔优惠政策，吸引高端人才集聚。推进质量强县建设，培育一批驰名商标、著名商标、名牌产品和国家地理标志证明商标、保护产品。

七、持之以恒改善民生，提升群众幸福指数

扎实开展精准扶贫精准脱贫　提高贫困人口自我发展能力，因户因人精准施策，灵活采取创业、就业、教育等帮扶措施，突出产业扶贫，多渠道增加贫困户收入。创新“资源变资产、资金变股金、农民变股东”帮扶模式，整合扶贫资金入股企业，确保贫困村贫困户收入稳定。健全脱贫长效机制，完善低保、社保、教育和残疾人等数据台帐，建立农村低收入群体大数据库，做到精准到人、长期帮扶。统筹各类涉农资金和帮扶资金，推进基础设施建设，改变贫困村落后面貌。广泛发动社会各界参与，通过扶贫济困、金融贷款和众筹等方式，形成全社会支持参与精准扶贫精准脱贫的良好格局，确保今年全县70%以上相对贫困人口实现脱贫。

推进教育现代化　加快创建广东省推进教育现代化先进县。统筹推进城乡义务教育一体化发展，优化中小学校、幼儿园布局，全面完成全县中小学、幼儿园的现代化装备。推进学校扩容提质，抓好实验中学、大埔三小和家炳职校等学校改扩建工程。完成高陂等6个镇的教育强镇复评工作。推进幼儿园提升工程，支持和推进民办幼儿园创建普惠性规范化幼儿园。办好虎山中学示范性高中，提升高考质量。坚持面向市场、服务发展、促进就业，办大田家炳职业学校，确保成功创建国家级农村职业教育和成人教育示范县。实施“名师工程”，塑造提升一批名校长、名教师。

完善医疗和社会保障体系　推进省卫生强县建设，探索发展医联体模式，构建利益、责任共同体，方便百姓就医。加快县人民医院改扩建工程建设步伐，动工建设县中医院迁建工程。推进县妇幼保健院扩建工程及出生缺陷综合干预中心、危重孕产妇和新生儿救治中心建设，提升妇幼保健服务能力。加强镇卫生院标准化建设，推进11间镇级卫生院的迁建、改扩建工程，争取把高陂中心卫生院打造成县第二人民医院。推进公建民营村卫生站规范化建设，促进乡镇卫生院和村卫生站一体化管理。严格落实疾病防控措施，提升突发公共卫生事件应急处置能力。实施全民参保登记计划，推动社保扩面征缴。提高低保、五保标准和医疗救助水平。推广应用“智慧食药监”系统，保障食品药品安全。发展社会慈善事业，更加关爱贫困、病残、老年妇女、单亲母亲和孤儿、留守儿童等特殊困难群体，让他们拥有更多的幸福感。

统筹推进其他社会事业发展　进一步完善镇级综治信访维稳中心功能，加强矛盾纠纷排查化解。推进“七五”普法，加强信访法治化建设。强化网络舆情监督引导，拓宽网上信访反映渠道。全面落实“党政同责、一岗双责、齐抓共管、失职追责”，对重大隐患、安全风险实施政府挂牌督办、跟踪监管。抓好禁毒工作，提升全民识毒拒毒能力。完善社会治安防控体系，推进110指挥中心、43个电子围栏和400个高清监控视频建设，完成350套出租屋“门禁+视频”系统，提高社会治理法治化、智能化、专业化水平，打造更高水平的“平安大埔”。办好2017年南粤古驿道定向大赛“大埔·百侯站”赛事。抓好自然村落历史人文普查。落实振兴足球之乡规划，推动足球运动发展。重视做好老龄事业。统筹推动国防建设、人防、双拥、人口计生、对台、妇女儿童、气象、宗教和政府法制、经协、机构编制、人事人才以及统计、方志、打私、打假、应急等各项工作上新水平。

办好十件民生实事　一是提高底线民生保障水平。城乡居民基本养老保险基础养老金标准从每人每月110元提高到120元。城镇、农村低保人均补差水平分别从每月419元、191元提高到457元、206元。农村特困人员救助供养平均标准提高到每人每年8088元以上，不低于上年度农村居民人均可支配收入的60%。孤儿基本生活最低养育标准集中供养水平从每人每月1340元提高到1450元、分散供养水平从每人每月820元提高到880元。城乡医疗救助住院补助平均标准从每人每年2178元提高到2828元，城乡低保对象基本医疗救助比例达到80%以上。二是加大扶贫济困力度。建档立卡贫困户子女每人每学年生活费补助标准提高到小学和初中3000元，高中和中职（含技工）5000元（含国家助学金），高等专科10000元（含国家助学金）；免学费补助标准提高到高中2500元、中职（含技工）3500元、高等专科5000元。基本建成110套（户）棚户区改造安置房；新增发放租赁补贴200户；完成农村危房改造1624户。三是关爱特殊群体。困难残疾人生活补贴从每人每年1200元提高到1800元，重度残疾人护理补贴从每人每年1800元提高到2400元；新建9个、规范运行6个社区残疾人康园中心。新建艾滋病检测点16个。支持社区矫正中心规范化建设，对全县社区服刑人员实行教育矫正。四是提升医疗卫生保障水平。城乡居民基本医疗保险补助标准从年人均420元提高到不低于450元。职工医疗保险基金年度累计最高支付限额从8万元提高到9万元，城乡居民基本医疗保险基金年度累计最高支付限额从45万元提高到50万元。职工医疗保险门诊特定病种报销比例统一调整为75%，城乡居民医疗保险门诊特定病种报销比例从 60%提高到 70%，门诊特定病种年度支付限额按病种在原限额基础上提高 1000 元至 6.5 万元不等。城乡居民医疗保险普通门诊每人每日每次最高支付限额从 30 元提高到 100 元，年度累计最高支付限额从 150 元提高到 500 元，报销比例从 50%提高到 60%。城乡居民大病保险起付标准从 1.2 万元降为 1 万元，报销比例统一调整为 70%，年度最高支付限额从 15 万元提高到 16 万元；城乡五保供养对象、建档立卡贫困人员的大病保险起付标准下调至 2000 元，报销比例提高到 80%，不设年度最高支付限额。基本公共卫生服务经费标准提高到不低于每人每年 50 元。动工建设大埔县中医院迁建工程；实施茶阳、三河、光德、高陂、西河、枫朗镇级卫生院迁（改扩）建工程；完成全县 232 间公建民营村卫生站规范化建设。五是促进城乡义务教育一体化发展。义务教育寄宿制公办学校公用经费补助从农村扩大到城市，补助标准从每生每年 200 元提高到 250 元。对城乡义务教育家庭经济困难寄宿生，按小学每生每年 1000 元、初中每生每年 1250 元标准给予生活费补助。农村边远学校教师生活补助标准提高到每人每月不低于 900 元。实施教育现代化装备项目。六是完善城乡公共服务设施。推进县城老城区市政道路、灯光、绿化、自来水管网改造等综合提升改造工程。铺设县城环城路（颂鑫大桥至宝安大桥）8.2 公里柏油路面。建成农贸（含三鸟）批发市场。完成县城城北、城东片区 4500 米自来水管网改造和自来水取水点上移工程。完成 10 个“文化驿站（台）”建设。新建 28 个“三多三促”农村文化俱乐部，兴建 2 个乡镇文体广场示范点。七是促进就业和创业。扶持创业 200 人，城镇新增就业 2200 人、失业人员再就业 2100 人。补贴参加技能晋升培训的劳动者 800 人。八是改善群众生产生活条件。实施 43 宗村村通自来水工程建设。完成 60 公里新农村公路和精准扶贫村公路路面硬化改造。在全县农贸市场开展食用农产品快速检测。加大食品抽检力度，将食品检验量提高至每年每千人 1.5 批次。推进食品安全追溯体系建设，全力推广婴幼儿配方乳粉、婴幼儿配方谷粉（米粉）、食用油、酒类追溯系统应用。推进 1266.7 公顷省级高标准基本农田和 387.3 公顷国家级农业综合开发高标准基本农田建设。城镇独生子女父母计划生育奖励标准从每人每月 80 元提高到 120 元。九是加强环境治理。建设丰溪林场、西河镇等 14 个镇（场）20 座污水处理设施及 134 公里的配套管网。农村生活垃圾有效处理率达到 90%，县城生活垃圾无害化处理率达到 100%。十是提高防灾减灾能力。实施 167.8 公里农村公路安全生命防护工程。开展地质灾害详细调查，建立全县地质灾害信息系统。在山洪地质灾害易发区新建 4 个、升级改造 5 个自动气象站。完成县城城区、湖寮镇、高陂镇消防专项规划，完善县城城区消防栓建设。

八、不断强化自身建设，打造人民满意政府

打造法治政府　自觉尊法学法，习惯守法用法，坚决做到法无授权不可为、法定职责必须为。落实重大行政决策法定程序，加强重大决策公众参与平台建设。推行政府法律顾问制度。主动接受县人大及其常委会的法律监督，支持县政协开展各项履职活动，认真办理人大代表议案建议和政协委员提案。广泛听取工商联、无党派人士、各人民团体和社会各界的意见，高度重视社会监督和新闻舆论监督。深入推进城市管理和综合执法体制改革，严格规范公正文明执法。进一步简政放权，推进权责清单工作，强化对权力运行的监督和责任的追究。推广“双随机一公开”监管工作，规范市场秩序。深化政务公开，完善网络问政平台和新闻发布及

▲2017年6月2日，县人大十五届二次会议上副县长、代县长熊锋松作政府工作报告

信息公开制度。

打造效能政府　强化责任担当，班子成员带头亲力亲为，勇于挑最重的担子，啃最硬的骨头，确保各项工作善始善终、善作善成。加大政府公职人员培训力度，全面提升干部的素质和能力，努力打造一支会干事、作风硬的干部队伍。加强政府部门之间的协调配合，强化治庸问责工作要求和机关效能建设，倡导立说立行、雷厉风行，坚决整治低效作为、办事拖拉等问题。以“踏石留印、抓铁有痕”的劲头和“钉钉子”的精神锻造政府执行力，做到令行禁止、政令畅通，确保上级党委政府和县委的各项决策部署落到实处。认真贯彻落实“三个区分”原则和容错减责暂行办法，着力为想干事、会干事、干成事的干部松绑，营造干事创业氛围。

打造服务政府　深入基层，深入群众，时刻关注民情，千方百计为群众排忧解难。加快政府职能转变，规范服务行为，着力破解“门难进、脸难看、事难办”问题。完成县惠民信息公开平台建设，为惠民政策有效落实“阳光护航”。建立全县统一的政务服务大平台，完善县、镇网上办事大厅建设。深入实施“一门式、一网式”政府服务模式，构建统一的政务服务信息共享体系。实行“一口受理、同步审批、限时办结、信息共享”并联审批制度，为企业发展及项目落地提供优质高效的一站式服务。

打造清廉政府　严格遵守中央“八项规定”和省市相关规定，持续深入纠正“四风”。严格落实党风廉政建设责任制，扎实推进惩治和预防腐败体系建设。紧盯财政资金、土地出让、工程招标、征地拆迁等重点领域、关键环节、重要岗位，切实管好公务人员、公共资源、公共权力和公共资金，以清正廉明的公仆形象取信于民、服务于民。强化审计监督，推动公共资金、国有资产、国有资源和领导干部经济责任履行情况审计全覆盖。坚持用制度管人、管事、管权，切实做到干部清正、政府清廉、政治清明，始终保持为民务实清廉形象。

各位代表！大埔已经踏上全面加快振兴发展的新征程，实现美好的愿景，需要我们勇于担当、务实苦干。让我们在市委、市政府和县委的坚强领导下，团结带领全县人民，调动一切积极因素，抢抓机遇、奋勇拼搏，为加快大埔振兴发展、与全省同步全面建成小康社会而努力奋斗！

附：

名 词 解 释

1.“新三板”：指全国中小企业股份转让系统，主要为创新型、创业型、成长型中小微企业服务，境内符合条件的股份公司可通过主办券商申请在该系统挂牌，公开转让股份，进行股权融资、债权融资、资产重组等。

2.“六乱”：乱停放、乱摆卖、乱搭建、乱张贴、乱涂画、乱拉挂。

3.“两违”：指违法用地和违法建设。

4.“五证合一”“一照一码”：指将企业登记时依次申请，分别由工商行政管理部门核发工商营业执照、质量技术监督部门核发组织机构代码证、税务部门核发税务登记证、人社部门核发社保登记证和统计部门的统计登记证，并分别编号的登记制度，改为“一套材料、一表登记、一窗受理”，即一次向工商部门申请，由工商部门核发一个加载法人和其他组织统一社会信用代码的营业执照。

5.“两学一做”：学习中国共产党党章党规、学习习近平总书记系列重要讲话精神，做合格党员。

6.“三公”经费：指政府部门人员因公出国（境）经费、公务车购置及运行费、公务招待费。

7.供给侧结构性改革：供给侧相对需求侧而言，包括生产要素投入、全要素生产率提高两个基本方面。供给侧结构性改革，是指从供给侧入手，针对经济结构性问题而推进的改革，更强调通过制度变革与完善，发挥企业和创业者作为市场主体的作用，扩大有效供给，形成高质量、多层次的供给体系，使供给结构更加适应需求结构。

8.两大振兴政策：指国家振兴赣闽粤原中央苏区和广东省促进粤东西北地区振兴发展两大政策。

9.“一区两带六组团”：2016年11月，梅州市第七次党代会提出加快构建“一区两带六组团”新格局，“一区”是指梅州中心城区；“两带”是指广东梅兴华丰产业集聚带和梅江韩江绿色健康文化旅游产业带；“六组团”是指依托兴宁、平远、蕉岭、大埔、丰顺、五华六个县域的资源禀赋和产业基础，以市区或县城为核心，以中心镇、专业镇为节点，以产业园区为载体，以交通、水利、信息、环保等基础设施为支撑，打造特色主导产业，以工哺农、以城带乡，促进县域经济特色化、组团式发展，城乡统筹发展。

10.“四个坚持、三个支撑、两个走在前列”：2017年4月4日，习近平总书记对广东工作作出重要批示，充分肯定党的十八大以来广东各项工作，希望广东坚持党的领导、坚持中国特色社会主义、坚持新发展理念、坚持改革开放，为全国推进供给侧结构性改革、实施创新驱动发展战略、构建开放型经济新体制提供支撑，努力在全面建成小康社会、加快建设社会主义现代化新征程上走在前列。

11.“五位一体”总体布局：是指经济建设、政治建设、文化建设、社会建设、生态文明建设五位一体总体布局。

12.“四个全面”：即全面建成小康社会、全面深化改革、全面依法治国、全面从严治党。

13.“五大发展”理念：指“创新、协调、绿色、开放、共享”的发展理念。

14.“三大抓手”：指交通基础设施建设、产业园区扩能增效、中心城区扩容提质。

15.《中国制造2025》：2015年5月，国务院正式印发《中国制造 2025》，他是国家实施制造强国战略第一个十年的行动纲领，明确提出了建设制造强国的“三步走”战略：第一步，到2025年迈入制造强国行列；第二步，到2035年中国制造业整体达到世界制造强国阵营中等水平；第三步，到新中国成立一百年时，综合实力进入世界制造强国前列。

16. PPP：是Public Private Partnership的缩写，指政府与社会资本之间，为了合作建设城市基础设施项目，或是为了提供某种公共物品和服务，建立的一种合作关系。

17. 现代农业“五位一体”示范基地：是广东省统筹整合部分省级财政专项资金，集中力量、集成技术，高标准建设的一批融合设施、农艺、科技、质量安全与经营主体一体化的现代农业要素集中区域。

18.“三多三促”：“三多”指多形态文化、多功能利用和多元化投资，“三促”指促进古民居保护、促进文化旅游和促进社会建设。

19. “三下乡”：送戏下乡、送书下乡、送电影下乡。

20. “六个一”：即一个可以落地的城镇规划、一片储备用地、一个有质量的住宅小区、一大批公共服务设施、一条商业街、一个政府服务节点。

21. “多规合一”：是指将国民经济和社会发展规划、城乡规划、土地利用规划、生态环境保护规划等多个规划融合到一个区域上，实现一个市县一本规划、一张蓝图，解决现有各类规划自成体系、内容冲突、缺乏衔接等问题。

22. “双修”：生态修复、城市修补的简称。是指用再生态的理念，修复城市中被破坏的自然环境和地形地貌，改善生态环境质量；用更新织补的理念，修复城市设施、空间环境、景观风貌，拆除违章建筑，提升城市形象和活力。

23. “三旧”改造：对旧城镇、旧厂房、旧村庄的改造。

24. “放管服”：就是简政放权、放管结合、优化服务的简称。“放”即简政放权，降低准入门槛；“管”即公正监管，促进公平竞争；“服”即高效服务，营造便利环境。

25. “同城通办”：是指在原有市区范围通办模式的基础上，对部分涉税业务在全市范围内实行“同城通办”，纳税人可以不受经营地点和所属主管国税机关的限制，在全市范围内任一办税服务厅办理四大类十项涉税业务。

26. “证照”分离：“照”，指的是工商部门颁发的营业执照，“证”指的是各相关行业主管部门颁发的经营许可证。证照分离，指只要到工商部门领取一个营业执照，就可以从事一般性的生产经营活动，如果需要从事需要许可的生产经营活动，再到相关审批部门办理许可手续。

27. “双随机一公开”：是指随机抽取检查对象，随机选派执法检查人员，抽查情况及查处结果及时向社会公开，是深化简政放权、放管结合、优化服务改革的重要举措，是完善事中事后监管的关键环节。

28. “三个区分”：即要把因缺乏经验、先行先试出现的失误与明知故犯而违纪违法的行为区分开来，把国家尚无明确规定时的探索性试验与国家明令禁止后有法不依的行为区分开来，把为加快发展的无意过失与为谋取私利故意违纪违法的行为区分开来。

29. “四风”：指形式主义、官僚主义、享乐主义和奢靡之风。

在县委十二届三次全会第一次全体会议上的讲话

——中共大埔县委书记朱汉东

（2017 年 12 月 17 日）

同志们：

这次县委全会的主要任务是，按照省委十二届二次全会和市委七届三次全会的部署，深入学习宣传贯彻党的十九大精神，以习近平新时代中国特色社会主义思想为指引，围绕“三个定位、两个率先”和“四个坚持、三个支撑、两个走在前列”的要求，研究分析大埔在新时代面临的形势和任务，进一步谋划未来发展，动员全县党员干部群众更加紧密团结在以习近平同志为核心的党中央周围，不忘初心，牢记使命，奋力开创工作新局面，让习近平新时代中国特色社会主义思想在大埔落地生根、结出丰硕成果。

一、以习近平新时代中国特色社会主义思想为统领，持续深入学习宣传贯彻党的十九大精神

党的十九大闭幕后，全县上下将学习宣传贯彻十九大精神作为首要政治任务和最重要的“纲”，迅速掀起学习宣传贯彻热潮。县委按照中央和省委、市委的部署，带头学、带头讲、带头干，通过组织开展县委理论中心组学习会、专题研讨会、瞻仰“三河坝战役纪念园”重温入党誓词等系列活动，以上率下，有力带动全县各级各部门学习宣传贯彻工作的全面开展。同时，开展灵活多样、各具特色的基层学习宣传活动，让党的十九大精神家喻户晓、深入人心，形成强劲的正能量。

学习宣传贯彻党的十九大精神是一个逐步深化的过程，是一项长期的政治任务。目前工作刚刚开局，成效还是初步的。我们要再动员、再部署、再推动，坚持把提高思想认识与解决实际问题结合起来，形成既有认识高度又有贯彻力度、既有思想成果又有实践成果的生动局面。

（一）更加深刻认识党的十九大的重大现实意义和深远历史意义

选举产生了以习近平同志为核心的新一届中央领导集体是党的十九大最核心的政治成果。党的十九大选举产生了以习近平同志为核心的新一届中央领导集体，顺应民意、众望所归。有以习近平同志为核心的新一届中央领导集体，有习近平总书记这位在伟大斗争中形成的党的核心、人民领袖，党和国家就有了坚强的主心骨，有了最可信赖的领路人，这是党之大幸、国之大幸、民之大幸！

把习近平新时代中国特色社会主义思想确立为我们党必须长期坚持的指导思想是党的十九大最重要的理论成果。习近平新时代中国特色社会主义思想是马克思主义中国化的最新成果，是指引我们实现“两个一百年”奋斗目标、实现中华民族伟大复兴的光辉旗帜，为新时代党和国家事业发展提供了强大的思想武器和科学的行动指南。

描绘了决胜全面建成小康社会、全面建设社会主义现代化国家的宏伟蓝图是党的十九大最突出的实践成果。十九大明确了决胜全面建成小康社会的重点，作出了全面建设社会主义现代化国家分“两步走”的战略安排。

通过了党章修正案是最关键的制度成果。党的十九大审议通过的党章修正案，为新时代推进党的建设伟大工程提供了基本遵循。

（二）更加自觉用党的十九大精神统一思想、凝聚力量、引领发展

要全面准确把握新时代党的建设总要求，坚决维护以习近平同志为核心的党中央权威和集中统一领导。党的十九大报告提出了新时代党的建设总要求和八个方面的重点任务，着重强调把政治建设放在首位，这标志着我们党对执政党建设规律的认识达到了新的高度。我们必须树立“四个意识”，在任何时候、任何情况下都忠诚核心、拥戴核心、维护核心、捍卫核心，坚决维护总书记一锤定音的权威，确保一个指挥、一个声音、一个调子、一张乐谱，确保总书记对广东工作的每一项指示要求都能在大埔得到充分体现。

要全面准确把握习近平新时代中国特色社会主义思想，不断提升理论联系实际的能力水平。要坚持内化于心、外化于行，把习近平新时代中国特色社会主义思想深深刻在骨子里、融入血液中，做到真学真懂真信真用。要用习近平新时代中国特色社会主义思想引领大埔迈进新时代、开启新征程、再创新局面。

要全面准确把握过去五年的历史性成就、历史性变革，切实增强“四个自信”。党的十九大报告明确指出，过去 5 年的成就是全方位的、开创性的，5 年来的变革是深层次的、根本性的。这 5 年，大埔的改革发展也发生了巨大变化，经济综合实力持续增强，交通基础设施建设、城乡面貌日新月异，社会大局和谐稳定。这一系列成就充分彰显了以习近平同志为核心的党中央的坚强领导和英明决策，充分彰显了社会主义制度的优越性。

要全面准确把握中国特色社会主义进入新时代、社会主要矛盾已经转化等重大政治论断，谋划好新时代大埔发展大计。党的十九大报告作出中国特色社会主义进入新时代的重大政治论断，清晰指出党和国家事业所处的时代坐标。报告指出新时代社会主要矛盾已经转化为人民日益增长的美好生活需要和不平衡不充分的发展之间的矛盾，深刻揭示了我国经济社会发展的阶段性特征。我们要把握当前所处的历史方位和时代坐标，准确认识当前我县各项工作面临的新形势、新问题，立足新起点、适应新要求，绘制好大埔发展蓝图。

要全面准确把握实现“两个一百年”奋斗目标的战略部署，主动承担新时代的历史使命。党的十九大关于实现“两个一百年”奋斗目标的战略部署，明确了全面建成社会主义现代化强国、实现中华民族伟大复兴中国梦的时间表、任务书、路线图。中央对广东寄予厚望，省委省政府和市委市政府对大埔苏区的改革发展和扶贫攻坚高度关注，大力支持。

（三）更加主动把党的十九大精神创造性地贯彻落实到大埔的各项工作中去。

要把贯彻落实党的十九大精神和习近平总书记对广东工作的重要指示批示精神结合起来，一体把握、整体贯彻落实。我们要把学习贯彻党的十九大精神与贯彻落实习近平

总书记对广东工作的重要指示批示紧密结合起来，把贯彻落实李希书记的讲话要求与大埔的改革发展紧密结合起来，整体把握、系统思考、精心谋划，把中央和省委、市委的决策部署转化为推动大埔改革发展的工作项目和具体举措，确保用习近平新时代中国特色社会主义思想指导大埔开创改革发展新局面。

要把“大学习”和“深调研”结合起来，为深入贯彻落实党的十九大精神奠定坚实基础。我们要坚决按照省委和市委的部署要求，把“大学习”与“深调研”结合起来，聚焦落实党的十九大提出的新目标、新要求、新思路、新举措，围绕事关大埔发展的全局性、战略性和前瞻性问题，影响改革发展稳定的重点热点难点问题，深入开展调查研究，形成丰硕调研成果，为推动党的十九大精神的贯彻落实提供坚实的思想保障和决策支持。

要把当前和长远结合起来，朝着党的十九大确定的目标奋勇前进。党的十九大提出了一系列鼓舞人心的新目标新任务。完成这些任务，必须把当前和长远结合起来，既要以时不我待的紧迫感，雷厉风行抓好当前工作，又要保持战略定力，坚持久久为功，努力走出一条生态富民强县新路子。

要把分类指导、督导落实与总结经验、复制推广结合起来，推动学习贯彻工作落到实处、取得实效。要针对县镇村等不同层级和机关、企业、学校等不同情况，明确具体工作要求，开展分类指导督导，持续传导压力和责任。对落实不力的责成整改，坚决防止空喊口号、流于形式。要及时发现总结各级各部门贯彻落实党的十九大精神、推动改革发展的好经验好做法，在全县复制推广，营造比学赶超的浓厚氛围。

接下来，各级各部门要按照省委、市委开展“大学习、深调研、真落实”活动的要求，把这项活动作为深入学习宣传贯彻党的十九大精神的重要抓手，并为“不忘初心、牢记使命”主题教育做好思想准备和工作准备。通过系统学习、深入调研，进一步深化认识和把握县情，明确思路，扎扎实实把党的十九大精神贯彻落实到各项工作中去。

二、以习近平新时代中国特色社会主义思想为指引，找准新时代加快发展新思路

（一）用辩证的思维正确看待变与不变

中国特色社会主义处于新的历史方位，我国社会主要矛盾已经发生了深刻变化，同时我国处于社会主义初级阶段的基本国情这个“最大实际”没有变。这种“变”与“不变”的辩证关系也体现在大埔经济社会发展的方方面面。我们要用辩证的眼光，既要看到“不变”的一面，又要看到“变”的一面，与时俱进地调整完善工作思路、工作方法、工作举措。

要清醒地认识到，发展作为第一要务没有变，发展理念和发展方式变了。大埔虽处于广东经济大省，但属欠发达地区，发展不平衡不充分的问题较为突出，加快发展任重道远。我们要牢牢扭住发展第一要务，坚持以经济建设为中心不动摇。但发展方式要转变过来，必须坚定不移贯彻新发展理念，在保持经济增长合理区间的基础上，推动经济发展质量变革、效率变革、动力变革，实现经济更高质量、更有效益、更可持续发展。

要清醒地认识到，改革开放作为“关键一招”没有变，改革的任务和要求变了。进入新时代，推进改革的历史条件和任务都发生了很大的变化。我们要按照省委把广东建设成为向世界展示习近平新时代中国特色社会主义思想的“窗口”和“示范区”的要求，对照党的十九大关于全面深化改革的新部署，准确把握、深刻理解重点内容，与时俱进审视我县全面深化改革工作，提高改革总体效能，扩大改革受益面。

要清醒地认识到，为人民谋幸福的根本

宗旨和“初心”没有变，满足人民群众生活需要的内涵和方式变了。带领人民群众创造美好生活，不断增进人民群众福祉，始终是我们共产党人的“初心”，为人民服务的根本宗旨没有变，也绝不能变，但满足人民群众美好生活需要的内涵和方式要与时俱进。

要清醒地认识到，苏区精神作为优良传统没有变，传承方式和奋斗目标变了。大埔是广东首个被确认的原中央苏区县，蕴含其中的革命精神是大埔革命传统的底色和基调。现在，进入了和平时期，干事业不用牺牲生命，但事业成败同样事关人心向背。全县各级党组织要立足苏区精神，深入开展“铭记光辉历史，传承红色基因”专题教育，以新时代的新作为告慰革命先辈、不负人民重托。

（二）用发展的眼光深入分析优势和短板 要深化认识和把握县情，坚持用发展的眼光看问题，既要善于把长处发挥出来，将存在的优势和有利条件转化为前进的信心和动力，又要把短处转换过来，进一步巩固优势、补齐短板，把我县的发展优势和发展潜力充分释放出来。

要认清优势，不断巩固和厚植发展优势。推动大埔的发展，关键是要发挥生态好、资源好、人文好、前景好等优势。我们必须坚定信心，保持战略定力，不断把自身禀赋和资源优势转化为产业优势、竞争优势、发展优势，就能在新时代发展中抢占市场、赢得市场。

要找准短板，不断在补短板中释放潜力。在长期发展过程中，受历史条件和传统发展模式的影响，我县积累了不少深层次结构性问题。比如，发展产业方面，劳动密集型、资源消耗大、处于价值链低端的产业仍占较大比重；基础设施建设欠账大，城市地下管网、污水和生活垃圾处理设施、公共交通系统建设滞后，等等。我们要切实增强解决问题的紧迫感和责任感，看到短板背后蕴藏的空间和潜力，只要在这些短板上加大投入、下足功夫，不仅可以改善发展条件，还能拉动有效投资，拓展发展空间，释放发展潜力，形成新的经济增长点。

（三）用全面的观点准确把握整体和局部

要坚持全县一盘棋抓工作。县里将充分考虑各镇（场）之间的差异，加强统筹协调和分类指导，把各镇（场）的优势充分发挥出来，把大家的积极性都调动起来，共同做大发展“蛋糕”。各镇（场）要进一步提高政治站位，在全县一盘棋中谋划自身发展。要严格按照国家重点生态功能区的定位要求，保护好青山绿水。要依托资源禀赋和产业基础，促进县域经济持续发展，城乡统筹发展。

要立足全省全市大局抓工作。推动加快振兴发展，必须自觉把大埔的工作放在全市的坐标中去审视，放在全省的格局中去谋划。我们要继续利用好苏区振兴发展政策，打好精准脱贫攻坚战，推进新农村示范村创建工作，力促大埔工作与全省、全市大局工作同频共振、同步推进，为广东和梅州区域协调发展作出应有贡献。

要对标先进抓工作。我们要牢固树立开放包容意识，登高望远，树立标杆，学习别人的点子，创新自己的路子。要把对标先进抓学习、抓工作作为一种常态，善于取长补短、做好自己。对具有优势的工作，就要对标最优、最好、最先进，更上一层楼；对自己的短处，就要求贤若渴、见贤思齐，把短处填平补齐。

三、坚持以事关全局重大问题为导向，更好地以习近平新时代中国特色社会主义思想指导实践

（一）深入研究解决发展不平衡不充分问题，满足人民日益增长的美好生活需要

要从区域协调发展的角度出发，认真研究

落实更高起点推进粤东西北与全省一体化的措施，深入研究与珠三角地区特别是与广州市海珠区的合作共建机制，积极承接珠三角地区辐射带动。立足大埔苏区发展，进一步研究落实国家相关意见和发展规划，争取中央和省布局一批现代交通、水利基础设施等重大项目，夯实发展基础。二要从城乡统筹的实际出发，推进新型城镇化与乡村振兴联动发展。要突出抓好县城、中心镇和建制镇的建设，实施“六个一”工程，打造一批“特色小城镇”；把城镇群建设成农民市民化的重要载体，引导乡贤回归和农民就近就地安居就业。要通过新型城镇化，促进农村土地流转、人口流动、产业转型，结合扶贫攻坚，引进企业建设“特色小镇”、田园综合体，发展农业适度规模经营，增强贫困地区发展内生动力，促进乡村振兴。三要研究补齐民生社会事业短板，抓住人民最关心最直接最现实的利益问题，推进更高质量和更充分就业，争创广东省推进教育现代化先进县、省卫生强县等，着力解决教育、医疗卫生、就业等重大问题，逐步提高保障和改善民生水平。

（二）深入研究推进供给侧结构性改革问题，推动经济更高质量、更高效益发展　一要研究推动工业转型升级。重点研究深化供给侧结构性改革，从供给端入手优先发展先进制造业和新兴产业，注重产权制度和要素市场改革，推进海珠（大埔）工业园建设，提升园区承载力，推动产业转型升级，做大做强实体经济。二要研究壮大生态富民产业。要聚焦生态富民产业建设，着力培育发展全域旅游、健康养生、长寿食品、体育休闲等重点产业，推动产业园区、重点镇、城市综合体建设向“特色小镇”“特色小城镇”转变，促进新型城镇化和新型工业化融合发展、现代农业与新农村建设同步建设。三要研究推进农业供给侧结构性改革。要突出“生态、长寿”两大优势，大力发展绿色食品、长寿食品，全面打响“中国长寿之乡”品牌。要进一步完善优质农产品产业链条，创造新供给，促进农业强、农村美、农民富，加快乡村振兴步伐。

（三）深入研究大埔区域创新能力建设问题，加快切换发展动力　一要研究健全以企业为主体、市场为导向、产学研深度融合的技术创新体系，支持重点企业建立研发机构，培育发展一批高新技术企业。二要加快创新平台建设，通过内设或合作建设新型研发机构、产学研结合等形式，提升集聚创新要素能力。三要全面深化科技体制改革，进一步优化科技创新环境。四要落实人才新政，不断增强经济创新力和竞争力。

（四）深入研究构建开放型经济新体制问题，增创对外开放新优势　一要研究推进开放平台建设，利用世界客商大会、世界大埔同乡联谊会等平台，积极加强与“一带一路”沿线国家和地区的交流合作，创新吸引利用外资方式，培育贸易新业态新模式。二要研究探索扩大开放体制机制，通过发挥广州市海珠区共建产业园区的作用，把制度延伸过去，积极构建对外开放新格局。三要研究探索促进与周边地区互联互通、互动发展，加强与潮汕揭、海西区和赣闽粤原中央苏区等区域的合作，推进交通互联、经济互通、文化互鉴，形成全面开放新格局。

（五）深入研究推进全面深化改革问题，激活发展动力和活力　一要研究落实中央和省委、市委改革部署，全面梳理新提出的改革任务和举措，逐项研究，明确分工和进度安排，加大力度推进落实。二要研究推进重点领域和关键环节改革，严格按照中央顶层设计，进一步加强对改革重点和突破口的研究，争取有新突破。三要研究创造有利于改革的环境，落实“三个区分”容错纠错机制，激发各级干部锐意改革、勇于创新的积极性。

（六）深入研究传承优秀客家文化问题，

增创文化发展新优势　一要认真弘扬客家文化。加大政策扶持力度，创新文化供给模式，繁荣文艺精品创作，推动客家文化事业和文化产业发展。二要大力传承革命文化。研究制定保护传承大埔革命文化的行动计划，修复革命旧址、苏区遗存，发掘革命人物精神内涵，打造一批红色教育基地和红色旅游载体，让苏区党员干部永葆革命本色。三要推进文化多元发展。研究弘扬具有大埔特色的客家优秀传统文化，通过精神提炼、人物研究、理论探讨等方式，不断丰富客家文化的外延和内涵。四要把践行社会主义核心价值观、传承红色文化，与弘扬客家人文精神结合起来，把道德建设、文明创建融入群众的日常生产生活中，培养彰显时代特征的大埔人精神。

（七）深入研究推进生态文明建设问题，增创环境新优势　一要研究推进绿色发展。以绿色为标尺引领产业转型升级，研究构建绿色发展的空间格局、产业结构、生产方式和生活方式，加快建立绿色生产和消费的政策导向。二要研究打好污染防治攻坚战。坚持源头防治，解决水、大气、土壤等突出环境问题，积极构建政府主导、企业主体、社会组织和公众共同参与的环境治理体系。三要研究构建生态保护体系。探索推进生态文明制度改革，加快构建国土空间开发保护制度，完善主体功能配套政策，实行差别化的发展政策和各有侧重的绩效考核。

（八）深入研究加强法治大埔和平安大埔建设问题，打造良好社会环境　一要按照深化依法治国实践的要求，加强人民当家作主制度保障，支持和保障各级人大依法履职，充分发挥人民代表的作用。二要推动法治大埔系列工程的实施，着力建设法治政府，推动依法行政，严格规范公正文明执法；深化司法体制改革，提升司法效能和公信力；推进全民普法，使法治观念深入人心。三要把客家文化特别是文明乡风、家风渗入创新社会治理、化解社会矛盾的各个领域，提升社会治理整体水平。四要加快社会治安防控体系建设，依法打击和惩治黄赌毒黑拐骗等违法犯罪活动，确保社会和谐稳定。

（九）深入研究干部队伍和基层党组织建设问题，为改革发展提供坚强保障　一要落实党委抓基层组织建设的责任。各级党委书记要把基层党建工作作为重中之重的工作，作为义不容辞的“天职”，着力抓统筹、抓投入、抓落实。力争用3至5年时间，使全县基层党组织建设上新水平。二要研究增强基层党组织的组织力问题。加强基层党组织带头人和党建人员队伍建设，强化基层党组织对各领域社会基层组织的政治领导、引领带动作用；落实基层党组织“三会一课”等制度，增强党员教育管理针对性和有效性。三要推动基层党建与基层治理紧密结合，确保基层党组织在化解社会矛盾、查处违法违纪、维护群众合法权益中发挥一线作用，特别是引领基层其他社会组织，善于围绕党委意图做好各类群众工作，在新形势下更加有力地巩固党的执政基础。四要坚持党管干部和党管人才。要继续抓好干部大培训和人才培养工程，不断提升党员干部队伍的“八个本领”，建设一支高素质专业化干部和人才队伍。

上述9个问题，是我县贯彻落实党的十九大精神中大家感到比较突出、迫切需要研究解决的重大问题，不可能涵盖全县工作要解决的所有问题，更不是贯彻落实党的十九大精神的全部内容，没有讲到的问题不意味着不重要，更不意味着不要解决。各级各部门要认真对标党的十九大精神，把抓重点和全面推进有机结合起来，全面落实好党的十九大提出的各项决策部署。接下来，要按照县委《关于深入开展重大问题调研的方案》要求，用半年左右时间，深入开展调查研究，提出具体的政策和行动方案，形成推进落实的具体行动计划和行动方案，切实把习近平新时代中国特色社会主义思想贯彻到全县经济社会发展各方面全过程。

四、坚持推进全面从严治党，为全面贯彻落实党的十九大精神提供有力的政治保证

（一）坚持抓好政治思想建设　要牢固树立“四个意识”，坚决维护习近平总书记的核心地位，始终在思想上政治上行动上同以习近平同志为核心的党中央保持高度一致。要按照中央统一部署，深入开展“不忘初心、牢记使命”主题教育，坚定不移用习近平新时代中国特色社会主义思想武装头脑，加强党性锻炼、坚定理想信念，认真执行新形势下党内政治生活若干准则，完善和落实民主集中制各项制度。要严明党的政治纪律和政治规矩，大力弘扬忠诚老实、公道正派、实事求是、清正廉洁等价值观，形成风清气正的良好政治生态。

（二）坚持抓好干部队伍建设　要坚持党管干部原则，把好干部标准落到实处。要加强领导班子建设，按照高素质、专业化要求，精准科学选优配强不同层次、不同领域的领导班子。要崇尚实干，为敢于担当负责、勇于攻坚克难的干部撑腰鼓劲。要教育引导干部把讲规矩与改革创新统一起来，既不能碰中央划定的“红线”，又要善于创造性开展工作。要把提振干部干事创业的精气神摆在突出的位置，优化正向激励，强化约束，使干部始终保持锐意进取的勇气、敢为人先的锐气、蓬勃向上的朝气。要加强干部培训和实践历练，增强学习本领、政治领导本领、改革创新本领、科学发展本领、依法执政本领、群众工作本领、狠抓落实本领、驾驭风险本领。

（三）坚持抓好意识形态工作　要牢牢把握意识形态工作的领导权、管理权、主动权。要切实守好互联网这个主阵地，营造更加清朗的网络空间。要着力构建齐抓共管的意识形态工作格局，切实加强各级各类意识形态阵地建设管理，全方位筑牢意识形态安全的“护城河”“防火墙”。

（四）坚持正风肃纪、坚决惩治腐败　党的十九大胜利召开不久，中央就印发了贯彻落实中央八项规定实施细则，对持之以恒正风肃纪作出了新的部署，向全党全社会释放了作风建设永远在路上的强烈信号，释放了坚持不懈抓作风的坚强决心和坚定意志。我们要按照中央部署，以更高标准更严要求持续整治“四风”突出问题，以钉钉子精神推动中央八项规定精神落地生根、成风化俗。各级各部门一把手都要从自己做起，以身作则、率先垂范，坚决反对特权思想和特权现象，树立新风正气，抵制歪风邪气。要认真落实中央关于国家监察体制改革的决策部署，牢牢把握改革正确方向，集中力量抓好转隶，选优配强领导班子，按期完成机构组建，确保人心稳定、队伍稳定、工作稳定，为各级监察委员会起步运行鉴定坚实基础。

同志们！宏伟蓝图已经绘就，伟大征程已经开启。让我们更加紧密团结在以习近平同志为核心的党中央周围，深入学习贯彻习近平新时代中国特色社会主义思想，不忘初心，牢记使命，永远奋斗，紧紧依靠全县广大人民群众，团结凝聚社会各界力量，以永不懈怠的精神状态和一往无前的奋斗姿态，不断开创大埔振兴发展新局面，为实现“两个一百年”奋斗目标和中华民族伟大复兴的中国梦作出应有贡献！

大 事 记

2017 年大埔大事记

1 月

3 日，大埔出口蜜柚质量安全示范区通过考核验收，正式获批成为梅州首个省级出口食品农产品质量安全示范区。

是日，副县长、公安局局长房春鸣前往梅州市剑英体育馆广场参加梅州市公安机关打击盗抢骗赃物发还暨交通整治查扣车辆销毁活动。

4 日，江西省赣州市信丰县人大常委会主任邹长东一行在县人大常委会主任黄建庭和县人大、县旅游局等相关负责人陪同下，到百侯名镇旅游区、泰安楼客家文化旅游产业园等地实地考察旅游和城镇建设工作。

是日，深圳市大埔商会、大埔县万福寺慈善功德会一行到大东镇敬老院开展敬老助残慈善活动。

是日，省林业厅副厅长杨胜强率省森林资源保护和发展目标责任制考核组到大埔县检查2016年度森林资源保护和发展目标责任制执行情况。

是日，县委常委、县纪委书记廖若旦在县纪委副书记严庆东陪同下到县行政服务中心调研。

是日，县委副书记李宏、副县长罗春达到大东镇调研大潮高速（含大漳支线）建设推进情况。

是日，副市长吴泽桐率队到高陂镇调研重点项目建设进展情况，市政府副秘书长张映辉，县长朱汉东，县委常委、政法委书记郭展凌，县委常委、副县长张志平，副县长蓝欣，以及市、县直相关参建单位负责人陪同调研。

5 日，在县科技信息大楼二楼会议室召开镇（场）党委书记抓基层党建工作述职评议会议，专题听取各镇（场）党委书记和县直机关工委书记抓基层党建工作述职，并进行评议和点评。

是日晚，副县长、公安局局长房春鸣在县城文化广场观看市公安局组织举办的“千骗一虑”防范电信网络诈骗巡回展演活动。

6 日，东方园林产业集团有限公司投资发展部副总经理塔秀悦一行在县委常委、宣传部部长陈伟平以及有关部门负责人陪同下，到百侯名镇旅游区、泰安楼客家文化旅游产业园、三河坝烈士陵园等地参观考察，并就旅游合作开发事宜进行交流。

7 日，省巡考组一行到大埔县实验中学考点检查巡视普通高中学业水平考试情况，副县长罗春达、县教育局局长和市教育局派出的考试监察员等陪同巡查。

是日，湖寮镇古城村举办古城村“城北社区”体育公园启用暨龙湾国际篮球友谊赛。

8 日，省委副书记、代省长马兴瑞率队莅埔调研基础设施项目建设情况，现场研究解决项目规划建设过程中遇到的问题，加快推进基础设施和相关产业项目建设。在大麻镇小留村，马兴瑞到群众家中了解生产生活情况，实地考察美丽乡村示范点规划建设情况。

是日，广东省大埔商会在广州白云嘉大国际金融中心 18 楼举行广东省大埔商会会馆落成揭幕仪式，中国扶贫基金会副会长陈开枝、广州市政协原主席邬梦兆，海南省军区原副政委黄声云等省、市领导和副县长蓝欣、县政协副主席张友群参加揭幕仪式。

9 日，省委组织部副厅级组织员、省委组织部组织处处长、省委基层治理办主任欧阳贵有，省国资委党委副书记、副主任蔡秀芬一行莅临大埔，到县城城北社区居委会、大麻镇桃石村委会调研基层党组织建设工作。

是日，大埔农商银行首家陶瓷性专业支行——高陂开发区支行在高陂挂牌开业。

11 日，县委常委、常务副县长郑尚森在茶阳镇党委书记陪同下，到茶阳镇梅林村、丰村村、恋墩村走访慰问部分困难党员、老党员和计生困难户。

是日，省红十字会副会长兼秘书长甘萍一行在副县长饶凌云和县直相关单位负责人陪同下，到高陂三岗村村委会开展 2017 年度红十字博爱送温暖活动。

11—13 日，广州市海珠区文联文艺家一行在区文联主席钟晖的带领下到大埔开展送文艺下基层及文艺交流创作活动，县委常委、宣传部部长陈伟平，县文联主席等陪同。

12 日，广州市公安局党委委员、政治部主任杨日兴率队到大埔开展扶贫慰问工作。

13 日，县委常委、纪委书记廖若旦和县纪委副书记严庆东在茶阳镇党委书记的陪同下，到角庵村慰问贫困户。

是日，副县长、公安局局长房春鸣到县行政服务中心调研，并到公安局窗口检查指导工作。

是日，省质监局局长、党组书记任小铁一行在县委副书记李宏和县府办、县质监局、西河镇党政负责人等相关人员陪同下到西河镇漳北村开展春节慰问送温暖活动。

是日，省农普办常务副主任陈新一行在副县长刘采峰和省、市、县统计局相关负责人陪同下，到大埔县百侯镇侯北村检查指导农业普查现场登记工作。

13—14 日，省老促会副会长兼老区建设基金会理事长黄广伟一行莅埔调研。13 日，黄广伟一行在县政府五楼会议室与副县长刘采峰以及相关部门负责人进行座谈，听取县经济社会发展情况介绍。14 日，黄广伟与省本草药业集团、省中药研究调研组一行到西河镇本草源科技有限公司生产基地调研，了解药业产业发展情况。

15 日，县体育局、枫朗镇政府、大埔县祥云俱乐部联合举办“重走红色路·共铸中国心”徒步活动，线路从饶平县上饶至枫朗三溪。

17 日，县委常委、组织部部长陈军营率领县委组织部、县民政局、卫计局、总工会、妇联、残联等单位有关人员到大东镇开展春节慰问活动。

是日，梅州市楹联学会大埔分会、大埔书协一行受邀到大东镇联丰村花萼楼为群众免费挥春送福。

是日，县委宣传部、县民政局、县住建局、县文联、大埔县书法协会、顺德大埔同乡联谊会、谢汉仁书法教育研修（大埔）班联合到银江镇开展“写春联·送祝福·暖民生”活动。

是日，县长朱汉东带队到高陂镇慰问特困党员、特困单亲家庭。

是日，广州工商联书记董延军一行到高陂桃花村进行扶贫回访慰问。

17—18 日，县领导张红梅、饶凌云率队赴港拜访大埔县旅港同乡会和田家炳、刘永生。

是日，广东出入境检验检疫局调研员张志刚一行莅埔，到县陶产办、宝丰陶瓷有限公司调研，了解陶瓷产业发展有关情况。

18 日，市委常委、组织部部长杜敏琪率慰问组到挂钩帮扶的大麻镇桃石村开展春节走访慰问活动，为困难群众送去春节慰问金、慰问品和新春的祝福。县委书记林健雄，县委常委、组织部部长陈军营及市委组织部机关干部职工等参加慰问活动。

18—27 日，大埔县组织光德陶瓷烧制技艺（富大陶瓷公司）参加 2017 年澳门“春风送绿岭南岸——广东省、香港特别行政区及澳门特别行政区春节习俗展”实物展。

19 日，县委常委、宣传部部长陈伟平走访慰问老艺人、老教师、名教师、高山台工作者，为他们送上节日的祝福和春节慰问金。

是日，县委常委、县委办主任罗伟纯，县委常委、组织部部长陈军营，县人大常委会副主任、县总工会主席谢以美一行到行政服务中心开展春节慰问活动，并到窗口检查指导工作。

是日，县长朱汉东，县委常委、常务副县长郑尚森率领县府办、消防大队、住建局、城综局等部门负责人到虎山加油站、锦绣山水城、璜腾坑烟花爆竹零售点、好又多超市、大埔汽车站、东风市场等地检查安全生产、节日市场和市容市貌工作。

是日，市政协副主席叶解春、李忠良、周秋明、曾祥海、陈元星等一行到青溪镇青华村开展春节慰问活动，为困难群众送上新春的祝福与关怀。

20 日，省水利厅副厅长边立明到高陂水利枢纽工程施工现场调研。

是日，县委常委、县委办主任罗伟纯，县纪委副书记严庆东率县委办领导班子成员到湖寮镇龙岗村开展春节送温暖慰问活动。

是日，在县科技信息大楼二楼会议室举行县扶贫开发局、中国邮政储蓄银行大埔县支行金融扶贫战略合作框架协议签约仪式，副县长刘采峰、中国邮政储蓄银行梅州市分行副行长罗尚辉及县扶贫局等相关单位负责人参加签约仪式。

22 日，县委副书记李宏、副县长刘采峰到青溪镇调研青溪库区生态环境整治情况。

是日，县委常委、统战部部长张红梅到银江镇银村村、冠山村、明新村、磜头村、明德村等地慰问特困老党员、计生困难户、贫困户。

23 日，县委常委、宣传部部长陈伟平率组织、民政、妇联等有关单位人员，到百侯镇侯南、侯北村慰问特困单亲母亲家庭和老党员。

是日，市公安局党委委员、政治处主任林卫东莅埔督导春节安保工作，副县长、公安局局长房春鸣等陪同。

是日，在县科技信息大楼一楼会场召开 2017 年各界人士迎春团拜会，县领导与全县各界人士欢聚一堂，共贺新春、共叙友情、共话发展。县委书记林健雄、县长朱汉东、县政协主席李礼醒、县委副书记李宏等县领导和离（退）休干部代表、社会各界人士代表共 500 人参加迎春团拜会。

24 日，县委常委、统战部部长张红梅，副县长饶凌云率县有关部门负责人到东风市场、龙山市场、县人民医院、大麻镇市场等地检查督查防控人感染 H7N9 流感工作。

是日，副县长刘采峰到百侯镇、枫朗镇、大东镇检查森林防火及相关安全应急准备情况。

是日，梅州市公安局特警“战训合一”队伍到大埔县开展武装巡逻防控和应急反恐处突拉练，副县长、公安局局长房春鸣到场观摩。

25 日，省科学院党委副书记颜国荣一行在县政协副主席刘小平陪同下，到西河镇上黄砂村开展慰问活动。

26 日，广州市海珠区官洲街道调研员赖燕丽率街道干部一行到挂扶的银江镇明德村开展春节慰问活动。

27 日，县领导饶凌云、吴振石等深入基层走访慰问流浪乞讨人员、困难群众，给他们送去党和政府的关怀。

28 日，大东镇在坪山梯田景区游客服务中心举办第一届新春醒狮锣鼓活动。

2 月

1 日，广东大埔蜜柚集团有限责任公司、大埔碧桂园举办主题为“绿色健康跑，一起为爱奔跑”的徒步活动。

3 日，广东省交通集团副总经理蔡小驹到大埔县督办交通基础设施建设情况。

5 日，县长朱汉东、副县长饶凌云实地查看百侯、枫朗、高陂等镇森林防火工作开展情况，重点对各个重点路段、山场入口防火警示牌的设立情况进行督查。

是日，县委常委、县委办主任罗伟纯，县纪委副书记严庆东到湖寮镇督查森林防火工作。

6 日，大埔县国税局、地税局联合协助公安部门捣毁一个涉嫌贩卖假发票窝点。

是日，县长朱汉东率县有关领导、县直有关单位和大麻镇有关负责人到大麻移民安置点现场调研，并在大麻镇政府二楼会议室召开工作推进会。

6—8 日，县委常委、宣传部部长陈伟平和副县长饶凌云带领三河镇、党史、民政、旅游等相关单位主要负责人，到福建古田、江西瑞金和井冈山等地学习考察，了解红色旅游发展模式、管理运营、展馆布展、遗址保护等具体情况。

7 日，市公安局党委委员、政治处主任林卫东到大埔县公安局看望慰问一线执勤民警，副县长、公安局局长房春鸣等陪同。

8 日，县长朱汉东到县交通运输局调研，县委副书记李宏、副县长罗春达和县交通运输局、县公路局、县府办等相关单位负责人陪同。

9 日，中国共产党大埔县第十二届纪律检查委员会第二次全体会议在县城举行。

10 日，在西湖公园万人广场举办 2017 年元宵文艺晚会，县委常委、宣传部部长陈伟平，县人大常委会副主任张长先，副县长罗春达，县政协副主席张友群，县纪委副书记严庆东以及广大干部群众到场观看晚会。

10—14 日，大埔县组织裕丰、峰联、顺源、欣红、溪山等 5 家陶瓷企业参加 2017 年德国法兰克福春季消费品博览会 AMBIENTE，宣传和展示大埔“中国青花瓷之乡”和“国家地理标志保护产品——大埔青花瓷”的品牌形象。

14 日，市委政法委专职委员邓海恩率队到大埔对大埔县 2016 年度综治工作（平安建设）进行现场考评。县委副书记李宏，县委常委、政法委书记郭展凌，副县长、公安局局长房春鸣，县纪委副书记、监察局局长邝金禄，以及县综治委、县政法委、县直、镇（场）相关单位人员参加会议或陪同考察。

是日，原县长林培元、县政协主席李礼醒到高陂镇城区建设区视察。

是日，广州市海珠区第二轮对口帮扶大埔工作队队长吴东华率队到大埔陶艺产业园和广州（海珠）陶瓷产业集聚区实地调研。

15 日，省水库移民工作局副局长王胜端率省水利厅有关人员到高陂水利枢纽工程建设现场调研。

是日，大埔县在虎山中学老校区二楼会议室举行考取清华大学邓振龙先生奖学金发放仪式，县教育局局长、虎山中学校长、2016 级清华大学学生赖文灿及虎山中学相关部门负责人出席颁奖仪式。

是日，县长朱汉东在副县长蓝欣和县府办、县国土资源局、县园区办、高陂镇党政负责人的陪同下，到高陂镇广州海珠（大埔）产业园调研。

16 日，省司法厅副厅长饶伟平一行到大

埔县三河、湖寮司法所和县社矫办检查社区矫正工作情况。

是日，县长朱汉东率队到大麻镇调研大潮高速和韩江高陂水利枢纽工程移民安置工作，县人大常委会副主任、县总工会主席谢以美和县国土资源局、林业局、水务局、大麻镇等相关单位人员参加调研。

17日，市春运办督查组莅埔督查指导春运工作，并与副县长罗春达以及相关部门负责人进行座谈。

是日，县委副书记李宏、副县长罗春达、县大潮高速指挥部办公室相关人员到枫朗镇大埔角新五村民小组调研大潮高速（大漳支线）工作推进情况。

18—19日，百侯太平福祈福大典在百侯镇侯南村举行，近3000名村民参与祈福活动。

19日，泰国华人青年商会考察团一行到大埔考察三河坝战役纪念园，市外事侨务局副局长邓锐、副县长饶凌云和县外事侨务局等相关部门负责人陪同参观考察。

20日，县人大常委会主任黄建庭到西河镇督查重点项目、重点工程推进情况，并调研基层人大工作。

21日，市地方税务局局长练富强在总经济师张世盛的陪同下，到县地方税务局调研。

是日，梅州市农业产业扶贫轮训会在大埔县召开。副县长刘采峰、广州市派驻大埔县工作组组长、县农业局和广州市派驻大埔县扶贫工作组全体成员、扶贫驻村干部以及龙头企业、农民专业合作社、家庭农场代表等300人参加培训会。

22日，市委常委、统战部部长张文广和副市长曾尚忠在县委书记林健雄、县长朱汉东的陪同下，到大埔县城过境公路和黎家坪高圳新区建设现场、三河粤电大埔发电厂、三河坝战役纪念园、大潮（大漳）高速渡头施工便道现场、韩江高陂水利枢纽工程坝址、大埔（海珠）产业转移工业园等地调研工作。

24日，在县科技信息大楼四楼会议室召开大埔县老区宣传报道工作会议，县老区促进会、县委老干部局以及来自县直单位、乡镇的30多位通讯员参加会议。

27日，大埔县开展以“清洁卫生齐动手，预防疾病保健康”为主题的2017年春秋卫生清洁统一行动日专项活动。

是日，县人大常委会主任黄建庭率县人大机关部分干部到湖寮镇调研新时期人大工作。

是日，香港计时宝集团顾问关键能率考察团莅埔考察天王表项目建设情况，在县人大常委会主任黄建庭及县经信局等县直单位负责人的陪同下，前往县城内环中路天王表项目建设现场听取项目及推进工作情况介绍。

是日，县长朱汉东率队到大麻镇调研“六村联动”提升改造和美丽乡村建设情况。

28日，大埔县举行2017年坪山梯田油菜花旅游节启动仪式暨“中国最美丽县·大埔风采”广东省摄影大赛颁奖和“梅州市百人诗会颂大东”采风活动。

是日，县长朱汉东率队到大东镇、枫朗镇现场调研大潮高速公路（大漳支线）建设前期工作。

是日，市安全生产责任制考核组组长陈晓龙率队到大埔县检查安全生产工作。

是日，县委常委、常务副县长郑尚森和县委办、县人大办、县府办、县政协办等相关单位负责人在县政府二楼分会场收听收看《中共中央国务院关于推进安全生产领域改革发展的意见》宣讲报告会电视电话会议。

是月，县文广新局组织县广东汉剧传承中心排练新编广东汉剧折子戏《岳母刺字》。

3月

1日起，对领取营业执照后未开展经营

活动（或未开业）、申请注销登记前未发生债权债务或已将债权债务清算完结（或无债权债务）的4种企业实行简易注销，完善及简化市场主体退出机制。

1日，县委常委、统战部部长张红梅率队到万福寺调研景区建设推进情况。

是日，县防控人感染H7N9禽流感疫情工作领导小组组织工商、城综、卫计、畜牧、药监等部门到东风市场、城北市场、大昌市场等市场督查县城活禽市场休市情况。

2日，市人大常委会副主任、党组副书记黎健平在县长朱汉东、县人大常委会副主任张昭锋、副县长刘采峰的陪同下，到大麻镇大留村、中村村、坑尾村，西河镇北塘村、漳溪河岸"路网"工程现场，通过实地察看、听取汇报等方式了解两镇在农村环境综合整治、美丽乡村建设及中心镇"六个一"建设的进展情况。

是日，市教育局副局长朱志强率队到大埔县督导检查春季开学工作。

3日，市委副秘书长、市委政研室主任张达宏一行在县委常委、县委办主任罗伟纯的陪同下，到高陂镇党溪村李光耀祖居、韩江高陂水利枢纽工程坝址、高陂陂寨移民安置新区、高陂沿江金岸小区等地调研。

5日，由县妇联主办，大埔县万川爱心协会协办的"洁净大埔·巾帼行动"志愿者服务活动在大埔县文化广场举行，副县长饶凌云在启动仪式上讲话。

6日，县委书记林健雄、县长朱汉东、县人大常委会主任黄建庭、县政协主席李礼醒等县班子领导和县林业局、枫朗镇部分领导干部共100人到枫朗镇义务植树示范点参加义务植树活动。

是日，中华诗词学会常务副会长、解放军电视宣传中心原主任李文朝一行到大埔考察大埔县"中华诗词之乡"创建工作，并在县委常委、宣传部部长陈伟平陪同下到三河坝战役纪念园、县博物馆、县诗社、张云栽实验小学、田家炳实验中学和书法公园参观考察。

6—7日，梅州市党史研究室（史志办）主任会议暨革命旧址、纪念设施修建工作现场推进会在大埔县召开，市委常委、组织部部长杜敏琪出席会议并作讲话，县委书记林健雄，县长朱汉东，县委常委、县委办主任罗伟纯，县委常委、组织部部长陈军营，市委党史研究室、各县（市、区）党史研究室（史志办）等相关负责人以及青溪镇党政领导参加会议或陪同实地调研。

7日，市委常委、市纪委书记黄建固一行在县委书记林健雄，县长朱汉东，县委常委、纪委书记廖若旦，县纪委副书记、监察局局长邝金禄，县纪委副书记严庆东的陪同下，到三河镇梓里村、三河镇政府、县旅游服务中心和县博物馆调研考察。

7—8日，省第五十二批省信访督查专员、省科技厅副厅长、党组成员杨军，省第五十二批省信访督查专员、省政协联络工作委员会专职副主任廖珍玉一行到大麻镇督查全国"两会"期间信访维稳工作开展情况，重点对镇领导接访下访和重点上访人员稳控等工作落实情况进行检查，县领导林健雄、朱汉东、李礼醒、罗伟纯、郭展凌、房春鸣等和相关单位负责人参加汇报会或陪同检查。

7—8日，省文物局专家组一行莅埔指导大埔县文物抢修工作，深入到茶阳镇"父子进士"石牌坊现场勘察，提出项目抢修相关意见。

8日，县委书记林健雄、县长朱汉东率队到百侯镇现场考察城乡环境综合整治工作，县委常委、县委办主任罗伟纯，县委常委、常务副县长郑尚森，副县长房春鸣、刘采峰，及县直相关单位负责人、各镇（场）书记参加现场考察。

是日，市统计局局长凌松宏率队到大埔

县检查指导第三次全国农业普查和GDP核算工作。

8—12日，马来西亚马六甲茶阳会馆主席陈锡安、马来西亚大埔青年团全国总团长罗富伟率领马来西亚大埔（茶阳）社团联合总会青年团一行回埔寻根及商业交流拜访，县领导张红梅、饶凌云和县外事侨务局、县金融办、县侨联主要负责人等陪同。

9日，县长朱汉东，县委常委、常务副县长郑尚森在县国土资源局、县安监局、县移民局、高陂镇等相关单位负责人陪同下，到韩江高陂水利枢纽工程右岸上坝公路边坡出现的地质灾害险情点进行检查。

10日，大埔国、地税联合办税服务厅在全市率先推行“一窗通办”业务。

是日，县委常委、县委办主任罗伟纯率领县委调研室、县住建局、城综局等相关单位负责人到龙湾国际项目建设现场调研项目建设推进情况。

11日，县长朱汉东率队赴香港参加大埔县旅港同乡会第25届理事就职庆典暨敬老奖学春节联欢晚会，晚会在香港九龙旺角弥敦道伦敦大酒楼举行。朱汉东，田家炳基金会董事局主席、旅港同乡会永远荣誉会长田庆先，市外事侨务局局长杨栋，省政协常委、香港梅州联会会长余鹏春，县政协主席李礼醒，市委统战部部长助理沈丁明，旅港同乡会永远副会长、广东省大埔商会会长陈公颜，县委常委、统战部部长张红梅，全国政协原委员、前特区政协民政局局长蓝鸿震，县委常委、宣传部部长陈伟平，副县长饶凌云，县政协副主席张友群、刘小平、杨竹玲、吴振石，及县外事侨务局、县侨联、县教育局、县旅外商会、香港梅州客家社团等负责人出席晚会。

11—13日，马来西亚中国客家商会名誉会长林柏辉、会长蓝金海一行到大埔考察交流，副县长刘采峰和县外事侨务局负责人等陪同参观考察。

12日，县委书记林健雄率领县委常委、常务副县长郑尚森，县委常委、政法委书记郭展凌和县安监局、县交运局、县公安局、县移民局等部门负责人到高陂镇检查安全生产工作。

14日，市政府第三次全国农业普查工作督查组到三河镇汇城村、银江镇昆仑村开展专项督查工作。

是日，大埔县田家炳第一中学举行“梅州市象棋特色学校”挂牌仪式。

是日，市长方利旭率队莅临大埔调研，深入到大埔县城过境公路、黎家坪高圳新区、百侯名镇文化旅游区、大埔县辉龙农业科技有限公司、中共南方工委旧址、西岩山万亩茶文化旅游产业园、广州（海珠）大埔产业转移园、高陂水利枢纽工程坝址等地，实地考察交通水利基础设施、文化旅游产业、工业园区等重点项目建设和重点企业生产经营情况等。

15日，由广东省农业厅指导，南方报业传媒集团主办，南方农村报社承办的首届“寻找广东好大米”交流会在云浮罗定举行。会上发布“广东好大米”共识，并评出首届“广东好大米十大品牌”等多个奖项，其中“大埔县产区”获首届“广东好大米特色产区”称号。

是日，县消委会、工商、质监、食品药品监管、农业、烟草专卖、人民银行等部门在文化广场开展“3·15”国际消费者权益日暨“网络诚信、消费无忧”主题活动，副县长饶凌云参加活动。

是日，副市长曾尚忠率队到洲瑞镇瑞山生态旅游度假村调研旅游工作，市政府副秘书长张映辉，县长朱汉东，县委常委、宣传部部长陈伟平，副县长罗春达，及市、县相关单位负责人等参加调研。

是日，市政协主席陈建青莅埔调研政协

工作，市政协副主席叶解春、韩小林、周秋明、马志元、陈元星，县委书记林健雄，县政协主席李礼醒，县委常委、县委办主任罗伟纯，县政协副主席张友群、刘小平、杨竹玲、吴振石、刘广明等陪同参加调研，并到挂扶村青溪镇青华村调研扶贫工作。

是日，加拿大国会议员陈圣源一行到埔参观交流，在副县长饶凌云和县外事侨务局负责人等陪同下，参观考察客家博物馆、百侯镇景点。

16 日，大埔县高陂水利枢纽工程指挥部、县委宣传部、县文化广电新闻出版局、县移民工作局联合策划的“美丽家园·你我共建”文艺下乡巡回演出首场活动在银江镇河口村河口小学演出。

是日，县委常委、政法委书记郭展凌到县司法局调研司法行政工作。

16—17 日，珠江委副主任胥加仕在省三防办副主任兼督察专员邹振宇、副县长刘采峰和市、县相关单位负责人陪同下，到韩江高陂水利枢纽工程、湖寮镇三防办、县城防洪堤工程等地督导检查汛前防汛准备工作情况。

18 日，副市长吴泽桐率队莅埔调研交通公路建设情况，在副县长罗春达和县公路局、县交通运输局等相关单位负责人的陪同下，到大埔县城过境公路现场调研项目推进情况。

21 日，县委常委、宣传部部长陈伟平率各镇（场）宣传委员赴蕉岭县考察学习。

是日，县政协主席李礼醒到枫朗镇大埔角村指导环境卫生综合整治工作。

22 日，市人大常委会副主任张映平率市人大常委会第三宣讲组一行到大埔县宣讲《梅州市森林火源管理条例》，宣讲会在县科技信息大楼一楼举行，县人大常委会主任黄建庭，副县长蓝欣，县林业局和公安森林分局全体干部职工，县森林防火指挥部成员单位主要负责人，各镇（场）党政主要负责人、分管林业工作的负责人、农业服务中心林业工作主要负责人，各村支部书记、村委会主任等共 400 人参加会议。

23—24 日，梅州市慢性病防治院联合大埔县慢性病防治院、湖寮镇卫生院在县城文化广场开展为期两天的“3·24”世界防治结核病日义诊宣传活动。

23—24 日，县人大常委会主任黄建庭率县人大专项督查组到天王表综合大楼、县城过境公路、广州海珠（大埔）产业园、梅州市宏宝水泥有限公司、城东“三旧”改造项目、大埔县西华新村城市综合体项目等重点项目建设现场督查。

24 日，中国·大埔乌龙茶博览馆在西岩茶场正式投入使用。

是日，省国土资源厅党组书记陈光荣一行到大埔县检查指导地质灾害治理工作，副市长温向芳，市政协秘书长、市国土资源局局长张阳，县委书记林健雄，县长朱汉东，及市、县相关单位负责人等陪同检查。

25—26 日，广东省狮子会中心服务队联合虎山服务队、四季服务队、博研服务队等 20 个服务队，从深圳、广州、东莞、梅城等地汇聚到三河镇中山小学、大东镇实验学校开展“同桌的你·百村千校”助学捐赠活动。

25—26 日，县政协主席李礼醒率队赴深圳，参加深圳市大埔商会第五次会员大会暨大埔招商推介会以及大埔县旅外政协委员联谊会挂牌仪式。

26 日，县足球协会主办的“足协杯 2017 年大埔县足球联赛”在体育中心足球场开赛，来自全县各行业团体的 9 支球队 150 人参赛。

27 日，副县长、公安局局长房春鸣陪同市城乡环境综合整治测评组到埔开展测评工作。

28 日，省水利厅副厅长边立明一行莅埔督导汛前防汛备汛工作，并在市政府副秘书长张映辉、县人大常委会副主任张昭锋和市、县相关单位负责人陪同下到韩江高陂水利枢纽工程实地察看。

28—30 日，受“闽粤赣客家戏剧”联盟单位上杭木偶传习中心的邀请，县文广新局组织县汉剧传承保护中心加盟参加福建上杭县纪念畲族民族成分恢复三十周年暨首届“三月三”畲族文化节演出活动。

29 日，县人民政府公布第十一批县级文物保护单位名单，共 9 处，分别为义训堂、华萼楼、景足东南、萧氏宗祠、南阳毓秀、步中公祠、爱庐居、宜斋公祠、振德楼。

是日，大埔县组织相关单位开展公立医院升级建设重点工程现场调研工作，县委常委、统战部部长张红梅，县委常委、常务副县长郑尚森，县人大常委会副主任谢以美，县政协副主席刘小平、刘广明，县纪委副书记严庆东，县府办、县人大办、县政协办、县卫计局、财政局、国土资源局等相关单位负责人以及县直医疗卫生单位主要负责人等参加调研。

是日，中国电视纪录片学术委员会常务理事委员会会长刘效礼受邀到三河坝战役纪念园指导电视纪录片《血战三河坝》拍摄工作，市广播电视台台长杨延庆，县委常委、宣传部部长陈伟平和县广播电视台负责人等陪同。

是日，副县长饶凌云率队对县城范围内的敬老院、福利院、光荣院、残联康复机构、收治精神病人机构、民办养老机构开展检查。

29—30 日，县政协副主席杨竹玲、吴振石率政协专项督查组对县重点项目开展第一季度专项督查。

30 日，省中医药管理局副巡视员华建一行到大埔县调研基层中医药服务能力提升工程，在县委常委、统战部部长张红梅，县政协副主席、县中医医院院长刘小平和市、县卫计局有关负责人等陪同下，到百侯中心卫生院、县中医医院迁建点等地实地调研。

是日，水利部建管司副司长张严明率队莅埔调研韩江高陂水利枢纽工程建设工作，在省水利厅副厅长边立明，市政府副秘书长张映辉，县委常委、政法委书记郭展凌，市、县水务局，县移民局，高陂镇等有关负责人陪同下，到韩江高陂水利枢纽工程施工现场调研，详细了解工程进度及施工情况。

30—31 日，省文化厅验收组一行到大埔对县文化馆总分馆试点工作进行考核验收，在县委常委、宣传部部长陈伟平及有关单位负责人陪同下，到县文化馆、翰林剧场、茶阳镇分馆、街道服务点、百侯镇分馆、枫朗镇枫朗村服务点等地验收文化馆总分馆试点工作。

是月，广东省教育厅公布第一批省级青少年校园足球推广学校及试点县（市、区）名单，大埔县第二小学、茶阳镇中心小学、大埔县华侨第二中学 3 所学校被列为省级青少年校园足球推广学校。

4 月

1 日，省妇幼保健协会联合深圳市妇幼保健院、广州健朗医用科技有限公司到大埔县妇幼保健计划生育服务中心开展“情系山区・关爱妇幼”义诊暨物资捐赠活动。

3 日，丰顺县滕胜跆拳道馆的学员应邀到大埔文峰跆拳道馆，与文峰跆拳道馆和大埔武术学校的跆拳道学员进行友谊比赛。

5 日，县人大常委会主任黄建庭率队到县法院调研，县人大常委会副主任廖金鑫、谢以美、张昭锋、邓立新、张长先和人大机关相关室委负责人一同参加调研。

是日，广东富大陶瓷文化发展股份有限公司董事长黄福传被广东省文化厅列为第五批省级非物质文化遗产项目“光德陶瓷烧制技艺”代表性传承人。

6 日，市委书记谭君铁一行在县委书记林健雄、县长朱汉东等县主要领导陪同下莅埔调研中心镇“六个一”项目建设，深入高陂镇水利枢纽、移民安置区、工业园区、高陂中心卫生院和三河镇三河坝战役烈士纪念园提升改造工程等地现场视察。

7 日，县委常委、宣传部部长陈伟平及县直相关单位负责人在电信七楼分会场收听收看第一次全国可移动文物普查总结电视电话会议。

7—14 日，大埔县首次采取异地联训的形式，举办大埔县科级干部培训班。

10 日，县长朱汉东带领县委常委、政法委书记郭展凌和县直有关单位、高陂镇党政负责人到高陂镇党溪村调研精准扶贫和村“两委”换届前期准备工作。

10—11 日，国家林业局森林公园管理办公室主任杨超一行到大埔县实地考察拟设立的广东阴那山国家森林公园，通过实地考察和汇报座谈等形式了解相关情况后，国家考察组认为拟设立的广东阴那山国家森林公园具备国家森林公园基本条件。

11 日，副县长饶凌云、县体育局等相关单位负责人在电信七楼分会场收看收听全民健身工作电视电话会议。

13 日，在县政府二楼会议室组织收听收看中央第四环境保护督察组督察广东省情况反馈会电视电话会议，相关部门负责人在大埔分会场收听收看会议。

是日，省司法厅副厅长饶伟平一行莅埔到三河、茶阳司法所检查社区矫正和矛盾纠纷化解工作，市司法局副局长钟勋和县司法局主要负责人陪同检查。

13—15 日，深圳市第二人民医院妇产科医学硕士、主任医师、教授、硕士研究生导师周霞平到县人民医院指导妇产科腔镜手术工作。

15 日，2017 年闽粤赣边客家戏剧联盟会议在大埔县演艺中心翰林剧场召开，武平县汉剧艺术传承保护中心、上杭县木偶艺术中心、永定区客家土楼艺术团、连城县木偶艺术中心、大埔县广东汉剧传承保护中心等来自闽粤赣边联盟单位 11 个县的有关负责人近 50 人出席大会。

17 日，市科技局副局长李昌栋率有关专家在县科技、农业、林业等相关部门人员的陪同下，对大埔县通美实业有限公司与大埔县金品果业有限公司共同完成的“红心蜜柚施用生物酵素有机液提升品质的技术研究与示范”项目进行成果鉴定。

18 日，市委组织部副部长、市“两新”组织党工委书记张海涛一行到大埔县调研村级换届进展情况，县委常委、组织部部长陈军营陪同调研。

是日，县长朱汉东到高陂镇调研广州海珠（大埔）产业园建设和防洪堤建设情况。

是日，副市长曾尚忠率有关部门负责人到韩江高陂水利枢纽工程现场检查防汛备汛工作。

是日，县公安局特勤大队 30 人到枫朗镇政府篮球场进行为期半天的拉练活动。

是日，市民族宗教局副局长朱春弊率队到大埔县开展宗教工作专题调研，县委常委、统战部部长张红梅和县民宗局负责人等陪同调研。

是日，陈赓大将之子陈知庶等 30 余名曾参加过“八一”南昌起义的元勋后代组成“八一征程寻访团”走进大埔，在县委常委、宣传部部长陈伟平，广东省黄埔军校后代亲属联谊会会长杨小斌陪同下到县博物馆、三河坝战役纪念园、百侯肇庆堂等地参观走访。

18—20 日，县陶产办组织 12 家大埔陶瓷企业参加在广西北流市举办的“中国轻工出口基地建设经验交流会”、第七届中国（北流）国际陶瓷博览会、中国陶瓷产品（作品）创作设计大赛，有 6 家陶瓷企业共 7 件作品分获 1 金、1 银、2 铜、3 个优秀奖。

19 日，副县长蓝欣到大埔县行政服务中心调研。

是日，县人大常委会主任黄建庭到县检察院调研指导工作。

是日，县委常委、统战部部长张红梅，副县长饶凌云，县人大常委会副主任谢以美，县政协副主席刘小平、吴振石等县领导，县直有关单位负责人，县老干部代表，县人大、政协代表，县中医医院迁建选址可研、环评专家组代表，县直医疗卫生单位及中心卫生院主要负责人，县医疗卫生高级专业技术人员代表，湖寮镇主要领导及村民代表组成的调研组到湖寮镇黎家坪上步科村、下坜村西堤路两个选址点，对县中医医院迁建选址工程进行现场调研。

20 日，省农业厅厅长郑伟仪率领省联合第六督查组莅埔，就大埔县贯彻落实省委、省政府振兴粤东西北“三大抓手”建设、产业共建、精准扶贫精准脱贫、补齐全面建成小康社会短板、重点项目建设等目标任务的落实情况进行督查。

是日，惠州市心连心公益协会“珍爱生命·预防溺水”宣讲团在大埔县张云栽实验小学开展“珍爱生命·预防溺水”预防学生溺水体验式教学百场巡回宣讲活动。

是日，县政协历届委员联谊会组织 50 名会员参观大埔碧桂园、翰林华府及大埔县阳光康复医院等重点项目建设，县政协原主席黄焕土、黄占添，原副主席郑德明、肖娘溪等老领导参加活动。

21 日，省港澳办党组成员、副主任叶维园一行在县人大常委会副主任、总工会主席谢以美，副县长罗达春及县扶贫局相关人员陪同下，到大麻镇小麻村了解精准扶贫进展情况。

是日，省委政法委第六督导组组长邓远强一行到大埔县检查督导社会治安综合治理网络化管理工作，县委常委、政法委书记郭展凌和市、县政法委相关负责人陪同检查。

21—22 日，水利部移民局稽察组到大埔对高陂水利枢纽移民工作进行稽察。

22 日，第二季《中国新歌声》大埔赛区总决赛在翰林剧场举行，产生大埔十三强歌手，将代表大埔赛区参加梅州全市十强的角逐。

23—27 日，第 121 届广交会（第二期）在广州举行，大埔县组织 36 家陶瓷企业参展。在广交会期间，大埔参展企业共签约成交 9007 万美元。

24—27 日，2017 年大埔县迎“五一”县直系统职工羽毛球比赛在虎山羽毛球馆举行，县人大常委会副主任、总工会主席谢以美，副县长饶凌云出席开幕式，来自全县各县直系统的 9 支代表队参赛。

24 日，由县高陂水利枢纽工程指挥部、县委宣传部、县文广新局、县移民工作局主办的“美丽家园·你我共建”大埔县文艺下乡巡回演出走进三河镇汇城村，县委常委、宣传部部长陈伟平，县委常委、政法委书记郭展凌，水利部移民局处长龚银辉率领的水利部水库移民开发局稽察组人员及三河镇汇城村村民一起观看演出。

25 日，副县长罗春达到青溪镇江畔人家休闲度假区、交通大酒店和梅河旅行社等地检查安全生产工作。

26 日，在县委、县政府二楼会议室召开全县领导干部大会，宣布省委决定：朱汉东同志任中共大埔县委书记，林健雄同志不再担任中共大埔县委书记职务。市委常委、组织部部长杜敏琪出席会议。

27 日，市委常委、统战部部长张文广到大埔县考察调研重点项目建设、村“两委”换届选举工作等。

是日，县委常委、常务副县长郑尚森率领县府办、县安监、消防、住建、水务等部门负责人到茶阳镇检查“五一”节前安全生产工作。

28 日，市卫计局调研员、主任医师、国务院特殊津贴专家张荣在受邀到县人民医院作专题讲座。

是日，县政协主席李礼醒，副主席张友群、杨竹玲、吴振石、刘广明，副处级干部、县委督查室主任邓玉伦等到县城东风市场、百侯镇、西河镇开展考察活动。

是日，副县长、县公安局局长房春鸣到县政府信访办接访群众。下午，县公安局在刑侦大楼举行“飓风 2017”专项行动被盗车辆发还活动，发还 10 余辆被盗的摩托车。

28 日至 5 月 3 日，香港旅舍业商会主席连思杰一行到大埔考察，县委常委罗伟纯、陈伟平和县外事侨务局、统战部等负责人陪同。

29 日，受江西省中共会昌县委宣传部的邀请，县文广新局组织县广东汉剧传承保护中心演职人员参加当地“月月有戏”文化惠民交流演出活动。

是日晚，邀请梅州广东汉乐协会到大埔举办“古韵缘 · 梅埔情——迎‘五一’梅州 · 大埔广东汉乐交流音乐会”，两地 60 多名乐手进行交流。

是月，国家发改委公布“全国红色旅游经典景区名录”，大埔县“八一”起义军三河坝战役纪念园入选。

5 月

1 日，县钓鱼协会在县城滨江公园河段举行大埔县第二十届“钓协杯”钓鱼比赛，80 人参加比赛。

4 日，县“廉洁火炬杯”党规党纪知识竞赛在县田家炳演艺活动中心开赛，有财金队、三河队等 9 个县直队、15 个乡镇队共 24 个队伍参赛。

5 日，刘某锋驾驶粤 BEL072 重型自卸货车行至高陂镇九龙小学路段时，与贺某应驾驶的无号牌摩托车发生碰撞，造成贺某应当场死亡的交通事故。

是日，县文联带领全县群众文艺创作作者 40 人到兴宁市举行群众文化创作会和文艺采风活动。

是日，副市长温向芳率队到三河镇调研三河坝战役烈士纪念园改造提升工程、特色小镇建设情况和梓里地质灾害点安全隐患排查工作，县委书记、县长朱汉东，县委常委、县委办主任罗伟纯，县委常委、常务副县长郑尚森和市直、县直相关单位负责人参加调研。

8 日，在县科技大楼一楼会议室举行学习贯彻习近平总书记重要批示精神宣讲报告会，县委常委、宣传部部长陈伟平主持报告会，梅州市宣传部讲师团团长廖坚作宣讲报告。

9 日，市政协副主席马志元、市人大常委会副秘书长曾志军率检查组到大埔县开展《中华人民共和国老年人权益保障法》执法检查工作，县人大常委会副主任邓立新、副县长饶凌云和县民政局等相关单位负责人陪同检查。

是日，县委书记、县长朱汉东率队到西河镇、茶阳镇调研精准扶贫精准脱贫和村级换届工作。

是日，县人大常委会主任黄建庭、常务副主任刘坤明、副主任张长先和部分县人大代表视察青溪库区综合整治和梅潭河水面保洁工作情况，副县长刘采峰，县府办、县环保局、水务局、农业局、住建局、城综局和湖寮、百侯、枫朗、大东、青溪镇政府主要负责人陪同视察。

9—12 日，新加坡茶阳（大埔）会馆副会长刘智评、新加坡茶阳刘氏公会会长刘树深率新加坡茶阳刘氏公会返乡团一行莅埔寻根参观交流，县委常委、统战部部长张红梅及县外事侨务局、县侨联负责人陪同。

10 日，大埔县在县博物馆开展 2017 年“5·18”国际博物馆日系列活动启动仪式暨消防安防演练比赛。

是日，副县长蓝欣、罗春达和县直有关单位负责人在县委、县政府大楼二楼会议室收听收看全国就业创业工作暨2017年普通高等学校毕业生就业创业工作电视电话会议。

是日，在县城田家炳实验中学开展 2017 年“平安中国”防灾宣导系列公益活动。

10 日，县人武部召开大埔县党委第一书记任职大会，梅州军分区司令员、大校武启龙宣布朱汉东任大埔县人武部党委第一书记的任职决定，并颁发“任职证书”。

10—12 日，由县教育局、县体育局联合主办的大埔县 2017 年“钟声杯”教职工乒乓球团体赛决赛在家炳职校举行，虎山中学、县教育局局机关、家炳职校代表队分别获得县混合团体赛第一、二、三名，机关幼儿园、龙岗幼儿园、瑞龙幼儿园分别获得县直幼儿园女子团体赛第一、二、三名。

11 日，县公安局派驻县国税局联络机制办公室成立。

11—16 日，县陶产办组织 15 家大埔陶瓷企业参加“2017 年第十三届中国（深圳）国际文化产业博览交易会，中国工艺美术文化创意奖”活动，有 3 家陶瓷企业 4 件作品分获银奖 2 个、铜奖 2 个。

12 日，在县委、县政府二楼会议室召开全县干部大会，宣布市委决定：熊锋松任大埔县委副书记、提名为大埔县政府县长候选人。市委常委、组织部部长杜敏琪出席会议。

是日，县政协主席李礼醒，副主席张友群、吴振石、杨竹玲到大埔县万川爱心协会指导志愿服务工作。

14—17 日，市科学技术协会副主席钟立强到大埔调研基层科协组织建设工作。

15 日，省质监局副局长、党组成员翁永卫一行到西河镇漳北村调研精准扶贫工作，并与县委书记朱汉东，县委常委、组织部部长陈军营及西河镇、漳北村等相关负责人进行座谈。

是日，在县城文化广场开展打击和防范经济犯罪宣传活动，县公安局、县公安局经侦大队、县金融办、税务、人行、农商行、食药局、烟草专卖局等相关部门工作人员共 60 人参加宣传活动。

是日，县委副书记、代县长熊锋松，县委常委、副县长吴东华，副县长蓝欣和县府办、国土资源、住建、水务等部门负责人深入位于高陂镇的广州海珠（大埔）产业园实地调研。

是日，由省科学馆、市科协主办，市科技馆、县科协、县教育局、大埔小学承办的 2017“加强科学普及、实现科学创新”科普大篷车进校园、提升青少年科学素质行动在大埔小学举行。

是日，中国工农红军梅州大埔三河坝“八一”红军小学、广东梅州兴宁红军小学授旗授牌感恩捐赠仪式在三河镇“八一”红军小学举行，全国红军小学建设工程理事会副理事长、少将刘建，副理事长兼秘书长方强，市委副书记、政法委书记，梅州军分区司令员武启龙，县委书记朱汉东，县委副书记、代县长熊锋松，市教育局、县教育局等负责人和嘉宾出席授牌捐赠仪式。仪式由熊锋松主持，朱汉东致欢迎辞。

16 日，县委副书记、代县长熊锋松率队到高陂镇、银江镇、大麻镇调研高陂水利枢纽工程移民安置工作，县人大常委会副主任、总工会主席谢以美，副县长刘采峰及县府办、县水务局、县移民局、县国土资源局、县住建局等相关单位负责人参加调研。

17 日，大埔供电局经“子改分”改制后成为分公司，组建为广东电网有限责任公司梅州大埔供电局。

是日，大埔县在县科技信息大楼一楼会场召开县委十二届二次全会，县委书记朱汉东代表县委常委会作工作报告。

是日，副市长曾尚忠一行在县委副书记、代县长熊锋松，县委常委、组织部部长陈军营的陪同下，实地查看茶阳镇石田村“两委”换届选举工作，并召开座谈会听取相关情况汇报。

18日，县人民医院在三楼会议室举行专科特设岗位签约仪式，聘请深圳市第二人民医院妇科主任、教授周霞平为医院特设岗位人才，县卫计局和县人民医院主要负责人出席签约仪式。

是日，全县外出党支部书记培训班在县委党校5楼会议室开班，县委常委、组织部部长陈军营，县党校负责人，全县外出党支部书记及相关部门负责人出席开班仪式。

是日，省金融办联合人民银行广州分行在大埔县瑞锦酒店15楼会议室举行2017年广东省普惠金融“村村通”系列培训会议。

是日，县委书记朱汉东到县公安局检查指导全县维稳专班工作，副县长、公安局局长房春鸣陪同。

是日，县委书记朱汉东到县人大调研并召开座谈会。

19日，市广播电视台党委书记、台长杨延庆一行到县广播电视台调研新闻宣传工作并召开座谈会，县委常委、宣传部部长陈伟平及大埔台班子成员等参加座谈会。

是日，县委书记朱汉东，县委副书记、代县长熊锋松率团赴广州市海珠区查看大埔商城（海珠）建设情况，并就海珠·大埔对口帮扶和精准扶贫精准脱贫工作与海珠区党政领导进行交流。

22日，市交通运输局总工程师张汉清率市交通重点项目督查组到大埔督查，副县长罗春达和县府办、公路局、交通运输局等相关单位负责人陪同。

是日，县委副书记、代县长熊锋松到实验中学、虎山中学调研高考组织准备工作。

23日，县老年人体育协会换届选举工作（第六次会员代表）大会在县老干部局第二活动中心二楼会议室召开，副县长饶凌云及县体育局相关负责人、县老体协相关成员参加会议。

是日，县委副书记、代县长熊锋松率队调研城北社区县十五届人大代表缺额补选工作，县人大常委会主任黄建庭、副主任张长先，县人大机关相关室委负责人，湖寮镇党委、人大、政府、城北社区居委会相关负责人等参加座谈会。

24日，县委副书记、代县长熊锋松到县财政、地税、国税局调研财税工作。

是日，市委农村工作办公室主任、市扶贫开发局局长罗伟章一行在副县长刘采峰和县扶贫局、西河镇等相关负责人陪同下，实地察看黄堂村荷塘景观工程、溪南驿站、北塘乡村旅游区、漳北村等西河镇省级新农村连片示范建设情况。

25日，县委副书记、代县长熊锋松率队到大麻、西河镇调研新农村建设。

是日，市司法局局长谢又新一行到大埔县调研社区矫正、基层司法所建设工作，县委副书记、代县长熊锋松，县委副书记李宏，副县长、公安局局长房春鸣和县司法局负责人等陪同调研。

是日，县委常委、宣传部部长陈伟平率县委宣传部、县文明办、县旅游局、县中旅社等单位相关人员，前往河源市客家文化公园参观学习创建全国文明城市，特别是打造“客家古邑，家训长廊”方面的经验做法。

26日，县检察院举办以“防治校园欺凌，护航未成年人成长”为主题的“检察开放日”活动。

是日，省民间文艺家协会副主席、深圳

市客家文化交流协会会长、《客家人》杂志总编辑杨宏海，市委宣传部副部长梁放，市委宣传部副部长、市社科联主席杨剑忠一行临埔调研文化旅游产业发展。

26 日，市委常委、秘书长余其豹一行在县委副书记、代县长熊锋松，县委常委、县委办主任罗伟纯，县委常委、常务副县长郑尚森，副县长罗春达，副处级干部、县委督查室主任邓玉伦的陪同下，到高陂镇广州海珠（大埔）产业园的在建企业欣红陶瓷、宝丰陶瓷、金润源陶瓷等重点项目建设现场调研建设推进情况。

27 日，县委副书记李宏到大东镇调研大潮高速（大漳支线）建设推进情况。

30 日，高陂镇举行赛龙舟活动，共 5 支队伍 150 名队员参赛，吸引 0.8 万名观众到场观看，网易客户端进行现场直播，在线人数 28.7 万人。

31 日，在大埔县第二实验幼儿园举办庆“六一”师幼文艺会演活动，副县长饶凌云出席活动并为孩子们送上一批文具、玩具等节日慰问品。

是日，县文体促进会在交通酒店七楼会议厅召开换届工作会议，产生新一届县文体促进会班子。县政协主席李礼醒，副主席张友群、刘小平、杨竹玲、吴振石、刘广明，县直有关单位负责人，县政协企业界常委、部分委员、上届文体促进会负责人、政协机关有关负责人等参加会议。

是月，根据《广东省文化厅关于公布第一批图书馆、文化馆总分馆试点验收结果的通知》，大埔县文化馆总分馆建设通过省文化厅验收。

6 月

1 日，政协大埔县第十四届委员会第二次会议在县委、县政府二楼会议室召开，大会应到会委员 229 人，实到会委员 209 人，符合会议法定人数。

是日，副县长饶凌云带领县教育局、妇联等相关单位负责人看望慰问部分贫困儿童。

2—3 日，县十五届人民代表大会第二次会议在县科技信息大楼一楼会场召开，会议应到会代表 229 人，实到会代表 220 人，符合法定人数，大会选举熊锋松为县长。

3 日，大埔县在县委、县政府大楼二楼会议室举行县委巡察机构、县纪委派驻机构揭牌仪式，标志着大埔县巡察工作正式启动。县委书记朱汉东，县委副书记、县长熊锋松，县人大常委会主任黄建庭，县政协主席李礼醒，县委副书记李宏等县班子领导，县法院院长、县检察院检察长，县副处级干部，各镇（场）党委书记、镇（场）长，县直正科以上单位和省、市、驻埔单位主要负责人，县纪委各科室主任参加会议，会议由李宏主持。

是日，县委书记朱汉东，县委常委、县委办主任罗伟纯，副县长刘采峰到县三防办了解全县受灾情况，研究部署下阶段防灾救灾工作。

3—4 日，马来西亚吉隆坡广东义山主席杜汉光率团到大埔县寻根，县委副书记、县长熊锋松会见参访团。

3—4 日，大埔县 2017 年中小学生、幼儿文艺会演在实验中学举行，由大埔县广东汉剧传承保护中心培训的大埔小学参演节目汉乐合奏《喜迎春》获乐器类一等奖。

5 日，副县长罗春达到茶阳镇、西河镇检查指导灾后复产工作。

是日，县长熊锋松、副县长刘采峰率领县府办、县农业局等相关负责人到县内蜜柚深加工企业调研。

6 日，县长熊锋松到县政府行政服务中心调研。

7 日，水利部珠江委巡查组组长、珠江委总工程师程国银一行在省水利厅安监处处长赵东华，县委常委、政法委书记郭展凌等陪同下，到韩江高陂水利枢纽工程建设现场查看临时交通桥、左岸一期一段围堰基坑开挖等建设情况。

8 日，市检察院党组书记、检察长吴少荣率市检察院党组成员、反贪局局长张炎华等到县检察院调研指导工作。

是日，县委书记朱汉东、县长熊锋松率队前往湖寮镇调研重点项目建设情况，并在湖寮镇会议室召开重点项目建设推进会。

是日，省高考巡考组一行在副县长罗春达，市、县教育局负责人以及虎山中学、实验中学相关负责人陪同下，到虎山中学、实验中学考点巡视考生考试情况，查看监控视频，了解考场安排、安全保障等。

9 日，副市长吴泽桐在县委副书记李宏陪同下莅埔调研大潮高速建设情况，现场查看高陂镇罗基村石壁隧道进口施工现场及乌槎村澄坑塘征拆现场。

是日，在西湖公园百姓大舞台举办“大埔县 2017 年‘文化和自然遗产日’非物质文化遗产”艺术展演晚会。

10—11 日，省脱贫攻坚第一巡查组组长、省直机关工委副书记胡明率队到埔巡查精准扶贫精准脱贫工作开展情况。

12 日，副县长饶凌云到县业余体校拳击、武术套路、跆拳道和女子足球等项目训练点检查指导备战训练工作。

12 日 8 时至 14 日 8 时，受 2017 年第 2 号台风“苗柏”影响，全县普降暴雨，局部大暴雨，有 12 个自动雨量站录得降雨量在 100 毫米以上，强降雨造成小靖河、漳溪河、梅潭河、汀江、梅江、韩江洪水暴涨。14 日 21 时，三河坝最高水位 42.7 米，超警戒水位 0.7 米。15 日凌晨 2 时，高陂圩镇水深约 0.7 米。全县直接经济损失 0.18 亿元。

12—14 日，由马来西亚大埔（茶阳）社团联合总会总会长拿督邹尚轩为团长的马来西亚埔联总会返乡团一行回埔寻根交流。

13 日，市委常委、市纪委书记黄建固，市纪委副书记、监察局局长谢志云一行到高陂镇李光耀祖居、高陂水利枢纽工程大坝、高陂工业园区、陶产办、富大陶瓷，枫朗镇大埔角南方工委旧址、西岩山茶园，百侯镇曹鲇村等地调研，了解大埔县经济社会发展情况及镇、村涉农领域腐败问题专项治理工作情况。

14 日，由市卫计局副局长刘水为组长的市政府检查组到青溪镇对该镇创建“卫生两基示范镇”进行复审评估，副县长饶凌云和县卫计局、青溪镇党政主要负责人陪同检查。

是日，省老促会副会长刘文炎率领调研组在县委副书记李宏，县委常委、组织部部长陈军营，副县长刘采峰及县老促会、县农业局、林业局等相关单位负责人陪同下到西河镇、湖寮镇开展产业扶贫调研。

15 日，在县人民医院医技楼工地召开 2017 年“双优”工地观摩暨应急救援演练现场会，县住建局、县安委办、县应急办等相关负责人及 100 名工地人员参与演练会。

是日，茶阳镇群丰村小丰坑一个未开挖、未削坡的自然山体发生浅表性山体滑坡灾害，县委书记朱汉东等县领导赶赴现场指挥抢险救灾。

是日，县委书记朱汉东、县长熊锋松、县人大常委会主任黄建庭、县政协主席李礼醒等县领导到重点项目现场大麻镇大潮高速公路移民安置点，大麻镇大麻东路、西路 30 米大街现场，高陂水利枢纽工程现场点，广州海珠（大埔）产业转移园和高陂大道现场，高陂堤围沿江金岸工程点和沿江金岸住宅小区等地调研。

16 日，县人大常委会副主任邓立新到大东镇实验学校、富溪村等地质灾害点指导工作。

是日，广东金融学院教授萧茂盛携惠州市心连心公益协会秘书长叶秉智到大东镇实验学校、白土小学开展“珍爱生命，预防溺水”百场巡回宣传及捐书活动。

是日，在县特陶科技有限公司开展2017年安全生产宣传咨询日活动暨安全生产应急救援演练，县委常委、常务副县长郑尚森和县安监、消防大队、住建、经信、工商、质监、供电、湖寮镇等相关部门干部职工参加活动。

16—18日，广东省渔政总队大埔大队委托广东省海洋工程职业技术学校在县农业局会议室举办内陆渔业普通船员培训班。

18日，县长熊锋松、副县长刘采峰在县府办、三河镇、大麻镇等相关单位负责人陪同下，到三河镇、大麻镇等地现场察看受灾和灾后复产情况，并看望慰问受灾群众。

18—19日，省委宣传部联合有关部门和媒体莅埔开展“南粤星火路”大型采访报道活动，在县长熊锋松，县委常委、宣传部部长陈伟平陪同下到大麻镇小留村、县博物馆、陶瓷展览馆、三河坝战役纪念园等地采访。

20日，县委常委、宣传部部长陈伟平到县汉剧团翰林剧场检查大埔县参加梅州市2017客家文艺（非遗）艺术周参演节目——新编现代广东汉剧《青春无愧对夕阳》的准备情况。

是日，县委书记朱汉东到茶阳、西河镇调研茶阳镇“六个一”规划建设情况、食品工业小区扩容提质情况、卫生院选址和西河镇美丽乡村建设及基层组织建设工作情况。

21日，印尼万隆客属联谊会华裔青少年“中国寻根之旅”夏令营梅州营及教师学习团、青年团一行到大埔交流学习。

是日，县委书记朱汉东，县委常委、常务副县长郑尚森，副处级干部、城乡环境综合整治办主任邓玉伦一行到县人民医院慰问在城乡环境综合整治执法行动中受伤的两名城监执法队队员。

21—22日，县人大常委会主任黄建庭率县人大督查组对迎接市检查的重点项目进行专项督查。

22日，市委党校办公室和电教教务室的全体党员在常务副校长张远泉的带领下，到青溪镇中央红色交通线大埔中站纪念馆开展“重走红色交通线，弘扬红色交通员精神”主题党日活动。

是日，省民政厅救灾处处长李进民一行在副县长饶凌云及市、县民政局相关负责人陪同下，到三河坝战役烈士纪念园、龙运老年公寓、县福利院等地开展民政服务机构普查和安全隐患排查工作。

是日，省地税局党组书记、局长吴紫骊一行在县委书记朱汉东，县委常委、常务副县长郑尚森及市、县地税局相关负责人等陪同下，到县陶瓷展览中心、县国地税联合办税厅调研。

22—23日，省人社厅仲裁处（院）处长蔡吉恒一行到大埔调研仲裁机构建设工作。

23日，市公安局经侦支队政委陈绮丽率市认定工作组到大埔县开展“无传销城市”认定工作。

23—28日，县文广新局组织县文化馆及广东汉剧传承保护中心演职人员参加梅州市首届客家文化（非遗）艺术周展演，选送的客家山歌和新编现代广东汉剧《青春无愧对夕阳》获得1金、7银、5铜以及剧目奖共14个奖项。

25日，大埔县举行坪山梯田首届“开耕节”，向游客展示传统农事活动和当地农耕文化。

26日，以“无毒青春，健康生活”为主题的禁毒宣传进万家暨“6·26”国际禁毒日活动在虎山中学启动，团县委、县妇联、公安、教育、司法、县禁毒办等部门负责人以及虎山中学500名学生参加启动仪式。

是日，县委书记朱汉东率队到三河高速出口调研考察三河镇道路提升改造工程，详细察看三河镇特色小镇的建设效果。

是日，县长熊锋松率队到广东粤电大埔电厂调研了解运营情况。

27日，县委常委、宣传部部长陈伟平率县委宣传部、县住建局、百侯镇等单位相关负责人赴北京拜候及慰问百岁开国少将、杰出乡贤杨永松。

27—28日，县人大常委会主任黄建庭、副主任张长先带领县人大专项督查组到部分重点项目现场进行第二季度专项督查。

28日，县人大常委会副主任廖金鑫在县人大、县委组织部及当地镇、村负责人的陪同下，到桃源镇看望慰问部分困难党员和老党员。

是日，副市长、市公安局局长陈俊钦率队到大埔县调研民政、公安工作，了解复退军人服务组织建设情况，副县长、公安局局长房春鸣、副县长饶凌云及相关部门负责人陪同。

是日，县长熊锋松等县有关领导和市高陂水利枢纽工程建设管理处有关领导在县高陂水利枢纽工程指挥部高陂党溪会议室召开高陂水利枢纽工程征地拆迁工作协调会，协调解决征地拆迁和移民安置工作中的问题。

是日，广州市海珠区副书记潘瑞雄率队在县委副书记李宏，县委常委、副县长吴东华，百侯镇镇长等陪同下，到百侯镇白罗村开展扶贫开发调研慰问活动。

29日，印尼国际日报董事长熊德龙到大埔县参观考察。

是日，县安全监管局在三河镇五丰稀土矿山举办安全生产事故应急演练，市安全监管局应急中心和县应急办、国土资源局、环保局、三河镇政府、各镇安监办负责人及全县非煤矿山主要负责人、安全管理人员、从业人员共130人到场观摩，各矿山企业派出人员参演。

是日，副市长张晨率市政府副秘书长曾海新和市卫计局等单位负责人到大埔县调研卫计、体育、残疾人工作和重点项目建设情况，县长熊锋松等县领导陪同调研。

是日，省药具管理中心主任李伟平率队到大埔县督导调研避孕药具管理服务工作，市卫计局副局长洪霞、市药具站站长及县卫计局分管领导等陪同督导调研。

是日，县领导黄建庭、李礼醒、邝金禄到光德镇、枫朗镇慰问困难党员。

是日，市发改局副局长张小猛率市政府重点项目督查组到大埔督查市重点项目工作落实情况，县委常委、常务副县长郑尚森和县府办、县发改局等相关单位负责人陪同。

是日，县委常委、组织部部长陈军营到大东镇开展“七一送温暖”慰问困难老党员活动。

是日，省质监局局长任小铁率局领导班子成员一行到扶贫挂钩点西河镇漳北村开展2017年广东扶贫济困日暨庆“七一”系列活动，副市长张晨、县委书记朱汉东、县长熊锋松等陪同。

30日，市卫计局副局长陈潮宁率市应急管理工作第四督查组到大埔县检查2017年上半年应急管理工作。

是日，县人大常委会副主任谢以美到大麻镇坑尾村看望慰问部分困难党员和老党员。

是日，县委常委、纪委书记廖若旦，县人大常委会副主任张长先到青溪镇溪口村、上坪沙村走访慰问困难老党员。

是日，县长熊锋松到高陂镇赤山村、社区困难党员家中开展“七一”慰问活动。

是日，省旅游控股集团有限公司党委书记、董事长王奇率队到对口帮扶的枫朗镇四联村调研精准扶贫工作开展情况。

是日，在“6·30”广东省扶贫济困日，

由广东省旅游控股集团援建的梅州市和省直第一座 650 千瓦光伏电站一期在大埔县枫朗镇四联村落成并网发电，省委农办副主任、省扶贫办主任梁健，省旅游控股集团有限公司党委书记、董事长王奇，副市长曾尚忠，县委书记朱汉东，县长熊锋松，县政协主席李礼醒，县委副书记李宏，县委常委、县委办主任罗伟纯，副县长刘采峰、饶凌云，省、市、县、镇等相关单位领导干部出席并网发电仪式。

是日，市政协副主席陈元星率队到县政协检查指导工作，实地考察政协委员工作室筹建情况，县政协主席李礼醒、副主席杨竹玲等陪同调研。

7 月

1 日，县政协组织机关在职党员和部分县直单位党员委员到枫朗镇南方工委旧址开展“党在我心中，党员委员在行动”主题党日活动。

是日，市政府副秘书长蓝汕兴率领市政府办公室 131 名党员干部到大埔县三河坝战役烈士纪念碑开展庆“七一”党日活动。

是日，在全市范围内全面实施居民身份证异地受理、挂失申报和丢失招领“三项制度”，市内所有户籍派出所和梅州城区移动警务车均能受理全国异地居民身份证及办理居民身份证挂失申报，市内所有户籍派出所均能办理居民身份证丢失招领。

是日，县钓鱼协会在县城滨江公园河段举行大埔县第六届“友谊杯”钓鱼比赛，80 人参赛。

是日起，生活长期完全不能自理的离休干部护理费标准由每人每月 2000 元提高到每人每月 2600 元。

3 日，县长熊锋松在副县长蓝欣和县府办、县经信局、县陶产办、县政府调研室、督办室等相关单位负责人陪同下，到桃源镇吉玉陶瓷股份有限公司、昌隆陶瓷股份有限公司、新东村耕地改造点，光德镇裕丰陶瓷有限公司、光德镇卫生院迁建选址点、大潮高速征地拆迁点等地实地调研陶瓷产业发展和重点项目建设工作。

是日，2017 年梅州市公安系统篮球比赛（大埔赛区）在县体育中心篮球场举行。

是日，副县长、公安局局长房春鸣到三河镇参加“七一”慰问老党员活动。

是日，市司法局局长谢又新带领全体领导班子成员到大埔县枫朗镇隔背村调研精准扶贫工作。

4 日，县长熊锋松率队到茶阳镇、青溪镇、丰溪林场调研，并现场察看青溪库区整治情况。

是日，县人大常委会主任黄建庭和副县长刘采峰带领西河镇省级新农村连片示范点建设成员单位负责人到西河镇北塘村、东塘村、黄堂村、漳溪村、东方村视察省级新农村连片示范项目建设进展情况。

5 日，饶平县委常委、常务副县长张若群一行到大埔县调研教育工作，县委常委、常务副县长郑尚森和县府办、教育局等相关单位负责人陪同。

是日，市公路局党组书记、局长王忠一行在副县长罗春达和县公路局等相关单位负责人陪同下，察看三河高速出口上边坡滑坡抢险工程、五丰至三河大桥沥青路面工程、茶阳梅林段路基淘空水毁抢修现场、县城过境公路、城区公路养护中心等，了解县重点公路项目建设情况。

6 日，省残联康复部部长何康木率省残疾人康复服务中心负责人一行在市残联副理事长曾宪鑫陪同下，到大埔调研残疾人工作，副县长饶凌云等陪同调研。

是日，县委副书记李宏到高陂镇乌槎村

澄坑塘调研大潮高速征地拆迁工作。

是日，县委常委郭展凌到高陂镇调研水利枢纽工程征地拆迁工作。

7 日，市委常委、组织部部长杜敏琪率领市委组织部机关党员到对口帮扶的大麻镇桃石村走访慰问贫困户，并召开座谈会。

是日，市国土资源局副局长张奕祥率市督查组到茶阳镇、西河镇检查关闭矿山和取缔矿点监控管理工作。

11 日，县长熊锋松、副县长刘采峰率县府办、县农业局、县林业局等单位负责人到枫朗镇岽顶湖茶场、龙公坑农业生态园、枫朗镇矿业建材小区沥青搅拌站、大潮高速（大漳支线）枫朗段施工现场实地调研。

是日，市中级人民法院院长刘思彬、副院长朱杭基到大埔县人民法院调研，县委书记朱汉东、县长熊锋松、县委副书记李宏、县委常委郭展凌参加座谈。

12 日，广东大埔阴那山森林风景资源质量等级达到《中国森林公园风景资源质量等级评定》一级标准，在国家林业局组织召开的国家级森林公园设立专家评审会上通过评审，大埔县成功创建广东大埔阴那山国家森林公园。

是日，县扶贫局、县供销社联合广州市海珠区龙凤街党工委、广州市海珠区财政局在县电子商务产业园三楼会议室举办电子商务扶贫培训会，培训会由中山大学数据科学与计算机学院副教授、硕士生导师卞静进行授课。

是日，副市长曾尚忠率市政府韩江高陂水利枢纽工程建设调研组在县长熊锋松，县委常委、政法委书记郭展凌和县府办、县水务局、县移民工作局、县审计局、供电局等相关单位负责人的陪同下，到大麻镇大麻安置区、高陂镇陂寨安置区、韩江高陂水利枢纽工程 9 号建设基地、左岸工程坝址现场等地调研大埔县韩江高陂水利枢纽工程建设情况。

12—13 日，广州中医药大学精诚志愿者协会 17 名大学生志愿者到百侯镇街道开展健康咨询服务活动。

14 日，县气象局完成山洪地质灾害易发区新建 4 个、升级改造 5 个自动气象站的任务，提高大埔县防灾减灾能力。

是日，在县政府大楼二楼会议室举行农村土地承包经营权确权工作推进会暨首批确权颁证仪式，县长熊锋松，副县长刘采峰，各镇（场）镇（场）长、分管领导、确权办主任，县府办、县农业局、县国土资源局等县直单位主要负责人及农民代表出席会议。

15 日，中山市儿童合唱团、中山市乐力合唱团在大埔县翰林剧场举办《在银色月光下》中外名曲合唱音乐会暨中山市儿童合唱团成立二十周年合唱音乐晚会，县委常委、宣传部部长陈伟平，中山市教育和体育局副局长李良，县委宣传部、县文广新局、县汉剧传承保护中心和中山市合唱团有关负责人到场观看音乐会。

是日，在大埔小学举行由县委组织部、县文联、社科联联合县文广新局和汉乐研究会等单位共同举办为期一个月的暑假广东汉乐、汉剧免费培训班开班仪式。

19 日，市安委办主任、市安监局局长温勇登率队到大埔检查安全生产工作，在县委常委、常务副县长郑尚森和县府办、县安监局等相关单位负责人陪同下，到特陶科技有限公司督导检查安全生产。

19—20 日，省文化厅文化市场与产业处处长李再炎带领省文化产业园专家组到大埔对大埔县申报的“省级文化产业示范园区”进行实地评估，市文广新局副局长林干良，县委常委、宣传部部长陈伟平和县文广新局、高陂镇等相关部门负责人陪同。

20 日，广东省大埔商会会长、美之臣集团总裁陈公颜一行回大埔考察，了解重大项目建设情况和投资环境。

是日，市公安局交警支队组织相关警力会同县交警大队联合行动，在县城区开展交通秩序综合大整治行动。

是日，在县委、县政府大楼二楼会议室召开首轮巡察工作动员会，对县委巡察工作进行动员部署。县委书记朱汉东，县长熊锋松，县政协主席李礼醒，县委常委、组织部部长陈军营，县委常委、纪委书记廖若旦，县人大常委会副主任廖金鑫，县纪委副书记邝金禄、严庆东，县委巡察小组、县委巡察办、巡察组成员，各镇（场）党委书记、镇长、纪委书记、组织委员和县直单位主要负责人，县纪委相关负责人共200人参加会议。

21日，副市长吴泽桐率队到大埔县督导大潮高速公路（含大漳支线）项目建设工作，县长熊锋松、县委副书记李宏和县纪委、交通运输、公安等相关部门负责人陪同。

是日，市人民医院质控科负责人受邀到县人民医院作学术讲座，县人民医院主要负责人以及临床、医技药等职能科室人员聆听专题讲座。

是日，县总工会开展夏季高温送清凉慰问活动，为高温天坚持工作的一线环卫工人、建筑工人送去王老吉清凉饮料。

是日，省委党校干部培训学院院长古斌一行到大埔县委党校进行调研，并在县委党校负责人陪同下到湖寮镇泰安楼客家文化产业园、百侯古镇等地参观。

是日，县篮球协会与广东中东实业投资集团公司在县体育中心篮球场举行篮球友谊比赛。

22日，梅州市国土资源系统第一届职工足球联赛首场比赛在大埔县体育中心足球场开赛。

25日，县委书记朱汉东率队到三河工业园区调研园区建设，到光德镇调研重点项目推进情况。

是日，大埔供电局首次对10千伏线路实施无人机巡视。

是日，以市卫计局副局长洪霞为组长的市第六巡查组在副县长刘采峰等陪同下，到百侯镇白罗村开展对扶贫开发领域的巡查指导工作。

26日，市文联党组书记、主席陈锐锋带领市文联领导班子成员及相关科室党员干部一行到大埔调研文艺工作和开展党日活动，并到青溪镇挂扶村开展慰问活动。

是日，县委书记朱汉东、县长熊锋松和县人武部政委刘小龙带队前往梅州军分区和某部队进行“八一”慰问。

是日，县长熊锋松到洲瑞镇、银江镇调研农村土地确权、产业帮扶、新农村建设等工作情况。

27日，县委书记朱汉东、县长熊锋松带领慰问组慰问驻埔部队官兵，并举行座谈会。

是日，市质监局副局长谢强带领梅州市质量工作考核组对大埔县2016—2017年度质量工作进行考核，并在副县长罗春达等陪同下到枫朗镇梅州市宏宝水泥有限公司实地考察。

是日，桃源镇新东村综合性文化服务中心被省文化厅列为省示范点。

27—29日，县委常委、宣传部部长陈伟平率领县委宣传部、县旅游局、县中旅社及泰安楼客家文化旅游产业园、百侯名镇旅游区、坪山梯田旅游区等景区负责人到福建省厦门市、漳州市、泉州市推介大埔旅游，并举行大埔旅游宣传推介会暨意向合作签约会，与厦门、漳州、泉州多家旅行社达成合作协议。

28日，县委书记朱汉东、县长熊锋松率队到蕉岭、五华县考察，学习兄弟县在新农村建设、城乡环境综合整治和产业园区建设、重点项目建设、中心城区扩容提质等方面的好经验、好做法。

是日，市政协办公室、科教卫体委员会组织医卫界、科技界部分市政协委员、专家到挂钩帮扶村青溪镇青华村开展“送医送药送科技下乡”活动。

29 日，由省委宣传部、省体育局、省住房和城乡建设厅主办，市委宣传部、市体育局和大埔县政府承办的“南粤古驿道红色之旅——庆祝建军 90 周年”广东省系列徒步活动（梅州大埔站）在“八一”起义军三河坝战役纪念园内举行启动仪式。市政府副秘书长梁志坚，市委宣传部、市体育局、梅州军分区相关领导，副县长饶凌云，县委办、县府办、县委宣传部、县人武部、县民政局、县体育局相关负责人及县消防武警官兵、三河镇干部职工 1000 人参加活动。徒步线路途经三河镇余里村（古驿道）、三河大桥、朱德纪念大桥等地，全程约 8 公里。

是日，大埔县在西湖公园万人广场举办庆祝“八一”建军节 90 周年暨全国蒲公英第 17 届青少年优秀艺术新人选拔文艺晚会。

是月初，城区分局管户开具大埔首张电子税票，标志着县地税局正式进入“税票无纸化”时代。

8 月

1 日，县长熊锋松率队调研大埔三小改扩建工程、县城城东“三旧”改造项目、县城老城区市政道路提升改造项目、县城虎源路应急避险场所及永芳路扩宽改造工程等重点项目建设。

2 日，汕头市珠池医院院长郑美光带领医院领导班子和医院各科室负责人一行到大埔县人民医院参观学习。

是日，县政协主席李礼醒率县政协办公室有关人员检查县政协委员工作室建设推进情况。

是日，在县委、县政府大楼二楼会议室组织收听收看广东省贫困村创建社会主义新农村示范村工作电视电话会议。县委书记朱汉东，县长熊锋松，县委副书记李宏，县委常委、组织部部长陈军营，县人大常委会副主任邓立新，副县长刘采峰，县政协副主席、财政局局长刘广明，各镇（场）党委书记、镇（场）长，省定点贫困村支部书记，驻镇扶贫工作组组长，县直有关单位负责人在县分会场收听收看会议。

3 日，省林业厅副厅长廖庆祥一行在市林业局副局长温浩泉、副县长刘采峰及市、县相关部门负责人陪同下，到高陂水利枢纽工程九龙坝址、广东大埔阴那山国家级森林公园等地实地查看大埔县涉林维稳工作和森林公园建设等相关工作情况。

是日，省水利厅副厅长边立明一行到韩江高陂水利枢纽工程施工现场调研工程建设进展情况，市政府副秘书长张映辉、市水务局局长陈海燕、县委常委郭展凌等陪同。

3—4 日，广州市委办公厅副秘书长谈志向率领厅扶贫领导小组成员到三河镇旧寨村，调研指导扶贫工作和社会主义新农村建设推进工作。

3—4 日，大埔县分别在湖寮镇、西河镇召开《梅州市森林火源管理条例》宣讲大会。

3—4 日，中华诗词学会秘书长刘庆霖受邀到大埔访问讲学，为大埔县 200 多位诗词爱好者作《诗与诗性思维》的讲座，县委常委、宣传部部长陈伟平等陪同。

4 日，县政府与粤海水务集团（香港）有限公司签订 PPP 合同，推进镇村污水处理厂建设。

5 日，以“埔英荟萃·聚力同行”为主题的广东省大埔商会大埔招商推介暨山茶花爱心表彰大会在梅州市客天下国际大酒店宴会厅举行。副市长张晨、省委统战部原副部长罗概祥、省委组织部原副部长古志德、嘉应学院党委书记丘小宏、市人大常委会原党组书记李俊夫、省委党校原副校长池俊胜、省文联巡视员曹利祥等领导和嘉宾，县长熊锋松，县人大常委会主任黄建庭，县政协主席李礼醒，县委常委、统战部部长张红梅，县人大常委会副主任邓立新，县政协副主席张友群等县领导，县直有关单位、各镇（场）负责人，广东省大埔商会会员代表、梅州市、大埔县籍商会、社团代表团等约 500 名嘉宾参加活动。

6 日，北京大学城市与环境学院专家、研究员赵鹏军、朱晟军，深圳市铁汉生态环境股份有限公司代表和北京大学城市与环境学院博士后、博士生、硕士生代表一行到大埔开展百侯特色小镇项目调研。

7 日，市文联党组成员、副主席陈桂昌带领市美协主席张耿平等画家一行到大埔，检查指导“梅江颂·海丝情”梅州海丝文化大型画卷创作活动开展情况。

9 日，省质监局副局长翁永卫一行到湖寮镇长新村、西河镇漳北村调研精准扶贫工作，县委常委、组织部部长陈军营，县纪委副书记严庆东以及相关部门负责人陪同。

是日，国家开发银行广东省分行副行长常守国一行莅埔调研，在县委常委、常务副县长郑尚森及市、县相关单位负责人陪同下实地察看广州海珠（大埔）产业园区、省道 S221 线大埔县湖寮至枫朗段一级路改建工程、县人民医院改扩建工程等，听取相关负责人对重点项目建设情况介绍。

是日，市长方利旭率队到大埔县调研重点项目和新农村建设工作，在市人大常委会副主任蓝伟东，副市长曾尚忠，市政协副主席周秋明，市政府秘书长、办公室主任林健雄，县委书记朱汉东，县长熊锋松以及市、直有关单位负责人陪同下，到大麻镇汶水塘安置区、大潮高速韩江特大桥、高陂水利枢纽工程、西河镇北塘村和漳北村、县城工业小区、张云栽实验小学、县中医医院迁建现场等地实地了解项目建设进展和社会主义新农村示范村建设情况。

9—10 日，县政协主席李礼醒和副主席张友群、杨竹玲应邀参加港区梅州市各级政协委员联谊会庆祝香港回归 20 周年暨第二届常董会就职典礼、澳区梅州市各级政协委员联谊会第二届领导架构成员就职典礼活动。

10 日，市人大常委会副秘书长曾志军率领市人大调研组到大埔县开展《梅州市客家围龙屋保护条例》立法调研。

是日，省委党校常务副校长杨汉卿、副校长林栋才率队到大埔调研，在县委书记朱汉东，县委常委、宣传部部长陈伟平，县委常委、组织部部长陈军营，县委常委、县委办主任蓝欣陪同下到三河坝战役纪念园调研。

是日，重庆市城口县副县长成银带领政企考察团到大埔，在市农业局局长刘玉涛陪同下到百侯古镇等地调研交流农业电商与文化旅游工作。

10—16 日，县陶产办组织 10 多家大埔陶瓷企业参加深圳侨交会。

11 日，由县委宣传部主办，县社科联、百侯镇党委、政府承办的大埔“围龙讲堂”启动仪式暨首场专题讲座在百侯镇国学馆举行。

是日，省总工会常务副主席李长峰带领省总工会财务部和经工部两个党支部的党员到大埔县三河坝战役纪念园开展纪念中国共产党建党 96 周年主题党日活动。

11—18 日，应马来西亚雪兰莪暨吉隆坡茶阳（大埔）会馆及泰国、越南等社团的邀请，由县委常委、统战部部长张红梅，副县长饶凌云和县外事侨务局、县侨联负责人等组成的考察访问团赴马来西亚、越南、泰国考察访问。

13—15 日，由大埔县旅港同乡会永远荣誉会长何应业、理事长郑锦均率领的大埔县旅港同乡会青年参学团回埔参观学习交流。

14 日，副县长刘辉堂到县行政服务中心调研。

15 日，市政协主席陈建青到精准扶贫挂钩点青溪镇青华村调研精准扶贫和新农村示范点建设工作。

16 日，在县委、县政府大楼二楼会议室举行廖光明教育基金会奖学助学金发放仪式，深圳吉明实业公司董事长、廖光明教育基金会理事长廖光明捐资 31.7 万元奖励高考、中考成绩优异的学生及资助品学兼优的贫困大学新生、高中生共 120 名。

是日，市委常委、组织部部长杜敏琪率队到大埔县调研，在县长熊锋松，县委常委、组织部部长陈军营等陪同下参观中共南方工委旧址、闽粤赣边历史陈列馆和三河坝战役纪念园等革命遗址，了解相关革命遗址保护和场馆建设情况。

是日，深圳市大埔商会组团回埔投资考察，到三河镇现场调研三河特色小镇规划建设情况，县领导熊锋松、郑尚森、陈伟平、蓝欣、刘采峰、罗春达等陪同。

16—17 日，省农业厅经管处负责人到大埔县督导农村土地确权登记颁证工作。

17 日，省军区党委常委、办公室主任林楚明率工作组到大埔，调研征兵等各项工作的开展落实情况。

17—18 日，省教育厅助学中心主任薛彪率队到大埔县调研学生资助工作情况。

18 日，茶阳镇八村联动精准扶贫服务中心在茶阳镇胜利路 143 号恒祥雅苑首层正式开业，广州市海珠区驻大埔县扶贫工作组副组长李启、农财网董事长毛志勇、茶阳镇镇长、茶阳镇八村（洋门村、太宁村、恋墩村、党坪村、花窗村、梅林村、西湖村、古村村）驻村扶贫干部及其村支部书记出席庆典揭牌仪式。

21 日，大埔县 2017 年高考邓振龙奖教奖学金颁发仪式在虎山中学综合大楼一褒学术大厅举行，副县长罗春达，县教育局主要领导，虎山中学校级领导、受表彰奖励师生和高三学生代表等 150 人参加颁奖仪式。

22 日，省立中山图书馆副馆长倪俊明率领第六次全国公共图书馆省评估定级专家组到大埔县开展第六次全国县级以上公共图书馆评估定级工作，县委常委、宣传部部长陈伟平和市、县文广新局、县图书馆等相关部门负责人陪同。

是日，县委书记朱汉东到青溪镇、西河镇调研省定贫困村创建社会主义新农村示范村和青溪红色交通线纪念园建设等工作情况。

23 日，市工商局执法局局长陈茂深率市督查组到大埔县督查“双随机一公开”工作开展情况，副县长饶凌云和县府办、县工商局、县发改局等相关单位负责人陪同检查。

是日，县委常委、常务副县长郑尚森率队到粤电大埔电厂检查安全生产工作。

是日，省港澳办副巡视员邓永忠率队到大麻镇小麻村调研指导扶贫工作并开展义诊活动，县委副书记、政法委书记李宏和大麻镇负责人陪同调研。

是日，县长熊锋松率队到高陂大道、陶瓷产业集聚区、高陂第二小学、陂寨临时农贸市场调研“六个一”项目建设情况。

是日，县委书记朱汉东、县长熊锋松率队到县城虎山路、万川路提升改造现场、城东“三旧”改造等重点项目建设现场调研。

24 日，市应急管理专家、梅州文化旅游特色区管委会副主任、副教授谢小康到县国土资源局作《地质灾害与旅游安全》专题讲座，副县长、公安局局长房春鸣，市应急办综合管理科负责人，县府办及县应急委部分成员单位负责人，县国土资源局、旅游局相关股室人员，各镇（场）分管国土和旅游工作的领导及国土所、旅游办主要负责人，县 3A 级以上旅游景区主要负责人及县应急办全体人员共 100 人参加讲座。

是日，广州市海珠区沙园街道党工委书记魏景涛带领工作队到洲瑞镇大坑村开展精准扶贫工作，并参加项目签约仪式。

24—25 日，省法院党组成员、政治部主任周玲带队到大埔县人民法院开展纪律作风专项督查，市法院院长刘思彬、县委书记朱汉东等陪同。

25 日，市妇联主席蔡雪嫦、副主席邹玲一行到湖寮镇龙岗村、通美实业有限公司调研基层组织区域化建设和妇女创业就业情况，县委常委、组织部部长陈军营和县妇联、湖寮镇等相关单位负责人陪同调研。

是日下午 2 时 50 分，农行大埔高陂支行成功堵截一起假存折诈骗事件。

是日，广东省雁洋公益基金会 2017 年“叶剑英基金助学金”发放活动在大东镇政府举行。

是日，市人大常委会党组副书记、副主任黎健平率队到大埔县调研西河镇新农村建设工作，市人大常委会秘书长潘小韬，县委书记朱汉东，县人大常委会主任黄建庭，县政府党组成员、副处级干部邓玉伦等陪同下到西河镇北塘村、漳北村实地察看，并到张弼士故居旅游区考察景区建设情况。

28 日，县委书记朱汉东率队到大麻镇调研新农村示范村建设工作。

29 日，市安委办副主任、安全监管局副局长古惠龙率领市安委办督查组到大埔县开展安全生产大检查第一轮督查工作，在县府办、县安监局、县交通运输局、湖寮镇等相关单位负责人的陪同下，前往湖寮镇、县交通运输局、粤运公司大埔汽车站、县第二建筑工程公司等地实地检查，并查看相关文档资料。

30 日，副县长刘辉堂到桃源镇团结村慰问贫困户并到新东村察看“城乡环境综合整治示范村”建设情况。

是日，副市长曾尚忠率队到宝丰陶瓷公司调研，并在县陶产办召开座谈会。

是日，大埔县举行梅州市政协委员大埔工作室和大埔县政协提案委委员工作室揭牌暨启动仪式，市政协副主席李忠良，县政协主席李礼醒，县委常委、统战部部长张红梅，县政协副主席张友群、刘小平、杨竹玲、吴振石等市、县政协领导，在埔的市政协委员和县政协常委，县政协各专委会主任及委员工作室正（副）主任、联络员，县政协机关干部共 50 人参加揭牌暨启动仪式。

是日，兴宁市委副书记何志平一行到西河镇省级新农村连片示范建设区参观考察美丽乡村建设工作。

是日，县长熊锋松率队调研大麻中心镇“六个一”项目建设工作。

是日，市政协副主席李忠良率队走访市政协委员企业，参观大埔县桃源镇广东吉玉陶瓷股份有限公司。

30 日至 9 月 8 日，副县长、公安局局长房春鸣到银江镇河口村现场指挥银江“8・29”故意伤害案案件侦破工作。

30—31 日，省体育科学研究所、省国民体质监测中心主办的2017年广东省国民体质监测万里行暨科学健身服务下基层活动（梅州大埔站）在大埔县体育中心举行。

31 日，郑某福驾驶闽 FMG633 摩托车行驶至三河镇中山公园路段时，与驾驶粤 ME9448 摩托车的吴某川发生碰撞，造成吴某川当场死亡、郑某福受轻伤的交通事故。

是日，梅州市大埔县基层公共服务平台项目最后一个站点——大麻镇北埔村公共服务站开通业务，标志着中国移动大埔县基层公共服务平台项目 272 条 IPVPN 专线建设全面完工。

是日，省农村电子商务协会秘书长到大埔县商议举办农村电商发展峰会工作。

是日，饶平县委常委、宣传部部长余家

惜率队到大埔县参观考察，在县委常委、宣传部部长陈伟平等陪同下到三河坝战役纪念馆、县博物馆等地实地考察。

是月，教育部公布2017年全国青少年校园足球特色学校及试点县（区）名单，大埔县茶阳镇中心小学、华侨第二中学、大埔第二小学3所学校入选2017年全国青少年校园足球特色学校。

是月，县文联组织文艺团队配合县旅游局赴广州、佛山参加梅州市旅游推介会演出。

是月，国家级非遗传承人抢救性记录工程项目团队到大埔采访国家级非物质文化遗产传承人——梅州客家山歌大师余耀南。

9月

1日，县长熊锋松率队到位于三河镇工业园区的梅州市博富能科技有限公司调研。

是日，中国民办教育协会副会长、学前教育专业委员会理事长杨志彬一行到大埔县调研。

是日起，大埔县正式实施企业“十一证合一”，个体户“四证合一”登记制度改革。

5日，市方志办主任钟伟基、副主任黎俊红一行到大埔督查调研地方志工作，督办2017年综合年鉴编纂出版、自然村落历史人文普查工作推进情况，副县长饶凌云和县方志办负责人等陪同调研。

是日，百侯镇侯北村鸳鸯祠、茶阳镇诒谷堂、大麻镇小留村竹林公祠、枫朗镇坎下村三竹堂、西河镇北塘村宜斋公祠、枫朗镇上山下村衍昌堂公祠等6个祠堂被授予第二批梅州市“文化祠堂”。

6日，县政协主席李礼醒带领县政协办公室负责人到枫朗镇大埔角村调研新农村示范村建设工作。

是日，县长熊锋松率队到茶阳镇调研中心镇“六个一”建设工作。

是日，省环保厅党组成员、省纪委、省监察厅派驻省环保厅纪检组组长曾裕率队到大埔县督导汀江河跨界流域污染和青溪库区、福建龙岩市棉花滩水库的生态环境综合整治工作。

是日，市委常委、常务副市长李远青到大埔县调研重点项目建设情况。

是日，广州海珠区政协副主席张丙祥到大麻镇大留村开展扶贫调研暨捐款仪式。

7日，由水利部建设管理与质量安全中心副主任李兰奇率领的水利部、省水利厅考核组来梅到埔，对韩江高陂水利枢纽工程建设质量开展实地考察，副市长曾尚忠等陪同考察。

是日，省公安厅党委委员、广州市副市长、广州市公安局党委书记、局长、广州市公安局扶贫工作领导小组组长杨江华在梅州市委常委、副市长刘棕会，县委副书记、政法委书记李宏，县政协副主席吴振石和三河镇有关人员等陪同下，到广州市公安局对口帮扶的三河镇梓里村开展精准扶贫精准脱贫工作调研和中秋慰问活动。

是日，副县长刘辉堂到湖寮镇调研基层公共服务平台运行情况。

8日，市食品安全考核督导组组长陈潮宁率队到大埔县进行食品安全考核督查，在副县长饶凌云和县金融办、县食安办、县食品药品监管局等相关单位负责人陪同下到茶阳镇食品药品监督管理所、虎山中学学校饭堂、广东顺兴种养股份有限公司等地实地查看。

是日，县长熊锋松率队到阴那山万福寺大景区调研，县委常委张红梅和县民宗局、县交运局、大麻镇等有关单位负责人陪同调研。

9日，市长方利旭到大麻镇汶水塘安置区调研重点项目建设情况。

10 日，原常务副省长汤炳权一行在市委书记谭君铁，市委常委、市委秘书长余其豹，县委书记朱汉东，县长熊锋松，县委常委、宣传部部长陈伟平，县委常委、组织部部长陈军营，县委常委、县委办主任蓝欣等陪同下到三河坝烈士陵园参观。

是日，县文艺团体受邀参加由珠海市大埔商会、珠海市大埔联谊会第二届第一次会员大会在珠海市日月贝大剧院举行的文艺晚会。

11 日，市检察院和县委巡察组进驻县检察院开展为期一个月的巡察工作，并在县检察院召开巡察工作动员大会。

12 日，省政府派驻梅州城乡规划督察员丁有忠率领梅州市历史文化名镇名村和传统村落保护专项督查组到大埔，对大埔县历史文化名镇名村和传统村落保护工作进行督导检查。

12—15 日，以马来西亚吉隆坡茶阳（大埔）回春馆理事、吉隆坡杨氏公会前任主席杨佐总为团长的马来西亚北塘杨氏寻根团到大埔，受到县委常委、统战部部长张红梅，副县长饶凌云及县外事侨务局、县金融办、县侨联的欢迎。

13 日，县委常委、宣传部部长陈伟平到县广播电视台调研。

是日，省农业科学院研究员林伟君一行到三河镇梓里村、广东顺兴种养股份有限公司等地实地调研扶贫开发工作。

14 日，市人大常委会副主任张映平带领市人大部分常委会成员、市人大代表城建环资专业小组成员、市旅游局主要负责人到大埔县视察梅江韩江绿色健康产业带建设情况。

是日，县人大常委会组织检查组对全县贯彻实施《中华人民共和国道路交通安全法》情况进行检查。

是日，广州市海珠区政协主席江绍强一行到大埔调研精准扶贫工作。

是日，大埔农商银行与大埔县自来水公司举行银水互联代缴签约仪式。

是日，广东省雁洋公益基金会一行到三河坝战役纪念园考察，省人大常委会原副主任、公益基金会理事长谢强华，市政协原主席、基金会副理事长李金元，县委书记朱汉东，县长熊锋松，县委常委、县委办主任蓝欣等参加考察。

15 日，县委书记朱汉东、县长熊锋松到政法系统调研。

16 日，大埔县举办 2017 年大埔县蜜柚名茶旅游节暨农村电商发展峰会。

是日，举行韩江画院北塘美术馆揭幕暨“大美大埔·艺韵北塘”——喜迎十九大韩江画院美术作品展开幕式，市文联党组书记、主席陈锐锋，市文联党组成员、副主席郭碧玲，县领导李礼醒、郭展凌、刘采峰等出席活动。

17—25 日，县陶产办组织 10 多家大埔陶瓷企业参加在东莞市厚街镇举办的“2017 广东二十一世纪海上丝绸之路国际博览会”。

18 日，广东卓粤集团有限公司董事长吕智伟一行到大埔县考察，县长熊锋松在县委、县政府大楼五楼会议室主持召开广东卓粤集团到大埔考察交流座谈会。

是日，县检察院未成年人检察工作办公室、青年志愿者服务队到田家炳实验中学开展首场“法治进校园”巡讲活动。

19 日，国土资源部地质环境司副司长胡杰率国土资源部、省国土资源厅有关领导到大埔县检查地质灾害防治工作，在县长熊锋松、副县长刘采峰和市、县国土资源局等相关部门负责人陪同下，到大埔县张云栽实验小学地质灾害治理项目现场实地察看，并听取相关汇报。

是日，中国人民银行梅州市中心支行行长黄昌隆一行到大埔调研，县长熊锋松，县政协副主席、县财政局局长刘广明及县府办、县金融办、县人行、县农发行、县工商银行等主要负责人参加座谈会。

20日，大埔县在三河坝战役纪念园举行广东省干部党性教育大埔三河坝教学基地授牌仪式，省委党校教务处调研员王晓虎，市委党校常务副校长丘炀，县长熊锋松，县委常委、组织部部长陈军营，省委党校中青二班一、二支部全体学员，县直有关单位负责人等参加授牌仪式。

是日，省港澳办主任、党组书记廖京山，省港澳办副主任、党组成员叶维园率队到挂点帮扶的大麻镇小麻村调研精准扶贫精准脱贫工作及新农村建设工作。

是日，副市长吴泽桐率队到大埔县调研交通建设、工业企业发展、社会保险扩面征缴工作。

是日，省药具管理中心副主任张爱华率省卫计委评估组在市卫计局副局长陈潮宁，县委常委、统战部部长张红梅，副县长饶凌云等陪同下，到大埔县检查评估妇幼健康优质服务示范工程工作。

是日，县人大常委会主任黄建庭、县委副书记李宏到桃源镇团结村调研精准扶贫暨新农村建设工作。

是日，由县文广新局组织的市“清风飞扬”廉政专题文艺节目巡回演出大埔站在县科技信息大楼一楼会场举行。

是日，大埔县陶瓷文化创意产业园被省文化厅列为2017年广东省文化厅省级文化产业示范园区创建资格。

是日，副县长、公安局局长房春鸣到湖寮、三河派出所调研示范派出所建设。

21日,副市长吴泽桐一行在县长熊锋松，县委常委、副县长吴东华等陪同下，到桃源镇吉玉陶瓷有限公司、昌隆陶瓷有限公司等地实地调研，了解企业生产经营情况。

22日，梅州市侨联系统贯彻落实《广东省侨联改革方案》精神暨文化宣传工作会议在大埔县召开，各县（市、区）、蕉岭华侨农场侨联主要负责人、分管文化宣传的副主席、信息员共30人参加会议。

24—25日，大埔县旅外政协委员座谈会暨招商推介会在广州召开，县政协旅居珠三角、港澳及各地的县政协委员欢聚一堂，县政协主席李礼醒，副主席张友群、刘小平、杨竹玲、吴振石、刘广明和有关工作人员参加座谈会。

25—26日，在县科技信息大楼一楼会场举办全县村（社区）党组织书记、村（居）委会主任培训班，县委书记朱汉东，县委常委、组织部部长陈军营，县委常委、纪委书记廖若旦，县委常委、县委办主任蓝欣，县委办、县委党校、县委组织部、县民政局、县财政局等相关负责人，全县村（社区）党组织书记、村（居）委会主任参加培训班。

26日，省关工委副主任陈坚、曾寿喜一行到大埔县调研关工委工作，市委常委、组织部部长杜敏琪，市关工委主任何正拔，县委书记朱汉东，县长熊锋松，县人大常委会主任黄建庭，县委常委、组织部部长陈军营，县关工委主任邓加光陪同调研或参加座谈。

是日，广州大学党委副书记张强到大麻镇中兰村开展扶贫及新农村示范村建设调研。

是日，省卫生计生委规划财务处负责人带队到茶阳镇开展乡镇卫生院标准化建设项目督导检查。

27日，第二届广东生产服务周之“工业设计创新梅州专场”暨产业共建招商大会在大埔县小吃文化城举行，大会授予怡丰园、宝丰陶瓷和富大陶瓷省级工业设计中心牌匾，举行省工业设计协会与大埔县陶瓷协会战略合作协议、大埔县在海珠区设立产业创新联络中心、相关企业代表与市工业设计中心战略合作签约仪式，进行油茶种植及加工项目、蜜柚种植及精深加工项目等产业共建招商签约仪式。

是日，县委常委、县纪委书记廖若旦在县纪委副书记邝金禄及县政管办、县移动公司等负责人陪同下到县行政服务中心调研。

是日，省水利厅副厅长边立明一行对高陂水利枢纽工程安全生产相关工作进行现场检查。

是日，新加坡南洋客总华乐团一行应邀到大埔开展文化交流活动，与大埔县汉研会、县汉剧传承保护中心等文化单位在县城翰林剧场联合举办一场“古韵缘·客乡情”专场音乐会，县领导陈伟平、张红梅、饶凌云等观看演出。

27—28日，省政府安全生产督查组在省安委办副主任、省安监局副局长余德旋的带领下，采取不打招呼、不听汇报的方式，突击检查三河镇、县住建局的安全生产工作。

28—29日，县政协主席李礼醒，副主席张友群、杨竹玲、吴振石分别率政协专项督查组对“文化旅游、农业农村、民生实事”等方面重点项目第三季度的进展情况开展专项督查。

29日，蕉岭县委常委、统战部部长徐杞文一行到大埔考察城乡环境综合整治工作。

是日，市纪委副书记、监察局局长、预防腐败局局长谢志云率督查组到大埔县开展专项工作督查，在县长熊锋松，县委常委、纪委书记廖若旦，县纪委副书记、监察局局长邝金禄的陪同下到县公共服务中心察看惠民信息公开平台建设运营情况。

30日，三河坝战役纪念园举行公祭活动，县领导、县直局负责人、各镇党委书记、红军小学学生、三河镇政府干部职工共300人参加活动。

10月

1日，海南省政协党组副书记马勇霞，海南省军区原副政委、少将黄声云率队到大埔县考察，在县委书记朱汉东，县人大常委会主任黄建庭，县委常委、宣传部部长陈伟平，县委常委、县委办主任蓝欣的陪同下到三河坝战役纪念园，西河北塘美术馆、法治文化园、张弼士故居，韩江书院，富大陶瓷有限公司等地参观考察。

是日，赣州市委副书记、市长曾文明率考察组到大埔查看三河坝战役纪念园并听取改扩建工程情况汇报，县委书记朱汉东、县长熊锋松、县委常委蓝欣等陪同。

2日，佛山市梅州商会在三河镇举办“感恩家乡·成就梦想，携百名梅州地区感恩少年三载同行”爱心助学活动，资助大埔县部分家庭经济困难学生。

3日，由大埔韩江画院、北塘古村落旅游开发服务有限公司主办，北塘美术馆承办的北塘中秋之夜联欢晚会在北塘美术馆举行。

7日，副县长、公安局局长房春鸣率队到茶阳、西河开展国庆安保战时慰问活动，深入基层所队看望慰问坚守岗位的一线民警。

9日，县委书记朱汉东率县委常委郭展凌、蓝欣和县信访局、县交运局负责人等到高陂镇调研重点项目建设和综治信访维稳工作。

是日，县长熊锋松、县政协主席李礼醒率领县府办、交运局、信访办等相关单位负责人到大东镇、枫朗镇调研重点工作。

10日，省水利厅党组书记、厅长许永锞率队到大埔县调研茶阳镇易涝区、韩江治理工程广东梅州段——大埔县高陂防洪堤治理工程、韩江高陂水利枢纽工程建设情况。

是日，大埔惠民信息平台正式启用，低保、五保等35项惠民政策内容、惠民资金分配情况可以通过平台网站、手机APP应用、微信公众号、县镇公共服务中心自助终端机查询。

是日，市委常委、市纪委书记黄建固，

市纪委副书记、市监察局局长谢志云在县委书记朱汉东，县委常委、县纪委书记廖若旦等陪同下，到大埔县综合政务服务中心调研惠民信息公开平台建设和运行情况，并到大东镇调研涉农领域腐败问题专项治理工作。

10—13日，省、市督学组成的省教育强镇督导验收组在副县长罗春达和县教育局相关负责人陪同下对大埔县银江、光德、枫朗、三河、高陂、大东等六个镇进行省教育强镇复评督导验收。

11—12日，省政协常委、文化和文史资料委员会副主任、省地方志办原主任陈强率领省政协委员第五视察团成员，在市政协副主席陈元星，市委党史研究室、市政协文化和文史资料委员会、市文广新局负责人，县政协主席李礼醒，县委常委、组织部部长陈军营，县政协副主席杨竹玲，县委党史室、县政协文史室、县文广新局、三河、枫朗、青溪镇等相关单位负责人陪同下莅临大埔视察，前往三河坝战役纪念园、枫朗镇中共南方工作委员会旧址、青溪镇中央红色交通线纪念园、棣萼楼等地实地视察，现场听取相关单位关于大埔县革命历史遗址保护利用工作的情况汇报。

12日，大埔农商银行与县国税局、地税局签订“银税互动助力小微”合作签约仪式。

是日，县人大常委会主任黄建庭带领县政府党组成员、副处级干部邓玉伦和县人大办、县扶贫局等单位负责人到光德镇富岭村实地调研督导社会主义新农村示范村建设工作。

是日，在百侯镇召开2017年南粤古驿道定向大赛（梅州大埔站）现场推进会，县委常委、宣传部部长陈伟平，副县长饶凌云，筹委会各工作组组长，县体育局、文广新局、旅游局等相关单位负责人参加会议。

12—13日，县委副书记、政法委书记李宏到高陂镇、大麻镇和县住建局督导和研判涉稳工作。

13日，由县委宣传部、县文广新局主办，县文化馆、龙湾国际承办的2017年“龙湾杯”唱响大埔优秀歌曲广场舞大赛（初赛）在西湖公园百姓舞台举行，县委常委、宣传部部长陈伟平和县文广新局、县广播电视台、县文化馆等单位有关负责人观摩比赛。

是日，由县府办、县体育局联合主办，县篮球协会承办的大埔县2017年“体彩杯”机关干部职工男子篮球赛在体育中心灯光球场开幕，副县长饶凌云，县政府党组成员、副处级干部邓玉伦和县府办、县体育局等相关单位负责人参加开幕式。比赛有10支队伍参加，赛程12天。

是日，第七届市人大代表到大埔调研西河镇省级新农村连片示范建设工作。

13—14日，旅港大埔同乡会会长孙淑元率考察团到大埔考察大埔小吃文化，受到副县长饶凌云以及县外事侨务局、县委宣传部的欢迎。

14日，县领导熊锋松、张红梅率县府办、县外事侨务局、县侨联负责人等赴港参加第二十九届世界客属恳亲大会，其间专程拜会田家炳，到旅港大埔同乡会与部分旅港乡贤座谈。

是日，在县城翰林剧场举办“喜迎十九大·文脉颂中华——国家级非物质文化遗产‘广东汉乐·汉剧’梅州·大埔·蕉岭三地文化交流演出”活动。

16日，由梅州市妇联联合青岛澳鼎集团举办的“春蕾助学·澳鼎圆梦”在枫朗镇保安村、广德小学启动，副市长张晨，市妇联主席蔡雪嫦，青岛澳鼎集团总裁孙文庆，县委常委、组织部部长陈军营，副县长饶凌云及县直有关部门负责人、镇党委书记、镇长参加捐赠仪式。

是日，县委书记朱汉东到枫朗镇进行社会主义新农村示范村建设专题调研。

是日，广东富大陶瓷文化发展股份有限公司研发部主任黄志超和光德镇隽陶坊总经理黄孟君被市人民政府列为第六批市级非物质文化遗产项目“光德陶瓷烧制技艺”代表性传承人。

是日，县气象局完成新建瑞山、三溪茶场气象自动站，并完成大东、青溪、西岩茶场三个气象自动站改造项目选址。

是日，副市长张晨率队莅临大埔调研创建卫生强县工作，在县委常委、统战部部长张红梅，副县长饶凌云和县直有关部门负责人陪同下到枫朗镇保安村卫生站、百侯镇南山村卫生站、百侯镇中心卫生院调研。

是日，由县委宣传部、县文学艺术界联合会共同主办，县书法家协会、县美术家协会和县博物馆协办的庆祝中共十九大胜利召开书画作品展在县博物馆举办，县委常委、宣传部部长陈伟平和县委宣传部、县文联、县书法家协会、县美术家协会、县博物馆有关负责人参加书画展。

16—17 日，省环境监测中心生态科负责人一行到大埔县开展国家重点生态功能区县域现场调研及核查检查工作。

17—19 日，县司法局配合市戒毒康复所、市普法宣讲团到大埔县实验中学、湖山公学、家炳一中、华侨二中、大麻中学等学校开展以“远离毒品，健康成长”为主题的“禁毒护苗大开讲”巡讲活动。

18 日，县委书记朱汉东，县委副书记、县长熊锋松，县人大常委会主任黄建庭，县政协主席李礼醒，县委副书记、政法委书记李宏，县委常委陈军营等县班子领导及五大办部分干部职工在县委、县政府二楼会议室收听收看十九大实况直播。

是日，县委书记朱汉东到桃源镇团结村调研社会主义新农村示范村建设进展情况，县委常委、县委办主任蓝欣，县人大常委会副主任廖金鑫，副县长刘辉堂，县政府党组成员、副处级干部邓玉伦和桃源镇党政主要负责人陪同调研。

是日，市公路局局长王忠带领国、省道升级改造督查组在副县长罗春达和县公路局等相关单位负责人的陪同下，到国道 G235 五丰至三河大桥段路面改造工程、县城过境公路改造工程等现场实地督察。

18—19 日，省水利厅到大埔对高陂水利枢纽工程导（截）流段移民安置专项进行终验。

19 日，省旅游发展促进中心主任孙朝晖带领省旅游局调研组到大埔调研全域旅游和旅游扶贫工作，在县委常委、宣传部部长陈伟平和市、县旅游局负责人的陪同下参观高陂镇党溪村李光耀祖居和富大陶瓷工业园，并在富大陶瓷工业园会议室召开座谈会。

是日，市委常委、统战部部长张文广率队到大麻镇开展下访约访活动，并前往粤电大埔电厂检查企业安全生产情况，县委书记朱汉东，县委副书记、政法委书记李宏，县委常委、统战部部长张红梅及县委办、县信访局等有关负责人陪同。

是日，县人大常委会主任黄建庭，副主任谢以美、邓立新，县人大机关在埔退休干部一行到高陂镇参观县部分重点项目（水利枢纽、“六个一”、海珠产业集聚区）工程。

是日，省维稳安保工作第五督导组组长邓远强率队在市委政法委专职副书记丘创彬，县委副书记、政法委书记李宏等陪同下，到湖寮、高陂、大麻、银江、茶阳等镇督导维稳安保工作。

19—20 日，2017 年大埔县青少年校园足球联赛县级决赛在县体育中心足球场举行，大埔县张云栽实验小学获得第一名。

20 日，县人民医院特设岗专家、市人民医院胃肠外一科主任、外科教研室副主任李恩到县人民医院普外科开展工作。

是日，市委常委、常务副市长李远青一

行在县长熊锋松，县委副书记、政法委书记李宏等陪同下，到茶阳圩镇河段仙居桥、青溪水电厂库区与福建省交界处石下坝河段巡查。

是日，2017年广东省文化厅公共文化服务“三百工程”惠民讲座在县城翰林剧场举行。讲座邀请华南理工大学舞蹈编导教授刘波授课，全县文艺爱好者等200人参加讲座。

21日，2017年大埔县庆祝中国老人节暨第七届“促进杯”太极项目锦标赛在县体育中心综合训练馆举行。

22日，省老促会会长陈开枝率队到大埔调研原中央苏区政策对接落实情况，市政协副主席马志元，县委书记朱汉东，县长熊锋松，县委常委、宣传部部长陈伟平，县委常委、组织部部长陈军营，县委常委郭展凌，县政府党组成员、副处级干部邓玉伦等陪同调研或参加座谈。

23日，副县长刘辉堂到县行政服务中心社保局窗口进行调研。

是日，由县老体协组织的庆祝中国老年节健身表演活动在县城文化广场举行，来自全县的13个代表队开展健身、舞蹈等表演。

是日，副县长罗春达到第二实验幼儿园调研工作。

是日，省外语外贸大学副教授黄亮雄带领广东省商事制度改革检查评估组到大埔调研商事制度改革落实情况。

23—25日，以新加坡茶阳（大埔）会馆副会长杨培玉为团长的代表团到大埔，受到县委、县政府的欢迎。

24日，副县长刘辉堂率队到大东镇调研公共服务平台、新型农村合作医疗、招商引资等工作，县社保局、政管办、大东镇等相关单位负责人陪同调研。

是日，县委书记朱汉东在县委常委、组织部部长陈军营，县委常委、县委办主任蓝欣，副县长罗春达，县政协副主席、县财政局局长刘广明和县委办调研室、县教育局、县人社局、县编办等单位负责人陪同下到虎山中学、湖寮镇下坜县城九年一贯制实验学校规划现场、小博士午托或晚托机构、张云栽实验小学调研。

是日，省质监局副局长高国盛率广东省不锈钢材料与制品协会会员在副县长刘采峰，县政府党组成员、副处级干部邓玉伦和县质监局、西河镇等相关部门负责人陪同下，到西河镇漳北村开展扶贫献爱心活动。

24—25日，省国资委党委委员、副巡视员张绳道到枫朗镇四联村调研指导旅控集团精准扶贫工作。

25日，县委副书记、政法委书记李宏，县委常委、组织部部长陈军营在县委老干部局相关负责人陪同下看望张达文、蔡斯贡、黄焕土等离（退）休老领导、老干部。

是日，民革广东省委调研组莅埔调研特色小镇带动精准扶贫和新农村建设工作，在县政协副主席杨竹玲，县政府党组成员、副处级干部邓玉伦等陪同下参观三河中山纪念堂、百侯文化特色小镇。

是日，县长熊锋松、常务副县长郑尚森、县委常委郭展凌、副县长罗春达等在县直相关部门负责人陪同下到高陂镇调研重点项目建设。

是日，在县委、县政府大楼二楼会议室举行《源流特刊·大埔客家民俗风情》暨《诗文集萃》首发式，县政协主席李礼醒，县委常委陈伟平、陈军营，县人大常委会副主任张长先，广东省老促会《源流》杂志社社长谢佚芳等参加首发式。

是日，县人民医院在县城登山公园开展主题为“我运动我健康”重阳节登山比赛活动，共有300名干部职工参加比赛。

26日，在县城文化广场开展以“共创卫生县城，同树文明新风”为主题的县城环境卫生清洁行动，县委常委、统战部部长张红梅，县委常委、宣传部部长陈伟平，县政府党组成员、副处级干部邓玉伦，湖寮镇政府、县直单位和省、市驻埔单位相关负责人及县青年干部培训班学员、志愿者、县城所在中学学生等参加活动。

是日，县长熊锋松率队督导大埔县2017年十件民生实事完成情况，前往城北移动公司旁自来水管网改造点、大埔县第三小学、湖寮镇长教村卫生站等民生工程建设现场检查督导。

是日，县委书记朱汉东，县委常委、宣传部部长陈伟平，县委常委、县委办主任蓝欣，副县长饶凌云和县委宣传部、县体育局、县公安局、百侯镇等单位负责人到百侯镇侯南村实地检查定向大赛筹备情况。

是日，大埔县被中国茶叶流通协会授予“中国最美茶乡”和“2017年度全国重点产茶县”称号。

26—30日，马来西亚雪隆茶阳（大埔）回春馆副会长杨博耀一行到大埔开展文化交流活动，受到县外事侨务局、县文广新局等部门的欢迎。

27日，市人大常委会原副主任林佛全等老干部一行在县委常委、宣传部部长陈伟平，县人大常委会副主任邓立新及市、县人大机关相关室委负责人的陪同下，到三河坝战役纪念园、县陶瓷文化展馆和大埔小吃文化展馆等地参观。

28日，西河镇张弼士旅游区举办“祝福长者·见证发展”重阳敬老活动暨大埔、永定全域旅游区域合作启动仪式，大埔、永定两地旅游主管部门、旅游企业负责人以及西河镇村民等参加活动。

28—30日，中国农业发展银行大埔县支行搬迁办公楼。30日，位于湖寮镇虎中路3号的新办公楼正式投入使用。

29日，2017年南粤古驿道“天翼高清杯”定向大赛暨中国南粤古驿道文化之旅（梅州大埔站）在中国历史文化名镇百侯镇客家古村侯南村举行，来自省内外的600多名选手参加当天的赛事，省体育局局长王禹平、省体育局副巡视员王卫东、省通信管理局副巡视员杨云才、副市长张晨、县委书记朱汉东、县长熊锋松等领导出席开幕式。

是日，新加坡（茶阳）何氏公会恳亲团一行回埔受到县委、县政府的欢迎。

30日，市人大常委会副主任张映平率市人大督查组到大埔开展县、镇人大工作和建设督查指导。

是日，湖寮镇双坑村举行何氏家族八百周年庆典会。

31日，县政协在县城举行经济委和文史委委员工作室揭牌仪式。

是月，县文广新局组织开展2017南粤古驿道定向大赛暨中国南粤古驿道文化之旅（梅州·大埔站）暖场活动。

是月，大埔县启动机关事业单位养老保险费征缴工作。

11月

1日，佛山市安监局副局长林凯军率省交叉检查组在市安监局副局长郑国辉，县委常委、常务副县长郑尚森和县安监局等相关单位负责人的陪同下，到大埔县检查陶瓷行业粉尘危害专项治理工作。

是日起，大埔县启动机关事业单位养老保险待遇发放工作。

2日，市司法局局长谢又新在县司法局负责人陪同下到茶阳镇太宁村调研精准扶贫工作。

是日，大埔海事处、丰顺海事处在大埔县高陂正式合署办公。

3日，县委常委郭展凌和县委办、县府办、县农业局等相关单位负责人在县委、县政府大楼二楼会议室收听收看全国冬春农田水利基本建设电视电话会议。

是日，县委常委郭展凌到县农业局调研并部署实施乡村振兴战略工作。

4 日，广东深圳狮子会爱心人士到桃源镇福利院开展“情暖革命老区·关爱孤寡老人”客家敬老活动。

6 日，市农业局副局长黄帆率考核组到大埔县考核食品安全工作。

6—9 日，旅马来西亚侨贤萧光盛、教授刘德云一行回乡开展教育交流，受到县委、县政府的欢迎。

7 日，省水利厅副厅长王春海带领省水库移民局负责人一行在市政府副秘书长张映辉、市水务局局长陈海燕、县长熊锋松、县委常委郭展凌等陪同下，到高陂水利枢纽工程大麻、银江、高陂移民安置点调研。

是日，在县科技信息大楼二楼会议室召开三河坝战役影视片审片座谈会，省政协委员、南方广播影视传媒集团有限公司原党委书记张小棣，市委党史研究室主任邓文庆，县委书记朱汉东，县委常委陈伟平、陈军营，县人大常委会副主任谢以美，县政协副主席吴振石等参加座谈会。

是日，副县长刘辉堂到县人社局调研、指导人力资源社会保障工作。

是日，旅港乡贤田庆先回乡观光指导。

8 日，县长熊锋松在县府办、县国土资源局、县移民局、县水务局、县住建局、县交运局和银江镇负责人等陪同下到银江镇韩江高陂水利枢纽工程征地拆迁现场、加禾新村等地督导。

是日，广州市花都区人大常委会副主任蓝海滨在县人大常委会副主任、县总工会主席谢以美陪同下，到湖寮镇人大办参观交流。

是日，县委书记朱汉东率队调研卫计工作。

9 日，县委书记朱汉东调研县城综合整治工作，县委常委张红梅、陈伟平、蓝欣，副县长刘采峰，县政协副主席刘广明等陪同调研及参加座谈会。

是日，市公安局党委委员、政治处主任林卫东到县公安局指挥督导全市公安机关“迎接第五届世界客商大会胜利召开”集中统一行动清查行动，副县长、公安局局长房春鸣等陪同检查。

是日，副市长曾尚忠率队到大麻镇、西河镇调研新农村示范村建设工作。

是日，广州市海珠区政协副主席邓玲一行到西河镇石涵村视察菊叶薯蓣种植基地。

10 日，广州市海珠区市场监管局局长蒋薇带领局相关科所长到茶阳镇洋门村开展精准扶贫工作和学习十九大报告助力扶贫专题党课学习活动。

11 日，省政协常委、市政协常委、港区梅州市各级政协委员联谊会会长、香港丝宝集团副董事长古尔夫率领港区梅州市各级政协委员联谊会考察团到大埔，在市政协主席陈建青、市政协副主席叶解春、县长熊锋松、县政协主席李礼醒、县政协副主席张友群和青溪镇、青华村等相关单位负责人的陪同下，到青溪镇考察市政协挂钩扶贫点青华村开展新时期精准扶贫精准脱贫工作情况。

是日，县文联联合韩江画院，邀请广东画院、梅州市美协、兴宁市美协等单位的画家到西河镇新农村建设示范村北塘村开展写生采风交流活动。

是日，2017 年大埔县“体彩杯”机关干部职工男子篮球赛决赛在县体育中心灯光球场举行，县委常委、县委办主任蓝欣到场观看比赛并为冠军代表队颁奖。县教育局代表队夺得冠军，县卫计代表队、农商行代表队分获二、三名。

12 日，香港审计署署长孙德基、澳门审计署审计长何永安、省审计厅厅长何丽娟等粤港澳审计部门领导嘉宾一行莅临大埔到西河镇张弼士旅游区考察。

13 日，县委书记朱汉东，县长熊锋松，县委常委、县委办主任蓝欣率队到第五届客家文化创意产品博览交易会大埔展馆检查布展情况。

是日，副县长、公安局局长房春鸣率县府办、人武部、公安局、民政局相关负责人到三河镇看望慰问在该镇进行“魔鬼周”训练的广东省武警支队官兵。

14 日，以省侨办副巡视员李仲民为组长的省侨办调研组在市外事侨务局负责人和副县长饶凌云等陪同下，参观大埔县城泰安楼、博物馆及百侯镇的部分侨捐项目和景点。

15 日，参加第五届世界客商大会的领导嘉宾到大麻镇参观考察小留村。

是日，由省文化厅主办，深圳市前海丝路新语文化传播有限公司承办的2017广东省“三百工程”文化惠民工程百场精品演出在大埔县城西湖公园万人广场举行，县委常委、宣传部部长陈伟平和县文广新局、汉剧团、文化馆等相关单位部门负责人及广大市民观看演出。

是日，大埔县开展梅潭河巡查工作，县委常委、梅潭河县级河长郭展凌和县府办、县水务局、县环保局等相关单位负责人参加巡查工作。

是日，梅州军分区组织军分区、全市武装部全体机关党员官兵到三河坝战役纪念园开展“不忘初心·牢记使命·签约祖国”主题党日活动。

是日，县人大常委会主任黄建庭，副县长刘辉堂，市政协委员、县人大代表陈衡礼在桃源镇、村负责人的陪同下，到桃源镇团结村调研新农村示范村建设。

是日，大埔县举行第五届世界客商大会系列活动。在第五届世界客商大会期间，大埔县一批重点项目签约、动工、竣工。全国人大代表、市工商联副主席邓振龙，光明日报社原总编辑何东平，大埔旅港同乡会理事长郑锦均等嘉宾在县委书记朱汉东，县长熊锋松，县人大常委会主任黄建庭，县政协主席李礼醒，县委副书记、政法委书记李宏等县班子领导陪同下，到县人民医院一期工程竣工现场、湖寮至高陂连接线现场、三河坝战役纪念园、小留村省级新农村示范点、西河镇省级新农村连片示范区、大潮高速双峰顶隧道施工现场、韩江高陂水利枢纽工程左岸施工现场、广州海珠（大埔）产业转移工业园区等地考察。

16 日，第五届客家文化创意产品博览交易会大埔之夜专场文艺演出在梅州市院士广场举行，大埔县组织文艺团体参加文艺演出。

是日，由人民网、新华网、凤凰网、南方网、金羊网、深圳新闻网、网易、腾讯等网站媒体及梅州时空网、无线梅州等当地网络网站媒体记者代表组成的“行走梅州·美丽乡村”——绿色发展主题网络采风团走进大埔，县委常委、宣传部部长陈伟平会见采风团一行，市委宣传部、县委宣传部相关负责人参与采风活动。

是日，俄罗斯工程院院士刘焕彬在虎山中学综合大楼六楼一褒学术大厅作《他山之石——美国基础教育改革的几点启示》专题讲座，县教育局、虎山中学负责人和县各相关中小学教师、各学校相关负责人等参加讲座。

17 日，新加坡茶阳（大埔）会馆副会长刘智评一行回乡观光探亲祭祖，受到县委、县政府的欢迎。

是日，广东工商职业学院党委书记许金招一行在副县长饶凌云和大埔开放大学、县府办、县人防办负责人等陪同下到大埔县开展党员教育活动。

18 日，何某华驾驶粤 M05923（挂粤 M1372）大型拖车行至枫朗镇清泉溪桥头路段时，与杨某柳驾驶的无号牌三轮摩托车（附载杨某初）发生碰撞，造成杨某初受伤经送医院抢救无效死亡的交通事故。

20日，由县委宣传部、县文广新局主办的大埔县宣传中共十九大精神下乡巡回演出在百侯镇侯南村举行，此次活动是大埔县首次通过“流动舞台车”送戏到农村。

是日，省档案局监督指导处负责人等一行在市档案局局长张小冰、副调研员黄硕琳陪同下到县档案局检查指导工作，副县长饶凌云等陪同。

是日，大埔供电局撤并茶阳丰溪、茶阳长治、高陂古野、枫朗双溪、大麻英雅5个供电服务点。

21日，在县科技信息大楼二楼会议室召开省委托市对大埔县2017年度计划生育目标管理责任制考核调查工作座谈会。

是日，县长熊锋松、县委常委郭展凌率县府办、县水务局、县环保局等相关单位负责人到梅江水域巡查，落实河长制工作。

21—22日，县总工会第十五次代表大会在县委、县政府大楼二楼会议室召开，选举县总工会第十五届委员会委员及领导班子，谢以美当选为县总工会主席。

22日，副县长刘采峰率队巡查漳溪河，落实河长制工作。

22—23日，省委政法委综治“中心+网格化+信息化”建设督导组组长陈雪梅一行在市委政法委专职副书记陈万年，县委副书记、政法委书记李宏等陪同下，到大麻、湖寮、西河、茶阳等镇督导“中心+网格化+信息化”工作。

23日，县长熊锋松到高陂镇督导学习贯彻中共十九大精神工作。

是日，广州市番禺区人大常委会党组书记、主任李广杭一行在县人大常委会主任黄建庭、常务副主任刘坤明和县人大常委会相关室委负责人的陪同下，到县陶瓷展馆、县博物馆、西河镇北塘法制文化园等地考察调研。

是日，县重点招商引资项目大埔奥园广场房地产开发举行奠基仪式，县长熊锋松参加奠基仪式。

24日，2017年大埔县中小学生田径运动会在县体育中心开幕，副县长饶凌云、罗春达和县教育局、县体育局等相关单位负责人出席开幕式。运动会为期3天，设6个组别、59个比赛项目，有43个学校代表队参赛。

是日，省质监局副局长翁永卫率队到西河镇检查扶贫工作。

是日，县委书记朱汉东到枫朗镇随机抽查上木村、下木村、梅溪村、清泉溪村的精准扶贫工作推进情况。

是日，市教育局副局长梁财生一行在副县长罗春达和县府办、县教育局、县财政局等相关单位负责人陪同下，到大埔县开展中小学教师队伍建设专项督查。

是日，县委副书记、政法委书记李宏率县府办、县水务局、县环保局、县畜牧局等相关单位负责人深入汀江水域巡查，落实河长制工作。

是日，副县长饶凌云率队到枫朗镇隔背村调研新农村示范村建设工作。

24—26日，以常务会董、大埔县旅港同乡会原理事长孙淑元为团长的香港梅州总商会参访团到大埔，受到副县长饶凌云、县政协副主席张友群及县外事侨务局、县金融办、县文广新局、县妇联、县工商联、县侨联的欢迎。

25—26日，2017首届“万川爱心促进杯”公益体彩篮球赛在县体育中心篮球场举行，县政协副主席杨竹玲及县体育局、万川爱心协会等相关负责人参加开幕式。

26日至12月2日，在县城文化广场举办“三百工程”惠民进基层展览暨地道中华图文展岭南展示月活动。

27日，在县旅游局举办2017年导游、旅游讲解员职业技能培训班，来自全县各镇（场）的旅游干事、导游、景点讲解员等60人参加培训。

是日，省总工会组织省工人医院的医务人员为大埔县女职工开展免费“两癌”筛查活动。

28 日，省调研组组长、驻省民政厅纪检组组长邱东强一行在市民政局局长罗颖安，副县长、公安局局长房春鸣和市、县民政局有关负责人等陪同下，到三河坝战役纪念园调研景区建设情况。

是日，在县残疾人综合服务中心开展梅州市大埔县爱心助残基金会爱心助残活动，市人大常委会原常务副主任李俊夫、副市长张晨、市残联党组书记卢振中、县委书记朱汉东、县长熊锋松、县人大常委会主任黄建庭、副县长饶凌云等领导出席活动。梅州市大埔县爱心助残基金会于 2017 年 11 月 15 日经市民政局批准登记为非公募基金会。

29 日，深圳市龙岗区横岗、园山街道文艺家一行到大埔开展汉乐、汉曲、客家山歌、书画等文艺交流。

是日，市委副书记、市长、市总河长方利旭率队到大埔县巡查韩江水资源环境情况，并在县委书记朱汉东、县长熊锋松、县委常委郭展凌等陪同下，到高陂水利枢纽工程建设现场，实地查看工程进展情况。

30 日，副省长黄宁生一行莅临大埔，在省教育厅副厅长朱超华，省财政厅副厅长郑贤操，省政府办公厅相关负责人，市长方利旭，副市长曾尚忠，市政府秘书长、办公室主任林健雄，市教育局局长吴寿康，市府办相关负责人，县委书记朱汉东，县长熊锋松，副县长罗春达，县府办、县教育局等相关负责人陪同下，到西河镇北塘红军小学，三河镇梓里学校，银江镇中心小学、家炳八中、明德教学点、坪上小学等地调研。

是日，省农业厅农业综合行政执法监督局局长郑宏宣一行到大埔县开展农业综合行政执法及农业安全生产检查。

是日，由省委党史研究室、市委、市政府、梅州军分区主办，市委宣传部、市委党史研究室、梅州军分区政治处、县委、县政府承办的纪念“八一”起义军三河坝战役 90 周年文艺晚会在大埔县城西湖公园万人广场举行。

12 月

1 日，由省委党史研究室、市委、市政府、梅州军分区主办，市委宣传部、市委党史研究室、梅州军分区政治处、县委、县政府承办的纪念“八一”起义军三河坝战役 90 周年系列活动在大埔县举行。

是日，闽粤赣边区革命历史陈列馆开馆仪式在大埔县枫朗镇大埔角村举行。

是日，朱德元帅孙子、少将朱和平在县委副书记、政法委书记李宏，县委宣传部、县民政局等相关单位负责人陪同下到县博物馆、游客服务中心、“八一”起义军三河坝战役指挥部旧址等地参观考察。

1—4 日，县陶产办组织 17 家大埔陶瓷企业参加“2017 年（潮州）第十届中国陶瓷产品设计大赛及第四届生肖陶瓷大赛”比赛，其中陶瓷产品设计大赛有 17 家企业共 23 件作品获金奖 5 个、银奖 5 个、铜奖 11 个，生肖陶瓷大赛有 6 家企业共 8 件获银奖 2 个、铜奖 1 个、入选 5 个。

2 日，2017 年大埔县“体彩杯”第二届乡镇足球联赛在县体育中心足球场正式开赛，副县长饶凌云和县府办、县体育局、县足球协会等相关负责人和各镇（场）足球队员等参加开幕式。

是日，在县科技信息大楼一楼会场举行全县科级干部学习贯彻党的十九大精神专题培训班开班仪式，县委书记朱汉东在开班仪式上作动员讲话和辅导发言。

4 日，大埔县在西河北塘法治文化园开

展主题为“学习贯彻党的十九大精神，维护宪法权威”的2017年“12·4”全国法制宣传日暨“法治大埔宣传教育周”活动。县委副书记、政法委书记李宏，县人大常委会副主任廖金鑫，县普法领导小组成员单位负责人，各镇（场）分管普法工作领导、司法所所长，县司法局全体干部及西河镇干部群众等200人参加活动。

是日，大埔县“普法十里长廊”在茶阳镇茅坪村揭幕。

是日，市公安局党委委员、政治处主任林卫东深入大埔县公安局检查督导“财富论坛”统一清查行动，副县长、公安局局长房春鸣等陪同检查。

6日，市“法润梅州·平安万家”法治文艺巡回演出团在大埔县翰林剧场巡演。

7日，省人大常委会委员、环资委主任委员苏一凡带领省宣传采访组到大埔，开展韩江水环境保护宣传活动。苏一凡一行在市人大常委会副主任蓝伟东、县人大常委会副主任邓立新及市、县人大常委会、环保局、水务局等相关负责人的陪同下到茶阳圩镇河段仙居桥、青溪镇青丰村、三河镇韩江源等地，了解水环境保护和推行河长制工作情况。

8日，大埔县2017年“钟声杯”城区学校教职工羽毛球团体赛在家炳职校羽毛球场开赛。比赛分中学、小学、幼儿园三个组别，有17支代表队80位选手参赛。

是日，《大埔县农业志（明清-1985）》出版发行。

是日，县政协举行县政协教科文卫体和社会法制委、民族宗教和港澳台侨外事委委员工作室揭牌暨启动仪式。

是日，广州大学华软软件学院党委书记刘友坤一行在县政府党组成员、副处级干部邓玉伦，县扶贫局等相关单位负责人陪同下到大麻镇中兰村调研扶贫工作。

9日，旅港同胞张法贞、胡秀玉伉俪携亲友一行到县人民医院，为该院捐赠多功能病床96张，共计25万元。

是日，大埔诗社举行成立二十周年暨《诗苑耕耘二十秋》纪念册发行会。

10日，应澳门嘉应同乡会的邀请，由县委常委、统战部部长张红梅，副县长饶凌云等组成大埔县代表团，前往澳门出席庆祝澳门特别行政区成立18周年暨澳门嘉应同乡会成立25周年会庆活动，并开展联心联谊活动。

12日，汕头市直机关工委组织市直机关党组织书记、基层一线党代表等到大埔县开展以“铭记光辉历史 传承红色基因”为主题的党日活动，并参观三河坝战役纪念馆。

是日，省地税局党组成员、副局长苏振钿率征管科技处、信息中心党支部到大埔县爱国主义教育基地三河坝战役纪念园开展“重走革命路、重温革命史”主题党日活动。

12—13日，珠海市委党校副校长王朝晖一行到大埔县委党校开展“基层党建及示范点建设工作”交流活动，并在县委党校等相关人员陪同下到三河坝战役纪念园、闽粤赣边区革命历史陈列馆、县博物馆、陶瓷展馆、中国历史文化名镇——百侯镇等现场教学点交流考察。

12—13日，广州市海珠区委书记马正勇一行到大埔县开展对口帮扶调研。

13日，县委常委、副县长郑尚森带领县安监局、县公安局、县消防大队等相关单位负责人到洪兴旅社、内环西路海棠四季超市、如威商务宾馆、龙湾国际建筑工地职工宿舍等地进行实地检查安全生产和消防安全工作。

13—15日，大埔县在县科技信息大楼一楼会议室举办全县科级以下公务员学习贯彻党的十九大精神专题培训班。

14日，省民族宗教委主任黄强一行在市委书记谭君铁、市民族宗教局局长管雅和县委书记朱汉东的陪同下，到大埔县大麻镇万福寺开展调研工作。

是日，中国华能集团公司规划部副主任蔡琼雅、规划部社会责任处处长李冬雪一行到大东镇进滩村调研精准扶贫工作。

是日，副县长罗春达到教育系统开展“贯彻十九大精神，加快创建省推进教育现代化先进县，办好人民满意教育”专题调研。

是日，县长熊锋松，县委常委、常务副县长郑尚森，县委常委、副县长吴东华和县府办、县经信局负责人等到桃源镇陶瓷龙窑文化体验规划建设场地、广州（海珠）大埔产业园欣红陶瓷、裕丰陶瓷、晖祥陶瓷、“大埔陶瓷主产区形象标志”等建设现场进行实地调研，了解陶瓷特色小镇建设情况。

15 日，省港澳办党组成员、副主任叶维园一行在县委副书记、政法委书记李宏，大麻镇相关负责人的陪同下到大麻镇小麻村调研扶贫工作。

是日，县残疾人联合会在县委、县政府二楼会议室举行第七次代表大会。大会审议通过了县残联第六届主席团工作报告，选举产生了大埔县残疾人联合会第七届领导班子。

16 日，大埔农商银行“移动柜台”正式上线，为客户提供“零距离”的金融服务。

是日，省科学院党委书记、院长廖兵，副院长周舟宇一行到大埔县西河镇上黄砂村调研精准扶贫工作。

是日，朱德诞辰 131 周年纪念活动及广东梅州“扶志助飞”红色传承活动在三河坝战役纪念园举行。朱德元帅之孙、朱德公益基金管理委员会主席朱全华及夫人周彦等，副县长、公安局局长房春鸣，副县长饶凌云和有关单位干部以及群众共 100 人参加活动。

18 日，县委常委、县委办主任蓝欣，丰溪省级自然保护区管理处主任、县林业局局长罗振康一行到西河镇南丰村调研社会主义新农村示范村建设工作。

是日，省人力资源和社会保障厅农保处调研员陈龙等一行到大埔调研城乡居民医保扩面征缴工作。

19 日，市食品药品监管局副局长张秀英带领市医改工作检查组一行到大埔县检查 2017 年深化医改工作。在县委常委、统战部部长张红梅，县卫计局等相关部门负责人的陪同下，前往县人民医院、百侯中心卫生院检查取消药品加成、医疗服务价格调整、分级诊疗、家庭医生签约服务等政策执行情况和相关经费落实情况。

是日，广州金控集团董事长李舫金在副总经理张曦的陪同下率队到大东镇柘林村、福光村、白土村开展精准扶贫工作调研。

20 日，市旅游局调研员杨贵宏带领市旅游检查组到大埔，在县委常委、宣传部部长陈伟平和县旅游局相关负责人陪同下，到百侯名镇旅游区、县中旅社、瑞锦酒店等地开展旅游市场安全生产检查工作。

是日，市应急管理工作督查第二督查组组长张晨辉一行到大埔县开展应急管理工作督查。

是日，副县长罗春达在县交运局、大麻镇党政负责人的陪同下到挂钩村大麻镇小麻村调研社会主义新农村示范村建设工作。

是日，县委常委、统战部部长张红梅带领县创卫领导小组成员单位负责人到五华县学习考察。

是日，广州市海珠区南洲街道办事处主任区俊东，人大工委副主任施胜强，沥滘经联社、东风经联社及爱心企业代表一行在副县长饶凌云等的陪同下，到枫朗镇隔背村开展扶贫考察调研工作。

21 日，全省保密系统领导干部一行到大埔县青溪镇“广东省保密教育基地”开展“相约红土地、传承红基因”保密教育活动。

22 日，虎山中学在该校运动场举行 2017 年体育文化艺术节田径运动会。副县长罗春达、县教育局及虎山中学相关负责人出席开幕式。

是日，广东省公务员健康素养巡讲大埔专场在县委、县政府大楼二楼会议室举办。县委常委、统战部部长张红梅，县人大常委会常务副主任刘坤明，县政协副主席杨竹玲，县人武部、县法院、县检察院等有关单位负责人，各镇（场）分管卫计工作的负责人、计生办主任，县直各副局以上单位负责人，县卫计局全体班子成员、各股室负责人、县城各医疗机构负责人、各镇卫生院相关负责人等参加讲座。

25日，香港梅州总商会参访团到大埔县参观交流。

26日，县委书记朱汉东、县长熊锋松率队深入城区调研2018年拟实施重点项目，县人大常委会主任黄建庭，县政协主席李礼醒，县委常委、常务副县长郑尚森，县委常委、县委办主任蓝欣，副县长刘采峰，县政协副主席吴振石、刘广明，县委办、县府办及县直相关部门主要负责人、湖寮镇党政领导等参加调研。

是日，副县长饶凌云到县工商和质监局调研指导工作，对县工商和质监局在“双随机一公开”和“涉企信息统一归集公示”等工作取得的成效给予肯定。

26—27日，实验中学在县体育中心举办2017年田径运动会。

26—31日，大埔县男足代表队参加2017年梅州市“赛翡蓝宝石球王杯”足球赛获第三名。

27日，省烟草专卖局（公司）局长刘依平一行来大埔县烟草专卖局（分公司）调研指导党建工作。市烟草专卖局（公司）副局长肖大强、林莹，县长熊锋松，县委常委郭展凌，县府办负责人及大埔县局（分公司）领导班子陪同调研。

是日，随着大埔S333省道三河至三河高速7#–8#最后100米管道的建设完工，标志着中国移动三河—湖寮管道实现全程贯通，为大埔县城第一路由（主路由）进城光缆打通咽喉要道。

是日，省民政厅副巡视员刘平波，市公安消防局局长孙亚琦一行在副县长、公安局局长房春鸣等陪同下，到湖寮镇进城大道两侧的出租屋、“三小”和“三合一”场所、龙运老年公寓、龙湾国际建筑工地、实验中学等地进行实地检查消防工作。

是日，省森林公安局局长罗燕喜一行来大埔县调研森林公安工作。

是日，泰安楼旅游气象站正式投入使用。

27—29日，县人大常委会主任黄建庭、副主任张长先带领县人大专项督查组到县重点项目现场开展第四季度专项督查。

28日，省委政法委七处调研员陈雪梅带领省、市综治工作（平安建设）考评组来大埔县检查2017年度综治工作（平安建设），并前往西河镇及西河北塘村、法治文化园进行实地检查。县长熊锋松，县委副书记李宏，县人大常委会副主任廖金鑫，副县长、公安局局长房春鸣，县政协副主席刘广明，县法院、县检察院、县委政法委等相关单位人员陪同检查。

是日，召开大埔县创建国家级出口蜜柚质量安全示范区动员会及联席会议。县长熊锋松与梅州出入境检验检疫局局长廖建华签订了《关于推进出口蜜柚质量安全示范区建设合作备忘录》。

是日，副县长、公安局局长房春鸣率队到三河镇小坑村督导精准扶贫工作。

是日，大埔县开展元旦节前液化燃气专项检查暨建筑安全检查。副县长刘采峰带领县应急办、住建、城综、公安等部门负责人到建筑施工现场、燃气公司、气库、液化石油气销售点等生产经营单位和场所开展检查。

是日，大埔县学习贯彻中共十九大精神知识竞赛在县田家炳演艺活动中心开赛，县长熊锋松，县委常委、宣传部部长陈伟平，县委常委、组织部部长陈军营，县直工委、县委党校、宣传系统各单位主要负责人出席活动。

29 日，在县城古民居“承思堂”组织举办“翰墨丹青·耄耋华章——张达文、郭志群书画艺术暨收藏作品展”开幕式，展出书画雕刻艺术作品近 100 件。

是日，梅州市县级党委异地巡察第二组正式进驻大埔县湖寮镇。

是日，县长熊锋松，县委常委、常务副县长郑尚森，副县长刘辉堂到宝丰陶瓷有限公司、富大陶瓷有限公司、恒盛陶瓷工艺厂现场检查企业安全生产工作。

是月，大埔县 2017 年新建的 18 个农村文化俱乐部全部通过市检查验收。

是月，县委书记朱汉东带领有关人员赴安徽省、湖北省学习考察，学习借鉴两省在红色资源保护开发利用等方面的好做法、好经验。

是月，大埔县成功创建国家非遗保护传承观察点，被国家文化部批准公布为广东省唯一的观察点。

是年，中国工艺陶瓷出口前 50 家企业中大埔县有 10 家陶瓷企业进入，分别是广东欣红陶瓷股份有限公司、大埔县发源陶瓷有限公司、梅州峰联陶瓷有限公司、梅州市金冠陶瓷有限公司、梅州顺源陶瓷实业有限公司、大埔县高陂昌辉陶瓷工艺厂、梅州恒辉陶瓷实业有限公司、大埔县福源陶瓷工艺厂、梅州市裕丰陶瓷有限公司、大埔县佳联陶瓷厂。

是年，新认定大埔县通美实业有限公司、广东华农互联农业科技有限公司、大埔县万隆实业有限公司、大埔美方实业有限公司、梅州市新天泽农业发展有限公司为省级重点农业龙头企业 5 家；大埔万利种养有限公司、大埔县金鸿京农业综合开发有限公司、大埔县华展农业有限公司、梅州泰源兴实业有限公司、大埔旭辉农林发展有限公司、梅州瞻裕生态农业有限公司、大埔县金桂生态发展有限公司、梅州市客家神田农业旅游发展有限公司、大埔德富生态农业科技发展有限公司、大埔绿禾生态休闲农业科技有限公司为市级重点农业龙头企业 10 家；大埔县润兴种养有限公司等县级农业龙头企业 12 家。

▲2017 年 11 月 15 日，大埔海事处巡航监管高陂水利枢纽工程

概　况

2017 年大埔概况

基本概况

【位置面积】大埔县位于广东省东北部、韩江中上游，地处北纬 24° 01 ' ~ 24° 41 '、东经 116° 18 ' ~ 116° 56 ' 之间，东和北紧靠福建省漳州市平和县和龙岩市永定区，东南连接潮州市饶平县，西依梅县区、梅江区，南邻丰顺县和潮州市潮安区。全县区域总面积 2462 平方公里。

【建置沿革】大埔县建置于东晋义熙九年（413 年）。秦汉时属揭阳县地。东晋义熙九年立义招县，属义安郡。隋大业三年（607 年）改义招为万川县。义招、万川县治均设在湖寮（古城）。唐武德四年（621 年）废万川并入海阳县，属潮州。历宋、元及明前期，仍属海阳县光德乡。明成化十三年（1477 年）立饶平县，县地域属之。明嘉靖五年（1526 年）析饶平县之清远、瀓洲二都重置县，改名大埔县，县治在茶阳，属潮州府。民国 3 年（1914 年）隶潮循道，民国 25 年（1936 年）属广东省第六行政督察区。1949 年中华人民共和国成立后，先后属兴梅专区、粤东行政区、汕头专区。1965 年隶属梅县专区，1983 年属梅县地区，1988 年属梅州市。1961 年春，县治由茶阳迁至湖寮五虎山北麓。

【行政区划】2017 年，全县辖 14 个镇（湖寮、百侯、枫朗、大东、高陂、光德、桃源、大麻、三河、银江、洲瑞、茶阳、西河、青溪）和丰溪林场，镇、场下设 256 个村委会（居委会），其中村委会 245 个、居委会 11 个。

【人口·民族】2017 年，全县总人口 56.88 万人，常住人口 38.38 万人。全县人口主要为汉族，兼有蒙古族、回族、壮族、满族、瑶族、土家族、黎族等 23 个少数民族的少量居民。全县语言属客家方言，光德镇九社、高陂镇埔田等村间有漳州、潮州语。祖籍大埔的华侨、华人有 50 多万人，素有“华侨之乡”美称。

【气候特点】大埔县属亚热带季风气候。2017 年，大埔县年平均气温 22.0℃，比历年平均气温高 0.9℃；年总降水量 1335.1 毫米，比历年雨量少 196.5 毫米，年降水量≥0.1 毫米降水日数 145 天，比历年多 39.2 天；年日照时数 1648.6 小时，比历年少 43.7 小时。年极端最高气温 38.7℃，出现在 8 月 21 日，年极端最低气温 1.3℃，出现在 12 月 21 日。最冷月（1 月）平均气温与历年同期平均高 3.4℃，最热月（7 月）平均气温比历年同期平均偏低 0.1℃。一日最大降水量 91.6 毫米，出现在 6 月 14 日。全年低温冰冻和暴雨等灾害性天气频发，雨量偏少，年平均气温正常略偏高，年降雨量偏少，年日照时数较历年偏少。6 月 3 日 8 时至 4 日 8 时受高空槽和切变线影响，大埔县出现大到暴雨，局部大暴雨，西河、茶阳两镇受灾严重，共有 36 个村不同程度受灾，受灾人口 2496 人，紧急转移群众 227 人，房屋受损 65 间，倒塌 12 间，交通中断 45 条/次，损毁护岸 21 处，损失灌溉设施 41 处，山体滑坡 140 处，农作物受损面积 297.4 公顷，造成直接经济损失 5120 万元。

【物产·资源】大埔县水力资源丰富，理论蕴藏量为 70 万千瓦，可开发量为 53.1 万千瓦，已开发 39.95 万千瓦，是全国水电农村电气化县。矿产资源主要有铁、镍、铅、锌、钨、钼、锡、铜、金砂等金属矿；有磷、水晶石、长石、石英石、瓷土、紫砂陶土等非金属矿。瓷土储量 4.2 亿吨，紫砂陶土储量超 1 亿吨，有近 800 年制作陶瓷的历史，大埔青花瓷、高陂陶瓷产品远销欧美、中东及东南亚等 110 个国家和地区，是“陶瓷之乡”。土特产主要有天然矿泉水、瓷器、蜜柚、茶叶、烟叶、金针菜等，还有各式各样的风味小吃，有“中国青花瓷之乡、中国蜜柚之乡、中国名茶之乡、中国长寿之乡、中国小吃名县、全国重点产茶县”的称誉。西岩乌龙茶、大埔青花瓷被列入国家地理标志保护产品。大埔蜜柚、大埔乌龙茶被列入国家农产品地理标志。

【地貌·河流】大埔县为“八山一水一分田”的边远山区，县境山脉大部分为北南走向，四周高，中间低，层峦起伏，千岩万壑，纵横交错，海拔千米以上的山峰有 27 处，均散布于四周边陲，最高峰为西南部银江镇的明山嶂银窿顶，海拔 1357 米，最低处是高陂镇黄竹居的韩江岸，海拔 26 米，中部丘陵广布。综观全境，海拔 500 米以上的中低山约占 10%，海拔 100～500 米之间的高中丘约占 80%，海拔 100 米以下的低丘、小盆地约占 10%。境内溪河特多，地处韩江流域、梅江水系，有规模以上（500 平方千米以上）河流 5 条，大埔韩江总长 46.86 千米，集雨面积 965.68 平方千米；大埔梅江总长 18.57 千米，集雨面积 129.89 平方千米；大埔汀江总长 41.35 千米，集雨面积 641.06 平方千米；大埔梅潭河总长 83 千米，集雨面积 678 平方千米；大埔漳溪河总长 33.82 千米，集雨面积 158.52 平方千米；规模以下（500 平方千米以下 30 平方千米以上）河流 19 条，总长 392.18 千米，集雨面积 1414.89 平方千米。水库 48 宗，总库容 1.18 亿立方米，重点山塘 170 座。

【人文】大埔民间艺术丰富，是“中国民间艺术之乡——花环龙之乡”“中国民间文化艺术之乡——广东汉乐之乡”。广东汉乐被列入国家级非物质文化遗产名录。大埔是革命老区，是广东省首个中央苏区县。大埔县是“全国文明县城”“全国文化先进县”，百侯镇、茶阳镇、三河镇是“中国历史文化名镇”，百侯镇侯北村是“全国文明村”。大埔钟灵毓秀，人杰地灵，“父子进士”（饶相、饶与龄），“一腹三翰林”（杨缵绪、杨黼时、杨演时），“兄弟三将军”（范汉杰、范剑江、范作人），一县同期“四位省主席”（罗卓英、吴奇伟、范汉杰、赵公武），“父子两总理”（李光耀、李显龙）被传为佳话，更有中国民族工业之父张弼士、中国首任驻日公使何如璋、中国共产党早期革命活动家罗明、中山大学首任校长邹鲁、首届感动香港十大人物之一的田家炳和现代著名作家杜埃、碧野以及“两院”院士郑度、饶芳权、杨文采、邱冠周、蒲慕明等杰出人物，素有“文化之乡”美称。

【旅游】大埔主要旅游景点有全国红色旅游经典景区名录“八一”起义军三河坝战役纪念园，全国重点文物保护单位“父子进士”牌坊，2 个国家 AAAA 级旅游景区（泰安楼客家文化旅游产业园、百侯名镇旅游区），8 个国家 AAA 级旅游景区（西岩茶乡度假村、坪山梯田旅游区、张弼士故居旅游区、富大陶瓷工业旅游区、三河坝战役纪念园、大埔县江畔人家休闲旅游度假区、李光耀祖居旅游景区、大埔西河北塘乡村旅游区），全国最早建成的三河中山纪念堂，明朝兵部尚书翁万达墓，客家民居大东花萼楼，茶阳古镇，广东省丰溪自然保护区，粤东名胜万福寺，大埔阴那山国家森林公园，双髻山省级森林公园，五虎山省级森林公园，田家炳祖居拱辰楼等，是“中国十大文化休闲基地”“中国特色旅游休闲度假胜地”“全国休闲农业与乡村旅游示范县”“十佳中国最美的小城”“中国绿色生态、蜜柚示范县”“中国深呼吸小城

100 佳”“中国最美丽县”“国家重点生态功能区”“2017 年度中国最美茶乡”。

（黄万海）

社会经济发展状况

【国民经济】2017 年，全县生产总值 87 亿元，同比增长 7.4%，全市排名第二；固定资产投资 78 亿元，同比增长 30.9%，全市排名第三；社会消费品零售总额 53.74 亿元，同比增长 9.6%，全市排名第五；外贸出口总额 1.95 亿美元，下降 27.19%。本级一般公共预算收入 9.7 亿元、支出 35.9 亿元，分别同比增长 1.06%和 1.71%。全县农业总产值 34.72 亿元，工业总产值 79.49 亿元，规模以上工业增加值 15.2 亿元，分别同比增长 3.7%、2.4% 和 9.7%。

【重点项目】2017 年，大埔县落实“五个一”和“时间倒排，责任倒逼”工作机制，推进总投资 421.37 亿元、年度计划投资 100.53 亿元的 88 项重点项目建设。全年完成投资 88.35 亿元，占年度投资计划的 87.88%。其中交通基础设施项目 23 项，完成投资 22.47 亿元，占计划的 67.63%；重大平台建设项目 2 项，完成投资 3.5 亿元，占计划的 100%；城市提质扩容项目 14 项，完成 20.23 亿元，占计划的 118.52%；实体经济项目 32 项，完成投资 19.66 亿元，占计划的 107.8%；重点民生工程项目 17 项，完成投资 22.49 亿元，占计划的 78.9%。大潮高速公路（含大漳支线）全面动工建设；推进县城过境公路建设；湖寮至高陂连接线动工建设；完成高陂镇产业园区道路、三河至五丰路面改造、枫朗梅溪至和村灾毁路面中修、西河镇东方至石涵联络线和桃源至食饭溪公路改建工程；抓好高陂赤山至留田过境公路、湖寮镇璜腾坑至高道联络线、枫朗至高陂路面改造以及大埔旅游产业公路建设，推进湖寮至枫朗公路改建、大麻至高陂旅游产业公路等规划建设。高陂水利枢纽工程依法征地拆迁和 6 个移民安置点规划建设有效推进。推进西河水和双溪水山区中小河流治理、村村通自来水工程、镇村污水处理设施、山丰水库等 8 项重点水利项目建设。完成新建供电配网工程建设；推进信息基础设施建设，完成 248 个行政村原中央苏区农村超高速无线局域网试点建设。

【实体经济】培育发展电力、陶瓷两大主导产业，2017 年电力税收 1.72 亿元；陶瓷销售收入 16 亿元，税收 1.09 亿元。广州海珠（大埔）产业园建设加快推进，新入园企业达 17 家，其中已投产 9 家；开工建设首期 52.67 公顷的县城工业小区。推进产业转型升级，完成 12 家规模以上企业技术改造。新增规模以上企业 5 家、年产值超亿元企业 2 家。实施创新驱动发展战略，新增省、市级工程技术研究开发中心 8 家和省级科技企业孵化器 1 家，专利申请量 219 件。以第五届世界客商大会召开为契机，推进招商引资，全年引进项目 28 个，计划投资总额 91.73 亿元，其中投资额 10 亿元以上项目 2 个、总部经济项目 1 个。

【现代农业】坚持现代化引领，以蜜柚、茶叶等产业为重点，抓好基地化建设、标准化生产、品牌化管理、市场化经营，推进农业持续发展。2017 年，全县新种植蜜柚 453 公顷、茶叶 233 公顷；新培育省、市、县龙头企业 27 家，农民专业合作社 26 家，家庭农场 38 家；建立富硒农产品适度规模基地 7 个，获得认证的无公害农产品 10 个、绿色食品 5 个。大埔再次被评为“全国重点产茶县”，被授予“中国最美茶乡”称号，中国 · 大埔乌龙茶博览馆建成投入使用。农村土地确权登记颁证工作有序推进，完成实测面积 1.53 万公顷，颁证 9 万本。建立村级土地流转服务组织 245 个，土地承包经营权流转逐步规范化。

【文化旅游】2017年，大埔县文化馆总分馆通过省级验收，新增省级非物质文化遗产1项、市级文物保护单位5处，7人被定为市级非物质文化遗产项目代表性传承人，成功创建2018年广东唯一的国家非遗保护观察点。坚持特色化引领，以推进韩江（大埔）客家文化旅游特色带建设为主线，打好红色文化、客家文化、农耕文化三张牌，抓好全域旅游发展规划和高陂水利枢纽工程库区旅游规划编制工作，促进全域旅游加快发展。成功举办纪念三河坝战役90周年、蜜柚名茶旅游节暨农村电商发展峰会等活动，大埔知名度进一步提升，被评为全省“旅游创新发展十强县（市）”，百侯镇被评为“广东省技术创新专业镇（旅游）”。新评定市级四星、三星农家乐各1家。发展小吃产业，新增大埔小吃品牌店47间。全年全县接待游客593.86万人次、旅游经济收入33.84亿元，分别同比增长10.38%和12.22%。

【人居环境】以创建全国卫生县城为抓手，打好美丽城乡建设攻坚战，不断优化人居环境。2017年，大埔县城建成区绿化覆盖率43.88%，人均公园绿地面积21.32平方米。推进县城城东等“三旧”改造和龙湾国际等亿元以上项目建设，建筑弃土场项目建设扎实推进。完成8个建制镇的总体规划和156个行政村的村庄规划编制。抓好大麻、高陂、茶阳中心镇“六个一”项目建设，全年完成投资3.1亿元。完成57个省定贫困村社会主义新农村示范村建设规划设计，20户以上自然村“三清三拆三整治”全面推进，21个新农村示范村建设初具规模。西河镇省级新农村示范片建设扎实推进。推进城乡环境综合整治，开展“六乱”整治和打击“两违”行动。综合防治大气、水、土壤污染，全县水环境质量、饮用水源水质、城区环境空气质量达标。完成碳汇造林993.3公顷，新增3个镇级森林公园，森林覆盖率79.88%。大埔获“2017中国最美丽县”“2017中国深呼吸小城100佳”称号，成功创建广东阴那山国家森林公园，韩江成功入选全国2017年度“最美家乡河”。

【民生实事】2017年，大埔县81.1%财政支出用于民生领域，十件民生实事目标任务基本完成。提高了城乡居民基本养老保险基础养老金、农村特困人员救助供养、孤儿基本生活最低养育、城乡医疗救助住院补助标准及城镇、农村低保人均补差水平，城乡低保对象基本医疗救助比例为80%。提高了建档立卡贫困户子女生活费补助、免学费补助标准；基本建成110套（户）棚户区改造安置房；新增发放租赁补贴200户；完成农村危房改造1078户。提高了困难残疾人生活补贴、重度残疾人护理补贴；新建9个、规范运行6个社区残疾人康园中心；新建艾滋病检测点16个；社区矫正中心规范化建设有序推进，全县社区服刑人员得到教育矫正。县城老城区市政道路、环城大道提升改造工程和农贸（含三鸟）批发市场建设按计划推进；基本完成县城城北、城东片区4500米自来水管网改造工程；完成10个“文化驿站（台）”建设；新建28个“三多三促”农村文化俱乐部，兴建茶阳、大东镇等2个乡镇文体广场示范点。扶持创业357人，城镇新增就业2282人、失业人员再就业2166人；补贴参加技能晋升培训的劳动者989人；城镇登记失业率为2.4%。改善群众生产生活条件，43宗村村通自来水工程扎实推进；完成60公里新农村公路和精准扶贫村公路路面硬底化改造；推进食品安全追溯体系建设，在全县农贸市场开展食用农产品快速检测，食品检验量提高至每年每千人1.5批次；推进1271.47公顷省级高标准基本农田和387.27公顷国家级农业综合开发高标准基本农田建设。加强环境治理，建设丰溪林场、西河镇等14个镇（场）

20座污水处理设施及134公里的配套管网；农村生活垃圾有效处理率97.8%，县城生活垃圾无害化处理率100%。完成167.8公里农村公路安全生命防护工程；开展地质灾害详细调查，建立全县地质灾害信息系统；在山洪地质灾害易发区新建4个、升级改造5个自动气象站；完成县城城区、湖寮镇、高陂镇消防专项规划，县城城区消防栓建设进一步完善。扎实推进省教育现代化先进县、国家级农村职业教育和成人教育示范县创建工作，大埔县第三小学综合楼和大埔县实验中学学生宿舍楼建成投入使用，投入5100万元推进教育装备、校园网络提速等教育信息化基础设施建设，枫朗等6镇通过教育强镇复评验收，提高城乡义务教育家庭经济困难寄宿生生活费补助和农村边远学校教师生活补助标准。投入4.37亿元，加快创建省卫生强县，基本完成县人民医院改扩建一期工程；动工建设县中医医院迁建、县妇幼保健院改扩建和县慢性病防治院门诊楼工程；11所镇卫生院的迁建、改扩建工程扎实推进；投资4200万元完成全县232间公建民营村卫生站规范化建设；提高了城镇独生子女父母计划生育奖励标准。

（李炽强）

▲2017年5月30日，大埔海事处对高陂龙舟赛活动现场进行监管

政　治

中共大埔县委员会

主要会议简述

【中共大埔县第十二届委员会第二次全体（扩大）会议】2017年5月17日，中国共产党大埔县第十二届委员会第二次全体（扩大）会议在县科技信息大楼一楼会场召开。全会的主要任务是学习贯彻中共十八大、十八届历次全会和习近平总书记系列重要讲话以及省委十一届八次全会、市第七次党代会精神，总结2016年工作，表彰先进，部署2017年各项工作，团结和带领全县广大党员、干部群众，解放思想，抢抓机遇，主动作为，勇于担当，为加快全面建成小康社会而努力奋斗。出席会议的有县委委员、县委候补委员。列席会议的有县纪委委员，不是县委委员、候补委员和县纪委委员的县领导班子成员，县直正科以上单位和省、市驻埔单位一把手，各镇（场）党委书记、镇（场）长，各村（社区）党支部书记、主任，大埔、洲瑞林场党支部书记，部分市第七次党代会代表，纳税200万元以上大户和部分省、市级扶贫、农业龙头企业负责人，部分省直和广州市帮扶单位驻村工作组组长。会议由县委副书记、代县长熊锋松主持，县委书记朱汉东代表县委常委会作题为《抢抓机遇　主动作为　敢于担当　朝着全面建成小康社会的目标奋勇前进》的工作报告。1. 2016年工作回顾。（1）综合实力有新增强。（2）实体经济有新发展。（3）发展环境有新提升。（4）城乡面貌有新变化。（5）民生福祉有新改善。（6）党的建设有新加强。2. 2017年工作要求。贯彻落实党的十八大、十八届历次全会、习近平总书记系列重要讲话和对广东工作作出的“四个坚持、三个支撑、两个走在前列”重要批示精神，坚持“五位一体”总体布局和“四个全面”战略布局，树立“五大发展”理念，按照省委、省政府的决策部署，贯彻市第七次党代会加快建设“一区两带六组团”的精神，落实“两大振兴政策”，扭紧“三大抓手”，打造绿色产业发展基地，建设对接海西区的重要门户、中国客家文化生态保护示范区，创建国家全域旅游示范县，攻项目、优环境、兴产业、惠民生、抓党建，确保与全省同步全面建成小康社会，以优异成绩迎接中共十九大、省第十二次党代会胜利召开。力争全县生产总值增长10%以上，本级一般公共预算收入增长12%以上，固定资产投资增长20%以上。（1）打好“四大攻坚战”。①打好重点项目建设攻坚战，不断扩大有效投资。②打好交通水利建设攻坚战，不断增强发展后劲。③打好美丽城乡建设攻坚战，不断优化人居环境。④打好精准扶贫脱贫攻坚战，不断增强群众获得感。（2）坚持“三化引领”。①坚持集聚化引领，推进实体经济创新发展。②坚持现代化引领，推进农业持续发展。③坚持特色化引领，推进旅游全域发展。（3）强化“一个保障”。①突出政治建设，坚定理想信念。②坚持解放思想，转变发展理念。③强化队伍建设，构筑坚强堡垒。④全面从严治党，净化政治生态。⑤推动作风转变，狠抓工作落实。

【县委常委（扩大）会议】2月21日，县委书记林健雄在县科技信息大楼二楼会议室主持召开县委常委（扩大）会议。县委委员、候补委员，不是县委委员、候补委员的县领导班子成员，武装部政委、法检“两长”、五大办主任、县直（工委）各系统、各（镇）场党委书记及县直有关单位负责人参加会议。会议传达学习全省创新发展大会、省委政法工作会议、全省安全生产工作会议和梅州市创新驱动与加大有效投资工作会议主要精神，组织学习省委办公厅、省政府办公厅印发的《广东省信访工作责任制实施细则》、省委办公厅印发的《关于贯彻“三个区分开来”治理为官不为的意见》文件精神，听取三河坝战役纪念园提升改造工程、高陂水利枢纽工程等项目推进情况，研究部署当前有关工作，圈选梅州市出席省第十二次党代表大会代表候选人，围绕如何贯彻落实全省创新发展大会、梅州市创新驱动与加大有效投资工作会议精神和做好当前有关工作进行研究和探讨。会议要求，全县各级各部门要增强忧患意识，牢记职责和使命，迅速从“过节模式”切换到“工作模式”，尽快从春节假日状态中调整过来，主动作为、积极谋划，突出抓好项目建设攻坚年工作，盯住重点项目、重要平台、重点企业，盯紧各项经济指标，开足马力推动项目大干快上，千方百计扩大有效投资，推动全年工作开好局、起好步，确保第一季度经济实现“开门红”。会议就如何贯彻落实全省创新发展大会、梅州市创新驱动与加大有效投资工作会议精神，做好当前各项工作，提出三点意见：一要坚持创新第一动力，确保加大有效投资落实到位；二要坚持稳定第一责任，确保社会持续保持和谐稳定；三要坚持发展第一要务，确保首季经济实现“开门红”。

3月28日，县委书记林健雄在县科技信息大楼二楼会议室主持召开县委常委（扩大）会议。县委委员、候补委员，不是县委委员、候补委员的县领导班子成员，武装部政委、法检“两长”、五大办主任、县直（工委）各系统、各镇（场）党委书记及县直有关单位负责人参加会议。会议传达学习市长方利旭莅埔调研讲话和市委常委、市纪委书记黄建固莅埔调研讲话精神以及全市统战部部长会议、全市督查督办工作会议精神，组织学习《开展信访突出问题治理专项行动工作方案》《领导干部个人有关事项报告规定》《领导干部个人有关事项报告查核结果处理办法》《广东省禁毒条例》，听取大潮高速公路（含大漳支线）建设、镇级污水处理设施PPP实施工作、村级政务平台建设、2016年全县禁毒工作及2017年工作打算等情况，审议通过大埔县2017年财政预算编制情况。会议书面传达全国“两会”、全省农村工作暨扶贫开发工作会议、全省村（社区）“两委”换届选举工作电视电话会议、粤东西北（北片）振兴发展工作现场办公会议等精神和市领导督导大埔县经济工作情况及县委中心组理论学习材料——深入学习贯彻习近平总书记在省部级主要领导干部专题研讨班上的重要讲话精神，会议围绕如何贯彻落实好市长方利旭莅埔调研讲话主要精神以及做好当前各项工作进行研究和探讨。会议指出，2017年，大埔县是全市优质项目、大项目、好项目较多的县之一，全县正处于拥有大政策支撑、大项目拉动、区位结构性需要的有利时期，也是重点项目最多、征地面积最大、工作压力最重的一年，全县重点项目共需征地1100公顷，总量超过过去5年的总和。

4月27日，县委书记、县长朱汉东在县科技信息大楼二楼会议室主持召开县委常委（扩大）会议。市委常委、统战部部长张文广到会指导，县委、县政府、县人大、县政协领导班子成员，县法院院长、县检察院检察长，县副处级干部、县纪委副书记，各镇（场）党委书记，县有关部门主要负责人参加会议。会上，张文广传达习近平总书记关于广东工作的重要批示精神，对大埔县如何学习宣传贯彻习近平总书记的重要批示精神提出具体要求，县委、县政府、县人大、县政协和县委组织部、县委宣传部以及湖寮、高陂、大麻镇等单位主要负责人分别作表态发言。市委领导就大埔县如何学习贯彻习总书记重要指示精神提出具体要求：一要深刻理解“四个坚持”的要求，确保正确的前进方向；二要深刻把握“三个支撑”的重点，推动各项工作取得突破。大埔县对如何学习贯彻总书记的重要批示精神提出具体意见：一要认真领会，率先垂范，迅速掀起学习宣传贯彻习近平总书记重要批示的热潮；二要抢抓机遇，破难攻坚，奋力推进2017年各项工作。

7月10日，县委书记朱汉东在县科技信息大楼二楼会议室主持召开县委常委（扩大）会议。县委委员、候补委员，不是县委委员、候补委员的县领导班子成员，武装部政委、法检“两长”、五大办主任、县直（工委）各系统、各镇（场）党委书记及县直有关单位负责人参加会议。会议传达学习上级有关会议精神，听取有关工作汇报，审议通过有关事项，部署全县地质灾害防治和信访工作责任考核、诉访分离善后衔接机制等工作，对做好当前工作提出具体要求。

9月15日，县委书记朱汉东在县科技信息大楼二楼会议室主持召开县委常委（扩大）会议。县委委员、候补委员，不是县委委员、候补委员的县领导班子成员，武装部政委、法检“两长”、五大办主任、县直（工委）各系统、各镇（场）党委书记及县直有关单位负责人参加会议。会议传达学习习近平总书记“7·26”重要讲话精神、全省加快解决执行难工作推进会、全省预防和处置群体性事件视频会议、全市宗教工作会议、全市县镇人大工作和建设工作会议精神以及市委办《关于贯彻“三个区分开来”实行容误免责治理为官不为的意见》的通知精神，听取有关工作汇报，审议通过有关事项，部署当前重点工作，提出具体要求。1. 传达学习习近平总书记“7·26”重要讲话精神。2. 听取有关工作情况汇报：听取全年需完成的20个省定贫困村创建新农村示范村进展情况、存在困难问题和下一步工作计划的汇报，听取红色革命教育三河坝基地规划建设情况（含县委党校教学基地规划情况）的汇报，听取重点项目建设情况汇报，听取四大政策性基金项目谋划情况汇报。3. 审议通过有关事项。①听取《大埔县创建国家卫生县城实施方案》、《大埔县中医医院迁建（一期、二期、中医科教综合楼和其他配套工程）、妇幼保健院改扩建、慢性病防治院门诊楼工程PPP项目实施方案》的说明，会议审议通过以上事项。②听取《关于采用工程总承包模式（EPC）实施大埔县省定贫困村建设社会主义新农村示范村工程的请示》的说明，并由会议审议通过。③听取《大埔县旅游产业道路改扩建PPP项目实施方案》的说明，并由会议审议通过。④听取《大埔县公务接待管理规定（试行）》的说明，并由会议审议通过。⑤听取《中国共产党大埔县委员会工作规则》的说明，并由会议审议通过。⑥听取《中共大埔县委“三重一大”事项决策实施细则》的说明，并由会议审议通过。⑦听取《大埔县全面推行河长制工作方案》的说明，并由会议审议通过。⑧听取《大埔县丰溪林场国有林场改革实施方案》的说明，并由会议审议通过。⑨听取《关于深化供销合作社综合改革的实施意见》的说明，并由会议审议通过。⑩听取《大埔县村干部规范化管理制度（试行）》的说明，并由会议审议通过。⑪听取《关于在全县农村基层党组织中开展“三强三好”主题活动的实施方案》的说明，并由会议审议通过。⑫听取《大埔县促进总部经济发展暂行办法》的说明，并由会议审议通过。4. 对做好当前工作提出具体要求：一要全力加快重点项目建设；二要高效推进新农村示范村建设；三要抓实抓细信访维稳工作；四要毫不松懈抓好森林防火工作。

11 月 20 日，县委书记朱汉东在县科技信息大楼二楼会议室主持召开县委常委（扩大）会议。县委委员、候补委员，不是县委委员、候补委员的县领导班子成员，武装部政委、法检“两长”、五大办主任、县直（工委）各系统、各镇（场）党委书记及县直有关单位负责人参加会议。会议传达上级领导讲话和中共中央办公厅《关于五年来中央政治局贯彻执行中央八项规定并以此带动全党加强作风建设情况的报告》通知精神，审议有关事项，对做好新农村示范村建设和当前有关工作提出具体要求。1. 传达学习上级领导讲话精神。①习近平总书记瞻仰中共一大会议室原址、参观南湖革命纪念馆结束时的重要讲话精神。②省委书记李希瞻仰中共三大会址和中共中央机关旧址后召开省委常委会议的讲话主要精神。③省委书记李希来梅调研讲话主要精神。2. 会议审议有关事项。会议审议《关于在全县党员干部中深入开展中共十九大精神大学习大培训的实施方案》《县委理论学习中心组十九大精神专题学习研讨工作方案》《关于开展学习贯彻中共十九大精神专题调研工作方案》《大埔县人民政府会议规则》《大埔县人民政府“三重一大”事项行政决策实施细则》。会议要求，要结合实际，突出重点，进一步修改完善三个方案和一个规则、一个细则，及时下发执行。3. 汇报创建新农村示范村工作，提出下一步要求。会议听取省定贫困村创建新农村示范村特别是“三清三拆三整治”工作推进情况、存在问题和下一步计划。会议指出，全县“三清三拆三整治”工作虽然稳步推进，但整体工作力度偏弱、工程进度相对滞后、部分工程质量不高，没有充分调动村民和乡贤的积极性，整治台账不够完善等，甚至部分村仍未启动“三清三拆三整治”工作，按时按质完成工作任务难度大，形势不容乐观。会议强调，相关责任县领导、镇（场）和县直单位要站在讲政治的高度，切实负起责任，加快推进新农村示范村建设，确保如期完成工作任务。同时，要全力做好全市省定贫困村创建新农村示范村现场会有关工作和迎接省市扶贫考核各项准备。县委办和县府办负责做好现场会的会务工作；县委农办负责完善现场会有关材料的准备；大麻、三河、茶阳、西河镇和县交通运输局、县公路局负责提前做好沿线环境卫生整治工作；县公安局负责做好现场会沿线安保和维护交通秩序工作。4. 对做好当前工作提出具体要求。一要认真贯彻落实中共十九大精神；二要抓实抓细纪念三河坝战役 90 周年活动；三要全力确保完成全年目标任务；四要狠抓森林防火工作不放松；五要精心谋划好 2018 年各项工作。

12 月 11 日，县委书记朱汉东在县科技信息大楼二楼会议室主持召开县委常委（扩大）会议。县委委员、候补委员，不是县委委员、候补委员的县领导班子成员，武装部政委、法检“两长”、五大办主任，县直（工委）各系统、各镇（场）党委书记及县直有关单位负责人参加会议。会议组织学习新修订的《中国共产党章程》，传达上级有关会议和文件精神，审议通过有关事项，听取有关工作汇报，部署当前重点工作，提出具体工作要求。1. 传达学习上级有关会议和文件精神。会议传达市委常委会议和中共中央办公厅关于印发《习近平总书记关于进一步纠正“四风”加强作风建设重要批示的通知》的精神，组织学习新修订的《中国共产党章程》。2. 审议通过有关事项。听取并审议通过《大埔县商业企业集团液化石油气公司湖寮气站公开招标拍卖处置资产的方案》《大埔县关于深入推进城市执法体制改革改进城市管理工作的实施方案》《大埔县打击违法用地违法建设和抢建抢种行为的实施意见》。3．听取有关工作汇报。①汇报2018年全县重点项目初步规划情况。②听取高陂水利枢纽工程征地拆迁情况汇报。至目前，高陂水利枢纽工程总投入9.53亿元，完成投资计划的94.71%。③听取农口四项工作情况汇报。森林防火方面，各镇（场）都能够按照县委、县政府工作部署积极防范山火，但部分镇的森林防火工作还存在不少薄弱环节。④听取其他工作汇报。会议听取2017年度县对镇（场）振兴发展绩效考核工作和2017年度全面工作、创建平安大埔暨社会治安综合治理、人口和计划生育工作、机关作风、重点项目建设、纳税大户等评选考核工作开展情况以及2018年县政协十四届三次会议、县十五届人大三次会议筹备工作情况汇报。4.部署当前有关工作。①持之以恒抓好作风建设。②做好三场会议的筹备工作。根据上级的工作部署和安排，县委决定，县委十二届四次全会、县十五届人大三次会议和县政协十四届三次会议拟于2018年1月上中旬召开。三场大会的筹备时间紧任务重，县委办、县府办、县人大办、县政协办等部门要切实做好会议的筹备工作，组写好相关工作报告，确保三场会议顺利召开。③扎实推进重点项目建设。④全力推进新农村示范村建设。⑤切实抓好岁末年初各项工作。⑥精心谋划好2018年工作。会议要求，各镇（场）各单位要结合中共十九大提出的新目标、新任务，积极对接国家、省、市相关政策，制订2018年工作计划。

【大潮高速公路（含大漳支线）建设工作协调会议】1月5日，县委副书记李宏在县科技信息大楼二楼会议室主持召开大埔至潮州高速公路（含大埔至漳州支线）项目（以下简称大潮高速）建设工作协调会议，副县长罗春达，县大潮高速公路建设指挥部办公室主任、县交通运输局局长及相关人员，广东大潮高速公路有限公司（以下简称大潮公司）党支部书记周巍、副总经理叶辉及相关人员等参加会议。会议就大潮高速建设亟须协调解决的事项进行磋商，商定一些事项。1．目前亟须协调解决的事项。①涉及征地补偿价格调整，征地补偿应按新标准结算问题。②县政府与大潮公司征地面积结算问题。③拆迁房屋总面积的计算方式问题。④临时用地植被恢复费问题。⑤因施工造成村道损坏的修复问题。⑥路线走向涉及军事基地问题的处置。⑦房屋拆迁由屋主自行拆除费用问题。⑧龙坪咀互通涉及自然保护区林地调规问题。⑨管线迁改需要增加征地问题。⑩红线外排水工程用地问题。⑪明确放线界桩时限问题。2．会议决定有关事项。通过磋商，县指挥部和大潮公司共同商定以下事项：①广东省国土资源厅2016年9月26日印发《广东省征地补偿保护标准（2016年修订调整）》（以下简称《新标准》），《大埔至潮州高速公路（含大埔至漳州支线）大埔县境内征地拆迁补偿合同》中旱地、林地及未利用地的补偿综合单价低于《新标准》的补偿保护标准，按《新标准》执行增加补偿费用约2200万元，由大埔县政府具函大潮公司上级主管单位（广东交通实业投资有限公司）协商解决。②征地结算面积按最终的征地红线图面积进行结算，地方政府在土地丈量过程中发现界桩埋设与最终的征地红线图不符时，应及时通知大潮公司征拆部现场核实、调整，具体操作方式另行协商。③由县指挥部具函大潮公司，明确拆迁房屋的阳台和挑檐建筑面积按投影面积纳入房屋建筑总面积。④临时用地相关手续由施工单位负责向相关部门申请办理。临时用地森林植被恢复费，县级政府审批的由县政府负担，县级以上政府审批的由施工单位负担，由大潮公司负责督促施工单位落实。⑤因施工需使用村道由当地村委与施工单位签订使用协议，明确使用期间的维护和损坏修复责任，县政府和大潮公司在补充协议中再细化双方在村道修复当中的责任和义务。⑥涉及军方基地问题处置由县政府、大潮公司共同协调解决，相关费用由大潮公司负责。⑦房屋由屋主自行拆除的拆除费用问题，由镇政府与施工单位协商解决。⑧龙坪咀互通涉及自然保护区调规问题，必须按自然保护区的相关条例落实，大潮公司、县指挥部及相关部门各司其职、各负其责。⑨管线迁改征地由施工单位负责解决，报县指挥部备案。⑩红线外排水工程用地由大潮公司负责增加征地拆迁总费用。⑪放线界桩在2017年1月8日前完成，县督导组负责跟进。会议强调，为确保高速公路建设顺利推进，双方相关人员要加强沟通，明确职责，密切配合，妥善做好高速公路建设各项工作，保障工程无障碍施工。

【城乡环境综合整治工作调研推进会议】3月1日，县委书记林健雄、县长朱汉东率队到三河镇汇城村、旧寨村、汇东村和西河镇北塘村、黄堂村现场调研城乡环境综合整治和省级新农村连片示范建设工作情况，并召开调研推进会。会议由朱汉东主持，林健雄，县委常委、县委办主任罗伟纯，县委常委、常务副县长郑尚森，县委常委、宣传部部长陈伟平，副县长刘采峰、饶凌云和县直有关单位负责人以及三河镇、西河镇党政班子有关成员参加会议。会议认为，三河镇、西河镇能认真贯彻全市城乡环境综合整治工作推进会（丰顺现场会）精神，强化担当、用心用力、真抓实干，纵深推进城乡环境综合整治，为全面建成小康社会创造更加优美的发展环境。会议就如何做好城乡环境综合整治、省级新农村连片示范建设工作提出四点意见：1. 明确目标任务。坚持洁净为先、文化为魂、产业为根，突出生活垃圾和污水处理两大难点，全域整治、全民参与、全面提升，网络化管理、专业化运营，整县推进人居环境综合整治；要充分学习借鉴其他县的先进经验，科学选点，集中人力、财力、物力做好工作，以城带乡，创建全国卫生县城，努力建设健康、宜居、美丽、和谐的幸福家园。2. 坚持以点带面。按照“点上抓精品、面上抓示范、全县抓覆盖”的思路，突出“规划、保护、整治、建设”八字方针，立足农村经济基础、区位传统等实际情况，充分考虑农村与城镇的功能性差异，突出建设重点，挖掘文化内涵，展现地方特色，分层次、分类别全面推进全县美丽乡村环境建设，努力打造一批可复制、可辐射、可推广的镇、村示范点，以典型引路和示范带动作用推动人居环境整治和镇村建设。3. 整治三个高速出口。整治提升大麻、三河、茶阳（西河）等3个美丽乡村建设高速公路出口示范点，按照美化、亮化、绿化、净化和景观化的要求，聘请专业团队优化规划设计。4. 强化要素保障。要压实工作责任，广筹建设资金，确保项目建设快速有序推进。一是加强资金保障；二是拓宽融资渠道；三是强化作风建设。会议还研究了有关事项，会议决定：一是由刘采峰牵头负责抓好西河镇省级新农村示范建设工作；二是由郑尚森牵头负责抓好三河镇汇城村美丽乡村建设工作；三是由陈伟平、饶凌云牵头负责抓好三河镇汇东村的美丽乡村建设工作；四是由县公路局、三河镇负责，对汇城河堤1.9公里道路、朱德大桥前三角地和三河坝战役纪念园至朱德大桥、至大埔电厂大桥、至三河大桥以及老镇政府圩镇街道路面铺设沥青路面；五是由县住建局负责，抓好三河镇旧寨村环境提升项目的规划设计工作；六是由县交运局负责，抓好朱德大桥至中山大桥约1.5公里路面改造工作；七是由县国土资源局、西河镇负责，解决好西河镇“金三角”土地遗留问题；八是由县交运局、西河镇负责，做好西河镇漳溪河堤路建设工作，并实施美化、绿化、亮化提升工程；九是由县公路局、交运局按照各自管辖权限，负责抓好梅龙高速大麻出口、三河出口、茶阳（西河）出口等三处的美化、绿化、亮化提升改造工作；十是为推进美丽乡村示范点建设，扩大覆盖面，要求每个镇至少兴办 4 个示范点，挂镇县领导各办 1 个点，镇委书记、镇长各办 1 个点。

【现场调研湖寮镇推进重点项目建设工作会议】6 月 7 日，县委书记朱汉东、县长熊锋松率队到湖寮镇现场调研农贸市场等重点项目建设情况，并在湖寮镇政府会议室召开重点项目建设推进会。会议由朱汉东主持，熊锋松，县人大常委会主任黄建庭，县政协主席李礼醒，县领导罗伟纯、张红梅、郑尚森、廖若旦、蓝欣、罗春达、刘广明等，县直有关单位负责人和湖寮镇党政班子成员参加会议。1. 听取湖寮镇推进重点项目建设情况汇报。会上，湖寮镇汇报 2017 年 17 个重点项目建设推进情况、存在问题和下一步打算。会议指出，湖寮镇作为全县重点项目建设主战场之一,2017 年涉及的 17 个重点项目都有征地拆迁任务，其中市重点项目 6 项、县重点项目 8 项。至目前，基本完成征地拆迁的重点项目有 3 项，其余项目的征地拆迁正紧张推进中。会议认为，湖寮镇针对时间紧、任务重和城区情况较为复杂的实际，不逃避、不推诿、不埋怨、不懈怠，真抓实干，严格按照时间节点抓好征地工作，较好地确保重点项目无障碍施工。会议要求，各级各部门要全力支持湖寮镇的重点项目建设，积极服从征地拆迁任务，做好征拆户的思想工作，加快县城重点项目建设，扩大有效投资，推动县域经济发展和城乡环境提升。2. 研究确定重点项目建设有关事项：一是农贸市场项目；二是县城工业小区项目；三是县建筑垃圾弃土场项目；四是县城过境公路项目；五是县城环城大道改造提升项目；六是岭下城市综合体项目；七是县中医院迁建项目；八是县人民医院改扩建项目；九是县山丰水库建设项目；十是县城城区市政改造提升工程。3. 提出加快重点项目建设的具体要求。会议要求，各级领导干部在推进重点项目建设中要做到“敢为、善为、有为”，积极担当，注意方式方法，在依法依规的前提下，想方设法加快建设进度。一要抢抓机遇，攻坚克难。各级领导干部要增强紧迫感和危机感，抢抓当前优惠政策，把握发展机遇，加大有效投资。二要落实责任，主动作为。三要强化保障，确保实效。

【现场调研大麻镇、高陂镇重点项目和中心镇“六个一”建设工作会议】6 月 14 日，县委书记朱汉东、县长熊锋松率队到大麻、高陂镇现场调研大潮高速公路拆迁集中安置点、高陂水利枢纽工程等重点项目和中心镇“六个一”建设工作情况，并在高陂镇政府二楼会议室召开工作推进会。会议由朱汉东主持，熊锋松，县人大常委会主任黄建庭，县政协主席李礼醒，县领导罗伟纯、张红梅、郑尚森、郭展凌、廖若旦、吴东华、房春鸣、蓝欣、罗春达、刘广明等，县法院院长邱忠强、县检察院检察长张映文、副处级干部邓玉伦和县直有关单位负责人以及高陂镇党政班子成员参加会议。1. 汇报有关重点项目推进情况。①高陂水利枢纽工程。②大潮高速公路。至目前，沿线五个镇共完成征地 462.11 公顷，占总任务 472.97 公顷的 97.7%。③湖寮至高陂连接线。经过专家组的论证，综合考虑，按照二级公路标准进行建设，即路基 16 米、路面 14 米的标准。④大麻至高陂旅游公路。全长 29 公里（包括莲塘大桥），其中列入高陂水利枢纽工程的有 10.2 公里，设计标准为路基 12 米、路面 9 米，正在办理设计等相关手续。⑤高陂镇防洪堤工程。位于高陂镇韩江两岸，按照 30 年一遇洪水标准设计，治涝标准按排涝区 10 年一遇 24 小时暴雨一天排干设计，新建堤防总长 9.16 公里，总投资 9.23 亿元。⑥高陂镇“六个一”项目建设。计划总投资 21.6 亿元，主要涉及高陂工业大道、高陂防洪堤、迁建高陂中心卫生院等 13 个项目。2017 年计划投资 1.38 亿元，已完成投资 3790 万元。2. 研究确定部分重点项目有关事项。①高陂水利枢纽工程。县交运局、县公路局、县移民局、县水务局和高陂镇、大麻镇等单位要明确征地拆迁、移民安置等 2017 年要完成投资 4.8 亿元，积极做好相关工作，确保完成全年任务。同时，征地工作组要配合做好蓄水试验和库区周边道路建设，先行拆迁涉及 3 个镇 7 个村的有关房屋，确保工程顺利推进。②大潮高速公路。③高陂中心镇“六个一”项目建设。3. 对加快重点项目和中心镇“六个一”建设提出要求。会议要求，全县各级领导干部要抢抓机遇，恪尽职守，尽职尽责，加快重点项目建设，扩大有效投资，推动县域经济加快发展。一要提振发展信心；二要明确目标任务；三要落实工作责任；四要确保完成任务。

【现场调研三河镇红色革命教育基地建设工作会议】6 月 26 日，县委书记朱汉东、县长熊锋松率队到三河镇现场调研红色革命教育基地等建设情况，在三河镇政府会议室召开工作推进会。会议由朱汉东主持，熊锋松，县人大常委会主任黄建庭，县领导罗伟纯、陈军营、饶凌云、罗春达、张友群等，副县级干部邓玉伦和县直有关单位负责人以及三河镇党政班子成员参加会议。1. 研究推动红色旅游加快发展工作。2. 确定红色革命教育基地建设相关工作。①三河镇道路改造提升工程。对五丰至三河大桥段路面进行改造提升，铺设沥青路面；铺设韩江源和老街附近路面沥青；对红色景点沿线道路安装路灯挂件，争取 7 月底全面完成。②三河坝战役纪念园周边环境提升工程。一是抓好红色旅游景点周边景观绿化和道路沿线雕塑工程建设，争取 7 月 20 日前完成。二是抓好汇东村民房和店铺“穿衣带帽”工程，融入客家元素进行装修改造；把旧寨村环境提升纳入纪念园周边改造工程统一规划设计，抓好旧寨广场及村三岔路口圆盘整治、省道沿线店铺“穿衣带帽”、X072 线北侧人行道建设和省道S227 线朱德大桥至中山大桥段等改造提升工程建设。③三河坝战役纪念园改造提升工程。抓好多媒体展馆、将帅雕塑、体验式战壕雕塑等布展工程，力争 7 月底完成；加快建设瞭望塔、将军书画碑廊、老指挥部旧址和培阑居的修复及环境整治工程，力争 8 月底完成。同时，三河镇要抓好纪念园周边环境综合整治工作，抓紧完成征地拆迁和搬迁工作，确保项目无障碍施工。3.对加快三河镇红色革命教育基地建设提出要求。①明确发展定位。②注重科学规划。三河坝战役纪念园改造提升要坚持高起点高标准规划，从基地布局、建筑风格、氛围营造等方面入手，对发展定位、规划、建设、使用等要严格把关；要积极借鉴福建和江西等地红色景区建设的成功经验，邀请专业团队参与三河坝红色革命教育基地的规划建设，针对大埔县历史和本土实际情况，将红色文化和旅游产业深度融合，制订出有特色的规划方案，打造红色旅游经典线路。③落实工作责任。④提升服务水平。

【现场调研湖寮镇重点项目建设会议】8 月 23 日，县委书记朱汉东、县长熊锋松率队到湖寮镇现场调研县城城东“三旧”改造和市政道路改造提升进展情况，在湖寮镇政府五楼会议室召开座谈会，研究解决县城重点项目建设过程中遇到的困难和问题。会议由朱汉东主持，熊锋松，县领导郑尚森、廖金鑫，县委调研室、住建局、城综局、林业局、国土资源局、经信局、工商局等单位主要负责人和县法院负责征地拆迁的人员、湖寮镇党政班子成员参加会议。1. 听取湖寮镇工作情况汇报。会上，湖寮镇汇报 2017 年在抓基层党建、重点项目建设、城乡环境综合整治等方面工作情况，突出汇报重点项目建设推进情况、存在困难问题和下一步工作计划。2. 研究确定重点项目相关事项。①城东“三旧”改造项目。要规划建设步行商业街，引进社会资本建设地下停车场，逐步解决县城中心区域停车难问题。湖寮镇要继续做好郑屋堂村民小组剩余 3 户的协商征收，同步启动法律程序，确保尽早完成土地房屋的征收。县工商局要做好老工商局宿舍 6 户居民的思想工作，尽快签订协议，对不配合、阻挠项目建设的党员干部，县纪委要同步介入。此项工作由县人大常委会副主任廖金鑫牵头负责落实。②县城市政道路改造提升项目。县住建局在规划过程中要注重融入客家元素，对主要街道店铺门前人行道实行统一规划建设，做到既整体美观，又方便群众出行和商铺经营。③县城工业小区（大沙坝）项目。对已征收的 11.8 公顷土地先行开展“三通一平”等建设，对 41 公顷未征土地，县林业局要加强与上级主管部门的沟通，确保 11 月底前完成林地调规；县国土资源局 12 月底前完成土地批复。土地批复后，立即启动依法征收工作。④建筑垃圾弃土场。湖寮镇要继续做好政策宣传和解释工作，正面引导群众认识建设建筑垃圾弃土场的重要意义，争取群众理解支持，确保早日建成使用，解决县城建筑垃圾堆放问题。⑤县人民医院改扩建项目。⑥县城虎源路应急避险场所项目。县国土资源局、法院、城综局和湖寮镇要加强配合，尽快解决拆迁户安置地问题。⑦“大埔三小”扩建项目。县教育局要继续做好灼华楼房屋产权人的思想工作，确保按评估价征收。⑧环城大道改造提升项目。湖寮镇要尽快完成施工范围内的土地房屋征收，确保项目早日动工建设。⑨农贸市场项目。县国土资源局、住建局要抓紧做好功能区的划分工作，尽早规划安置地；湖寮镇要积极稳妥推进老屋拆迁工作。3. 对加快推进重点项目建设提出具体要求。一要抢抓发展机遇。二要理清工作思路。三要压实工作责任。四要体现工作成效。

【教育系统调研工作会议】10 月 24 日，县委书记朱汉东率队到虎山中学、下坜县城九年一贯制实验学校规划现场、小博士午（晚）托机构、张云栽实验小学等教育系统单位调研，并在张云栽实验小学六楼会议室召开座谈会。1. 听取全县教育工作情况汇报，分析存在的困难和问题。会议听取县教育局关于全县教育工作基本情况汇报，虎山中学、实验中学、家炳第一中学、实验小学等单位负责人结合各自工作实际，分别就如何抓好教育教学工作作汇报；县直有关单位负责人对教育系统提出的问题作出相应的回应。会议认为，近年来，县教育部门在县委、县政府的正确领导和社会各界的关心支持下，教育系统全体干部职工以敢负责、勇担当、善作为的工作作风和精神状态，狠抓各项工作落实，教育教学质量不断提升，全县教育事业持续稳定健康发展。会议指出，全县教育事业发展虽然取得长足进步，但也还存在一些困难和问题：一是学校发展不够均衡，大班额问题仍然突出；二是教师学科结构性缺编严重等现象普遍存在，教师队伍建设仍有待进一步加强；三是教育现代化建设对照验收标准仍存在短板；四是全县教育教学质量有待进一步提高；五是学生午（晚）托监管仍存在空白；六是教育用地手续仍不完善。2. 对全县教育工作提出具体要求。会议要求，要认真贯彻中共十九大报告提出“必须把教育摆在优先发展的位置，加快教育现代化，办好人民满意的教育”的精神，按照“办强虎山中学、办大家炳职校、办特一批学校、办优初中教育”的要求，围绕“严管理、保稳定、强师资、提质量、重内涵、创特色”的思路，以创建“广东省推进教育现代化先进县”为抓手，以提高教育教学质量为中心，深入实施素质教育，推进教育内涵特色发展，全面提升教育教学质量，努力办好人民满意的教育。①要高度重视教育事业发展，办好人民满意的教育。②要强化师资队伍管理，提升教育教学质量。③要围绕创建省教育现代化先进县目标，确保如期实现。④要营造尊师重教的浓厚氛围，关心支持重视教育事业发展。各级各部门要全力保障教师合法权益，维护教育教学秩序；要广泛凝聚社会力量，形成尊师重教的浓厚社会氛围；努力建设成为一支有理想信念、有道德情操、有扎实学识、有仁爱之心的人民满意教师队伍，为全面加快推进教育现代化、共创大埔教育事业新辉煌作出新贡献。

【扶贫工作调研会议】10 月 31 日，县委书记朱汉东率队到县扶贫局调研，并在县科技信息楼三楼县扶贫局会议室召开座谈会。会议由朱汉东主持，县委副书记、政法委书记李宏，县委常委、县委办主任蓝欣，县政协副主席、财政局局长刘广明，县政府党组成员、副处级干部邓玉伦，县委调研室、县扶贫局、县住建局、县教育局、县水务局、县卫计局、县民政局、县经信局、县社保局、县发改局、县文广新局、县金融办等单位负责人参加会议。1. 听取全县精准扶贫精准脱贫和新农村示范村建设工作情况汇报，分析存在的困难和问题。会议听取县扶贫局关于全县精准扶贫精准脱贫和新农村示范村建设工作情况汇报，相关县领导作发言；县直单位负责人结合各自工作实际，分别就如何抓好扶贫工作和新农村示范村建设作回应和表态。会议指出，全县精准扶贫精准脱贫工作虽取得一定进展，但也存在一些问题：一是脱贫户脱贫质量不高；二是全年预脱贫户脱贫达标难度大；三是部分镇（场）落实扶贫主体责任还不够到位；四是针对分散贫困户“三保障”帮扶措施还不够实；五是扶贫资金使用较为缓慢，金融扶贫覆盖难等问题。2. 研究解决扶贫工作存在的问题。①加快贫困户危房改造任务。②确保贫困户饮用水安全。③加大贫困户加入农村养老保险帮扶力度。④建立贫困户子女就读帮扶新机制。⑤提高社会困难群众临时救助水平。⑥加强低保、五保规范化管理。⑦加强与县金融机构沟通合作。3. 对进一步做好精准扶贫精准脱贫工作提出具体要求。会议要求，要认真贯彻中共十九大报告提出“让贫困人口和贫困地区同全国一道进入全面小康社会是我们党的庄严承诺”的精神，采取发展产业、金融扶贫、资产扶贫、社会保障、转移就业和商贸扶贫等六大帮扶模式，举全县之力打赢新时期精准扶贫精准脱贫攻坚战，确保到 2018 年在现行标准下全县农村贫困人口实现脱贫，做到脱真贫、真脱贫。一要认清形势。二要正视问题。三要明确任务。四要加强督办。

【现场调研县城综合整治工作座谈会议】11 月 8 日，县委书记朱汉东率队到县城万川路、城北路、环城大道、县数字化城管指挥中心选址等现场察看县城综合整治情况，并在县住建局六楼会议室召开座谈会。1.听取相关工作汇报。会上，县城综局汇报县城综合整治存在的困难和问题及下一步工作打算，县城监大队汇报县城各个市场和街道管理存在的困难和问题及下一步工作打算，县公安局汇报县城城区交通秩序管理工作。县直有关单位回应县城综局和城监大队提出的问题。2. 研究确定相关工作事项。①抓好老城区市政道路改造提升。②加强县城农贸市场管理。③加快县城环城大道改造提升。④抓好埔城电站至白云大桥堤路结合工程规划设计。⑤解决好西湖公园泥沙淤积问题。⑥加强县城工地施工的监管。⑦抓好相关综合体项目规划建设。

【汀江流域巡查工作会议】11 月 24 日，县委副书记、政法委书记、汀江流域县级河长李宏率队到三河镇、茶阳镇、青溪镇实地巡查汀江河段落实镇村两级河长制工作情况。县水务局、县环保局、县畜牧兽医局负责人，三河、茶阳、青溪镇级河长和部分村级河长陪同巡查。巡查组一行先后到三河镇旧寨村、茶阳镇安乐村、青溪镇溪口村河段，重点察看河道的河流水质、水污染防治、水环境治理等方面情况，随后在青溪镇溪口村委会召开座谈会，听取有关情况汇报，并对落实河长制工作提出具体要求。现将座谈会主要内容纪要如下。1. 听取汀江流域落实河长制工作情况汇报。2. 提出具体工作要求。会议认为，在当前全县上下学习贯彻落实中共十九大会议精神的重要时期，对全面落实县镇村三级河长制工作提出更高的要求。为全面落实河长制工作，会议提出四点要求：①加强河长制责任的落实。到 2017 年底，汀江河段建立完善河长制各项规章制度，全面构建县、镇、村三级河长制组织体系。②加快制定汀江河段综合整治方案。县水务局已聘请广东省水利水电科学研究院编制汀江河段综合整治方案。③加强重点污染源的排查和监管。三河、茶阳、青溪镇要加大汀江沿岸生活垃圾、生活污水、畜禽养殖、建筑垃圾或弃土、茶阳工业园区废水排放、永定河跨界污染排放等方面的排查力度，县水务、环保、畜牧等部门要加强监督管理和执法检查，最大限度减少污染排放。④加强资源资金整合。三河、茶阳、青溪镇党委、政府要主动作为，多渠道筹集资金，加强汀江河沿岸的管理，结合新农村建设，对拆除或搬迁的养殖场进行绿化，保护好水域岸线，实现河畅、水清、堤固、岸绿、景美的总目标。

【中共大埔县第十二届委员会第三次全体会议】12 月 17 日，中国共产党大埔县第十二届委员会第三次全体会议在县城召开。全会由县委常委会主持。全会深入学习贯彻中共十九大和省委十二届二次全会、市委七届三次全会精神，审议通过《中共大埔县委关于落实〈中共广东省委关于持续深入学习宣传贯彻中共十九大精神　推动习近平新时代中国特色社会主义思想在南粤大地落地生根结出丰硕成果的决定〉的意见》（以下简称《意见》）。县委书记朱汉东就《意见》（讨论稿）向全会作说明，就持续深入学习宣传贯彻中共十九大精神作专题讲话。会议指出，大埔县学习宣传贯彻中共十九大精神开局良好，以习近平新时代中国特色社会主义思想为指引，奋力开创各项工作新局面，正成为全县上下的共同意识和行动自觉。要按照省委关于开展“大学习、深调研、真落实”活动的要求，持续抓紧抓实学习宣传贯彻中共十九大精神工作，为“不忘初心、牢记使命”主题教育做好思想准备和工作准备。各级党组织和广大党员干部要按照省委书记李希的要求，把贯彻落实中共十九大精神和习近平总书记对广东工作的重要指示批示精神结合起来，把“大学习”和“深调研”结合起来，把当前和长远结合起来，把分类指导与总结推广结合起来，切实在学懂弄通做实上下功夫，进一步把中共十九大精神创造性地贯彻落实到大埔的各项工作中去，推动习近平新时代中国特色社会主义思想在大埔大地落地生根、结出丰硕成果。会议指出，习近平新时代中国特色社会主义思想是马克思主义中国化的最新成果，是指引实现“两个一百年”奋斗目标、实现中华民族伟大复兴的光辉旗帜，为新时代党和国家事业发展提供强大的思想武器和科学的行动指南。要全面准确、系统深入地学习领会习近平新时代中国特色社会主义思想的科学体系、精神实质、实践要求，做到真学真懂真信真用，切实用习近平新时代中国特色社会主义思想指引大埔开创工作新局面。会议强调，要牢牢把握新时代党的建设总要求，坚决维护以习近平为核心的党中央权威和集中统一领导。要以习近平新时代中国特色社会主义思想为指引，进一步解放思想，开动脑筋，更加科学地认识和把握大埔县情。要坚持以习近平新时代中国特色社会主义思想为指引，找准新时代加快发展新思路。

重大决策事项

【大埔县贯彻落实《法治政府建设实施纲要（2016—2020年）》实施方案】1．总体要求。①指导思想。全面贯彻中共十八大和十八届二中、三中、四中、五中、六中全会精神，以马克思列宁主义、毛泽东思想、邓小平理论、“三个代表”重要思想、科学发展观为指导，深入贯彻习近平总书记系列重要讲话精神，按照省委、省政府关于深入推进依法行政、加快建设法治政府的部署要求，为大埔县加快振兴发展提供有力的法治保障。②目标要求。到2020年，基本建成职能科学、权责法定、执法严明、公开公正、廉洁高效、守法诚信的法治政府，依法行政工作水平处于中上游。③基本原则。坚持中国共产党的领导，坚持人民主体地位，坚持法律面前人人平等，实行法治政府建设与创新政府、廉洁政府、服务型政府建设相结合。④衡量标准。政府职能依法全面履行，依法行政制度体系完备，行政决策科学民主合法，宪法法律严格公正实施，行政权力规范透明运行，人民权益切实有效保障，依法行政能力普遍提高。2．主要任务和具体措施。①依法全面履行政府职能。②加强规范性文件管理。③推进行政决策科学化、民主化、法治化。④坚持严格规范公正文明执法。⑤强化对行政权力的制约和监督。⑥依法有效化解社会矛盾纠纷目标。构造多元化的矛盾纠纷解决机制，保护公民、法人和其他组织的合法权益，保障和监督行政机关依法行使职权，依法有效化解行政争议。⑦全面提高政府工作人员法治思维和依法行政能力。3．组织和落实机制。

【关于加强农村留守儿童关爱保护工作的实施方案】1．总体要求。深入贯彻习近平总书记系列重要讲话精神，全面贯彻中共十八大和十八届三中、四中、五中、六中全会精神，严格按照党中央、国务院和省委、省政府以及市委、市政府决策部署，以促进未成年人健康成长为出发点和落脚点，将农村留守儿童关爱保护工作纳入重要议事日程，纳入社会综合治理、精神文明建设评估体系。到2020年，全县未成年人保护制度体系更加健全，全社会关爱保护儿童的意识普遍增强，儿童成长环境更为改善、安全更有保障，儿童留守现象明显减少，形成全社会关爱留守儿童的良好氛围。2．主要任务。留守儿童是指父母双方外出务工或一方外出务工另一方无监护能力、不满十六周岁的未成年人。①建立完善农村留守儿童关爱保护工作体系。②建立健全农村留守儿童救助保护机制。③健全农村留守儿童信息动态管理机制。3.保障措施。①加强组织领导。各镇（场）要将农村留守儿童关爱保护工作列入政府重要议事日程和重点民生工作安排，及时研究解决工作中的重大问题。②提高能力建设。③强化督促检查。④做好宣传引导。

【关于深化供销合作社综合改革的实施意见】1．指导思想和目标任务。①指导思想。以邓小平理论、“三个代表”重要思想、科学发展观为指导，深入贯彻习近平总书记系列重要讲话精神，贯彻落实中共十八大和十八届三中、四中、五中、六中全会精神，树立创新、协调、绿色、开放、共享的发展理念，坚持为农服务根本宗旨。②目标任务。到2020

年，把全县供销合作社系统建设成为与农民联结更紧密、为农服务功能更完备、市场化运行更高效的合作经济组织体系。2. 主要任务和推进措施。①主要任务。一是完善基层组织体系，夯实为农服务基础。二是增强社有企业活力，提升为农服务能力。三是创新经营服务体系，拓展为农服务领域。四是加强县社自身建设，提高为农服务本领。②推进措施。一是试点先行。二是分步实施。全面完成综合改革预定目标，总结完善提高。综合改革取得成熟的经验，全县供销合作社步入平稳发展时期。3. 保障机制。各级党委、政府要树立起重视供销合作社就是重视农业、扶持供销合作社就是扶持农民的理念，深化供销合作社综合改革，进一步办好供销合作社。①加强组织领导。各级党委、政府要站在加快推进农业现代化、全面推进小康社会建设、巩固党在农村执政基础的战略高度，把供销合作社综合改革纳入全面深化改革的大局。②加大支持力度。各职能部门要按照工作职能分工，抓紧出台相关配套措施，确保各项政策落实到位。

【大埔县丰溪林场改革实施方案】为加快推进国有林场改革，健全国有林场管理体制机制，根据《中共广东省委、广东省人民政府关于印发〈国有林场改革方案〉的通知》要求，制定此实施方案。1. 林场基本情况。丰溪林场创办于1958年，原属汕头地区管辖，1963年转为县办，1998年经县编委批准升格为正科级事业单位，核定编制 89 人。1996年 8 月经省林业厅批准建立丰溪省级森林公园。2. 改革方案。①指导思想。坚持以邓小平理论、“三个代表”重要思想、科学发展观为指导，明确国有林场保护培育森林资源、维护国家生态安全的职责，推动政事分开，实现管护方式创新和监管体制创新，建立有利于保护和发展森林资源。②基本原则。一是坚持生态导向、保护优先。二是坚持改善民生、保持稳定。③总体目标。通过改革，建立职能定位明确、管理科学规范、政策保障有力的现代国有林场发展机制。④改革范围。改革范围包括丰溪林场在职职工以及退休职工。⑤主要内容。一是明确国有林场属性。将丰溪林场定性为公益一类、正科级事业单位。二是主要职责和任务。三是合理确定事业编制。四是理顺村级事务管理。五是部门协调形成合力。六是加强宣传引导。⑥政策保障。一是制定改革实施方案，并经丰溪林场职工代表大会通过，对现有在编在岗26名职工进行考试，考试合格进入编制内人员，经费纳入县财政拨款。二是原编制内退休职工，按照公益一类事业单位退休标准核定退休金，除在社保领取部分外，不足部分由县财政统筹解决。三是加强基础设施建设。⑦组织实施。一是加强组织领导。大埔县政府要加强对国有林场改革的统筹，建立由编办、发改、民政、财政、人社、林业、银监等部门参加的国有林场改革领导协调机制。二是实施流程。大埔县林业局根据中央、省委国有林场改革精神，结合林场实际，起草改革实施方案，经林场职工（代表）大会讨论通过，征求有关单位意见后上报大埔县委、县政府审议，并按相关程序上报省国有林场改革联席会议同意后实施。三是落实改革任务。2017年6月底，基本完成国有林场改革任务。四是验收评估总结。2017年底前，迎接省工作组的验收和评估。

【大埔县关于深入推进城市执法体制改革改进城市管理工作的实施方案】根据《中共中央、国务院关于深入推进城市执法体制改革改进城市管理工作的指导意见》《中共广东省委、广东省人民政府关于深入推进城市执法体制改革改进城市管理工作的实施意见》《中共梅州市委、梅州市人民政府关于深入推进城市执法体制改革改进城市管理工作的实施方案》《梅州市人民政府关于对大埔县深入推进城市执法体制改革改进城市管理工作实施方案的批复》的精神，制订此实施方案。1. 指导思想和总体目标。①指导思想。全面贯彻落实中共十九大精神和习近平新时代中国特色社会主义思想，根据中央、市工作管理会议的部署，以城市管理现代化为指向，以理顺体制、完善机制、法制保障为途径，把深入推进城市管理和综合执法体制改革，改进城市管理工作作为打造“红色大埔，美丽山城”的重要举措。②总体目标。到2017年10月底，实现城市管理领域的机构综合设置，明确政府部门有关城市管理的职责边界，管理执法权责基本清晰，协同机制和保障机制初步建立。到2020年，全县城市管理综合执法的标准体系基本完善。2. 理顺城市管理体制。①综合设置机构。一是设立大埔县城市管理委员会（城管委）。二是新组建大埔县工商和质量技术监督局。三是新设立大埔县城市管理和综合执法局。②大埔县城市管理和综合执法部门主要职责和职责调整。一是县水务局负责的县城城市供水、市政排水和全县生活污水处理职责，划入县城市管理和综合执法局。二是公安交警部门负责的县城区内市政道路交通设施的建设、修复、更换，重新施划职责。三是住房城乡建设领域法律法规规章规定的全部行政处罚权及燃气管理职责。四是县城规划区环境保护管理方面关于社会生活噪声污染、建筑施工噪声污染、建筑施工扬尘污染等的行政处罚权。五是城区工商管理方面关于户外公共场所无照经营、违规设置户外广告的行政处罚权。六是城区交通管理方面关于侵占城市道路、违法停放车辆等的行政处罚权。七是城区水务管理方面关于向城市河道倾倒废弃物和垃圾及违规取土、城市河道违法建筑物拆除等的行政处罚权。③人员编制。④加强队伍建设。一是优化执法力量。二是严格队伍管理。三是注重人才培养。四是规范协管队伍。根据实际工作需要，采取招用或劳务派遣等形式配置城市管理执法协管人员。协管人员数量不得超过在编人员，薪酬等费用由县政府给予保障。⑤提高执法水平。⑥财务管理和经费保障。3. 工作要求。①明确工作责任。②严肃工作纪律。③营造舆论环境。

中共大埔县委书记、副书记、常委名录：

县委书记：林健雄（—2017.4）
朱汉东（2017.4—）

副 书 记：朱汉东（—2017.4）
熊锋松（2017.5—） 李 宏

县委常委：林健雄（—2017.4）
朱汉东 熊锋松（2017.5—）
李 宏 罗伟纯（—2017.8）
张红梅（女） 黄剑锋（—2017.8）
郑尚森 陈伟平 陈军营
郭展凌 廖若旦
蓝 欣（2017.8—）
吴东华（挂职，2017.3—）

县委办公室负责人名录：

主 任：罗伟纯（—2017.8）
蓝 欣（2017.8—）

副 主 任：张云东
黄更亮（常务，2017.11—）

（钟菁）

组 织 工 作

【简述】2017年，中共大埔县委组织部树立“四个意识”，贯彻上级党代会以及全国、省、市组织部长会议精神，坚持稳中求进工作总基调，落实全面从严治党要求，聚焦主责主业、强化担当作为，全县组织工作上新台阶。

【“两学一做”学习教育常态化制度化】

1. “细谋”——持续精准发力。年初，提出“一二三四”的总体思路：狠抓“领导机关和领导干部”一个关键，全面加强“基层党组织和党支部书记队伍”两个建设，持续深化“亮身份、展作为、树形象”“万川党旗红、先锋在行动”“三强三好”三项活动，严格落实“三会一课、民主生活会、组织生活会和民主评议党员以及谈心谈话”四项制度，确保学习教育融入日常、抓在经常。2．“深学”——筑牢思想根基。全县各级党组织将“一章程、两准则、四条例”列为必学内容，中共十九大召开后，采取研讨式、互动式、调研式等，在全县掀起学习宣传十九大精神热潮，开展学习讨论238场次。开展“我到基层讲党课”活动，县党政班子成员和县直单位一把手、各基层党组织书记走上讲台，为党员干部讲党课，受众1.2万人次。特别是7月以后，按照省委部署要求，组织全县党员在“广东党员教育网”开展网上“考学”活动，通过层层传导压力，实现党员参考率100%，满分率居全市第一。3．“实做”——发挥先锋作用。在村（社区）党员中开展“三强三好”主题实践活动；在机关事业单位党员中开展“守规矩讲担当，立足岗位比奉献”教育实践活动；在“两新”组织党员中开展以“党员身边无次品、党员身边无事故、党员身边无违规，为企业创佳绩、为党旗添光彩”为主要内容的“三无两为”教育实践活动；在外出党员中开展“党员意识在心中，我为家乡作奉献”主题实践活动，调动不同行业党员积极性，激活党员活力。4．“真改”——夯实基层基础。抓住“三会一课”制度执行不到位、主题党日不鲜活、发展党员程序不规范等制约基层党建发展进步的老大难问题，开展机关“三会一课”制度执行情况抽查，通过“听查督”，将检查与指导、整改与规范结合起来，促进县直机关“三会一课”制度全面落实。全年抽查9个县直系统党委所属103个机关事业单位党组织，累计调阅“三会一课”记录本120本，发现问题90处，提出意见建议98条，下发2次情况通报，约谈2个整改不力的单位主要负责人。下发《关于加强开展支部主题党日的通知》，明确主题党日频次，扩展主题党日形式内容。下发《关于进一步规范发展党员程序的通知》，实行发展对象县委组织部预审制。

【村级换届平稳有序】1．强化组织领导。县委重视村级换届工作，县委书记、县长多次专题召开会议分析研判换届工作，带头深入一线具体指导。县班子成员分别挂钩联系一个镇、一个重点村，在换届期间到联系点不少于2次。压实镇（场）党委书记第一责任人的责任，明确党委副书记、组织委员、分管民政工作领导、镇驻村干部的具体责任，村“两委”干部和自荐参选人签订换届纪律承诺书。2．强化培训指导。组织县镇换届办骨干到市参加专题培训，举办全县换届选举工作培训班，下发换届选举规程指引、图解，细化村级换届指导文件等。各镇（场）也采用以会代训、分阶段培训的形式对村级换届选举法律法规和政策业务等进行培训指导。3．强化督导巡察。坚持每周一召开研判会，研究解决遇到的困难和问题。县督导巡察组坚持每周到各镇（场）巡察指导不少于1次以上，对换届的一些热点、难点问题和重点难点村的选情进行分析研判，提前介入。组建换届观察员队伍对全县换届选举进行观察，确保换届风清气正。4.强化舆情把控。加强与县纪委、宣传、公安、信访等部门联络互动，做好信访维稳信息排查工作，对所有涉及换届选举问题的来电来信来访一一造册登记，做到来电必答，来信必复。同时，安排专人监查网情动态，随时掌握“大埔论坛”等网站有关村级换届方面的消息，防止借题炒作负面新闻。6月上旬，全面完成全县256个村（社区）“两委”换届选举，村（社区）书记、主任“一肩挑”224人，“一肩挑”比例 87.5%，“两委”交叉任职 722 人，交叉率 87.7%。妥善处理完结所接到的来访来信来电 109 件，无集体上访事件，无较大舆情事件。

【夯实基层党建基础】1. 抓核心建设，提升党组织战斗力。①实施领头雁工程。采取从原村“两委”班子成员中配备一批、优秀后备干部中选拔一批、外出务工经商人员中引回一批、致富带富能手中选拔一批的“四个一批”办法，选好配强村党组织书记。全年调整党组织书记 92 人，其中 57 个省定贫困村调整党组织书记 18 人。②实施后备育苗工程。坚持选拔村（社区）党组织书记后备人选，要求每个村保持 1 名以上村党组织书记和村干部后备干部常数，采取结对帮带、跟班学习、协管工作等措施加强培养锻炼，在村干部出缺时及时启用。③实施整顿转化工程。全部软弱涣散村党支部均做到“四个到位”，即帮扶单位到位、挂点领导到位、第一书记到位、工作组到位，并根据各自实际，制订方案、建立台帐进行整顿。④实施素质提升工程。重点加强村干部学历教育，投入 50 万元继续办好梅州农校中专班，组织 78 名村党组织书记和书记后备干部参加大专学历教育，全面提高村干部学历。深化拓展农村远教工作，更新 38 个偏远村（站点）残旧老化设备，发挥远教宣传、教育、服务等功能。全年组织学习收看《南粤党旗红》专题片、十九大开幕式和十九大研讨会各 2 场次，269 个站点开机率均为 100%，稳居全市第一。2. 抓规范管理，提升村级班子执行力。在村党组织创新开展“三强三好”主题实践活动，制定 1+N 文件，出台《大埔县村干部规范化管理办法》和一系列规范性文件，把管理职能、工作责任和服务要求分解到岗、落实到人，实现办事提速提效、服务创质创优。①实行职业化管理。制定村干部坐班制度，严格执行考勤制度、去向告知制度，加强日常监管。由县委组织部制作统一档案袋，建立健全全县村干部和农村党员档案管理。②实行网格化管理。将村干部网格化管理与驻点联系工作结合起来，建立镇、村、组干部三级网格，责任到人，密切联系服务群众。③实行业绩化管理。对村“两委”干部工作职责实行业绩化管理，建立村“两委”干部业绩档案，制订村干部绩效考核办法，从在编村“两委”干部每月报酬中预留 300 元作为业绩考核金，将干部实绩与干部的评先评优、年终奖励、选拔任用等挂钩。3. 抓载体创新，提升党员队伍整体活力。①优化结构发展党员。针对全县农村党员年龄偏大、学历偏低的情况，全县各基层党委从吸收入党积极分子开始把握好结构和分布重点，并将发展对象报县委组织部审核后方可吸收预备党员，做到“四个优先”，即省定贫困村优先、35 岁以下的优先、大专文化以上的优先、“双强”（致富能力强，带富能力强）农民优先，同时具备四种条件的重点吸收和培养，明确规定各镇党委在发展农村党员中要有 50%以上比例为 35 岁左右的党员。②积分管理农村党员。在全县农村党员中开展“积分制”管理、“星级化”考评制度。分基础积分、党员评议积分、群众评议积分、贡献加分四大类进行积分，基础积分主要包括参加“三会一课”、缴纳党费等内容，体现党员履行基本义务情况；贡献加分主要包括参与公益事业、带头扶贫帮困等内容，体现发挥先锋模范作用情况；民主评议积分由党员、群众进行民主测评。通过分项积分，使农村党员的责任和义务明细化，实现规范化操作。③创新管理外出党员。依托广州、深圳 2 个外出党工委和 37 个外出党支部，加强 2800 多名外出党员的教育管理，2017 年首次举办外出党支部书记培训班，以后逢单年举办外出党支部书记培训班，逢双年，由县委组织部到外出工委召开工作总结会议，体现县委关怀。逐级建立外出支部书记、外出党员微信群和 QQ 群，加强日常联系，使外出党员离家不离党。④突出党员带富作用。每位农村党员门前悬挂统一制作的“共产党员之家”牌匾，在党员种养基地等设立“党员示范岗”“党员责任区”等展示牌。及时更新党代表信息，1886 名镇党代表、350 名县党代表的基本信息全部录入电脑并完成建档立卡，把镇党代表全部编入各镇驻村团队联系群众，党代表履职走向常态化。4. 抓薄弱环节，提升整体党建组织力。①抓好“两个覆盖”全面落实。主动联系工商、民政等部门，按单位、行业、区域梳理组建党组织的盲区和空白，并建立相关台账。对符合单独组建条件的“两新”组织加强指导，单独组建党组织。至 2017 年底，全县有“两新”组织党组织 97 个，党员 523 名，覆盖“两新”组织 252 家，覆盖率 88.11%。在民办学校这一空白领域成功组建 1 个幼儿园党支部，广东顺兴种养有限公司党支部被评为广东省非公有制经济组织先进党组织。②落实国企和学校党建重点任务。对县管国有企业建立党组织情况进行全面摸查，并对全县“僵尸企业”、破产企业处置过程中党员组织关系接转和党组织隶属关系调整情况加以规范管理。2017 年，有 6 名老党员到县委组织部反映因企业破产、企业改制等原因找不到组织关系，均及时帮助他们寻找原始档案、依据等证明其党员身份，并将他们重新纳入组织管理。集中时间对民办学校、公办中小学校党建工作开展专题调研，全面掌握了解全县 92 所公办中小学和 22 间民办学校党建工作现状。③驻点联系助推基层治理。在落实好历史留用地欠账、农村土地承包经营权确权登记办证和公共服务站建设方面，发挥驻村团队和村“两委”干部作用，做好群众工作，落实历史留用地 3.91 公顷，基本完成承包户承包地外业调绘工作，实测承包地面积 1.55 万公顷，约占全县耕地面积的 95.57%，颁发证书 9.02 万本，颁证率为 93.48%，化解调处土地矛盾纠纷 28 宗。全面完成 256 个村（社区）公共服务站建设，每个村均聘请 1 名 35 岁以下专职操作员，每年县财政拨出 900 万元用于发放专职员补贴。

【干部管理监督工作】 1. 严格干部选任。按照《党政领导干部选拔任用工作条例》和省、市要求，完善程序，细化工作，严格执行落实干部选拔任用工作纪实制度，从提名动议、民主推荐、组织考察、讨论决定、任职等各个环节入手，做好干部的推荐、测评和考察工作。2017 年，经部务会研究，提交县委常委会讨论提调任免的干部 5 批 178 人。其中提任领导职务 43 人，事业干部调任 3 人，提任非领导职务 10 人，同级转任 57 人（一把手 26 人），免职 12 人，其他任免 53 人。同时，配合省、市考察组做好 1 批 2 名省管干部、4 批 5 名市管干部的推荐、测评、考察，并配合市国土局、市审计局等单位进行 3 批 4 名干部的推荐、考察。2. 规范股级干部任免。指导各县直单位党组清理规范党组工作规则，明确县直各系统党委、单位党组和未设置党组单位的干部任免权限，指导各单位规范股级干部任免程序，组织 8 个县直系统党委开展 2016 年度县直单位选任正副股级干部“一报告两评议”工作，共组织评议 34 个县直单位的股级干部 113 人。3. 强化干部监督管理。组织副处级以上领导干部学习贯彻新修订的领导干部报告个人有关事项和查核结果处理办法，完成 36 名市管干部的个人事项报告填报工作；按市委组织部要求，对大埔县 2003 年 12 月 16 日以来干部违规破格提拔和 2009 年 6 月 30 日以来受纪律处分或组织处理的领导干部违规重新（首次）任用情况进行调查核实，核查任职年限破格 9 人，学历破格 10 人，并对相关人员按规定作出相应处理；委托县审计局对 40 名单位“一把手”进行审计，配合省审计组做好离任省管干部相关审计事项；维护好“12380”系统，做好信访问题的调查核实与答复。4. 做好干部人事档案审核工作。对干部选拔、招录、交流过程中的“三龄两历一身份”档案进行严格审核，清理2008—2013年期间未清理的死亡人员档案，完成近800本档案审核工作。

【干部培训】1. 办好主体培训班。按照《大埔县2017年度干部教育培训计划》，投入55万元经费，办好2期科级干部培训班、组工干部党建创新班、村党组织书记（主任）培训班、“两新”组织培训班和青年干部培训班等7期主体培训班。主体培训班坚持内外结合、先内后外，课堂教学与现场观摩相结合，组织科级干部（2期）、组工干部、青年干部分别到浙江省嘉兴市委党校、江西省赣州市委党校、延安市委党校、吉安市委党校进行异地联训，共有670人次参训，开拓干部视野。同时，配合做好处级科级干部调训工作，全年选派38批256人次干部参加省委、市委组织部组织的学习培训。2. 抓好十九大精神的教育培训。十九大召开后，县委组织部着手谋划“大学习大培训”工作，联合县委宣传部、县委党校组建宣讲团，面向全县广大党员干部群众开展集中宣讲，全年开展宣讲11场次；12月2—4日，举办全县科级干部学习贯彻中共十九大精神专题培训班，全县500多名科级干部参加，专题培训班通过专题辅导、专家授课、分组讨论、撰写心得等形式，多角度学习、阐述十九大精神，把全县领导干部思想和行动统一到中共十九大精神上来，推动大埔各项工作上新台阶。3. 强化在线学习。印发《关于继续做好广东省干部培训网络学院在线学习通知》，要求从2017年6月起，网络学院在线学习对象从全县处级干部扩展到全县机关事业单位科级及以下干部，要求达到40个学分。

【人才工作】1. 全面宣传人才新政。结合2017年“珠江人才计划”“广东特支计划”“扬帆计划”申报、急需紧缺人才需求征集等重点工作，组织相关人员到专业技术人才密集型单位和行业主管部门进行调研，初步掌握全县人才队伍和人才工作基本状况。同时，到基层开展“人才工作宣传周”活动，鼓励发动企业参与人才项目申报，促进人才新政“20条”落地见效。2. 落实好高素质人才政策。首次将推进人才发展工作情况纳入基层党建述职评议考核，初步拟定大埔县《关于加快人才发展的意见》。补充完善高素质人才个人档案，落实有关政策待遇，对全县按照市“千人计划”要求引进的4名服务满五年且仍在县内工作的硕士研究生，县财政给予每人20万元购房补贴。3.抓好各类人才培养管理。加强县管拔尖人才、高素质人才和企业管理人才培养管理，召开县管拔尖人才座谈会，选拔3名企业家参加梅州市第8期清华大学企业创新驱动高级研修班。2017年，培训党政干部、专业技术人员和企业经营管理干部3236人次。

【组织部门自身建设】1. 抓思想教育。采取部务会、支部会、党小组会等形式开展专题学习讨论和现场教学，部主要领导亲自为组工干部选购《“组织工作ABC”丛书》《习近平的七年知青岁月》等学习素材，每人撰写一篇心得体会，并就学习《习近平的七年知青岁月》，每个党小组推荐一名干部谈心得谈体会谈认识。同时，落实好学习贯彻十九大精神这个首要政治任务，以专题学、结合学、推动学为抓手，做到“五个有”，即有培训方案、有学习计划、有会议记录、有心得体会、有宣传氛围，把学习贯彻十九大精神引向深入。2. 抓素质提升。部领导带头讲学，带头作辅导，传达精神、讲解业务。组织全县组工干部到延安、西安开展党建创新专题培训班，提高党建工作者的党性修养，开拓视野。坚持落实信息宣传考核、课题调研制度，围绕提升组工干部专业化能力和综合素质，开展“党建大调研”活动，组工干部自由组合，2–3 人为一组，围绕组织工作重点难点问题开展调研，提出创新举措和对策建议。3. 抓作风建设。围绕对接落实年度组织工作会议精神，把全年工作细化成 34 项具体任务，每一项工作落实到各室，各室制订出工作台帐，包括责任人、进展情况、存在问题及完成时限等，每月报一次办公室，由办公室督导落实，确保工作有效推进。结合精准扶贫精准脱贫，落实组工干部“一对一”结对帮扶大东镇西坑村困难党员群众，教育引导组工干部牢固树立群众观点和宗旨意识，提升服务基层、服务群众能力。此外，还组织机关党员参与创建国家卫生县城志愿活动等。4. 抓制度管理。着眼提升部门治理水平，对部机关内部管理制度进行梳理，建立健全组工干部首问责任制、群众来信来访接待制、限时办结制、失职追究制度、诫勉谈话制等制度。制定完善《内部工作制度汇编》，对涉及组工干部日常事务、组织纪律、下基层调研检查、群众来信来访等方面都作出具体规定，形成严格按制度规定办事、按程序规矩办事的工作机制。此外，加强干部监督工作，完成全县 2.22 万名党员信息采集工作，适时更新大埔县组织人事网，加强大组工网的管理和设备维护。

县委组织部负责人名录：

部　长：陈军营

副部长：许彩文（女）　罗伟国　张荣强　何赞营　范柳登

（杨瑜金）

宣传工作

【简述】2017 年，中共大埔县委宣传部围绕中心、服务大局，学习贯彻习近平新时代中国特色社会主义思想和中共十九大精神，紧扣迎接、宣传、贯彻中共十九大这一主线，抓导向、造氛围、保安全，推动全县宣传思想文化各项工作取得实效。

【理论武装工作】履行意识形态工作主体责任，掌握意识形态工作主动权，加强学习型党组织建设，全年协调组织县委中心组集中学习 15 场次 20 个专题，举办“在新的起点上开创大埔工作新局”等 4 场次专题大型报告会。组织宣传系统党员干部、各镇（场）党委宣传委员学习贯彻中共十九大精神，组织党员干部观看电影《建军大业》。组织带领相关人员到古田、瑞金、井冈山、河源、蕉岭等地学习考察，学习总结借鉴红色旅游、特色小镇等先进理念。创设“围龙讲堂”，在百侯举行启动仪式暨首场专题讲座。组织宣讲团到县直单位、各镇（场）开展中共十九大精神和省、市党代会及县委全会精神宣讲辅导活动，重点推动中共十九大精神进机关、进企业、进农村、进学校、进社区，全年宣讲 70 场次，全县受众 1 万人次。

【舆论宣传工作】1.做大主题宣传。重点打响以三河坝战役为核心主题的红色文化品牌，主动对接市委宣传部，配合县委、县政府，协调相关部门，谋划、筹备、组织举办纪念“八一”起义军三河坝战役 90 周年系列活动，圆满完成各项议程，提升大埔乃至梅州知名度。2.做强专题宣传。实现流动舞台车送戏下乡宣传中共十九大精神。组织参展文博会，策划出版画册《诗画大埔》。协助中央电视台拍摄《战地黄花·魂牵三河坝》《美丽中国乡村行》等专题片，联合市电视台拍摄《血战三河坝》电视纪录片，获第 23 届中国纪录片长片好作品奖。做好网络舆情引导处置工作，全年特别是十九大期间大埔未发生影响不良的网络安全事件。搭建“掌上梅州——大埔”“无线梅州——大埔直播”等新媒体宣传平台。

【文化艺术工作】举办大埔县“文旅融合发展”学术研讨会，推进龙潭寨广东文艺家采风创作基地建设，组织参加市首届客家文化（非遗）艺术周展演，举办“龙湾杯”唱响大埔优秀歌曲广场舞大赛，县文化馆总分馆试点建设顺利通过省级验收，成功创建广东省唯一的国家非遗保护观察点。顺利完成文化驿站、农村文化俱乐部、基层综合性文化服务中心和乡镇文体广场示范点等文化民生实事建设。

【干部队伍建设】加强廉洁自律教育，贯彻落实“中央八项规定”，营造干净干事的良好氛围。开展“走基层、转作风、改文风”活动，严格办文办会程序，做到内强素质、外树形象，提升宣传干部综合素质，激发宣传干部队伍活力，形成一支“学习型、创新型、团结干事型”的宣传思想文化工作队伍。

县委宣传部负责人名录：

部　　长：陈伟平

常务副部长：叶庆敏（2017.1—2017.9）

蔡　忠（2017. 9—）

副 部 长：蔡　忠（—2017.9）

林万水（2017.9—）

蔡　葵

（邓祥友）

精神文明建设

【核心价值观学习教育】2017年，大埔县精神文明建设委员会办公室学习贯彻习近平新时代中国特色社会主义思想和中共十九大精神，宣传和培育核心价值观，完善西湖公园核心价值观主题公园，推进实验中学、烟草公司、西河镇北塘村等核心价值观示范点建设。开展“我们的节日”主题活动，扩大核心价值观公益广告宣传覆盖面，全县新增加树立核心价值观公益广告宣传牌150块。

【思想道德主题实践】加强道德楷模选树，挖掘“身边好人好事”等先进典型，丘牡香被评为第七届梅州市乐于助人道德模范，杨梅亮被评为第七届梅州市敬业奉献道德模范。加强文明家庭选树，张金珍、蓝小松、曹展领、罗礼萍、刘晏等5个家庭被评为第一届梅州市文明家庭，丘玲娇家庭被评为2017广东百户“最美家庭”，罗育祥、邓秀芳家庭被评为第十二届广东省“优秀书香家庭”。

【精神文明创建】制订《大埔县巩固提升广东省县级文明城市工作实施方案》，巩固提升文明城市创建水平，抓好广东省县级文明城市迎检复评整改工作。创建文明镇街，推进“一镇街一品牌”“一镇街一特色”建设。抓好农村文明乡风建设，打造一批具有人文之美、风尚之美、环境之美、文化之美的新农村示范点。大麻镇小留村成功创建广东省文明村，实验中学、田家炳高级职业学校、张云栽实验小学、大埔小学、田家炳小学被评为第一届梅州市文明校园。

【志愿服务】开展文明餐桌、文明交通、文明旅游、文明网络、文明公厕等系列文明引导行动，提升市民文明素质。发展学雷锋志愿服务事业，突出示范引领，提升公民道德素质和社会公德水平。万川爱心协会被评为梅州市2017年最佳志愿服务组织，邬淑媚被评为梅州市最美志愿者。聚缘轩爱心协会的“大手牵小手，我们一起走”——关爱失亲贫困儿童项目被评为省、市最佳志愿服务项目，会长罗秀琴被评为梅州市最美志愿者和“广东好人”。

县文明办负责人名录：

主　　任：叶庆敏（—2017.9）

林万水（2017.9—）

副主任：连云学

（邓祥友）

爱国统一战线工作

【简述】2017 年，中共大埔县委统战部贯彻落实中央、省委、市委统战工作会议精神和《中国共产党统一战线工作条例（试行）》（以下简称《条例》），以开展“两学一做”学习教育为载体，发挥统一战线人才荟萃、智力密集、联系广泛的独特优势，主动服务大埔县“全力加快振兴发展、建设富庶美丽幸福大埔”的战略目标，开创全县统一战线工作新局面。

【党外代表人士队伍建设】着重抓好党外代表人士的发现、培养、使用、管理四个环节，持续推进党外代表人士队伍建设。1. 抓好人才的发现储备。开阔选人视野，有针对性地物色培养一批优秀党外代表人士，完善层次合理、分布均衡、衔接有序的党外人才库。3 月发通知到全县各单位，要求报送股级或副高职称以下的年轻优秀党外干部以补充全县的党外后备人才库。至 2017 年底，已全面报送完毕，并开始统计和整理。2. 加强培养锻炼。按照缺什么补什么、干什么学什么的原则，采取理论培训、挂职锻炼、轮岗交流等方式，丰富他们的阅历，提升素质。年内安排一名年轻党外干部到枫朗镇挂职副镇长。3. 合理安排使用。严格按照政策规定和选配范围、数量、比例要求，对缺配岗位进行选配。11 月，推荐一名党外干部担任党外政协副主席。4. 加强管理。既充分信任、合理分工，支持他们认真履职、大胆工作，又对党外干部实行强化监督、定期考核，促进党外干部不断成长进步。

【社区统战工作】“统战工作进社区”工作以中央统战工作会议的召开和《条例》的出台为契机，坚持以人为本、以服务广大基层统战对象为中心，突出“资源共享、共驻共建”的主题，创新工作载体、健全工作机制，增强统战对象对所在社区统战工作的认同感、归属感和责任感，增强社区统战工作的凝聚力和活力，形成全社会支持统战工作的良好氛围。社区统战工作成员把统战工作与联系群众、平安家庭创建等工作有机结合起来，发挥社区党员、企事业单位、义工队伍的作用，通过爱心平台、爱心捐款、发放便民服务卡、连心卡等形式开展帮扶救助活动。2017 年，社区统战工作成员对有实际困难的统战对象开展送温暖活动 5 场，送去油米等生活用品一批、棉被 25 床、慰问金 1.07 万元；春节期间，组织干部和社会热心人士对辖区内归侨、侨胞、民族宗教人士等进行走访慰问，帮助他们解决实际困难。

【港澳台同胞工作】1. 开展港澳联络联谊。按照中央和省委、市委统战部的统一部署及要求，发挥统战部门的牵头抓总及海联会的桥梁纽带作用，开展港澳社团及乡亲的联络联谊工作。1 月，县委统战部部长张红梅率队赴香港拜访大埔县旅港同乡会和乡贤田家炳、刘永生。8 月，接待大埔县旅港同乡会青年参学团一行 33 人。2. 深化埔台两地交流合作。发挥海峡两岸交流基地平台作用，推进大埔台湾农民创业园建设，加强对台招商引资力度，深化埔台两地在农业、经贸、文化等领域的交流合作。3 月，接待台湾科峤工业股份有限公司董事长邓全凯带领的考察团一行 8 人，双方就光德镇澄坑村合资发展精致农业项目进行洽谈。同时，还开展对台胞台属的“送温暖”活动，全年走访慰问台资企业 3 家，台胞台属 5 户。

【侨胞工作】遵循广交朋友、联络感情、宣传政策、争取人心的原则，开展形式多样的海外联谊活动，加强与海外社团、知名人士的联系，拓展海外联谊空间，宣传推介大埔。通过请进来敦睦乡谊、走出去了解侨情的方式，增强与海外侨胞的联系沟通。全年接待来自东南亚国家和地区的海外乡亲 2500 人次；受海外社团的邀请，县委统战部部长张红梅于 8 月率队到马来西亚、泰国、越南与海外华侨联心联谊，共商家乡发展大计。同时，强化服务意识，加强为侨胞及归侨侨眷服务的力度，努力解决关系侨胞切身利益的难点、热点问题。全年帮助 18 位华侨在大埔找到亲人，为 368 名贫困归侨发放生活困难补助 73.9 万元，为侨属解决侨房纠纷 9 件，发动华侨为大埔县公益事业捐款 205.1 万元。

【民族宗教工作】县民宗局落实民族宗教政策，依法管理宗教事务，推进宗教工作重点、难点问题的解决，发挥民族宗教在构建和谐社会中的积极作用，保持全县民族团结、宗教和顺、社会和谐稳定。1. 推进阴那山万福寺大景区建设。全年投入建设资金 1.03 亿元，占全年计划总投资的 107.3%。年内完成万福丈室、祖师塔等项目的建设；筹建藏经楼、五百罗汉殿和东方丈院等项目，完善“六村联动”美丽乡村建设。2. 多措并举确保宗教领域和谐稳定。2017 年，妥善处理“文武阁”的信访问题；联合相关部门对江畔人家景区违规建设露天宗教造像等问题进行清查整治；开展防范和抵御境外宗教渗透专项整治行动，有效遏制境外宗教势力的渗透。3. 引导宗教界发挥正能量。继续开展和谐寺观教堂创建活动；对全县 30 间开放宗教场所和 46 名教职人员的基础信息数据进行采集、审核、汇总和上报，为做好场所信用代码赋码工作奠定基础；引导宗教界筹资 30 万元，用于开展扶贫济困、助残助学、尊老敬老等慈善活动。

【非公经济工作】工商联是联系非公有制经济人士的桥梁和纽带，县委统战部加强对县工商联的联系和指导，要求县工商联做好服务、团结、帮助、引导、教育私营企业从业人员的工作，使他们爱国敬业、守法经营、诚信务实、奉献社会，促进非公经济持续发展，努力构建“亲”“清”新型政商关系。1. 引导民营企业服务经济社会建设。陶瓷是大埔县的支柱产业，县陶瓷协会注重创新，引导企业进行技术改造、增资扩产、转型升级，全年实现陶瓷产值 35 亿元。2. 夯实商会基础，壮大会员队伍。面对民营企业入会工作任务重、时间紧、人员少等困难，多方寻求外援以弥补单位工作力量的不足，全年新增会员企业 7 家，累计总数 145 家。3. 参与扶贫济困和社会主义新农村建设。引导广大非公经济人士扶贫济困，用实际行动回报社会。全年全县非公经济人士捐款 100 万元用于扶贫济困。4. 提升非公经济人士的综合素质。全年为会员企业提供信息咨询会 6 场，举办培训班 5 期，培训人员 200 人，组织会员企业参加国内外考察等各种经贸活动 3 次。

县委统战部负责人名录：

部　长：张红梅（女）
副部长：何祖才（常务）
温捷权（—2017.5）
郭成燕（女，2017.9—）
罗伟南

（陈勖辅）

台湾事务

【简述】2017 年，大埔县人民政府台湾事务办公室牢牢把握“一中原则、九二共识、两岸一家亲”这根主线，学习贯彻中共十九大精神和习近平总书记一系列重要讲话精神，认真履职、主动作为，推动全县对台工作有序健康发展。

【贯彻落实对台政策】关注台湾政治动向，深入解读中央对台方针，贯彻落实对台政策。由于蔡英文和民进党拒不承认“九二共识”，破坏两岸共同政治基础，导致两岸联系沟通机制停摆，为此，充分调动各方资源，对台属以及在埔投资发展的台商，加大宣传“九二共识，一个中国”原则及中共十九大精神，让台商、台胞、台属做两岸交流的使者，使得更多的台胞融入祖国大陆的发展中来。筹划在抗日名将罗卓英的家乡——百侯镇申报设立广东省海峡两岸交流基地。

【对台服务工作】做好对台服务工作的三个“用”字：一是“用心”，服务台胞，用心必诚；二是“用情”，带着感情开展工作，做到大情怀、好情绪、真感情；三是“用力”，路不行不达，事不做不成，对台事甚大，做之始于细。1. 爱护在埔投资发展的台商和台企。2016 年引进的台资合资企业梅州市瞻裕生态农业有限公司，先期开发山地 80 公顷，种植莲雾、杧果、黄皮、双华李、三华李、石榴等四季水果，在隔离带种植海南黄花梨、金丝楠和紫檀等名贵树木。配套的综合接待中心、游泳池和垂钓休闲已对外开放，建筑面积 3000 平方米的四层酒店已封顶。生态园建设规模已具雏形。2.维护台胞台属合法权益。以抓服务、办实事、解难题为突破口，夯实对台基础工作。9 月，县台办收到大麻镇小留村台胞郭颂霞信访函件，反映其娘家与巫秋玲户产生邻里纠纷，一直来多方投诉得不到合理解决。其本想在十九大期间投书省政府网站反映问题，后经人指点，试探性向县台办反映。县台办及时介入，会同大麻镇政府做好解释工作，并及时组织调解，稳定双方人心，有效化解负面影响。1—10 月，接待 20 余人的来信来访、政策咨询，协助台属办理涉台遗产 1 宗，为 12 位台胞找到祖籍地及大陆亲人，协助解决矛盾纠纷 4 宗。

【埔台基层交流】巧打乡亲牌，“请进来”和“走出去”相结合，全年全县两岸交流交往的批次、人数有增无减。11 月 2—7 日，应台湾中华世界民族和平展望会的邀请，县台办主任孙文样随团赴台参加。9 月 22 日，接待第四届台湾义民庙文化交流团一行 42 人，这也是 2017 年国台办重点交流项目之一。2017 年，全县赴台探亲、旅游、商贸及文化交流 100 多人，接待台湾团体 6 批次 160 人，其中超过 30 人的团有 2 批次。

县台湾事务办公室负责人名录：

主　任：孙文样

副主任：何　韬

（罗建丰）

民族宗教事务

【简述】2017 年，大埔县民族宗教事务局落实党和国家的民族宗教政策，依法管理民族宗教事务，围绕中心、服务大局、认真履职，保持全县民族团结、宗教和顺、社会和谐稳定的良好局面，推动全县经济社会各项事业发展。

【少数民族基本情况】大埔人口以汉族为主，兼有蒙古族、回族、藏族、维吾尔族、苗族、彝族、壮族、布依族、朝鲜族、满族、侗族、瑶族、白族、土家族、黎族、傈僳族、高山族、纳西族、赫哲族、佤族、畲族、土族、塔吉克族 23 个少数民族，人口 500 多人，这些少数民族居民多因工作、婚姻关系而迁入，分散居住在全县各镇（场）。

【宗教基本情况】大埔县宗教主要有佛教、基督教和道教，批准开放的宗教场所 30 间，其中佛教 20 间、基督教 8 间、道教 1 间、民间信仰点 1 间（广福宫），教职人员 120 人，信教群众 1 万人。

【民族宗教工作】依法加强和创新民族宗教事务管理，在宗教界开展和谐寺观教堂创建活动，抓中心工作任务落实，发挥民族宗教在构建和谐社会中的积极作用。一是开展民族团结进步宣传教育和创建活动，提升民族宗教工作服务管理水平。二是开展宗教政策法规学习培训。大埔县佛教协会在湖寮镇福山寺内召开2017年政策法规学习活动，全县佛教场所负责人、法师及众居士等50人参加培训。三是推进阴那山万福寺大景区建设。阴那山万福寺大景区建设项目是大埔县的市重点建设项目，计划至2025年建成国家AAAAA级旅游景区，总投资16.8亿元。2017年，景区计划总投资9600万元，至年底完成投资1.03亿元，占全年计划总投资的107.3%。至2017年底，景区累计完成投资7.83亿元，占总投资的46.6%。四是推进三河天主教堂异地置换土地工作。五是做好民族宗教领域的和谐稳定工作。妥善处理“文武阁”信访问题；协调推进青溪江畔人家景区违规建设露天宗教造像等问题的整改工作。六是加强宗教场所的安全管理。

县民族宗教事务局负责人名录：

局　长：温捷权（—2017.5）
　　　　郭成燕（女，2017.9—）

副局长：刘首忠（2017.5—2017.9 主持工作）

（陈连茂）

县直属机关工委工作

【简述】2017年，大埔县直属机关工委下设9个系统党委，6个局党委，党总支20个，党支部269个，党员5693人。县直工委以中共十九大精神和推进“两学一做”学习教育常态化为总抓手，以改革创新精神做好新时代党的建设各项工作，开创机关党建工作新局面，提高县直机关党的建设水平，为全县全力加快振兴发展，推动红色大埔实现绿色崛起提供保障。

【强化理论武装，推进机关党的思想政治建设】1. 学习宣传贯彻十九大精神。以习近平新时代中国特色社会主义思想为主线，牢固树立“四个意识”，坚持全面准确深入，突出昂扬向上、平实务实的鲜明基调，把思想和行动统一起来，把十九大精神转化为促进大埔新时代改革发展各项事业的强大动力，确保十九大精神落地生根、开花结果，推动新时代党建工作展现新气象、实现新作为。一是通过组织收听收看视频会议、集中学习、专题辅导、上专题党课、开展调研、个人自学、撰写心得体会等学习研讨活动，掀起学习贯彻中共十九大精神热潮。二是组织党员开展“学报告、学党章”考学活动，带动县直机关各级党组织把中共十九大精神学习得更加深入、领会得更加透彻、贯彻得更加有力。三是以学促干，做到学思践悟、知行合一，明晰自己肩负的神圣职责，牢记党的初心和使命，增强履职能力，按照新时代党建工作的新要求，明确努力的方向、目标，强化务实作风，做实做细做好各项工作，以扎扎实实的工作成效检验学习成效。2. 尊崇党章、遵守党规。以尊崇党章、遵守党规为基本要求，以“两学一做”学习教育为基本内容，以“三会一课”为基本制度，以党支部为基本单位，以解决问题、发挥作用为基本目标，调动党支部的积极性主动性创造性，在学习党章党规、系列重要讲话、做合格共产党员上深化拓展，在健全基本制度、强化制度执行上下功夫，坚持全覆盖、常态化、重创新、求实效，坚持领导机关、领导干部带头，坚持融入日常、抓在经常、确保实效，推进“两学一做”学习教育常态化制度化。一是注重学习效果。组织学习习近平总书记系列重要讲话精神，学习习近平总书记对广东工作的重要批示精神，运用述学、评学、思学、考学等方式，提高学习教育的效果。在充分自学的基础上，召开部门学习交流会，互相“述学”，每个党员撰写一份心得体会，交流学习心得，互谈学习体会；领导轮流上党课，互相“评学”，增强党性修养；每位党员干部都做学习笔记，认真“思学”。二是狠抓关键节点。通过学习，统一认识，转变工作方式，树立新的理念，在学习中增强党性，深入领会以习近平为核心的党中央的正确领导，加深对治国理政的理念认识理解，不忘初心、继续前进，树立正确的人生观、价值观，增强责任感和使命感，坚定理想信念，理清工作思路，增强抓好党建的信心。结合工作实际，通过建制度、立规矩、强化制度的刚性执行，推动践行“两学一做”的制度化、常态化、长效化，改变机关作风，调动工作积极性，为做好机关党的建设奠定基础。三是组织学习《关于新形势下党内政治生活的若干准则》《中国共产党党内监督条例》，组织党员干部专题学、系统学、深入学，学原文、悟原理，明规定、见行动，把思想和行动统一到以习近平为核心的党中央要求上来，统一到准则和条例的规定上来。以“迎十九大，做合格党员”为统领，组织动员县直单位各级党组织结合自身实际，践行党员标准，展示先锋形象。引导党员干部按照“四讲四有”标准，把思想和工作摆进去，从具体事情做起，从具体问题改起，做到政治合格、执行纪律合格、品德合格、发挥作用合格。

【加强党的建设，推进机关党员干部队伍建设】2017年初，县直机关工委制定《2017年大埔县直机关党建工作要点》，下发至县直系统党委和县直各级党组织，要求县直各单位围绕“全力加快振兴发展、建设富庶美丽幸福大埔”的目标，以实施机关党建“五坚持五着力”（坚持践行“四个意识”，着力加强思想政治引领；坚持严格组织生活制度，着力筑牢基层组织基础；坚持融入中心服务大局，着力提升机关党建服务效能；坚持加强反腐倡廉建设，着力构筑风清气正政治生态；坚持机关党建实践探索，着力增强全面从严治党向纵深发展）为抓手，推动机关党建在加快大埔振兴发展中走在前列，全面打造机关党建工作新常态。同时，健全体系，规范管理，机关党建工作机制运行有序。县直各单位主要负责人为机关党建工作第一责任人，履行“一岗双责”，坚持党建工作与业务工作“一起抓”，使党建工作在促进业务、转变作风、提高队伍素质上发挥服务和保障作用。1. 拓展实施党建工作机制。建立和完善党建工作责任制、服务中心发展等工作机制，以“找差距、赶超争先进”活动为载体，增强机关党组织和党员的战斗力，党组织和党员的先进作用在工作岗位中，特别是急、难、险、重任务中得到充分体现，涌现出一大批先进党组织和优秀共产党员、优秀党务工作者。2. 建立健全保持党建工作先进性长效性机制。做好县直机关单位“党建工作”绩效考核，落实“三会一课”制度，召开主题党日活动，严格党的组织生活，加强对党员的管理和监督。3. 加强队伍建设。加强基层组织建设和党务工作者队伍建设，保证机关党建工作的有效运作。做好党员培训考察和发展工作，按照“控制总量、优化结构、提高质量、发挥作用”的要求，执行发展党员“十六字”方针，把好“入口关”。以“三步走”抓好发展对象考察工作，确保发展党员质量。一是严审入党材料，二是严格考察程序，三是抓好谈话提醒。5月下旬，举办为期3天的县直机关入党积极分子培训班，培训入党积极分子86名。同时做好党费收缴管理工作，全年收缴党费196.6万元，并按要求全额上缴县委组织部。

【抓载体建设，创新机关党建工作】结合县委中心工作，有针对性地组织开展一系列各具特色、主题鲜明的党建活动，把开展这些活动作为丰富机关党建内容和形式、增强机关党建工作影响力的一项举措来抓，在机关各党组织中营造朝气蓬勃、团结奋进、和谐发展的良好氛围。贯彻落实中央关于开展“两学一做”学习教育的部署，坚持全覆盖、常态化、重创新、求实效，丰富学习内容，教育引导县直单位广大党员干部尊崇党章、遵守党规，筑牢党纪意识、规矩意识。5 月 4 日与县纪委联合举办第二届“廉洁火炬杯”党规党纪知识竞赛，展示县直机关“两学一做”活动的扎实开展。与县委组织部、县委宣传部联合组织县直机关党员合唱团参加大埔县元宵节文艺晚会。6 月 19 日，配合省委宣传部纪念中国人民解放军建军 90 周年开展“南粤星火路”活动，在三河坝战役纪念园举行新党员入党宣誓、老党员重温入党誓词仪式，接受党的优良传统再教育。“七一”前夕，开展慰问老党员、困难党员等活动。12 月下旬，与县委组织部、县委宣传部联合组织县直机关党员开展中共十九大精神知识竞赛活动。开展党日活动和各类便民服务等，引导广大党员岗位当先锋，社会作奉献，真情暖百姓，展示新时期共产党员的先进风采。

【抓自身建设，提高履职尽责能力】1. 抓班子带队伍。注重理论学习和党性修养，执行党风廉政建设责任制，增强班子理清思路的能力、开拓创新的能力、有效决策的能力以及团结协作的能力，提高班子的软实力，带领县直工委工作人员和县直机关党务工作者尽心尽责完成各项工作任务。2. 抓管理促效能。调动工作积极性，提高工作效率，健全完善工委党建工作、效能建设等制度，形成“靠制度管人、按程序办事”的运行机制。引领和激励工作人员立足岗位创先争优，保证工委工作正常、有序、高效运转。3. 抓信息促服务。及时发现、总结、提炼、报送机关党建工作特色、亮点，发挥信息在服务决策、交流经验、促进工作中的作用，使之成为领导决策、服务发展、指导基层工作的阵地和有效平台。

【抓作风建设，整治机关工作不良作风】1. 修订完善评议办法。针对每年在评议中发现的一些问题，在调研和听取被评议单位、监督员的意见建议的基础上，对 2017 年机关作风评议办法进行修改完善，对奖惩办法作修改完善，使考核评议更加科学、真实。2. 加强明察暗访。建立与县纪委、县政府纠风办、县政务服务中心、县广播电视台等部门联动的明察暗访工作机制，通过开展常态化的明察暗访，促使各级机关工作作风明显转变。县直工委会同县作评办对机关工作人员的“弱、松、庸、慢、散、推、懒”等情况进行专项督查。联合有关部门对县直机关、镇（场）的干部工作纪律和部门办事窗口的服务情况进行多次督查暗访，并在重要节日期间，配合县纪委对公车私用、公款消费、违反工作纪律等有关违反中央八项规定的行为进行督查暗访。通过明察暗访工作的常态化，促使各级机关工作作风明显转变。

县直属机关工委负责人名录：

书　记： 钟丹萍（女，—2017.9）
何赞道（2017.9—）

副书记： 罗启煊　郭彩银（女）

（罗启煊）

保 密 工 作

【简述】2017 年，大埔县国家保密局围绕县委、县政府工作中心，按照中央、省委、市委保密委员会的工作部署，落实各项保密工作，全年全县没有发生泄密事故。6 月 6 日，在县委、县政府二楼会议室召开中共大埔县委保密委员全体成员会议暨全县保密工作会议，传达贯彻《中共广东省委关于加强和改进保密工作的实施意见》和全国、全省、全市保密工作会议精神，研究部署保密工作。县保密局副局长罗乃裕被省委保密委员会办公室、省国家保密局授予“保密工作荣誉金质纪念章”。

【落实领导干部保密工作责任制】贯彻落实《广东省党政领导干部保密工作责任制实施

细则》，督促各级各单位把实行保密工作领导责任制纳入机关、单位保密制度体系，明确责任和要求，做到保密工作与业务工作同研究、同部署、同检查、同考核、同奖惩。同时，对各机关、单位未发放《广东省党政领导干部保密工作责任告知书》的进行补发和补签，使党政领导干部全面知悉自身所承担的责任内容。

【开展保密法纪宣传教育活动】8—9 月，组织开展“保密法纪宣传教育月”活动。一是会同县纪委下发《关于开展保密法纪宣传教育的通知》，突出主题，提出要求，通过开展保密法纪宣传教育，增强保密意识，严明保密纪律，严格落实保密责任。二是订购一批保密宣传教育资料，发给各级领导干部、涉密人员供其学习使用，加强各级领导干部和涉密人员的保密意识和保密常识教育。三是提供国家保密局制作的保密教育系列片《保密常识必知必会》在各单位轮流播放，提高党政领导干部、涉密人员的责任意识和保密知识技能。12 月 21 日，全省保密系统领导干部共 100 人，到县内青溪镇“广东省保密教育基地”开展“相约红土地、传承红基因”保密教育活动，参观保密教育基地的展览，听取讲解员对这条“摧不垮、打不掉的地下航线”的详细讲解，弘扬保密优良传统和爱国主义精神。

【加强涉密人员的保密管理】根据中央组织部、国家保密局等八部门印发的《关于进一步加强涉密人员保密管理工作意见》的要求，县保密局督促各机关、单位加强涉密人员的管理，对全县各机关单位领导干部和涉密人员开展签订保密承诺书情况进行清理，对新增的涉密人员进行界定，划分等级和补签。同时，根据梅州市国家保密局《关于切实做好涉密岗位及人员调整报备工作的通知》要求，在年终对机关单位涉密岗位和人员的调整情况进行核定和报备等，加强涉密岗位及涉密人员的动态管理。

【加强信息系统和信息设备保密管理】一是抓好党政机关计算机信息系统的安全保密管理，贯彻落实国务院办公厅《关于印发〈政府信息系统安全检查办法〉的通知》，督促各单位落实信息安全保密工作的领导责任制和管理部门职责，加强对单位计算机信息系统的安全保密工作。二是推进涉密计算机的监管工作，全年申请新安装 4 台涉密计算机的监控软件和管理系统，提高涉密计算机的保密安全性能，有效解决移动存储介质交叉使用、公私混用等重大泄密隐患的问题，提高保密防护能力。同时，指导有关单位做好涉密计算机的使用和管理，对涉密计算机及其移动存储介质粘贴密级标识，明确责任人、设备编号等，确保采取符合保密标准的身份鉴别、访问授权、违规外联监控、病毒查杀、移动存储介质管控等安全保密措施。

【开展机关单位互联网门户网站的保密检查】根据梅市密办〔2017〕2 号文件精神，组织各有关单位开展互联门户网站、政务微博、微信公众号、互联网办公化系统（OA）、互联网政务邮箱保密自查工作。全县有 86 个单位开展自查工作，均填报互联网信息表上报县保密局。县保密局结合开展机关单位保密自查自评工作，利用检查工具对重点单位和各机关单位的网站、计算机进行检查，督促各机关、单位落实《党政机关和涉密单位网络保密管理规定》，落实保密审查责任，防止泄密事件的发生。经检查未发现违规刊登、处理、传输涉密信息。此外，按照《政府信息公开条例》有关保密审查规定及《国务院办公厅关于进一步做好政府信息公开保密审查工作的通知》《党政机关和涉密单位网络保密管理规定》，建立和健全信息公开保密审查制度，规范审查表格。

【抓好高考、中考和事业单位招聘考试的保密工作】做好高考和高中学业水平考试的保密工作，制订《2017年大埔县高考保密安全突发事件应急处置预案》，会同县教育局召开高考保密组有关人员会议，学习有关保密规定并对安全保密工作进行培训，加强保密法纪和安全教育，健全试卷交接和值班交接制度，同时全程跟踪试卷的运送、保管、分发等工作，确保高考试卷管理和各个环节安全保密。此外，协助做好中考和事业单位以及临聘人员招聘考试的保密监督指导工作，确保严格按高考的规格进行保密管理，防止试卷泄密。

【保密教育示范基地建设】继续督促协调建设好“中央红色交通线大埔中站”保密教育示范基地，抓好基地展厅的布置等主要硬件的落实，并腾出40多平方米房间安装高科技保密教育设备，开展多媒体保密教育。

县保密局负责人名录：

局　长：蔡葵花（女）

副局长：罗乃裕　张贵岳

（罗乃裕）

县委调研

【调研工作】2017年，中共大埔县委调研室坚持以文立室，做到主动服务、超前服务，不断提升以文辅政、参政设谋的能力水平。围绕县委、县政府的重大决策和工作部署，紧贴领导思路，起草大量的领导讲话、文件、汇报及调研材料等文稿，发挥参谋助手作用。主动配合上级有关部门的工作部署，开展广泛深入的调查研究，及时总结经验、发现问题、分析原因、提出有效的超前性的对策和建议，为县委科学决策发展大计提供良好的参谋服务。全年上报省、市信息材料16条，编发《大埔信息》17期。

【支部工作】一是思想建设。全年召开支部会12场，民主生活会2场，组织党员参加各种学习2场。二是作风建设。支部全体党员爱岗敬业，牢固树立群众观点，深入基层，深入群众，搞好调查研究，掌握第一手材料，写出一批质量较高的调研材料和新闻通讯，为领导决策提供依据。三是制度建设。建立和完善调研室出勤制度、调研室工作制度等，为调研新闻通讯工作优质、高效运转提供保证。

【其他工作】主动做好县委中心工作和领导交办的其他工作，配合县委办公室组写《工作会议纪要》，配合县委督查室做好县委重大决策和工作部署的督促检查。

县委调研室负责人名录：

主　任：黄更亮

副主任：丘佳纳（—2017.9）

（何一鸣）

党校工作

【简述】2017年，中共大埔县委党校以中共十八大、十八届历次全会、十九大精神为指导，落实省委、市委、县委的工作部署，学习贯彻《中国共产党党校工作条例》和全国党校工作会议精神，围绕县委中心工作，立足主业，加强自身建设，发挥培训党员干部主阵地作用。

【突出培训主业】以干部党性锤炼业务能力为重点，注重改进培训手段，创新教学方法，发挥党校主渠道、主阵地的作用。一是突出培训为主业的意识。二是突出党性教育为主课的意识。全年举办各类型主体班9期，培训1300人次，主要包括全县科级干部培训班（两期）、青年干部培训班、村（社区）书记主任培训班（两期）、党建创新培训班、科级干部学习贯彻十九大精神专题培训班等。

【推介县情】树立“有为才有位”的服务理念，主动出击，创新教学模式，开拓现场教学基地。将大埔县的红色文化（以三河坝战役纪念园为代表）、客家人文（以中国历史文化名镇——百侯为代表）、美丽乡村（以小留村建设为代表）等内容进行开发、分类、整合，成为党校丰富的教学资源。1. 抓好对外培训。全年承接外培班 18 期，培训人数 1600 人次，主要培训班包括平远县科级干部培训班、平远村书记主任培训班、梅江区党员发展对象培训班、广铁集团惠州工务段党员学习十九大精神暨党性教育培训班、汕头市公安系统妇女干部培训班等。通过联合办班，各地学员对大埔县委、县政府工作思路、城市建设规划、经济发展和丰富的人文资源给予高度评价。2. 抓好宣讲。配合县委组织部、宣传部等部门做好宣讲工作，特别是做好中共十八大、十八届历次全会、十九大精神和“两学一做”主题教育实践活动的宣讲。全年县委党校派出教员送课进机关、到镇（场）宣讲 53 场次，培训人数 6000 人次。党校宣讲工作做到“接地气，讲正气，聚人气”，让广大基层党员干部能深刻认识形势，充分了解国情、党情、市情。在对外宣讲中，紧扣时事政治，紧密结合县情，发挥宣讲主力军作用。

【智库资政】围绕县委中心、服务大局，开展全县经济社会发展情况调研活动。2017 年，县委党校教员发表文章 10 余篇、简讯 20 余篇，分别在省委党校、市委组织部、市党建研究会、市委党校、县委组织部、平远县委党校等单位主办的刊物和官方网站上登载。派出教员分别到各镇进行社会调查，主动与相关部门、镇（场）沟通，收集素材，撰写教案。同时选派人员配合做好县委中心工作。

县委党校负责人名录：

校　长：何赞道（—2017.9）
　　　　张伟东（2017.9—）

副校长：何濠华　张建新　郭文招

（高亮亮）

信访工作

【简述】2017 年，大埔县信访局坚持目标导向和问题导向，牢记为民宗旨，发扬务实精神，开展信访工作责任落实年活动，加强源头预防治理，解决信访突出问题，维护群众合法权益，全县信访形势总体平稳。县信访局全年受理群众来信来访 1335 件次，同比下降 24.7%，到期信访案件均已办结。其中群众来信 3 件，同比下降 40%；接待群众来访 114 批 352 人次，同比批数上升 28%，人次下降 1.4%（其中集体访 14 批 146 人次，同比批数上升 180%，人次下降 4.6%）；“网上信访”895 件次，同比下降 25.6%；省市督办件 43 件，同比上升 43.3%；受理“县委书记信箱”群众来信 55 件、“县长信箱”65 件；办理县委书记、县长阅批信件 25 件。顺利完成上级交办的各项工作任务，维护了在全国“两会”、中共十九大、第五届世界客商大会、2017 广州《财富》全球论坛、市七届人大二次会议等重要会议、活动期间全县社会的和谐稳定。县信访局被县委、县政府评为“2017 年度大埔县社会治安综合治理（平安建设）先进单位”。

【领导重视】县委书记、县长高度重视信访工作，年初就把信访工作列入重要议事日程，做到逢会必讲，下乡必问。坚持每月召开全县信访维稳工作研判会议 1 次以上，每季度召开县委书记专题研判会议 1 次。全年召开信访维稳研判会议 25 场（其中县委书记或委托县委副书记主持 20 场），研究解决信访维稳突出问题 55 宗，并根据挂点镇（场）或分管行业落实县领导包案，推动重点案件妥善解决。在全国“两会”和中共十九大召开期间，县委书记朱汉东、县长熊锋松分别到高陂、大东、枫朗等镇督导检查信访维稳工作落实情况；朱汉东多次到县信访局督导信访工作开展情况，了解工作中遇到的问题和困难，并提供解决良策；县领导班子成员分别到各自挂点的镇（场）开展接访下访活动，零距离接触群众，面对面倾听呼声，实打实解决合理信访诉求。特别是县委副书记李宏不仅经常到县信访局指导工作，多次到重点工程项目多的高陂、大麻等镇召开重点案件专题研判会议，督导信访维稳工作落实情况，推动合理信访问题依法及时就地解决，还多次约访许某文、刘某、刘某光等信访老户10多人；县委常委郭展凌多次在双休日期间或晚上约访信访老户，化解多宗信访突出问题；县委常委蓝欣多次到县信访局指导工作，接访群众；副县长房春鸣多次在县公安局约访陈某强、蓝某亮等重点涉军人员，并转化涉军退人员多名。

【强化矛盾排查】采取“日排查、周报告、半月汇报、每月分析、季度研判”等办法，对排查出的问题建立工作台账，落实责任单位及时调处化解；对突出问题提交每月信访形势分析会议研判，对疑难突出问题提交每季度县委书记研判会议专题研判，并落实县、镇领导包案，推进问题妥善化解。全年全面排查信访问题133宗，全部建立工作台账，落实县、镇（场）及部门领导包案，要求各镇（场）各部门对排查出的矛盾纠纷第一时间深入调查，第一时间平息化解，并报县公安局备案。

【健全工作机制】建立完善重点敏感时期每日“零报告”制度；半月一排查制度（中共十九大特殊防护期实行日排查、周报告、半月一督查、每月信访形势分析、每季信访形势研判制度）；县委书记（或委托县委副书记）每月信访维稳形势分析会议制度；县委书记每季度信访维稳研判会议制度；大埔县党政领导干部挂点联系信访工作制度；大埔县党政领导干部接访下访和批阅群众信件制度；大埔县党政领导干部包案化解信访问题制度；重点信访事项督查督办制度；党政领导“党政同责、一岗双责”制度；大埔县镇（场）信访工作责任考核办法等十项制度，推动信访问题及时就地解决。

【规范信访秩序】规范信访工作秩序，引导群众依法逐级理性反映诉求，推动信访工作落实落地，保障群众合理合法诉求依法及时就地解决；规范信访案件办理程序，做好基层基础工作，对各镇（场）、县直相关部门所有不合程序的案件全部退回重新办理；制订《大埔县诉访分离善后衔接机制工作方案》等文件，做好诉访分离善后衔接机制相关工作；提高源头预防和化解信访问题水平，做好基层矛盾纠纷排查化解工作，及时就地解决好人民群众最关心最直接最现实的利益问题；善于运用法治思维和法治方式做好信访工作，对顽固不化的缠访闹访人员范某波等4人，由公安机关固定证据，予以依法严厉打击，为中共十九大胜利召开营造良好环境。

【加强督查督办】自8月起，县委派出由3名县政法委副书记和县信访局局长为组长的四个督导组，分四大片多次到各镇（场）和县预防化解社会矛盾20个专项行动牵头单位进行督导检查。同时，要求各责任单位对重点对象要全力做好其思想疏导、政策解释及教育等工作，确保中共十九大期间全县社会和谐稳定。

【落实“四个”责任】1. 落实属地管理责任。对排查出的突出问题，落实所在镇（场）党政领导包案，责任到镇、到村、到人，对所有重点对象均要见人见事，按照“三到位一处理”要求处理矛盾纠纷。2. 落实涉事单位化解责任。根据上访人反映问题的性质，落实涉事单位确定本级包案领导、主要责任人及化解时间、措施。3. 落实公安机关管理责任。由属地派出所对重点对象承担相应的法制教育、告知（警告）、训诫以及协助属地党委、政府和涉事单位依法管理等工作责任。县公安局做好重点对象的监管工作，必要时给予依法严厉打击。4. 落实县领导包案责任。对每一个重点信访案件，确定一名县党政领导包案，负责调度所包重点案件的调查处理，协调化解疑难问题等；一时难以化解的老上访户等对象，由挂镇县领导班子成员牵头落实措施，制定预案，做到“一人一案，一策一专班”。

【制订应急预案，维护社会稳定】成立全国“两会”和十九大期间信访维稳工作等临时领导小组，负责协调指挥各个重点敏感时期全县信访维稳工作，同时下设排查化解组、信息指挥组等工作组，确保各项工作有序开展；从相关部门抽调经验丰富、工作责任心强的 7 人组成工作小组赴有关单位值班，大麻、青溪、银江、高陂等镇还自行派出工作组，负责做好重点人员的维稳等工作。在省、市的统一指挥，县委、县政府的坚强领导和县分管领导的具体指导下，前后方通力合作，全年全县维稳形势稳定。特别是在中共十九大期间，全县信访维稳劝返工作临时领导小组发挥应有的作用，实现省委提出的“四个不发生”工作目标。

【加强沟通协调】县信访局组织县直相关职能部门制定完善《法定途径分类处理信访投诉请求清单》，并汇编成册，厘清信访与其他法定途径之间的受理范围；开通“大埔信访”微信公众号、手机信访 APP 客户端，畅通群众信访渠道；还安装信访视频接访室。此外，在省信访局主办的《南粤信访》刊登信访信息经验材料 1 篇；向市信访局报送信访工作调研材料多篇。

县信访局负责人名录：

局　长：刘流生

副局长：罗庭芳（女，—2017.10）

吴伟标　刘远来（2017.12—）

（刘远来）

老干部工作

【简述】至 2017 年底，大埔县有离休干部 130 人，其中行政机关 62 人，事业单位 26 人，企业单位 42 人；抗战时期入伍的 3 人，解放战争时期入伍的 127 人；离休干部平均年龄 87 岁，年纪最大的 95 周岁，年纪最小的 84 周岁；全县有副处级以上退休干部 36 人。2017 年，中共大埔县委老干部局抓好离（退）休干部“两个待遇”的落实，让全县老干部老有所养、老有所学、老有所乐、老有所医、老有所为。研究新时期老干部工作的新形势、新任务和新要求，发动老干部参与为党和人民的事业增添正能量活动，推进县老干部活动场所“建管用”建设，提升做好老干部服务管理工作的质量，得到县委、县政府的充分肯定，局长范柳登被评为大埔县全面工作先进个人。

【落实“两个待遇”】1. 政治待遇。老人节前夕，分三个组到广州、深圳、韶关、厦门、梅州及县内慰问接管企业离休干部。定期召开老干部会议，加强老干部的政治学习，加强思想政治工作；邀请老干部代表参加局党组召开的有关会议，及时向老干部传达贯彻十九大精神等，全年组织老同志参加政治理论学习会 15 场，组织老干部学习十九大精神 5 场。定期向老同志通报工作情况和重大工程进展，1 月组织老干部参观大埔县重点工程的建设，7 月协助老游击战士联谊会到福建参观学习，老体协多次组织会员到外地或兄弟县观摩学习。老干部通过实地走、现场看、听介绍的方式，亲历县重点工程的开发建设情况，感受全县近年来发展情况，解放思想，开阔眼界，激发投身为全县各项事业发挥余热的热情。2. 生活待遇。争取县委领导的重视和支持，提高全县离休干部的生活待遇，从2017年9月起，全县134位离休干部的生活津贴每人每月增加200元。落实老干部的各项生活待遇，按时发放退休老同志的生活补贴。按照市委组织部、市委老干部局、市财政局、市人力资源和社会保障局《关于提高生活长期完全不能自理的离休干部护理费标准的通知》精神，从2017年7月1日起，将生活长期完全不能自理的离休干部护理费标准由每人每月 2000 元提高到每人每月2600元。针对部分老干部对医疗保险政策的疑虑，积极与县社保局联系，了解相关政策，并向老干部宣传，消除心中疑惑。全局干部职工经常主动关心老同志身体、生活情况，帮助老同志解决困难，看望生病住院老干部，做好离休干部遗属工作，保证他（她）们的基本生活。全年县财政用于解决企业离休干部离休费与机关单位离休干部离休费的持平资金124万元；为企业离休干部支付医药费89万元，为享受公费医疗的离休干部支付医药费287万元，为副处级以上退休干部支付医药费85万元。

【发挥老干部作用】发挥老干部的作用，引导他们参与为党和人民的事业增添正能量活动。1. 传达贯彻十九大精神。中共十九大召开后，征订《中国共产党章程》《十九大报告》《中国共产党第十九次全国代表大会文件汇编》《十九大报告学习辅导读本》《中共十九大报告学习辅导百问》《十九大党章修正案学习百问》的学习资料，组织老干部学习传达十九大精神5场；老年组织组织老干部学习报告和党章，老游击战士联谊会率先组织队员们开展“学报告、学党章”活动，老干部活动中心文艺队在县城文化广场举办“广场专题”文艺演出，采用群众喜闻乐见的方式传达中共十九大精神。2. 抓好老干部“两项”建设。全县共有13个老干部党支部，在联系老干部、组织老干部参与政治理论学习和组织活动中起到很好的作用。为加强对老干部党支部工作的具体指导，按照省委、市委老干部局关于成立离（退）休干部工作委员会的要求，向县委申请成立大埔县离（退）休干部工作委员会，加大对全县老干部支部工作的指导力度。协助引导各老干部支部组织老党员学习中共十八届六中全会和十九大精神，开展“两学一做”学习教育常态化活动，引导参与迎接十九大知识考学和“学报告、学党章”考学活动，组织离（退）休党员学习党章党规、十九大精神和习近平总书记系列重要讲话原文。全年协助“五老组织”、各老干部支部组织学习65场次，参与学习1200人次，加强老干部的思想政治建设。3.开展“畅谈”“建言”为主题的正能量活动。宣传动员老干部参与开展“畅谈十八大以来变化”“建言十九大”为主题的正能量活动，召开20场学习会和座谈会，“五老”组织参与“畅谈”与“建言”活动500多人，把主题活动纳入年度活动重点，纳入老干部支部党建工作内容。老干部活动中心文艺队在开展“畅谈十八大以来变化”主题活动中，结合发挥老同志余热，以歌唱和健身活动的形式讴歌十八大以来发生的巨大变化。同时，运用手机短信、微信和《大埔老年人风采》等刊物宣传扩大舆论覆盖面，把主题活动的重大部署、重点行动、典型人物宣传好，增强影响力和感染力。4. 完善老干部活动场所功能，为老年人开展各项文体活动搭建平台。抓好老干部活动场所“建管用”工作，不断完善学习活动场所软件建设，重新梳理和修订完善学习活动场所管理、卫生环境责任分区、工作人员考核等内部管理制度，确保老干部学习活动场所使用正常，环境优化，服务体贴，管理有序，为老干部学习活动提供良好环境。在完善的基础上，着重在“管用”方面下功夫，协助老体协、老干部文艺队及其他老年组织以“五一”、国庆中秋、老人节等重要节日为契机，组织开展主题鲜明、丰富多彩、喜闻乐见的文艺节目，引导更多离（退）休干部参与到活动中展示阳光心态。组织参与市委老干部局举办的“喜迎中共十九大、不忘初心跟党走”梅州市老年人文艺比赛活动，选送的节目男女声二重唱《红军不怕远征难》获三等奖。在离（退）休干部队伍中营造学习先进、争当先进、传播正能量的浓厚氛围，让更多老干部参与为党和人民事业增添正能量活动。5 月，县老体协组织 13 名太极拳骨干会员赴梅州市参加“2017 年广东省老年人太极拳剑比赛”，获得优秀奖。10 月，和谐健身队、巾帼健身队、老干部文艺队、阳光快乐健身队参加县委宣传部、县文广新局主办的 2017 年大埔县“龙湾杯”唱响大埔优秀歌曲广场舞大赛。在总决赛中，和谐健身队获得一等奖和最佳潜质奖，巾帼健身队获得三等奖，老干部文艺队获得优秀奖。

县委老干部局负责人名录：

局　长：范柳登

副局长：陈国光　饶佳年

（张彩文）

大埔县人民代表大会

【简述】2017 年，大埔县人大常委会坚持以邓小平理论、“三个代表”重要思想、科学发展观和习近平新时代中国特色社会主义思想为指导，学习贯彻中共十九大精神和中央、省委、市委、县委关于加强县镇人大工作和建设的相关文件精神，坚持党的领导、人民当家作主和依法治国有机统一，围绕县委工作部署，依法履职，主动作为，务实创新，开拓进取，各项工作取得新成效。

【县十五届人大二次会议】2017 年 6 月 1—3 日，大埔县十五届人大二次会议在县科技信息大楼一楼会场召开，221 名代表出席。会议集中听取和审议县政府、县人大常委会、县法院、县检察院 4 个工作报告；审议批准大埔县 2016 年国民经济和社会发展计划执行情况与 2017 年计划草案的报告、大埔县 2016 年预算执行情况和 2017 年预算草案的报告，并投票表决通过六个报告的决议。同时，代表们围绕精心实施县委提出的“生态立县、产业富县、文旅旺县、和谐兴县”发展思路，建言献策，大会收到代表提出的建议、批评和意见 35 件。大会依法补选熊锋松为县人民政府县长及 1 名县人大常委会委员。闭幕式上，县委书记朱汉东作讲话，提出三点要求。一是人大要在强化监督上下功夫、求实效。县人大常委会要提高监督的自觉性和主动性，大胆工作，积极探索，开辟新途径，总结新经验，务求监督工作取得新成效。要围绕县委十二届二次全会和此次人代会确定的工作任务，特别是重点项目建设、交通水利、美丽城乡、精准扶贫脱贫和发展实体经济等工作，加强对政府各部门抓落实的监督。要与县委巡察组、县委督查室、新闻舆论等部门联合行动，形成监督合力，真正做到监督一件，落实一件，见效一件。二是政府要在提高执行力上下功夫、求实效。政府及各部门要以“等不起”的紧迫感，以“慢不得”的危机感，以“坐不住”的责任感，攻重点、破难点、做亮点，狠抓落实，取得实效。要坚持把重点项目建设作为检验各级干部执政能力、工作作风和工作绩效的重要依据，通过强有力的考核，促进项目建设有序快速推进，力争全年完成固定资产投资百亿元以上。要严格执行《广东省党的问责工作实施办法》，加大责任追究力度，对领导责任不到位、工作不落实而发生重大问题或影响恶劣的，严肃追究责任人的责任。三是代表要在做好表率上下功夫、求实效。各位代表要发挥来自群众、代表群众、联系群众的优势，多做协调关系、化解矛盾的工作，多做顺应民意、关注民生的工作，把一切可以依靠的力量最大限度地引导到全面建成小康社会的目标任务上来。要带头宣传贯彻好这次大会的精神，做到与县委、县政府思想上同心同德、目标上同心同向、行动上同心同行，组织和带领广大群众抓好工作落实，共同谱写振兴发展新篇章。要始终坚持把发展作为第一要务，把稳定作为第一责任，把和谐作为第一追求，深入基层，走近群众，了解民情，把握民愿，及时向各级党委、人大、政府反映群众的所思所想所盼所求。

【监督工作】2017年，常委会围绕县委中心工作和社会关注热点问题，坚持突出重点、注重实效原则，加强对“一府两院”各项工作的监督。全年召开常委会会议10次，听取和审议“一府两院”专项工作报告20个，作出决定、决议12个，组织开展工作调研3场、专项视察3次、执法检查1次、重点工程项目督查9次。坚持突出重点、强化监督、注重实效的原则，听取审议县政府关于2016年县级财政预算收支执行及平衡情况、2016年县级决算草案、2016年县级预算执行及其他财政收支的审计工作、2016年县级预算调整方案、2017年县级财政预算调整方案，高陂赤山至留田段过境公路改建、村村通自来水、山丰水库、大麻镇中心大道、省道S221线大埔段改造工程项目5个政府购买服务资金列入财政预算的议案，大埔县镇级污水处理厂及配套管网工程和大埔县中医医院、妇幼保健院、慢性病防治院门诊楼迁（改扩）建及大埔县旅游产业道路改扩建工程3个PPP项目的请示，以及全县电子商务、陶瓷工业、现代农业、旅游产业发展情况的报告，“2017年十件民生实事”办理、西河镇省级新农村连片示范建设、城乡环境综合整治及环境保护等工作情况报告。建设并运行预算支出联网监督平台，组织开展“12·4”国家宪法日暨“法治大埔”系列宣传活动、《梅州市森林火源管理条例》宣讲活动和《中华人民共和国道路交通安全法》执法检查。人大机关信访部门全年受理代表和群众来信17件次，接待来访8批23人次，有效维护群众的合法权益。

【人事任免】2017年，十五届人大常委会依法任免国家机关工作人员46人次，其中任命和决定任命34人（副县长3人，其中代县长1名），接受辞职5人（县长1人、副县长3人、常委会委员1人），免职2人；依法任命人民陪审员10人。

【代表工作】1. 抓好议案建议的办理工作。常委会把县十五届人大一次会议确定的《关于加快创建省卫生强县工作的议案》和《关于加快解决县城自来水供需矛盾的议案》2件议案的办理列入重要工作议程，听取审议县政府关于2件议案实施方案的报告，对实施工作提出具体要求，务求有效落实，惠及人民群众。加强对县十五届人大一次、二次会议代表提出的75件建议意见的跟踪（其中一次会议40件，二次会议35件），常委会第4次会议、第10次会议分别听取和审议县政府关于县十五届人大一次、二次会议代表建议办理情况报告，要求县政府要加大代表建议的办理力度。至2017年底，75件代表建议意见已全部按要求如期书面答复代表，解决一批人民群众关心关注的热点问题。2. 提升代表的履职能力水平。一是注重学习培训。常委会重视代表学习培训和素质提升工作，为每位县人大代表征订和发放《人民之声》

《代表工作常用手册》《人大代表履职问答及指南》等，让代表学有资料。周密安排县代表小组活动，组织举办县人大代表培训班，组织学习十九大报告、“代表法”“地方组织法”等法律法规和人大业务知识，共组织代表集中学习1220人次，增强他们的代表意识和法制观念，提高履职能力和水平。二是建章立制。建立人大常委会领导联系代表制度、代表联系群众制度、选民接待日制度、代表履职年终报告制度、代表活动经费保障制度，以制度建设推进履职平台搭建，使代表议案建议更加贴近地气、关注民生，代表议案建议办理更加惠及人民群众。3. 拓渠道、树形象，传播人大代表正能量。常委会创办《大埔人大》内刊和《人大代表风采》电视栏目两个宣传平台，宣传人大代表先进事迹，激励和引导各级人大代表发挥模范带头作用，向社会传递人大代表正能量。全年发行《大埔人大》刊物10期，电视播出《人大代表风采》节目17期，对全县各级各行业17名优秀代表履职为民的事迹进行广泛宣传报道。县十五届人大代表在各行各业中发挥先锋模范作用，全年联系选民和群众11.6万人次，有118人单独提出建议意见、391人联合提出建议意见，参加视察活动443人次、执法检查207人次、调研318人次，捐资公益事业1580万元，密切与群众关系，树立人大代表的良好形象，彰显人大代表正能量。

【县镇人大工作和建设】2017年，常委会抓好抓实中央、省委、市委、县委关于县镇人大工作和建设的相关文件精神的贯彻落实，制定《县人大常委会党组关于大力推进县镇人大工作和建设的实施意见》并呈请县委转发，加强协调配合，开展督促检查，把县“实施意见”的各项措施落到实处，全面完成县镇人大工作和建设各项任务。1. 内强素质，加强人大机关建设。常委会重视人大自身建设，开展学习贯彻十九大精神和“两学一做”学习教育，坚持与时俱进，加强学习，内强素质，提升履职能力和水平。一是强化理论武装。专门组织常委会组成人员学习中共十九大、习近平总书记系列重要讲话和对广东工作重要批示精神，省委全会和市、县党代会、全委会精神，以及《中共广东省委关于加强新形势下人大工作的决定》《关于大力推进县乡人大工作和建设的若干意见》等重要文件精神，并分两批次到全国人大培训中心学习培训，增强常委会组成人员的政治意识、大局意识、核心意识和看齐意识。二是加强作风建设。坚持求真务实的作风，围绕县委中心工作和群众关注的热点难点问题，开展调查研究，广泛听取群众和代表意见建议，为提高常委会的议事质量提供保证，为县委决策当好参谋。同时，常委会领导还经常深入重点工程和挂钩镇、村、企业指导工作，帮助基层和困难群众排忧解难。三是加强制度建设。制定《大埔县人大常委会党组关于大力推进县镇人大工作和建设的实施意见》并由县委转发；制定《中共大埔县人大常委会党组向县委报告制度》；修订完善《中共大埔县人大常委会党组议事规则》；修订完善人大机关学习、财务管理、请休假审批、慰问等制度，调动机关干部的工作性，提高机关工作效能。四是重视机关建设。根据《县委转发〈县人大常委会党组关于大力推进县镇人大工作和建设的实施意见〉的通知》精神，沟通联系县编办、人社等部门配合支持，健全县人大常委会办事机构和工作机构，由原来三室四委改为一室七委（人大常委会办公室，法制工作委员会、财政经济工作委员会、选举联络人事任免工作委员会、农村农业工作委员会、教育科学文化卫生工作委员会、华侨外事工作委员会、环境与资源保护工作委员会），增加1个室委；县人大机关核定人员编制由原来15名增至19名。2. 加强指导，规范镇级人大建设。常委会重视抓好镇级人大建设，实行常委会领导分片联系镇人大制度，加强与镇人大联系沟通和工作指导。2017年初，常委会领导分组带队到各镇开展调研，征求各镇人大干部对新形势下做好人大工作的意见和建议，听取并协助解决镇人大工作中碰到的困难和问题，推动镇级人大工作上新台阶；选定湖寮镇、茶阳镇人大作为加强镇级人大工作和建设的示范点，并于12月在湖寮、茶阳召开全县镇级人大工作和建设现场会，作经验交流。2017年，常委会针对镇级人大工作调研中发现的存在问题，根据《中共大埔县委关于转发〈中共大埔县人大常委会党组关于大力推进县镇人大工作和建设的实施意见〉的通知》精神，向县委报告，并协调相关部门逐一落实，解决人大代表联络室工作经费，镇人大主席岗位补贴、镇人大办公室机构设置、镇人大办公室主任定级等问题，保障镇人大工作的正常开展。分两批组织镇人大主席到全国人大培训中心学习培训，提高各镇人大主席的履职能力和水平。此外，常委会还注重加强人大制度的宣传报道工作，配合支持新闻媒体做好人大例会、常委会会议、代表视察等重大活动的宣传；做好各级、各有关市、县人大领导、人大代表来埔开展视察、调研、考察活动的相关工作；做好机关离（退）休老同志工作。

【人大督查工作】 常委会在依法履行职责的同时，根据县委的统一部署，贯彻落实县委的重大决策部署，坚持把开展人大监督活动与做好督查工作结合起来，推动各项重点工作的落实。常委会调整充实以常委会主任为组长、1名副主任为副组长、相关室委负责人为成员的人大专项督查组，制订切实可行的督查方案，创新督查方式，细化督查措施，真督善查，加大重点项目督查力度，全年开展重点工程项目督查9次，推动韩江高陂水利枢纽工程、大潮高速（含大漳支线）公路、省级新农村示范建设等县重点项目及相关工作的顺利推进。

大埔县人大常委会主任、副主任名录：

主　任：黄建庭

副主任：刘坤明　廖金鑫　谢以美　张昭锋　邓立新（女）　张长先

县人大常委会办公室负责人名录：

主　任：张越志

副主任：张国雄　钟　珍（女，—2017.4）　杨耀文（2017.4—）

县人大常委会法制工作室负责人名录：

主　任：谢召南

副主任：饶仁杰

县人大常委会选举联络任免工作室负责人名录：

主　任：张国雄

副主任：范玉娟（女）

县人大常委会农村农业工作委员会负责人名录：

主　任：李战美

副主任：谢秀云（女，—2017.8）　杨励勉

县人大常委会财政经济工作委员会负责人名录：

主　任：廖永春

副主任：廖荷香（女）

县人大常委会教育科学文化卫生工作委员会负责人名录：

主　任：刘小平

副主任：李金泉

县人大常委会华侨外事工作委员会负责人名录：

主　任：林德周

副主任：丘福煌

县十五届人大常委会委员名录：

张越志　廖永春　谢召南　林德周　刘小平　李战美　李金泉　杨励勉　丘福煌　廖荷香（女）　饶仁杰　罗伟国　叶庆敏　李礼庆　魏伊婵（女）　吴莲香（女）

张玲彩（女）　罗绮红（女）　苏志强
张国雄　张旭明　罗文育　杨智琪　蓝文宣
刘建平　钟　珍（女，—2017.4）
杨耀文（2017.6—）

（杨耀文　连宏亮）

大埔县人民政府

主要政务简述

【向县第十五届人大二次会议作《政府工作报告》】2017年6月2日，代县长熊锋松代表县人民政府向大埔县第十五届人民代表大会第二次会议作《政府工作报告》，报告分两部分。1. 第一部分：2016年工作回顾。2016年，县政府在市委、市政府和县委的正确领导下，在县人大及其常委会和县政协的监督支持下，学习贯彻中共十八大、十八届历次全会、习近平总书记系列重要讲话精神，按照中央和省委、市委以及县委的决策部署，实施“生态立县、产业富县、文旅旺县、和谐兴县”发展思路，全力加快振兴发展步伐，全县经济社会发展取得新进步。全县生产总值80.99亿元，同比增长9.3%，增幅排在全市第一。固定资产投资59.6亿元；全社会消费品零售总额49.1亿元，同比增长10.1%；外贸进出口总额2.88亿美元，同比增长9.11%，增幅排在全市第三。本级一般公共预算收入9.6亿元，同比增长17.3%，增幅排在全市第二；本级一般公共预算支出35.5亿元，同比增长9.45%。2016年全县综合实力不断增强，实体经济稳步提升，现代农业加快发展，文化旅游繁荣发展，发展环境日臻优化，城乡面貌明显变化，民生福祉持续增进，社会事业全面进步，自身建设有效加强。报告指出，在成绩面前，要清醒地认识到经济社会发展中仍然存在不少困难和问题，主要表现在：经济总量小，实体经济薄弱，主导产业不突出，产业集聚度和发展层次低；交通、土地、资金、人才和环境容量等制约因素仍然存在；投资拉动经济增长后劲弱，2016年固定资产投资仅59.6亿元；公共资源配置不尽合理，在入学、就医、养老等方面与群众的需求仍有较大差距；一些政府工作人员担当精神、责任意识不强。面对这些问题，要采取更加有力的举措，加以解决。2. 第二部分：2017年工作安排。2017年政府工作的总体要求是：贯彻落实中共十八大、十八届历次全会、习近平总书记系列重要讲话和治国理政新理念新思想新战略、对广东工作作出的“四个坚持、三个支撑、两个走在前列”重要批示以及省第十二次党代会精神，按照省委省政府、市委市政府和县委的决策部署，坚持“五位一体”总体布局和“四个全面”战略布局，践行“五大发展”理念，围绕市加快建设“一区两带六组团”的要求，落实“两大振兴政策”，扭紧“三大抓手”，打造绿色产业发展基地，建设对接海西区的重要门户、中国客家文化生态保护示范区，创建国家全域旅游示范县，打好重点项目、交通水利、美丽城乡建设和精准扶贫脱贫“四大攻坚战”，以“集聚化、现代化、特色化”为引领，力求实体经济、现代农业、全域旅游取得新突破，改善民生，确保与全省同步全面建成小康社会，以优异成绩迎接中共十九大胜利召开。经济社会发展的主要预期目标是：生产总值增长 10%，一般公共预算收入增长 12%，固定资产投资增长 20%，社会消费品零售总额增长 10%，外贸进出口总额增长 5%，城乡居民人均收入实际增长与经济增长基本同步。重点抓好八个方面工作：一是大力发展实体经济，推动经济增量提质；二是全力推进项目建设，促进有效投资增长；三是提质发展现代农业，努力增加农民收入；四是培育发展文化旅游，推动三产上新水平；五是坚持统筹城乡发展，致力打造宜居家园；六是持续深化改革创新，激发发展内生动力；七是持之以恒改善民生，提升群众幸福指数；八是不断强化自身建设，打造人民满意政府。

【县政府主要工作】县政府为研究全县经济和社会发展工作，制定改革措施以及处理日常政务，全年共召开县政府常务会议 10 次、县长办公会议 10 次、县政府工作会议 103 次。

1.县政府常务会议。研究决定了关于大埔县富兴房地产开发有限公司茶阳岗卜科土地因规划原因申请置换的问题；关于《大埔县三河镇梓里村（东江、曙光组）滑坡特大型地质灾害避险工程搬迁安置办法》的问题；关于湖寮镇河腰村加油站用地土地出让方案的问题；关于成立大埔县基础设施建设投资实业有限公司的问题；关于成立大埔县路投实业有限公司的问题；关于将县属部分国有资产注入大埔县基础设施投资实业有限公司和大埔县路投实业有限公司的问题；关于批转执行《大埔县农村环境综合整治专项考核奖补办法（试行）》的问题；关于划拨九龙派出所办公场所的问题；关于上移饮用水源取水点重新划定县城饮用水源保护区的问题；关于大埔县中医医院迁建工程项目融资事宜的问题；关于《大埔县 2016 年度县管河道梅江、梅江可采区河砂开采权出让招标工作方案》的问题；关于《大埔县 2016 年度省管河道韩江高陂黄竹居可采区河砂开采权出让招标工作方案》的问题；关于推进大埔县镇级污水处理设施 PPP 试点项目的问题；关于大埔县镇级污水处理厂及配套管网工程 PPP 项目实施方案的问题；关于拨给大埔县高陂镇陂寨移民安置区电排站扩建工程建设资金的问题；关于《大埔商城（海珠）招商公告》的问题；关于大埔县省道 S221 线大埔段改造工程项目相关事宜的问题；关于《大埔县解决乡镇（公社）老放映员历史遗留问题实施方案》的问题；关于广东省高陂水利枢纽工程安置点基础设施建设资金的问题；关于大埔县西河镇省级新农村连片示范建设（文化广场及园林绿化部分项目）采用设计采购施工（EPC）总承包模式的问题；关于核销历史债权的问题；关于给予发展总部经济企业财政专项扶持的问题；关于湖寮镇梅潭河密坑（凹背）护岸加固工程建设征地补偿核实的问题；关于蓝钦国位于大埔大道旁的土地因无法开发利用原因申请置换土地的问题；关于大埔县城镇房地产开发公司绳武楼旁土地因无法开发利用原因申请置换土地的问题；关于东城上品超容积率建设补交土地出让金的问题；关于 2017 年事业单位公开招聘计划的问题；关于支持解决县 120 急救指挥中心人员经费及办公经费的问题；关于支持解决县人民医院扩建工程向银信部门贷款利息的问题；关于帮助解决三河综合工业生产基地基础设施建设资金的问题；关于将原县计生服务站办公用房划拨给湖寮镇卫生院作为公共卫生业务用房的问题；关于将西河卫生院接种门诊大楼与西河供销社房产进行置换的问题；关于迁建高陂中心卫生院的问题；关于高陂镇李光耀祖居旅游景区移交管理的问题；关于大麻加油站土地出让的问题；关于京华花园超容积率建设补交土地出让金的问题；关于湖寮镇璜腾坑新农村建设示范区土地出让的问题；关于解决司马第历史遗留问题的问题；关于大麻镇中心大道道路工程项目融资的相关事宜；关于大埔县环城大道提升改造项目融资的相关事宜；关于大埔县农贸（含三鸟）市场项目融资的相关事宜；关于拟定向社会力量购买服务目录的问题；关于成立大埔县交投实业有限公司的问题；关于成立大埔县路顺通投资实业有限公司的问题；关于将县属部分国有资产注入大埔县交投实业有限公司和大埔县路顺通投资实业有限公司的问题；关于支持解决森林防火长效机制的问题；关于大埔县高陂水利枢纽工程安置点基础设施及排涝工程建设项目融资的相关事宜；关于呈报《大埔县扶贫小额信贷工作实施方案》的问题；关于审定《大埔县水资源综合规划》的问题；关于审定《大埔县水功能区划》的问题；关于印发《2015年度大埔县产业集聚地建设管理评审奖励资金使用方案》的问题；关于给予补办大埔供电局有关供电所及开关站不动产权证书的问题；关于一门式一网式政务服务模式改革综合窗口工作人员招聘及工资经费的问题；关于省道 S221 线大埔县湖寮至枫朗段公路改建工程项目融资的相关事宜；关于省道 S222 线大埔县坑口至高陂段公路改建工程项目融资的相关事宜；关于无偿划拨大埔县高陂镇第二小学和第二幼儿园教育建设用地的问题；关于县城老城区市政道路、灯光、绿化等项目提升改造工程的问题；关于成立大埔县医疗卫生建设投资实业有限公司的问题；关于划拨大埔县慢性病防治院门诊楼用地的问题；关于划拨大埔县妇幼保健院扩建用地的问题；关于大埔县中医医院迁建选址的问题；关于减免大埔县卫生强县有关建设工程收费的问题；关于大埔县农贸（含三鸟）市场项目采用“设计、采购、施工”（EPC）总承包模式招标的问题；关于大埔县环城大道提升改造工程采用“设计、采购、施工”（EPC）总承包模式招标的问题；关于将县城自来水供水管网改造纳入县城老城区市政道路、灯光、绿化等项目综合提升改造工程一并实施，项目采用“设计、采购、施工”（EPC）总承包模式进行招标的问题；关于调整《大埔县高陂镇建设征地拆迁补偿规定》（埔府〔2013〕139 号）部分内容的问题；关于拨付湖寮镇璜腾坑新农村建设项目征地拆迁补偿费用的问题；关于批准大埔瓷厂“三旧”改造项目的问题；关于支持解决广州海珠（大埔）产业转移园首期征收土地留用地的问题；关于将枫朗镇“锦绣京华”项目列为城市棚户区改造项目的问题；关于将县属部分资产注入大埔县医疗卫生建设投资实业有限公司的问题；关于制定大埔县城区管道燃气价格和实行居民生活用气阶梯气价制度建立价格联动机制的问题；关于招聘高陂、茶阳、大麻中心镇城管中队协管员的问题；关于调整变更西河供销社旧址用地用途的问题；关于撤销《关于同意将西河镇文化站等办公楼置换划拨给西河镇卫生院新建医务综合大楼的批复》的问题；关于县中医医院迁建工程、县妇幼保健院改扩建工程、县慢性病防治院门诊楼工程等的有关问题；关于解决仁和大桥引道征收房屋安置留用地的问题；关于置换搬迁大埔县气象探测基地的问题；关于划拨大麻、青溪供电所技术业务用房项目建设用地的问题；关于县城虎源路应急避险场所及永芳路扩宽改造工程建设方案的问题；关于批准县城城西“三旧”改造项目的问题；关于东城上品“三旧”改造项目延期的问题；关于 2017 年银江镇等 6 个镇“教育创强”复评督导验收建设方案的问题；关于批准拆除大埔县大麻镇中心小学商铺（D 级危房）的问题；关于安排 2017 年新增地方政府债券资金使用计划的问题；关于《对广东欣红陶瓷股份有限公司等 15 家进入广州海珠（大埔）产业转移工业园的企业按期完成建设投产的奖励措施》的问题；关于调整财政供养人员住房维修与物业管理补贴标准的问题；关于大潮高速公路（含大漳支线）大埔县境内征地拆迁补偿补充合同的问题；关于采用工程总承包模式（EPC）实施大埔县省定贫困村创建社会主义新农村示范村工程的问题；关于编制大埔高陂水利风景区总体规划相关事项的问题；关于支持解决汇城安置区征地拆迁费用的问题；关于解决湖寮镇城西社区公共服务及卫生站建设用地的问题；关于解决大埔县第三小学扩建项目被征收房屋刘伟容户安置用地的问题；关于解决县城虎源路应急避险场所项目被征地黄惠英户安置用地的问题；关于湖寮镇畹香大道腹地土地出让的问题；关于茶阳镇岗卜科土地出让的问题；关于对大埔县土地储备中心贷款抵押物进行置换的问题；关于设立大麻镇英雅九年一贯制学校的问题；关于将枫朗镇双溪片下木小学、和村小学和梅溪教学点划归双溪学校管理的问题；关于批准大埔县百货公司改革转制及拨给转制费用的问题；关于收回大埔县集美纸塑制品厂工业用地的问题；关于大埔燃气管道随桥敷设的问题；关于县城环城路加铺沥青路面工程移交给县住建局实施的问题；关于县房管局地方政府债券转贷资金借款本息由县财政负担的问题；关于五虎山庄公共租赁住房首层及 1 号楼二层房产进行公开招租的问题；关于广东粤电大埔发电有限公司申请办理大埔电厂《建筑工程施工许可证》的问题；关于拨付掌上梅州客户端宣传合作经费的问题；关于调整新建高陂镇第二小学和第二幼儿园选址位置用地规划的问题；关于拨给坑尾村旅游公路建设缺口资金的问题；关于支持解决百侯镇旧寨里村松柏坑至岭背村道硬底化建设项目资金的问题；关于支持解决百侯镇火灾隐患重点地区整治工作经费的问题；关于将国源酒店列为重大火灾隐患政府挂牌督办单位的问题；关于购置举高喷射消防车的问题；关于预拨付县城大沙坝工业小区征地费用的问题；关于支持解决县粮食局县城城东“三旧”改造的有关问题；关于发放村（社区）“两委”干部离任一次性补助金的问题；关于批准大埔县企事业单位车改“公务交通补贴发放人员界定和发放标准”的问题；关于批准大埔县旅游产业道路改扩建 PPP 项目《实施方案》《物有所值评价报告》《财政承受能力论证》的问题；关于调整大埔县村级护林员配备标准和工资待遇的问题；关于划拨富岭派出所业务技术用房建设用地的问题；关于授权大埔县移民工作局为高陂水利枢纽工程耕地长期补偿受益金管理和使用单位的问题；关于划拨广东省韩江高陂水利枢纽工程用地的问题；关于调整广东省高陂水利枢纽工程安置地分配方式的问题；关于广东省高陂水利枢纽工程移民安置点国有土地评估价的有关问题；关于上移梅江可采区范围采砂起点的问题；关于批准补办大埔县大麻镇中心小学教育建设用地手续的问题；关于批准拆除大埔县大埔小学 A 栋教学楼（D 级危房）的问题；关于批准拆除大埔县湖山中学老厨房（D 级危房）的问题；关于有偿收回中石化湖寮加油站土地等事宜的问题；关于解决大埔县第三小学扩建项目被征收房屋刘泉开户安置用地的问题；关于解决山丰水库征地过程中存在问题的事宜；关于调整西河水治理工程部分范围的问题；关于引进阳光电源股份有限公司在大埔县银江镇兴办风力发电项目和签订框架协议的问题；关于审议《大埔县人民政府与中国石化广东石油分公司战略合作框架协议》的问题；关于减免入园企业建设工程规费的问题；关于以合和经营管理有限公司资产为供销综合服务公司贷款作抵押担保的问题；关于大埔县商业企业集团液化石油气公司湖寮气站公开招标拍卖处置资产的问题；关于大埔县省定贫困村创建社会主义新农村示范村工程建设项目挂网招标的问题；关于建档立卡贫困户入股企业的问题；关于“北塘美术馆”提升打造项目纳入省级新农村示范片建设项目的问题；关于大埔汽车运输有限公司保留划拨土地的问题；关于土地整治垦造水田资金列入财政预算的问题；关于批准 2017 年初预算预备费拟安排使用方案的问题；关于将大埔县城城东“三旧”改造项目列为城市棚户区改造项目的问题；关于湖寮镇岭下大道旁土地出让的问题；关于保留西河卫生院接种门诊大楼与西河供销社国有土地划拨用地手续的问题；关于移交高陂水利枢纽工程用地红线内韩江、梅江、汀江国有河流滩涂土地使用权的问题；关于划拨广东省韩江高陂水利枢纽工程用地的问题；关于解决大埔县第三小学扩建项目被征收房屋刘始洪等五户村民安置用地的问题；关于解决县人民医院扩建项目被征收房屋李超深等六户村民安置用地的问题；关于划拨大埔至潮州高速公路（含大埔至漳州支线）大埔段用地的问题；关于县政府与华润电力新能源投资有限公司签订风电项目测风框架协议的问题；关于大埔县建筑弃土场项目采用 BOT 模式建设的问题；关于招聘城市管理协管员的问题；关于赴普通高等院校引进事业单位高层次人才及紧缺人才专项计划的问题；关于申报 2018 年公务员录用计划的问题；关于省道 S221 线大埔县湖寮至枫朗段公路改建工程采用 PPP 模式建设的问题；关于省道 S222 线大埔县坑口至高陂段公路改建工程采用 PPP 模式建设的问题；关于调整大埔县茶阳镇城区自来水价格和实行居民生活用水阶梯水价的问题；关于将县城工业小区纳入广州海珠（大埔）产业转移工业园规划建设范畴的问题；关于 2017 年县级工业企业技术改造项目资金股份投资事项的问题；关于拨给广东原苏区绿色发展投资基金并授权大埔县城投实业有限公司作为出资人的问题；关于收回 2015 年结转两年以上财政转移支付结转结余资金的问题；关于拟定高陂镇晋昊大道四宗土地出让方案的问题。审议通过了《大埔县全面推进政务公开工作实施方案》《关于加快科技企业孵化器建设的实施意见》《关于加快众创空间发展服务实体经济转型升级的实施意见》《大埔县 2017 年财政预算（草案）》《拟增重点建设项目表》《大埔县 2017 年重点建设项目表》《迎接市检查有关项目表》《中共大埔县委　大埔县人民政府关于加强农村留守儿童关爱保护工作的实施方案》《大埔县关于推进基本建设项目审批制度和流程改革的实施意见（试行）》《大埔县陶瓷产业振兴发展实施方案（2017—2020）》《政府工作报告（讨论稿）》《大埔县三河镇建设征地拆迁补偿规定》《大埔县三河镇建设房屋拆迁安置办法》《大埔县削坡建房综合整治工作方案（2017—2019 年）》《大埔县事业单位和国有企业公务用车制度改革工作方案》《大埔县 2017 年度公共租赁住房保障工作方案》《大埔县消防工作“十三五”规划》《大埔县烟叶生产扶持奖励方案》《大埔县加快电子商务产业发展扶持办法》《2017 年大埔县推进市梅江韩江绿色健康文化旅游产业带建设行动方案》《大埔县创建广东省全域旅游示范县实施方案》《中共大埔县委　大埔县人民政府关于深化供销合作社综合改革的实施意见》《大埔县复退军人服务体系建设实施方案》《大埔县 2017 年图书馆总分馆试点建设工作实施方案》《大埔县金融扶贫小额贷款担保基金管理办法》《大埔县防汛防旱防风防冻应急预案》《大埔县创建国家卫生县城实施方案》《大埔县全面推行河长制工作方案》《大埔县殡葬事业发展“十三五”规划》《大埔县全民科学素质行动计划纲要实施方案（2016—2020 年）》《大埔县企业研发经费财政奖补实施方案》《大埔县促进总部经济发展暂行办法（修订稿）》《大埔县山区和农村边远地区学校教师生活补助发放实施方案》《大埔县县级工业企业技术改造项目资金股权投资实施方案》《大埔县城市管理执法体制机构改革方案》《大埔县2017年度县管河道恭沙可采区河砂开采权出让招标工作方案》《大埔县畜禽养殖污染专项整治实施方案》《大埔县人民政府会议规则（修订稿）》《大埔县人民政府“三重一大”事项行政决策实施细则》《大埔县环境保护“十三五”规划》《大埔县“十三五”国家重点生态功能区县域生态环境质量考核工作实施方案》《中共大埔县委 大埔县人民政府关于深入推进城市执法体制改革，改进城市管理工作的实施方案》《大埔县打击违法用地违法建设和抢建抢种行为的实施意见》《大埔县推进住房保障货币化改革的实施办法》《大埔县土壤污染防治工作方案》《大埔县城禁止黄标车通行实施方案》《大埔县人民政府关于禁止黄标车在大埔县城通行的通告》《大埔县行政事业单位国有资产改革实施方案》《拟保留的文件目录》《拟宣布失效的文件目录》《拟废止的文件目录》《拟修改的文件目录》《广东省韩江高陂水利枢纽工程建设征收耕地长期补偿资金筹集和使用实施办法》《大埔县“十三五”最严格水资源管理制度实施方案》《大埔县精准扶贫建档立卡无劳动能力贫困人口享受基本生活保障金实施方案》《大埔县城虎源路应急避险场所工程建设房屋征收补偿安置方案》《大埔县决定保留的行政许可事项目录（2017年版）和取消调整行政许可事项的决定》《县政府公布清理规范行政审批中介服务事项（第二批）》《公布大埔县县级公共服务事项目录（第一批）》。2．县长办公会议。研究决定了关于解决县人武部提前终止国防教育训练基地对外租赁补偿经费的问题；关于批准2016年大埔县科技计划项目的问题；关于省道S222线高陂九龙段交通管制期间设立临时轮渡的问题；关于解决社区居委会微型消防站建设经费的问题；关于将大埔县城至三河高速连接线（迎宾大道）LED路灯、景观灯推向社会化管理的问题；关于调整大埔县村村通自来水工程项目融资有关事项的问题；关于支持解决大埔县三防会商指挥系统升级和县三防办公室修缮费用的问题；关于申报2017年公务员录用计划的问题；关于三河天主教堂土地使用权异地置换重建天主教堂的问题；研究决定关于县政府大院内常委楼收赎的问题；关于广药生物制药基地厂区山地平整项目结算工作的问题；关于2016年大埔县重点建设项目拟奖方案的问题；关于拨给县林业局新一轮森林资源二类调查经费用森林植被恢复费返还部分列支使用的问题；关于拨给大埔县虎山中学校舍维修改造工程缺口资金的问题；关于批准2016年地方政府债务限额的问题；关于编制全域旅游规划相关事项的问题；关于支持解决百侯镇西山下老瓷厂划拨用地的历史遗留问题缺口资金的问题；关于拨给大东镇实验学校崩塌地质灾害治理缺口资金的问题；关于拨给旱地改造水田及未利用地开垦水田前期工作经费的问题；关于农村地籍调查项目公开招标的问题；关于不动产存量数据整合项目公开招标的问题；关于给予发展总部经济企业财政专项扶持的问题；关于拨给大埔县环境综合整治示范县项目和节能减排示范市污水处理项目征地费用的问题；关于拨付大埔县人民法院司法救助资金的问题；关于继续使用大埔县省属水库移民2014年及以前年度仍需实施和正在实施项目资金的问题；关于拨给大埔县省属水库移民2006年7月至2008年12月（二年半）后期扶持40%部分资金的问题；关于支持解决三河坝战役纪念园提升改造工程资金的问题；关于拨给大埔县救助服务站规范化建设所需资金的问题；关于2017年大埔县中小学教师继续教育培训（强师工程）工作方案的问题；关于广东紫晶信息存储技术股份有限公司申请延长借款偿还期限的问题；关于拨给大埔县行政村（社区）综合性文化服务中心建设工作经费的问题；关于支持解决大埔县图书馆开展第六次全国县级图书馆评估定级经费的问题；关于解决大麻镇加油站用地征地补偿款、征收地面资产费用及资产评估费用的问题；关于拨给大埔县大麻镇中心大道道路工程监理费的问题；关于拨给大埔县大麻镇中心大道道路工程预付款的问题；关于解决全县严重精神障碍患者监护人责任险投保专项经费的问题；关于提高大埔县城乡低保和特困人员供养最低标准的问题；关于聘用审计业务人员和增加财政预算经费的问题；关于拨给泰安楼客家文化园风情文化休闲街项目工程缺口资金的问题；关于拨给广东永汇财务咨询有限公司扶持资金的问题；关于拨款修缮三河高速出入口至三河大桥路段路灯经费的问题；关于拨给完善县城大兴路等路段标志线经费的问题；关于拨给肉类联合加工厂迁建项目建设资金的问题；关于支持新诚基工贸有限公司矿山扩界、环境综合治理资金的问题；关于拨给大埔县惠民信息公开平台建设资金的问题；关于三河坝红色旅游景区道路沥青路面提升等工程拨款的问题；关于建立大埔县艾滋病检测筛查网络经费的问题；关于防控登革热县城城区公共场所除四害经费的问题；关于收赎原县计生服务站宿舍的问题；关于大埔县疾病预防控制中心取消行政事业性收费后履行管理职能所需经费列入财政预算的问题；关于组建“两规”和“走读式”谈话专职陪护队伍的问题；关于请拨“大埔直播”宣传平台建设经费的问题；关于拨给大埔县数字化文化驿站（台）建设经费的问题；关于提高大埔县看守所在押人员伙食费标准的问题；关于拨给县社区矫正中心建设资金的问题；关于支持解决百侯烟叶工作点征地工作经费的问题；关于拨付大埔县高陂镇古西村鹤山片滑坡群地质灾害专项水文地质勘查监测工程费用的问题；关于拨给水利项目垫付资金的问题；关于拨付韩江河段河砂开采权出让费用于解决国有电站增效扩容改造项目建设资金的问题；关于将高陂园区道路和供水管道工程列入园区专项资金支出的问题；关于拨给创建无邪教镇、村工作经费的问题；关于拨给大埔县桃源镇中心小学购置原桃星村委办公楼经费的问题；关于免除大埔县福利院老年公寓楼建设有关规费的问题；关于拨给2017年度全县60周岁（含）至79周岁（含）非困难群体意外伤害综合保险投保经费的问题；关于拨给2017年下半年大埔县镇级复退军人服务工作站聘用专职工作人员及县镇村三级服务体系专项工作经费的问题；关于提高大埔县镇级专职安全生产监督检查员工资待遇的问题；关于解决大埔县气象局住房维修和物业管理补贴经费的问题；关于拨给全国休闲农业与乡村旅游示范县民营资金投资建设项目奖励金的问题；关于拨给大埔县残疾人基本服务状况和需求信息数据动态更新工作经费的问题；关于配套2017年省、市、县民生实事残疾人社区康园中心建设经费的问题；关于拨给组建大埔县茶阳食品药品监督管理所费用的问题；关于拨给粮食风险基金缺口资金的问题；关于拨给大埔县公共服务中心“一门式”综合服务平台配套设备采购费用的问题；关于解决湖寮镇下坜村村民要求落实征地留用地项目补助金的问题；关于启动大埔县中医医院、妇幼保健院、慢性病防治院门诊楼迁（改扩）建工程PPP项目的问题；关于大埔县中医医院、妇幼保健院、慢性病防治院门诊楼迁（改扩）建工程 PPP项目实施方案的问题；关于支持解决中央红色交通线永丰号展馆布展工程资金的问题；关于拨给大埔县中医医院医改专项资金的问题；关于拨付迁建高陂中心卫生院收赎房产和工作经费等资金的问题；关于支持解决三河镇梓里村横岭安置区建设资金的问题；关于拨给大麻镇汶水塘城市批次征地工作经费的问题；关于拨付2016年度《关于进一步加快实体经济发展的实施办法》扶持奖励的问题；关于拨付桃源镇新东村垦造水田试点项目资金的问题；关于开展大埔县高标准农田建设工作上图入库和信息统计工作的问题；关于对茶阳中心镇总体规划修编的问题；关于拨给县住建局网络维护升级改造项目经费的问题；关于支持解决银江镇完善龙山公园后续工程资金的问题；关于拨给十九大期间信访维稳工作专项经费的问题；关于拨给2017年提高村（社区）计育专干工作补贴的问题；关于解决基层卫生院120救护车运营维护经费及驾驶员工资的问题；关于用森林植被恢复费（市县返拨部分）拨付解决森林公园建设工作费用的问题；关于用森林植被恢复费（市县返拨部分）拨付解决松材线虫病虫害应急防治工作费用的问题；关于用森林植被恢复费（市县返拨部分）拨付大埔县梅潭画廊长寿森林公园建设配套设施费用的问题；关于解决县公安局业务技术用房建设缺口资金的问题；关于拨给县公安局功模休养活动工作经费的问题；关于统筹安排大东镇实验学校教工楼后坎边坡治理资金的问题；关于增拨大东镇实验学校教工楼建设资金的问题；关于预拨全县畜禽养殖污染专项整治经费的问题；关于解决在高陂镇设立“大埔陶瓷主产区形象标志”项目资金的问题；关于预拨高陂陶瓷产业集聚区征地补偿款的问题；关于预拨高陂镇新城镇建设用地征地补偿款的问题；关于拨给大埔县高陂镇桃花小学地质灾害治理工程项目资金的问题；关于拨给大埔县西河镇红军小学综合楼项目资金的问题；关于拨付2017年度大埔县基本农田保护补偿专项资金的问题；关于划拨支付大埔县国有农用地基准地价制定及青溪储备用地项目地灾评估等费用的问题；关于拨给省道S221线西向政府储备地征地拆迁工作经费的问题；关于拨给高圳新区征地拆迁工作经费的问题；关于预拨付湖寮镇征地费用的问题；关于支持解决百侯镇承办侯南古村落南粤古驿道定向大赛工作经费的问题；关于拨给大麻镇生物制药基地征地拆迁补偿款的问题；关于解决大埔县中心镇“六个一”项目建设资金缺口的问题；关于启动编制《大埔县域乡村建设规划》的问题；关于启动2017年度村庄规划编制工作的问题；关于启动中国传统村落普查申报工作和划拨编制经费的问题；关于拨给编制大埔县域和全国重点镇（湖寮、高陂）消防专项规划经费的问题；关于支持解决X047线等县乡公路安全生命防护工程建设资金的问题；关于拨给大埔县城工业小区项目规划建设经费的问题；关于支持解决县粮食局工作经费的问题；关于拨给大埔县数字化城市管理系统联网租赁服务费用的问题；关于解决县城过境公路工程建设配套资金的问题；关于广东紫晶信息存储技术股份有限公司借款延期的问题；关于解决枫朗镇营子里水库管养房重建工程资金的问题；关于拨给纪念“八一”起义军三河坝战役90周年活动工作经费的问题；关于支持解决高陂镇陂寨临时农贸市场和陂中门前临时市场建设资金的问题；关于拨付广药生物制药基地厂区土地平整土石方工程剩余款的问题；关于征收汶水塘安置区红线外青里村车子窝孙屋6座房屋的问题；关于拨给大麻镇控制性详细规划修编经费的问题；关于解决大麻镇通信光缆线路迁改资金的问题；关于拨给大麻镇2018年六村联动美丽乡村建设租田租金的问题；关于预拨X007线五家崋至高陂段路面改造工程建设资金的问题；关于拨给县城迎宾大道环境综合整治和文化景观、绿化、亮化提升等工程费用的问题；关于预拨县建筑垃圾弃土场征地费用的问题；关于预拨县城物流区征地费用的问题；关于请求预拨山丰水库征地拆迁工作经费的问题；关于解决高陂自来水厂引水管道改造工程建设资金的问题；关于从广州海珠（大埔）产业转移工业园经费中拨付大埔县高陂污水处理厂配套截污管网（一期）项目资金的问题；关于拨给高陂工业园占用林地缴纳森林植被恢复费的问题；关于支持解决偿还历史债务资金的问题；关于拨给庆祝2017年教师节暨全县教育工作会议经费的问题；关于拨给校长特殊津贴的问题；关于拨给大埔县湖光制衣厂转制缺口资金的问题；关于请拨全县畜禽养殖污染专项整治经费的问题；关于拨给2017年度大埔县科技计划项目资金的问题；关于拨给财政供养人员住房公积金缴存比例资金的问题；关于广东紫晶信息存储技术股份有限公司借款利息的问题；关于解决国土资源管理工作缺口经费的问题；审议《大埔县建筑企业资质晋级补助及扶助办法》。3．县政府工作会议。讨论研究了关于高陂水利枢纽工程陂寨安置点排涝问题；关于高陂陶瓷工业组团起步区场地平整工程有关问题；关于省道S221线湖寮至枫朗段、S222线坑口至高陂段公路建设推进工作的问题；关于解决茶阳镇城区防洪堤工程遗留问题；关于镇、村级污水处理设施建设工作的问题；关于大潮高速公路建设、大麻镇移民安置点征地拆迁推进工作的问题；关于加快大埔县交通公路建设工作的问题；关于河砂管理工作的问题；关于加快推进大潮高速公路（含大漳支线）项目建设工作的问题；关于加快推进水务重点项目建设工作的问题；关于广州海珠（大埔）产业转移工业园建设推进工作的问题；关于推进大埔县西河镇省级新农村连片示范建设工作的问题；关于县道X072线高陂镇渡头村济珠桥桥面出现裂缝应急处置的问题；关于对韩江高陂水利枢纽工程征地拆迁和移民安置工作安排部署的问题；关于高陂大道用地审批、广州海珠（大埔）产业园扩容规划设计的问题；关于推进三河坝战役纪念园旅游景区提升改造项目工程建设的问题；关于县级公立医院升级建设改造重点工程的问题；关于开展全县社会救助和托养老（含托幼、午托）机构整治工作的问题；关于梅潭河、汀江河流域农村环境综合整治项目建设工作的问题；关于帽山县级自然保护区调整工作问题；关于处理宝安大桥及实验小学路口交通安全工作问题；关于解决高陂广州（海珠）产业转移工业园建设的问题；关于解决大麻加油站历史遗留问题；关于高陂水利枢纽工程陂寨移民安置点A区地块抽签分配工作的问题；关于镇级污水处理厂及配套管网工程PPP项目建设的问题；关于县城打击“两违”工作的问题；关于确定湖寮至高陂二级公路改建工程路线走向和路面的问题；关于县城密坑工业小区规划建设工作的问题；关于县城虎源路口房屋及土地征收拆迁工作的问题；关于供电所项目建设用地的问题；关于全县农村人居环境重点项目对接政策性银行的问题；关于加快推进高陂大道和广州海珠（大埔）产业转移园二期扩容规划建设工作的问题；关于大潮高速公路(含大漳支线)安置区规划建设工作的问题；关于县城工业小区规划建设工作的问题；关于县城大沙坝工业小区征地拆迁工作的问题；关于大潮高速公路大麻段征地拆迁工作的问题；关于农贸市场、建筑弃土场项目规划建设工作的问题；关于镇级污水处理厂及配套管网工程PPP项目合同及招标文件的有关问题；关于高陂水利枢纽工程征地拆迁、移民安置和防洪度汛工作的问题；关于加快推进广州海珠（大埔）产业园建设的问题；关于县城大沙坝工业小区规划建设的问题；关于防汛度汛和防地质灾害工作的问题；关于全面分析全县经济运行的问题；关于全县小型水利工程管理体制改革工作动员暨业务培训工作的问题；关于县城环城大道提升改造工程工作的问题；关于县城过境公路、大埔三小改扩建、县城虎源路应急避险场所等项目建设的问题；关于推进县城建筑弃土场建设的问题；关于县人民医院改扩建及县中医医院、高陂中心卫生院迁建工程的问题；关于推进县城大沙坝工业小区征地拆迁的问题；关于县气象探测基地搬迁项目建设的问题；关于广州海珠（大埔）产业园区（含高陂大道）建设推进的问题；关于高陂水利枢纽工程征地拆迁、移民安置和专业项目迁改等问题；关于高陂水利枢纽工程征地拆迁工作的问题；关于完善镇级污水处理设施建设 PPP 合同相关内容的问题；关于全县税收征管工作的问题；关于湖寮镇城镇建设用地征地拆迁工作的问题；关于加快推进全县未开工项目开工建设的问题；关于节能减排财政政策综合示范城市建设的问题；关于旅游产业道路改扩建项目拟采用 PPP 模式实施建设的问题；关于解决县城防洪堤下坜子堤工程遗留问题；关于全县公路货车违法超限超载行为专项整治工作的问题；关于调整五虎山森林公园经营范围的问题；关于县城工业小区建设工作推进的问题；关于全县安全生产暨第三季度防范较大以上生产安全事故工作的问题；关于山丰水库工程建设推进的问题；关于处置乌槎村征地拆迁和工程建设中出现的问题；关于对县城工业小区规划建设聘请第三方测绘、指挥部办公场所、工程勘察、施工图编制、林地可研等相关事宜及费用问题；关于枫朗镇原大埔水泥厂地块申报棚户区改造项目后续工作的问题；关于协调解决县城虎源路应急避险场所项目建设的问题；关于推进县气象探测基地搬迁项目的问题；关于县气象探测基地选址、征地拆迁等问题；关于谋划省四大政策性基金项目的问题；关于土地整治垦造水田工作的问题；关于县人民医院改扩建、县中医医院迁建、县妇保院改扩建、县慢病院门诊楼工程的问题；关于城乡规划建设管理工作的问题；关于县城环城大道提升改造项目的问题；关于推进大麻镇新农村示范村建设工作的问题；关于县安全生产暨第四季度防范较大以上生产安全事故工作的问题；关于推进村卫生站建设工作的问题；关于县城老城区市政道路提升改造的问题；关于市委常委、常务副市长李远青同志巡查汀江流域落实河长制工作的问题；关于县中医医院迁建、妇幼保健院改扩建、慢病院门诊楼工程建设的问题；关于落实 2017 年大埔县十件民生实事工作的问题；关于韩江大麻国考断面水质自动监测站建设的问题；关于推进县城工业小区建设的问题；关于县节能减排财政政策综合示范城市建设的问题；关于完成全县单位 GDP 能耗下降目标任务的问题；关于高陂镇重点项目征地拆迁工作的问题；关于县城环城大道提升改造项目建设的问题；关于县城部分市政基础设施建设工程移交工作的问题；关于大潮高速临时用地审批工作的问题；关于推进农业、林业、水务、畜牧等方面重点工作的问题；关于镇级污水处理设施建设的问题；关于成品油市场综合整治工作的问题；关于解决双溪水库外迁移民土地权属历史遗留问题；关于翰林华府第一期地下室车位办理不动产权证的问题；关于黄标车淘汰和水污染防治工作的问题；关于中央环保督察畜禽养殖污染防治整改工作的问题；关于高陂水利枢纽工程建设征地拆迁和移民安置工作的问题；关于奥园广场项目建设的问题；关于控制全县单位 GDP 能耗的问题；关于开办高陂水利枢纽工程用石料场的有关工作的问题；关于县城过境公路二期工程建设的问题。

【重大决策事项】1．实施省级新农村连片示范建设。1 月，下发《大埔县省级新农村连片示范建设工程实施方案》。2．创建国家级农村职业教育和成人教育示范县工作。1 月，印发《大埔县创建国家级农村职业教育和成人教育示范县工作方案》。3. 制定安全生产“十三五”规划。2 月，下发《大埔县安全生产“十三五”规划》。4. 主要污染物总量减排工作。2 月，印发《大埔县 2017 年度主要污染物总量减排工作计划》。5. 实施农村环境综合整治奖补。3 月，下发《大埔县农村环境综合整治专项考核奖补办法(试行)》。6. 加快众创空间发展。3 月，下发《关于加快众创空间发展服务实体经济转型升级的实施意见》。7. 加大地质灾害防治力度。4 月，印发《大埔县 2017 年度地质灾害防治方案》。8. 制定削坡建房综合整治工作方案。4 月，印发《大埔县削坡建房综合整治工作方案（2017–2019 年）》。9. 实施山洪灾害防御应急预案。4 月，印发《大埔县山洪灾害防御应急预案》。10. 制定水资源综合规划。4 月，印发《大埔县水资源综合规划》。11. 加快电子商务产业发展扶持。5 月，下发《大埔县加快电子商务产业发展扶持办法》。12. 振兴陶瓷产业。5 月，印发《大埔县陶瓷产业振兴发展实施方案（2017—2020)》。13. 实施扶贫小额信贷工作方案。5 月，印发《大埔县扶贫小额信贷工作实施方案》。14. 水功能区划。5 月，印发《大埔县水功能区划》。15. 加强招商引资工作。5 月，下发《下达 2017 年度全县招商引资任务》。16. 加强住房保障工作。6 月，印发《大埔县 2017 年度公共租赁住房保障工作方案》。17. 保障残疾人就业。6 月，印发《大埔县 2017 年残疾人就业保障金征缴工作方案》。18. 实施金融精准扶贫精准脱贫方案。7 月，下发《大埔县金融精准扶贫精准脱贫三年攻坚实施方案》。19. 食盐监管体制改革。7 月，印发《大埔县食盐监管体制改革实施方案》。20. 制定全民科学素质行动计划纲要实施方案。9 月，印发《大埔县全民科学素质行动计划纲要实施方案（2016–2020 年)》。21. 防汛防旱防风防冻应急预案。9 月，印发《大埔县防汛防旱防风防冻应急预案》。22. 规范青花瓷生产技术。10 月，下发《大埔青花瓷生产技术规范》。23. 实施县域生态环境质量考核工作方案。10 月，下发《大埔县“十三五”国家重点生态功能区县域生态环境质量考核工作实施方案》。24. 环境保护“十三五”规划。11 月，下发《大埔县环境保护“十三五”规划》。25. 加强土壤污染防治工作。12 月，下发《大埔县土壤污染防治工作方案》。26. 严格水资源管理。12 月，下发《大埔县“十三五”最严格水资源管理制度实施方案》。27. 加强国有资产管理。12 月，下发《大埔县行政事业单位国有资产管理改革实施方案》。

【成功创建广东阴那山国家森林公园】2017 年 7 月，广东大埔阴那山国家级森林公园经国家林业局批准设立，是大埔县首个（梅州市第 5 个）国家级森林公园。广东大埔阴那山国家森林公园规划面积 2951.83 公顷，位于大埔县大麻镇，是一个以森林自然景观为主，兼与客家山村田园风光、千年古刹相融合的综合性森林公园，森林覆盖率 84.9%，以亚热带常绿阔叶林植被为主，有阴那山、万福寺、客家乡村梯田风光、花岗岩漂石（石蛋）等景观，保存有野生维管束植物及栽培植物 780 种，国家重点保护珍稀濒危植物桫椤、半枫荷等 12 种，记录有国家重点保护野生动物 7 种。境内有始建于唐代，被誉为粤东、闽西佛教发祥地、韩江水系四大名寺之一的万福寺，更有“五峰云海、和尚参禅、莲花石渡”等十五景致、十八奇观，众多香客游人为此前往礼佛访古，亲近自然。

【大埔县获“2017 年度中国最美茶乡”“2017 年度全国重点产茶县”称号】2017 年 10 月，中国茶叶流通协会（国家一级协会）授予大埔县“2017 年度中国最美茶乡”“2017 年度全国重点产茶县”称号。大埔地处粤东山区，山地广阔，具有较长时间的漫反射光照，适宜优质茶叶生产，是广东省优质茶叶基地之一。大埔乌龙茶经农业部批准登记为国家地理标志保护农产品。近年来，大埔以建设东部枫朗镇西岩山万亩茶文化旅游产业园为重点，构建交通路网综合体系，打造4A级茶乡旅游景区，把上山下、岗头、南坪、将军畲等自然村串珠成链，开辟北坪和岽顶湖等生产茶园，规划建设西竺寺、大王坑、墩背村等外围茶区，形成西岩山脉2000公顷观光茶乡；带动建设北部西河镇飞天马，西部洲瑞镇单竹山、大麻镇英雅石涧和南部三县崇等乌龙茶辐射区基地。至2017年底，全县茶叶有国家级名牌产品1个，广东省名牌产品14个。经认定的无公害茶叶基地5个，面积1686.67公顷，批准产量2594吨；绿色食品认证基地1个，面积133.33公顷，批准产量125吨；有机茶叶认证基地3个，面积412公顷，批准产量398.7吨。

【大潮高速公路（含大漳支线）建设】大潮高速公路主线起于梅州市大埔县大麻镇，与梅州至龙岩高速公路相连，终于潮州市饶平县钱东镇与沈海高速公路相接。大漳支线起于大埔县高陂镇，终于大埔县大东镇白土村（粤闽界）与福建省云霄至平和高速公路相接。全线路线长度120.77公里，其中大埔境内长65.22公里，总投资80亿元，设互通立交8处（含预留平原互通），即上径、高陂、赤山、塘尾、光德、枫朗、大东互通，服务区1处，停车区1处，管理中心1处，养护工区2处，收费站5处（含主线站1处），超限超载检测站1处。采用设计速度为100公里／小时的高速公路标准建设，路基宽度26米，双向4车道。项目控制性工程双峰顶隧道于2016年12月5日先行动工建设，全线工程于2017年4月动工建设。2017年，项目完成投资14.91亿元，累计完成投资18.86亿元。各施工标段正在开展软基处理、路基填方、桥梁桩基、涵洞及隧道施工。

大埔县人民政府县长、副县长名录：

县　　长：朱汉东（—2017.5）
熊锋松（2017.6—，5月代县长）

副 县 长：郑尚森　张志平（挂职，—2017.4）
吴东华（挂职，2017.4—）
房春鸣　刘采峰　饶凌云
蓝　欣（—2017.7）　罗春达
刘辉堂（2017.8—）
罗盛芬（挂职，女，—2017.4）

党组成员：刘小龙（—2017.8）
邓玉伦（2017.8—）

县政府办公室负责人名录：

主　　任：何凯涛（2017.1—）

副 主 任：郭宣志
陈方华（—2017.12）
郭华昌（2017.9—）
赖俊浩（2017.12—）

党组书记：何凯涛

副 书 记：汪德欢

党组成员：郭宣志　郑　彦
郭华昌（2017.9—）
赖俊浩（2017.11—）

（县府办综合组）

综合政务服务管理

【简述】2017年，大埔县综合政务服务管理办公室秉承为人民服务的宗旨，扎扎实实为民办事，为广大办事群众提供方便、快捷的服务，解决广大群众办事难、多部门跑等问题，取得一定成效。2017年12月，经县编办批准成立下属事业单位“电子监察监控中心”。

【政务服务建设】大埔县公共服务中心全面推进一门式一网式政府服务模式改革，对进驻县中心29个单位的66个窗口进行优化调整。通过分类、整合，设立公安等6个小一门综合窗口（共10个单位），对其余19个单位重新调整、优化整合进入一门式综合服务窗口。同时，对县公共服务中心办事大厅软、硬件进行升级改造，为群众办事创造良好的办事环境。2017 年县公共服务中心窗口受理各类业务 14.47 万件，办结 14.29 万件，其中即时办结 12.45 万件，无群众投诉。镇村公共服务中心（站）建设取得初步成效，各镇（场）推进一门式一网式政府服务模式，全县 15 个镇（场）公共服务中心全面启用，各镇（场）的综合窗口专责人员经统一培训后上岗，各部门进驻人员得到进一步充实，全年办理各类业务 4992 件。全县 256 个村（社区）的公共服务站建设全面完成投入运行，镇村（社区）全部聘有专职工作人员，将政务服务模式向村级延伸，构建县、镇、村三级服务平台，实现重心下移、三级联动、政务资源共享，更加方便群众办事。

【网上办事大厅建设】大埔县网上办事大厅进驻部门 41 个；已进驻办理事项 368 项，其中行政许可审批事项 263 项、非行政许可审批事项 33 项、社会事务服务审批事项 72 项。优化升级网上办事大厅，网上办事深度及办结率连年有所提高，尤其是行政审批事项网上办事全流程的一级比例为 100%，二级比例为 86.15%，三级比例为 85.17%；现场办理零次跑动比率为 5.51%；2017 年优化办事流程 360 项，减少办理环节简化办事程序 235 项，压缩审批时限 180 项 358 天，有效提高服务效能。

【并联审批工作】在县公共服务中心设置项目并联审批综合服务窗口，按照《大埔县项目并联审批实施方案》对县重点项目工程，“实行‘一口受理、同步审批、限时办结、信息共享’并联审查审批”，推动项目并联审批，精简审批流程和环节，解除前置条件相互制约，缩短审批时限，促进项目审批提速提效。

【“马上办”改革】全面实施“马上办”改革，加大督查、巡查力度，每月结合窗口上班纪律、服务态度、办事效率、窗口管理等开展监督考核，抓好窗口绩效考核工作。加强效能监察，完善绩效考核机制，推动各项审批工作更加便捷、高效。全年接派效能监察有效工单 17 件，均得到及时处理，有效解决群众投诉的效能监察问题。

【党建工作】以十九大精神为统领，以习近平新时代中国特色社会主义思想为指导，不断健全党支部的组织生活制度，抓好党风廉政建设和机关作风建设，继续推进“两学一做”学习教育活动，强化党性教育、优化党员管理、深化作风建设，推动“两学一做”学习教育常态化。通过开展学习教育，增强党员的党性观念和党性觉悟，树立责任意识和奉献意识，激发党员爱岗敬业、忠于职守、吃苦耐劳、无私奉献的高尚情操，做好新时期的政务工作。

【精准扶贫、精准脱贫工作】开展扶贫济困活动，每年在全办开展一次扶贫济困捐款活动，干部职工力所能及帮助贫困群众。派出一名年富力强的干部到所挂镇开展精准扶贫工作，保障整体扶贫工作有序推进。

【“12345”政府热线工作】“12345”政府热线办设在县政管办，负责办理市政府“12345”热线下派工单的跟踪、检查、催办和督办等日常工作，按照市政府“12345”热线办的要求和《广东省市场监管条例》第五十五条市政府“12345”热线办平台对消费投诉、市场违法统一接听、按责转办、限时办结、统一督办、统一考核”的规定，按照规范操作，对派出工单采取限时办结、督办、回访考评和逾期追责等措施跟踪落实到位，扩宽广大人民群众投诉、举报、咨询等渠道。全年受理群众诉求 423 件（其中投诉 395 件、咨询 17 件、举报 7 件、求助 4 件），全部按期办结，按期办结率 100%，回访群众满意率 97%。各职能部门接到投诉后均能及时调查处理投诉问题，提高处理质量及回访满意度，解决群众各类诉求，拓宽政民沟通渠道。

县政管办负责人名录：

主　任：郑　彦

副主任：陈君仪（女）　何学樑

（刘华坚）

县政府调研

【强化学习，提高政治站位】2017年，大埔县人民政府调研室坚持把勤学善思作为做好调研工作的重要前提，挤时间、抢时间，坚持学习，坚持联系实际，把理论知识运用于实践，做到“大学习、深调研、真落实”，使理论知识成为提升工作、破解难题的原动力。1. 强化理论学习。坚持以习近平新时代中国特色社会主义思想武装头脑，学习贯彻中共十九大精神，原原本本地学习中共十九大报告和党章修正案，阅读《人民日报》《南方日报》《梅州日报》等党报，仔细研究《求是》《广东调研》等党刊，反复揣摩中央和省、市、县重要文件以及领导重要讲话精神，提升政策理论水平和思想境界。2. 提高政治站位。坚定理想信念，增强“四个意识”，坚定“四个自信”，自觉做到“四个服从”，不断提高政治站位，在思想上政治上行动上与以习近平为核心的党中央保持高度一致，始终保持正确的政治方向。3. 拓展业务学习。弘扬马克思主义学风，提高专业化水平，在学习掌握当前时事、政策的同时，学习社会管理、经济、法律和写作等知识，结合工作实际，加强调查研究，注重总结分析，掌握第一手资料，在实践中学习，在学习中思考，做到理论联系实际、学以致用，增强研究、分析和解决实际问题的能力，发挥参谋助手作用。

【优化服务，提高工作效率】坚持以文立室，做到主动服务、超前服务，提升以文辅政、参政设谋的能力水平。1. 立足全局谋发展。以做好前瞻性、战略性与对策性研究为宗旨，主动为县政府重大战略决策和重要工作部署提供决策思路与建议，跟进领导思路、主动调研谋划，为县政府领导提供高质量的决策参考。根据2017年县委全会报告和政府工作报告确定的重点工作，从县域经济、交通水利基础设施、美丽乡村、精准扶贫脱贫、民生短板等各个方面提出建议，为县政府重大决策部署收集第一手详细资料。2. 深入实际搞调研。围绕全县中心工作和社会关注、群众期盼的热点、难点问题，突出重点，深入基层、深入群众，开展“推进供给侧结构性改革”“县域经济发展”“补齐民生短板”“工业园区建设”等专题调研活动，形成高质量的调研报告6篇，多方位为领导提供决策依据。3. 起草文稿求精品。树立精品意识，提高文稿写作水平，发挥以文辅政的作用。2017年，撰写和修改《政府工作报告》、县政府常务会议纪要、县长办公会议纪要和县政府主要领导各种会议讲话材料、署名文章、汇报材料、调研报告等文稿200篇。

【严明纪律，坚守优良作风】坚持把纪律和规矩挺在前面，遵守《关于新形势下党内政治生活的若干准则》，严格落实中央八项规定实施细则，持之以恒正风肃纪，持续整治“四风”，始终做到大事讲原则，小事讲风格，心往一处想，劲往一处使。强化“作风无小事”观念，对待文稿起草始终保持如临深渊、如履薄冰的态度，以“要求再高不算高，要求再严不算严”的极端负责精神鞭策自己，当好第一责任人，站好最后“一道岗”，确保每一篇文稿至少校阅三遍以上，争取“文出我手无差错”。同时，秉承“朝受命、夕饮冰，昼无为、夜难寐”的信念，对领导交办的材料、部署的工作，立说立行、紧抓快办，做到案无积卷、文不过夜，以效率促成效，以成效落实责任。

县政府调研室负责人名录：

主　任： 汪德欢

副主任： 张国修

（刘伟志）

法制工作

【简述】2017 年，大埔县人民政府法制局以推进依法行政、建设法治政府为目标，围绕县委、县政府的中心工作，抓好政府依法行政、推行行政执法责任制、加强规范性文件备案审查、行政执法监督、行政复议和机关自身建设等各项工作，发挥政府参谋、助手和法律顾问的作用。

【规范性文件备案审查】县法制局按照《大埔县重大行政决策和行政规范性文件合法性审查工作规则》，对以县政府名义发布的规范性文件进行审查。贯彻落实省政府“规范性文件三统一制度”，完善备案审查制度，做到规范性文件有件必备。2017 年，起草、审核县政府规范性文件草案 18 件、县政府规范性文件 7 件，向市政府和县人大常委会报备规范性文件 7 件。做好政府文件清理工作，从 2017 年 5 月起对 2002 年以来以县政府或县府办名义印发的现行有效的 1418 件县政府文件进行全面清理，征求有关部门和社会公众意见，调研、多次修改，最终形成清理意见。通过文件清理，保留 448 件，宣布失效 837 件，废止 118 件，适时修改 15 件，其中规范性文件 71 件、其他政策性文件 1344 件。县政府常务会议审议通过此次清理结果，并及时向社会进行公布。

【做好政府参谋助手和法律顾问】2017 年，县法制局参加县政府重大行政决策研讨会 32 场次，县政府常务会议 10 场次、县长办公会议 10 场次；研究事项 450 项；审核县政府工作会议纪要 100 期；参加信访研判 43 场次；审查以县政府名义作出的处理决定 5 件；审核《大埔县镇级污水处理厂及配套管网工程 PPP 项目合同》《大埔县旅游产业道路改扩建 PPP 项目合同》《大埔县中医医院、妇幼保健院、慢病院迁建项目 PPP 合同》及招商引资等各类合同共 86 件。

【行政执法案卷检查】下发《大埔县人民政府办公室关于开展 2017 年行政执法案卷评查工作的通知》，从 12 月中旬开始，对全县行政执法部门自 2017 年 1 月 1 日至 2017 年 9 月 30 日期间，已办理完成的行政处罚、行政强制、行政许可案件的案卷共 127 件开展评查，对在案卷评查中发现的问题，督促有关部门组织整改并提出整改措施，纠正错误。

【执法证管理】根据《广东省行政执法人员综合法律知识网上考试管理办法》等文件精神，下发《大埔县人民政府办公室关于做好大埔县行政执法人员持证上岗和资格管理工作的通知》，要求所有行政执法人员必须经过综合法律知识网上考试获得合格成绩方可申领行政执法证。全年组织全县 114 名行政执法人员进行综合法律知识网上考试，通过率 97%。全年办理执法证件 105 件，其中办理新证申领 100 件，年审换证 5 件。全县各执法部门 2017 年上报县法制局备案审查的重大行政处罚案件 122 宗。

【行政复议】2017 年，全县收到当事人向县政府申请行政复议的案件 6 件，其中年内新办理 4 件，上期结转 2 件。办理结果为：不予受理 1 件，驳回申请 1 件，告知向有关部门申请行政复议 1 件，决定维持 2 件，正在审理 1 件。

【行政诉讼】2017 年，县政府作为被告的行政、民事诉讼一审案件各 1 件，原告的诉讼请求均被法院驳回；县政府为被上诉人的二审行政诉讼案件共 6 件，其中法院维持 5 件，正在二审审理 1 件。全年为县政府挽回经济损失350万元。

县法制局负责人名录：

局　长：江启清

副局长：连进强

（何敬业）

机构编制

【简述】2017年，大埔县机构编制委员会办公室以习近平总书记系列重要讲话精神为统领，贯彻中共十九大和县委十二届二次全会精神，按照省、市编办机构编制管理工作的总体部署和要求，加强机构编制管理和自身队伍建设，完成全年各项工作任务。

【纪委派驻机构建设】根据《中共梅州市委办公室〈关于加强市纪委派驻机构建设的意见〉的通知》和《中共大埔县委办公室〈关于加强县纪委派驻机构建设的意见〉的通知》精神，完成纪委派驻机构的建设工作，并印发《中共大埔县纪律检查委员会派驻纪检组机构编制规定》。主要内容是：在县直机关设立大埔县直属机关纪工委，大埔县纪委派驻县政府办公室纪检组等10个县纪委派驻（出）纪检组（纪工委）。核定县纪委派驻（出）纪检组（纪工委）编制33名（行政编制27名、执法专项编制6名），配备县纪委派驻（出）纪检组（纪工委）副科职领导职数10名。县纪委派驻（出）纪检组（纪工委）人员编制单列，由县纪委统一管理。

【食盐监管体制改革】按照省、市、县盐业体制改革的部署和要求，根据《梅州市人民政府办公室关于印发梅州市食盐监管体制改革实施方案的通知》精神，起草《大埔县食盐监管体制改革方案》，经征求县经信局、县财政局、县食品药品监督管理局、县盐务局等11个相关单位意见后，报县政府审议通过，并以《大埔县人民政府关于请求审定大埔县食盐监管体制改革方案的请示》报送市政府审批。市政府以梅市府办函〔2017〕107号批复大埔县，再以埔府办〔2017〕23号文印发实施。

【设立大埔县委巡察工作领导小组办公室】根据中办发〔2017〕43号、粤办发〔2017〕42号和《中共大埔县委办公室关于成立中共大埔县委巡察工作领导小组的通知》精神，设立中共大埔县委巡察工作领导小组办公室（简称县委巡察办），为中共大埔县委巡察工作领导小组日常办事机构，县委巡察办设在县纪委。县委巡察办承担中共大埔县委巡察工作领导小组日常工作，负责协调配合市委巡察有关工作；贯彻县委有关巡察工作的决议、决定、指示；负责综合协调、组织指导、制度建设、监督管理、服务保障等工作。核定编制5名，设主任1名，副主任2名。

【更新行政许可事项，取消调整行政许可事项】制定印发《关于开展行政许可事项目录（2017年版）制订工作的通知》，要求县直和省、市驻埔有关单位对照粤机编办发〔2017〕78号文，结合埔府〔2016〕119号公布的行政许可事项目录，更新完善《大埔县人民政府决定保留的行政许可事项目录（2017年版）》。同时，深化行政审批制度改革，根据《国务院关于第三批取消中央指定地方实施行政许可事项的决定》《广东省人民政府关于取消50项行政许可事项的决定》文件精神和省目录调整情况，制定《大埔县人民政府决定取消的行政许可事项目录》和《大埔县人民政府决定调整的事项目录》。县直各单位保留的行政许可事项为279项，取消的许可事项为33项，调整的事项为3项。

【清理规范行政审批中介服务】根据国家和省、市关于推进政府职能转变和深化行政审批制度改革的部署和要求，做好行政审批中介服务事项的清理规范工作，推进配套改革和制度建设，保障行政审批质量和效率。对政府部门在审批过程中委托开展的技术性服务活动，必须通过竞争方式选择承办机构，落实国家和省、市、县出台的经费保障措施。对涉及公共安全的行政审批事项，在清理规范相关中介服务后，强化监管措施，确保安全责任落实到位。2017 年，全县清理出政府部门行政审批中介服务事项目录（第二批）22 项，已经县政府常务会议审定通过印发公布实施。

【行政执法体制改革】按照省、市的统一要求和部署，全面完成农业、劳动监察综合行政执法体制改革。根据《中共广东省委 广东省人民政府关于深入推进城市执法体制改革改进城市管理工作的实施意见》、《关于深入推进城市执法体制改革改进城市管理工作的实施意见》，以及《梅州市人民政府关于对大埔县深入推进城市执法体制改革改进城市管理工作实施方案的批复》的精神，按照“撤一建一”原则，将大埔县工商行政管理局、大埔县质量技术监督局的职责整合，设立大埔县工商和质量技术监督局。同时，按照精简统一效能的原则，整合市政公用、市容环卫、园林绿化、城市管理执法等城市管理相关职能，在县政府 20 个工作部门限额内，单独设立大埔县城市管理和综合执法局，全面完成城市管理执法体制改革工作。

【事业单位分类改革】规范制定事业单位“三定”方案，规范事业单位机构名称和工作职责，从严从紧核定人员编制和领导职数。在《大埔县县直事业单位分类改革方案》的基础上，结合实际逐步开展工作：一是抓好原广东省大埔县广播电视大学（前称为广东省广播电视大学大埔县分校，更名为大埔开放大学）的事业单位改革工作，并重新印发《大埔开放大学分类改革机构编制规定》。二是明确理顺政府与事业单位的关系，为实现行政职能回归行政机关、事业单位强化公益服务打下良好基础。

【机构编制问题整改】根据《广东省机构编制委员会关于转发〈中央编办关于加强机构编制问题整改推进审批联动的意见〉的通知》及市编委《关于开展机构编制问题整改推进审批联动工作的通知》精神，结合全县机构编制实际进行自查。同时，针对县内机构编制存在个别行政机关、事业单位有超编和个别行政机关使用事业编制的现象，采取如下整改措施：一是机关事业单位超编问题。采取自然减员、人员分流等方式予以整改。2017 年通过暑期教师调整及系统内部人员调剂，已完成教育及卫生系统超编消化整改的事业单位 13 个。二是行政机关使用事业编制问题。结合机构改革及时予以整改，或待省、市下达行政编制后予以核销。

【控编减编】严格执行省、市编委批复的控编减编基数，以体制改革为突破口，深化行政审批制度改革，推进政府职能转变和机构改革，推进事业单位分类改革，完善和创新机构编制管理方式，发挥现有编制的使用效益，及时调整机关事业单位编制结构，强化机构编制实名制管理。执行省编办《关于暂停新增事业编制的通知》精神，至 2017 年 12 月底，全县行政编制、政法专项编制、行政执法专项编制、事业编制均未突破省、市编委批复的编制总量，且事业编制在总量内减少 76 名。机关事业编制对比 2012 年底控编基数减少 5 名，工勤编制对比市下达控编基数 84 名减少 30 名（其中 2017 年核销县纪委及其派驻纪检组工勤编制 9 名）。

【统一社会信用代码赋码】继续做好事业单位法人登记日常管理工作，全年为 11 个事业单位换发事业单位法人统一社会信用代码新证书；办理事业单位法人设立登记 13 个，变更登记 26 个；对全县 200 个事业单位提交的 2016 年度报告进行审核，并在广东省事业单位登记管理网进行年度报告公开，公开率 100%。根据《省编办关于转发〈中央机构编制委员会办公室关于开展机关、编办直接管理机构编制的群众团体统一社会信用代码赋码工作的通知〉的通知》要求，为41个行政机关、群众团体办理统一社会信用代码证书。

县编办负责人名录：

主　任：李月茹（女，—2017.9）

副主任：曾国杭（2017.9—负责工作）

温卫国

县事业单位登记管理局负责人名录：

局　长：罗春初

（廖明珠）

外事侨务工作

【对外联络沟通】1. 请进来敦睦乡谊，走出去了解侨情。2017年，大埔县外事侨务局接待来自东南亚等国家和地区的海外乡亲2300人次。同时，组织相关职能部门"走出去"，拜访相关国家的政要侨领和社团，参加招商会、华侨社团庆典活动等。2. 加强大埔与马来西亚、印尼等青少年合作交流。通过参观交流，增进对大埔的了解，了解客家历史文化和民俗风情，聚焦家乡的发展。全年接待3批150人次的马来西亚、印尼青少年访问团，为侨务资源的培育打下基础。

【为侨服务】1. 贯彻《中华人民共和国归侨侨眷权益保护法》《广东省华侨权益保护条例》，依法依规做好侨务信访工作。疏导化解矛盾纠纷，把信访作为维护稳定、提升形象、构建和谐大埔的具体工作，抓紧抓好。2017年接待涉侨案件4件，解决率100%，主要涉及侨务政策咨询。2. 关心贫困归侨，落实救助政策。为解决贫困归侨生产生活中存在的具体问题，按照《关于印发〈广东省贫困归侨扶贫救助补助资金管理办法〉的通知》要求，落实2017年贫困归侨生活困难补助的发放工作，发放低保五保、临时救助等困难归侨322人次42.48万元，真正使需要帮助的贫困归侨得到救助。3. 为侨寻亲，为侨办实事、办好事。2017年，帮助26位华侨在大埔找到亲人。4. 发挥侨乡优势，以侨引资促进家乡发展。继续引导华侨捐赠公益事业，发动华侨、华人和国内乡贤捐赠兴办各种公益事业的积极性，特别是在教育卫生方面，全年收到207.37万元捐款。

【外事管理】发挥部门服务职能，负责因公临时出访管理工作，加强外事服务管理，严格按照规定程序办理，主动为县党政及部门领导、工作人员公务出访提供保证，主动与企业经营管理人员联系办证业务。2017年，受理因公出访报批申报材料17批24人次。

【新时期精准扶贫】开展新时期精准扶贫精准脱贫工作，继续对洲瑞镇葵坪村、下营村的10户扶贫对象进行精准扶贫，局领导干部多次深入扶贫对象，全面了解他们的经济生活现状和存在困难，全年拨付2万元扶贫工作经费到两个挂扶村，支持村扶贫工作，解决扶贫对象生产生活困难。

县外事侨务局负责人名录：

局　长：陈培先（—2017.10）

刘思法（2017.10—）

副局长：刘海清（女）　刘晋勋

（罗元金）

侨联工作

【简述】2017年，大埔县归国华侨联合会围绕实施"低碳经济县、宜居宜业县、人文魅力县、幸福和谐县"发展思路，坚持"以人为本，为侨服务"的宗旨，发挥侨联的特点和优势，团结和带领全县归侨侨眷服务全县经济社会发展。

【坚持服务和拓展，履行职责见成效】1. 维护侨胞和归侨、侨眷的合法权益。继续聘请一位有 20 多年法律工作经验的律师为法律顾问。2. 做好信访工作。全年信访来访 12 人次，对每件信访案件都指定专人受理，坚持做到“件件有落实，件件有答复”。3. 帮助侨裔寻亲。全年帮助寻亲 8 起，通过实地走访、寻找族谱、乡讯刊登寻亲启事等，帮助 6 人寻找到失去联系的亲人。4. 组织慰问特困归侨侨眷。2017 年元旦春节期间慰问 30 户特困归侨侨眷。5. 帮助特困归侨侨眷子女圆大学梦。继续做好“侨界助学行动”，联系市侨联帮助特困归侨侨眷子女 5 人就学。

【凝结侨情侨谊，涵养海外侨务资源】1. 开展以文化教育内容为主的交流活动。2017 年，邀请新加坡大侨小学师生一行 26 人到张云栽实验小学开展交流学习浸濡活动，发挥马来西亚归侨廖乐年的长教英语培训基地作用。通过在教育、客家文化传承、客家文艺、大埔旅游等方面的交流，宣传大埔、推介大埔。2. 强化服务，加强联络联谊。2017 年，接待马来西亚中国客家商会访问团、埔联总会青年考察团、埔联总会返乡团、吉隆坡广东义山参访团、新加坡茶阳刘氏公会返乡团、新加坡茶阳（大埔）会馆返乡团、新加坡茶阳何氏公会回乡探亲团以及印尼国际日报董事长熊德龙、泰国侨贤陈修试夫人、华商会澳洲珀斯分会会长贺彼德等侨领侨贤和社团 1600 人次。同时走出去了解侨情，增进乡谊。向海外大埔籍、华人团体及侨胞、国内旅外大埔籍乡亲代表等寄发新春慰问卡；开展联心联谊活动，连结乡情、侨情；平时采取电话、书信、贺卡等形式加强联络联谊，对社团换届、纪念活动发贺信，并协助办理婚丧喜庆活动。

【发挥资源优势，助推中心工作】一是发挥侨联优势，加强联络、联谊，趁海外乡亲回乡探亲之机，在接待中尽心尽职、热情服务，加强沟通与交流，并向海外乡亲汇报全县重点工程的重大意义和工作进展，发动海外侨胞、外出乡贤争取他们的支持家乡建设。二是向海外同乡组织发传真，发动社团、侨胞、同胞参与扶贫济困日捐助活动。三是各镇侨联利用平时下乡之机向归侨侨眷宣传全县重点工程项目，让他们在与海外亲人沟通联络时把这些信息传递到海外。

【联系工作实际，加强侨联自身建设】1. 基层侨联组织建设。贯彻落实党建带侨建的工作要求，推动镇、村侨联“五有”建设。一是逐步形成基层组织网络。全县 254 个村（居）委均成立侨联小组，初步形成县、镇、村“纵向到底、横向到边”的基层组织网络。二是“五有”建设逐步完善。全县各镇（场）全部实现有组织、有队伍、有阵地，并争取经费开展活动。2. 加强侨联干部业务学习。组织全县侨联工作者学习贯彻十九大精神和习近平总书记对广东工作批示精神，理解精神内涵，把批示精神贯彻落实到实际工作中去，把自身工作与协调推进“四个全面”战略布局、落实新发展理念紧密结合起来，与推进供给侧结构性改革、创新驱动发展、“一带一路”建设、扶贫济困等中心工作紧密结合起来，在深化“拓展海外工作、拓展新侨工作”、坚持“海外国内并重，老侨新侨并重”中贯彻落实批示精神。3. 推进“两学一做”学习教育常态化制度化。根据县委《关于 2017 年推进“两学一做”学习教育常态化制度化的实施方案》的要求，组织侨联机关党员干部学习《中国共产党党章》《中国共产党廉洁自律准则》《中国共产党纪律处分条例》《习近平总书记系列重要讲话读本》等，通过支部书记上党课、读书笔记、“五个能否”大讨论、收看廉政主题纪录片、撰写学习心得等方式，增强为侨服务的使命感、责任感。

县侨联负责人名录：

主　席：范春芳（女）

副主席：李步锦

（李步锦）

经济协作

【强化理论学习，推动工作落实】2017年，大埔县经济技术协作办公室贯彻落实中共十九大精神和习近平总书记对广东工作的重要批示精神，深化认识，加强学习研究，创新工作思路，加强区域协作，增强做好工作的自觉性和责任感，以学习的成效提高经济协作的质量，促进各项工作有效落实。

【发挥经协职能，服务中心工作】1. 协助做好展会各项工作。根据上级有关文件精神和工作要求，按照县委、县政府主要领导的指示，协助县招商局、旅游局等相关部门做好2017年广交会、广博会、陶博会有关工作。在广交会、广博会、陶博会期间派发《大埔投资指南》《旅游指南》等宣传资料，宣传推介大埔县的山水人文环境以及招商环境和旅游资源，完成展会的各项任务。2. 聚焦产业共建，推进对口帮扶工作。抓住大埔与广州市海珠区产业结对帮扶的机遇，联手建立互联互通、共建共享的招商引资信息平台，拓宽招商引资信息渠道，主动承接海珠区转移企业。同时，利用在海珠区金龙大厦的展示平台，加大对外招商宣传工作力度，多方面展示大埔在对外招商引资方面的优惠政策、产业资源、项目储备情况等突出优势，提高大埔的知名度。3. 配合做好边界区域协作有关工作。按照闽粤赣党政联席会议精神，开展各项边界区域协作工作，全年边界贸易市场繁荣，往来销售旺盛。开展边区治安、森林防火、卷烟打假、交通信息等方面的联防联治工作，稳定边界之间的正常社会秩序。4. 配合做好县委、县政府中心工作。服务、服从于县政府及办公室领导的调配，配合做好县委、县政府重要活动、重点项目等中心工作。

县经协办负责人名录：

主　任：李国贤（–2017.12）

副主任：刘增福

（黄继业）

住房公积金管理

【简述】梅州市住房公积金管理中心大埔县分理处是直属县政府办公室非营利性的事业单位，主要负责编制执行住房公积金归集、使用计划，住房公积金的核算；审批住房公积金的提取、使用；负责住房公积金的保值和归还等。2017年底，全县参加缴储住房公积金的单位有289个，参加缴储的职工有1.38万人。住房公积金累计归集10.89亿元，职工支取6.18亿元，归集余额4.71亿元。累计发放住房公积金贷款7.37亿元，回收贷款3.29亿元，住房公积金贷款余额4.08亿元，存贷比为86.62%，“公转商”贷款业务受理320户，贷款金额8000万元，已回赎167户，回赎金额3600万元。

【住房公积金归集、提取和发放】2017年，全县归集公积金1.97亿元，比2016年同期1.69亿元增加2757.36万元，同比增长16.26%；支取1.2亿元，比2016年同期1亿元增加2035.34万元，同比增长20.29%；归集余额7646.48万元；公积金放贷465户，放款1.05亿元；收回贷款6112.15万元。

【住房公积金缴存比例执行、放贷额度及期限情况】2017年，全县行政事业单位住房公积金的缴储比例按工资总额的7%提高到9%进行扣交和补贴；职工住房公积金贷款额度双职工最高额度仍按30万元，单职工按20万元；期限仍按2009年标准执行，即最高贷款年限为30年。

梅州市住房公积金管理中心大埔县分理处负责人名录：

主　任：林开樊

副主任：丘海越

（丘海越）

金融服务

【简述】2017年，大埔县金融服务办公室以服务实体经济为中心，以金融促进新农村建设为主题，推进农村普惠金融工作，推进金融供给侧结构改革，争取更多金融资源服务于地方经济发展。至2017年12月末，全县金融机构本外币存款余额153.09亿元，同比增加14.84亿元，增长率10.74%；本外币贷款余额72.45亿元，同比增加10.41亿元，增长率16.79%；存贷比47.33%，比2016年上升2.46个百分点。全县存款增速在全市排第4位，贷款增速排第5位。

【普惠金融试点】2017年初顺利通过省考核组的验收，圆满完成普惠金融“村村通”试点工作。一是配合市金融局承办2017年广东省普惠金融“村村通”系列培训会议。二是做好2016年普惠金融“村村通”奖补专项资金清算和资金使用情况绩效评价工作，初步构建起“基础金融不出村，综合金融不出镇”的服务体系。三是加大普惠金融“村村通”金融服务站点建设，加强农村金融知识普及宣传和金融便民服务活动的推广应用。

【地方金融风险监管】1. 加强对小额贷款公司的监管。通过现场检查与非现场检查的监管方式，引导小额贷款公司合规合法经营，促使小额贷款公司在服务全市“三农”经济和中小微企业经济发展的基础上，平稳健康发展。2. 加强处置非法集资工作。按照处置非法集资部际联席会议及省处非办的部署，开展各项排查和宣传工作，提高民众识别非法集资行为意识。5月15日，结合全国打击经济犯罪统一宣传日活动，组织公安、工商、人行、食品药品管理局、烟草专卖局等部门在县城文化广场举办打击经济犯罪宣传活动。同时在全县245个行政村的普惠金融服务点张贴《处非宣传海报》《百姓金融风险防范手册》《处非宣传小册子》，采取广播、标语、发放宣传资料等形式向广大人民群众进行宣传，教育群众识别互联网金融风险的新形式和特点，提高广大人民群众的风险意识和识别能力，并公布举报电话，发动全县人民群众参与排查、打击行动，形成工作合力。

【企业上市工作】2017年，推动符合条件的企业对接多层次资本市场，组织顺兴种养、富大陶瓷、凯达茶叶、吉玉陶瓷等参加融资系列培训，引导和鼓励企业做强做优。通过前期规范化的股份制改造和上市培育，吉玉陶瓷已顺利通过开源证券机构的辅导，各项经营指标已达到上“新三板”的条件，2018年初将向全国股转中心申请挂牌交易。

【金融精准扶贫】大埔县各金融机构结合县内产业发展特色和企业融资需求，创新金融产品和服务方式，打造具有鲜明大埔特色的产业、个性化信贷产品。推广金融产品产业帮扶，县农商银行全年对中小微企业发放“扶贫再贷款”1亿元，并推出“最高额循环贷”新产品。至2017年10月底，贷款余额1.02亿元。县建设银行为纳税信用较高的小微企业量身定制“税易贷”产品，将小微企业纳税信用、税收贡献与其融资发展相联系，纳税信用级别越高，纳税金额越多，贷款额度就越大，而且贷款仅以纳税信用为担保，手续简便，降低企业融资成本，解决陶瓷企业因抵押物问题而不能获得银行授信的问题。

县金融办负责人名录：

主　任：张海琳（女）

副主任：肖建华

（肖建华）

应急管理

【加强应急预案体系建设，开展应急演练】1. 加强应急预案体系建设。2017年，大埔县应急管理办公室按照“横向到边、纵向到底”的要求，编制全县突发事件应急体系建设“十三五”规划，督导各部门和各镇、村(社区)及企业编修各类应急预案、应急预案操作手册及应急响应流程图。全年新编、修订县专项预案7个、部门应急预案8个，全县15个镇（场）及各村（社区）、工矿企业均修订或编制各类应急预案、方案。2. 开展应急预案演练。制定应急预案年度演练计划，开展避震疏散、地质灾害防御、道路交通安全、矿山事故救援、防洪抢险、消防、处置群体性事件、反恐处突等应急预案演练。1月23日，县消防大队联合安监等相关部门在湖寮气库举办消防应急演练；4月28日，县人民医院、县疾控中心开展群体性食物中毒应急救治演练；5月11日，县交通运输局、县应急办联合在三河镇举行道路交通安全应急演练；6月15日，由县住建局牵头，县安监局、县应急办等相关单位配合，在县人民医院医技楼工地举办2017年“双优”工地观摩暨应急救援演练现场会；7月28日，县卫计局组织开展“突发急性传染病防控”“突发事件紧急医学救援”“突发中毒事件处置”等三项应急演练；11月17日，县国土资源局在高陂镇古西村开展地质灾害应急演练，县、镇、村及相关人员120人参加应急演练；3—11月，县科技局、县教育局、县应急办联合在县城和乡镇部分学校举行避震、应对自然灾害应急疏散演练。全年全县各级开展各类演练108场次，其中桌面演练5次，有1.8万人次参加应急预案演练。

【突出风险隐患排查，完善预防预警体系】1. 开展风险隐患排查整治。落实省、市《关于开展2017年突发事件风险隐患排查和整改工作的通知》精神，成立突发事件风险隐患排查整改工作领导小组，制定开展突发事件风险隐患排查和整改工作方案,组织全县各级各单位对县内公共娱乐和人员集中场所、工矿企业、建筑行业、地质灾害点、山塘、水库、危化品行业、交通运输行业、学校等领域进行隐患排查和整治。特别是针对近期雨水多，易发生山洪地质灾害的实际，完善地质灾害群测群防网络，层层落实防灾、监测责任，健全“政府负责、部门联动、群众参与”的地质灾害监测预报网络和群测群防预警体系，做到镇（场）有防治负责人、村（居）组有监测负责人、灾害隐患点有监测人，随时掌握情况。对排查出来的隐患实行“一隐患一方案”，建立隐患台账，全面落实整改主体责任和整改措施，整改率100%。2. 完善预警系统工程建设。一是依托县气象局建成占地80平方米的县预警信息发布中心，发布中心设发布、联动、监控、审核、指挥等5个功能区。同时，建立县、镇、村三级和全县中小学校、企业、地质灾害点安全监管责任人、信息员信息库，利用手机短信第一时间发布预警信息；全县245个村都聘请安全生产巡查员和护林员，形成覆盖全县的监测预警网络。二是做好地质灾害预警信息工作。建立完善大埔县地质灾害气象风险预警信息发布平台，2017年汛期发出三级地质灾害气象风险预警15次，发出预警短信2.42万人次；二级地质灾害气象风险预警3次，发出预警短信4836人次；地灾温馨提示9次，1.45万人次。

【完善组织体系，提高应急保障能力】1. 完善应急工作机构。全县注重应急组织体系建设，及时调整县突发事件应急委员会成员，各镇（场）、县应急委各成员单位也相应调整充实工作机构和应急工作人员，保证各项工作有序运转。2. 强化应急队伍建设。抓好县有关部门、各镇（场）的救援队伍建设，扩大县、镇救援队伍规模及范围，全县已建立综合应急救援队伍 4 支 138 人，专业应急队伍 20 支 400 人，基层应急队伍 33 支 1280 人，应急志愿者队伍 1 支 50 人。同时，调整突发事件应急管理专家组，由五类人员组成，成员 18 人，专家库成员 25 人。定期邀请应急专家参加风险隐患评估会商，组织应急专家参与应急预案制订、演练和突发事件应急处置、评估工作。3. 加强应急救援物资储备。全县消防、安监、水务、民政、卫计、农业、畜牧等有关部门和各镇都加强应急救援物资的储备。2017 年，全县投入 640 万元，购置消防器械、救生衣、救护车、冲锋舟、编织袋、木桩、铁铲、药物、棉被、帐篷等救援装备和救援物资，为应急救援工作的顺利开展提供物资保障。4. 推进应急避护场所建设。至 2017 年底，全县有应急避护场所 48 处，总面积 62.87 万平方米，可容纳人数 28.85 万人。其中县级 8 处，占地面积 21.38 万平方米，可容纳人数 12.84 万人；镇级 34 处，占地面积 29.39 万平方米，可容纳人数 14.73 万人；村（社区）级 6 处，占地面积 2.5 万平方米，可容纳人数 1.23 万人。全县 48 处应急避护场所中，有室外应急避护场所 40 处，占地面积 53.26 万平方米，可容纳人数 26.82 万人；室内应急避护场所 8 处，建筑面积 1.61 万平方米，可容纳人数 1.01 万人。5. 加强应急平台建设。按照市应急平台建设统一部署和技术标准要求，在县委、县政府办公楼 8 楼建设多功能应急指挥平台，分两期进行，首期投入 30 万元，于 2014 年完成一期工程建设，实现与省、市视频、声像的互联互通。二期工程建设，投入 36 万元，2017 年年初，工程全面完成并通过市专家组的验收。全年视频会议等系统正常运行，实现与省、市的互联互通。同时，县公安、三防等部门加大投入，完善预警应急平台建设，县三防办投入 110 万元对原先设备等进行升级改造，提高处置能力。

【加强应急值守】重视应急值守和信息报送工作，按照市委、市政府要求，健全完善值班硬件设施和工作制度，配齐专职值守人员，严格落实领导带班和专人专职 24 小时值守制度。1. 创新值班方式。值班电话和短信交互运用，双管齐下，提高值班工作效率。值班同志接紧急情况报告时，在科学研判的基础上，一方面按程序电话报告值班领导，同时运用政务 OA 短信平台采取短信群发的方式将突发事件时间、地点、大体内容等及时通知相关领导及县党政主要领导。2. 加强沟通协调。县应急办与县公安、安监、卫计、三防等有关部门建立信息互通和应急协调联动机制，确保第一时间报告和处置突发事件。3. 及时报送信息。坚持第一时间向市政府报送突发事件信息，办理落实省、市领导有关处置突发事件的批示、指示，并及时向市报告落实情况。2017 年，向市报送突发事件信息 52 篇，办理落实省、市领导关于突发事件指示、批示 11 件，信息报送得分位居全市各县（市、区）前列。4. 加强值班指导。加强对全县各镇（场）、县应急委成员单位值班工作的检查指导，全县各镇（场）均建立 24 小时值班制度和传统节日及森林防火、汛期等非常时期领导带班责任制，以确保各类突发事件得到及时的处置。

【加强宣教培训】把应急管理知识宣传，提高公众自救互救能力作为推进应急管理工作的基础和重心，采取多种形式广泛开展应急管理宣传活动。一是利用县广播电视台、网站和各镇政府网站等媒介宣传应急管理法律、法规和消防、地质灾害避险、卫生防疫等应急避险知识，并通过电视台、气象信息平台等及时发布灾害预警信息，提高群众应急意识和应急能力。二是印制防范自然灾害、事故灾害、公共卫生事故、社会突发事件等应急知识宣传资料，发至全县中小学生及群众进行学习宣传。三是开展梅州市第二届“百人百场”应急知识宣教等各类主题宣传活动。5月10日，开展防震减灾知识进校园、进社区宣传活动。县科技局、县应急办等相关单位在县城田家炳实验中学开展2017年平安中国防灾宣导系列公益活动，组织该校师生观看《地震灾后重建家园》防灾科普文化影视片，并开展防震减灾图片展览活动；印制防震减灾宣传小册子4.5万份，发送至全县中、小学生人手一份，开展防震减灾知识宣传；借助县气象局的电子信息平台，在全县设立30个电子信息视频，每天24小时滚动播放防震减灾知识，实现LED电子平台宣传防震减灾知识覆盖全县各镇（场）。6月16日，县安监局牵头组织在县城梅州玉丰特陶科技有限公司开展“安全生产宣传咨询日”活动，200人参加宣传咨询活动。6月27日，县应急办、县交通运输局、县安监局联合在县城文化广场举办交通安全知识宣传咨询活动，群众踊跃参与。四是通过举行消防、防震避险、山洪灾害防御、防汛抢险等演练宣传应急知识。五是通过举办食品卫生、山洪灾害防御、防汛抢险和学校安全管理知识培训班等形式宣传应急知识，共同营造应急知识进机关、进社区、进农村、进学校、进企业、进家庭的良好氛围。六是通过举办培训班和报告会等形式宣传应急管理知识，将应急知识培训纳入干部培训课程，全年举办县级培训班2期，培训230人次。

【提高应急处置能力】1. 规范突发事件现场应急处置工作。实施《广东省突发事件处置现场指挥官制度实施办法》，2017年全县发生突发事件20多宗，均为一般性突发事件。每次突发事件发生后，均及时组织有关部门和当地干部第一时间到现场处置，较大以上突发事件则按照相关应急预案启动现场指挥官机制，指定相应类别突发事件应急领导机构负责人为现场指挥官，全权负责指挥现场应急处置。全年全县突发事件均得到妥善处置。2. 实行突发事件信息公开制度。在县电视台、县政府门户网站及有关职能部门网站及时公开突发事件信息，防止造谣惑众，影响社会稳定。同时，强化突发事件信息管理，凡较大以上突发事件信息发布须经县委、县政府审批，由县委、县政府或指定相关部门统一发布，确保突发事件信息发布准确性和一致性。3. 做好事后评估和恢复重建工作。突发事件处置后，及时组织相关部门、专家及专业技术人员对事故原因开展调查，对危害进行评估，提出对策，避免此类事件再次发生。山体滑坡等地质灾害、道路桥梁损毁、供电通信线路中断等事故发生后，及时组织力量，开展恢复重建工作。

县应急办负责人名录：

主　任：赖俊浩（—2017.12）
　　　　李志浩（2017.12—）

副主任：黄优常

（**黄优常**）

打击走私

【简述】2017年，大埔县打私工作以“国门利剑2017”联合专项行动为主线，以重大节日打击应节商品走私、打击成品油走私、打击“洋垃圾”走私、涉烟打假打私专项整治、打击冻品走私、打击走私象牙等野生动植物及其制品专项行动等专项行动为重点，按照联合行动和专项行动方案要求，由县打私办牵头负责并协调协作，开展联合专项行动和日常监管巡查工作。根据各阶段专项行动工作重点，分别成立由县政府分管领导任组长、县相关单位为成员的专项行动领导小组，加强领导，提高思想认识，明确工作任务，突出打击重点，采取有效措施，开展打私工作。

【开展打击走私行动】县打私办发挥综合协调作用，牵头组织各项打私行动，加强与公安、食品药品监管、工商、经信、质监、交通运输、渔政等部门的联系，整合职能部门的力量，在辖区内持续开展环境整治、市场清理、陆上堵截等行动，形成打击合力，构筑打、防、控立体防线，构筑打击走私综合治理工作体系。2017 年，出动执法人员 886 人次，出动车辆 266 辆次。执法检查加油站（点）58 间次，查处无照经营成品油案件 5 宗，罚款 15 万元，现场没有发现销售（储存）走私成品油行为；检查食品流通企业、餐饮服务企业、化妆品经营企业（港货店）76 间次，检查冷冻库 5 个次、市场 12 家次，其他经营场所 326 间次，现场查获销售未经检验进口化妆品案 2 宗，案值 1396 元；查处走私香烟案件 3 宗 9800 支，案值 9000 元，查处非法运输烟叶案件 1 宗，现场缴获烟叶 3648 公斤；查处动植物非法案件 3 件，收缴三有保护动物画眉 43 只。在高速公路公安西河检查站，查处过境运载无合法手续成品油共 61.38 吨、油罐车 2 辆，案值 29 万元。

【加强宣传，营造舆论氛围】在联合行动和专项整治中，开展宣传发动工作，与梅州日报大埔发行站合作发放印制的反走私宣传手册和广东省反走私综合治理条例，与电信合作在收费账单背面印制打私标语口号，利用街头横幅、网络信息、电视广播等，宣传相关法律法规以及开展打私行动的必要性和重要性，加大打击声势，震慑走私活动，营造全县打击走私贩私的舆论氛围。

县打私办负责人名录：

主　任：蔡俊典

（蔡俊典）

政协大埔县委员会

【简述】2017 年，政协大埔县委员会发挥领导核心作用，团结带领政协常委会一班人，学习贯彻中共十八届历次全会和十九大精神，高举习近平新时代中国特色社会主义思想伟大旗帜，落实习近平总书记系列重要讲话和对广东工作作出的重要指示批示精神，坚持团结和民主两大主题，围绕中心、服务大局、服务群众，履行政治协商、民主监督、参政议政职能，实施“创新政协、有为政协、活力政协、和谐政协”工作新思路，为推动全县经济社会发展，加快全面建成小康社会进程作出贡献。

【党建引领，把握正确履职方向】强化党组在政协工作中的领导核心作用，明确党组成员工作分工，落实管党治党责任和党风廉政建设责任，打造“为委员服务，为发展献策”党建品牌，推进政协全面从严治党向纵深发展，营造县政协“团结和谐心齐、风清气正向上、求真务实有为”良好环境，坚持强化理论引领和思想建设，提高政治站位，增强政治定力，凝聚共识，巩固团结奋斗的共同思想政治基础。健全完善理论学习中心组学习制度，扎实推进“两学一做”学习教育常态化制度化，组织学习习近平总书记对广东工作作出的“四个坚持、三个支撑、两个走在前列”重要批示精神及关于政协工作的系列重要讲话、中共十九大精神和省市县党代会、全委会精神。坚持党对政协工作的领导，凡重大事项、重要工作、重大决策均第一时间向县委请示、汇报。发挥政协党组“把方向、管大局、保落实”的政治引领作用，贯彻落实新常态下全面从严治党的战略部署，以政治建设为统领，教育引导全体委员和政协干部坚决服从党中央的集中统一领导，坚决贯彻执行党的路线方针政策，坚决维护习近平总书记在党中央和全党的核心地位，严格遵守政治纪律和政治规矩，在政治立场、政治方向、政治原则、政治道路上始终同以习近平同志为核心的党中央保持高度一致。坚持把党风廉政建设纳入县政协整体工作进行通盘考虑、统筹部署，严格执行中央八项规定及其实施细则，推动党纪法规在政协及其机关落实到位。将县委、县政府的重大决策和工作部署融入政协全年工作要点和专题协商计划，引导社会各界凝心聚力，共谋发展，力求政协工作与县委、县政府中心工作同行同向、紧密契合，形成坚强的发展合力。“七一”期间，县政协党组组织党员委员和机关全体党员到枫朗镇南方工委旧址重温入党誓词，开展“党在我心中，党员委员在行动”主题教育实践活动。7 月和 9 月，邀请省社会主义学院副院长肖莉教授分两期对全体政协委员进行以“提升履职能力和水平”为主题的集中培训，详细解读政协的前世今生和习总书记关于政协工作的新思想、新论述、新要求，使大家了解政协、认识政协、热爱政协，自觉主动参与做好政协工作。中共十九大召开前夕，及时发出通知，要求全体委员观看开幕大会；十九大召开后，把学习宣传贯彻十九大精神作为首要政治任务，制定方案，通过召开党组会、主席会、中心组理论学习会、常委会，举办培训班等形式，迅速兴起学习十九大精神热潮，确保学习宣传贯彻有速度、有热度、有广度、有深度、有实效，特别是政协班子成员，除参加县组织的各种学习外，还参加省、市政协组织的理论培训班和市委组织的为期 5 天集中培训学习。在学习中，政协党组注重突出对习近平新时代中国特色社会主义思想的系统学习和全面把握，突出新时代人民政协的政治责任和使命担当，突出坚定不移全面从严治党等重要论述，组织专题交流研讨，准确领会把握思想精髓和核心要义，在学懂弄通做实上下功夫。通过系列学习，把全体政协委员和政协干部的思想认识统一到中共十九大精神上来，把智慧和力量凝聚到实现十九大提出的任务上来，提升政治把握能力，始终从言行上与党中央和省委、市委、县委保持高度一致，树立政治意识、大局意识、核心意识、看齐意识，坚定道路自信、理论自信、制度自信、文化自信，增强致力推动大埔县加快振兴发展、实现中华民族伟大复兴中国梦的行动自觉，确保政协工作始终沿着正确的方向前进。

【围绕中心，履行政协职能】坚持议大事、抓关键，紧扣全县工作大局，履行政协职能，扎实努力工作。全年召开党组会议 11 次、常委会议 4 次、主席会议 14 次，各类型政协工作会议 24 次。1. 聚焦县委决策，开展专题协商。围绕县委十二届二次全会提出的“打好四大攻坚战、坚持三化引领、强化一个保障”工作重点，通过组织视察、调研、督查、召开座谈会等形式，开展协商议政，提出有价值的意见和建议，得到县委重视采纳。2. 围绕政府工作，积极议政建言。召开常委会议听取县政府关于 2017 年主要工作情况通报和县卫计局关于卫生强县工作情况通报，讨论拟在县十五届人大二次和三次会议上作的县政府工作报告（征求意见稿），就县中医医院迁建选址规划、重点交通公路连接线规划建设、提案办理工作、实施“十件民生实事”、推动产城融合发展、新农村示范村建设等进行专题协商，提出具体协商意见，为大埔县重大工作部署提供决策参考。3. 抓好提案督办，提高实效。坚持把协商贯穿于提案办理各个环节，加大跟踪督办力度，取得良好效果。县政协十四届一次会议以来的42件提案、3件建议和二次会议以来的42件提案、7件建议交由相关单位办理后，县政协提案委通过上门走访、电话沟通、约请座谈等形式进行督办，常委会议和主席会议还专门听取提案办理情况汇报，并组织常委们对重点提案办理工作进行专题视察。两次会议提案全部如期办复，提案办复率和委员满意率均为100%。4. 关注民生热点，强化民主监督。坚持把视察作为民主监督的重要抓手，针对群众关注的重点工程建设、市政供水设施建设、城乡环境卫生综合整治、产业园区建设等工作，5次组织政协委员开展专项视察活动，深入现场了解情况，针对性提出意见建议，促进相关工作落实。同时，主动参与全县政风行风评议，继续推行统一选派民主监督员制度，推荐40名委员担任县直有关单位特邀监督员和全县机关作风评议活动评议员，对相关部门依法履职、端正行风、廉洁自律、提高办事效率等情况进行民主监督。5. 主动参政议政，服务全县大局。根据县委安排，县政协班子成员每人都挂钩联系1至2项重点工程、1间重点企业、1个镇、1个村和1户贫困户，经常到所挂钩联系的单位、镇村和企业指导工作，帮助协调解决存在问题，促进加快发展。做好县委交办的“文化旅游、农业农村、民生实事”方面38项重点项目的季度专项督查工作，做到真督善查，推动相关项目加快建设。做好精准扶贫、推进新农村示范村建设等工作。紧扣推动大埔加快振兴发展，选择“国家级客家文化生态保护示范区建设”“科学布局中小学校和幼儿园”“建设文化祠堂，打造道德文化新课堂”“加快推进县城居民饮用水扩容提质工程建设”等议题开展专题调研，推动相关工作更好落实。中共十九大召开后，根据县委《关于开展学习贯彻中共十九大精神专题调研的工作方案》的要求，组织开展“如何发挥好社会主义协商民主重要作用，巩固和发展爱国统一战线”专题调研活动，从协商民主发展现状、取得成效、存在问题等方面进行分析，提出5个方面的意见建议，得到采纳。6. 致力文化传承，推进文史工作。征集选送8幅作品参加市政协组织的纪念叶剑英同志诞辰120周年书法作品展，协助市政协完成《客家民俗精粹》文史资料采编，会同省老促会源流杂志社等单位出版《源流·大埔客家民俗风情》书籍等。坚持“亲历、亲见、亲闻”原则，征集、编撰、出版2017年第三十五辑《大埔文史》，发挥文史资料“以文载史、资政育人”的作用。此外，把反映社情民意信息工作作为政协履行职能的一项重要基础性工作来抓，专门制定《政协大埔县委员会反映社情民意信息工作实施办法》，及时收集反映社情民意信息，帮助党委、政府协调关系、化解矛盾，维护人民群众合法权益。全年收到各类信息稿件30篇，均得到相关部门采纳和办理。

【开拓创新，发挥委员作用】发挥委员主体作用，推进委员履职制度化、规范化、常态化建设，根据省、市政协部署要求，县政协以专委会为单位，按照工作性质、专业特长和地域分布，选择在委员单位或委员企业合适场所，规划建立8个委员工作室，其中县内设立6个（含市级一个），即市政协委员大埔工作室和县政协提案委、文史委、经济委、教科文委、港澳台侨委委员工作室；县外2个，即深圳、广州各设1个县政协旅外委员工作室。至11月底，8个委员工作室已全面建成，并结合实际分别开展系列履职活动。同时，委员们除自觉参加政协组织的各项活动，并在各自岗位上争先创优外，还发挥自身优势，投身各种社会公益活动，有的深入基层为群众开展义诊、科普、科技咨询、文艺演出等活动，有的组织爱心团队开展关爱弱势群体、留守妇女儿童和扶贫助困活动，有的致富不忘家乡发展，捐款支持精准扶贫、文化教育、医疗卫生、新农村示范村建设等，涌现出一批感人的先进事迹，展现新时期政协委员在促进发展、关注民生、奉献社会等方面发挥模范带头作用的良好形象。

【联心联谊，汇聚和谐发展合力】坚持团结和民主两大主题，做好联系各界、协调关系、凝聚人心的工作，巩固共同思想基础，营造良好政治环境，汇集和谐发展动力。1. 密切与社会各界的联系，凝聚合力。始终保持与社会各界人士的密切联系，定期通报县委、县政府工作思路、决策部署和政协主要工作，释疑解惑，主动征求各方意见和建议。县政协领导成员结合工作实际，走访广州、深圳、珠海、佛山、东莞、清远、香港、上海、江苏等地大埔商会、同乡联谊会和旅外政协委员、旅外乡贤、港澳同胞。发挥旅外政协委员的作用，2017 年上半年在深圳挂牌成立“大埔县旅外政协委员联谊会”，国庆、中秋节前在广州召开旅外委员工作座谈会暨招商推介会；11 月，在广州、深圳举行旅外委员工作室揭牌仪式，把旅居珠三角等地区的委员凝聚起来，加强交流沟通、开展联心联谊、促进共同发展，汇聚助推大埔加快振兴发展的更大合力。2. 加强与各级政协的联谊，促进交流。坚持“广交朋友，服务大埔，互相学习，共同进步”的方针，主动加强与上级政协组织及兄弟县（市、区）政协组织之间的交往联谊。2017 年，除做好省、市政协来埔开展调研视察活动的服务保障工作外，还接待广西北流博白政协、山东东营垦利政协、内蒙古鄂尔多斯政协、贵州省政协和省内的河源、江门、海珠、番禺、梅县、五华、平远等地政协考察组。同时，县政协也派员参加市政协在平远县举行的委员工作室建设经验交流推进会，派员参加在江西安远县、福建上杭县召开的闽粤赣边三省九县（区）政协第 43、44 次联系协作会议，组织提案委委员到江西安远、瑞金和福建宁化等地交流学习提案工作和红色文化旅游产业、城市规划建设的成功经验。

【完善机制，加强自身建设】重视自身建设，从完善体制机制上下功夫，探索强基固本有效途径，提升政协工作水平。1. 推进机关改革。争取县委、县政府的重视关心和支持，经县机构编制委员会研究，同意将县政协机关机构设置由原来的“三室”（办公室、提案室、文史室）调整为“一室五委”，即不再设提案工作室和文史工作室，调整后设办公室、提案委员会、文史和学习委员会、经济和人口资源环境委员会、教科文卫体和社会法制委员会、民族宗教和港澳台侨外事委员会等 6 个工作机构，且均定为正科级单位，增加行政编制，各专门委员会均设专职主任。2. 加强专委会建设。根据机关机构设置已作调整的情况，县政协党组依据政协章程和县委意见，及时重新任命各专委会主任、副主任，并将全体政协委员按界别归类编入各专委会管理。同时，结合委员工作室的建设和各专委会委员的推荐，完善委员工作室主任、副主任和联络员的机构设置，并明确各工作室的职责、任务和管理制度等。3.完善管理制度。一方面，结合推进“两学一做”学习教育常态化制度化和开展机关作风整治活动，严格按照中央八项规定精神和上级规定，健全完善机关内部各项管理制度，做到以制度管人、管事、管物，机关工作更加规范有序。另一方面，加强委员履职管理，制定出台《政协大埔县委员会委员履职工作规则（试行）》，完善委员履职信息库建设，将委员参加政协会议、培训、视察调研、提交提案、报送社情民意信息等履职情况进行登记，作为委员换届留任和评优评先的重要依据，增强委员履职的自觉性。同时，县政协党组重视做好机关离（退）休老干部、历届政协委员联谊会、文体促进会工作。加强政协宣传工作，在继续办好政协网站和“委员之家”网络互动平台的基础上，开通“大埔政协”手机微信公众平台，传递政协声音，营造良好履职氛围，扩大政协工作社会影响面。县政协机关被县委、县政府评为2017年度全面工作、机关作风评议、综治工作先进单位。

政协大埔县委员会主席、副主席名录：

主　席：李礼醒

副主席：张友群（女）　刘小平　杨竹玲（女）　吴振石　刘广明

县政协办公室负责人名录：

主　任：罗同兴

副主任：郭伟军

县政协提案委员会负责人名录：

主　任：何庆略

副主任：刘红连（女，专职）　丘牡香（女）　刘永东　李志坚

县政协文史和学习委员会负责人名录：

主　任：黄海华

副主任：丘丽清（女，专职）　刘奕棋　陈秀鸿　蔡永斌

县政协经济和人口资源环境委员会负责人名录：

副主任：郭和麟（专职）　李友元　余志均　张正城　廖光明

县政协教科文卫体和社会法制委员会负责人名录：

主　任：叶庆敏（2017.9—）

副主任：何向宏　张松周　范瑞华　黄力科

县政协民族宗教和港澳台侨外事委员会负责人名录：

主　任：李月茹（女，2017.9—）

副主任：黄胜科（专职）　丘怀玲（女）　何祖才　郑锦钧

（郭和麟）

中共大埔县纪律检查委员会

【简述】2017年，大埔县纪委监察局按照省、市纪委部署，学习贯彻落实中共十九大精神和习近平总书记对广东工作重要批示精神，围绕县委、县政府中心工作，强化监督执纪问责，形成并巩固反腐败斗争压倒性态势，推动全面从严治党向基层延伸，纪检监察工作取得新成效，推动大埔振兴发展。县纪委监察机关被县委、县政府评为2017年度全面工作先进单位。

【中共大埔县第十二届纪律检查委员会第二次全体会议】1. 会议概况。2017年2月9日，中共大埔县第十二届纪律检查委员会第二次全体会议在县城召开。县委书记林健雄作讲话，县长朱汉东传达中纪委、省、市纪委全会精神，县委常委、县纪委书记廖若旦作题为《坚定信心　履职尽责　推动全面从严治党向纵深发展》的工作报告。全会期间还开展“述责述廉述德”活动，湖寮镇等4个镇和县人社局等6个县直单位党委（党组）主要负责同志向全会书面“三述”，并接受纪委委员和特邀代表的评议。县班子领导，县纪委委员，各镇（场）党委书记、镇（场）长、纪委书记，县直各系统党委书记、纪委书记，县直副局以上单位和省、市驻埔单位主要负责人及分管纪检监察工作的负责人，县纪检监察机关及派驻组全体干部职工参加会议。2. 会议决策事项。全会强调，2017年全县党风廉政建设和反腐败工作要以十八

大和十八届历届全会精神为指导，学习贯彻习近平总书记系列重要讲话精神，贯彻落实十八届中央纪委七次全会、省纪委十一届六次全会、市纪委七届二次全会和县第十二次党代会部署，实践“四种形态”，严肃党内政治生活，加强党内监督，推进标本兼治，完成派驻机构改革，组建县委巡察机构，强化监督执纪问责，纠正“四风”，保持惩治腐败高压态势，维护好党内政治生态，推动全面从严治党向纵深发展。严格执行监督执纪工作规则，加强干部队伍建设，践行忠诚干净担当，以良好精神状态和优异工作成绩迎接中共十九大和省第十二次党代会召开。要深入领会精神实质，忠诚履行党内监督职责；要驰而不息纠治“四风”，坚决落实中央八项规定；要坚决减存量遏增量，保持惩治腐败高压态势；要持续开展严肃问责，压实全面从严治党责任；要扎实推进标本兼治，营造干事创业良好氛围；要深化纪检体制改革，完成派驻、巡察工作任务；要抓好干部队伍建设，当好党的忠诚卫士。

【大埔县2017年度纪律教育学习会议】1.会议概况。2017年9月13日，全县纪律教育学习会议在县科技信息大楼一楼会场召开，县委书记朱汉东作动员讲话，县委常委、县纪委书记廖若旦部署开展以“讲政治、强党性、严纪律、守规矩”为主题的纪教月活动。县领导班子成员，法院院长、检察院检察长，各镇（场）党委书记、镇（场）长、纪委书记、组织委员、宣传委员，县直和省、市驻埔各单位副科实职以上领导干部；县纪检监察机关和派驻（出）机构全体干部参加会议。2．会议决策事项。会议要求，全县广大党员领导干部要结合党规党纪学习，强化教育实效，做到学思践悟、知行合一，知敬畏、存戒惧、守底线，以崭新的精神面貌迎接中共十九大胜利召开；要结合作风问题纠治，增强纪律意识，严肃查处典型违纪问题，坚决进行曝光；要结合用好问责利器，形成持续震慑，做到讲认真、动真格、求实效；要结合基层“微腐败”整治，强化惠民实效，使惠民资金和项目真正发挥效用，让群众真正感受到实实在在的获得感；要结合县委巡察工作任务，边学边查边改，把纪教月活动转化为推动各项工作、解决问题的具体行动；要结合行业领域实际，强化督查指导，提高党员干部廉洁从政意识，确保教育学习工作取得实实在在的成效。

【全面从严治党】学习贯彻中共十九大精神和习近平新时代中国特色社会主义思想，牢固树立“四个意识”，强化全面从严治党责任担当。2017年，对28件监管不力、为官不为等案件严肃问责，给予党纪政纪处分26人，诫勉谈话10人。县纪委负责人同有关部门负责人谈话70人次，诫勉谈话23人次，发出监察建议3份。严把干部选人用人“廉洁关”，提供干部任前征求意见65条。

【纪律审查】成立10个派驻（出）机构，实现对97个县直单位派驻监督“全覆盖”。全年受理信访举报246件，初核线索234条；立案87件（含科级干部7件），给予党纪政纪处分87人，澄清保护党员干部107人。投入资金建设镇级纪委谈话室，并对县纪委谈话点进行完善，公开招聘12名专职陪护人员，确保执纪审查工作安全文明进行。坚决“零容忍”，严防“灯下黑”，对2名镇（场）纪检干部立案审查，给予纪律处分并调离岗位。

【机关作风建设】坚持“暗访、曝光、查处、追责”四管齐下，全年开展专项督查和暗访64次，制作暗访光盘4个，处理18人，其中党纪政纪处分4人，诫勉谈话6人，批评教育8人，对1起工作作风问题进行通报曝光。严肃村“两委”换届纪律，联合县委组织部成立4个县换届风气督导巡察组开展巡察督导；利用大埔电视台滚动播放村级换届警示片，向镇、村干部发送换届工作纪律短信，加强换届政策和纪律宣传；及时受理反映违反换届纪律问题，立案 3 件，给予党纪处分 3 人。

【监察体制改革】县委成立县深化监察体制改革试点工作小组，周密制定实施方案和时间表、路线图。县委书记朱汉东履行“施工队长”职责，加强把关定向、统筹协调，多次主持召开会议研究重点问题。县纪委落实专职责任，协助县委抓好沟通协调和具体落实。严格按照市、县的部署安排，协同县有关单位抓好组织实施，解决人员转隶、机构设置、线索移交、资产划转和办公场所等问题；研究纪法、监司衔接，初步建立相关工作机制，推进改革试点工作。

【巡察工作】全面启动巡察工作，成立县委巡察工作领导小组、巡察办和巡察组，7 月下旬开展首轮巡察，并从 9 月起全面启动省定贫困村扶贫领域专项巡察。年内完成首轮 9 个单位党组织巡察和 57 个省定贫困村扶贫领域专项巡察，共发现问题 530 个，其中问题线索 111 条。结合首轮巡察发现的问题，梳理出共性问题 29 个。建立《县委巡察发现问题清单》，要求各单位党组织对照检查，自查自纠，并将整改落实情况纳入巡察范围，做到未巡先改。对巡察中发现的问题线索，移交县委组织部以及相关部门分类处置，县委、县政府分管领导对县委首轮巡察 9 个单位主要负责人进行约谈，县纪委全年立案 6 件 6 人。

【严查群众身边“微腐败”】聚焦扶贫领域和涉农政府补贴等 12 项惠民政策落实，开展入户核查或专项清查，组织四个督导组开展专项督导，对 3 个工作进度滞后的单位主要负责人进行约谈。共发现不符合政策 1035 户，收回违规资金 160.94 万元。成立三个督办直查组开展“两违”线索排查，全县排查涉农领域腐败问题线索 164 条，其中扶贫领域线索 49 条、农村“三资”管理使用方面线索 28 条、涉农专项资金管理使用方面线索 46 条，立案 29 件，给予党纪政纪处分 29 人。投入 170 万元建成惠民信息公开平台并投入使用，推动 14 个县直单位的 36 项惠民政策内容、惠民资金分配情况在平台公示，确保惠民政策和惠农资金在阳光下运行。

【廉洁文化宣传】以纪律教育学习月为平台，组织“廉洁火炬杯”等廉政宣传及“重温入党誓词”等主题教育活动，组织全县副科职以上党员干部观看“清风飞扬”廉政文艺巡演，开展谈话提醒 1364 人次，提升党员干部廉洁从政的自律意识。依托大埔人文资源丰富优势，借“八一起义军三河坝战役纪念园”升级改造之机，选取 25 幅体现“廉洁奉公、为民务实、修身齐家”等内容的将军书法融廉入景，在县城主要公园和主干道设置刻有廉洁格言警句的廉石以及反映客家优秀传统家风家事的文化平面展板，营造良好廉洁氛围。做好反腐倡廉宣传报道工作，被市级以上媒体采用稿件 52 篇，其中省级 14 篇。

【纪检监察队伍建设】推进“两学一做”学习教育常态化制度化，落实“三会一课”，引导纪检监察干部把思想行动统一到中共十九大精神上来。县纪委常委会坚持从严抓班子、带队伍，严格执行新形势下党内政治生活若干准则和民主集中制，坚持重大事项集体研究，落实“一岗双责”，加强干部日常教育管理监督。举办全县纪检监察业务知识培训班和巡察干部业务培训班，组织参加市纪委《监督执纪工作规则》专题讲座，选派纪检干部参加省、市纪委培训，加大轮岗交流、挂职锻炼、跟班学习力度，提升纪检干部履职尽责能力。严格执行《关于加强纪检监察干部“八小时以外”活动监督管理的意见（试行）》等制度，落实层级管理、执纪审查监督、财务管理和保密工作等规定。

中共大埔县纪律检查委员会书记、副书记、常委名录：

书　记：廖若旦

副书记：邝金禄　严庆东

常　委：巫小义　杨良柱　郭　勇　李荣杰

县监察局负责人名录：

局　长：邝金禄

副局长：饶春光　杨良柱（2017.8—）

县纪委办公室负责人名录：

主　任：巫小义（—2017.8）

黄杏锋（2017.8—）

（廖英强　邓秋平）

社会团体

县总工会

【简述】2017年，大埔县总工会以学习贯彻中共十九大精神为主线，学习贯彻习近平新时代中国特色社会主义思想以及关于工人阶级和工会工作的重要论述，围绕服务大局、服务职工、服务基层，在团结动员职工、深化改革创新、夯实基层基础、强化维权服务、加强自身建设等方面加大力度，各项工作取得成效。

【劳动竞赛】1．开展劳动竞赛活动。各级工会组织着眼于推动加快转变经济发展方式，围绕县委、县政府的重点工作、重大项目建设，开展建功立业劳动竞赛活动和岗位比武、技术创新、合理化建议、节能降耗等职工群众性经济技术创新活动。全年有4000名职工参加职工群众性技术创新活动，提出各种合理化建议760条，激发职工的创新活力和创造动力。在竞赛中涌现出一批劳动模范和能人巧匠，其中梅州市林海陶瓷有限公司的张栋获“广东省五一劳动奖章”称号。2．关爱服务劳模，全年发放困难劳模帮扶资金43万元，组织省、市劳模到劳模疗养基地进行疗养，为省劳模免费体检，为省、市级劳模赠送“住院二次医保”及赠阅报刊等。开展“劳模创新工作室”活动，引导广大职工在大众创业、万众创新中体现价值、展现作为，创建省级劳模工作室1个、市级劳模创新工作室1个。3．抓好职工文化建设，开展创建职工书屋活动。培育和践行社会主义核心价值观，开展“中国梦·劳动美”主题宣传教育活动。发挥工会“大学校”作用，加大职工教育培训力度，组织庆“五一”县直系统职工羽毛球赛，参加全市工会系统羽毛球赛，联合县卫生和计划生育局开展全县卫生应急技能竞赛等，促进职工的身心健康，提高职工的科学文化、思想道德和技术技能素质。

【维权工作】坚持和完善工会与政府的联席会议制度，与县人民法院建立预防和化解劳资纠纷联系制度。重视做好职工信访维稳工作，从源头上重视职工合理诉求。加强县总工会与县人社局等政府职能部门的联系，做好劳动争议和群体性事件调查处置，构建和谐劳动关系。开展好工会律师团担任企业工会法律顾问工作。加大集体合同、工资集体协商的工作力度，以非公企业、中小企业为重点，依法推动企业开展行业性、区域性工资集体协商，全县签订工资集体协商合同45份，覆盖企业786家，覆盖职工1.63万人。组织规模以上企业40家共4000人参加“安康杯”竞赛活动。通过参与县安全生产大检查等方式，增强职工安全意识，改善职工生产环境，促进企业安全生产。推进“爱心妈妈小屋”建设，在中国电信大埔分公司建立“爱心妈妈小屋”。

【职工帮扶】1. 做实工会“四送”品牌活动。开展“春送岗位、夏送清凉、秋送助学、冬送温暖”等帮扶救助活动，拓展帮扶项目，提升服务水平。全年筹集资金 60 万元，慰问救助困难职工、农民工 1600 人，资助贫困学生 110 人。2. 开展职工医疗互助活动，宣传动员职工参与互助保障活动，扩大职工医疗互助保障覆盖面。全年为 388 人办理女职工安康险，职工医疗互助保障计划 341 人，职工“住院二次医保”6710 人，住院津贴 205 人，有 5 名患病职工得到职工“两险”理赔 7 万元。3. 加强职工服务阵地建设，加大县职工服务中心及镇（场）职工服务站建设力度，做到人员、经费、场地三落实。健全完善各项制度，打造帮扶、维权、服务三位一体的职工服务平台，夯实服务职工的基础。

【工会组织建设】1. 推进基层组织建设。全年新组建工会组织 2 家，发展会员 1002 人。协助基层工会做好换届选举工作，全县有 46 个基层工会换届或调整，充实领导班子成员 230 人。2. 加强民主建会工作。年内申报省模范职工之家和职工小家各一家。选派人员参加省总、市总组织的各种培训，各基层工会自主开展形式多样的教育培训，提高工会干部素质能力。3. 开展厂务公开民主管理建制专项行动。建立以职代会和职工大会为基本形式的民主管理制度，促进《广东省企业民主管理条例》的贯彻落实。发掘厂务公开民主管理新模式，实现职代会建设扩面提质，指导大埔供电局工会等 10 家单位的厂务公开民主管理贯标认证工作。4. 加强基层工会规范化建设。加强分类指导和典型培育，开展“双亮”活动，促进以金帆实业有限公司、县妇幼保健院等为示范点的一批基层工会规范化建设，完善工会阵地建设。

【工会自身建设】加强工会干部的思想政治建设，推进“两学一做”学习教育常态化制度化，组织全县广大工会干部和职工学习贯彻中共十九大精神、习近平总书记治国理政新思想新理念新战略，牢固树立“四个意识”，坚定“四个自信”。教育引导工会干部和广大职工把思想和行动统一到县委的决策部署上来，把智慧和力量凝聚到工作中去，强化做好工会工作的责任感。落实好党风廉政建设“一岗双责”，学习《关于新形势下党内政治生活的若干准则》和《中国共产党党内监督条例》，做好工会系统党风廉政建设和反腐倡廉工作，形成风清气正的干事环境。贯彻中央“八项规定”，加强以密切联系企业和职工、提高行政效能、廉洁从政等方面为重点的作风建设，强化联系服务职工意识，提高服务职工群众的工作能力。落实工会干部联系基层制度，规范服务职工群众的行为，打通服务职工的“最后一公里”，发挥职工“娘家人”的作用。贯彻中央和省、市关于党的群团工作会议精神，按照中央和省委、市委《关于加强和改进党的群团工作的意见》要求，做好相关工作，为 2018 年全面完成工会改革做好准备。

【工会经费管理】抓好税务代收工作，实现代收经费稳步增长，代收覆盖面保持稳定。规范工会经费的计提拨缴，规范全县党政机关、事业单位工会计拨工会经费，解决党政机关、事业单位工会“有钱办事”的问题。加强工会财务监管，实行工会经费镇财县管，聘请会计公司财务人员对 15 个镇（场）工委会的财务情况进行全面清理清查，对发现的存在问题及时进行整改，杜绝违规使用工会经费行为。

【其他工作】召开大埔县工会第十五次代表大会，协助市总工会在大埔县召开全市工会工作会议，开展女职工关爱行动。围绕县委、县政府的中心工作，做好精准扶贫、社会治安综合治理、党建等工作，县总工会被县委、县政府评为大埔县“2017 年度全面工作表扬单位”和“机关作风建设先进单位”。

县总工会负责人名录：

主　　席：谢以美

常务副主席：李礼庆

副 主 席：罗爱琼（女）

（张思义）

团县委

【简述】2017 年，大埔县各级团组织围绕县委、县政府的中心工作，坚持以科学发展观为统揽，践行“两学一做”学习教育常态化制度化，推进志愿服务、助学扶贫及基层团建等工作，大埔共青团工作呈现新的局面。5 月 3 日，共青团大埔县十六届五次全委（扩大）会议在县委、县政府二楼会议室举行，会议传达团省委十三届六次全会和团市委六届三次全会精神，表彰 2016 年度大埔县共青团工作先进集体和个人。

【思想政治教育】1. 开展政治理论学习。把握为实现中华民族伟大复兴中国梦而奋斗的时代主题，带领广大团员青年紧密团结在以习近平同志为核心的党中央周围，牢固树立政治意识、大局意识、核心意识、看齐意识，加强团的思想建设。坚持青年党员先行，团县委领导班子带头作专题党课、团课；把中共十九大会议精神和习近平总书记系列重要讲话精神落实到工作中去，真正做到理论结合实际，以高度的政治敏锐性和责任感，投身共青团工作。2. 开展爱国主义、集体主义、公民素质教育。结合纪念五四运动九十八周年，通过举办新团员入团集体宣誓、老团员重温入团誓词仪式、纪念建团九十五周年等形式，号召全县广大团员青年继承和发扬爱国、进步、民主、科学的五四精神，弘扬爱国主义、集体主义精神，构筑起青年一代强大的精神支柱，帮助青年树立正确的世界观、人生观、价值观。3. 继续抓好 18 岁成人仪式教育系列活动。通过组织预备期学生义务清洁、义务植树、宣誓日的教育等形式，对全县预备期的团员青年进行公民素质教育，提高进入成年公民行列的团员青年的公民意识。4. 开展青少年文化活动，加强健康的文化导向。“五四”期间，各级团组织开展一系列青年人喜闻乐见、寓教于乐的活动。各学校团组织举办联欢会、羽毛球赛、篮球赛等庆五四活动，丰富青少年文化生活。

【培养青年人才】1. 发挥“领头雁”典型示范作用。8—10 月，团县委通过“领头雁”项目这一平台，树立一批各行各业、各个领域的优秀青年典型，构建当地青年创业就业经济圈，将青年团员中一批优秀的大中学生吸引到党的队伍中来。2. 服务经济发展全局。围绕全县的经济发展目标，团结带领广大团员青年，在实现大埔县宏伟目标中发挥生力军、突击队的作用。深化青年科技行动和青年岗位能手活动，围绕推进农业产业化、现代化发展，抓好农业技术培训，开办多场青年创业培训班，服务农村经济发展。

【加强团组织建设】坚持党建带团建，加强团的基层组织建设。团县委围绕团市委提出的要求，制定团员意识教育计划，通过举团旗、学团章、交团费、唱团歌、过团日的规范活动，加强团员意识教育。各基层团组织制订团员意识教育计划，规范发展团员的工作程序，推动全县团工作朝正常化、规范化、制度化方向发展。出台团县委“1+N”配合政策，为团县委挂扶的大东坪山、家荣村争取帮扶资金 2 万元。

【推进团工作社会化】全县各级团组织围绕经济建设，推动共青团改革工作，以服务社会、服务青年为中心，带领全县团员青年，开展青年志愿者、青年文明号等活动。1. 深化青年志愿者行动。团县委继续抓好青年志愿者服务基地的建设，号召各级团组织开展志愿服务活动。除继续抓好送温暖和便民集市服务活动外，结合三河坝战役九十周年纪念活动，向社会公开招募，挑选高素质的志愿人员，并对符合条件的志愿者进行集中培训，提高服务技能和服务质量。2. 深化青年文明号活动。打造贴近青年、功能齐备、专业高效的青年服务阵地，拓展活动领域，全面铺开活动，提高全县窗口行业的服务标准，创造经济发展的良好软环境。3. 开展少先队工作。各级少先队组织继续弘扬爱国主义主旋律，开展爱国、爱党、爱人民的传统教育。结合素质教育，继续全面实施希望工程，开展“南粤会亲”活动和“薪火芊芊”公益行动。4. 爱心协会工作。发挥大埔万川爱心协会、聚缘轩爱心协会作用，开展“扶贫助学，励志成才”感恩行、“情系贫困学子、捐资助学献爱心”、“无偿献血”、“关爱老兵”等活动近 50 场，筹集资金 200 万元，慰问困难青少年近 5000 人。

团县委负责人名录：

书　记：魏伊婵（女）

副书记：李淑颖（女，—2017.9）

张　璐（女，2017.11—）

陈立明（2017.11—）

（关燕君）

县工商联

【简述】2017 年，大埔县工商业联合会把握“两个健康”工作主题，引导全县广大非公有制经济人士，实施县委、县政府“生态立县、产业富县、文旅旺县、和谐兴县”发展思路，促进全县非公有制经济健康快速发展。

【参政议政】2017 年，县工商联张正城、曾志超、李会龙、张枫林、郭志光、袁澄海等 16 位执委提交人大建议意见、政协提案 12 件。

【政策宣传落实】为推动全县非公经济的发展，针对当前制约企业发展的瓶颈问题，县委、县政府出台《实体经济发展扶持办法》《企业融资扶持办法》等扶持政策。县政府与工商银行、邮政储蓄银行、农村商业银行等签订《融资合作协议》，为非公企业提供融资服务，促进全县民营经济的发展。

【非公企业建设】2017 年，大埔县通美实业有限公司被评为高新技术企业，西岩、凯达、三溪云崇在“粤茶杯”评比中获金奖。至年底，全县有非公企业 1500 家、个体工商户 1.52 万家。全县规模以上工业企业 56 家，工业总产值 42.89 亿元，其中非公企业 50 家，总产值 26.34 亿元，非公企业总产值占全县规模以上工业企业总量的 61.41%，解决劳动力就业占 85%。建立诚信劳资关系，要求企业做到不随意减薪、不拖欠工人工资，为构建和谐社会作贡献。

【参与扶贫济困】发动广大企业家和工商界人士献爱心，县工商联副主席丘牡香成立万川爱心协会，筹资 150 万元开展助学救助等公益活动；县工商联执委傅曼琼举办妇女技能培训班，提升县内妇女的劳动技能，为她们就业提供更广阔的空间。

【维护非公企业合法权益】2017 年，民营企业投诉中心帮助处理经济纠纷 3 宗，依法维护非公有制经济人士的合法权益。

【信息培训服务】2017 年，县工商联与浙江大学、嘉应大学、广发证券上市融资投资服务部等单位联系，举办培训班 3 期，培训一批企业管理人才，并组织部分会员到广州、清远进行交流学习。组织一批会员企业参加国内外考察等经贸活动，帮助会员企业拓展国内外市场，年内有 5 家陶瓷企业参加德国法兰克福春季消费品博览会，加快“走出去”

步伐。同时发挥侨乡优势，加强与香港、澳门工商社团和工商经济界人士的联系，推动跨地区经贸合作和技术交流等信息服务。

【非公企业党建】做好非公有制为主体的社团组织的党建工作。至2017年年底，全县有非公有制经济党组织69个，党支部做到“五有”，即有办公设施、有活动场所、有办公经费、有学习教材、有实施固本强基工程的总体目标和主要措施。2017年，广东顺兴股份有限公司党支部被评为广东省非公有制经济组织先进党组织。

县工商联（总商会）负责人名录：

主　席：张正城

党组书记、常务副主席：罗伟南

副主席：庄满伟

（肖明辉）

县　妇　联

【简述】2017年，大埔县妇女联合会贯彻落实中共十八届六中全会、十九大精神和中央、省、市关于加强和改进党的群团工作部署，紧扣县委、县政府的中心工作，服务中心，服务基层，服务妇女，团结凝聚全县广大妇女在推动红色大埔实现绿色崛起的建设中作出贡献。县妇联被评为大埔县“机关作风评议先进单位”和“精神文明先进单位”，县妇儿工委办被评为“2011—2015广东省实施妇女儿童发展规划先进集体”。

【妇女创业就业】深化巾帼创业示范基地创建活动，培育和提升市级巾帼现代农业经营主体5个，省巾帼示范基地1个、省巾帼林2个。发挥基地示范作用，举办精准扶贫妇女技能培训和创业就业培训班4期，培训妇女300人（次）。

【新一轮妇女小额贷款】制订《大埔县妇女创业小额担保贷款贴息项目（2017—2019年）实施方案》，全年为10户创业妇女提供贷款100万元，解决贫困妇女生产资金不足的难题，有效辐射带动1200名妇女创业就业。

【岗位建功】增强巾帼文明岗创建活动的影响力度，使创建活动继续向女性比较集中的各个行业和领域拓展。

【巾帼志愿服务】各镇（场）妇联成立巾帼志愿队伍，组织巾帼志愿者加入“i志愿”（广东省志愿者信息管理服务平台），提升全县巾帼志愿服务管理工作水平。组织120名志愿者开展“洁净大埔·巾帼行动”志愿服务活动，提高广大群众爱护环境、保护环境的意识。

【和谐家庭创建】贯彻落实习近平总书记“注重家庭、注重家风、注重家教”重要指示，利用家庭主阵地，推进平安家庭、优秀书香之家、最美家庭、好家风好家训宣传展示和好媳妇、好少年等各类家庭文明创建、评选活动，评选出10户“最美家庭”和“孝老敬亲好媳妇”。

【家庭教育发展】推进家庭教育发展，为孩子身心健康、快乐成长创造良好的社会环境。联合县教育局在全县范围内评选出20名“美德少年”，弘扬中华民族的传统美德，营造争当美德少年的浓厚氛围。

【维权服务】开展“化解矛盾纠纷·创建平安家庭”知识讲座，发放《拒绝家庭暴力，共筑美丽家园》宣传资料3000份，提高妇女依法维权能力。加强婚姻家庭纠纷人民调解力度，成立“大埔县婚姻家庭纠纷人民调解委员会”，为预防和化解婚姻家庭矛盾纠纷，维护家庭稳定，促进社会和谐发挥积极作用。主动加强与法院、司法等部门沟通，为困难妇女提供法律援助，全年主动参与陪审案件20宗，接待来信来访43宗，结案率100%。

【关爱行动】继续开展单亲特困母亲“四援助”项目，筹集资金61.3万元，帮助单亲特困母亲101人（次），其中慰问单亲特困母亲家庭35户、援建母亲安居房3户、救助患病贫困妇女 52 名、解决 11 名贫困大学生上学难。深化关爱困境留守儿童行动，创建省级留守儿童之家、儿童友好社区 3 个，共筹集资金 41.31 万元，帮助困境留守儿童 361 人（次）。县妇女儿童活动中心长期坚持开设公益性“四点半”课堂，周末英语、数学及写作等免费兴趣班，寒暑假作业辅导班等，为困境留守儿童的健康成长创造条件和提供服务。

【实施规划】协助推进《大埔县农村妇女“两癌”检查项目实施方案（2017—2019 年）》的落实，全县 57 个精准贫困村有 5202 名妇女接受宫颈癌和乳腺癌免费的检查，占总任务的 50%，提高广大农村妇女的健康水平。

【思想政治学习】把学习贯彻中共十九大精神作为妇联领导班子建设、基层组织建设和干部教育培训工作的重中之重，举办 2 期“大埔县妇联系统学习中共十九大精神暨镇村妇联主席培训班”，全县 273 名镇、村妇联主席参加培训，增强“四个意识”，坚定“四个自信”，全面提升能力素质和工作水平。

【完成村（社区）“会改联”】以村（社区）“两委”换届为契机，落实全县“会改联”工作，全面完成 256 个村（社区）妇代会改建妇联，共选出村（社区）妇联主席 256 名，专、兼职副主席 262 名，委员 2842 名，组建率 100%。

县妇联负责人名录：

主　席： 吴莲香（女）

副主席： 李陈邑（女）　何丽兰（女）

（蓝建霞）

县社科联

【机构建设】2017 年，大埔县社会科学界联合会充实完善社科队伍建设，开展群众性广东汉剧活动，培养汉剧苗子，打造高标准社团组织。

【理论研究】2017 年，编辑出版《大埔社会科学》杂志，推动哲学社会科学繁荣发展。开展“千年古窑·情系青花”有奖征文，举办大埔县“文旅融合发展”学术研讨会，助力创建广东省全域旅游示范县。

【基地创建】成功创建“大埔小吃城”为梅州市人文社科普及示范基地。至 2017 年底，全县有市级人文社科普及示范基地 6 个、县级 4 个。

【科普惠民】参与及举办“社科普及周”，协助嘉应学院社科部开展“感受红色文化，传承苏区精神”主题实践教学活动。百侯古镇被评为第七张梅州文化名片，大埔小学张博雅、何锟涛获戏曲小梅花“银花奖”、张博雅获“最受欢迎女演员奖”；举行“两地梨园情”（汕尾·大埔）戏剧文化交流文艺演出，增强两地戏曲交流。

县社科联负责人名录：

主　席： 蔡　忠（—2017.9）

副主席： 张云彩（女）

（邓祥友）

法 治

政法委工作

【简述】2017年，大埔县委政法委贯彻落实中共十八届历次全会、十九大和省委、市委、县委全会以及省、市政法工作会议精神，以维护社会稳定为主线，以建设“平安大埔”“法治大埔”为目标，围绕中心、服务大局，压实维稳工作责任，确保全县中共十九大期间政治安全稳定，如期实现“四个不发生”的目标。

【综治工作】1. 落实综治领导责任制。完善落实县镇两级党委和政府主要领导负总责、分管领导具体负责、其他领导“一岗双责”的领导体制，实行年度工作述职报告、履职鉴定制度；继续实行县综治委委员年度述职报告和履职鉴定制度、综治委成员单位挂钩联系点制度、年度综治考评奖惩机制等。修订完善《大埔县2017年度对各镇（场）社会治安综合治理（平安建设）考评办法》《大埔县2017年度对县直各局以上单位社会治安综合治理（平安建设）考评办法》，出台更加科学、更有针对性的考评标准。坚持对考评不合格、不达标，或者因责任不落实、工作不到位导致发生影响重大的案件、事件、事故的地区和单位，实行挂牌督办，列入重点整治对象。2. 推进综治“中心+网格化+信息化”建设。按标准抓好县、镇、村三级综治中心升级改造，投入160万元，于2017年9月中旬率先按“国标”标准完成县镇两级共16套大屏显视系统、高清切换系统的采购装备，全国社会治安综合治理视联网于8月底前开通到县综治中心，年底开通到镇级中心，实现县镇两级全覆盖；全县15个镇（场）256个村（居）共划分网格1087个，配备村（居）网格员1087人。每年投入190.8万元，为全县1599名村（居）网格员及村级中心专干、330名县镇两级中心及其成员单位专干配备移动办公APP，开通综治信息系统电脑终端账号和移动终端账号842个，开通网格员移动终端账号1087个。县、镇、村三级中心与村居网格初步实现运用“广东省社会治安综合治理信息系统”进行线上线下一体化办公；推进以治安视频监护联网应用为主的“雪亮工程”。3. 推进“平安细胞”建设。推进村居、交通、医院、校园、企业、家庭等重点领域、行业的“平安细胞”创建工作，确保2017年底全县重点行业、重点领域“平安细胞”创建覆盖率100%。开展“平安铁路线”创建和“喜迎中共十九大·共创平安铁路线”宣传活动，实现境内铁路危行案事件和治安灾害事故的零发生，维护铁路运输生产安全。4. 加强严重精神障碍患者救治管理。制定《大埔县关于对严重精神障碍患者监护人落实监护责任实施补助机制的实施意见》，县财政每年投入资金27.67万元购买严重精神障碍患者监护人责任险附加精神病人损害赔偿责任保险，全年发放全县严重精神障碍患者监护人补助资金240.32万元，涉及精神障碍患者人数1783人。开展严重精神障碍患者救治管理专项行动，全县排查严重精神障碍患者2427人（其中3级以上384人），排查偏执性人格障碍人员31人，经常寻衅滋事人员

24人。

【维稳工作】1. 抓好社会稳定形势分析研判工作。制定《大埔县关于加强社会稳定形势分析研判工作的实施意见》，建立完善县委书记每季度主持召开一次分析研判会，县委副书记或政法委书记每月主持召开一次，镇（场）党委书记或副书记每周主持召开一次的社会稳定形势分析研判工作制度。县委书记、县长和分管领导等党政领导做到逢会必讲，下乡必问信访维稳工作，每季度召开县委书记专题研判会议1次。全年全县召开会议24场（其中县委书记或委托县委副书记主持20场），研究解决信访维稳突出问题55宗，并根据挂点镇（场）或分管行业落实县领导包案。2. 推进维护政治安全8个专项行动和预防化解社会矛盾12个专项行动。①加强矛盾纠纷滚动排查。组织各镇（场）各部门对可能影响中共十九大召开的风险隐患，开展横向到边、纵向到底的“拉网式”全面排查，确保风险隐患无一遗漏，做到底数清、情况明。对排查发现的风险隐患，逐一制定针对性防范处置工作措施，落实工作责任。②规范基础台账。要求各镇（场）、各单位规范基础台账，并每月报送矛盾纠纷滚动排查的数据，及时掌握矛盾化解工作动态。③加强应急处置。加强对涉及中共十九大矛盾隐患情报信息的搜集研判，及时发现可能影响社会稳定的苗头性、倾向性问题，向县相关部门发出预警并报告上级部门。一旦发生突发事件，快速反应、统一指挥、协调联动，高效应对处置，把问题解决在初始阶段，最大限度降低负面影响。3. 发挥全县信访维稳突出问题处置化解工作专班职能作用。按照省委、市委统一部署，于2017年3月22日成立“全县信访维稳突出问题处置化解工作专班”，下设综合协调组、情报研判组、劝返稳控组3个专项工作小组。建立重点职能部门统一集中办公，情报线索统一研判汇总、统一交办核查、统一报送反馈，重点信访人员统一稳控劝返的“五统一机制”，提升预测预警预防能力，确保不发生因信访问题处置不当引发群体性事件和负面炒作。制订实施《大埔县省际公安检查站参与涉访重点人员查控劝返工作方案》，对高风险涉访人员开展重点管控。4. 强化督导，推动工作落实。①制定方案，完善机制。把稳定作为压倒一切的头等大事，列入综治工作和“平安建设”的一项重要考核内容，制订《大埔县迎接中共十九大胜利召开确保政治安全的总体工作方案》《2017年大埔县预防化解社会矛盾总体工作方案》和《大埔县迎接中共十九大胜利召开维稳安保特别防护期工作方案》。完善定期排查和重点排查相结合的社会矛盾排查机制，对影响和谐稳定的突出问题和老百姓亟待解决的民生问题等进行全方位排查，并逐级登记造册，建立台账，增强工作实效性。完善社会利益协调机制、群众诉求表达机制、矛盾排查化解机制、主体责任机制等，建立“党委领导、政府主导、综治协调、齐抓共管”的社会矛盾化解工作格局，促进社会矛盾化解工作经常化和规范化。②加强督导检查。根据县委《关于对中共十九大特别防护期全县维稳安保工作开展督导的工作方案》，成立督导组，对中共十九大特别防护期全县维稳安保工作进行督导。2017年8月起，由县委政法委副书记和信访局局长为组长的四个督导组，每半个月开展一次对各镇（场）、维护政治安全8个专项行动和预防化解社会矛盾12个专项行动牵头部门进行督导检查，发现问题，立即整改。③加强案件督查督办。县委政法委、信访、国保及有关职能部门人员，经常深入基层责任单位，结合案件实际，组织召开协调会议，提出切实可行的解决意见，为责任单位排忧解难；对排查发现的社会矛盾纠纷进行研判、分类、分级预警。重大案件列入督办，由县领导包案负责，全年列入督办案件13宗，已化解8宗。

【防邪工作】1. 开展专项行动。开展“防范打击邪教捣乱破坏专项行动”、“清理社会面反宣品行动”、重点人员管控“敲门行动”、查处打击“全能神”邪教等工作，掌握和摸清县内的邪教底数，真正做到“底数清、情况明”“发现得了、控制得住”，为依法打击、防范控制等提供有力支持。2. 推进反邪教宣传教育。开展“4·15”国家安全教育日系列活动，联合县国安办、教育局、普法办进学校开展国家安全知识宣传，做好意识形态安全领域的稳控工作；加强联合防控，宣传、司法、文化、教育等部门联合开展防范邪教组织干扰破坏十九大的宣传教育活动；动员全县干部职工和社会各界开展“对邪教说不”网上签名活动，超额完成上级下达1万名的任务。3. 做好重点对象的监管、解脱工作。落实“三包一”和“四个纳入”工作责任机制，实现对重点对象的监管，做好后续巩固工作。与有重点监管对象的镇签订“包保责任书”，采取人盯人的方法，摸清其日常活动范围等信息。通过走出去调查了解，加强与相关部门沟通，共同做好重点对象的管控工作。抓好已转化邪教“法轮功”人员解脱工作，组织人员到镇指导解脱相关工作，对全县掌握的62名符合解脱条件的人员办理上报手续，使其回归正常社会生活，实现转化一个、教育一批，解脱一个、争取一片的效果。4. 抓好基层“无邪教镇、村创建”。做好基层“无邪教镇、村创建”工作，成立县、镇无邪教创建示范工程活动工作领导小组，做到一级抓一级，层层抓落实。加大宣传，择优选定示范典型，结合西河镇是县境北部农业镇、旅游景点多、交通便利、流动人口最多等特有环境，将其视为反邪教工作的前沿阵地。经严密筛选，在西河镇和茶阳镇街道社区、青溪镇下坪沙村等分别开展“无邪教创建”和警示教育工作制度化、规范化建设。

【依法治县工作】印发《大埔县2017年全面依法治县工作要点》和《大埔县关于全面推开法治建设“四级同创”活动的实施意见》，在全县范围内开展创建“广东省民主法治村”、法治建设“四级同创”活动。通过召开业务培训班，加强法治创建指导；以点带面，选定西河、三河镇和湖寮镇龙岗村、茶阳镇群丰村等作为县级法治镇、民主法治村创建活动示范点；建立工作台账，并做好督查验收工作。法治建设“四级同创”活动共规划创建11个法治镇和135个民主法治村（社区）。

县委政法委负责人名录：

政法委书记：郭展凌（—2017.8）
李　宏（2017.8—）
第一副书记：房春鸣
常务副书记：李志坚
专职副书记：曾建邦　房忠勇
专 职 委 员：刘荣德（—2017.1）
邓声河（—2017.8）
刘标荣　余其概　汤颜明
房进强　杨初航（2017.8—）
黄菊兰（女，2017.11—）

（县委政法委调研室）

公　安

【维稳工作】1. 抓好社会稳控工作。①创新情报信息机制。2017年，大埔县公安局在全县建立村级信息员预警网络，坚持由各派出所每月召开信息员会议，及时掌握不同层次和领域的不稳定因素，实现情报信息先知先觉、处置在早的目标。全年收集掌握情报信息304条，处置敏感信息243条，落地查证23人次，取缔41处宗教非法活动场点。②强化网络舆情巡查管控。加强对重要网站、论坛、QQ群、微博等网络平台的巡查，建立大埔公安微信网络舆情引导群，强化网上维稳情报信息分析和网络舆情引导，严防网上政治谣言传播扩散。2017年，共收集网络舆情信息2000条，开展舆情导控发帖200条，清理有害信息1万条。2. 处置各类不稳定事件。①护航重点工程建设。建立重点工程项目的矛盾纠纷提前介入机制，依法打击处理阻碍重点工程建设的违法犯罪活动，稳妥处置高陂镇廖某雄等人阻碍高陂水利枢纽工程建设等涉及重点工程的矛盾纠纷40起（其中事件16起，苗头24起）。②处理缠访闹访人员。全面掌控缠访闹访人员的综合情况，在安保维稳特殊防护期，果断出手，立案调查，综合运用法律手段处理一批涉嫌违法犯罪的缠访闹访的重点人员，刑事拘留3人，行政拘留6人。③矛盾纠纷排查化解。深入开展矛盾纠纷排查调处工作，落实属地稳控、包干限期、专案化解等措施，全年化解各类矛盾纠纷192起，其中事件109起、苗头83起，确保全县社会政治大局持续稳定。快速处置1月3日大麻镇英雅中村因建房工人坠楼引发的群体性事件，依法行政拘留8人。3. 完成重大安保任务。在重大活动、重要节日和重大会议期间，周密制定安保工作方案，确保各项安保工作万无一失。一是成立由11个部门组成的联勤指挥部，及时分析研判各类不稳定因素，做好各类突发事件的处置工作。二是加强对重点部位、复杂场所的社会面防控，抽调机关80%的警力，投入专职巡逻辅警600名次，提高路面见警率。三是成立由50名警力组成的应急处突队伍，随时做好突发事件的处置工作。四是茶阳市际检查站和全县主要路口落实战时24小时设卡勤务，出动警力1700人次、警车300辆，检查出入境车辆11万辆。圆满完成全国“两会”、村居“两委”换届、省第十二次党代会、香港回归20周年庆祝活动、厦门金砖会晤、中共十九大会议、第五届世界客商会等重大安保维稳工作任务，确保全县社会政治大局持续稳定。

【打击刑事犯罪】组织开展“梅安1号”“飓风2017”等七大专项行动，重拳出击，严厉打击各类违法犯罪活动并取得明显成效，主要体现在“三下降四上升”。“三个下降”：一是刑事发案数大幅下降。立刑事案件472宗，同比下降31%。二是盗窃案件大幅下降。立双盗案件244宗，同比下降47.1%。三是治安案件下降。受理治安案件1404起，同比下降12.9%。“四个上升”：一是刑事破案数上升。破刑事案件388宗，同比上升9%；破案率同比上升30.2%。二是逮捕数上升。逮捕167人，同比上升44%。三是移送起诉数上升。移送起诉324人，同比上升39.7%。四是刑事拘留数上升。刑事拘留305人，同比上升57.2%。“飓风2017”专项行动考核排名全市第五。1. 打击重大刑事犯罪。以开展打击涉黑恶势力犯罪专项行动为抓手，划定重点整治区域，统筹调度刑侦和相关派出所的精干力量，组建专班，采取“超常规”措施和力度打击寻衅滋事、强迫交易、敲诈勒索等犯罪活动。全年破获八类严重暴力案件25宗，破案率上升19%。命案发3宗，破2宗。2月4日，通过专案经营、严密布控，成功打掉一个以蓝某君为首的涉嫌组织容留强迫未成年人卖淫、容留他人吸食毒品、非法拘禁、故意伤害、寻衅滋事等犯罪的涉恶犯罪团伙，抓获团伙成员17名，遏制地区黑恶势力犯罪滋生蔓延的势头。10月12日，光德镇2名小学生被拐骗带走，县公安局迅速启动三级办案战时机制，仅用1个小时在梅州火车站当场抓获犯罪嫌疑人吴某毅，成功解救出光德镇被拐的2名学生，最大限度消除负面影响。成功侦破1起公安部督办侵犯公民个人信息案，抓获陈某隆等犯罪嫌疑人51人。相继侦破“青溪‘4·4’江某均故意杀人案”“白某华抢劫案”“徐某军盗窃系列摩托车案件”“黄某宪持刀抢劫案件”“魏某斌盗窃汽车案件”等影响群众安全感、社会反响大的重、特大刑事案件。2. 打击侵财类犯罪。①严打电信网络诈骗犯罪。密切联动协作，通过深度挖掘信息，结合追查资金流向及信息筛查等措施，循线深挖，成功侦破电信网络诈骗犯罪 45 宗，破案数同比上升 12.5%，逮捕 10 人，移送起诉 10 人，冻结和紧急止付诈骗账户资金 104 万元，追回被骗现金人民币 23 万元，挽回经济损失 127 万元。7 月 16 日，在茂名化州市打掉 1 个电信网络诈骗团伙，抓获以何某苏、王某雄为首的团伙成员 6 人，查获手机 10 部、银行卡 23 张、涉案资金 1.3 万元。10 月 15 日，在福建漳平成功抓获利用恋爱关系进行网络诈骗的嫌疑人石某达，涉案金额 80 万元。②严打网络集资等涉众型经济犯罪。强化风险排查，通过大数据研判比对和线索追踪，成功侦破经侦案件 8 起，抓获犯罪嫌疑人 20 人，刑拘 20 人，逮捕 8 人，涉案金额逾 690 万元。③严打“两抢一盗”犯罪。突出合成作战、科技支撑，提升打击效能，遏制入室盗窃、盗窃摩托车等高发多发势头。通过视频追踪、轨迹分析和治安卡口视频监控，及时开展案、车、人的关联研判，并借助合成侦查、多警联动等侦查手段，成功侦破盗窃案件 215 宗，破案率同比上升 40.4%，追回被盗小车 4 辆、摩托车 61 辆。3. 打击涉毒犯罪。围绕守住“无制毒”底线和创建“全市毒害最少县”的两大目标，以“雷霆扫毒”“梅安 1 号”涉毒专项行动为突破口，严厉打击毒品犯罪，成功侦破涉毒刑事案件 12 宗，其中破获部督毒品目标案件 1 起，破获贩毒案件 4 宗，捣毁吸毒窝点 5 个，摧毁涉毒犯罪 3 人、团伙 2 个；缴获各类毒品 218.28 克；抓获各类涉毒人员 103 人，刑拘 14 人，逮捕 11 人，强制戒毒 39 人。8 月 5 日，经过 2 个月的侦控摸查，成功捣毁藏匿于县城某排挡内的可待因口服溶液加工厂，抓获邹某亨等 3 名犯罪嫌疑人，现场缴获可待因口服溶液成品 4 箱共 767 瓶及生产工具一批。加强吸毒人员戒毒、康复、帮教工作，执行社区戒毒社区康复 68 人，执行率 72%。开展青少年毒品预防教育工程、禁毒宣传“六进”等工作，印制和发放禁毒宣传手册 4000 份，营造全民禁毒良好氛围。4. 打击涉黄赌违法活动。以开展“梅安 1 号”社会治安综合整治行动为抓手，压实责任、保持高压，严厉打击涉黄涉赌违法犯罪，净化社会风气，守护好一方净土。全县查处涉黄涉赌案件 99 宗，其中立刑事案件 16 宗；抓获违法人员 344 人，其中逮捕 44 人，刑拘 65 人，取保候审 20 人，行政拘留 166 人，罚款 114 人。

【治安管理】坚持科技强警、屯警街面，打造社会治安“大巡防”格局，人防、物防、技防全面提档升级，建立空中有监控、出境有卡点、街面有巡逻、重点部位有警务车、镇村有群防的点线面立体化社会治安防控体系，提升社会治安防控和服务群众的能力水平。1. 建立巡逻防控新模式。加强社会治安巡逻防控工作，推进“两所三站”建设，街面常态化布警 60 人，在县城重点路段布设移动警务车 2 辆、警务巡逻车 6 辆，在全县建立群防群治服务队 254 个，茶阳和枫朗设立常态设卡点，采取移动警务车和巡逻车点面结合的模式，提高见警率和管事率，提升服务群众的能力水平。2. 推动治安防控再升级。坚持以科技信息建设为抓手，转变治安防控思路，提升打防管控的能力水平。继续加大视频监控的投入建设，在全县新增建设 400 个社会治安高清视频监控点，新建 6 个 16 路视频卡口，在全县建成社会治安高清视频 679 个，电子围栏 44 个，完成“门禁视频”系统建设 3508 套，实现城乡社会治安视频监控一体化、全覆盖无盲区。深化“护校安园”行动，在县城中学成立 6 间校园警务室，各配备 4 名经过严格专业训练的特勤队员，加强校园安全防范，确保校园及周边治安秩序和安全。3. 打造警务实战专业化。深化“一长四必”现场勘查新机制，加强刑事情报研判平台和刑事技术平台应用，举办业务培训班等 31 场次、法制专题学习讲座 3 场次、执法培训 6 场次，审核行政处罚案件 345 宗 500 人，考评案件 704 宗，发现整改问题 1289 个。开展执法专项巡查 7 场次，落实“一长四必”规定案件核查 458 次。全年新购警用车辆 15 辆，为基层单位配发一批警用车辆、防弹头盔、防弹衣、防刺服、警棍、臂盾、工作箱、救生衣、执法仪等警用设备，提升基层实战保障水平。

【道路交通管理】开展“猎豹”“梅安 1 号”等道路交通安全专项整治行动，从严查处酒驾、毒驾“三超一疲劳”等严重交通违法行为。全年查处各类交通违法 1.68 万起，其中现场处罚 1.09 万起，非现场处罚 5849 起；暂扣机动车 1125 辆，其中汽车 264 辆、摩托车 861 辆、报废车 490 辆；查处酒驾 87 起、毒驾 10 起，行政拘留 28 人，刑事拘留 1 人。落实县城区域网格化、路段级别化、人员定岗化、勤务定责化、智能精准化的“五化”工作模式，规范城区道路交通秩序，查处违法停车 3910 起，促进车辆有序停放。

【社会管理创新工作】推进“互联网+公安政务服务”改革工作，加强和改进出入境、治安、户政、交管、消防等行政管理，优化行政服务程序，减少办事环节、缩短办理时限。2017 年，出入境部门办理签证 8.99 万证次，监管来埔境外人员 3728 人次，查处“三非”案件 6 宗 24 人，其中行政处罚 1 人，拘留审查 20 人，刑事拘留 3 人，遣送出境 20 人。户政部门开通全国异地办理二代身份证工作，受理审核审批户籍资料 9500 份，办理第二代居民身份证 3.99 万张，办理临时居民身份证 7130 张，全县的四项变动为县外迁入 1630 人、迁出县外 8459 人、出生入户 9383 人、死亡注销 1.22 万人，核实户口 1.14 万人，注销户口 1.06 万人，核查率 100%，完成任务进度列全市第一。交警部门为群众办理机动车注册登记 4710 辆，核发车辆年检合格标志 5972 辆，受理机动车驾驶证初学增驾申请 307 人，补换驾驶证 4770 人，方便群众查询 2.1 万人次。

【看守工作】2017 年，创建文明看守所，坚持人性化管理，创新探索监所管理工作新机制，规范管理，提高安全防范水平。加强与兄弟单位的沟通交流、密切协作，实现看守所连续 45 年安全无事故，连续 11 年被公安部评定为“一级看守所”。

【消防工作】2017 年，开展消防安全集中整治行动，重点抓好“三合一”“九小场所”的安全隐患排查整治工作，全年开展消防检查 43 次，督促整改各类火灾隐患 29 处。加强危爆物品、枪支弹药管控，开展辑枪制爆专项行动，查处非法持有枪支 149 支（其中火药枪 119 支、气枪 30 支），办理非法持枪案件 14 宗，非法携带管制刀具案件 2 宗。

【武警工作】2017 年，武警中队通过加强值班、执勤工作，特别是在重大节日期间与民警开展军警联合巡逻，在维护社会治安工作方面发挥重要作用。

县公安局负责人名录：

局　　长：房春鸣
政　　委：古锦鹏
副 局 长：何忠贤（常务，2017.7—）
罗广斌　涂志谋　刘日新
杨培彬
郑　伟（挂职，—2017.4）
卓胜军（挂职，2017.4—）
党委委员：张瑞和　陈世明　何苏杭
邬德辉

（罗并欢）

检 察

【简述】2017年，大埔县人民检察院发挥检察职能，推进平安大埔和法治大埔建设，深化司法体制改革，提升队伍业务能力和执法公信力，为大埔经济社会健康发展提供有力的司法保障。

【打击刑事犯罪】打击严重危害人民群众生命财产安全、社会安定等严重影响群众安全感的刑事犯罪，维护社会大局稳定。2017年受理公安机关提请批准逮捕案件138件219人，经审查后批准逮捕114件167人（含2016年度结转案件2件6人），不批准逮捕26件58人。受理公安机关和县检察院自侦部门移送审查起诉案件196件337人，经审查后向法院提起公诉173件288人（含2016年度结转案件6件13人），不起诉17件32人。加强未成年人检察工作，推进未成年人犯罪案件“捕诉监防”一体化工作模式。未检部门受理提请批捕未成年人案件25件39人（其中未成年被害人案件19件37人），经审查，批准逮捕19件30人，不批准逮捕6件9人；受理审查起诉未成年人案件22件47人（其中未成年被害人案件13件22人），经审查，向法院提起公诉21件43人，撤回起诉1人，不起诉2人。开展“法治进校园”巡讲活动，发动未检办、预防科、派驻基层检察室、青年志愿者、法制副校长等力量，在全县中小学校开展巡讲活动，搭建检校共建平台，为青少年的健康成长保驾护航。

【反腐倡廉建设】坚持抓办案不放松，保持查办和预防职务犯罪力度不减。继续开展集中整治和预防涉农、扶贫领域职务犯罪专项工作，2017年立案查处涉农、扶贫领域职务犯罪12人，其中反贪部门立案9人，反渎部门立案3人。加强源头治理，结合办案深化职务犯罪预防。组写《2016年度惩治和预防职务犯罪综合报告》《查处涉农扶贫领域职务犯罪情况报告》供县委、县政府决策参考，开展预防宣传和警示教育39场次、预防调查5次、案例剖析2件，发出检察建议3件。加强韩江高陂水利枢纽征地拆迁、大潮高速（含大漳支线）公路项目等9个涉及民生民利重点项目工程建设的专项预防，通过座谈、上法制课，派员参与征地拆迁、移民安置工作的研判和现场监督，确保工程顺利推进。与中国邮政集团公司广东省大埔县分公司联合开展“预防职务犯罪邮路”活动，编织覆盖城乡的预防职务犯罪服务网络。

【诉讼监督】1. 加强刑事诉讼监督。运用侦查活动监督平台，加强刑事立案、侦查监督，2017年向侦查机关发出《侦查活动监督通知书》10份、《要求说明不立案理由通知书》2份、《补充侦查提纲》21份、《不捕理由说明书》38份，改变定性8件15人，纠正适用罪名不准确5件8人。发挥审查起诉环节诉讼监督作用，全年纠正侦查活动违法情形3件，改变定性11件28人，追加犯罪嫌疑人3人，追加漏罪2件2人，提请抗诉2件6人，法院改判1件2人。2. 加强刑事执行检察监督。加强对收押、释放和变更刑罚执行的监督和社区矫正人员的监督管理，全年依法监督撤销缓刑案件2件，受理公安机关提请批捕再犯罪案件4件4人，经审查后批准逮捕3件3人，不批准逮捕1件1人；受理公安机关移送审查起诉再犯罪案件3件3人，经审查后向法院提起公诉3件3人。开展羁押必要性审查监督案件20人，提出变更强制措施建议20人，均被办案单位采纳。实行在押人员被扣押物品检查制度，为在押人员追回被扣押的非涉案款物1.65万元，维护在押人员的合法权益。3. 加强民事审判和行政诉讼监督。履行民事行政检察职能，加强对诉讼过程、诉讼结果和执行活动的监督。民行部门共接待群众来访 5 人次，提供法律咨询 8 人次。开展检察机关提起公益诉讼工作，成立开展公益诉讼工作领导小组和公益诉讼办案工作组，加强与环保、工商、林业、国土等部门的信息互通和联系协作，及时发现和排查公益诉讼线索。全年开展公益诉讼线索排查 6 件，办理行政公益诉讼诉前程序案件 2 件，向县国土资源局发出检察建议 2 份。

【社会综合治理】1. 强化信访维稳工作。坚持检察长、科室负责人接访日工作制度，依法解决群众合理诉求，化解各种矛盾纠纷，促进社会和谐稳定。2017 年受理群众来信 19 件，接待群众来访 25 批 59 人次（其中检察长接访 2 批 5 人次）。加强十九大前后安保维稳工作，每天确定一名带班领导和值班干警，落实好“每日一报和零报告”制度。加强与其他政法单位及政府有关部门的联系配合，互通访情信息，对可能引发涉检信访矛盾的案件，做好释法说理、心理疏导和稳控工作，把信访问题解决在当地、把上访人员稳定在当地。十九大期间未发生到省进京上访事件。2. 服务保障村（社区）“两委”换届选举工作。发挥“一镇一检察官”和预防、控申、派驻基层检察室等部门的联动作用，走访镇、村（社区）34 个，化解矛盾 2 起，提出检察建议 5 次，开展预防宣传 8 次，发出宣传资料 1000 份，保障换届选举工作顺利开展。

【检察队伍建设】1. 加强思想政治建设。推进“两学一做”学习教育常态化，学习贯彻中共十九大精神、习近平总书记对广东工作重要批示精神和新修订的党章，通过党组中心组学习、支部和科室集中学、座谈讨论、撰写心得体会等形式，将学习贯彻活动引向深入。加强社会主义核心价值观教育，开展“国家宪法日”宣誓活动、“追寻红色足迹、弘扬革命精神”主题党日活动、志愿服务活动等，增强党性修养，弘扬法治精神。2. 加强素质能力建设。开展各类学习教育培训活动，组织干警参加上级院举办的领导素能培训、新进人员培训和各类业务技能培训 94 人次，政法讲座 3 场次，提高干警的综合素质能力。为适应司法责任制，加强检察官专业化、职业化建设，购买大量办案工具书，及时组织员额内检察官学习最新的法律法规、司法解释，不定期举办疑难、复杂案例研判会，要求非检委会委员的员额检察官列席检委会讨论案件，巩固和提高检察官的法律理论水平。有 3 名干警被评为“全国检察机关万名侦防能手人才”。3. 加强纪律作风建设。落实党风廉政建设主体责任和监督责任，紧盯执法办案重要环节和八小时以外活动，整治“四风”和司法作风突出问题。部署开展“加强作风建设，增强执行能力”教育实践活动，在开展各种学习活动的基础上，以科室、支部为单位开展“作风建设大家谈”主题交流活动。同时，各科室和个人结合自身实际查摆纪律作风、工作作风、执行能力等方面存在的问题，整治“弱、松、庸、慢、散、懒、推”等错误思想和不良作风，推动干警思想、观念和作风的持续转变。坚持开展谈话提醒活动，对新进干警、岗位调整干警开展谈话教育 20 人次，内容涵盖纪律、作风、保密等方面。加大检务督察力度，坚持“每月一督察、每月一通报”，对枪支弹药、警械物品保管与使用、人员到岗情况、会场纪律、教育活动开展情况等开展专项督察，推动作风建设常态化、长效化。

【落实员额检察官办案责任制】1. 科学组建办案组织。按照上级检察机关的部署和要求，县检察院选任 14 名员额检察官。围绕检察权运行新机制要求，在征求各业务部门人员意见和多次召开检委会研究讨论的基础上，制订《大埔县人民检察院办案组织的组建形式及职责要求（试行）》。根据员额检察官、检察辅助人员的工作经历和自身实际，采取强弱搭配的方式，组建固定办案组 2 个（负责办理职务犯罪侦查业务）、临时办案组 3 个（由检察长和两位副检察长根据办案需要临时组建）和独任检察官办案组织 7 个，明确各办案组织的职责要求、办案规模，使一线办案力量明显增强。2017 年 2 月，新办案模式正式试运行。2. 明确界定人员职责权限。坚持权力落实与责任到位相统一的原则，结合部门工作实际，制定不同部门、不同岗位检察官、检察官助理、书记员的岗位职责，科学划分职责权限，厘清各类司法办案人员之间的职责界限。根据检察权的复合属性特点和检察权的运行规律，结合上级检察机关有关规定，制订《大埔县人民检察院落实司法责任制明确检察官职责权限划分的暂行规定（试行）》，明确区分检察委员会、检察长、检察官、业务部门主要负责人和检察官助理的职权范围。结合岗位实际和业务类型，建立《大埔县人民检察院主要业务职责权力清单（试行）》《大埔县人民检察院检察辅助人员职责清单（试行）》，明确检察长、副检察长、检察官所享有的不同司法办案权限，并细化检察官、检察官助理和书记员的办案职权范围，达到简化案件审批层级、突出检察官办案主体地位的目的。3. 落实一线办案要求。履行员额检察官办案职责，落实检察官在司法一线办案要求，员额检察官亲自履行审查案件材料，收集、复核主要证据，制作或审定签发法律文书等。新办案模式试运行以后，检察官办结审查逮捕案件 133 件，检察官决定案件数占比 63.1%；检察官办结审查起诉案件 176 件，检察官决定案件数占比 86.3%。制订《大埔县人民检察院院领导、检察委员会专职委员和部门负责人直接办理案件的实施意见（试行）》，领导带头办案，发挥院领导在检察业务中的履职示范作用。新办案模式试运行以后，检察长亲自办理审查逮捕案件 2 件 2 人，其他入额院领导亲自办理反渎职侵权案件 2 件 3 人，反贪污贿赂案件 3 件 9 人，审查逮捕案件 4 件 6 人，审查起诉案件 4 件 5 人。4. 强化办案管理和监督制约。以规范司法办案活动、强化内部监督制约为着眼点，制订《大埔县人民检察院案件管理实施细则（试行）》《大埔县人民检察院案件质量评查办法（试行）》，细化案件管理范围、案件流程管理、涉案财物管理等，明确对员额检察官办结案件的事实认定、证据采信、法律适用等内容进行评查。同时，调整配置统一业务应用系统，实现办案信息网上录入、办案流程网上管理、办案活动网上监督，做到案件办理全程留痕。制定《大埔县人民检察院加强司法办案内部监督制约办法》，强化司法办案监督制约，规范执法办案行为。建立检察官联席会议制度，召开联席会议 12 次，为检察官及时、准确解决办案中的疑难、复杂问题提供咨询、参考意见。从完善检察委员会运行机制入手，建立《大埔县人民检察院检察委员会讨论案件先行审查过滤机制（试行）》，把握检察委员会讨论决定案件的范围，提高检委会讨论案件的质量和效率。机制建立以后，检委会过滤审查案件 10 件。按照主观过错与客观行为相一致的原则，针对不同权力主体司法责任界定和责任追究的差异，出台《大埔县人民检察院司法责任认定与追究办法（试行）》，对各类办案组织形式、各类检察人员的司法责任认定划分、错案追究及瑕疵界限等方面予以界定，确保责任与处罚相适应，增强司法办案人员的履职责任心。5. 制定员额检察官绩效考评办法。以推进员额检察官办案责任制改革，督促员额检察官履行职能，提高办案质量和业务水平为目标，制定《大埔县人民检察院员额检察官绩效考评办法（试行）》。考评办法明确考评主体和程序，着重从办案数量、办案质量、办案效果、理论水平、司法技能、职业操守和廉政建设、外部评价等 7 个方面对员额检察官进行考评，并将考评结果作为评先评优、晋职晋级的重要依据，激励检察官提高办案质量和效率。

【阳光检务】贯彻人大决议，主动向县人大常委会汇报工作，办理好人大代表建议。2017年6月，检察工作报告在县十五届人大二次会议上获全票通过。加强与人大代表、政协委员的联系，举办“检察开放日”，邀请人大代表、政协委员视察检察工作，广泛听取意见建议，加强和改进检察工作。加强“两微一端”建设，主动公开检察工作动态。深化司法公开，应用案件信息公开网发布案件程序性信息345条、法律文书124份、重要案件信息5条。开展律师阅卷、案件查询工作，办理律师阅卷、案件查询27件次，调阅卷宗51卷。

县检察院负责人名录：

检　察　长：张映文

副检察长：何向宏　张创帆　罗敏淳

党组副书记：张旭辉（女）

党组成员：何向宏　张创帆　罗敏淳

范建武（—2017.5）

余　伟（—2017.6）

（李艳艳　陈炜）

法　　院

【简述】2017年，大埔县人民法院学习贯彻中共十八届六中全会和十九大精神，以习近平新时代中国特色社会主义思想为指引，坚持司法为民公正司法工作主线，围绕“努力让人民群众在每一个司法案件中都感受到公平正义”的目标，狠抓执法办案第一要务，推进司法改革，坚持从严管理队伍，各项工作稳妥发展。全年新收各类案件1877件，与2016年同期对比多38件，增长2.07%；结案1844件，同比多52件，增长2.9%，结案率98.24%。上诉案件129件，上诉率6.99%。

【刑事审判】依法严惩严重影响社会治安和群众安全感的刑事犯罪，2017年，受理刑事案件168件281人，审结167件，判处被告人277人，结案率99.4%，收结案与2016年同期对比分别增长44.83%和45.22%。依法惩处盗窃、故意伤害、聚众斗殴、开设赌场、容留他人吸毒等危害社会治安的犯罪案件134件216人，职务犯罪案件4件13人，交通肇事案件13件13人，其他类型犯罪案件16件35人，对88名被告人执行罚金或没收财产92.15万元。刑事案件上诉8件，上诉率4.79%，适用简易程序审理128件，占总案件数的76.19%，未成年人犯罪12件17人，适用非监禁性7件10人，刑事附带民事案件7件。把握宽严相济刑事政策，推进量刑规范化改革，确保案件质量。严格执行刑事证据规则，把握罪刑法定、疑罪从无、证据裁判、非法证据排除等法律原则，继续保持超期羁押案件零的记录，维护司法公正。

【民商事审判】认识和把握社会主要矛盾发生历史性变化对民商事审判提出的新要求，满足人民群众日益增长的司法需求。2017年，受理各类民商事案件1066件，审结1038件，结案率97.37%，结案标的3.78亿元。与2016年同期相比收案少125件，下降10.5%；结案少113件，下降9.82%。狠抓民商事审判，坚持调判结合、案结事了的原则，突出矛盾化解，促进社会和谐，调解、撤诉结案479件，调撤率46.15%。民商事审判坚持问题导向，严把案件质量关，杜绝虚假诉讼案件发生，提高司法公信力。人民法庭发挥地处基层、接近群众的优势，解决好群众司法诉求，化解社会矛盾，为人民群众营造安居乐业的社会环境。

【行政审判】从2017年1月1日起，行政诉讼案件和行政非诉审查案件统一由兴宁市法院集中管辖。大埔县法院的行政审判工作主要是配合兴宁市法院做好行政审判工作，服务县委、县政府工作大局，开展非诉审查案件的执行和强制执行工作，保护行政相对人的合法权益，监督、支持行政机关依法行使职权，推进法治政府建设。

【执行工作】2017年，新收各类执行案件641件，执结637件，执结率99.38%，执结标的4175.63万元。执行标的到位率63.24%，实际执行率16.45%。与2016年同期相比收案多118件，增长22.56%，结案多118件，增长22.74%，赴省进京上访案件息访率100%。开展“攻坚2017”专项执行活动，“用两到三年时间，基本解决执行难问题”。坚持依法执行，注意因案施策，坚持有序推进，实现重点突破，加强团队协作，建立长效机制。健全财产查控体系，运用网络查控与传统查控被执行人财产，破解查人找物难，提高执行效率。执行涉党政机关为被执行人案件，采取冻结、扣划银行存款及工资收入的控制措施，实现快速办案。推行司法网络拍卖，提高财产变现率，淘宝网拍卖财产44件（次），成交额889.84万元，发放执行款2075万元。在公共场所曝光失信被执行人信息，加大失信惩戒，对符合失信条件的380名被执行人录入失信名单库，在全国范围内限制高消费和信用惩戒，对2名被执行人采取拘留措施。受理涉民生案件73件，申请标的300万元。加大执行救助力度，为13名极度困难的申请执行人发放救助金24.2万元。

【信访维稳】2017年，回应群众关切，解决信访畅通渠道，推动涉诉信访化解工作顺利开展。开通信访网上视频平台，尝试运用视频接访当事人。热情接待来访人员，及时处理17件信访案件。

【司法建议】2017年，围绕服务民生主题，聚焦关乎社会热点难点问题，提出一批选题难、质量高、建议好的司法建议，向8个部门（单位）提出司法建议8份，得到相关部门和行业的积极反馈。

【司法为民服务】完善司法救助制度，参与社会治安综合治理，延伸审判服务。推进立案登记制度改革，做到有案必立、有诉必理。加强诉讼服务中心建设，健全一体化接访平台，实现立案程序快捷化、流程信息公开化、诉讼服务电子化，做到专业、公正、高效、便民。继续以上门立案、电话预约立案、法律大讲堂、司法救助等措施践行司法为民，上门立案16件16人，电话预约立案22人（次），法制讲座5场（次）。

【入额法官办案】入额法官选任工作完成后，优化司法资源配置，提升审判质量，发挥院（庭）长对审判工作示范引领作用，结合法院实际情况，全面落实员额法官办案制度。全年入额法官审结案件1247件，占法院诉讼案件的96.6%。合理组建8个审判团队，为司改后审判工作的顺利开展奠定良好的基础。

【司法责任制改革】确保“让审理者裁判，由裁判者负责”落到实处，在建立以主审法官和合议庭为核心的审判权运行机制的基础上，严格错案追究责任。落实院（庭）长办案制度，审理案件以独任制为主、合议制为辅的审判组织模式改革到位，规范审判流程。

【人员分类管理】按照省司改方案的要求，统筹推进司法人员分类管理，完善法官业绩评价体系，建立各类人员常态化的绩效考核办法，加强考核结果的运用。各类人员明确职责，有序交流，实行职务序列管理，落实入额法官职级待遇和辅助人员及司法行政人员绩效考核分配等问题。

【审判管理】在提升司法公信、解决人员紧缺、强化监督管理等方面进行探索,促进审判管理的科学化、精细化。推进案件繁简分流机制改革，优化司法资源配置，提高审判质效。完善速裁程序、简易程序、普通程序相配套的审判机制和案件审限预警、未结案件督办机制，推进清案工作，减少新收转旧存案件数，确保审判提速，质量提升。对翰林华府 80 宗商品房预售合同纠纷民生案件，融合资源，庭审提速，全部审结。完成最高法院部署的 2017 年上网裁判文书评查工作，完善案件量化、考核、监督及评查等制度，评查裁判文书 36 份，良好率 96.6%。抽查 5 个业务庭 30 宗案件及 9 场（次）庭审活动，提升审判工作效率和质量。发挥人民陪审员作用，32 名人民陪审员参审案件 343 件，参审率 100%。

【接受监督】自觉接受外部监督，营造良好政治生态，加强与人大代表、政协委员的沟通与联系，办理好代表建议，以制度建设促进联络工作常态化。向县第十五届人大常委会报告法院“推进司法体制改革工作”和“开展执行工作”情况。

【信息化建设】以信息化建设为支撑，建设科学便民的阳光司法机制，推进信息化技术在法院工作中的应用。实现网络互联互通与数据共联共享，业务交流、信息分享一键可达。实施网上办公、办案，案件、文件全部网上流转，全要素网上公开，为司法责任制的落实提供重点技术保障，让公平正义得到实现。

【司法公开】完善数字化法庭建设，规范立案大厅建设，科技法庭助力，延伸办案平台，构建开放、动态、透明、便民的阳光司法机制。运用录音录像、证据展示、内网实现直播点播功能、省法院综合业务系统导出平台以及案件信息电子查询平台，确保对外公开信息准确完整，为当事人提供全方位、多元化、高效率的审判流程公开服务。按照最高法院规定，裁判文书上网常态化，上网公开裁判文书630份，占应上网裁判文书的100%。通过执行信息平台，将执行案件全部导入电脑，向公众公开执行案件全过程。

【队伍建设】保持法院正确政治方向，强化干警政治思想、业务能力、纪律作风建设,学习贯彻中共十九大精神和习总书记对广东的重要批示精神，开展“大学习、深调研、真落实”活动，推进“两学一做”学习教育常态化、制度化。增强党内政治生活的政治性、时代性、原则性、战斗性,建设一支信念坚定、司法为民、清正廉洁、勇于担当的司法队伍。全体干警牢固树立“四个意识”、坚定“四个自信”，注重调查研究，处理好人民日益增长的美好生活需要和不平衡不充分的发展之间的矛盾，提高新时代做好群众工作的能力和水平，解决群众关注的难点热点问题。讲授党课 5（场）次，中层以上干部到基层调研 16 人（次）、干警撰写调研文章 16 篇。加强党员干部的网络培训和考学，通过集中、选送和视频培训来提高干警政治素质和法律素养，开展庭审观摩、案例分析、裁判文书评比等活动，提高干警的审判技能。

【党风廉政建设】按照“作风建设永远在路上”的要求，纠正“四风”不止步，贯彻落实中央八项规定，抓好作风建设，党员干部带头转变作风，加强制度建设，狠抓日常管理，确保案件不出问题、干警不犯错误，纯净政治生态。2017 年 8 月，开展纪律作风自查，接受省、市法院纪律作风的专项督察。落实廉洁司法的各项制度，坚持从严教育、从严管理，加强对重要岗位、关键环节的常态监督，筑牢第一道防线。抓好警车管理，杜绝公车私用，严格控制“三公”经费，签订2017年党风廉政建设责任书和综治暨平安创建目标管理责任书，做到人人有责任，层层抓落实。2017 年，全院无发生违规违纪的人和事。

【司法宣传】通过典型案例以案说法，引导人民群众知法、守法、用法，营造全社会对法律的崇高信仰。组织完成 2017 年全国法院 29 届学术论文撰写报送工作、市法院重点课题调研及专题调研工作。在《南方法制报》等报刊刊登宣传稿件 8 篇；信息简报被省、市法院采用 18 篇；在市、县电视台播出电视专题节目19期；编发法院简报5期，出版宣传专栏8期，微博发布信息130条，撰写报送论文16篇，撰写案例16篇。有1篇论文获梅州市法院系统优秀奖。

【安全工作】县法院党组重视安保工作，院长邱忠强在每次会议上反复强调安保工作的重要性，要求全面落实责任，保证法院干警和当事人以及旁听群众的人身和财产安全。院机关和人民法庭在全面装备视频监控、金属探测器、身份证鉴别仪、电子安全门等安保设备的基础上，对院机关视频监控等设备进行升级，及时更新安保设备。改进和完善法院大堂接待场所，热情接待诉讼当事人及来访干警亲属朋友。充实法警，加强值班工作，实现“物防”与“人防”有机结合。2017年，院机关和法庭无发生安全责任事故。

【行政管理】县法院政工科做好党务、人事、组织、工资、教育培训和司法改革等工作，完成上级法院和院党组交给的各项任务。办公室做好司法行政事务，改善机关和人民法庭的办公办案条件，加强基础设施建设，为审判执行工作提供优质服务和保障。法警大队突出从严治警，做好值庭、安保、协助强制执行等工作，保证法院机关和法庭人员财产安全。

【服务大局】践行新发展理念，服务保障大局，为县重点工程建设提供法律服务和保障。一是确保高陂水利枢纽工程征地拆迁工作顺利进行。为协调好高陂水利枢纽工程建设征地拆迁工作，县法院征地拆迁工作领导小组决定，由五名业务庭长负责协调配合征地拆迁等具体事宜，参与研究制订征收房屋和土地规程，加强业务培训，定期派出人员到工地了解情况，参加房屋征收，解决实际问题。院领导经常亲临高陂、大麻调研，强调做好相关工作，维护人民群众合法权益，为国家重点工程建设提供法律服务和保障。二是配合县政府做好大潮高速公路征地拆迁工作。成立大埔县法院大潮高速公路征地拆迁工作领导小组，做好相关准备工作。三是协助做好工业园区征地工作，加强培训和宣传，审理诉讼案件，采取强制执行措施。四是协助做好县城过境公路征地的指导、督促工作。

县法院负责人名录：

院　　长：邱忠强

副 院 长：黄爱京　许国键　童斯荣

党组副书记：黄　君（女）

（赖伟青）

司法行政

【简述】2017年，大埔县司法局贯彻落实县委十二届二次全会精神、市司法行政工作会议，紧扣《2017年大埔县司法行政工作要点》要求，突出工作重点，扎实做好每一项司法行政工作。

【人民调解工作】1. 抓基层司法所干部业务培训。3月24日，举办2017年基层司法所干部业务培训班，全县基层司法所干部、县局机关全体干部70人参加培训会议。2. 抓矛盾纠纷排查化解，维护社会稳定。3月底，将《大埔县司法局关于开展“保稳定、促和谐”矛盾纠纷排查化解专项活动的方案》下发到各基层司法所，抓好“保稳定、促和谐”矛盾纠纷排查化解专项活动，维护社会稳定，迎接中共十九大顺利召开。2017年，全县调解民间纠纷2154件，调解成功2135件，调解成功率99%。全县未发生因调解不及时或调解不当而引起的纠纷激化案件。

【法制宣传】一是创建广东省法治文化主题公园，与西河镇配合抓好《主题公园建设方案》的实施。二是在茶阳茅坪村建成大埔县“普法十里长廊”，打造普法阵地工作亮点。三是抓好2017年广东省民主法治示范村（社区）创建活动。2017年完成119个示范村（社区）创建任务。四是在西河镇北塘村大埔法治文化园开展 2017 年“12·4”法治宣传日系列活动。五是 12 月 6 日在翰林剧场协办“法润梅州 平安万家”法治文艺巡演。

【社区矫正】1. 社区矫正中心建设。县级社区矫正中心建设是2017年省政府十件民生实事之一，县司法局狠抓落实，投入 50 万元，建成的社区矫正中心内设八大功能室（报到登记室、矫正宣告室、监控指挥室、教育培训室、心理矫治室、警务检察室、档案资料室、远程视频帮教会见室），面积 300 平方米。至 2017 年 8 月底，已完成社区矫正中心和各司法所前端设备安装，实现省市县镇四级网络互联互通。2. 加强队伍建设。深化矫正制度改革，加强社区矫正工作队伍建设，推动专业社会化组织、社会工作志愿者，参与社区矫正帮扶工作。2017 年，接收社区矫正对象 198 人，解除矫正对象 133 人，在册 245 人。

【安置帮教】落实基本信息沟通和衔接机制，做好衔接情况的信息化登记，帮教对象信息录入率、核实率、反馈率均为 90%，刑释人员衔接率 70%，减少脱管、漏管现象。2017 年，接收安置帮教对象 240 人，安置帮教率 98%。

【一村（社区）一法律顾问工作】整合基层司法行政职能和资源，开展一村（社区）一法律顾问工作，组织驻村律师服务“三农”、参与涉法涉诉信访活动，推进司法行政职能向乡村、社区延伸，让群众享受“零距离”服务。全县共聘请 45 位驻村律师，为 256 个村（社区）群众提供法律服务 3719 件，开展法律咨询 2713 次，调解纠纷 8 件，法治宣传 997 次。

【律师工作】加强基层法律服务所和律师事务所的管理，抓好法律服务工作者的年检、注册材料初审上报工作。依法保障律师执业行为，严格规范律师执业。协助做好律师担任党政机关、企业、社会团体、基层组织法律顾问工作。全年律师代理民事案件 58 件，刑事辩护 12 件。

【公证业务】1. 为重点工程项目建设提供公证服务。发挥公证法律服务职能作用，组织公证员参加韩江高陂水利枢纽工程和大潮高速公路等县重点工程公证服务。2017 年，公证员下乡办理房屋和土地现场测绘证据保全公证 5 宗，办理遴选评估机构证据保全现场公证 11 宗，为县重点工程项目顺利推进提供法律保障。2. 启动新一轮公证机构体制改革，加强公证质量建设，创新公证工作机制，落实惠民便民措施。2017 年，办理各类公证 540 件，其中国内民事公证 362 件，涉外民事公证 108 件，涉港澳台公证 70 件。

【法律援助】扩展法律援助组织网络，推进法律援助向基层延伸，降低受援门槛，拓宽服务领域，把受援范围逐步由低保人群向低收入人群扩展。2017 年，法律援助案件 26 件。

【队伍建设】一是以“法律六进”为契机，突出宣传党章，教育引导广大党员干部尊崇党章，以党章为根本遵循，坚决维护党章权威。二是学习习近平总书记重要批示精神。5 月 26 日上午，县司法局在七楼会议室举办习近平总书记对广东工作重要批示精神讲座，县司法局各基层司法所负责人、局机关干部近 60 人聆听讲座。三是学习中共十九大精神。11 月 8 日，召开司法行政系统干部会议，掀起学习中共十九大精神热潮。同时制定《学习中共十九大精神计划》，真正“学懂、弄通、做实”。四是以开展机关作风整治为契机，制订《县司法局机关作风整治实施意见》，重点对干部队伍中存在的“弱、松、庸、慢、散、懒、推”等错误思想、不良作风进行整治，解决“不能为、不想为、不敢为”的问题。五是强化党风廉政建设。落实党风廉政建设“一岗双责”责任，开展《中国共产党廉洁自律条例》《中国共产党纪律处分条例》学习活动，加强党性党风党纪和廉洁从政教育。在纪律教育专题学习会议上，邀请县检察院作“坚守法纪底线做廉洁司法人”专题辅导报告。

县司法局负责人名录：

局　长：刘万兵

副局长：陈德荣　罗小慧（女）　赖国营

（刘海旋）

军　事

人民武装

【简述】2017年，大埔县人民武装部贯彻落实军委国防动员部、省军区和军分区党委指示要求，按照“立住根本、抓好主业、打牢基础、守住底线”的思路，抓好年度各项工作落实，县人武部和全县民兵预备役建设呈现稳步上升的良好态势。

【政治工作】1. 抓好党的创新理论武装。把学习贯彻中共十九大精神、习近平主席强军兴军重要论述、庆祝建军90周年等重要讲话精神作为首要政治任务，组织干部职工精读细读上级规定书目，通过参加专题教育、党委中心组理论学习、组织学习讨论、撰写心得体会等形式，理解和掌握习近平系列讲话精神基本观点、基本内容和基本要求，把党员干部的思想和行动统一到习主席一系列重要指示精神上来，打牢思想根基。中共十九大召开后，县人武部在参加上级组织的学习活动的基础上，通过辅导宣讲、制作小册子、出主题板报等形式，使大会精神更好地为干部职工所理解和掌握。党委成员带头开展理论调研，人人都有调研成果，县人武部政委撰写的《强化五种意识，当好新国动人》党课被省军区推荐上报到国防动员部。2. 开展“两项重大教育”活动。开展“维护核心、听从指挥”主题教育活动，推进“两学一做”学习教育常态化制度化，县人武部落实教育活动各个环节，领导带头讲课，干部职工认真自学，并结合党员个人情况开展履诺践诺“回头看”活动，组织一次学习讨论交流和参观见学活动，干部完成一次课题调研。7月，组织全体干部职工和专武干部开展专题党课，并在三河坝战役纪念园组织重温入党誓词，瞻仰纪念碑，在广大干部职工中开展“不比硬件比软件，不比待遇比奉献”活动，教育引导大家苦干不苦熬，撸起袖子加油干。开展“两项重大教育”的做法，在《中国民兵》《广东武装》等省级以上新闻报刊多次报道。3. 肃清郭徐流毒影响。贯彻中共十八届六中全会精神，把全面彻底肃清郭徐流毒影响作为推进军队党风廉政建设的重中之重，作为从思想上政治上组织上迎接十九大召开的重大举措。及时召开工作部署会，传达上级文件精神，集中时间采取逐个单位过、逐个场所清、逐台电脑滤、逐条信息删的举措，对办公电脑、存储介质、网络信息、文电档案、教材教案、图书报刊等进行全面细致的彻查，让肃清工作入心入脑。4. 抓好经常性思想教育工作。在组织传达学习上级指示精神、参加省军区、军分区举办的各种学习辅导的基础上，针对个别同志立足贫困山区干武装信心不足、省军区系统编制体制调整、思想政治面临严峻考验的现实情况，县人武部利用早交班、集训练、开会时机，不间断地进行军队根本职能教育、法纪警示教育、防间保密教育和优良传统教育，加强行为引导，帮助广大干部职工提高理性思维和明辨是非的能力，确保严守政治纪律，不发生任何问题。

【军事训练】1. 抓好战备工作落实。上半年，结合形势任务需要，修订完善《抗洪抢险》《森林防火》等 10 份预案，并结合重大节日和重要活动组织应急分队进行演练。在门岗、作战值班室配备部分防暴器材，并与县公安局以及各镇（街道）应急排建立联动机制，确保一旦发生问题能够第一时间处置。2. 抓好机关军事训练。围绕强军目标总要求，按照《军事训练大纲》组织干部职工针对性训练，以分区考核、集训为契机，重点抓好军事体能训练和动员业务培训。建立健全考勤登记和检查评比制度，坚持每周五交班讲评训练情况，坚持每月对现役干部的体能进行一次评比考核，提高军事素质。3. 抓好民兵军事训练。按照“紧贴任务、解决急需、突出应用、打牢基础”的思路，抓好民兵预备役的军事训练。2017 年 5 月，组织轻舟分队进行专业训练和参加梅州市轻舟分队强化训练，强化队员的专业技能和实战水平，提升遂行任务能力。

【党建工作】1. 党委班子更加坚强。一方面，针对班子成员新和人员少的实际，加强新班子的理论学习和能力培养，开展创建“学习型党委、表率型机关”活动，注重岗位练兵和实践锻炼，提高党委成员的素质本领，提高党委班子理性思维层次，增强科学统筹、把关定向和指导建设的能力。另一方面，坚持以制度建设牵引党委班子建设，落实《党委工作条例》，贯彻落实“十六字”原则，强化检查监督和教育管理，提升党委班子建设质量，带领部队完成各项工作任务，树立清正廉洁、团结务实的班子形象。2. 干部管理更加规范。强化党管干部原则，落实干部教育管理规定，经常对干部进行革命事业心和责任感的教育。坚持定期进行民主评议干部和干部思想汇报制度，规范干部的“四圈”“三外”，增强事业心和责任感。3. 职工管理更加严格。执行上级有关职工管理规定，依据部队条令条例规范广大职工的言行，用地方人事改革制度有关规定要求职工，增强广大职工的事业心和责任感，增强完成工作任务的主动性。4. 专武干部更加专职。协调县有关部门，将专武干部优先纳入各种技能、政务培训和提拔对象，依据专武干部工作实绩提供干事创业平台，把政治素养高、现实表现好、工作能力强的干部调整到重要岗位，全年调整交流 6 名专武干部，提升全县专武干部的工作热情和积极性。

【武装工作】1. 坚持党管武装落到实处。2017 年初，细化和明确镇（场）党管武装工作绩效考评实施办法，加强镇（场）党管武装工作的组织领导，促进党管武装工作的落实。8 月，多次协调县委书记、县长到县人武部召开现场办公会，研究解决人武部营区建设滞后、办公设施老旧等难点问题；以国防教育日和军民共建为载体，“八一”前组织县领导班子成员、县武委会和国动委成员参加军事训练；利用民兵整组、军事训练、征兵和学生军训、全民国防宣传日等时机和中小学这个宣传教育阵地，开展国防教育。9 月上旬，在全县开展中学生国防教育宣传周活动，组织优秀的专武干部到中小学校担任课外辅导员，推动全民国防教育的开展。2. 抓好国防动员工作。针对 2017 年县主要领导变动大的实际，及时调整健全县国防动员委员会、县武装委员会和县征兵工作领导小组等组织，抓好常态化业务对接，确保动员指挥链顺畅运转。按照《广东省国民经济动员潜力统计调查办法》要求，完成全县国防动员潜力调查汇总和数据库数据补充完善工作，更新《现役部队预编人员》《地方与军事技术对口预备役》《退伍军人预备役》等数据库数据，为战时国防动员提供真实可靠数据。3. 加强国防潜力调查。11月，协调县国动委相关单位完成全县国防动员重点潜力数据的调查完善工作，填写上报《国防动员潜力系统》数据，更新《现役部队预编人员》《地方与军事技术对口预备役》《退伍军人预备役》等数据库数据。4. 做好军事设施保护工作。对照新职能新使命，做好军事设施保护工作，全年8次协调有关部队和县相关单位做好军用光缆光纤、火箭军发射阵地等军事设施场地的改建改迁，既维护军事利益，又支持地方经济建设。5. 做好双拥工作。参加梅州市创文活动，主动协调落实某部队驻埔分队军士长家属工作安置。参与地方扶贫帮困活动，与洲瑞镇大坑村进行挂钩帮扶，全年投入4万元为大坑村委购置办公桌椅和办公设施。全国扶贫日和广东扶贫济困日期间，县人武部党委组织干部职工为贫困户和困难党员发放慰问金5000元。发挥桥梁纽带作用，协调地方加大对辖区内火箭军导弹发射阵地和国防光缆军事设施勘察保护力度。妥善解决茶阳通信站通信线路受损、火箭军国防光纤损坏、高陂镇军属土地赔偿、祖屋继承、大麻镇军人祖坟破坏纠纷等涉军维权案件。

【征兵工作】按照省军区和军分区的部署，坚持阳光廉洁征兵，抓好夏、秋季征兵宣传以及高学历青年征集工作。1. 加强组织领导，精心筹划工作。从3月开始开展兵役登统计工作，摸清适龄青年底数；多次召开形势分析会，分析征兵工作面临的形势、存在的困难和问题，总结经验教训，制定目标措施，明确任务和要求；逐级签订责任书，制定完善奖惩措施，提高基层征兵工作的积极性和主动性。2. 围绕征兵方式调整，开展宣传活动。在坚持以往征兵宣传发动工作好的经验做法的基础上，2017年重点做好网上征兵宣传适龄青年全覆盖，及时开通大埔县征兵微信公众号；全县悬挂横幅180条，张贴标语1200条；县政府县长熊锋松发表征兵工作电视讲话；县广播电视台和县文化广场LED大屏幕在黄金时段播放征兵宣传片；专门组织在大埔公共信息网和大埔论坛发布宣传帖，各基层武装部和民兵营把政府的征兵政策宣传到每一个适龄青年。3. 严格征兵纪律，确保兵员质量。组织征兵工作相关人员学习廉洁征兵有关规定，请纪检、监察部门对征兵工作进行监督，设立举报电话、举报信箱，公开征集条件和标准，向应征青年家长发放廉洁征兵监督卡，签订配合廉洁征兵承诺书，自觉接受群众和社会的监督，坚决遏制不正之风。采取交叉检查、集体会诊、总检结论、全面复检的方法，严格体格检查标准，保证体检质量，连续23年在深圳布吉面向珠三角地区大埔籍适龄青年组织报名体检。在政考中实行三级联考和交叉陪考制度，突出对人户分离、外出务工青年的政审。继续推行“阳光征兵”电脑派号确定新兵入伍对象和去向，解决“挑兵种、选去向”和征兵过程不够透明、审批定兵不够规范等问题。全年征兵实现好中选优、阳光廉洁的目标。

【后勤工作】1. 加强财务正规化管理。执行财务预算，坚持“党委当家、后勤理财”原则，执行上级有关经费使用的规定和要求，凡重大开支必开党委会研究，凡不符合规定的发票一份不报，确保把有限经费用在刀刃上。2017年上半年，县人武部组织对固定资产和办公物资进行清查清理，对物资进行归类造册，下半年及时调整预算，确保预算执行率达到规定要求。2. 开展财务清查。县人武部及时成立财务工作清查领导小组，按照统一标准，明确责任，对照整改实施细则进行两轮整改，对2013年至2016年财务凭证逐项逐票展开清查整改，共梳理存在问题票据3类390项，涉及资金1390万元，清退资金 13.1 万元。3. 落实管装制度。常态落实武器装备管理保养制度，按照装备动用程序、权限使用装备，定期组织司机应急处置训练、安全驾驶培训和仓库保管员业务培训，抓好司机队伍和保管员队伍安全教育，强化事业心、责任感，确保武器装备和车辆保持良好技术状态，武器装备完好率、配套率达到规定标准。4. 完成国防酒店回收。开展对外有偿服务停止工作，与承租方沟通协调，聘请专业评估机构对国防教育基地进行评估，加强与地方政府的汇报沟通，于 2017 年 3 月初在全市范围内率先完成对外有偿服务停止工作。下半年，按照军民融合、军民共建原则，协同县政府在国防教育基地合办机关食堂。

【管理教育】1. 坚持思想教育先行。坚持思想先行，强化安全工作理念，做到常思不忘、常讲不烦、常抓不懈、常防不松，每天利用交班、学习、开会或是大项活动等机会，针对倾向性问题进行随机教育，让大家时刻绷紧安全这根弦；坚持每月一堂安全教育课，讲解安全常识，打牢防范基础；结合工作任务、季节变换、事故通报等开展安全专题教育，剖析原因，强化干部职工遵规守纪意识，做到安全工作日日讲、时时抓、人人知。2. 抓好安全制度落实。坚持每月组织一次安全工作讲评，每季度召开一次安全形势分析会，定期查找和及时整改安全稳定工作中存在的问题和薄弱环节，形成用制度规定管人管事管物、用制度规定保障科学发展安全发展的良好机制。针对调整改革的特殊时期，落实省军区、军分区加强调整改革特殊时期严管部队确保稳定的刚性措施，完善正规化办公管理、值班管理、请销假、经费审批报销、人员接待和物资采购等规章制度，确保安全工作落实。3. 开展安全隐患排查。组织开展"安全隐患综合整治""枪弹专项清查""百日安全"活动，对照省军区和军分区《关于组织开展安全大检查的通知》要求的 9 个方面内容进行安全隐患排查，对自查出的问题采取自上而下的方法，重点对人、车、枪、弹、密、网、营院、重大活动和季节性事故等方面的内容，进行逐个科室、逐项内容、逐个场所、逐个环节的全面整治，做到点位无遗漏、内容无缺失、清理无死角。投入 3 万元，更换公寓楼门禁系统 1 套、兵器室报警器 1 个、监控摄像头 3 个、营区老旧线路 3 处。

县人武部负责人名录：

部　长：黄剑锋（—2017.6）

政　委：刘小龙

副部长：娄　云（2017.6—）

（王宏焰）

人民防空

【简述】2017 年，大埔县人民防空办公室坚持以科学发展观为指导，贯彻落实省、市人防工作会议精神，按照省、市人民防空建设目标管理的要求，抓好各项工作的落实，依法办事，科学管理，推进全县人防事业发展。

【人防组织指挥体系】按照《大埔县防空袭方案》《大埔县人防工程规划》，把人防应急准备作为重中之重来抓，加强对重点经济目标的防护管理。更新人防专业队人员名单，健全组织，明确任务，优化结构，加强演练，提高各专业队伍的综合应急保障能力，并开展专业技术培训。11 月 8 日，县政府实施 2017 年度防空警报试鸣，13 台电声警报器工作正常，一次试鸣成功，警报音响覆盖率 100%，同时，利用广播、电视成功切换传递警报信号。

【人防"结建"工作】坚持"以建为主、以收促建、应建尽建、应收尽收"的原则，加强对人防工程结建、审批、检查、验收的管理；结合 2017 年开展国有闲置土地清理清查工作，提早介入，及时规划，把城市建设与人防建设结合起来，促进人防工程建设稳步推进。2017年，新报建人防工程2宗；结合民用建筑收取人防易地建设费13宗，金额771.89万元。

【人防政策宣传】通过电视、广播等新闻媒体进行人防宣传，利用联通、移动通信信息平台发放宣传短信2万条。通过人防政策宣传、发放人防资料和人防杂志，并利用社区宣传栏进行宣传，扩大人防工作影响面。在城区主要街道悬挂横标，在党政机关及服务窗口发放人防知识宣传材料，营造人防宣传氛围。继续在城区4所初级中学坚持统一计划、统一要求、统一教材，进行每年不少于7个课时的人民防空知识普及教育和“三防”训练，向各个学校初二新生发放防空教材课本2810本。

县人防办负责人名录：

主　任：连军沈

（钟鸣）

▲2017年5月11日，水利部稽察组莅临大埔开展现场调研

▲2017 年 11 月 8 日，县委书记朱汉东（前排右三）调研城建工作

▲2017 年 9 月 15 日，县委书记朱汉东（左一）、县长熊锋松（右二）一行到大埔县检察院调研考察

经　济

农　业

农村工作

【简述】2017 年，大埔县农业总产值 42.8 亿元，同比增长 9%，农村居民可支配收入 13314 元，同比增长 12.3%。

【农村基础设施建设】2017 年，大埔县完成“一事一议”项目，下拨 2017 年村级公益事业建设“一事一议”省级以上资金 805 万元，市县配套资金 161 万元，实施 22 个项目，受益人口 4.65 万人。组织实施枫朗、光德等镇 936 公顷高标准基本农田建设和三河、大麻等镇 877.3 公顷的农业综合开发土地治理项目。

【农技推广体系建设】1. 开展基层农技人员知识更新培训。对全县农技人员进行专门培训，完善“专家—农技人员—科技示范户”的农业科技成果转化应用快速通道。全县遴选 119 名农业技术指导员、357 户科技示范户，辐射带动周边农户 1.4 万户。2. 开展科技集市活动。现场展示实物、赠送技术资料和农用物资、推介新品种，介绍农作物、水产种养技术和病虫综合防治技术等，接受群众农科咨询。3. 提高农民的农科知识水平。提升广大农民的从业技能和综合素质，举办“粮食高产创建活动技术”“创业青年培训班”等培训班；组织农业龙头企业主、农业科技示范户、种养大户参加耕山致富大会战，发展精致高效农业等科技培训。2017 年，全县举办县级培训班 24 期 3500 人次，镇级培训班 112 期 2 万人次，县、镇农科咨询服务 10 万人次。

【现代农业产业进程】1. 特色农业基地规模扩大。2017 年，新种蜜柚 453.3 公顷、茶叶 233.3 公顷。全县蜜柚面积 1.46 万公顷，蜜柚总产量 25 万吨，产值 9.86 亿元。茶叶面积 7200 公顷，总产量 0.73 万吨，产值 6.58 亿元。抓好广东顺兴种养股份有限公司万亩基地、百侯新乐大埔县兴瑞现代农业发展有限公司千亩蜜柚基地和茶阳古村大埔聚德生态发展有限公司千亩基地等现代标准园区建设。2. 现代农业标准化建设推进。再次被评为“全国重点产茶县”。完善大埔乌龙茶质量安全标准体系，扎实创建全国绿色食品原料（5 万亩大埔乌龙茶）标准化生产基地。成功举办蜜柚名茶旅游节暨农产品品牌展销会。3. 农业产业化进程加快。全县有农业龙头企业 134 家，其中省级 25 家、市级 53 家、县级 56 家。农民专业合作社 559 家，家庭农场 123 家。其中 2017 年新培育农业龙头企业省级 5 家、市级 10 家、县级 12 家，新增农民专业合作社 26 家，新增家庭农场 38 家。4. 品牌建设提升。全县有国家名牌农产品 1 个，省级名牌产品 23 个。建立广东凯达茶业股份有限公司等富硒茶叶基地 3 个，广东顺兴种养股份有限公司等富硒蜜柚基地 4 个，获得认证的无公害农产品 10 个，基地面积 2364 公顷；绿色食品 5 个，批准产量 6875 吨；有机食品 1 个，基地面积 66.66 公顷，广东省菜篮子基地 4 个。5. 市场化经营深化。发展食品工业，推进广东顺兴种养股份公司投资的大埔蜜柚深加工及综合利用建设项目。广东顺兴种养股份公司于 2017 年收购柚果 2.5 万吨，其中出口 7000 吨，连续三年占全市柚果出口总量的 60%，是梅州市柚果出口的第一大户和梅州市最大的柚果销售流通企业。

【观光休闲农业】发挥全国休闲农业与乡村旅游示范县的优势，扎实推进以梅潭河沿线的三河、湖寮、百侯、枫朗、大东以及北部的西河、茶阳、青溪和西部的大麻镇为重点的 18 个项目建设，提升休闲农业的整体档次和水平。对达到“八有”标准全国休闲农业与乡村旅游示范县民营资金投资建设项目进行考核验收和奖励。打造和完善西岩茶乡茶文化旅游产业园，中国·大埔乌龙茶博览馆投入使用。大埔县被中国茶叶流通协会授予“中国最美茶乡”称号。

【农产品质量安全体系建设】1. 农产品质量安全体系建设加强。结合春夏秋季农资打假专项治理行动，开展农药、种子、肥料、鱼药、饲料及添加剂等执法行动 15 次，出动人员 1194 人次，签订《广东省依法依规经营农药告知并承诺书》106 份，检查经营门店 649 间次，查处案件 6 宗。加强农产品农药残留的监测，加强对全县无公害农产品、绿色食品、有机农产品标识和质量监督管理，确保农产品质量安全，保障城乡居民身体健康。开展 3 次农产品质量安全监督抽查工作，两次蔬菜共 20 份样品，草莓 1 次 1 个样品，100% 合格。完成 150 份农产品质量定量检测任务，合格率 100%。开展农产品质量安全快速检测工作，2017 年抽检 28 个蔬菜品种，2995 份样品检测，合格率 98.4%。其中 15 个镇（场）抽检样品 783 份，合格率 100%。2. 加强农业面源污染治理项目的实施。在百侯、茶阳、西河等 3 个镇 11 个村实施农业面源污染治理，实施化肥减量控污示范工程、农药减量控害示范工程，减少农药残留和土壤、水源污染，提高农药利用率，减少农田环境污染，提高农产品质量安全。2017 年项目区开展培训 32 期 2250 人次，设立水稻“三控”栽培技术示范点 11 个，在百侯、西河、湖寮、茶阳 4 个镇，35 家省、市、县级农业龙头企业开展蜜柚配方施肥示范点工作，通过 IC 卡刷卡补助 80 万元。加大农村环境保护宣传力度，制止露天焚烧秸秆污染空气行为。3. 农村节能减排有成效。①农村能源建设稳步推进。全年新增农村沼气用户 12 户，至 2017 年底全县累计有农村沼气用户 6197 户，总容积 6.97 万立方米，受益人口 2.94 万人。全年产沼气 712 万立方米,相当于标准煤 5088 吨，相当于 3166 公顷的薪炭林所产薪柴的能量，年增收节支 1527 万元。②农业环境保护和农村节能减排工作有效推进。畜禽养殖污染防治方面，农村沼气年处理污水 39.53 万吨，年减排 COD1.89 万吨，年减排氨氮 0.13 万吨。沼肥推广应用防治污染方面，农村沼气年产沼肥 30.6 万吨，全年推广应用沼肥面积 3166.7 公顷；推广沼液防治农作物病虫害 1040 公顷，有效减少种植业产生的污染。大气污染防治方面，组织巡回检查 900 人次，制止露天焚烧秸秆行为 9 宗，有效降低露天焚烧秸秆污染空气行为。4. 农业生产安全保障有进展。全年印发播病虫情报 10 期，共 1000 份，全年测报准确率 98.3%；开展红火蚁、柑橘黄龙病综防培训 12 期共 1500 人次，发放各种宣传资料 1 万份。选择 1 个镇和 4 个农业龙头企业建立柑橘黄龙病的综防示范点。实施蜜柚无病毒苗圃的建设项目，在黎家坪新建蜜柚无病毒苗圃 2 公顷，已培育蜜柚脱毒苗 15 万株。

【农村综合改革】1. 确权登记颁证工作有序推进。全县 15 个镇（场），应确权村（林场、社区、街道）248 个，至 2017 年底，已基本完成外业调绘实测工作，完成实测面积 1.55 万公顷，约占全县耕地面积的 95.57%；颁发证书 9.01 万本，约占 2013 年承包农户数 93.5%。2. 农村土地流转规范有序。坚持依法、自愿、有偿的原则，推进农村土地承包经营权流转,促进规模经营。全县实行家庭承包经营的农户 9.69 万户，承包土地总面积 1.16 万公顷，全县农村土地流转面积 2380.5 公顷，占承包土地总面积的 20.5%。全县建立村级土地流转服务组织 245 个，发挥其管理和服务功能，土地承包经营权流转行为逐步规范化。没有发现村组织包办、代替或截留土地流转现象。3. 农村土地承包经营纠纷得到有效调处。依法设立土地承包纠纷仲裁委员会，制定仲裁委员会章程，聘任仲裁员。稳定和完善农村土地承包经营制度。2017 年县、镇共受理农村土地承包纠纷 29 起，妥善处置 29 起，占 100%，未发生集体上访事件和纠纷激化案件。4. 减负措施落实到位。坚持和完善涉农收费文件“审核制”、涉农价格和收费“公示制”、农村公费订阅报刊“限额制”、农民负担“监督卡制”、涉及农民负担案（事）件“责任追究制”，农民负担得到明显减轻，农村社会和谐稳定。5. 开展政策性涉农保险基层涉保体系建设。全县落实水稻承保面积 1.57 万公顷，占全县水稻种植总面积的 94.8%；落实蔬菜 36.7 公顷、蜜柚 233.3 公顷，促进全县农业生产和发展。2017 年有 1.82 万户农民得到不同程度的补偿，补偿金额 180 万元。

粮食生产

【简述】2017 年完成粮食种植面积 2.04 万公顷，粮食总产 11.53 万吨，其中完成水稻播种面积 1.63 万公顷，总产 9.12 万吨。种植面积、产量对比 2016 年基本持平。

【粮食工作】1. 粮食产量稳定。按照稳定面积，提高单产，增加总量的要求，引进、推广粮食优新品种和先进技术，推广优质稻比例为 97.3%，农作物良种覆盖率 86.8%。2. 国家强农惠农政策落实。加大力度推进涉农领域腐败问题专项治理工作，开展种粮直接补贴入户核查，抽查发现有些镇村、农户虚报冒领种粮直接补贴资金 38 万元，均按照规定退回财政部门。3. 种子执法监督工作加强。针对农作物种子管理存在的突出问题和薄弱环节，制定种子管理工作方案，明确工作目标，加大对主要农作物种子执法监管力度，规范全县种子销售市场秩序，确保农户的用种安全。4. 粮食高产创建活动开展。结合实际，因地制宜引导群众发展大豆、薯类和玉米等旱粮生产，稳定粮食面积。扎实推进大麻、高陂、枫朗等镇粮食高产创建活动开展，稳定提高粮食综合生产能力。

经济作物生产

【简述】2017 年，大埔县蜜柚面积 1.46 万公顷（其中红肉蜜柚面积 8753.3 公顷），蜜柚总产量 25 万吨。茶叶面积 7200 公顷，总产量 0.73 万吨。烟叶种植面积 764.3 公顷，烟叶收购 3.21 万担。

【耕山致富】1. 示范带动。培育省、市、县级龙头企业和农民专业合作社，以点带面，示范带动农民发展农业产业，走科学耕山致富之路。2. 引导带动。打造西岩万亩茶山，发展生态观光农业，根据自然条件、地形地势，服从农业生产的整体布局，做好茶园的整体规划，同时引进新品种、新技术和新成果，建立标准化示范基地。发动群众致力扩大蜜柚、茶叶、仙人草等产业的种植规模，全县新种蜜柚 453.3 公顷、茶叶 233.3 公顷。3. 招商拉动。通过农业招商引资，引导外出乡贤回乡投资农业。2017 年引进大埔县桃李窠农业综合发展有限公司和大埔县润兴种养有限公司，完成招商引资额 2.05 亿元。4. 服务推动。广东顺兴种养股份有限公司蜜柚修剪技术服务队、兴瑞现代农业发展有限公司机耕服务队等服务队，为农户提供产前、产中、产后一系列技术服务，解决农民耕山致富所遇到的技术问题和用工问题。

渔业生产

【简述】2017年，大埔县有水产养殖面积749公顷，同比增长0.5%，其中特色水产养殖面积225.7公顷，同比增长3.1%；水产品总量7821吨，同比增长3%，其中特色水产品产量643吨，同比增长7.9%。渔业总产值7950万元。

【调整养殖结构】1. 发展名特水产品养殖。在稳定传统养殖品种的基础上，加强黄颡鱼、光倒刺鲃、翘嘴鲌等特色优质品种的健康养殖示范推广，并加强对养殖户进行技术培训，促进渔业的良性发展，增加农民的收入起到良好的示范带动作用。2. 引导池塘标准化健康养殖推进行动。革新传统的养殖方式，推行品牌颗粒精饲料配合青饲料养鱼，提高水产品质量；开展渔业健康养殖示范和水产健康养殖示范场创建活动，推进池塘标准化健康养殖。发挥山区水资源优势，推行无公害养殖。3. 发展生态休闲观赏渔业。按照渔业绿色健康、环境生态优美、服务功能完善、满足多元消费需求的内涵，以大埔县飞乔生态农业发展有限公司为示范点，加强引导和技术服务，带动周边地区发展具有大埔特色的休闲垂钓渔业，完善基础设施，促进休闲观赏渔业健康有序发展。

【建设水产基地】1. 水产种苗生产基地。建设以大埔县鱼苗场为龙头的水产种苗生产基地，确保县内水产养殖业所需各种良种供应。争取资金，修建完善设施设备，开展鱼苗繁殖、培育，为名、优特色品种养殖和种苗供给提供保障。2. 培育无公害、健康水产品养殖龙头基地。发挥山区水资源优势，推行无公害养殖，建设以大埔县楠科种养科技有限公司为示范点，辐射带动全县建设农业部水产健康养殖场、无公害水产品养殖基地，打造绿色品牌，通过推行无公害水产品健康养殖，提高全县渔业发展的整体水平，促进水产健康养殖的快速发展。3. 加强健康养殖与规范用药示范。通过基地示范、举办培训班、下乡指导、发放宣传资料等形式，加强健康养殖、规范用药的水平，确保水产品质量安全。

【水产品质量安全监测】1. 推进水产健康养殖。加强渔业科技下乡入户、技术推广与培训工作，推广安全用药技术、方法，指导水产养殖科学防病、合理用药。加强重大水生动物疫病监测，科学指导水生动物疫病防控。2. 强化水产品质量安全执法。按照“规范、引导、监管、服务”的原则，以水产苗种生产合法性、养殖企业生产记录制度建立情况、投入品使用情况为重点，加大执法检查力度，杜绝非法用药行为，督促生产单位加强整改，严防不合格水产品上市销售。

【打击非法捕捞行为】加大渔业法律法规的宣传力度，对违法电、炸、毒鱼和渔船管理的专项整治活动，打击非法捕捞行为，渔业资源得到有效保护。2017年出动人员689人次，出动快艇66艘次，查处违法捕捞“三无”船2艘,查获电力捕鱼案件4起，收缴违法电捕工具4套，取缔清理各种违法违规网具48张，其他违禁渔具19件，没收处理非法捕捞的渔获物150公斤。

【配合县委、县政府中心工作】开展网箱整治后续监管工作。按照县政府的统一部署，配合相关部门，开展网箱整治后续监管工作。

县农业局负责人名录：

局　长： 赖经雄（—2017.12）
　　　　黄庆清（女，2017.12—）

副局长： 李友元　苏瑞旋
　　　　何伟燕（2017.12—）
　　　　赖国新（—2017.12）

（罗向前）

林业生产

【简述】2017年，大埔县林业局践行“绿水青山就是金山银山”的理念，以推进新一轮绿化广东大行动为抓手，扎实工作，开拓进取，实施森林碳汇、生态景观林带、森林进城围城和乡村绿化美化等重点工程，着力狠抓森林抚育管护，取得了成效。全县有林业用地面积19.84万公顷［其中生态林12.49万公顷（含国家级生态公益林 4.33 万公顷），商品林7.35万公顷］，森林蓄积量1071万立方米，森林覆盖率 79.89%，林地绿化率98.1%，林木绿化率79.99%。

【林业用地指标】2017年，大埔县林业局上报审批通过了大埔县山丰水库坝址及上坝公路项目征占用林地7.82公顷、大埔县高陂赤山至留田段过境公路改建工程项目征占用林地 7.1 公顷、大埔至潮州高速公路项目征占用林地362.99公顷、大埔县高陂镇赤山村公益性生态公墓园开发建设项目征占用林地3.33 公顷、大埔县产业集聚区基础设施建设项目征占用林地19.58公顷，支持县重点项目建设。

【森林资源管护】坚持守住生态红线，落实林业生态红线划定工作，实现 “以图管线管资源”；坚持依法治林，发挥森林公安主力军作用，维护林业秩序稳定，开展“红线行动”“利剑行动”“打击破坏野生动物资源违法犯罪”等专项活动，严厉打击各类涉林违法犯罪行为，2017年受理各类森林案件26宗，林业行政案件70宗。

【森林防火】森林防火是保护森林资源的重要一环。2017年度完成全年森林受害率不超过市下达的1‰控制目标。全县有16个专业或半专业扑火队，县成立50人的专业扑火队伍，各镇（场）成立30人以上的半专业扑火队伍。全县村级护林员从原来的462人增加至682人；以县政府名义下发《关于全县党员干部职工文明祭祀有关要求的通知》和《大埔县人民政府森林防火禁火令》；同时加大宣传，在全县重要地段和高速公路县内出口附近竖立大型防火宣传牌、搪瓷牌，并印制《广东省森林防火条例》《梅州市野外火源管理条例》，运用网络新媒体扩大防火宣传范围。

【涉林维稳】以“定纷止争”为宗旨，坚持“法理与情理、历史与现实相结合”的原则，在充分调查的基础上开展调处工作。2017年受理山林权属争议案件17宗，结案16宗，调处率94.1%；调解涉林信访件23宗，接访69人，信访案件处置率100%。

【林下经济】建立起以金线莲、石斛、油茶、香樟为主的森林食品、商品。全县种植林下经济面积3.68万公顷，林农公司160家。以林下经济、生态旅游为新的亮点。此外，办理林权抵押贷款15宗，面积1041.63公顷，金额4475万元，服务扶持林农发展。

县林业局负责人名录：

局　　长：罗振康（2017.7—）

党组副书记：贺进辉（2017.1—2017.6 负责全面工作）

副 局 长：罗富健　郭小娜（女）　张运得

县公安森林分局局长：梁永炼

县防火办主任：汪德琴

县绿委办主任：黄启旋

县山调办主任：邓小武

（**张彩红**）

畜牧兽医工作

【简述】2017年，大埔县畜牧兽医局落实中央八项规定精神及中央、省、市、县农业农村工作会议精神，围绕“保供给、保安全、保生态、促增收”的总体目标，促进畜牧业供给侧结构性改革，按照省定实施减猪稳禽增牛羊行动，推进畜牧生产、食品安全、粪污治理同步协调发展，探索现代畜牧业与新农村建设相结合的新路子、新模式，打造产出高效、产品安全、资源节约、环境优良的现代畜牧业示范区。狠抓扶持政策落实、科技推广和行政执法，促进全县畜牧业发展，为县域经济发展、农民增收作出贡献。

【畜牧生产】2017 年，全县生猪年饲养量34.9 万头，其中存栏 12.9 万头，出栏 22 万头，能繁母猪存栏 1.43 万头；家禽年饲养量487.46 万只，其中存栏 86.8 万只，出栏 400.66 万只；牛年饲养 2.83 万头，其中存栏 1.86 万头，出栏 0.97 万头；羊年饲养 1.96 万头，其中存栏 0.87 万头，出栏 1.09 万头；肉类总产量2.63 万吨。同时，培育畜产品深加工产业，实施畜牧业升级计划，推进生态养殖规模化、标准化建设，重点发展草食动物养殖，精心培育“斯红”“客家”等羊肉酒深加工产业，2017 年，全县羊肉酒年产值 600 万元。畜牧业已成为全县农民增收、新农村建设的主导产业之一。

【疫病防控】贯彻“预防为主，防重于治”的兽医工作方针，抓好以牲畜口蹄疫、小反刍兽疫病、高致病性禽流感等重大动物疫病为重点的畜禽强制免疫工作，为畜牧业健康发展提供保障。2017 年，全县春秋防期间累计免疫牲畜口蹄疫 26.33 万头、小反刍兽疫病免疫 1.4 万头、禽流感免疫 130.75 万只，平均免疫密度为 95%、92%、98%。

【畜禽产品质量】1. 按照动物检疫规程，把好产地、屠宰检疫关。对出栏动物到场、到户或到指定地点检疫，查验免疫档案、动物标识，严禁对染疫或疑似染疫动物出具检疫证明。严把屠宰动物进场关和宰后产品出场关，严格实施同步检疫，严禁检疫不合格动物产品出场。2017 年，全县完成生猪产地检疫 15.84 万头，牛产地检疫 0.24 万头，羊产地检疫 0.38 万头，家禽产地检疫 209.46 万只；生猪屠宰检疫 14.61 万头，牛屠宰检疫 0.17 万头，羊屠宰检疫 0.29 万头，家禽屠宰检疫199.43 万只，生猪报检复检 4.31 万头。经各种检疫，对各环节检出的病畜 520 头、病禽2950 只、病变病害肉 42.38 吨，全部按规定作无害化处理，杜绝病变病害肉流入市场，保障肉食品安全。2. 加大对畜产品整个生产、屠宰过程中的监管。2017 年，全县组织出动执法人员 435 人次，对 7 个生猪定点屠宰加工厂、5 个肉类销售市场、12 个畜牧业生产资料市场进行检查，共检查兽药 21 个次，检查肉品市场 120 个次。3. 组织开展兽药饲料畜产品质量安全检测工作。2017 年完成兽药质量抽检 3 批，送检 3 批，合格 2 批，合格率为 66.7%；完成饲料产品抽样送检 4 批，检测 4 批；对 9 户养殖户使用的饲料进行库房内抽取饲料样品，进行违禁药物抽样送检3 批；动物性饲料产品抽检 5 批。完成全年的目标任务。4. 为防止出现“瘦肉精”安全事故，狠抓肉食品安全。加强对定点屠宰厂（场）的监督管理，对定点屠宰厂（场）的待宰生猪进行“瘦肉精”监督抽检和对存栏30 头以上的养猪场进行现场抽样检测；加强养殖环节监管工作，健全养殖场（户）日常监管制度，加大普法宣传教育，强化技术指导与服务，增强养殖场（户）的质量安全责任意识；严厉打击养殖环节非法使用“瘦肉精”和自配料中添加“瘦肉精”的行为；累计抽检养殖场 466 场次，监督抽检定点屠宰厂 59 场次。全年累计检测生猪尿样 3232 份，其中用盐酸克伦特罗检测 3232 份、莱克多巴胺检测 3226 份、沙丁胺醇检测 3219 份，“瘦肉精”检测结果全部为阴性。2017 年送市检测生猪尿样 4 批次 74 份，“瘦肉精”检测结果全部为阴性。5. 加大监督执法力度，严厉打击违法行为。集中力量对上市的私屠滥宰肉产品进行检查，结合全省“扫雷行动”，实施重点整治，重拳出击，严厉打击私屠滥宰的嚣张气焰。

【畜牧养殖科技培训】加强技术培训。2017年，宣传养殖新技术，印发宣传资料，开展畜牧养殖新技术培训，广大养殖户的科学、健康养殖意识得到加强，全县畜牧业科学养殖技术水平提高。举办“猪场常见主要疫病防控专题培训班”“养鸡技术”“畜禽养殖技术讲座”等培训班6期，印发资料2600份，参加培训1300人次。开展环境保护宣传。印发宣传资料3000份，推广“畜—沼—果”生态养殖模式，倡导绿色环保养殖理念，提高企业环保养殖意识。结合“精准扶贫、精准脱贫”工作，强化农业职业教育，培育新型职业农民，着力培养畜牧业致富能手，2017年派出技术人员30人次参与24个镇村授课，培训养殖户 1200 人次，发放畜牧技能书刊1200本。由大埔县畜牧兽医技术推广站组织实施的《浙江湖羊引进养殖和标准化示范推广》获2017年大埔县科学技术奖三等奖。

【扶持政策落实】落实能繁母猪保险、生猪保险强农惠农政策。2017年，能繁母猪保险投保1.45万头，参保率95%；生猪保险投保4.75万头，参保率80%。做好生猪标准化规模养殖场建设项目。2017年，新申报1家生猪标准化规模养殖场建设，提升标准化养殖水平，做大做强生猪产业，促进山区畜牧业的发展。

【产业结构调整】自广东省实施南方草地项目起，大埔县大力发展草食畜牧业，实施南方草地畜牧业推进行动，扩大优质肉牛肉羊生产，调整全县生猪规模化养殖单一结构。引进特色品种改良当地品种。2017年，全县引进广西黑山羊800头、浙江湖羊1200头、苏州白山羊500头等特色品种，改良当地山羊，提高当地山羊生产力，推动全县肉羊产业发展。做好南方草地畜牧业建设项目。跟进斯红山羊、东南万福肉牛、昌裕肉羊建设项目，加快建设进度。全县畜牧类省、市、县农业龙头企业发展到18家，其中省级2家、市级6家、县级10家，龙头企业辐射带动能力有明显增强，为加快全县现代化畜牧业发展奠定基础。

【养殖污染整治】2017年，县畜牧兽医局加大养殖场治污减排工作力度，关闭或搬迁全县禁养区和居民生活区周边影响大的养殖场。摸清底数，制订方案。各镇组织人员对禁养区养殖情况开展拉网式排查，确保逐户调查、详细造册，并在村镇中公示。经公示，全县禁养区养殖生猪785户，合计7.84万头。全面部署，细化目标。县政府成立专项整治领导小组进行全面部署，把深化生猪污染整治工作作为当前一项重要的政治任务，与各乡镇签订《生猪养殖污染整治责任书》，并对行动任务表、时间表、责任表进行细化、公开化。层层落实，步步推进。深化生猪污染整治工作牵涉面广，情况复杂，由主要领导亲自抓、分管领导具体抓，并明确整治工作联系人员，确保驻村干部包村包户责任，层层落实。并及时研究解决工作中出现的实际问题，综合施策，步步推进。公开进度，比学赶超。县政府定期通报生猪养殖污染整治专项工作进度情况，公开各镇（场）的整治进度，并进行排名，引导乡镇自觉形成比学赶超的氛围，促进各镇（场）改进方法、加大力度、加快进度。至2017年11月30日，全县搬迁或关闭猪场741户，完成率94.5%。堵疏结合，转型提升。坚定整治污染，让生猪养殖产业告别“散、小、污”的局面，同时推广“猪—沼—果”等好经验、好做法，引导养殖户提升改造生猪养殖方式，推动生猪产业持续健康发展。

县畜牧兽医局负责人名录：

局　　长： 周　威（—2017.12）
罗应忠（2017.12—）

副 局 长： 刘培浩　罗森达

总畜牧兽医师：梁武林

（吴国章）

水利水电工作

【简述】2017年，大埔县投入水利水电建设资金5.16亿元，完成土方165万立方米，石方18.9万立方米，砼2.1万立方米，投入劳动工日97万个。治理山区中小河流2宗23.4公里，其中清淤23.4公里，兴建护岸11.8公里；修复水毁水利工程62处，维修巩固治理水土流失4.5平方公里。至2017年底，全县水电装机272处467台21.97万千瓦。全县实现发电量3.45亿千瓦时，产值1.79亿元，其中国有电站累计发电量6592万千瓦时，产值3400万元。2017年投入扶贫资金48.9万元帮扶高陂镇陂寨村的工作。大埔县地处韩江流域，梅江水系，全县有规模以上（500平方公里以上）河流5条，大埔韩江总长46.86公里，集雨面积965.68平方公里；大埔梅江总长18.57公里，集雨面积129.89平方公里；大埔汀江总长41.35公里，集雨面积641.06平方公里；大埔梅潭河总长83公里，集雨面积678平方公里；大埔漳溪河总长33.82公里，集雨面积158.52平方公里；规模以下（500平方公里以下30平方公里以上）河流19条，总长392.18公里，集雨面积1414.89平方公里。水库48宗，总库容1.18亿立方米，重点山塘170座。

【水利】推进43宗村村通自来水工程建设。枫朗镇、桃源自来水厂、青溪镇、百侯镇等43宗工程全面动工，至2017年12月底，完成投资2.52亿元。推进山丰水库工程建设，开展导流施工，扩宽连接上坝公路施工道路，取土场、库区清表等其他工作也正有序进行中，至2017年12月底完成投资5000万元。配合韩江高陂水利枢纽工程配套工程的高陂镇陂寨移民安置区电排站扩建工程等项目建设。贯彻落实国家对水库（水利）移民后期扶持政策，加大对大中小型水库移民后期扶持政策实施的工作力度。投入资金81.07万元，抓好大中型后期扶持计划项目实施，完成大麻镇那口村道路交通建设工程2宗；投入资金1352.49万元，抓好小型水库移民实施工程，完成高陂镇461户2205人住房改造和公共基础建设7宗，累计建房面积4.41万平方米。

【水资源管理】树立水资源重要性、紧迫性的意识，谋划水资源的保护、利用和可持续发展。加大水法规宣传、教育力度，充分利用各种媒体宣传水法规，广泛宣传水资源保护、节约用水等政策，依法加强河道管理，有效保护江河水源水质。开展水规划调查，按照河流流域规划要求，为水资源利用提供技术、安全指导等优质服务。执行最严格水资源管理制度，严格执行建设项目水资源论证制度，强化水资源统一调度，协调好生活、生产、生态环境用水，优化配置水资源。2017年全县实际用水总量2.05亿立方米，其中地下水采用0.18亿立方米，工业和生活用水量使用0.59亿立方米，水功能区水质达标率达到Ⅱ类，城镇供水水源地水质合格率98.8%；2017年征收水资源费260万元。加强汀江、梅潭河保洁工作，采取定期和不定期结合的办法进行打捞，对汀江青溪库区、梅潭河百侯水电站和凯达水电站库区水浮莲及漂浮物清理，由中标单位广州市隧成建业物业发展有限公司进行清理，并负责后续一年保洁服务，确保汀江、梅潭河水面干净。强化小水电管理。落实好水电企业安全管理，与安监局、供电局成立联合检查组对全县水电站进行安全检查，提出整改措施；开展全县农村水电站安全生产培训班，采取抓安全、促稳定，抓生产、促效益的办法，确保国有水电企业正常生产，实现国有电站发电量6592万千瓦时。同时，着力配合支持省重点项目高陂水利枢纽工程建设等工作。

【三防】坚持防汛抗旱两手抓，落实以行政首长负责制为核心的防汛责任制，为大埔社会经济发展提供优质的三防服务。建立县、镇、村三级联动的防洪（涝）预案。全县共储备防汛物资有冲锋舟 7 艘、救生衣 950 件、救生圈 162 只、编织袋 31 万条、编织布 5.11 万平方米、砂石料 740 立方米；并定期进行更新置换。抓好抢险应急队伍抢险演练、轻舟分队训练，为防汛抢险应急打牢基础。开展县、镇两级专业抢险应急队伍的抢险演练 12 场（次），对全县基层水务所工作人员以及水利工程防汛责任人、技术责任人共 500 人进行业务技术培训。同时，加强防山洪灾害宣传，竖立山洪灾害宣传牌 252 块、挂条幅 180 条，发放明白卡 4.01 万张，向群众宣传防御山洪灾害的知识，提高群众防灾意识。抓好三防信息化建设，严格按照广东省防总的标准要求，投入 168 万元，对县级三防会商室、办公室、联合值班室等进行升级改造，三防会商室由原来 50 平方米扩大到 250 平方米，配备 150 位会议桌位，更换网络线路、供电线路、音像设备，安装 4×2 大屏电视墙，整合集成宝丽通、金视通两套会议系统，既有主线会议系统也有备份保障系统，为现代三防会商打好基础。开辟三防信息通报平台，全县各级三防指挥部印发（转发）防御部署工作通知 1228 份；发布《重大气象信息快报》35 期、《重大气象信息专报》2 期、《天气报告》19 期、各类灾害性天气预警信号 102 次，通过各类短信平台发出预警短信 48.94 万条，发布地质灾害预警 5.5 万条，发送避险通知书 3 次 5172 份；电视台播放《大埔县防风防暴雨温馨提示》3 次 96 小时。抓好制度建设，建立完善“汛期 24 小时值班和领导带班制度”“信息报送制度”等，强化责任落实，认真、及时收集和上报、反馈各种三防信息，加强周边联系，科学调度水库蓄水，为上级三防指挥部门和县委、县政府提供防汛抢险参谋的职能作用。2017 年 1—9 月降雨量为 1291.6 毫米，比 2016 年同期累计对比减少 524.1 毫米，受局部强降雨影响，全县 15 个镇（场）有 5 个镇（场）受洪涝灾害影响，韩江三河坝水文站 2 次超警戒水位，导致下游高陂沿河地区受洪水影响 2 次受浸，最深水位超 0.98 米。全县因灾直接经济损失 6969 万元。

【水土保持】采取工程措施、生物措施、封禁措施相结合，综合治理水土流失，维修巩固治理水土流失 0.9 平方公里。全面完成 2016 年度山区中小河流治理项目莒溪水、梅潭河枫朗镇段、梅潭河百侯镇南山段、梅潭河大东镇段、青溪水、小靖河、长治水、大麻水、阴那水、梓里水等 10 宗 84.4 公里。投入 3058.96 万元，完成 2017 年度 2 宗西河水、双溪水（其中新增 1 宗双溪水治理）山区中小河流治理项目工程建设。投入 382 万元，推进革命老区崩岗治理。

【推行“河长制”工作】县镇全面推行河长制工作方案，相关制度相继出台，各镇（场）于 2017 年 9 月底相继成立领导小组、出台工作方案。成立县级领导小组 1 个、镇（场）级领导小组 15 个，出台县级工作方案 1 个，镇（场）级工作方案 15 个。设立县级河长 5 人、镇级河长 165 人，村级河长 222 人。按时间节点确定河湖名录有县级河流 5 条、镇级河流 47 条，48 宗水库，170 宗山塘；完成标绘河湖名录。县河长办组织编制《大埔县全面推行河长制县级河长会议制度（试行）》等七项河长制相关配套制度，15 个镇（场）的“河长会议制度、河长巡查制度、工作督察制度”等三项制度全部制订。投入 58.2 万元初步建立一套智慧河长制综合管理平台业务系统，包含智慧河长制综合管理平台 web 端、移动端、微信公众号等。已运用开通微信公众号宣传引导广大群众主动参与监督、管护河流。县级河长开展一次以上的巡河。

【城乡水务】1.加强县城饮用水安全监管。抓好大埔县城自来水有限公司经营管理，确保县城近10万人的饮用水安全和正常供给。2.加强县城排水系统巡查，做好县城雨箅、井盖维修、排除下水道淤塞等工作。投入20万元，维修、更换雨箅558只、井盖142只、垫胶皮580只，排除下水道淤塞63处。投入30万元,安装2000套防蚊闸;通过日常巡查，对可能影响排水的井盖进行清理；城区街道排水巡查工作到位，及时处理居民反映的供排水问题。3.加强污水处理厂运作管理。2017年，全年正常生产365天，达标排放365天，处理污水760万吨，负荷率为100%。化学需氧量平均进水浓度为135.3毫克/升，平均出水浓度为14.7毫克/升，削减量为916.7吨；氨氮平均进水浓度为24毫克/升，出水浓度为1.8毫克/升，削减量为168.7吨；产生污泥722.65吨，污泥经压滤脱水后，全部把污泥运至丰顺县处理中心，进行无害化处理，执行转移联单制度并建立台账。

【河道采砂管理】贯彻《大埔县加强河道采砂源头管理工作实施意见》《大埔县河道采砂源头管理细化方案》精神，落实“政府牵头，部门配合，上下联动，综合整治”的长效机制，加大水法规宣传、教育力度，划定河道采砂的禁采区和可采区，实行“河道采砂权”公开招投标，加强巡查，严厉打击违法采砂行为，维护河道安全。1.保持打击非法采砂的高压态势。在各镇成立由镇干部和当地派出所、交警部门为主的河道采砂巡查监管专责工作组，落实属地管理和问责机制的基础上，县水务局还联合公安、海事部门，成立茶阳执法组、高陂执法组及水上执法组，共三个执法组采取常规巡查，昼伏夜击等相结合的办法打击非法采砂行为，查处违法采（运）砂行为80宗，查扣违法作业工具87辆（台、艘），其中货车72辆、铲车7辆、钩机7台、运砂船舶1艘，行政处罚79.6万元；拆除整治非法抽（洗）砂点设施设备12处，捣毁抽砂管线200米。同时，查处非法占河建筑4起，责令停止违法行为4起；查处非法向河道内倾倒渣土6起，其中暂扣车辆1辆、责令停止违法行为6起。2.强化可采区监管。派出工作人员24小时驻点可采区，对可采区企业进行监管，实行河砂来源合法证明管理，安装电子监管系统，确保河砂开采规范、有序。2017年，河砂招标收入3200万元。

【水利工程管理】根据水利工程分级管理的原则，落实各类水利工程的管理责任，明确任务和职责，规范水工程操作程序。对全县47宗小型水库、159宗山塘、重点堤围管护人员汛期分别给予每人每月补助300元和150元，确保管护到位。同时，深化小型水利工程管理体制改革，在全县建立产权明晰、管护主体落实、责任追究制度完善、投融资机制健全的社会化、专业化的各种类型水利工程管理模式。

县水务局负责人名录：

局　长：张回里

副局长：赖俊欢　罗小红（女）　杨佐沐

（范东伟）

气象事业

【全年气候特点】2017年，大埔县年平均气温22.0℃，比历年平均气温高0.9℃；年总降水量1335.1毫米，比历年雨量少196.5毫米，年降水量≥0.1毫米降水日数145天，比历年多39.2天；年日照时数1648.6小时，比历年少43.7小时。年极端最高气温38.7℃，出现在8月21日，年极端最低气温1.3℃，出现在12月21日。最冷月（1月）平均气温与历年同期平均高 3.4℃，最热月（7 月）平均气温比历年同期平均偏低 0.1℃。一日最大降水量 91.6 毫米，出现在 6 月 14 日。2017 年低温冰冻和暴雨等灾害性天气频发，雨量偏少，年平均气温正常略偏高，年降雨量偏少，年日照时数较历年偏少。全年全县有 14 次暴雨天气过程，4 月 19 日，过程雨量最大双溪 99.8 毫米；4 月 21 日，过程雨量最大大东 53 毫米；5 月 1—2 日，过程雨量最大大东 68.6 毫米；5 月 14—16 日，过程雨量最大茶阳花窗村 158.2 毫米；6 月 1—4 日，过程雨量最大茶阳花窗村 179.2 毫米；6 月 13—17 日，过程雨量最大三河镇 338.6 毫米；6 月 26—27 日，过程雨量最大茶阳花窗村 158.2 毫米；7 月 18 日，过程雨量最大光德镇 63.8 毫米；7 月 30 日，过程雨量最大桃源镇 51 毫米；8 月 1—2 日，过程雨量最大丰溪林场 79 毫米；8 月 29 日，过程雨量最大梅龙高速茶阳服务区 75 毫米；9 月 7—8 日，过程雨量最大茶阳镇 52 毫米；9 月 21 日，过程雨量最大西河镇南丰村 78 毫米。影响全县的台风有 3 次（“苗柏”6 月 11—13 日、“海棠”7 月 28—31 日、“玛娃”9 月 1—4 日）。

【气象服务】2017 年，大埔县气象台发布各类预警信号 113 次。所有预警信号发布、对预警信号进行确认以及预警信号的解除均严格依照《广东突发气象灾害预警信号发布规定》实行。2017 年发布气象决策服务短信 339 条，约 30 万人次。其中发布《重大气象信息快报》40 期、《重大气象信息专报》2 期、《天气报告》19 期、启动应急响应 10 次（暴雨 5 次，台风 5 次），发布地灾气象风险预警 28 条。同时在台风暴雨过程中，密切关注天气变化，及时发布预警信号，并用短信、电视台、微博、微信等渠道向全县发布预警情况，使全县各级有关领导能及时了解天气变化，做好灾害防御工作，最大程度降低灾害损失，确保人民群众生命财产安全。

2017 年大埔县气象台发布预警信号情况分类表

表 1　　单位：次

次数 信号 / 颜色	台风	高温	暴雨	寒冷	森林火险	雷雨大风	大雾
白	3						
蓝	1					28	
黄		12	17	5	10	6	5
橙		4	15	1	6		
红							
合计	4	16	32	6	16	34	5

县气象局负责人名录：

局　　长：彭尚永

副 局 长：罗锡浪

纪检组长：杨海东

（郭俊琼）

农业机械管理

【简述】2017 年底，大埔县全县农业机械总动力为 11.8 万千瓦，比 2016 年增长 6%。全县收割机拥有量 46 台，大中小型拖拉机新增 8 台，拖拉机总量 339 台，比 2016 年增长 12%；插秧机推广措施加强，新增 8 台，总量 43 台；植保机械新增 485 台，加工机械 2600 台，排灌机械 732 台，新增 10 套蜜柚节水灌溉设施。水稻机收 3000 公顷，机收率 61%，比 2016 年同期增长 9%；机插率 10.3%，比 2016 年同期增长 1.7%，全县主要农作物综合机械化水平 55.86%。农业机械量的增长，优化农机装备结构，充分发挥农业机械在农业生产中的主力军作用，保障农业生产对机械化的需求。

【农机推广管理】2017年，大埔县农业机械管理局开展农机宣传推广工作。以下乡举办机耕、机插、机收现场会为突破口，宣传农业生产全程机械化的优势，以"耕、种、收"为着力点，形成"大田大机耕、小田小机耕"的良好趋势，提升农机装备的有效使用率。在西河等镇举办3次水稻机械化育插秧、机收现场活动，全县15个镇（场）800人次参与现场会。同时有效落实农机购置补贴政策。按照《广东省2015—2017年农机购置补贴实施方案》做好农机补贴工作。采取"自主购机、定额补贴、县级结算、直补到卡（户）"的方式，确保国家惠民政策落到实处。全县全年完成农机购置补贴资金45.6万元，新增农机具400台（套），直接受益农户400户。

【农机监理】2017年，县农机局强化安全生产措施，结合"春耕""汛期""安全生产宣传月""三夏""安全生产大检查"等工作，配合公安、安监等部门开展联合执法行动，检查各类农业机械108台，纠正各类农业机械违规行为为15起，培训农机驾驶人员13人，局和各镇（场）签订安全生产责任书15份，各镇（场）与农机手签订安全生产责任书100份。同时开展对农机户、农机专业合作社、农机跨区作业机械等农机安全隐患排查工作，从源头上预防和减少农机事故的发生，圆满完成2017年安全生产重点行业领域重点地区攻坚治理工作任务。全年举办现场农机安全宣传活动6次，建设标语、横幅、展板、宣传专栏等16个，发放农机安全短信息300人次，陆续印制500份《致机手一封信》《拖拉机入户须知》《农机驾驶员安全操作须知》《农业机械安全监督管理条例》等宣传资料，结合农机安全生产攻坚治理、安全生产宣传月和安全生产大检查等活动，加大宣传教育力度，提高农机驾驶人员挂牌办证意识和农机安全生产意识。贯彻落实《道路交通安全法》《广东省农业机械管理条例》等法律法规和规范性文件，开展农机安全生产执法行为。严格事故报告制度，提高突发事件应急处理能力，畅通农机事故信息上报渠道。

【农机培训】2017年，加强同梅州市各县（区）的联络交流，采取走出去、引进来的方式，多次到梅县区培训，并邀请丰顺县、五华县、蕉岭县、平远县的学员到大埔县进行交流、培训，举办农机化新技术培训和新机具现场演示活动，围绕农机化新技术的推广，培训一批新型农机具操作手。全年全县举办各类培训班21期，其中农机服务人员培训班12期，培训人员800人，农机技术员200人4期，农机管理、监理员200人4期，农机驾驶员71人7期〔其中手扶拖拉机（K牌）15人，大中型拖拉机（G牌）56人〕。

县农业机械管理局负责人名录：

局　长： 罗质平

副局长： 管赛琴（女）　管培元

（**房新发**）

扶贫开发

【简述】2017年，是脱贫攻坚承上启下的关键之年，中共大埔县委农村工作办公室（大埔县扶贫开发局）学习贯彻中共十九大精神和习近平总书记系列讲话精神，围绕县委、县政府的中心工作，发挥职能作用，主动与上级和各级帮扶单位做好对接、沟通、汇报工作，争取更多资金资源投入到大埔县脱贫攻坚社会主义新农村建设工作，主动为县委、县政府脱贫攻坚做好议事协调工作，为县直行业部门、各级帮扶单位和社会力量做好服务，汇集各方资源，凝聚各方合力，参与支持脱贫攻坚建设社会主义新农村。2017年被县委、县政府评为先进集体。

【精准扶贫、精准脱贫】2017年，按照中央、省、市新时期脱贫攻坚工作部署要求，围绕脱贫攻坚“八项工程”、贫困户脱贫“八有”标准，采取一村一策、一户一法（多法）精准扶贫措施，以产业开发和社会保障为两大引擎，推动贫困户实现增收脱贫，实现年度工作目标任务。2017 年，市下达全县的预脱贫人数计划 3320 人，县实际下达预脱贫计划人数为 3382 人。2017 年全县预脱贫户达到“八有”标准的有 1331 户 4196 人，占计划 124%。全县建档立卡贫困户户数 5207 户，贫困人口数 11298 人。全县累计筹集扶贫资金 4.4 亿元，已投入使用 4.3 亿元，其中 2017 年已投入使用 3.1 亿元，实施村户帮扶项目 4.44 万个（到村项目资金 1.41 亿元，到村项目个数 1028 个；到户项目资金 1.69 亿元，到户项目 4.34 万个）。金融扶贫小额信贷贫困户 606 户，贷款 1824.65 万元。建成村办光伏电站 19 个，装机总容量 3.37 兆瓦。新建村卫生站 67 个、饮水工程 44 个，全县贫困户劳动力转移就业（含就近就业）总人数 2179 人，修筑村道 37 公里。

【省定贫困村创建社会主义新农村示范村】2017 年，57 个省定贫困村启动社会主义新农村示范村创建。已投入资金 3.87 亿元，占总投入（按每村 2000 万元计）的 33.9%，57 个省定贫困村 340 个 20 户以上自然村“三清三拆三整治”完成率 87%，其中 21 个村率先于 2017 年启动示范村创建工作，已通过招投标确立施工单位和监理单位，21 个示范村已进场施工，新农村建设初具规模，一批“整洁村”“连片示范村”初显成效。

【中央专项彩票公益金支持项目】大埔县 2016 年中央专项彩票公益金支持贫困革命老区县实施扶贫项目的农田水利实施项目区，连片建设涉及茶阳镇茅坪村、洋门村、太宁村、恋墩村、群丰村和大觉村 6 个行政村及青溪镇虎市村、青溪村、蕉坑村、长丰村、下坪沙村、上坪沙村、青华村、溪口村 8 个行政村。2017 年，项目建设完成率 95%。

县委农办（县扶贫开发局）负责人名录：

主　任（局　长）：何晋江

副主任（副局长）：刘佳集　饶志宝（女）　连军强　赖特成

（蓝炳达）

工　业

综　述

【简述】2017 年，大埔县经济和信息化局坚持主攻新型工业不动摇，突出培育电力、陶瓷两大主导产业，紧咬各项目标任务，持续有效推进全县工业经济转型升级，有效促进工业商贸经济平稳健康发展。县经信局被县委、县政府评为 2017 年度大埔县社会治安综合治理（平安建设）先进单位，2017 年度全面工作先进单位，2017 年度重点项目工作先进单位；被中国人民政治协商会议广东省大埔县委员会评为承办政协大埔县十四届二次会议委员提案先进单位。

【工业经济】2017 年，大埔县规模以上企业工业增加值 15.2 亿元，同比增长 9.7%，增速全市排名第一。规模以上工业总产值 47.55 亿元，同比增长 5.1%，其中陶瓷行业 21.24 亿元，下降 3.3%；电力行业 17.51 亿元，同比增长9.7%（其中火电厂12.95亿元）。完成工业投资16亿元，同比增长13.6%，完成率占任务的88.9%，完成率排名全市第七；完成工业技术改造投资9.8亿元，下降2.4%，完成率108.5%。

【商贸流通】2017年，大埔县社会消费品零售总额53.74亿元，同比增长9.6%。

【技改投资】2017年，全县完成工业投资16亿元，同比增长13.6%；完成工业技术改造投资9.8亿元，同比下降2.4%。以规模以上工业企业为重点，鼓励和推动企业加大技改投入，做好项目库项目的审核和申报工作，促进传统产业的转型升级。2017年在县经信局备案的技改投资项目总计27个，备案总投资额12.4亿元。市下达大埔县全年实施技术改造规模以上工业企业12家，完成13家；市下达大埔县全年新增机器人应用10台，完成10台。

【对外贸易】面对复杂严峻的国内、外经济形势，县经信局积极作为，主动应对，采取有力措施，克服市场疲软等不利因素，尽量收窄外贸进出口的下降幅度。同时围绕搞活流通、加强引导、做好服务为导向，推动全县贸易流通健康平稳发展。2017年全县外贸进出口2.1亿美元，同比下降24.9%，其中外贸出口1.95亿美元，同比下降27.1%，进口1521万美元，同比增长22.4%。

【节能降耗】1．强化节能目标责任。加强各级各部门对节能工作的重视和领导，落实节能工作的政策法规，落实节能目标责任制，扎实有效开展工作。2．加大政策扶持力度。落实《国务院关于加快发展节能环保产业的意见》，加大财政扶持力度，扩大节能资金的使用范围。组织推荐智能高效节能环保、深度开发与综合利用、水资源综合利用和优化增效等技术改造项目22个，总投资额11.5亿元。3．强化落实重点工作。为推动公共机构节能，提高能源利用效率，印发《关于做好2017年全县公共机构节能工作的通知》和《关于切实抓好全县公共机构节能降耗工作的紧急通知》，加强公共机构用能管理；严格控制全县能源消费增量，尤其是严格控制高耗能企业（梅州市宏宝水泥有限公司）的生产用能，加大节能监察执法力度，抓好建筑、交通商贸、公共机构等领域节能工作，推广可再生能源建筑应用，推广交通节能减排示范项目。加强公共照明用能的节能管理，减少用电消耗。4．加强重点用能企业节能管理工作。广东粤电大埔发电有限公司、梅州新马陶瓷股份有限公司、广东恒润达陶瓷实业发展股份有限公司等3家重点用能企业，围绕实现“十三五”节能目标，开展编制节能规划和能源审计工作，能认真落实能源利用状况制度，按要求报送能源利用状况；设立能源管理岗位并提交备案，开展重点用能企业节能专项监察，组织职工开展、参加节能培训。5．持续推动电机能效工作落实。及时转发梅州市经济和信息化局、梅州市财政局《转发广东省经济和信息化委、广东省财政厅关于延长省电机能效提升补贴实施期限的通知》，加大开展电机能效提升工作的相关政策宣传，对电机使用企业的指导，以及对电机使用企业的监察力度，组织电机改造项目摸底、核查工作，加强国家明令淘汰电机的处置监管。至2017年底，全县电机能效提升总装机容量3.44万千瓦，完成3.4万千瓦的电机能效提升年度任务的101%。6．发动企业自愿开展清洁生产。广东粤电大埔发电有限公司被认定为2017年梅州市清洁生产企业；联系市级清洁生产企业——广东吉玉陶瓷股份有限公司、梅州玉丰特陶科技有限公司、广东昌隆陶瓷股份有限公司、广东欣红陶瓷股份有限公司持续开展清洁生产，4家企业均完成复审换证工作。同时，鼓励、支持、发动梅州恒辉陶瓷实业有限公司、大埔县汇丰源陶瓷工艺有限公司等2家企业开展自愿性清洁生产。

【县重点项目建设】抓好广州海珠（大埔）产业转移工业园（高陂）的建设。一期土地平整工程已完成，二期工程已完成 92%；供电线路迁改工程已完成；“一纵两横”和 14 米道路基本完成排水及道路路面，正在进行人行道部分建设；管道天然气和供水管主管网也正在铺设。至 2017 年底，园区有 31 家企业，其中投产企业 14 家，新入园企业 17 家，在建企业 16 家。加紧建设县城工业小区。县城工业小区总规划面积 387.6 公顷，其中远期规划建设 296.1 公顷，近期规划建设 91.5 公顷，近期规划起步区规划面积 52.7 公顷；计划总投资 7 亿元。至 2017 年底，起步区已完成选址和初步规划设计和立项、工程招投标。依法征地拆迁方面一期征地工作已基本完成。此项目采取 EPC 模式开发建设，2017 年底，建设用地正在进行清表工作。

【招商引资】2017 年，粤海水务集团（香港）有限公司和广州资源环保科技股份有限公司合资成立的大埔粤海环保有限公司合同外资 1265.4 万美元，是大埔县近几年来引进的最大的合同外资项目。全年合同外资 5325 万美元，同比增长 60.25%；实际使用外资 630 万美元，同比增长 5%。

【外贸出口】2017 年春、秋广交会，大埔县分别组织 36 家陶瓷企业参展，展位各 99 个，签约成交 9007 万美元和 7751 万美元。还组织陶瓷基地企业参加 2017 年德国法兰克福春季消费品博览会 AMBIENTE、第七届中国（北流）国际陶瓷博览会、第十三届中国(深圳)国际文化产业博览交易会、第三届华人华侨产业交易会等国内、外专业展销展览会。通过参加这些品牌化、国际化、技术化的产品展示的专业展销展览会，加强国内、外贸易合作，把大埔的优质产品销往海内外，抢抓出口订单，取得良好的效果，夯实外贸出口基础。

【内贸流通】贯彻创新、协调、绿色、开放、共享新的发展理念，发挥流通对消费的作用。强化责任，狠抓内贸流通管理工作，加强二手车交易市场、再生资源回收企业监督管理。2017 年，全县二手车交易市场企业一家（梅州市顺通二手车交易有限公司），由于受到二手车买卖不规范等因素影响，该公司开展业务量小，全年成交量 365 辆（含摩托车），成交金额 729.7 万元。同时配合有关部门对二手车交易市场、再生资源回收企业开展定期和不定期的检查，未发现风险点危险源，内、外贸企业未发生安全生产事故，保持内贸流通企业的平稳健康发展。还引导企业开展电子商务活动，动员企业踊跃参加省、市、县电子商务培训，引导企业通过“互联网+”促进转型升级，为实体经济健康发展注入动力。

【信息化建设】2017 年，铁塔公司新建 190 个 4G 站点。全县新增光纤接入用户 1.52 万户，新增光缆线路长度 631 公里，光缆总长度 9663.67 公里，各运营商的宽带网络投资 3384 万元，城县用户、农村镇区光纤接入能力达到 100Mbps 以上的用户有 2.39 万户，4G 移动电话用户新增 2.78 万户。致力打造“智慧大埔”，在全县各单位、各旅游景点、医院、学校新增 Wi—Fi 热点 5000 个。在全县 248 个行政村推进原中央苏区农村超高速无线局域网试点建设，全县完成勘察、设计、立杆、安装中心设备、开通调试等 248 个村的建设工作，发放终端设备 8.62 万台。已完成市下达大埔县采集 370 家企业的综合数据任务，其中制造业有 173 家。

县经信局负责人名录：

局　　长：刘南泉（—2017.12）
　　　　　陈培先（2017.12—）

副 局 长：连增发　肖高贤　陈毕贤

经贸系统党委副书记：刘启龙　黄小涛

国际商会大埔县商会副会长：刘胜钊

（丘天云）

陶瓷工业

【简述】2017年，大埔县陶瓷产业管理办公室围绕县委、县政府“推进陶瓷产业转型升级，加快打造百亿元陶瓷产业”的工作部署，主动适应经济发展新常态，引领全县陶瓷企业以“调结构、转方式、促升级”为主着力点，推动企业“上规、上亿、上市”；以品种、品质、品牌为主抓手，擦亮“大埔青花瓷”区域品牌，促进陶瓷产业做大做强；依靠科技创新，鼓励企业增资扩产、技改升级、设备更新，推动机器人及智能设备应用，不断提升全县陶瓷产业绿色发展水平，控制全县陶瓷经济严重下行压力。2017年全县陶瓷工业产值20.98亿元，同比下降40.31%；税收1.09亿元，同比下降35.11%；销售收入16亿元，同比下降40.07%。全年全县陶瓷出口完成1.75亿美元，同比下降22.15%。

【平台建设工作】1. 提升大埔陶艺产业园。高陂陶艺园项目以富大陶瓷工业旅游区为核心、以怡丰园陶瓷名家工作室和溪山陶瓷大师工作室为亮点、以周边陶瓷企业为幅射功能区，打造“文化+旅游+产业”的新型发展模式。截至2017年底，陶瓷创意园各项工作稳步推进，富大陶瓷工业旅游区的旅游公厕建设项目基本完成，正在进行各项功能区的建设；怡丰园陶瓷的名家工作室主体结构已完成，正进行内装修；溪山陶瓷的大师工作室已基本完成，文化外墙的装饰也接近尾声；根据《广东省文化厅关于公布2017年省级文化产业示范园区创建资格名单的通知》精神，大埔县陶瓷文化创意产业园已确定获得2017年省级文化产业示范园区创建资格。2. 优化升级桃源、光德工业小区。鼓励支持光德、桃源小区的规模以上陶瓷企业特别是年产值5000万元以上、发展潜力较大、发展空间受限的峰联、林海、裕丰、佳联等陶瓷企业，到园区增资扩产、建立总部，原有企业作为分厂继续生产发展。同时引导光德、桃源小微陶瓷企业积极与园区企业配套协作，成为其子公司或生产车间，主动承接园区企业的生产配套。配合好光德工业小区（新区）规划建设，将其打造成为集生产、仓储物流、商贸等功能为一体的陶瓷集聚工业小区。抓好桃源陶瓷工业小区新区路网、管网等基础设施和美化、亮化工程建设，并在现有小区规模上，争取把小区面积扩大。精细服务好小区企业，为光德、桃源小区陶瓷企业的发展提供力所能及的交通设施、土地利用、规划建设等贴心服务。3. 抓技术服务，提高产品质量。县陶产办派出专业技术人员到陶瓷企业，对他们的技术改造、技术攻关和技术咨询提供服务和帮助。在工艺技术方面，尤其是烧成质量技术分析，解决技术问题20项，为企业排忧解难、做企业发展的坚强后盾，提高陶瓷产品的质量。此外，协同县、市科技主管部门做好县级、市级科技成果的鉴定与评审工作，为全县陶瓷科技进步并引导陶瓷企业走科技兴瓷道路提供帮助。4. 打造龙头企业。帮助和引导宝丰、新马、吉玉、怡丰园、富大、溪山、昌隆、裕丰和峰联等陶瓷企业开展强强联合、上下游整合等形式加强合作，提高产业集中度和资源配置效率。推进企业资产证券化，重点培育吉玉公司上市，通过公开募股等途径加快做大做强。同时，鼓励和引导县内陶瓷企业“抱团取暖”，支持年产值5000万元以上的宝丰、新马、吉玉、欣红、怡丰园、特陶、富大、溪山等企业，通过联合、增资扩产和技改等形式，不断优化发展，形成陶瓷“龙头”。加强与“一带一路”特别是21世纪海上丝绸之路东南亚沿线国家合作，争取境内、外大型企业来埔投资。5. 抓技术改造、培育企业上规。围绕成套设备及生产系统改造，鼓励企业使用自动化、数字化、网络化、智能化制造设备，推广应用智能化制造技术。裕丰公司自动智能设计制模机应用工作，实施“机器换人”工程提升企业装备水平。在现有 39 家规模以上陶瓷企业的基础上，着重规划培育 2—3 家陶瓷企业成为规模以上企业，重点鼓励和扶持现有 14 家年产值 1000 万元以上的陶瓷企业，引进新技术，开发新产品，提高产品科技含量和市场竞争力，不断扩大生产规模，提高经济效益，早日成为规模以上企业。

【市场销售工作】2017 年，县陶产办鼓励企业参加各种展销会、博览会，扩大国内、外销售额。组织 60 家次企业参加广交会、德国法兰克福春季国际时尚消费品展览会、第七届中国（北流）国际陶瓷博览会、深圳文博会、广州博览会和第五届客家文博会等，并引入“互联网+”等科技手段，突出服务性，动员多家企业进驻中国网库。做好锦绣国际家居博览中心“大埔青花瓷精品展馆”的服务与管理工作。加强与“一带一路”沿线 65 个国家的交流与合作，同时，用好用足国家、省相关外贸出口政策，多为大埔创造税收。鼓励和引导陶瓷企业，特别是规模以上企业积极到大中城市设立精品特色陶瓷专卖店，大力宣传和展示“大埔陶瓷”，提高市场的知名度和占有率，不断开拓销售市场。

【品牌建设工作】1. 统一标识。继续实施名标、名牌战略工程，通过政策扶持，引导和鼓励陶瓷企业制定产业联盟标准，统一使用“大埔陶瓷”商标。“大埔青花瓷地理标志产品专用标志”使用申请，由大埔县陶瓷企业申报，第一批有 22 家已交使用申请及初审材料。2. 培育大师。与工艺大师曾圣签约，达成大师、专家组技术输出和投资合作，并通过工艺美术大师的名画名书与陶瓷产品的完美结合，力促“大埔陶瓷”提质增效，出精品创品牌。2017 年 7 月 13—18 日，举办第二届大埔陶瓷工艺美术高级研修班暨首届大埔陶瓷美术培训班，有 110 人参加培训，培养大埔陶瓷产业员工良好的学习意识，提高员工自身的艺术修养和技能水平，培育陶瓷行业后继人才。3. 设立大埔陶瓷主产区形象标志。为更好地提高大埔青花瓷的知名度和美誉度，形成大埔青花瓷区域特色，推动大埔青花瓷品牌建设，在高陂镇主要交通要道高陂中学门旁的十字路口圆盘设立大型青花瓷花篮。该圆盘花篮高 9.4 米，圆最大直径 4.5 米，共分三层。第一层主要是以不同颜色植被为主的绿化带，展现春意盎然、百花齐放之意；第二层是以多个具有特色的青花瓷成品（玻璃钢替代品）簇立在花草之上，环绕中心，借此向人展示不同种类、风格的青花瓷；第三层则是花篮，傲立中心，充分展示出青花瓷赏心悦目、淡雅脱俗的特点。层层递进寓意欣欣向荣之意。

【陶瓷行业安全生产工作】2017 年，县陶产办坚持“安全第一，预防为主，综合治理”的方针，强化安全生产“红线意识”和“底线思维”，狠抓安全生产责任制的落实。加强组织领导，落实各项安全措施，聚焦安全生产事故隐患排查，有效遏制各类安全生产事故的发生；在重点路段，省县乡道沿线等地，悬挂 10 条安全生产宣传横幅，印发各类安全生产专项检查《通知》200 份，开设 1 个专题安全生产宣传栏，张贴 150 条安全生产宣传标语。通过单位机关信息网络平台为广大干部、群众发出 300 条安全生产宣传信息，为企业派发 100 份防震抗灾等安全宣传册。全年安全隐患排查治理出动 30 批 140 人次，发出责令整改通知书 30 份，收回各项检查记录 40 份，发现各类安全隐患 51 处，并得到整改。全县陶瓷企业实现安全生产事故为“零”的目标，为全县陶瓷企业做大做强提供保障。

县陶产办（陶瓷公司）负责人名录：

主　任（经　理）：黄小涛

副主任（副经理）：黄胜泉　吴国威

副经理： 罗伟宁

（杨云山　黄胜泉）

二 轻 工 业

【推进企业改革转制】2017年，大埔县城镇集体企业联社（二轻工业公司）贯彻执行县政府批复精神，推进大埔县湖光制衣厂的转制工作。加强领导，落实责任，集中人力物力推进改革转制；依法依规做好转制工作。完成大埔县湖光制衣厂转制资产公开招标拍卖和前期准备工作。

【安全生产】2017年，县城镇联社（二轻）贯彻全县安全生产会议精神，落实安全生产责任制，层层签订责任书；开展安全生产月活动，开展安全生产大检查，排除安全隐患，落实整改措施。实现安全生产良好势头，全年无安全生产事故。

【信访维稳】2017年，县城镇联社把信访维稳工作当作工作重点来抓，落实信访维稳工作责任制；开展职工矛盾纠纷排查调处工作，把问题和不稳定因素消灭在基层，消灭在萌芽状态。实行信访接访制度，落实职工来信来访，做到事事有回音、件件有落实。切实解决职工的热点难点问题，实现二轻系统社会稳定。

县城镇集体企业联社（二轻）负责人名录：

主　任： 陈冠球

副主任： 邓继新　黄启仰（—2017.1）

唐　燕（女，2017.1—）

（张联阶）

中 小 企 业

【简述】2017年，大埔县中小企业局坚持以优化政策环境为主线、以实施创业创新为动力、以提升服务企业水平为根本出发点，促进全县民营经济平稳健康发展。2017年全县发展私营（中小微）企业1832户，与2016年同期比增29.8%；注册资本12.06亿元，与2016年同期比增63%；个体工商户1.5万户，与2016年同期比增16%。民营企业税收9.38亿元，与2016年同期比增0.5%。至2017年全县规模以上企业54家，其中新培育规模以上企业4家、规模以下企业6家；“个转企”41家，其中新增“个转企”7家。

【支持实体经济发展】2017年，申报省创新产业化示范基地1家、申报省高成长中小企业2家、申报民营企业省级奖励“新三板”企业1家，复核通过中小企业公共服务示范平台1家，7家服务机构获得市级公共服务平台建设专项资金77万元的奖励，新认定4家公共服务平台为市级创业券合作服务机构，有7家企业获得市级16万元创业券扶持，1家创新创业企业获得价值6万元的广告资源。

【为企业提供融资支持】发挥“大埔县信贷风险补偿基金”融资平台作用，至2017年底，全县中小企业信贷风险补偿基金规模为2345万元，全县有54家企业加入县“重点中小微企业池”，41家企业加入市“重点中小微企业池”，为顺兴种养、吉玉陶瓷、富大陶瓷、富源陶瓷等20家企业解决融资5635万元。

【抓招商和扶贫工作】紧紧依托产业园区，积极招商、主动作为，完成招商引资新签约项目1个，协议总投资约2.1亿元，占年度任务的105%，完成县政府下达任务。做好后勤保障工作。支持一名副局长担任驻村第一书记，配合广州市海珠区科工商信局对百侯镇南山村开展精准扶贫、精准脱贫攻坚工作，配强南山村基层组织，开展人居生态环境综合整治工作。

县中小企业局负责人名录：

局　长： 何永昭

副局长：孙美源　肖伟彰

（张叶发）

工业园建设

【简述】2017 年，广州海珠（大埔）产业转移工业园管委会按照“工业强县”的发展思路，主动适应新常态，充分把握穗梅对口帮扶和闽粤赣原中央苏区和粤东西北地区加快振兴发展的政策机遇，以招商引资为抓手，项目建设为载体，园区建设为重点，推进大埔县产业集聚区建设。2017 年园区企业完成固定资产投资 11.01 亿元，占年度任务 100%（省下达任务的 110%）；工业增加值 7.94 亿元，同比增长 32%；税收 3.4 亿元，同比增长 36%。

【园区规划】集聚区按照“两中心一基地”（经济中心、南部交通中心和广东省重要陶瓷生产基地）的发展定位，打造陶瓷产业集聚区。坚持“整体规划、分步实施”的发展步骤，以便于启动、利于发展为总体开发原则，以全盘统筹、以点带面的开发次序。制定 2014 年至 2020 年分三期实施的园区规划方案。中期规划（2017—2018 年）开发面积 100 公顷，以近期开发的集聚区为基础，向周边延伸。重点引进和建设一批特种陶瓷和高新技术成果产业化示范平台，完善区内生产功能区和生活配套服务，形成功能完善、特色初显、宜居宜业的产业新城。

【园区建设】首期起步区 33 公顷第一期平整工程已完成，第二期平整工程已完成 92%。供电线路迁改工程已完成；“一纵两横”和 14 米道路基本完成排水及道路路面，正在进行人行道部分建设；管道天然气和供水管主管网也正在铺设。至 2017 年 12 月底，园区起步区各项基础建设已基本完成。

【项目建设】2017 年，园区有 35 家企业，其中已投产企业 18 家。新入园企业 17 家，已投产企业 11 家，正在动工建设 5 家，还有 1 家昌辉陶瓷因未交地而还没动工。

【安全生产检查】加强对广州（海珠）大埔产业集聚区、三河工业园、茶阳工业小区的安全生产检查工作，定期每月对园区进行安全生产检查。

县工业园管委会负责人名录：

主　任：刘展强

副主任：罗向前　邓英才

任卫锋（广州海珠区挂任，2017.7—）

（吴丽丽）

供　电

【安全生产】2017 年，大埔供电局围绕梅州局年度安全生产目标，强化安全生产责任制落实，着重从电网、设备、作业、社会责任等 4 个方面强化风险管控，安全生产保持良好形势，连续实现安全生产 2192 天。安全基础管理方面，组织开展 13 个专业的日常评价工作，持续推进安风体系实质化建设。从严动真狠抓“两票三制”执行落实，对无票操作、无票工作行为采取“零容忍”。安全风险管控方面，对存在四级及以上事件风险的 9 条 10 千伏线路实施差异化运维。更换重过载变压器 31 台，改造裸铝线 53 处 79.94 千米。现场督查 1090 次，对发现问题及时纠正整改。落实防范社会人员触电事故专项治理，排查并整改隐患 106 宗，维修及设立各类安全标识牌 216 块。圆满完成十九大等 13 项保供电工作及对“天鸽”等台风的应急处置。配网运维管理方面，严控非计划停电和延时停送电，计划性停电占总停电次数的 88%。全年完成带电作业 96 次，同比增加 61 次，减少中压用户停电 632 户、减少用户平均停电时间 0.61 小时。

【营销管理】2017 年，建立“网格式”客户经理制，以客户问题为导向，通过完善协同机制，制定低电压、减少停电和减少用户家电损坏投诉等防控措施，及时解决客户问题，有效降低客户投诉率。推动降损增效，以湖寮供电所为试点，以点带面全面开展高损台区、高损线路专项治理，完成省公司下达的278台高损台区、19条高损线路治理工作。推进智能表轮换和低压集抄建设，完成智能表轮换7.62万块、低压集抄建设9.71万户，覆盖率分别为97%、71.1%，湖寮等7个供电所实现低压集抄全覆盖，电子化结算率98.61%。推行业扩工单“主人制”管理，对超时工单实行“一单一分析一措施”，实行业扩流程全节点透明化办理，严格落实超时工单管控及“销号”工作，大幅降低存量超时工单。

【电网建设】加强配网规划设计，滚动修编2017年配网规划和14个供电所“一所一册”及中压配电网网架规划；完成57个省定贫困村的配电网改造设计工作。推进配网建设与改造，完成2017年配网建设工程项目163个，投资7979万元；完成修理技改项目72个，投资2737万元。固定资产转固7227万元，完成年度105%的增资目标。落实属地化管理责任，全面完成110千伏空下（茶阳）输变电工程配套线路工程12座铁塔征地及青苗赔偿工作。加快小型基建项目进度，三河、湖寮供电所技术业务用房完成施工招投标，其余4个供电所技术业务用房建设项目顺利推进。实施配网自动化建设，完成37条10千伏线路86台自动化开关安装，配网自动化覆盖率56%。

【党建党廉工作】实践监督执纪“四种形态”，开展“第一种形态”提醒谈话17人次，组织党风廉政建设约谈25场，谈心谈话527人次。加强廉洁风险防控，梳理各岗位廉洁风险点，制定供电所和各业务领域风险库；主动开展“双月自监督、季度再监督”工作；对高陂等6个供电所开展巡察工作。落实巡视发现问题整改工作，省公司巡察和审计发现的35个问题，完成整改33个；梅州局2016年作风巡察发现的60个问题和对照南网巡视意见自查发现的11个问题，全部完成整改。深化廉洁文化建设，举办6期纪律讲坛和2期以“廉洁”为主题的演讲比赛；拍摄《夜之光》廉洁微电影。严格监督执纪问责，扎实开展五个专项治理工作，对工作职责履行不到位的问题进行从严问责。2017年，大埔供电局坚持全面从严治党，强化日常监管、立足抓早抓小，无干部员工违法违纪案件发生，党风廉政建设取得成效，为企业的发展提供坚强纪律保障。

大埔供电局负责人名录：

局　长： 冯新龙

副局长： 邓园铭　丘建武（—2017.11）
吴广斌　潘文博

（郭丽燕）

对外经济服务

【国资管理】2017年，大埔县对外经济服务中心实行国有资产门店建档管理，抓好安全生产，足额缴交资产收益和税收，确保国有资产不流失。

【精准扶贫】根据县委、县政府的统一安排，县外经服务中心负责洲瑞镇嶂岸村和陂营村共10户对口扶贫户的精准扶贫工作。2017年投入扶贫资金3.36万元。

【外商服务】2017年，做好外商投资合作企业广港汇亿贸易运输公司服务工作，确保车队安全运行，各项运输业务有序运转。

县外经服务中心负责人名录：

主　任： 刘晋涛（—2017.9）
陈表宇（2017.10—）

副主任： 连宏亮（2017.1—）

（邓向进）

交 通 · 邮 电

交 通 运 输

【简述】交通基础设施建设是省委、省政府确定的“三大抓手”之一。2017 年，大埔县交通运输局围绕“内畅外联，对接潮汕揭，融入海西区”的总体思路，抢抓“粤东西北”和“赣闽粤原中央苏区”两大振兴发展目标要求，深入贯彻省、市交通工作会议精神，精诚团结、求真务实、真抓实干，圆满完成年初制定的各项工作目标，为建成“内畅外联”的交通网打下坚实基础，交通各项工作再上一个新台阶。

【公路桥梁建设】2017 年，县交通运输局计划实施 11 项交通基础设施建设，至 2017 年底，已累计完成投资 18.22 亿元，其中高速公路建设完成投资 14.67 亿元，地方公路建设投资 3.55 亿元；已完工 4 个，在建 7 个。①大潮高速公路（含大漳支线）。全长 120.33 公里（大埔段约 65 公里，投资约 80 亿元），开展软基础处理，填方路基、桥涵桩基、涵洞及隧道施工。②高陂赤山至留田段过境公路改建工程。全长 6.2 公里，按一级公路技术标准建设，进行路基施工。③湖寮镇黄腾坑至高道联络线。全长 16.2 公里，总投资 2950 万元，实施路基工程。④农村公路安全生命防护工程。全县共计 114.3 公里，总投资 4950 万元，已全面完成工程。⑤高陂镇产业园区道路。全长 1.5 公里，总投资 1500 万元，已基本完成施工建设。⑥新农村公路硬底化改造。全年计划完成 60 公里、总投资 2160 万元。已完成 60 公里路面建设。⑦湖寮至高陂连接线。全长 24.3 公里，2017 年计划投资 1 亿元，开展征地拆迁和路基施工。⑧省道 S227 线（原县道 X007 线）枫朗至高陂路段路面改造。全长 27.2 公里，总投资 2.2 亿元，于 2017 年 11 月挂网招标。⑨大埔旅游产业公路。全长 30 公里，总投资约 2.1 亿元。崇顶湖茶文化旅游产业公路开展征地拆迁路基施工。⑩大麻至高陂旅游产业公路。全长 29 公里，2017 年投资计划 1 亿元，库周路段施工，已完成路面约 3.6 公里。⑪西河镇东方至石涵联络线。全长 8.1 公里，总投资 1300 万元，已完成投资 1050 万元，2017 年底已全面完成项目建设。

【公路养护管理】2017 年，加强县、乡干线公路的养护管理，路容路貌和路况水平有新提高。全年平均好路率 95%，干线公路好路率 96.5%。筹措资金，精心实施绿色廊道工程，全年累计投入资金 180 万元进行道路美化绿化。优化县道 X009 线绿色廊道建设、美化绿化全长 2.3 公里西河高速出入口、在县道 X961 线茶阳—三河线种植乔灌木、乡道 Y158 线侯西大桥至苏姑坪 2 公里路段进行树木补种和绿化以及乡道 Y274 青里—附麻线全长 2.64 公里种植乔灌木。

【交通执法、行业管理】2017 年，县交通运输局围绕交通运输管理过程中群众反映的热点、难点问题，采取有力措施，着力解决实际困难和问题，坚持依法行政，规范执法行为，为全县道路运输行业健康稳定发展提供坚强保障。1. 牢固树立“依法行政、执法为民”的工作理念开展交通综合行政执法，严厅打击各种违法违规行为。2017年1—11月，出动执法人员4313人次，出动执法车辆836辆/次，立案153宗（其中运政46宗，治超107宗），罚款67.26万元，卸载转运货物2806.72吨。保障交通运输安全，有效维护全县交通运输行业的健康稳定。2. 联合执法，加强路面执法力度。成立专项治超联合执法小组，由交运、公安、公路执法人员组成，严格按照整治专项行动工作会议要求，打破正常工作时限，不定期开展路面执法巡查，集中力量打击违法超限超载行为，依托茶阳太宁超限检测站、湖寮流动治超停车卸货场、大麻流动治超停车卸货场，加强国道G235线（原省道S333线）、省道S221线和S222线等公路出口干线的流动巡查监控，依法查处违法超限超载运输行为。3. 加强学习，提高服务水平和效能。强化政治理论学习、道路运输政策法规培训、抓好驾培机构训练场地复核工作、道路运输企业质量信誉考核工作等规范运输市场秩序，提高服务水平和办事效能，实现道路运输持续稳定发展。4. 推进农村客运均等化服务工作。为满足群众出行需要不断优化农村客运班线，推动农村客运的稳定、健康、有序发展。5. 加强县内主要出口干线、重点乡镇和县城主要道路及客运站、中小学校周边路段日常执法巡查，保持高压态势，及时发现和查处危害交通运输市场秩序的违法行为。

【交通安全生产】2017年，县交运局召开安全生产专题工作会议6次，制定下发文件12次，通过悬挂宣传横幅、张贴标语、宣传画等，对营运车辆司乘人员进行安全教育，提高安全防范意识。加强渡口渡船维护管理，保证渡运安全；加强道路旅客运输安全监管，保证旅客运输安全；加强公路安保工作，保证公路交通顺畅；加强施工工地安全、消防安全防范等安全工作。

【铁路运输】大埔火车站2017年安全发送上车旅客5.25万人次，到站下车旅客5.74万人次，货物到达量12万吨。

县交通运输局负责人名录：

局　　长：刘青天

副 局 长：管　良　刘永东　郑联光

系统党委副书记：魏繁华

综合行政执法局局长：李广昌

（吴苏游）

公 路 建 设

【简述】2017年，大埔县公路局围绕红色大埔、绿色崛起发展战略，立足县情，按照“内畅外联、对接潮汕揭，融入海西区”和“对外快速联通，对内全面畅通”的总体要求，不断调整工作思路，坚持开拓创新，积极谋划公路项目建设，抓作风强队伍，坚持依法行政，提高执行力，打造畅、安、舒、美的公路环境。

【公路项目建设】2017年列入县重点项目10项，计划总投资12.72亿元，年度计划投资3.73亿元，已完成投资3.57亿元（重点项目2016年全年完成投资约1.4亿元，2017年完成投资额增长154%）。其中县城环城路加铺沥青路面工程，经县政府同意移交给县住建局实施。1. 已完工3项。三河至五丰路面改造，于2017年8月底全面完成；省道S221线梅溪至和村灾毁路面中修、省道S222线桃源至食饭溪段路面改建工程，于2017年12月底完工。2. 在建5项。县城过境公路，一期工程正施工；二期2017年12月底进场开工，同时加快完成国土用地审批手续，向大埔县农发行融资贷款0.86亿元，已落实。三层岭至原华侨中学段路面改造，原来准备提前至2017年9月开工，由于重型车多、流量大，省公路局要求设计修编，路面增厚至28厘米，推迟至2017年12月底开工建设。坑口至高陂段公路改建，库区道路建设已动工，完成投资 7000 万元；其他路段工程县政府 2017 年 12 月 12 日常务会议通过进行 PPP 建设，办理相关手续。长治至太宁段路面改造，原计划 2017 年 10 月开工，由于省公路局补助资金政策调整，需要增加投资，重新上报建设方案、施工图设计，项目开工推迟至 2017 年 12 月底。宝安大桥抢险加固，已开工，完成投资 100 万元。3. 未开工 1 项。湖寮至枫朗段一级公路改建，施工图设计编制完成，等待审批；原来准备向县农发行融资 3 亿元，相关资料、手续已对接，受政策影响取消；县政府 2017 年 12 月 12 日常务会议通过进行 PPP 建设，办理相关手续。另外由县公路局负责实施的韩江高陂水利枢纽工程乌槎安置区市政基础设施工程，一期总投资 2800 万元，紧张施工，基本完成路基工程；二期总投资 1400 万元，计划 2018 年 1 月 9 日开标。

【养护工作】1. 围绕建设“文明养护中心”目标，加强养护队伍建设。抓好职工思想政治教育和职业道德教育，牢固树立“人在路上、路在心上”工作理念。2017 年录用多名合同工充实到公路养护队伍，缓解基层一线工人紧缺难题。修缮道班房，完善生活设施，购置一批养护机械设备，改善职工工作和生活条件。由于县政府规划建设需要，准备把城区养护中心迁移至三河五丰原公路收费站。2. 抓好“文明示范路”创建工作，打造生态景观公路。重点抓好国道 G235 线三河高速出口至林坑桥段文明示范路建设，2017 年完成投入 2300 万元三河段红色景观道路升级、铺筑沥青、绿化提升和实施红色景观雕像、路灯挂件等工程；投入资金，重点抓好迎宾大道和国道、省养干线公路的花台、绿化补种等工作，进行立体绿化，做到“上乔中灌下花草”，提升绿化层次，打造绿化景观长廊。3. 抓好公路水毁抢修、危桥加固，保障公路安全畅通。抓好国、省道水毁重点修复工程。2017 年投入 350 万元，重点抓好国道 G235 线三层岭水毁重点修复、预制圆管涵顶推工程及省道 S332、S221 线水毁重点修复等水毁工程；抓好公路水毁抢修工作，受台风与强降雨天气影响，县公路局管养的省道 S221、S332 线等公路频遇水毁，造成崩塌方多处，损坏涵洞，甚至路基淘空，交通中断。灾情发生后，迅速行动，组织抢险人员及时赶赴现场，调集铲车、挖掘机等大型机械设备，进行清理抢修，消除水毁痕迹，确保公路畅通。4. 抓好公路日常养护管理工作，以提高路面质量和好路率。投入 120 万元，重点对省道干线公路水沟、路肩、护坡等进行全方位养护，保持路面整洁，排水畅通；同时修复损坏的水沟、路边墙，挖补破损路面，完善钢护栏等安保设施和交通标志标线，做好沥青路面灌缝等水毁预防工作，及时治理各种公路病害，确保公路畅安舒美，好路率为 98%。

【路政管理】坚持以“政府组织、部门配合、综合治理、标本兼治”为原则，加强路政巡查，联合交通综合执法、交警、城建、沿线镇村等部门，重点抓好省道 S333、S332、S221 等主要干线路域环境整治，着力整治公路“脏乱差”现象、违法超限超载运输和洒漏行为。路政管理坚持依法行政、文明执法。2017 年，巡查公路 1.92 万公里 1557 人次，处理损害公路路产案件 32 宗，查处污染公路路面车辆 1 台，清除路障 173 处，拆除广告招牌等非公路标志标牌 114 处 278 平方米。结合县委、县政府打造红色旅游景区工作部署，与县委宣传部、湖寮镇、三河镇、县畜牧局、供电局等部门联动，抓好县城迎宾大道和三河段路域环境整治，沿线融入红色、客家文化元素、社会主义核心价值观、廉洁文化等景观建设、建筑外立面整治和绿化、亮化提升，打造靓丽的精品路、示范路。

【公路安全生产】“安全责任重于山”，重视抓好安全生产，落实安全生产岗位责任制和“一岗双责”制度，明确职责，落实责任，措施得力，定期开展安全生产大检查，排查安全隐患，2017年无安全事故发生，保障各项工作正常开展。

【扶贫“双到”】制订计划，采取得力措施，落实帮扶资金，帮助挂扶村贫困户发展生产，提高收入，争取早日脱贫。2017年投入扶贫资金21万元。

县公路局负责人名录：

局　　长：杨自强（—2017.12）

副 局 长：张海基　何红星　肖育标　邓铭武

党组成员：刘富华　杨家基

（余贤进）

航道疏浚与管理

【简述】2017年，广东省梅州航道局大埔航标与测绘所围绕航道中心工作，以转变作风和提升队伍建设为重点，以“两学一做”学习教育为载体，加大党支部在思想、党员队伍、作风、精神文明等方面的建设，引导广大党员干部积极参与其中，创建全省航道系统文明单位，提高办事效率，为航道事业科学发展提供保障。

【航道建设】2017年，配合梅州航道局做好韩江整治工程竣工验收相关工作。配合梅州航道局做好韩江扩能升级提级工程的相关工作。跟踪落实协调高陂水利枢纽工程库区航标迁改的相关事宜，与大埔县移民管理局签订高陂水利枢纽航运设施迁改工程代建协议，进行施工预算审查、施工图审查、报批的工作。配合交通运输部水运科学研究院，开展汀江（福建永定段）复航研究调研会，做好汇报和会务接待工作。

【航道维护】2017年，做好航道养护管理，按制度开展航道养护和巡查监管及保护工作，1—12月巡查航道里程2965千米，通过加强航道维护管理，及时清除碍航物等隐患，全年航道维护正常率95%,实现辖区航道的安全畅通。针对2017年河枯水浅的特性，缩短航道巡查周期，做好“战枯水、保通航”工作。同时抓住辖区航道水位枯浅有利时机，清理碍航物12处，清理水泥沉块、散石堆、旧坝等碍航物1000立方米，疏浚9400立方米。应急维修辖区航道整治建筑物，完成汀江广陵村艾沙村汀119号丁坝延长加固工作。开展船舶密度调查，顺利完成2017年度船舶密度调查的相关工作。开展航道日常维护管理平台试运行相关工作。抓好2016年年终检查存在问题的整改工作，及时归档航道、航标、船舶档案。

【航标维护】2017年，做好航标养护管理，按制度开展航标日常维护，做好航标维护及器材购买、修复、调配工作，1—12月维护航标7.87万座天（含二线标），通过加强一线标志和专设标志的维护管理，辖区航标维护正常率99.8%，辖区未发生因航标维护失常而引起的海损事件。针对2017年河枯水浅，航槽变化频繁等特性，及时调整航标配布，确保标位准确，功能正常。安排管理人员随船做好汛期灾后复产和上标作业等业务指导。完成丰顺县东山电站至蔗溪口一体化航标灯更换安装工作。受施工单位委托，完成高陂水利枢纽工程交通桥、大潮高速、高陂水利枢纽工程及枫坑采区施工航段助航标志设置和调整工作，做好汀江大桥桥涵标和丰顺县东山电站航标器材升级改造工作。做好辖区航标岸标、标路维护维修，加工航标标牌等备用器材，确保航标器材备用率，完成年终大保养工作。

【船舶维护】2017年，做好船舶养护管理，按制度开展船舶日常养护工作，加强船舶“管、用、养、修”的管理，达到“三清四无四不漏”，保证主副机正常运转，组织开展船舶五项应变演习，提高应急抢险能力。全年船舶柴油消耗 6 万公斤，机油消耗 169.99 公斤,船舶年度修理计划完成率 100%。按计划安排船舶上排修理，2017 年度安排粤标 710、粤标 702、粤道工 714、粤道工 715 船 4 艘船舶进厂修理，完成粤标巡 705 船的尾轴和螺旋桨修理工作。完成粤道工 77 和粤道工 78 船报废拆解处理及残值上缴省财厅工作，完成粤标 701 船舶资产出让和移交相关工作。完成粤道工 714 与粤道工 716 船的调换和交接工作。协助梅州局工管部将新建粤道趸 701 趸船在大埔所辖区的拖运工作。

【航道安全管理】2017 年初开展岁末年初、春节节前检查和春运安全生产大检查工作，制定春运工作方案。同时制定 2017 年安全生产和应急管理工作计划，做好节日值班和季节性危险天气防范的各项安全工作。完成 6 名新进人员的安全学习教育培训工作，并按上级要求采购一线职工劳保用品等相关工作。完成安全生产月方案的制定实施和总结上报工作，参加梅州局安全生产月培训。完成潭江、大麻站（船）岗位职责和安全警示标语等相关制度牌的更新更换工作，并督促两站完善规范记事记录、档案资料的归档整理工作。组织开展岗位练兵竞赛活动和无游泳技能职工游泳培训，提高职工的业务技能和安全救生能力。

【航道巡查和现场监管】2017 年，做好航道巡查和现场监管，按制度做好航道巡查和现场监管工作，1—12 月协助办理大潮高速韩江大桥、韩江大埔培美可采区、高陂水利枢纽临时便桥、韩江高陂水利枢纽工程、大麻镇林坑口自来水厂取水口、枫坑采区等 6 宗涉水工程施工项目办理相关航道审批工作。依法保护航道，监督施工单位，按航道审批要求完成项目施工，督促高陂水利枢纽临时交通桥右岸非通航孔施工栈桥遗留钢管桩按审批要求清理并扫床，清理桥区上游碍航沙堆，拓宽桥区上游主航道，确保船舶通航安全。加强与涉水执法部门联系，2017 年度多次多部门联合执法巡查和监管辖区施工项目，共同保护好航道资源，召开辖区航道行政执法联席会议，总结交流辖区涉航问题处置及经验做法。

大埔航标与测绘所负责人名录：

所　长：甘永福（—2017.5）
　　　　梁祖锋（2017.6—主持全面工作）

书　记：刘伟超

副所长：胡雪峰　张瑞清

（刘东波）

海事监督

【开展专项行动，维护辖区通航安全】2017 年，大埔海事处根据辖区特点划分工作重点，把各类专项整治活动列为重点监管工作，开展“平安交通”“安全生产月”“特别防护期”等专项活动。1. 防范船舶碰撞桥梁专项治理工作。联合大埔县交通局、大埔航道测绘所，开展重点桥梁水域巡查，排查桥梁水域存在的风险隐患，推进桥梁助航设施及防碰撞设施的设置工作；走访桥梁业主单位，加大《广东省桥梁水域通航安全管理规定》的宣传力度，落实隐患整改工作；加强临时便桥、三河和在建桥梁大潮高速韩江大桥等桥区航道巡查，确保通航水域安全形势稳定。2. 督促闲置船舶的汛期安全管理工作。大埔处将辖区汛期情况排查后，将闲置船舶等汛期隐患情况主动向大埔县三防指挥部进行汇报，由政府三防等部门联合督促相关部门和单位对闲置船舶日常管理主体责任推进落实；同时在将闲置船舶纳入智慧海事平台重点时段船舶管理，在汛期能第一时间向闲置船舶所有人及管理人发送预警信息，进一步督促做好闲置船舶的汛期监管，保障辖区通航安全。3. 加强与水务部门的执法协作，巩固打击非法采砂成果。2017 年，大埔处继续落实《广东海事局与广东省水利厅执法协作规定》，加强与水务部门、乡镇政府及相关职能部门的联合执法，巩固 2016 年打击非法行为的成效，在桃花水域设立临时检查站点，针对砂石运输船舶做到每船必查，针对盗采行为做好夜间巡查，有效地防止违法行为的发生，取得良好效果。4. 深化部门联合协作，推进青溪“江畔人家”隐患整改。联合大埔县旅游局、安监局、交运局对青溪“江畔人家”开展隐患整改跟踪检查，借力全市水上旅游交通安全专项督查，主动向大埔县政府汇报“江畔人家”水上旅游存在的问题，得到县政府的重视，也为推进隐患的落实整改提供较好的机遇。大埔处主动为地方旅游发展提供优质服务得到大埔县副县长罗春达的肯定。11 月 2 日，大埔海事处、丰顺海事处于大埔县高陂正式合署办公。

【服务地方经济发展，凸现海事社会影响】

1. 主动服务，做好高陂水利枢纽安全监管工作。2017 年是高陂水利枢纽进入攻坚的关键年，面对临时航道的启用及临时便桥进入挂篮，大埔处落实梅州局工作要求，加强与高陂水利枢纽施工建设单位的沟通，全程跟进水上施工，指导企业做好水上安全应急工作，特别在“十九大特别监护期”等关键节点展现海事专业监管和服务，对高陂水利枢纽临时航道及临时便桥进行每日必巡和每日必报，并派驻执法人员强化现场实时监管，确保重点工程施工作业水域安全。2. 提前介入，服务大潮高速韩江特大桥建设。自大潮高速韩江特大桥勘探以后，大埔处主动走访，提前介入水上施工，为企业提供专业的海事建议，及时跟进水上便桥的前期施工建设，督促施工单位办理相关水工手续，确保工程能及时进场施工，展现海事服务地方经济发展的良好形象。3. 借力大埔县政府，推动农自用船舶安全管理工作。为落实《广东海事局关于推动开展农自用船舶安全检查的通知》精神，经大埔处多方走访积极沟通，该项工作得到县领导重视，通过县府办发文要求各乡镇推进农自用船舶安全管理工作，并明确要求各乡镇政府推动所有农自用船舶逐级签订安全责任书，将自用船管理责任层层落实。4. 联合渔政巡航执法，强化商渔船防碰撞安全宣传。大埔处联合大埔县渔政大队在大埔韩江主航道开展联合执法行动，巡查打击非法捕捞、占道捕捞、“三无”渔船等违法违规行为。此外在“2017 年韩江渔业船舶水上安全救援演练”中，开展防止韩江水域商渔船碰撞安全宣传工作。5. 保障 2017 年高陂“龙舟赛”活动水上安全监管。为保证“龙舟赛”活动如期安全举行，大埔处提前走访高陂镇政府及龙舟文体协会，以函告及走访指导等方式，协调各方做好应急反应工作及活动相关报批手续，并出动全处执法人员做好活动期间的水上安全监管及保障工作。

【落实“大巡察”整改，做好辖区风险体检】

2017 年，广东海事局组织开展广东海事水上交通安全“大巡察”活动，经大巡察大埔处存在缺陷 15 项，为确保隐患整改落实，大埔处充分利用此次巡察工作契机，敦促地方政府加强对水上交通安全的倾注力度。至 2017 年底，除三河桥区停泊船隐患尚在整改外，其余 14 项完成整改。1. 提前做好枯水期间安全监管工作。因天气原因 2017 年辖区在 10 月提前进入枯水期，由于高陂水利枢纽工程临时交通桥通航孔清障工作尚未完成，给船舶通航造成较大的影响，结合“大巡察”排查工作，及早联系业主、施工单位及航道部门，协调解决船舶通航安全问题，利用巡航检查深入辖区主要船舶集中停泊点，向船员了解隐患根源，共同探讨解决方案，并加大宣传力度，确保十九大期间水域的通航安全。

2. 推进老旧闲置船舶的拆解工作。在 2016 年对闲置船舶排查摸底的基础上，主动走访闲置老旧船舶所有人，加强动员宣传，就安全管理方面向相关业主提出报废建议，已成功拆解 2 艘报废的采砂作业船舶。3. 协助当地政府推进渡船管理工作。根据“大巡察”反馈意见，向大麻镇政府通报存在的问题，要求限时整改到位，同时联合交通部门开展大埔县渡工及涉渡管理人员的安全知识培训，并协助大麻镇政府开展大麻莲塘渡口救生应急演练，为辖区渡运安全再添保障。

大埔海事处负责人名录：

处　长：李忠辉（2017.10—）

副处长：黄　辉（2017.10—）　刘小龙

（章春晖）

邮　政

【简述】2017 年，中国邮政集团公司广东省大埔县分公司按照中央提出的协调推进“四个全面”的战略布局，贯彻落实省分公司党组提出“三大战略”“六大机制”“六量齐升”的发展战略，以市分公司党委提出的深入打好“六大战役”为工作抓手，带领和团结广大干部职工，主动适应社会经济发展新常态，全面深化改革、加快转型升级，牢牢把握大埔邮政实现“市场化”发展战略不放松，企业整体发展平稳健康，改革创新取得新进展，企业经营实力得到增强，企业管理水平不断提升，党风廉政建设和干部职工队伍建设加强，全年企业累计实现业务收入 5354.04 万元，同比增长 7.92%。

【业务发展】抓好代理金融业务发展，把金融业务当作企业转型发展的重点业务，通过抓余额和保险理财，调整结构，扩大规模。2017 年末余额规模 27.79 亿元，全年新增保险保费 1.06 万元；探索信息化建设，打造邮政广告发布平台，开拓新媒体渠道，进军互联网领域，发展互联网广告，开发邮易发广告业务，推进广告传媒业务的转型发展。提升电商点服务功能，完善电商点建设，大办发展邮乐小店。

【落实民生平台】推进农村电商服务点及助农取款点建设，至 2017 年底完成电商服务点建设 222 个，完成全年拓点计划的 100%，安装助农取款机 263 台，提高邮政服务质量。做好邮件的投递工作，2017 年寄递邮件 169.19 万件，投递各类信件 442.26 万件。

【安全管理】组织开展贯穿全年的“大埔邮政安全应急实操演练规范年”系列活动，围绕金融、消防、道路交通、邮件等安全工作重点环节，开展各项应急演练，培养员工熟悉预案和处置技巧，增强应对风险的能力。坚持按照《安全职责与履职规范》的要求开展履职工作，保障企业年度的各项工作安全。按照公安、银监等监管部门的工作安排，组织开展2017—2018年度金融网点安全评估前期的自查整改和自评等工作。

【服务质量】围绕“严禁触犯‘两条红线’、严格合规经营、保障服务畅通”的工作宗旨，严格抓好普遍服务的四项基本业务、机要通信的保密、党报党刊服务、寄递渠道的安全、发行市场的净化等重要工作，保障大埔邮政普遍服务各项工作任务圆满完成。狠抓快递包裹质量管控，通过完善考核办法、投诉工单全过程跟踪监控，确保投诉及时率、重派率的达标。重视客户服务工作，继续深化和完善“代理金融服务品质提升”工作。同时参与政府“创建文明城市”的公益活动，取得良好的社会效应和企业效益。严格履行信息检查、视频检查、现场检查三位一体的质量管控检查职责，完善企业各项营业系统数据信息资料，提升管控手段，保障重要敏感时段邮政企业的通信服务质量全红。机要服务质量安全稳定。

中国邮政大埔县分公司负责人名录：

总 经 理： 庞永忠

副总经理： 周国辉（—2017.5）

王裕庆（—2017.10）

郑先锋

（李国恩）

电 信

【简述】2017 年，中国电信股份有限公司大埔分公司持续加大信息化的投入力度和建设广度，致力于“光网城市”“4G 网络”“平安大埔”等重点信息化工程建设，创建学习型、创新型、服务型企业，践行党的群众路线，推进为民服务创先争优，为加快大埔信息化建设作出应有的贡献。2017 年大埔分公司总体经营形势良好，超额完成年度收入预算，全市排名第四。重点业务发展全市排名靠前，移动用户 4.2 万户，宽带用户 3.1 万户，电信电视用户 3.2 万户，固话用户 4.8 万户。

【城市信息化】开展“全光县城”建设，实现宽带大提速。县城大部分商业街和住宅小区实现光纤到户，“光网城市”建设成效明显。建成4G和Wi—Fi无缝覆盖的无线宽带网络，中国电信天翼手机上网更加顺畅。配合政府的“平安大埔”建设，大埔县社会治安高清视频及治安卡口项目 695 个监控点完成建设并交付使用，基本实现县城全覆盖和国道、省道等主要道路的视频监控。

【政务信息化】助力电子政务建设，提升政府管理和服务水平。加快政务信息网络建设，协助县政府完成行政服务中心网上办事大厅和各单位网络接入建设，并延伸到全县所有行政村，助力推进政府行政服务管理电子化。加大“政务 OA”“工商 e 通”“数字医院”“智慧家园”“天翼云”等先进的行业信息应用的推广使用，使先进的互联网信息技术在各领域得到应用。

【旅游信息化】以信息化助力大埔休闲旅游优先战略，助力大埔打响“大埔大公园”品牌。对车站、酒店、主要景区、旅游景观大道等实现 4G、Wi—Fi 以及光网络的无缝覆盖，与星级酒店合作共建“数字酒店”，为旅客提供旅游信息服务和商旅订购服务等。同时，基于天翼俱乐部平台，以及账单广告等方式，向广大天翼用户宣传和推介大埔休闲游，通过组织天翼俱乐部会员到大埔体验慢生活和客家文化系列活动，开展电信积分兑换大埔休闲游等方式，提升旅游业全产业链的信息服务水平。

【农村信息化】推进农村光宽建设，提高农村区域信息化水平。农村带宽实现大提速，广大农民可以高速畅游互联网，还可以通过宽带数字电视收看高清电视。同时完善“基础通信+信息应用”服务体系，建设信息化示范村镇，推进“智慧大埔”建设，通过信息化手段，实现信息“助农、富农、支农、惠农”，促进农村区域经济的快速发展，提升村民幸福生活指数。

中国电信大埔分公司负责人名录：

总 经 理： 汪国宏（—2017.8）

温 雄（2017.8—）

副总经理： 房增文 罗 刚

（黄可可）

移动通信

【打牢大网络基础】加快 4G 建设优化，提升县域 4G 网络深度覆盖能力，2017 年大埔移动完成 4G 站点建设开通 129 个，同步专项推动县城无线质量提升，4G 网络 MR 覆盖率从 95.8%提升到 98.31%。推进泛在基础网建设，提升县域关键网络资源建设能力，深入开展微网格建设，全年累计新增光缆 19 皮长公里、新建管道45.98管程公里、传输汇聚机房新建并投产6座。加强家集客覆盖攻坚，提升县域家宽集客支撑能力，发展乡镇、农村家宽预覆盖建设和光改小区建设，完成家宽预覆盖新增2.13万户、光改1.12万户，在两个月内完成基层服务平台项目的272条专线建设，实现全县所有行政村村委的网络接入，推动农村信息化和政务信息化发展。

【4G用户提升】中国移动股份有限公司大埔分公司把握移动互联网时代的脉搏，加速发展和普及4G。截至2017年底，大埔移动4G用户达到12.76万户，相比2016年，4G用户的数量实现再增长。4G用户的数量占比60.7%。4G的普及让更多农村群众享受到畅快稳定的移动网络接入服务，从而改善农村人口的工作、学习、生活和娱乐方式，助力“三农”发展。

【光纤宽带入农村】2017年，大埔移动分公司响应国务院的“宽带中国”战略和省、市公司的示范村政策，尤其将更多建设资源投向农村地区，旨在为农村地区的人民群众提供快速、可靠、高性价比的光纤宽带。截至2017年底，大埔光纤宽带覆盖256个行政村（居），实现100%覆盖率。全县覆盖用户总数12万户，使用移动宽带的客户3.8万户。在网络和市场两大部门的协同努力下，移动宽带在大埔市场的占有率提升至47%。

【OA系统助力政务信息化应用】为加快全县电子政务建设和应用步伐，提高单位办公自动化和信息化水平，大埔移动分公司配合大埔县委、县政府动员各县直属局、各镇党委政府、驻埔单位等45家部署大埔县政务OA子系统，实现文件上传下达和内部流转效能，并在2017年7月21日至8月24日组织各单位政务OA系统收发员进行为期70场次的操作培训和系统上线应用工作。同时，为确保各单位充分应用政务OA子系统，提高领导干部计算机网络应用能力和信息化水平，大埔移动分公司派驻2人定期走访各单位，及时处理、引导操作。

【大埔县惠民信息公开平台正式上线】根据《广东省村务公开条例》规定和省财政厅《关于全面推进农村财务管理规范化建设工作的通知》要求，规范民主管理、民主监督、民主决策程序，抓好村务、财务公开工作，采取公开栏、农村党廉信息公开平台等方式进行公开。大埔移动分公司配合大埔县人民政府、大埔县纪委建设大埔县惠民信息公开平台，经为期六个月的数据收集、系统建设、传输对接等环节，于2017年9月28日正式上线。实现广大市民可通过短信、网站、APP客户端、微信公众号四种方式及时查询。

中国移动大埔分公司负责人名录：
总 经 理：张锦松
副总经理：王志祥
总经理助理：陈天湖（2017.1—）

（李娟娟）

联合通信

【打造互联网+运营专家】2017年，广东联通提出四大行动计划，全面落实“互联网+”，未来三年打造全国领先的互联网+基础能力，打造卓越的4G+网络能力、大数据能力、物联网能力、移动互联能力和云计算能力。广东联通率先成为首家与梅州市政府签署“互联网+”合作协议的基础电信运营商，双方共同把握“互联网+”发展大势，深化合作、实现共赢。

【信息化发展】大数据时代下，梅州联通依托联通光纤和WCDMA优势网络，积极参与信息化建设，迅速集聚品牌和标杆示范效应，加速升级“智慧梅州”建设，其中智慧水利、智慧农业平台成功投入运营，已完成本地化云平台的搭建，已有能力为智慧城市各领域提供云存储、云计算、主机托管、虚拟主机等智能化信息服务；同时，在“强政、兴业、惠民”目标的指引下，依托云平台强大的支撑及应用能力，建设宽带、泛在、融合、安全的新型信息网络，为政府及各行业提供信息化综合解决方案，在统一的云支撑平台框架下围绕政务、金融、交通、医疗、安全、农业、园区、物流等八大领域建立专属平台。

【塑造企业品牌形象】不断加强校企交流，深化教学资源合作，为合作院校创新提供专属、高价值的信息化服务，建设就业见习基地为大学生提供社会实践机会；开展电信行业纠风行动，集中治理群众反映较为集中的电信资费和服务等问题，确保经营和服务活动规范有序；严格贯彻落实国家对电话用户实名登记的要求，执行电话用户真实身份信息的登记，保障用户的合法权益；秉承一贯的央企担当精神，响应并配合县委、县政府的各项工作要求，参与社会慈善公益事业，连续10年组织公司员工参加自愿无偿献血活动。2017年，联通大埔县分公司对三个扶贫村（茶阳镇左弼村、蓝田村、茅坪村）分别给予每村5000元的帮扶资金，用于改善提升贫困户生活水平。

中国联通大埔县分公司负责人名录：

总经理： 张惠城（—2017.6）

谢达良（2017.6—）

（管燕珑）

商　业

国有商业

【抓好汛期防洪工作】2017年，大埔县商业服务中心组织力量，对尚未改制的企业，开展以汛期防洪工作为重点的安全生产大检查，确保汛期人员财产安全。服务中心主要领导带领安全生产干部深入茶阳百货营业部、茶阳集体商店、在城液化气仓库等，开展汛期防洪、防地质灾害为主题的专项安全生产大排查，消除安全隐患。抓好防洪安全教育，从思想认识上提高防洪安全意识。抓好防险救灾工作预案制订，落实工作措施，做到严密防控、措施有力，防灾责任到位。

【推进县百货公司安置职工工作】2017年，根据县政府《关于同意大埔县百货公司改革转制及拨给转制费用的批复》精神，县商业服务中心会同县有关部门研究完善《大埔县百货公司改革转制的实施方案》，并做好相关工作，于2017年12月底顺利完成该公司安置职工工作。安置在册职工、解除劳动关系人员28人。

【推进湖寮气站公开招标拍卖处置资产工作】2017年，根据省政府《关于全省国企出清重组“僵尸企业”促进国资结构优化的指导意见》《梅州市人民政府办公室关于印发梅州市市属国企出清重组“僵尸企业”促进国资结构优化实施方案的通知》《大埔县人民政府办公室关于印发大埔县国企出清重组“僵尸企业”促进国资结构优化实施方案的通知》要求，为盘活资产，加快企业改革转制步伐，稳妥推进大埔县商业企业集团液化石油气公司湖寮气站公开招标拍卖处置资产工作。

【开展扶贫济困募捐活动】根据《中共大埔县委办公室、大埔县人民政府办公室关于印发〈大埔县 2017 年广东扶贫济困日活动工作方案〉的通知》精神，县服务中心组织机关干部职工参加献爱心活动，募集扶贫济困资金 8500 元，其中干部职工捐款 2500 元，服务中心捐款 6000 元。

县商业服务中心负责人名录：

主　　任：蓝尚柏

副 主 任：蓝旋明　罗志雄

范瑞仕（2017.1—）

党委副书记：陈京林

（郭声沐）

烟草专卖

【简述】2017 年，大埔县烟草专卖局（分公司）落实国家局、省局、市局烟草工作会议各项决策部署，围绕市局（公司）“1233”工作思路和“管理提升年”活动，结合局（分公司）“六个持之以恒”工作措施，紧扣“创先争优、提质增效”发展目标，推进企业可持续发展，各项工作取得较好成绩。全年经济运行实现“两烟”销售收入 5.43 亿元（其中卷烟销售收入 4.58 亿元、烟叶销售收入 0.85 亿元），同比增长 1.51%；实现“两烟”税利 1.63 亿元，同比增长 5.33%；实现利润 1.2 亿元，同比增长 6.03%。2017 年获大埔县“全面工作先进单位”、“综治工作先进单位”和“纳税大户”等称号。

【烟叶生产】2017 年，面对烟叶生产计划调减压力，着力巩固大埔烟叶优势地位。1. 烟叶种植规模稳定。全年规划 6 镇 48 村 418 户烟农种植烟叶 764.3 公顷，期间严抓落实面积这个关键节点，加强生产过程管控，坚守收购计划红线，圆满完成全县烟叶种植计划。2. 发展现代烟草农业。全县建立 1 个 34 公顷的县级示范片和 4 个 6.7 公顷以上站（点）示范片，实现示范点面积达到 66.7 公顷。组织开展机耕、育苗、植保、烘烤及专分散收、原收原调等环节培训，同时全面推广烟叶 GAP 管理，促进烟叶质量与风格特色更加突出。3. 持续推进烟基建设。完成 2016 年度西河镇下黄砂村硬底化机耕路一条 1367 米，采购播种机、中型拖拉机各 2 台，更换维修烤房加热设备 7 座，提升烟田基础设施配套水平，提升烟草农业综合生产能力。4. 原收原调顺利开展。成立组织机构，协助组建与培训专业化分级队伍，开展专分散收、原收原调流程培训，完善收购设施设备，建立工商协同机制，确保原收原调工作顺利开展。全年收购烟叶 3.21 万担，完成收购计划 99.95%；调拨烟叶 3.21 万担，完成率 100%。

【卷烟营销】2017 年，加大市场开拓和品牌培育力度，引导消费升级，完成“稳销量、提结构、降库存、增税利”工作要求。1. 卷烟经营企稳回升。全年销售卷烟 8.53 亿支，同比下降 0.77%；实现销售收入 5.36 亿元（含税），同比增长 3.18%；单箱收入 3.14 万元，同比增加 1205 元；实现毛利 1.36 亿元，同比增长 3.45%。2. 重点品牌持续增长。重点培育双喜一、二类品规，通过提炼品牌卖点，宣传品牌文化，分析品牌市场表现，深化品牌培育措施，全年销售双喜 4.41 亿支、同比增长 4.96%，其中销售双喜一类烟 7502 万支、同比增长 1.11%，销售双喜二类烟 3373.58 万支、同比增长 50.93%。3. 客户服务扎实推进。发挥零售客户自律互助小组对稳定市场价格、维护经营秩序的重要作用，提升日常服务与市场监管水平，同时合理设定相关考核指标，优化服务内容，改进服务质量，推动营销队伍转型升级。全年建成零售客户自律互助小组 69 组。4. 物流配送安全运行。严格按照规定操作送货员移动办公系统，安排专人负责监控、跟踪送货车辆位置信息、车辆轨迹等工作，确保人、财、物安全，2017 年没有发生任何安全事故。

【专卖管理】2017年，查处各类违法涉烟案件205起，联合公安部门捣毁卷烟制假窝点2处；查获制假烟机4台，各类违法卷烟740.32万支，滤嘴棒35万支，烟丝烟叶10.64吨；移送公安涉刑案件3起，公安机关刑拘9人，检察机关批捕2人，法院判刑7人。1. 内部监管加强。定期召开"两烟"生产经营工作会议，了解"两烟"生产经营形势，深入分析不规范经营隐患，排查"两烟"预警。全年启动各项预警调查5次，开展各项专项检查5次。2. 市场监管提升。强化与相关职能单位开展联合市场监管，落实信息互通、资源共享机制，及时进行清理并反馈，确保市场净化率保持在98%。全年联合工商部门召开联席会议4次，开展联合检查21次，通报无证户4次计94户，清理无证户102户，联合查处销售假冒伪劣卷烟案件5起，销售走私卷烟案件3起，查获假冒卷烟1.08万支，走私卷烟0.98万支。3. 卷烟打假深入。通过"3·15""5·15"等渠道开展法律法规、举报热线和奖励政策宣传，主动与福建省永定区局和平和县局召开边界联席会议并开展地毯式排查行动，同时加强与县职能单位联合监管机制落实。全年联合公安、交警等部门查处"7·26"无证运输烟叶案、"11·1"枫朗镇和村卷烟制假窝点案、"12·18"银江镇坑头村卷烟制假窝点案，案值合计623.56万元。4. 证件管理规范。及时更新完善证件办理工作制度，深入推进"放管服"改革工作。2017年新办零售许可证205户、注销164户、歇业21户、变更14户、延续194户，累计有持证户1453户。

【综合管理】2017年，开展"管理提升年"活动，加强6S现场管理，规范现场管理秩序，严抓源头管控、过程管控、结果管控，着力推进降本增效。1. 规范管理取得突破。开展依法严管违法违规经营大户专项行动，卷烟非法流通得到有效遏制。加强烟叶生产过程管控，计划合同主线作用得到较好发挥，维护"两烟"生产经营秩序。贯彻落实《烟草企业采购管理规定》，抓好办事公开民主管理工作，保障职工知情权、参与权、表达权和监督权。2017年实施物资采购项目5项，预算金额29.2万元；服务类采购项目3项，预算金额32.36万元；公开涉及"三重一大""生产经营管理""领导班子和党风廉政建设"等事项194项。2. 企业管理取得突破。严格执行中央"八项规定"，全年车辆运行费38.1万元，同比下降5.85%；业务接待费0.24万元，同比下降95.46%；办公费21.66万元，同比下降28.12%；会议费2.57万元，同比下降58.56%。贯彻民主集中制原则，全年经集体研究决策的事项15项，在执行时做到决策前酝酿充分、决策时充分民主、决策后备案完整。落实安全生产主体责任，层层签订安全生产目标责任书，坚持领导带班、干部值班和24小时"双人双岗制"，邀请资深交警和消防专家开展消防安全知识培训以及实操演练活动，狠抓档案室、信息机房、电梯机房、车辆管理等重点环节安全隐患排查整治，夯实安全管理基础，实现全年安全生产经营管理零事故。3. 企业服务取得突破。发挥篮球、乒乓球、摄影等文体协会作用，组织60人次参加"客融天下杯"职工文体活动；向劳模和困难、重病党员等特殊职工开展送温暖活动11人次；"三八"妇女节组织女同志参加户外特色活动；组织参加无偿献血、志愿者服务等社会活动184人次。全年为挂钩扶贫点群丰村筹集帮扶资金110万元，县扶贫局在群丰村举办产业帮扶现场观摩会，产业帮扶成效多次被市、县媒体报道。

县烟草专卖局（分公司）负责人名录：

局长（经理）：张维祥

副　局　长：蓝建汕

副　经　理：张俊清　卢小明（2017.7—）

（林海峰）

供销合作商业

【简述】2017年，大埔县供销合作社推进综合改革，加强农业社会化服务体系建设，贯彻落实农业供给侧结构性改革，扎实推进上下贯通的农村现代流通服务网络建设、电子商务建设、乡村综合服务建设、农特产品销售平台建设等工作，取得明显成效。全年商品购进总额2.45亿元，完成年度计划2.4亿元的102%，其中农副产品购进1.1亿元；商品销售总额3.74亿元，完成年度计划3.7亿元的101%，其中农业生产资料销售1.01亿元，完成年度计划8000万元的126.3%。

【推进综合改革】县政府成立全县深化供销合作社综合改革领导小组，加强领导协调，定期研究有关工作，解决供销合作社综合改革中遇到的困难和问题。县委、县政府于2017年10月出台《关于深化供销合作社综合改革的实施意见》的通知文件，明确综合改革的目标任务、措施；提出全县各级党委、政府要树立起重视供销合作社就是重视农业，扶持供销合作社就是扶持农民的理念。实施意见出台后，按照时间节点要求，做出规划，列出路线图、时间表，坚持因地制宜、分类施策、稳步推进，确保改革工作顺利进行。

【推进基层社分类改造】2017年，县供销社念活“土地经”，打好“资产牌”，靠大联强，多形式盘活基层资产，分类稳步推进基层社改造。1. 对经济实力较强的基层社，加强引导，加大投入，拓展经营范围、拓宽经营领域。光德基层供销社是现阶段全县供销系统的“标兵社”，主要经营光德供销社加油站，经营场所老旧，设施落后，存在安全隐患。2017年投入40万元对光德供销社加油站的营业区域、油库区域和后勤区域进行升级改造，新上95标号汽油加油枪。升级改造后，经营收入同比增长50%，安全生产有保障。2. 对经济实力一般，拥有存量资产的基层社，加强合作，开放办社。高陂中心基层社虽然拥有较多存量资产，但资产长期陷入租赁纠纷，发挥不出应有效益的实际，县社集中精力通过法律程序维护权益，收回存量资产。同时，利用存量资产入股，引进社会资本200万元，更新经营业态，合作兴办幼儿教育。高陂中心基层社的万晖第二幼儿园已进入后期装修阶段，2018年可开始招生入学。另外，结合城镇公益基础设施建设，进行引进社会资本，对洲瑞和银江两个基层供销社老旧的商业设施进行改造，兴办农贸市场和大型商业场所。洲瑞和银江基层供销社已取得政府支持，完成土地确权，准备实施。3. 对经济实力较弱、历史包袱较重、没有经营业务的基层供销社，采取“靠大联强”的方式，并入就近的龙头基层社，建立中心基层社体制，利用中心社的辐射带动良性发展。将平原基层社、古野基层社、桃源基层社并入高陂基层供销社，建立高陂中心基层社，合并后使原有基层社的管理得到加强，确保原有存量资产的保存和维修。正在规划设立茶阳基层中心供销社，把青溪基层供销社并入代管。4. 盘活资产改造，请求县委、县政府统筹规划，争取县卫计局、县国土局支持，把西河基层供销社闲置资产与县卫计局下属西河镇卫生院资产进行等价置换。把置换土地、房产，获得差额补偿金430万元，专项用于解决西河基层供销社历史遗留的社保、医保、债务等问题。处理历史遗留问题正在有序进行。

【激活社有企业活力】1. 创新社有企业管理体制。按照政事分开、社企分开的原则，针对社有企业众多、经营规模小、亏损严重、留守人员多、发展不平衡等情况，对土产、日杂、农资、果菜、供贸等五个公司进行改制，成立“大埔县合和资产经营管理有限公司”，负责管理社有企业资产后，2017年实现利润30万元。2. 发展混合所有制经济。大埔县合和资产经营管理有限公司优化资本布局，合和公司入股30万元广东天禾农资股份有限公司，入股10万元梅州裕民农产品有限公司，引导社会资产集中到固定资产经营、农资、农产品流通加工等领域；出资150万元与社会资本合作创办大埔供销宏森农产品有限公司，创办供销电商平台。3. 推进供销电子商务发展。以创建“全国供销电子商务示范县”为契机，主动对接全国供销总社“供销e家”和淘宝、京东等电商大平台，投入400万元，自建“客都供销商城”“客品汇”电商运营平台，配套建设电商培训中心、青年创业孵化基地；投入200万元，建设“线下体验店”和城东“客品汇”线下体验销售中心，推进农资、农产品、粮油、日用品“四网整合”，线上线下互促发展。至2017年底，已有50家市级以上龙头企业正式进驻，销售产品品种2000种，注册用户2000人，线上线下月销售额约160万元。4. 创新经营服务体系。宏森农产品有限公司投入资金200万元，新建蜜柚加工厂和冷冻库，健全农产品的经营和流通服务体系。与农村商业银行合作搭建金融服务平台，为电商创业者提供10万元的担保贷款。引导支持社有企业、基层社、农民专业合作社，利用产业扶贫、结对帮扶或吸纳贫困户入社等方式，为贫困户发展生产提供农资供应、农技服务、农产品加工流通、技能培训、农村合作金融等综合服务。

【为农服务提升】1. 齐抓共管，强力推进项目建设。至2017年底，全面完成农综项目资金和大埔县锦兴蜜柚农民专业合作社80公顷蜜柚种植基地的项目建设；在黎家坪甲子口建设2000平方米的大埔供销宏森农产品有限公司蜜柚加工厂，有效解决农产品“卖难”和加工滞后的现状。全县供销系统申报农民专业合作社建设项目54个，“农超对接”平价商店建设项目19个，农综项目2个，争取项目资金750万元。2. 多措并举，发展农民专业合作社。坚持把发展农民专业合作社作为提高农业生产效益、繁荣农村经济、促进农民增收的重点任务来抓，通过自办、领办、合作服务等模式，建成各类农民专业合作社54家，其中全国总社和国家级示范社5家、省级示范社29家，辐射带动农户7151户。3. 开拓进取，打造“新网工程”。利用被省社列为省市县共建“新网工程”试点县的契机，深入推进农资、农产品、日用消费品、再生资源回收四大流通服务网络建设。与省天禾农资股份有限公司对接，建设大埔农资配送中心连锁网点，提升供销系统农资配送能力；与省新供销天润粮油集团有限公司对接，建设县供销宏森农产品有限公司一体化运营的粮油连锁经营体系；与省新供销商贸连锁股份有限公司对接，完善县供销宏森日用消费品配送中心标准化日用消费品储备库。全县已建成农资网点36个，农副产品网点60个，日用消费品网点35个，打造城乡社区综合服务平台28个。

县供销社负责人名录：

主　任： 刘坚城

副主任： 田怡凯　刘　立

（袁伟基）

食盐经营

【简述】2017年，面对盐改后严峻复杂的经营环境，广东省盐业集团梅州有限公司大埔分公司（大埔县盐务局）贯彻执行“全局一盘棋、全员一块铁、全省一座城”总体工作要求，落实应对盐改措施，强化食盐市场监管；围绕“以盐为基、以盐带路、严把盐关、广开盐路”的经营策略，加快实施“三品”战略工作，持续推进企业经营发展，维护盐改后大埔食盐市场的稳定，确保大埔食盐市场供应主力军地位，有效实现企业经营平衡充分发展。全年完成盐产品总销售 1478 吨，完成年度计划的 115.5%，同比增销 267 吨。其中销售小包装 808 吨，完成年度计划的 110.68%，同比增销 62 吨。

【盐业体制改革】应对盐业体制改革是 2017 年关键工作。1．取得政府及相关部门支持，紧密配合各职能部门抓好食盐市场管理。在国家盐业体制改革方案出台后，大埔盐业分公司及时向县政府汇报加强盐改过渡期监管工作措施，得到政府领导肯定，同时，与县各职能部门沟通联系，得到他们的支持配合，共同采取各项措施，稳步推进大埔县盐业体制改革，强化食盐市场监管，保障全县食盐安全。2．正面宣传国家盐改政策。盐改实施后，社会上部分商户、市民对国家盐改政策不了解，甚至在某些别有用心的言论引导下，对盐改政策产生误解。要求盐政执法人员在市场巡查过程中，做到“市场营销、市场检查、盐改政策宣传、派发宣传资料”多位一体的工作机制，加强国家食盐政策宣传，印制《致食盐经销商、消费者一封信》5000 份，向全县食盐经销商和广大消费者派发。同时，争取政府的支持，利用电视台在《大埔新闻》《民生视线》等栏目相继播出盐政执法人员维护食盐市场稳定、保障食盐安全以及解读盐改政策等节目，使食盐经销商及消费者对于盐改政策有积极、正面的认识。

【食盐市场建设】1．持续推进食盐渠道建设，掌控终端网络。转变观念，坚持走“渠道下沉”之路，将“稳固老客户、开发新客户、开展直配直送”作为渠道建设重点。结合“粤盐专营店”升级工作，完善客户信息资料，加快拓展零售渠道建设。将原由经销商配送的超市、餐饮、学校等客户，转由公司直配直送，并延伸到乡镇用盐量较大的终端用户，有效巩固“粤盐”品牌市场占有率，保证食盐供应主渠道、主力军地位。2．推进“三品”战略，加强粤盐品牌宣传。制作粤盐专柜，投放在全县商超、连锁商场等，提升“粤盐”品牌的社会影响力、美誉度。在全县 39 家食盐经销点加挂“广盐梅州食盐直供点”不锈钢招牌，向社会展示、传递“粤盐越安全”等信息，提高食盐零售点和消费者对“粤盐”品牌的认识度。

【食盐市场监管】1．抓好盐政执法队伍建设，提高执法工作水平。结合盐改后国家各项盐业政策法规调整的实际，开展盐政执法人员对新政策规定知识的学习培训，熟练掌握相关知识，增强依法行政的能力。严格要求盐政执法人员坚持做到廉洁从业、秉公办事，拒绝营私舞弊、徇私枉法，为盐政执法工作顺利开展提供坚强保障。2．加强部门联合执法，保持盐政执法的高压态势。针对不断发生变化的市场，特别在重大节日期间，联合县打假办、食品药品监督局、工商局、公安局等职能部门，对重点区域和重点市场开展食盐市场专项整治行动，严厉查处违反国家盐改政策及扰乱食盐市场秩序的行为。2017 年 2 月，大埔出现全市第一宗跨区违规批发食盐案，在接到群众举报后，大埔盐业分公司立即会同县食药监局、工商局前往查处，现场扣押违规盐产品 12 吨，遏制不良商贩继续批发销售违规食盐的行为，震慑涉盐不法分子的气焰，维护全县食盐市场的安全与稳定。

省盐业集团大埔分公司（县盐务局）负责人名录：

经　理（局　长）：钟　春

副经理（副局长）：李志强（2017.3—）

（钟春）

粮食储备

【储备粮管理】2017年，大埔县粮食局夯实粮食安全基础，把储备粮管理工作作为确保全县粮食安全的基础工作来抓。严格遵守《广东省地方储备粮管理办法》，推行一整套行之有效的查仓保粮制度，落实企业、班组、保管员保粮责任制，按照“库存真实、质量良好、储存安全、管理规范”要求，推进精细化管理，确保储备粮“一符三专四落实”。筹措资金60万元用于仓库维修改造和科学保粮设施的投入，各粮库储备粮基本实现年熏蒸一次目标，既降低保管费用，又保持粮食品质。定期开展清仓查库活动，发现隐患及时督促整改。采取有效措施，实现储粮保管安全无事故，确保储备粮“存得好、调得动、用得上”。贯彻落实中央、省、市关于贯彻落实粮食安全行政首长责任制有关精神，落实大埔县粮食安全行政首长责任制，构建粮食安全保障体系。

【国有粮食企业经营发展】收储公司开展异地储粮业务，通过异地储粮，创造一定的经济效益。强化粮油安全保障，深入开展春、秋季粮油普查工作，无一起安全事故发生。开展粮油仓储企业规范化管理活动。对照“五化”示范库的标准，以管理为中心、轮换为重点，结合现代储粮管理新要求，围绕仓储管理工作的制度化、规范化和标准化，以制度建设、储粮管理、仓储设施、安全生产、科学保粮等方面为抓手，狠抓各项工作措施的落实。针对仓储管理存在的问题，立足科学，创新工作方法，突出工作重点，严格按照“一符、三专、四落实”要求落实整改，不断规范储粮管理，细化员工岗位职责，强化量化考核，提升企业管理水平，促进企业长远发展。做好粮食保管人员培训规划，分为岗前教育、业务技能教育、组织全员培训等形式，把仓储骨干管理人员轮训一遍，让仓储管理人员了解、熟悉并能灵活掌握新的仓储知识，培养一支训练有素、精通业务、勇于创新、认真负责的仓储管理工作队伍。探索新形势下绿色储粮、生态储粮新路子，推广包打围散装储粮，引进环流熏蒸设备科学保粮。建立健全企业安全生产管理制度，重点加强粮食轮换出入库和熏蒸作业等特殊时期的生产安全，加强危险化学药品和维修建设工程安全管理，确保粮库储粮安全。至2017年，大埔县粮油仓储管理连续34年实现“四无”粮仓县。

【粮食安全责任考核】根据《关于认真开展2017年广东省粮食安全责任考核工作的通知》精神，县粮食局履行职责，牵头抓好各项工作落实。加强与财政、国土、农业、发改、工商、质监、农发行等成员单位的沟通协调，形成合力，推动各成员单位按照各自职责开展全市2017年度粮食安全责任考核工作；筹备完成县级政府粮食安全责任考核，组织专门会议，传达考核工作会议精神，组织学习考核办法并提出有关工作要求。重点开展粮食行政管理体制、粮食工作考评指标达标、粮食流通管理情况、粮食储备和风险基金管理、粮食供求平衡、粮食安全应急机制、配套设施建设和市场价格监测及粮食产业发展情况等方面的检查考核工作准备。

【配合县城城东“三旧”改造】实施县城城东“三旧”改造，是县委、县政府作出的重大决策，是促进县城科学发展的重要举措。根据县政府关于《大埔县人民政府征收公告》、县政府《关于同意大埔县城城东“三旧”改造的批复》等文件规定精神，县政府决定将县粮食局纳入县城城东“三旧”改造范围。县粮食局坚决贯彻县委、县政府的部署要求，会同县城城东“三旧”改造办、湖寮镇人民政府、县土地房屋征收安置中心，坚持依法依规、稳妥有序，推进“三旧”改造工作。在2017年7月19日县领导到粮食局召开“三旧”改造工作动员会后，专门成立由局长何道武任组长的工作领导小组。通过召开党组会、中层以上干部会、老干会及全体干部职工会议等方式做好干部职工的思想工作，使全局上下一心、形成共识，全力配合“三旧”改造工作。“三旧”改造工作涉及面广，推进难度大，本着实事求是的原则，严格执行国有资产处置规定，对土地、建筑及室内装饰等进行造册、登记、核实，于2017年8月23日完成新办公场所搬迁工作。9月26日，与大埔县湖寮镇人民政府签订《大埔县城城东“三旧”改造项目房屋征收产权置换及空地补偿协议书》。

【军粮供应管理】2017年，县粮食局军粮供应工作严格按有关规定执行。1. 供应手续齐全完善。军供站粮源筹措按照市局文件要求由梅州市稻丰实业有限公司和梅州市金浪粮油食品有限公司定点加工，指定品牌（稻丰大米和金浪小麦粉）的比率100%，做到从源头把好质量关，全程监控预防。2. 军粮应急供应保障快捷。投入2万元，对应急加工厂进行维修。应急供应点指定梅州市稻丰实业有限公司、梅州市金浪粮油食品有限公司和大埔县西农粮食加工为应急加工厂，军粮专用应急运输车辆1辆。同时，按照国防动员体系的要求，建立军地应急协同机制，实行24小时全天候服务。3. 开展优质服务，诚信经营活动。每逢春节和“八一”建军节前夕，会同局领导带队慰问驻埔部队，多为部队官兵做好事、实事，把温馨、满意的服务送进军营。及时发现问题，改进服务，不断提升服务水平。4. 注重军供网点建设。投入38万元对五虎山粮库三号仓军粮仓库维修改造、仓库功能提升及实验室改造更新。改善大埔县军粮供网点应急供应仓储水平，提高军供仓储硬件功能，保障军供应急储备需要。

【粮食应急能力建设】结合粮食部门实际，推进粮食应急管理科学化、规范化、制度化建设，提高应对和处置突发公共事件的能力，提升粮食应急管理水平。从安全生产、防汛防灾、粮油供给等方面部署落实应急管理工作预案。做好应对自然灾害和突发事件的应急准备，增强应急处置能力。严格按照“合理布点、全面覆盖、平时自营、急时应急”的原则，强化组织领导，结合全县地理环境、交通条件和经营集贸等情况，做好沟通协调工作，与16个粮食应急供应点、2个应急加工厂、1个运输车队签订应急协议，确保全县粮食应急工作需要。健全以县政府主要领导为总指挥，发改、粮食、工商、公安等职能部门主要负责人为成员的粮食应急指挥部，成立粮食应急队伍，并定期组织演练，确保发生自然灾害等突发事件时粮食能及时供应。

县粮食局负责人名录：

局　长：何道武

副局长：蓝建明　刘木兰（女）　刘小玉（女）

（房明）

物资经营

【领导班子建设】2017年，大埔县物资服务中心领导班子带领全体干部职工，以十九大精神和习近平总书记系列重要讲话为动力，提高思想觉悟，努力工作，为服务中心发展献计献策，为做好各项工作尽心尽力。同时，做好党风廉政建设和精神文明建设工作，建立完善党风廉政监督机制。组织干部职工开展思想政治工作，责任意识、危机意识和主人翁责任感得到加强，促进各项管理工作的顺利开展。

【物资安全工作】县物资服务中心以县安委会的文件精神为指导，以主人翁的使命感为责任心，着力健全组织、完善各项安全规章制度，重点抓好干部职工安全教育和重点部位的安全防范工作，提高干部职工的安全防范意识，2017年度，单位门店、仓库没有出现任何安全隐患。

【经济效益】服务中心管理工作完善，面对经费紧张的状况，从节约入手，对各项费用开支制定严格的控制措施和管理办法，对日常办公用品、小车费用支出，精打细算，压缩开支。加强对出租门店的管理，实行门店管理建档，完善租赁合同制度，改善门店经营环境，并结合市场日益变化的情况，适当提高门店承包租金以增加公司收入。在春节期间做好离（退）休干部职工和困难党员的慰问工作，帮助他们解决实际问题。

县物资服务中心负责人名录：

主　任：丘国强（—2017.10）
　　　　刘晋涛（2017.10—）

副主任：张功庆　陈表宇（—2017.10）
　　　　刘建雄（2017.12—）

（***胡文鹏***）

石油经营

【简述】中国石化销售有限公司广东梅州大埔石油分公司是国有特大型中央企业——中国石化销售有限公司在梅州大埔的直属成品油销售企业，隶属于中国石化销售有限公司，下设有虎山、环城、运发、杨梅田、枫朗、高陂、古野、茶阳、勤丰9座在营加油站。2017年，大埔石油分公司贯彻落实中石化总部和广东石油梅州分公司的工作要求，以“全力以赴保障大埔成品油市场稳定供应”为己任，以“扩销量、强三基、保安全、塑形象”为工作主线，主动服务于大埔社会经济发展，实现社会效益和企业效益的双丰收。

【零售工作】2017年，大埔石油分公司完成销售总量为2.39万吨，其中汽油销售1.86万吨，柴油销售5374吨；全年缴纳税金200万元。

【安全管理】各站建立健全HSE管理体系，加强油站安全工作的领导，健全安全生产责任制，落实三级值班制，确保人员准时到位。大埔石油分公司开展安全检查防事故工作，及时地组织隐患自查整改，确保设备正常安全生产。同时克服麻痹思想，从思想上、行动上、组织上，全面做好抗击各类自然灾害的准备工作。抓好员工队伍思想教育，加强对“十大禁令”“八大纪律”的学习与贯彻，提高员工对安全生产的自觉性，对存在安全隐患又未得到整改的重点部位，采取措施，落实责任到人，重点监控等。2017年实现安全生产无事故。

【规范服务】开展管理服务提升年活动。根据市公司的统一部署指导油站有序开展活动，做到有计划、有步骤，确保活动取得成效，不走过场，提高加油站的服务水平。

【便利店服务】开展非油品业务。为适应形势发展的需要，方便广大消费者，加油站开设便利店，方便顾客，节约时间，便利店及时补充质量合格、价格合理适销的商品，既给广大顾客购买带来生活的便利，又提高加油站经营服务水平和经营质量，为加油站经营业务开创一条新路。

中国石化大埔石油分公司负责人名录：

经　理：黄利华

（***林秋玉***）

财 政·税 务

财　　政

【简述】2017年，大埔县财政局贯彻落实县委、县政府各项工作部署，以深化财政改革为动力，以依法理财为准绳，以科学发展为要务，以保障民生为根本，始终把“精心聚财、科学理财、依法管财、高效生财”作为工作着力点，履行财政“稳增长、调结构、惠民生、促发展”的工作职能，立足财政工作新形势、新举措，主动适应经济发展新常态,较好实现“财政发展速度、财政收入质量、财政管理绩效”三提升的工作目标，促进全县经济社会的可持续发展。

【财政预算执行情况】2017年，大埔县本级一般公共预算收入完成9.7亿元，比2016年增收1017万元，增长1.06%；2017年地方一般公共预算支出完成35.89亿元，比2016年增支3595万元，增长1.01%。

【财政支持经济发展力度加大】始终把组织收入作为财政工作的首要任务，细化任务分解，落实收入责任；落实积极的财政政策，全面推开“营改增”试点，做好改革推进牵头协调工作，实现税制平稳转换、征管有序交接的目标。坚持依法科学精细征管，强化部门联动协作，发挥税务部门综合治税平台和财政非税收入征管系统作用，加强收入分析和预测，严格督查考核，力促收入足额均衡入库。2017年国税完成入库5.72亿元，比增8600万元，增长17.68%；地税完成入库7.02亿元，比2016年减收1.06亿元，减幅13.13%。组织开展行政事业性收费清理，重新编制公布收费项目清单，开展涉企收费专项督查，确保普遍性降费政策落实到位，累计为企业减轻负担1732万元；落实市县“八大抓手”等转型升级政策，细化财政激励扶持措施，制订《大埔县企业研发经费财政奖补实施方案》，支持企业持续加大研发经费投入，鼓励企业开展科技创新，确保县委、县政府决策部署在财政领域的到位落实；出台建立扶持城乡劳动者创业带动就业担保贷款贴息制度，营造鼓励“大众创业、万众创新”良好政策环境，全年为365人提供234万元的贷款贴息；落实中小企业贷款风险补偿基金制度，更好地服务县域企业，有效解决县域企业融资难的问题，促进县域企业新上项目、扩大生产，为纳入“企业风险基金池”的企业提供融资服务，解决县域企业融资难问题，降低企业融资成本，全年为19家企业提供5135万元的融资；配合有关部门，加快建立与全面建成小康社会相适应的普惠金融服务和保障体系，支持和引导大埔县普惠金融发展,2017年下拨普惠金融资金391万元；利用国家政策，融资支持基础设施建设，改善投资环境,通过政府购买服务和PPP模式，完成2个项目的签约、入库和开工建设，融资额27亿元，其中到位资金2.63亿元。

【民生改善保障机制完善】坚持公共财政本质属性，新增财力重点投向民生领域，优先保障民生政策落实，优先支持社会事业发展和公共基础设施建设。2017年，全县民生类支出29.12亿元，占一般公共预算支出的81.14%,比2016年提高1.89个百分点。1.“三公”经费和会议费等一般性支出继续压减。深入贯彻落实中央八项规定精神和省、市、县委有关规定要求，强化“三公”经费预算管理和动态监督，严格厉行节约考核，按要求压减一般支出，降低行政运行成本，确保将有限的财政资金用在支持发展、保障民生的刀刃上，全年全县“三公”经费支出2384.6万元，减幅8.6%，会议费支出1386.9万元，比2016年同期减少119.72万元，减幅8%。2. 教育文化事业均衡发展。2017年，围绕“文旅旺县”的发展战略，加大教育投入力度，全年投入教育支出7.67亿元，同比增长2.87 %。做好义务教育阶段学杂费免除和家庭经济困难学生资助工作。银江、枫朗、光德、三河、大东、高陂六镇申报“创建广东省教育强镇”复评，结合创建“广东省推进教育现代化先进县”的要求，投入资金3896万元，完善各项设施设备，做好迎接省级复评工作。加大文化事业的投入力度，全年投入资金6846万元，安排各类文化专项资金1639万元，重点用于支持公共文化服务建设、农村文化建设、重点文物保护，使文化基础设施条件有根本改观，对全县文化事业繁荣与发展起到推动作用。3. 民生保障资金管理到位。落实社会保障制度。2017年全县参加城乡居民医保人数42.8万人、筹集城乡居民医保基金2.68亿元、报销城乡居民医药费2.72亿元；2017年筹集城乡居民养老保险资金8414万元、发放待遇1.13亿元，同比增支9.32%；全年累计发放低保金5136万元，受益的城乡低保人员1.8万人；发放五保资金1664万元，受益五保人员2226人。加快推进县人民医院住院综合大楼、地下停车场及其他工程建设，计划投入资金3亿元；抓好县中医院迁建、污水处理房及地下停车场建设，计划投入资金2亿元；迁建高陂中心卫生院、污水处理房及附属工程建设。惠农资金拨付到位。全年发放涉农补贴资金9368万元，其中生态公益林补偿3120.2万元、水库移民补助1114.6万元、危房改造补助4036.6万元、两不具备生产生活条件贫困村农户搬迁补助999万元、贫困归侨补贴40.15万元、农机购机补贴57.4万元，提高全县农民的积极性和获得感。实施农业综合开发项目工作。如期完成2017年枫朗379公顷总投资870万元土地治理项目招标工程，完成省财政厅督办的10宗农业综合开发项目历史遗留问题工作，成功申报2018年大东镇410.99公顷总投资924.7万元土地治理项目；水果产业带项目完成项目投资1050万元，占总投资1065万元的98.6%，支持16家蜜柚龙头企业250公顷果园抚育管理和6家生产加工企业贷款贴息扶持。向上级财政争取地方政府债券转贷资金 2.1 亿元，支持全县重点民生项目建设。以“大埔县城投公司”和“大埔县基础建设实业有限公司”等融资平台，将部分闲置国有资产注入，采取多种形式向金融部门贷款、社会资本合作等方法筹集资金33.6亿元，支持重点民生工程和基础工程建设，改变经济发展条件落后和民生基础设施不足的状况。

【财政服务和监督机制优化】1. 加强镇村财务监督，管理制度完善。2017年培训农村财会人员582人，占应培训人数536人的109%，超额完成培训工作任务；各镇成立24个审计小组，参加审计人员103人，共对256个村（社区）进行换届审计，审计资产总额5.51亿元，确保村“两委”换届工作顺利进行；依据有关法律、法规文件精神，修订印制新的《大埔县农村财务管理示范制度》，进一步规范农村财务管理；组织相关股室对全县14个乡镇的财务岗位和人员、账户管理、财政资金收付管理、会计核算管理、会计集中核算向国库集中支付转轨等方面进行检查，强化“小金库”治理工作力度；对各镇财政结算中心的数据集中部署，实现对镇级财政实时在线监督，提升财政监督和业务指导能力。

2. 如期完成全县基层公共服务平台建设。按照省、市部署，通过落实主体责任、打造示范点和“八有、五统一”的要求，如期完成全县 256 个村（社区）公共服务平台建设工作，群众满意率 99.74%，村（社区）公共服务平台建设工作通过市级验收。3. 加强内控制度建设。发挥“大埔县财政局内部控制规范工作委员会”的职能作用，围绕“安全、规范、高效”的控制目标，细化组织架构、管理责任、职责分工、内控目标、实施原则、制度体系、内控方法等，如期完成各行政事业单位开展内部控制编报汇总工作和做好行政审批电子监察系统的管理工作。4. 加强财政专项资金的监督检查。全年开展 2017 年会计信息质量检查、2017 年省级财政专项资金检查和配合省财政厅组织的中央扶贫资金检查，规范专项资金的使用。5. 强化地方预(决)算公开工作。组织开展对全县 107 个预算单位及 2016 年 80 个决算单位预（决）算公开情况进行检查，确保全县预（决）算单位全部实现预（决）算公开，信息公开的及时性、准确性、规范性和细化程度均有明显提升。

【财政管理体制机制健全】抓好预算管理体制改革。深化综合财政预算，规范预算支出管理，坚持“先有预算、后有支出，先有指标、后有拨款”、坚持县级财力统筹安排；规范预算追加程序，增强预算约束，实行全口径预算管理，按照“全面、公开、细化、透明”的要求，提高公共财政透明度，保障公众的知情权、参与权、表达权和监督权。强化财政资金绩效管理，2017 年筛选旅游扶贫专项资金等 15 个项目，进行财政支出绩效自我评价和财政重点评价工作，涉及资金总量 1942 万元。对 79 个集中支付单位全部实行公务卡结算改革，已开立和激活公务卡 776 张，刷卡消费额 47 万元，撤销财政专户 5 个；2017 年办理国库集中支付业务 1.31 万笔，支付金额 42.58 亿元。政府采购预算金额 1.38 亿元，实际采购金额 1.3 亿元，节约采购金额 807.3 万元，节约率 5.85%，拓宽定点采购的范围，提升采购工作效率。出台《大埔县政府购买服务暂行办法》，对政府购买服务的操作流程、指导目录等进行规范。建立健全政府与社会资本合作 PPP 模式推广运用的政策框架和工作推进机制。完成“大埔县镇村污水处理厂及配套管网工程”和“大埔县旅游产业道路改扩建工程”两个项目进入省库，并已进入建设实施；另外“大埔县中医医院迁建、妇保院改扩建、慢病站门诊楼工程”项目，也基本上完成财政承受能力和物有所值论证工作，正加快督促进入省库。财政性建设资金审核管理规范。按照县政府投资工程基本建设程序要求，加强资料归集和工程款核拨，严格按合同按工程进度核拨工程款，通过简化审批环节、压缩审核时间达到提速增效，全年完成工程（预）决算审核 324 宗，送审造价 14.64 亿元，审定造价 12 亿元，比 2016 年审定造价 8.26 亿元同比增加 45.2%，核减工程造价 2.64 亿元，平均核减率 18.03 %。国有资产监管到位。通过细化分类、关口前置，加大固定资产的配置审核和处置审批，处置房屋建筑物、车辆、办公设备等国有资产 3192 万元，加大国有资产监管力度，加强行政事业单位国有资产收益管理，组织国有资产收益 8718 万元。

县财政局负责人名录：

局　长：刘广明（—2017.12）
　　　　杨自强（2017.12—）

副局长：房向东　赖丕汉　戴可良

（陈盼祥）

国　税

【简述】2017 年，大埔县国家税务局学习贯彻十九大会议精神，以习近平新时代中国特色社会主义思想为指导，踏上新征程，谱写新篇章，高质量推进大埔国税新时代税收现代化。连续10次被大埔县授予机关作风评议先进单位。县国税局纳税服务股被评为全国巾帼文明示范岗和梅州市青年文明号，高陂分局被评为省职工模范小家。

【税收收入】2017年，大埔国税组织税收收入5.93亿元，同比增收8913万元，增长17.69%，其中增值税收入5.2亿元（一般增值税3.02亿元，营业税改征增值税2.18亿元），企业所得税收入5260万元，消费税收入11万元，办理出口产品退税1.08亿元，免抵调库8800万元。

【税收改革】2017年，为确保全面推行营改增后“接得住，管得好”，大埔国税局坚持以问题为导向，紧抓营改增后续管理不松懈，确保四大行业管理扎实有效，做到“五抓”。抓项目，夯实税源基础。牢固树立“有项目就有税收”的理念，紧密结合大埔县2017年重点建设工程，按工程所属地、所属部门，将88项工程落实到班子领导、税源部门，把征管责任具体到岗到人，做到常联系、常跟进，确保项目在心，税收不漏。抓预审，防止低额开票。牢牢把握“以票管税、以管促收”的思路，结合当前自建房门市代开办证的情况，为防止低额开票发生，大埔国税局把预审做在前，由税源管理部门根据规划许可证和市建筑安装行业最低计税造价标准进行纳税评估，对明显低于标准的，要求按最低计税价格开票，确保税款足额征收。抓评估，对土地交易增值税的征收，牢牢把握国税第三方评估价格与地税实地评估价格从高计征的原则，确保国地税计税依据一致。抓共治，堵塞征管漏洞。结合房地产行业和建筑行业税收管理的复杂性，大埔国税局联合财政、地税、住建、国土、房管等11个相关部门，共同构建多维一体的护税、协税综合税收管控机制，以加强房地产业和建筑施工企业，特别是县外企业的监控，确保国家税款及时足额征收入库。抓风险，打击偷骗行为。为适应税制改革和征管范围调整等税收管理新形势和新要求，共享国税、地税征管资源，扩展管理手段，加强对建筑安装、房地产税收的征收管理，大埔国税局会同地税部门共同对房地产业实施税收一体化管理，成立联合评估小组，强化数据共享、比对，开展风险识别分析，提升风险管理水平，防范可能出现的虚开发票和隐瞒收入等逃骗行为，确保税款应征尽征。

【税收征管】1. 做好2016年度纳税信用等级评定管理工作。为确保2016年度纳税信用等级评定工作顺利开展，大埔国税局加强与地税部门合作，及时互通信息，做到“多沟通、多商量”，确保做到公平、公正、公开。2016年度，大埔国税共纳入评价户数1135户，实际参评户数473户，参评户数占比41.6%，其中A级企业10户、占比2.15%；B级企业328户、占比70.39%；C级企业115户、占比24.68%；D级企业13户、占比2.79%。2. 做好商事制度改革监测分析工作。大埔国税局开展商事制度改革监测分析工作，积极加强宣传引导，紧抓工作落实，扎实做好基础数据采集，提高数据质量，确保数据准确、完整；同时，对于已办理工商营业执照但暂未到税务机关办理补录登记的纳税人，及时提醒进行信息补录，提升“五证合一”和“两证整合”纳税人的登记补录率，提高征管数据质量。2017年，大埔国税办理“五证合一”税务登记321户，办理“两证整合”税务登记471户。3. 做好金税三期数据质量管理工作。在做好宣传和服务的基础上，开展金税三期数据质量比对、核实、清理工作，加强与地税合作，通过国地税联合办税大厅，密切双方交流衔接，对错误信息进行修改纠正，对缺失信息进行查漏补缺，在确保国地税信息库准确、完整、规范的基础上提升关联率。

4. 做好广东省电子税务局的推广应用工作。自推广电子税务局以后，大埔国税局通过多种方式做好纳税人实名认证工作，已实名制认证企业 1026 户、个体工商户 2077 户，实名制认证率 94.89%。并积极引导已实名认证的纳税人通过电子税务局办理申报缴税、发票领用、发票代开、税务申请等相关涉税事项，让纳税人享受到更方便、有效的办税服务。广东省电子税务局在大埔县已顺利实现单轨运行，网上办税业务量 1.07 万次，占总业务量近两成。5. 做好税收风险管理工作。大埔国税局通过强化学习培训和加强第三方涉税信息应用的方法，采取以“辅导自查、纳税评估、问题核查”相结合的方式，开展风险管理，提升风险应对水平。全年大埔国税累计完成风险管理增收任务 1532 万元，占市国税局全年下达风险管理增收任务 1450 万元的 105.66%；完成上级下达的 193 户风险应对任务，风险分析识别命中率 100%。6. 做好 2016 年度企业所得税汇算清缴工作。2017 年，大埔国税在牢牢把握突破口和监控点，确保工作进度和风险可控的前提下，紧抓特殊企业的税收服务工作，通过建立汇算清缴沟通微信群，及时解答企业汇算清缴申报过程中遇到的问题，筛选符合小型微利企业所得税减半征收扩围政策、符合减免税条件未办理优惠备案、符合研发费用加计扣除等企业名单，主动提供新政策并做好宣传指导服务。全年应汇算清缴 848 户，已汇算清缴 848 户，汇缴面 100%；应纳税所得额 2.06 亿元，应纳所得税额 5159 万元，2017 年度累计实际已预缴的企业所得税为 4712 万元，预缴率为 94.96%。

【税收稽查】发挥稽查职能作用，以查假票、假账、假申报为突破口，建立曝光税收违法案件常态化制度和对重大税收违法案件当事人实施联合惩戒工作协调机制，与县地税局、县公安局联合成立大埔县警税联合执法工作领导小组，深化警税执法协作，加大联合查处涉税违法犯罪行为，深入开展打击偷骗抗税违法犯罪活动。2017 年，完成 1061.12 万元稽查收入任务，其中立案检查收入 40.76 万元，占 3.84%；辅导企业自查收入 1020.36 万元，占 96.16%，圆满完成市国税局下达 1015 万元的堵漏增收目标。同时，为打击虚假发票“卖方市场”，大埔国税局联合县地税局和县公安局破获 1 宗涉嫌非法售卖假发票案，现场抓获一涉嫌犯罪人，查获假增值税普通发票 2668 份、航空运输电子客票行程单 246 张、国家税务局通用机打发票 280 份、地税通用机打发票 1389 份、假发票专用章 47 枚。通过一系列查打“组合拳”，税收稽查的拳头尖刀震慑作用得到释放，税收秩序也得到良性发展。

县国税局负责人名录：

局　　长：徐炳辉（—2017.11）

副 局 长：杨萍萍（女，2017.11—，负责全面工作）　郭玉文　余建南　肖卓希　何小康

纪检组长：魏少宾（—2017.11）　何　峰（2017.11—）

（贺鸿）

地　　税

【简述】2017 年，大埔县地方税务局以习近平新时代中国特色社会主义思想为指引，以夯实各项工作基础为目标，在组织税费收入、夯实征管基础、推进依法行政、优化纳税服务、加强队伍建设、提升行政效能、落实全面从严治党等方面下功夫，取得一定成效。2017 年，被县委、县政府评为“全面工作先进单位”。

【税费收入】2017 年，县地税局累计组织税费收入 11.55 亿元，同比减收 3.58 亿元，下

降 23.7%，其中地方税收收入 7.02 亿元，同比减收 1.06 亿元，下降 13.1%；社保费收入 4.17 亿元，同比减收 2.49 亿元，下降 37.35%；其他规费收入 0.36 亿元，同比减收 406 万元，下降 10.24%。

【税费征管】1．加强重点税源管理。2017 年初制定税源调查方案，通过实地走访、下户调查等方式，摸清重点税源情况，将建安房地产、电力、陶瓷等行业的企业列为重点税源监控对象，及时跟踪企业生产经营和税收状况，做好重点税源动态分析，科学研判税收收入变动趋势，牢牢把握组织收入主动权。2．加强重点行业管理。①加强房地产行业管理。探索实施房地产一体化管理，建立健全房地产项目台账，对房地产企业开发全过程进行跟踪管理；继续实行房地产销售价格公示制度，接受社会各界和干部职工的监督。全年公示房地产开发企业申报房屋销售价格 56 期；加强部门协作与信息共享，与房管部门进行存量房评估系统对接，堵塞征管漏洞；与国税部门联合制定《推进房地产税收一体化管理实施方案》，建立信息交换机制，并在保障信息共享的同时不断规范涉税环节，完善数据链条，加强数据应用，防范税收风险。②加强电力行业管理。采集电力行业企业信息，建立税源监控台账，形成县局、分局、税收管理员三级“塔式”管理模式；做好小水电行业取消代征协议后的征管工作，重新对纳税人进行税费种认定，做好三方协议签订、网报账号开通及纳税人的宣传辅导工作。③加强陶瓷行业管理。加强对纳税申报的审核管理，督促纳税人及时进行网络申报；定期对纳税信息进行比对分析，发现税收征管问题及时进行整改，确保应征税款足额入库。3．加强税种管理。①加强个人所得税管理。抓好个人所得税全员全额明细申报工作，在全市率先实现个人所得税全员明细申报率、准确率 “双一百”的目标。做好年所得 12 万元以上纳税人的申报管理工作，申报率、准确率 100%，补缴税款 1.04 万元。②加强企业所得税管理。督促企业按时按质完成 2016 年度企业所得税汇算清缴工作，提前 3 天完成 220 户企业的汇算清缴，汇缴面 100%。做好企业所得税交叉核查工作，成立 6 个工作小组，对 220 户企业开展企业所得税及其他地方税种核查工作，共补缴税款及滞纳金 9.72 万元。③加强土地增值税和契税管理。加强房地产企业工程项目管理，对达到土地增值税清算条件的房地产开发项目发出清算通知，督促企业开展自行清算，并做好审核工作，全年完成 5 个项目的初步审核。做好土地增值税系统上线准备工作，对房地产项目的涉税资料进行补录,全年应补录 85 个项目，已补录 26 个项目。加强存量房土地增值税管理，对单位和个人转让非住房的，按规定征收土地增值税。加强对土地转让行为的税收管理，对 11 户纳税人转让土地使用权的计税价格进行核定。④做好环境保护税开征前各项准备工作。加强与财政、环保部门的沟通协作，建立联席会议制度，签订合作备忘录。对环保局传递的 168 条排污企业信息进行核查、确认，夯实征管数据基础。举办环保税业务培训班，提高地税人员环保税征管工作的能力和水平。做好环保税开征前的系统测试工作，确保系统平稳运行。同时，利用多种渠道大力开展环保税宣传，对纳税人开展个性化辅导，为环保税平稳、顺利开征作好准备。⑤做好其他地方各税管理工作。做好车船税管理工作，全年入库车船税 656.5 万元，同比增长 21.62%。严格执行资源税从价计征改革政策，全年入库资源税 1.93 亿元。做好耕地占用税管理工作，全年入库耕地占用税 1.26 亿元。按要求做好调整前税负测算、土地等级划分等工作，在市政府发文后组织各分局对 3595 条税费种认定信息和 5279 条土地采集信息进行修改和核对，确保2017年度土地使用税顺利征收。严格执行“先税后证”政策，做好市局关于契税纳税期限调整的相关工作。抓好社保费征缴工作。4. 做好机关事业单位养老保险的征缴工作。做好225户缴费单位的信息核实和关联比对工作，顺利完成机关事业单位养老保险开征工作，全年征收养老保险费5307.2万元，涉及缴费人数约9900人。2017年11月下旬县地税局率先完成全局干部职工141人次34个月养老保险补缴工作，补缴金额775万元。做好社保费征缴其他各项工作。完成全县2016年10月至2017年3月期间新注册的157户企业参保缴费核查工作。开展企业基本养老保险欠费形势和清欠措施效果评估工作。开展2016年度企业职工养老保险差额补缴工作，县地税局的企业、灵活就业人员补缴比例均排行全市第二；开展2017年度社保扩面征缴工作，第三季度圆满完成全年社保扩面征缴任务。5. 夯实征管基础，稳步提升征管质效。①夯实征管基础。查找薄弱环节，对全县系统的征管业务进行全面梳理，结合实际制订相应的实施计划、问题清单等，明确各业务环节的征管风险点、规范操作指引和考核要求，持续夯实征管基础。做好征管改革工作，成立转变税收征管方式领导小组及领导小组办公室，明确责任，组织、协调和督促全县系统转变税收征管方式，提高税收征管效能各项工作任务落实。做好2017年1—4批次数据质量清理、欠税清理工作，全年清理欠税889万元。抓好电子档案管理工作，提升档案管理工作的效率。②推进信息管税。开展第三方涉税信息交换与共享工作，与县内24个部门构建涉税信息共享机制，通过发挥涉税信息交换与共享平台作用，形成跨部门协同治税格局；利用“涉税数据应用系统”进行数据比对，全年推送风险户数262户，风险应对反馈262户，补缴入库税款291.4万元，滞纳金93.89万元；自主研发社保缴费基数调整便民模板，提升社保费征缴工作效率。③加强风险管理。县地税局成立税收风险管理工作领导小组及领导小组办公室，以信息化平台为支撑，以数据分析为主线，持续强化风险分析应用，加大对税收疑点数据的核实整改和纳税评估工作，提升风险管理水平。

【依法治税】1. 完善依法治税机制。制订《大埔县地方税务局全面推进依法行政实施方案（2017—2020年）》，将依法行政工作分解成10个大类44个小项，为实现税收现代化提供法治保障；健全税收法制员制度，配备1名全日制法律本科以上学历人员，增强法制工作的力量。2. 规范税收执法行为。落实《全国税务稽查规范（1.0版）》，从案源管理、检查管理、审理管理、执行管理四个环节对稽查案件的办理进行规范；推广说理式税务稽查文书的运用，规范执法人员的行为。落实好“三项制度”改革试点工作，在广东省行政执法公示平台上对县地税局54项执法信息进行公示；全面实施执法全过程记录，采购一批执法记录仪，举办执法记录仪操作培训班，实行现场检查、取证调查、行政强制、文书送达等12类执法活动的全程同步录音录像，为实现执法记录事项全覆盖、时间全时段、过程全留痕和资料全归档奠定基础。推行“双随机一公开”监管，建立执法人员名录库、随机抽查对象名录库，合理确定抽查比例和对象，健全案件公示制度，自觉接受社会各界的监督。3. 加大税收执法力度。与国税部门联合检查5户企业，已结案4户，查补入库税款和滞纳金2.04万元。协同县公安、国税部门，捣毁1个涉嫌贩卖假发票窝点，抓获1名犯罪嫌疑人，现场缴获假发票4583份、假发票专用章47枚，有效地打击和震慑发票违法犯罪行为。同时，对交通运输、建筑安装、广告传媒等行业发票使用情况进行检查，依法对1户违法使用发票的企业进行处罚。4. 发挥督察内审效能。对城区分局进行重点督察，其他分局根据执法督察工作要求开展自查，发现问题数 5 个，已整改 4 个。做好原稽查局、枫朗分局局长的离任审计及发现问题的整改工作。做好省局巡察发现税收征管执法方面问题，原市局局长离任审计发现问题，省局 2013—2015 年度粤西北地区土地增值税专项审计发现问题，省局 2014 年、2015 年内审发现问题和 2017 年财务专项审计发现问题的整改工作，通过完善制度办法、强化制度执行、加大问责力度等举措，及时消除各类风险隐患。

【纳税服务】2017 年，县地税局以深化“放管服”改革为契机，探索纳税服务新模式，拓展纳税服务新内涵，营造和谐有序的税收营商环境。1. 提高办税服务效能。科学设置应急窗口和导税咨询岗，合理疏导纳税人，减少等候时间。优化前台人员税（费）操作系统，精简涉税资料报送，推广自助办税终端、电子税务局和微信办税应用，提升办税效率。依托办税服务综合管理系统对办税服务厅实行分类管理，完善办税服务厅软硬件设施；加大对办税服务厅的监督、检查力度，做好城区分局办税服务厅“双一百”自查及整改工作，全面推进服务规范落实。和国税部门共建联合办税大厅，2017 年 8 月 1 日高陂国税地税联合办税服务厅投入使用，在全市率先实现联合办税全覆盖；在全市率先推行“一窗通办”业务，实现“业务清单”中的税务登记、纳税申报、发票管理三大类中的 68 项基本业务的“一窗受理”，解决“营改增”后，纳税人“办税多头跑、资料重复交”问题。2. 提升纳税人满意度。抓好 2016 年度纳税人满意度调查发现问题的整改工作，制订详细的整改方案，明确工作内容、责任部门、完成时限等，督促各部门抓好整改落实工作。做好纳税服务月报发现问题的整改落实工作，全力改善评价率较低、等候时间较长等问题。开展便民办税春风行动，提升纳税人的满意度和获得感。通过局长接访、税企座谈、领导走访企业等方式收集纳税人需求，并加强分析管理，以纳税人需求为导向全力改善纳税服务，2017 年走访企业纳税人 1778 户，走访率 96%，组织座谈会 3 场。在 2017 年纳税人满意度调查中，综合得分 92.83 分，位居全市各县（市、区）地税局第一，在全省 128 个县（市、区）地税局中排名第 16。3. 加大税法宣传力度。加强和县电视台的沟通和协作，开展税收宣传月各项活动，在巩固 2016 年户外宣传的基础上，继续和国税部门、邮储银行进行合作，利用邮储银行的多媒体终端，集中宣传各类税收优惠政策。利用办税服务厅电子显示屏、户外宣传栏、电视台、县政府网站和大埔论坛等平台，做好国务院 6 项减税政策、个人所得税完税证明开具、股权激励和技术入股优惠、环保税等相关税法和政策的宣传工作。4. 加强诚信体系建设。与县国税局联合开展纳税信用等级评价工作，2017 年评选出 A 级纳税人 10 户，B 级纳税人 325 户，C 级纳税人 117 户，D 级纳税人 9 户，并做好 2 户 D 级纳税人的复评工作。与县国税局和县农商行联合举办“银税互动助力小微”签约仪式，共同构建诚信激励和失信惩戒机制，协助金融部门为守信企业提供信贷及相关金融服务；在全县范围内开展“诚信兴商”活动，营造诚信征纳的税收环境。5. 落实税收优惠政策。跟踪优惠政策落实情况，对发现应享受未享受或不应享受已享受的疑点信息及时进行核实；为企业提供税收优惠政策咨询辅导服务，及时帮助企业解决适用优惠政策中遇到的问题，指导纳税人正确享受优惠。2017 年，减免地方各税费 6544 万元，政策受惠面 100%。

县地方税务局负责人名录：

局　　长：李品良

副 局 长：温尚凯（2017.10—）
林文钊（2017.6—）
陈向阳（—2017.5）
总经济师：廖高基
纪检组长：林方虎（2017.10—）
温尚凯（—2017.10）

（余芳芳）

金　　融

中国人民银行大埔县支行

【简述】2017年，中国人民银行大埔县支行以“以改革开放引领金融事业，以严格管理带好干部队伍，以营造环境践行科学发展”为指导，以党建引领金融事业发展，开展“两学一做”学习教育，深刻领会十九大报告精神，贯彻落实党的金融政策和上级行工作部署，落实稳健的货币政策，提升金融服务水平，强化金融风险防控，着力推动县域经济转型升级和社会发展。同时，加强内部管理，央行文化建设取得新进展，全年实现安全无事故。

【金融支持地方经济发展】牵头召开大埔县金融管理工作会和金融分析会，围绕县政府提出的“加快实现振兴发展、全面建成小康社会”的目标，引导金融机构加大金融支持实体经济力度，有效强化货币政策的传导作用。截至2017年10月底，全县金融机构人民币各项存款余额149.17亿元，比年初增长7.97%，同比增长14.62%；各项贷款余额69.51亿元，比年初增12.04%，同比增长13.4%；存贷比为46.57%。

【金融服务】1. 做好小微企业名录系统和梅州市农户诚信信用信息系统上线运行工作，完善县级综合征信分中心建设。2017年，全县录入496家企业名单，收录6.97万条农户信用信息。2. 做好扶贫再贷款资金的使用和管理。加强对扶贫再贷款合规使用和管理监测，引导大埔农商行将扶贫再贷款资金投放给建档立卡的贫困户及带动贫困户就业发展的企业；同时，县支行探索“扶贫再贷款+金融扶贫”的联动模式。截至2017年10月末，大埔县扶贫再贷款余额1亿元，为建档立卡的企业和农户发放贷款7616万元，执行基准利率，为农户和涉农企业节约利息成本300万元。3. 设立小额扶贫贷款风险补偿金。2017年8月，县邮储银行与县扶贫局、财政局建立金融扶贫小额贷款风险补偿金，对建档立卡贫困户发放最长期限为3年，最高贷款金额为5万元的小额贷款，利率按人民银行公布的基准利率执行，风险补偿金的放大比例为5倍，触发风险代偿条件时，按照8:2比例进行风险代偿。县邮储银行已发放扶贫贷款1000万元，提升金融精准扶贫力度。4. 开展中征应收账款融资服务平台工作，推动辖区存量企业注册，推动应收账款融资服务平台与规模供应链核心企业对接。2017年，新注册开通企业和个人用户28家；成功推动以广东顺兴蜜柚股份有限公司为核心的供应链融资模式，使线上14家种植蜜柚农户（小微企业）获得应收账款抵押融资14笔，金额311万元；直接推送融资8笔7344万元。

【金融综合示范村建设】县支行组织涉农金

融机构因地制宜开展优化金融服务点建设工作和助农取款服务。2017 年，大埔辖区的助农取款服务点 442 个，取款成功交易 8.92 万笔，金额 1141.16 万元，查询交易 2.84 万笔；建成示范村 3 个。

【金融知识宣传教育】推动“央行志愿服务”常态化，完善金融志愿者服务制度，改善金融生态环境。牵头开展金融知识进校园、进乡村、进社区等宣传活动，宣传内容覆盖反洗钱、人民币反假、征信、金融消费权益保护、移动支付等与群众密切相关的金融知识。此外，开展“3·15”金融消费者权益保护宣传、打击电信诈骗等主题系列宣传活动。2017 年，组织开展志愿宣传活动 21 场次，志愿者参与 173 人次，悬挂宣传横幅 219 条，制作电子宣传栏 143 个，现场咨询人数 1 万人次，解答群众咨询 3000 人次，发放宣传资料 4.3 万份。

人民银行大埔县支行负责人名录：

行　长：王永广

副行长：杨庆平　杨劲松

（李颂杰）

中国工商银行股份有限公司大埔支行

【简述】2017 年，中国工商银行股份有限公司大埔支行围绕分行党委的经营方针和工作要求，坚持以“四大标杆”和“四大理念”为指导，发扬“三要三不要”的工作作风，以“发展”为主旋律，以“考核位次”为主导向，以“存款、中收、利润”三大工作为重心，强化“以客户为中心”“服务创造价值”的服务理念，加强风险管理，改善资产质量，加强党建和队伍建设，调动全行员工的工作积极性和主动性，开展各项营销活动，坚持“科技兴行”战略，推进融 e 购、融 e 联、融 e 行及 e 支付等互联网金融业务，确立科技发展的领先优势。全年大埔支行多项业务发展指标实现历史新高，实现安全运营管理目标。

【主要经营指标】至 2017 年末，人民币各项存款余额 9.71 亿元，较年初减少 0.75 亿元。其中对公存款余额 4.21 亿元，比年初减少 0.98 亿元，储蓄存款余额 5.5 亿元，比年初增加 0.23 亿元。人民币各项贷款余额 6.38 亿元，比年初增加 1.29 亿元。实现账面利润 0.25 亿元。

【业务发展】抓日均存款增量工作，坚持“抓日常、抓履职”；重视拓户工作，运用精准营销策略，加强客户关系维护和代发工资户拓户力度，把客户群做大做实；加快资产业务的发展，特别是小企业、个贷业务的发展，密切关注并跟进重点项目，加强上下联动；建立发展电子银行业务的长效机制，充分发挥大埔支行电子银行各种优势，发展互联网金融，提高自身服务水平，提高客户的忠诚度和满意度；围绕利润目标，做大理财产品、贵金属、基金、保险、融 e 购等交易类造血型业务及分期付款业务，实现中间业务收入可持续增长。

【客户服务】着力抓好服务工作，做好网点运营标准化改革工作，提高网点的服务水平、服务能力，降低客户平均等候时间，提高客户满意度和贡献度，提升网点竞争力。同时开拓业务渠道转型，推进融 e 购、融 e 联、融 e 行及 e 支付等互联网金融业务。为增强服务体验，在营业大厅增设填单机、自动发卡机、转账机等大批自助设备，引导客户利用互联网金融工具办理各类金融业务，提高服务效率。

【内控案防工作】强化内控案防意识，开展系列内控案防和员工异常行为排查管理活动，推进“内控基础强化年”各项工作及“重塑合规年”主题活动，加大对重点业务领域案件风险预防，强化对重点关注人员的行为排查。每月组织召开一次案件防范分析会，严格落实对账、反洗钱、反假货币等工作，并组织各种安全应急演练。坚持依法合规经营，落实案件防控责任制，守住金融风险底线，实现全年运营安全无事故、无案件。

工商银行大埔支行负责人名录：

行　长：李柏如

副行长：刘华强

（饶义洪）

中国农业银行股份有限公司大埔县支行

【简述】2017 年，中国农业银行股份有限公司大埔县支行落实分行党委的一系列决策部署，坚持稳中求进工作总基调，以党建为统领，以拨备后利润为目标，抓牢“一个重心、两项基础”，推动转型发展、创新发展、稳健发展，推进从严治党、从严治行，着力打造忠诚、担当、拼搏的干部队伍，市场竞争力、风险防控力、价值创造力、队伍战斗力得以巩固和提升，实现大埔支行核心竞争力再上新台阶。2017 年末，全行实现营业收入 6828 万元，完成分行计划任务 6600 万元的 103.46%；净利润 3527 万元，完成分行计划任务 3160 万元的 111.62%；拨备前利润 4667 万元，完成分行计划任务 4300 万元的 108.53%，拨备后利润 4705 万元，完成分行计划任务 4220 万元的 111.5%。

【负债业务】落实访客户制度，加强与客户沟通，落实管户职责。在个人存款业务方面，紧跟政府“三旧”改造、公路项目，持续营销依法征地拆迁项目；通过各类金融产品，提高客户黏性和产品吸附力；持续抓好三方存管开户工作，提升当地券商存管客户的资金留存量。对公存款方面，将“访客”工作落到实处，了解金融需求，夯实客户基础；维护好机构类客户，加强与相关单位的沟通，争取上级财政下拨各对口单位的资金。2017 年 12 月末，本外币各项存款时点余额 21.4 亿元（其中对公存款余额 7.09 亿元、储蓄存款余额 14.31 亿元），比年初减少 2087 万元，同比减少 4.22 亿元。日均余额 20.69 亿元，增 2.05 亿元，同比减少 1 亿元，其中人民币日均增加 2.05 亿元，完成分行下达全年计划 2.45 亿元的 84%。

【资产业务】持续发展个人贷款，坚持楼盘跟踪不放松，有侧重加强营销个人消费贷款和经营类贷款，以综合营销为导向提高个贷贡献度；利用政府支持二期工业园进园企业政策，加强支持对象的营销；紧跟项目贷款落地投放工作；持续抓好信用卡分期业务的营销。2017 年 12 月末，各项贷款余额 11.79 亿元，比年初增 5074 万元，其中个人贷款 7.97 亿元，比年初增 9349 万元。

【中间业务】明确中收营销重点，推动保险、贵金属、基金、信使、分期等业务的发展；营销账户信息通知业务；加强贷记卡有效户营销，提高信用卡建档数；加强贵金属营销。2017 年末，实现中间收入 1342 万元，完成分行计划任务 1423 万元的 94.32%。其中对公板块实现中间业务收入 382 万元，零售板块实现中间业务收入 960 万元。

【资产处置和风险防控】2017 年，大埔县支行抓好资产处置和风险防控工作，至年末，全行不良贷款控制在分行控制限额内。2017 年 12 月底不良贷款余额 608 万元，剔除审慎反映个人不良贷款 315 万元，实际个人不良贷款余额 293 万元，比年初下降 44 万元，贷款不良率 0.25%，比年初下降 0.05%，信用卡不良余额 51.65 万元，不良率 0.55%。

【客户基础】2017 年，大埔县支行电子商务商户净增 196 户，完成分行任务 245%，全市排名第一；惠农卡有效客户增量 6869 户，完成分行任务 228.97%，全市排名第一；第三方存管新增有效户新增 1136 户，完成分行任务 126.22%，全市排名第二；个人消息服务客户净增 2.51 万户，完成分行任务 339.23%，全市排名第三；有效收单商户净增 89 户，完成分行任务 329.26%，全市排名第三；对公人民币结算账户新增 105 户。

农业银行大埔县支行负责人名录：

行　　长： 王苑清（—2017.10）
　　　　　张水灵（2017.11—）

副 行 长： 邱向洪（—2017.8）
　　　　　刘鹏远（2017.4—）
　　　　　曾　威（2017.5—）

党委副书记、纪委书记： 苏志光

（*黄远征*）

中国建设银行股份有限公司大埔支行

【简述】2017 年，中国建设银行股份有限公司大埔支行按照总行以及省、市分行在年初工作会议上部署的工作要求，围绕按照总行转型发展规划提出的“综合性、多功能、集约化、创新银行、智慧银行”等五个转型方向，以“转型发展、创新驱动、合规保障”为指导思想，实施大零售战略，强力推动网点“三综合”工作，努力成为综合金融服务的同业标杆，实现“合规分行、平安分行”的管理目标，落实“以客户为中心”的理念，做好客户拓展、存款新增等工作；同时，强调风险防范和内控管理，倡导合规文化建设，贯彻落实市分行“合规平安年”的各项工作，各项业务上一个新台阶。截至 2017 年 12 月 31 日，一般性存款余额 16.58 亿元，比年初新增 3462 万元，新增市场占比 57.92 %，新增四大行排名第一位。各项贷款余额 12.41 亿元，四大行占比 40.58%，排第一位，比年初新增 6896 万元，新增市场占比 27.75%，新增四大行排名第二位。实现税前利润 4778 万元，同比新增 954 万元。

【经营水平提高】加大周边商户的信息收集工作，提高网点周边客户的影响力，有针对性地为客户提供综合金融服务，提高社区客户的产品覆盖度和忠诚度，把建行网点打造成当地最有影响力的金融网点。大埔支行开户联动 POS 商户、龙支行商户、慧兜圈商户营销，使龙支付个人商户全市分行排名第一位、个人有效客户（加权）和代发工资个人有效账户全市分行排名第四位，对公活跃商户排全市分行第一位。同时，加强信贷结构调整，注重不良资产的清收和转化工作，全面系统地摸查不良贷款户的经营情况、法人和担保人情况，针对不同的企业采取量体裁衣、跟踪调查的方式，先缓后急的策略加紧清收，每季度及全年都保质保量完成贷款的本息回收工作。

【住房贷款业务增长】2017 年大埔支行把新增贷款作为重点工作，采取储备、挖潜、抢占、跟踪、维护等方法并举，上下联动、用足政策、精抓实干、拼抢市场。为使个人住房贷款业务得到发展，支行领导经常带领业务人员，走访房地产开发商，与房地产开发商加强沟通联系，业务经办人员利用优质服务取得开发商的认可和支持。2017 年上半年，支行分别持续跟进翰林华府、锦绣山水城、龙湾国际、东城上品等楼盘的开发和销售情况。个人商业贷款全年完成率名列全市分行前茅，公积金贷款当年发放额继续保持县内同业第一名的地位。

【支持企业发展】针对大埔县民营经济占主导地位、市场经济发达的实际情况，大埔支行审时度势，明确把民营企业作为信贷资金重点支持对象，对中小股份制企业、个体、私营企业，产品有市场、经济效益好、综合还贷能力强、技术含量和管理水平高、有发展前景的企业都进行大力支持。2017 年成功发放中小企业贷款 10 笔，为广东富大陶瓷文化发展股份有限公司、大埔县春玉陶瓷工艺厂等发放小企业贷款，用于企业的扩大再生产。通过外汇结算、税易贷取得客户的认可，已与广东昌隆陶瓷股份有限公司、大埔县永兴祥陶瓷有限公司、梅州市吉玉陶瓷有限公司、大埔县桃源顺兴工艺厂、大埔县怡丰园实业有限公司、大埔县春玉陶瓷工艺厂等优质企业建立广泛的业务合作关系。

【客户服务提升】要求员工在日常工作中不仅要规范服务，而且要提高自身业务技能水平，更好更快地为客户提供服务办理业务。通过学习剖析被投诉与被表彰正反两方面案例，使员工能够在学习经验上有标杆，吸取教训上有对象。在实际工作中，把服务工作融入为客户周到细致的业务指导中，让员工能够更好地体会到客户的需求，从而指导加强提高自己的服务工作。对公业务，无论从开户、开票、对账、咨询，都能做到随喊随到，有问必答，来则即办，办则能成。对私业务则有针对性地对客户宣传产品，化解他们的顾虑，同时，加快自助银行、智慧柜员机等电子渠道建设步伐，实现电子渠道和人工网点协调发展，为各项业务发展提供支持。

【案件防控】贯彻落实市分行“合规平安年”各项工作，深化纵横联动机制，深化案件防控效果。以“合规平安年”主题教育为主线，参与“警示教育”“三线”教育活动，加强教育预防，强化监督检查，深化联动机制，量化考核奖惩，实现“有效防范风险，有效减少损失，全面强化保障”的工作目标。

建设银行大埔县支行负责人名录：

行　长：廖祖雄

副行长：刘周山（2017.4—2017.9）

（张平）

中国农业发展银行大埔县支行

【简述】2017 年，中国农业银行股份有限公司大埔县支行学习贯彻中共十九大精神、坚持稳中求进的工作总基调，发挥政策性金融支持县域城镇发展的职能，以服务农业供给侧结构性改革为主线，紧扣大埔县政府城乡发展一体化战略，攻项目、强党建、促管理、优队伍，助力大埔经济有效发展。全年中长期贷款实现增长，创历史新高。

【业务发展】坚守本源、专注主业。始终把执行落实政策放在首位，将支持粮油收储作为全行工作的重点，做好粮油收储资金供应管理工作。至 2017 年末，投放 5 笔储备粮油贷款，共 4248.8 万元。加强沟通，促使财政补贴资金及时到位。粮食风险基金和各项补贴按季到位，县级粮食风险金应到位 677 万元，实际到位 677 万元，到位率为 100%。扩宽支农业务，支持政府主导下的农业综合开发中长期贷款、农村基础设施建设中长期贷款和新农村建设中长期贷款。密切与政府的合作，支持供给侧改革。主动转思路换模式，主动应对政府购买服务政策变化。坚持以政策性业务为主体，服务于乡村振兴战略、农业农村现代化、农村基础设施建设等领域。2017 年，发放农村基础设施建设贷款，金额合计 5.03 亿元，用于大埔县山丰水库工程项目、大埔县村村通自来水工程项目、大埔县省道 S221 线大埔段改造工程项目、大埔县大麻镇中心大道道路工程项目和大埔县高陂赤山至留田段过境公路改建工程项目建设。2017 年，各项贷款余额 7.45 亿元，比年初增加 4.03 亿元，增幅 117.6%；不良贷款余额保持为零。

【基础管理】坚持把狠抓基础管理作为落实“从严治行”，强化作风建设，促进业务发展的重要抓手。落实贷款管理内控机制，信贷部门严格把控贷款资金支付，做好贷后管理工作。财会部门落实内控管理制度，重点把控风险点，履行人员职责，落实印证分管分用、现金库存、同业资金往来、银企对账、资金汇划等内控管理要求。开展反洗钱工作，密切关注大额资金进出，提取可疑交易数据，填写客户尽职调查表；对需要上报的大额和可疑交易，及时准确上报，并提交报告说明。办公室落实好基础管理、安全保卫工作，实现安全运营无事故。抓好后勤保障工作，做好行政事务、电子公文、固定资产、信息技术、车辆、食堂等管理工作，确保办公秩序正常运转。按照上级行《关于开展“三违反”、“四不当”和市场乱象整治专项治理工作的通知》要求，开展专项治理工作。按要求做好各类档案的收集整理工作，至 2017 年 12 月底，归档的档案 6109 件，其中文书档案 2943 件、会计档案 2125 件、信贷档案 1036 件、声像档案 5 件。抓好新营业用房的竣工验收、搬迁以及后续收尾工作。大埔县支行新营业用房顺利于 2017 年 11 月 30 日正式启用，新办公楼的地址是大埔县湖寮镇虎中路 3 号。

【干部队伍建设】2017 年，成立共青团中国农业发展银行大埔县支行团支部，开展“学习总书记讲话做合格共青团员”教育实践，强化团员的先进性和光荣感，引导团员积极践行社会主义核心价值观。组织新入行员工到上级行进行跟班交流、学习、业务培训、鼓励他们参与专业考试等形式，培养能适应业务发展的复合型人才，提升干部队伍整体素质，营造心齐、风正、气顺、积极向上的工作氛围。优化人员配置，实行一级抓一级，层层抓落实的队伍管理模式。同时加强教育培训，制订学习计划，实行集中学习与自学两结合，做到思想教育和业务培训两不误。全年组织各类学习活动 25 次，提升干部职工的思想素质。

农业发展银行大埔县支行负责人名录：

行　长：杨　劲

副行长：黄永航

（何琪）

广东大埔农村商业银行股份有限公司

【简述】2017 年，广东大埔农村商业银行股份有限公司贯彻中共十八届六中全会及十九大精神，坚持以“防风险、促发展、谋改革”作为工作的总基调，持续推动转型升级，提高资产质量和经营效益，发挥自身优势支持“三农”、中小微企业和县域经济发展，各项业务实现稳步发展。至 2017 年末，全行各项存款余额 52.32 亿元，比年初增加 4.2 亿元，增长 8.72%；各项贷款余额 30.04 亿元，比年初增加 3.21 亿元，增长 11.97%；存贷款市场份额均居全县金融机构之首。不良贷款率 0.99%，较年初下降 0.12 个百分点；全年实现经营利润 1.42 亿元，纳税 4306 万元，持续成为当地纳税大户。全行设立 ATM、CRS 机共 35 台，BST 机 26 台，助农取款点 188 个，经营网点遍布全县各镇。

【业务发展】坚持“存款立行”，深化“总对总”营销成果，抓早抓小，充分利用新年、春节、元宵节等传统节日开展“金融知识进社区”、挥春、迎财神等活动，有效扩大宣传范围，推动各项业务发展。与县国税局、地税局签订“银税互动·助力小微”合作框架协议，解决银企信息不对称问题；向人民银行借入 1 亿元扶贫再贷款资金用于支持辖区建档立卡贫困户及扶持贫困户的小微企业，为企业及贫困户节省融资成本 561 万元。2017 年累计投放贷款 14.5 亿元，贷款全部投放于“三农”、小微企业及县域重点工程，实现小微企业贷款“三个不低于”和涉农贷款“一个高于”的工作目标。同时，成功发行同业存单，上线票交所系统，创新推出“余额贷”信贷产品及学平险、鑫福宝、安心贷、乐行宝等代理保险业务；上线芯片存折、银企对账系统，全面提升金融服务水平。

【电子金融】全行有自助柜员机35台，遍布全县各乡镇；助农取款服务点188个，逐步实现电费缴交功能。“鲜特汇”助力县域优质产品销售，推荐大埔当地商家14户50余种当地农特优产品上线销售，拓宽当地优质农特产品的销售渠道。上线“鲜特汇”收银台，为县域商户提供低价、便捷的收单服务。与大埔县自来水公司联合推出银水互联代缴平台系统，全面实现水费收缴业务自动化，方便县城3万多户群众水费缴交。设立移动柜台，有效解决以往客户必须到银行网点办理相关金融业务的局限性，可为客户提供开户、签约、维护、查询等除现金、挂失以外的业务。在大埔县综合政务中心设立普惠金融服务点，提供账户开立、转账和自助存取款等金融服务，为群众打造“行政服务+金融服务”为一体的综合服务超市。

【网点转型】提升网点服务效能。新设陶瓷性专业支行——高陂开发区支行；完成辖内7家分理处升格支行工作，将三农贷款专营中心、小微企业专营中心迁至原总行办公大楼，有效整合资源，提升网点的综合服务能力。开启社区银行网点转型工作。结合网点实际，选取龙山支行、高陂支行作为社区银行网点转型试点机构，使网点更加贴近社区居民和中小微企业，推动金融服务与客户的金融需求融合，有效提升服务水平。开展“星级”网点创建工作。总行营业部获得2017年度中国银行业“三星级营业网点”称号，是大埔县唯一一家获此称号的金融机构。

【企业文化】持续做好各类宣传工作，利用灯箱广告、户外大型广告、公车墙纸广告、微信公众号、网站等渠道加强产品与服务宣传的同时，通过“开门红”、挥春、大埔农商银行成立5周年活动以及赞助端午节高陂龙舟赛活动、梅州网络春晚大埔海选活动等提升品牌形象。持续提升人力资源管理效能，2017年组织培训18期，参加人数741人(次)，组织142名员工进行持证上岗考试，提升干部职工的岗位胜任能力。开展“送温暖”慰问活动，全年通过开展金秋助学活动、慰问困难退休职工、困难在职职工、生病职工补助32.6万元。组织开展防范电信网络违法犯罪知识巡回宣讲活动、反假货币宣传活动、“3·15”消费者权益日宣传活动等，全年开展送金融知识下乡、进校园、进社区、进工厂活动90场(次)。利用节日开展文体活动，举办“五四”篮球友谊赛、“火红七月·党在我心”主题演讲比赛、“九九”重阳登高健身活动以及“喜迎十九大，永远跟党走”主题党日活动，组织党员到古田会议旧址参观学习，提升员工凝聚力。

大埔农村商业银行负责人名录：

董事长： 曾少周（2017.5—）
　　　　谢永伟（—2017.1）

监事长： 杨德怀

行　长： 黄少辉（—2017.1）

副行长： 李文彦　黎伟平

（张雯珍）

中国邮政储蓄银行股份有限公司大埔县支行

【简述】2017年，中国邮政储蓄银行股份有限公司大埔县支行围绕“服务实体经济、防控金融风险、深化金融改革”三大任务，坚持“稳健经营、科学发展”的总基调，以“稳中求进、提质增效”为基本工作取向，创新平台助发展，深化转型促升级，强化管理提效益，狠抓队伍提能力，优化内控强基础，从严治党树新风，狠抓各项决策部署的落地执行，在广东省分行2017年度先进单位表彰活动中，获“发展优胜奖”，获得梅州市分行“优胜支行”“先进基层党支部”“党支部示范点”。

【业务发展】以发展为主线，深化目标管理，目标细化至各个产品线，目标考核与岗位挂钩，凝聚发展合力，有计划、有组织推动目标的实现，做细分市场的深耕者，明确重点区域战略，聚焦重点区域，根据自身的资源优势，制定自身的核心区域战略，分析客户需求，精准营销，分层服务，提升客户的服务满意度。截至 2017 年底，个人存款余额 38.04 亿元，公司存款余额 3.97 亿元，贷款总结余 5.1 亿元，其中个人贷款结余 4.42 亿元，小企业贷款 6817 万元，理财保有量 1.52 亿元，资产质量总体控制较好。

【风险管控】推进“三套利”“四不当”“十乱象”“十风险”等监管专项整治落实工作，发挥好全面风险排查的“体检”作用。开展“内控优化年”活动，创新开展合规警示教育、征集最佳合规提示语、合规征文及演讲比赛等，持续营造深厚的合规文化氛围。通过“全行讲合规”系列活动的开展，将行之有效的合规管理措施和经验予以常态化、机制化，初步形成制度文化、风险文化和责任文化“三位一体”的合规文化。

【团队建设】培养高素质的管理队伍、高效率的营销队伍、高水平的专业服务队伍，提升全行员工的整体素质人岗匹配，配置员工追求的目标，坚持每季度召开员工座谈会，开展员工家访活动，组织召开业务推进会、专题座谈会等。合规文化全面深化，开展“合规优化年，我来做标兵”主题活动，严格落实人力资源四项制度、员工行为排查和近亲属回避管理要求，落实案防三项制度，充分发挥防控会议机制作用，强化邮银协调联动，2017 年实现全年邮政金融资金零案件。

【企业精神】学习贯彻落实中共十八大、十九大精神和习近平新时代中国特色社会主义思想，开展“学报告　学党章”考学活动，推进“两学一做”学习教育常态化制度化。坚持“企业发展成果与员工共享”的发展理念，完善“职工小家”建设，开展送温暖、困难帮扶、劳动竞赛、各项文体活动，激发全行员工的热情，为促进可持续健康发展贡献智慧和力量。

邮政储蓄银行大埔县支行负责人名录：

行　长：古伟凡

副行长：曾荣辉（—2017.9）

黄雪峰（2017.9—）

（林丹）

人寿保险

【简述】2017 年，中国人寿保险股份有限公司大埔县支公司坚持“稳中求进、服务在局、转型升级、协同发展、防控风险”的工作方针，贯彻落实上级公司战略部署和市分公司年度工作会议精神，围绕强大队伍谋发展，聚焦目标求突破，全面开创梅州国寿发展新局面的主题，认真组织，加强规划，深入一线，践行营销规律，坚持“城区要做强、两乡要做实，收展要做快”的原则，打造三个平台，为公司转型升级和持续快速健康发展奠定基础。全年各项任务达到预期成效，业务均衡稳健发展。

【业务发展】2017 年，实现保费收入 7418 万元，比 2016 年同期增 0.07%。个险渠道完成个险新单保费 1297 万元，比 2016 年同期增 20.4%，其中 10 年期以上 1057 万元，同比增长 20.4%，全年架构人力 358 人。银保渠道完成银保期交保费 173.2 万元；团险渠道完成大短险保费 627 万元，其中老人保险 151.2 万元、学生险 48 万元、对公 5.7 万元。全年支付理赔款 356 万元。

【开展风险管控工作】大埔县公司全面加强基础建设，夯实风险管理根基，培育和打造合规文化和风险文化，将合规控制和风险管理意识转化成全员共识，自觉将风险管理意识转化与经营管理相融合，促进公司建立风险管理体系，为公司持续健康发展提供支持和保障。

【柜面客服工作】大埔支公司客服中心围绕以“加强基础和源头管控、快乐工作、同心共赢”的阳光文化理念为抓手，以“提升工作效率、提升考核排名、提升服务时效、提升受理质量”为目标，在日常受理业务中，确定“不散漫、不推诿、不务虚”的工作作风理念，采取首问责任制，指定专人负责问题件的跟进及反馈，强化执行力和制度管理，加大通报表扬和批评力度。强化柜面建设和数据考核说话的精神，加强对人员服务意识提升和综合素质提高，通过全力推动综合柜员制度的落实和考核要求，柜员的综合素质和业务处理能力明显提高，为一线提供强有力的后勤保障，做到客户满意、伙伴满意，得到上级公司和客户们的肯定。

人寿保险公司大埔县支公司负责人名录：

副总经理：何　勇（主持）

总经理助理：柯湘芳

（张莎豪）

财产保险

【简述】2017年，中国人民财产保险股份有限公司大埔支公司坚持“促发展、保效益、防风险”的工作主基调，贯彻执行上级公司的各项经营管理规定，全体干部职工进一步解放思想，发扬“攻坚克难，团结拼搏”的精神，立足大埔保险市场，采取有效措施，加强机关作风建设和公司销售能力建设，应对市场竞争，开拓市场，扎实抓好业务发展，完成上级交给的工作目标。全年保费收入2702万元，同比增加211万元，增长8.5%。其中车险业务保费收入1642万元，同比增加267万元，增长17.01%。非车险业务保费收入1060万元，同比减少56万元，下降6.95%。其中政策性保费收入554万元，同比减少90万元，下降19.3%。全年全险种支付直接赔付款1318万元，同比增加476万元，赔付率为48.78%。

【业务发展】加强公司销售能力建设，拓宽销售渠道；抓好公司部门、营销部的营销能力提高；抓好车辆维修合作厂和保险营销代理销售工作；开拓车行销售代理工作，拓宽公司的销售渠道，提高市场的竞争力度。巩固抓好车险电销业务，加大车险电销宣传和销售力度，应对车险市场竞争，继续执行电销业务分公司销售政策，有效促进车险业务的稳定和发展。合理配置车险维修资源，公司经理室亲自抓车险维修资源配置工作，加强与维修合作厂的联系，开拓车行的代理销售工作，调动合作厂的积极性，促进业务发展。年初大埔支公司分析大埔财产保险市场，瞄准县水电公司企业财产业务和凯达电站财产险业务，扎实做好展业联系工作，并成功承保。立足大埔支公司的实际，制订营销方案，加大费用挂钩考核，调动一线发展业务的积极性。大埔支公司把有限的费用倾斜到展业一线，有效调动一线发展业务的积极性，促进业务健康发展。

【业务管理】坚持在承保业务上，严格执行上级公司条款、费率和执行各项承保管理规定，抓承保风险管控，做好保前风险评估工作。理赔方面，规范中求发展，继续加强对大埔理赔分部的管理，打造专业理赔队伍的建设，强化理赔管理工作，增强理赔责任心，做好人伤跟踪工作，提高现场查勘率，打击假赔案和挤水分，准确合理定损。

【保险服务】加强干部职工理想信念教育，组织学习中共十九大会议精神、习近平总书记一系列重要讲话精神。开展依法合规经营活动，坚持学习求深、工作求高、管理求严，提高干部职工的思想认识，促使干部职工用心想事、用心谋事、用心干事，经得起考验、担得起重任。党风廉政建设结硕果，注重良好党风政风的建设工作，定期召开民主生活会，倡导建立民主、团结、积极向上的领导班子队伍，在工作中实行亲属回避制度，个人使用车辆主动向财务上缴费用，公务招待实行“先审批、后登记、再执行”的管理制度，保证有详细的廉政记录。

人民财产保险公司大埔支公司负责人名录：

经　理：叶辉平

副经理：杨有林

（罗万祥）

2017 年人保财险大埔支公司保险业务情况表

表 2　　单位：万元

项　　目	2017 年	2016 年	+、-%
一、保险费合计	2702	2491	8.5
1. 企业财产险	108	108	0
2. 家庭财产险	86	86	0
3. 运输工具及责任险	1642	1375	17.1
4. 农业险	554	644	-19.3
5. 责任险	197	213	-2.6
6. 意外险	97	57	-16
7. 健康险	18	8	52.5
8. 工程险	0	0	0
二、赔偿合计	1318	842	22.66
1. 企业财产险	59	51	0.6
2. 家庭财产险	76	43	48.1
3. 运输工具及责任险	867	527	0
4. 农业险	184	127	32.5
5. 责任险	56	28	50
6. 意外险	41	38	0.1
7. 健康险	35	28	0.5
8. 工程险	0	0	

综合经济管理

发展计划管理

【简述】2017年，大埔县发展和改革局树立创新、协调、绿色、开放、共享的发展理念，推进供给侧结构性改革，协调推进重点项目建设。加强项目储备，编制实施政府投资三年滚动计划，建立全省固定资产投资项目库，争取更多的中央预算内投资。稳步推进当年度五大重要任务目标，编制年度经济规划；完成各种经济体制改革；大力争取项目资金；推进重点项目建设；深化价格改革。

【坚持规划引领】2017年，牵头起草《大埔县2017年国民经济和社会发展计划》编制工作并以埔府〔2017〕73号文件下达、《大埔县盐业体制改革工作方案》编制工作并以埔府〔2017〕44号文件下达、《大埔县建立完善守信联合激励和失信联合惩戒制度实施方案》编制工作并以埔府〔2017〕45号文件下达；按照规定完成《大埔县事业单位和国有企业公务用车制度改革工作方案》编制工作并以埔办字〔2017〕9号文件下达。

【重点项目建设】利用粤东西北和原中央苏区振兴发展“两大政策”，加强各项政策与项目对接，争取资金，特别是做好依托国家重大项目库编制政府投资项目三年滚动投资计划，争取更多项目纳入国家和省的政策“笼子”。严格贯彻落实国务院、省和市企业投资体制改革，全面实行企业投资项目网上备案，使企业快捷办理备案手续，促进投资便利化。全年申报广东省重点推进重大基础设施项目34项，总投资141.05亿元。同时，争取中央预算内投资项目，2017年申请中央预算内投资项目4项，争取上级下达中央预算内投资项目3项，落实到位中央预算内补助资金6520万元。

【发挥综合协调职能】县重点办树立“一切为项目、为项目的一切”的理念，按照《大埔县重点项目管理办法》的要求，落实《大埔县2016年重点项目工作目标责任制实施方案》和“五个一”工作机制，同时每个项目落实责任县领导、责任单位，每月及时收集汇总项目建设的情况，协调帮助项目单位解决项目建设中存在的问题，加快推进重点项目建设。2017年，全县重点建设项目88项，总投资421.37亿元，年度投资计划100.53亿元，1—12月完成投资88.35亿元，占年度计划的87.88%。其中总投资10亿元以上项目10项，总投资269.16亿元，年度投资计划47.64亿元。

【深化职能转变】精简和规范办事程序，减少审批环节，实行项目立项审批3个工作日内办结制，为投资者创造良好的投资环境，为基层群众提供优质服务。2017年，审批政府投资项目312项，总投资58.84亿元；核准企业投资项目10项，总投资8.14亿元；备案企业投资项目52项，总投资3.67亿元。

【价格管理】1. 关注民生价格，深化价格改革。按照《中华人民共和国价格法》《政府制定价格听证办法》程序要求，制定大埔县城区管道燃气价格、实行居民生活用气阶梯价格制度和建立价格联动机制；调整茶阳镇城区自来水价格、居民生活用水实行阶梯水价措施。2. 落实供给侧结构性改革降成本行动计划。做好有关单位收费调整和审批，做到严格批费调费，2017 年调整城区公立幼儿园、高陂镇卫生费等 5 项收费；做好 2016 年度教育收费年审上报和完善大埔县公立医院医改工作等；2017 年取消、停征、降低收费项目 9 项，合计 120 万元，做到减轻企业负担。到供电局了解高陂、光德、桃源、三河、湖寮有 15 家企业直接与发电企业进行交易，降低企业用电成本，减轻企业负担的事宜。3. 按照规定的标准、程序和方法进行价格认定。贯彻落实《价格认定规定》，扎实做好价格认定工作，为纪检监察机关、司法机关、行政执法机关查办案件提供客观公正、及时可靠的价格依据。2017 年完成各类价格认定案件 237 件，案值约 224.82 万元。

【信用体系建设】印发《大埔县建立完善守信联合激励和失信联合惩戒制度的实施方案》和《2017 年大埔县社会信用体系建设工作要点》，要求各单位对照工作计划稳步推进，并做好工作协调、信息互通共享工作。2017 年全县收录各个行政职能部门录入的行政许可、行政处罚数据 1.05 万条（行政许可 9592 条、行政处罚 898 条）。市民可以通过大埔县人民政府网站或各部门网站“双公示”专题查看行政许可和行政处罚具体内容。

县发改局负责人名录：

局　长： 廖列兴（—2017.12）
刘南泉（2017.12—）

副局长： 罗概良　陈宇淦　刘春明

（詹文聪）

工商和质量技术监督

【简述】2017 年，根据埔发〔2017〕14 号关于印发《大埔县关于深入推进城市执法体制改革改进城市管理工作的实施意见》的精神，撤销原大埔县工商行政管理局、大埔县质量技术监督局，设立大埔县工商和质量技术监督局。大埔县工商和质监局坚持抓好主职主业、全面深化改革创新，加强市场监管，维护消费者权益，维护正常的市场经济秩序，全力服务大埔县在更高起点上实现更高水平发展，推进各项工作取得新发展。

【登记注册管理】以持续推进商事制度改革为着力点，在实施企业“五证合一”、“一照一码”和个体工商户“两证整合”改革的基础上，推进“多证合一”改革。全面实施简易注销和“单一窗口”改革，全面实现企业登记“一窗受理、一表填报、一次审批、一站办结”，提速提效，缩短市场主体的办理流程，助推全县开办企业便利度提升，充分激发市场发展活力和社会创造力。2017 年，全县新增企业 392 户，同比增长 47%。截至 2017 年 11 月底，全县实有各类市场主体 1.73 万户，其中实有企业 2122 户，同比分别增长 31%、18%。

【企业监督管理】履行企业监督管理职能，贯彻执行国务院《企业信息公示暂行条例》和工商总局相关配套规章规定，全面推行企业年报公示制度。2016 年度企业已申报 1640 户，申报率 89.62%，农民专业合作社已申报 450 户，申报率 89.29%，个体工商户已申报 1.23 万户，申报率 94.29%，已有 510 户企业开展企业即时信息公示工作，居全市市场主体年报率前列。并对未按照规定公示年度报告和期限公示有关信息的进行立案查处，2017 年，立案查处 19 宗，罚没入库 10 万元。同时，做好高危行业企业监管、查处无照经营和企业违法违规行为。2017 年，查处无照经营案件 33 件，案值 86.11 万元，罚没款 30.45 万元。

【商标与广告监管】配合县委、县政府实施商标品牌战略，帮扶企业争创著名商标，引导企业运用商标战略开拓市场，提高竞争力，带动全县经济发展。同时，做好宣传发动工作，动员指导企业争创驰名、著名商标，推动全县品牌经济发展。助推“大埔青花瓷”成功注册国家地理标志证明商标，并指导大埔县水力发电设备总厂的“劲轮”牌第 7 类注册商标成功申报省著名商标。至2017 年底，全县有省著名商标 13 个。加强商标专用权的保护力度，加大力度打击假冒、仿冒注册商标的违法经营行为。2017 年立案查处商标侵权案件 8 宗，案值 1.38 万元，罚没金额 1.05 万元。规范广告市场秩序，做到核、管、查相结合，堵住虚假广告源头，确保全县广告市场健康有序发展。2017 年累计查处广告违法案件 4 宗，罚款 1 万元。

【市场规范管理】全力服务“三农”，培育和扶持农村市场主体发展。通过红盾护农、合同帮农、商标富农、政策帮农，推行农业订单合同示范文本，扶持特色农业、龙头企业。同时做好企业动产抵押登记工作，开展“守合同、重信用”活动和强化辖区成品油市场监督工作。2017 年办理动产抵押物登记业务 74 件，其中动产抵押注销登记 35 件；动产抵押登记 39 件；抵押登记金额 1.58 亿元。至 2017 年底，全县有“守合同、重信用”公示企业 71 户。其中连续公示企业 61 户，新增公示企业 10 户；查处违法销售成品油案件 10 宗，查扣成品油 373 吨，案值 128.76 万元，罚没收入 28.2 万元。

【经济稽查】采取有力措施，加大监管打击力度，组织、协调各股、所、队，开展打假、打私、打传、扫黄打非等工作，维护市场经济秩序，营造安全消费环境。2017 年组织开展各类专项行动 13 次，出动执法人员 3695 人次，检查门店 4286 户次，清理各类市场 20 个次，立案查处各类违章违法案件 72 宗，案值 195.5 万元，罚款金额 67.03 万元。其中查处无照经营案 34 宗、不正当竞争案 1 宗、商标侵权案 8 宗、广告违法案 3 宗、制假售假案 4 宗、走私贩私案 3 宗、其他案件 11 宗。

【消费者权益保护】县消委会秉承对商品和服务进行社会监督，保护消费者合法权益，开展消费宣传，促进社会主义经济健康发展的宗旨，依法及时处理消费者投诉，调解消费纠纷，发布消费警示，推荐优良服务，引导消费，开展“3 · 15”国际消费者权益日活动等，2017 年消委会受理投诉案件 29 宗，解决投诉 29 宗，解决率 100%，为消费者挽回经济损失 11.91 万元。

【质量监管】2017 年，分别参加省局审核小组对广东泉之乡矿泉饮料有限公司和大埔县富华木业有限公司的工业生产许可证现场核查，两公司均顺利通过现场审查，获得“全国工业生产许可证”。将广东昌隆陶瓷股份有限公司生产的日用陶瓷作为拟申报省名牌产品（工业类），名单已上报市局，完成拟申报 2017 年广东省名牌产品（工业类）的上报工作。完成产品质量监督抽查不合格产品的后处理工作，对富华木业有限公司和润金高新建材厂两企业进行整改、复查；两企业产品经市质检所复查检验均为合格。组织企业参加市局举办的卓越绩效标准宣贯免费培训，发动吉玉、富大、宝丰和特陶等公司参加市局于 2017 年 7 月上旬举办的卓越绩效标准宣贯免费培训班。筹备 2016—2017 年度大埔县人民政府质量工作考核准备工作，遵照上级指示、要求，顺利完成市对县 2016—2017 年质量工作考核。

【特种设备安全监察】加大宣传、沟通和联系，共同做好特种设备安全监察工作。在安全生产月期间，开展特种设备进企业活动，广泛普及特种设备安全法律法规和常识，营造人人关注特种设备安全生产的氛围。开展特别防护期特种设备安全检查,对辖区内所有重点监控的特种设备进行“再检查、再落实”。2017 年，出动安全监察人员 288 人（次），检查特种设备使用单位 81 家次 311 台次设备，现场消除一般安全隐患14处，排查较大隐患11宗（已落实整改），发出特种设备安全监察指令书4份，落实整改4宗；移交稽查立案2宗。加强重大危险源监控设备安全管理工作。2017年，与8家重大危险源监控设备使用单位分别签订《大埔县重点监控设备责任书》，配合市局对6家液化气充装站进行年度监督检查，并对检查出的问题进行跟踪落实整改。落实梅州市特种设备“飘红”治理工作制度等五项制度，开展清查核实特种设备电子监管系统中待注册设备。对未申报注册、检验的单位，及时电话、短信通知，督促落实整改，未改则发出监察指令书，限期整改，逾期未改，移送稽查立案处理。

【标准化工作】2017年，完成大埔县首个广东省地方标准DB 44/T 1961—2017《地理标志产品 西岩乌龙茶》的制定并报省质监局发布和实施；完成梅州市首个《大埔日用瓷器》LB/44 M1—2017联盟标准；协助1家陶瓷企业生产的日用瓷器取得采用国际标准产品证；申报的广东省蜜柚标准化示范区被省质监局纳入2017年广东省农业标准化项目。

【计量监督检查】2017年开展加油机、电子计价秤和汽车衡等计量专项执法检查，对在用的23家加油站的加油机进行随机计量抽样。加强重点领域安全用计量器具管理，对4家液化气站、8家医疗机构进行强检计量器具的使用、检定情况和净含量标注等计量监督检（巡）查。强化定量包装商品和机动车安全技术检验机构的监督检查，抽查定量包装商品共计检查茶叶定量包装4批次，抽查电子天平4台、电子台秤2台、电子计价器10台。其中不合格电子天平2台、电子计价器7台，责令停止使用并移交稽查立案处理。日常巡查机动车检测站6次，并发动24家企业签订计量承诺书。

县工商和质监局负责人名录：

局　　长：刘锦坤（2017.12—）

副 局 长：王杰华　徐伟根

刘以荣　房亦淦

刘向荣

原县质监局局长：罗应忠（—2017.9）

原县工商局局长：刘思法（—2017.10）

（饶敏进　林利娜）

审　　计

【简述】2017年，大埔县审计局坚持“依法审计、服务大局、围绕中心、突出重点、求真务实”的工作方针，围绕大埔经济建设中心任务和“反腐、改革、法治、发展”的要求，实施县委的发展思路，开展机关作风整治行动，推进“两学一做”学习教育常态化制度化，适应新常态，践行新理念，依法履行审计职责，加强对重点项目、重点资金、重点领域和领导干部履行经济责任情况的审计监督，推进审计全覆盖，充分发挥好国家审计的基石和保障作用，推动大埔红色土地实现绿色崛起，促进山区经济社会健康发展。

【审计成效】2017年，完成审计项目45个（含上年度结转项目14个），查出违规金额278万元，管理不规范金额7.05亿元，发现非金额计量问题78个，收支不实1100万元，审计发现侵害人民群众利益65万元，审计期间整改金额1416万元，出具审计报告76篇。上交财政250万元，减少财政拨款8万元，归还原渠道资金14万元，调账处理金额443万元，约谈领导干部2人。通过审计，增收节支272万元，挽回损失85万元，提出审计建议82条，被审计单位制订整改措施160项，审计机关向领导报送审计专报3期，完成交办配合事项6件。

政策落实跟踪审计　为促进全县经济社会平稳健康运行，预防经济运行中存在的风险，对国家和省重大政策措施落实情况进行跟踪审计，重点关注简政放权、“放管服”改革措施、工作方案制定及推进机制建立，取消、下放和转移行政审批事项落实，清理规范行政审批中介服务，职业资格改革，规范收费等 5 个方面政策措施的贯彻落实情况和效果，2017 年抽查县府办、县编委办、发改局、工商局等相关单位。审计发现，全县推进职能转变协调小组组成人员未根据工作岗位变动及时调整，影响简政放权、“放管服”改革措施的工作落实；督查组未按职责分工开展日常督查工作，未能形成常态化督促检查机制，难以及时发现简政放权、“放管服”改革措施推进过程中存在的问题，提出相应的审计建议，并督促相关部门落实整改。

经济责任审计　为促进领导干部依法作为、主动作为、有效作为，开展经济责任审计工作，发挥经济责任审计在维护经济秩序，加强对权力的制约监督、推动廉政建设、促进经济社会健康发展等方面的功能。2017 年完成 24 个单位 29 位领导的经济责任审计项目，查出乱摊派 51.6 万元、少缴未缴财政资金 1282.97 万元、挤占移用资金 14 万元、白条抵库 211.44 万元、扩大支出范围和不规范支出 86.6 万元、多付工程税费或多付工程款 28.93 万元、白单或不合规发票付款 344.61 万元、大额现金支付 163.99 万元、少计收支 91.4 万元、少记固定资产 609 万元、付款手续不完善 123.1 万元、未申报纳税收入 88 万元、未经批准对外投资 200 万元、业务招待费未单独列示 85.4 万元、未实行政府采购 9.43 万元、超标准计提工会经费 4.75 万元。此外，查出并纠正公务接待报销凭证不齐全、财务管理不规范、会计账表不符、会计账务处理不准确、付款凭证不合规、现金管理不规范、票据管理使用不规范，历史债权债务长期未清理、往来账款未清理结算，内控制度制订不合规、内控制度执行不到位，固定资产未及时清理结转、固定资产账卡不符、购入固定资产验收手续不完善，领导决策制度不够完善、决策不够常态化、决策内容不够细致、决策事项执行不够到位、集体研究会议记录管理不够规范，审计整改工作不到位，以及建设工程未立项、未招投标、未按时完工、未收履约保证金、违规签订工程协议、工程预结算未送财政审核等建设程序不够完善、管理不够到位等问题，涉及公务接待、资金管理使用、资产管理、工程建设、领导决策、内控制度建设和执行等方面，金额 2364.16 万元。

财政审计　对大埔县县级预算执行情况和县林业局、经信局、农业局、总工会等 9 个部门预算执行情况进行审计。县级预算执行情况审计。查出少缴财政资金 7.68 万元、国有资产使用收入未及时缴入国库 140.58 万元、多列收入 157.2 万元、部门预算结余资金使用不合规 4800 万元、借出款项挂账金额 5.21 亿元、未及时征收非税收入 6544.29 万元、部分政府采购项目标书内容不规范 25.8 万元。九个部门预算执行情况审计。查出少缴或未缴财政资金 17.87 万元、多计收入 117.5 万元、少计少缴税费 0.72 万元、付款手续不完善 29.67 万元、会计核算不规范 22.29 万元、大额现金支付 21.29 万元、房租收入未纳入预算管理 67.1 万元、未及时清理长期挂账 11.65 万元、固定资产处置手续不完善 81.63 万元、白单付款 13.2 万元、未实行政府采购 5.98 万元、工程结算未送财政审核 73.23 万元、少记固定资产 0.35 万元、公务接待报销凭证不齐全 16.23 万元、超标准计提工会经费 1.69 万元、公务接待费未单独列示 3.4 万元，以及部门预算编制不够完整、债权债务长期未清理、预算调整手续不够完善、日常经费支出执行不够到位、未定期打印总账和明细账等问题。

民生审计　对 2013 年度高陂镇中低产田改造项目、2014 年度大埔县高标准基本农田建设项目、湖寮镇岭下高圳中医医院征地项目财政财务收支等3个民生项目进行审计，审计专项资金总额6.08亿元。查出未按规定支付工程进度款5.3万元、多付征地补偿款14.24万元、工程结算未送财政部门审核37.35万元，以及未按招标文件签订合同、项目施工方提供的履约担保公司无资质等问题。

公共投资审计　对家炳二中修缮工程、田家炳实验中学广场工程、青溪长丰至茶阳花窗联络线公路改造工程等3个公共投资项目进行审计，查出多付工程款8.37万元，项目无环评审批手续、无勘察设计、预算编制单位无资质、未办理施工质量监督手续、验收手续不规范，以及施工合同签订不规范、未按规定提交履约保证金、造价审核不够规范等工程建设程序不完善、管理不到位问题。

【强化"三公"经费审计】2017年，围绕中央八项规定精神和国务院"约法三章"要求，结合领导干部经济责任审计，加强对"三公"经费、会议费使用等方面的审计监督，促进厉行节约和规范管理，推动俭朴政府建设。同时，对单位机构设置、人员编制等加强监督检查。检查发现并纠正公务接待报销凭证不齐全、业务招待费未完全单独列示等问题。通过审计，督促各单位各部门严格执行相关规定，公务支出和公款消费支出均比以前年度有较大幅度下降。

【加强计划管理】项目计划是审计工作的龙头，是整合审计资源，实现科学审计管理的灵魂。为适应审计项目计划省统一管理的需要，落实专人加强项目计划管理和审计项目督办管理工作，科学制订项目计划，及时掌握项目计划执行情况；提前安排审计项目的主审人员、审计组长，审计组成员则由局根据工作情况统筹安排，提高审计工作效率，为顺利完成2017年审计工作任务奠定基础。

【服务大局】围绕县委、县政府中心工作，加强监督检查，服务大埔经济社会发展大局。对青溪镇某村扶贫资金收支情况进行调查，配合省厅开展梅州市重大基础设施建设项目（高陂韩江水利枢纽工程）跟踪审计调查工作和县级党政主要领导任期经济责任审计，配合市局对大埔县（山区）中小河流治理专项资金管理和使用情况进行审计，配合县有关部门开展涉农领域腐败问题专项治理，以及依法征地拆迁事项、村级换届选举工作、巡察工作等工作。同时，帮助查找财务管理方面的存在问题，有针对性地提出审计建议，及时堵塞管理漏洞，帮助被审计单位制定整改措施150项，审计挽回损失70万元；帮助清理债权债务和账外资产，帮助8个单位清理账外资产600万元；帮助健全内部管理制度，规范会计核算。针对审计发现的问题，提出审计建议70条并指导有关单位纠正，帮助规范财务管理工作，纠正管理不规范行为金额7亿元；督促检查被审计单位对审计查出问题的整改落实情况，审计整改落实率90%。

县审计局负责人名录：

局　　长： 黄敬春（—2017.12）
周　威（2017.12—）

副 局 长： 罗永忠　黄咏辉（女）

总审计师： 罗光陆

（廖志营）

统　　计

【抓统计数据质量】2017年，为提高数据质量，防范数据不实风险，根据国家、省、市数据审核评估工作要求，县统计局着力提高事前事中事后监管效能，提升"四上"企业数据质量。1. 重基础、严格规范新增单位入库。严格按上级要求，加强对新增单位入库的标准，新成立（开业）时间、相关证明材料的审核。对不达标、开业时间不符的单位一律退回，对往年成立当年就开营的企业，核实企业提交的相关证明材料。2. 重审核、加强对网报数据的管理。针对2017年内由规模以下升为规模以上的新增单位，重点审核企业同期数据问题，一旦发现及时通知补报；对老企业同比、环比增长快，新增开业企业增量大的企业及时查询，并作出情况说明和解释。3. 重实施、完善数据质量核查机制。根据数据审核要求，结合实际，开展全县专项抽查工作。以入户形式对不同区域、不同行业、不同类型按照一定比例抽取检查对象，对调查对象的上报财务数据、统计基础工作等进行综合性检查，提高核查的针对性，达到“一次抽查、全面体检”的效果。4. 重实效、抓好抽查和核查问题整改。对检查中发现的问题，弄清原因，立即汇报，限时整改，并随访检查整改情况。

【抓统计法制建设】统计法制建设是政府统计正常运作的保证，是提高数据质量的关键，该局高度重视，积极推进统计法制建设。制定完善统计数据管理制度，建立数据评估机制，明确数据采集、审核、查询等环节的工作标准，实现业务全流程、全覆盖的质量监控。配合市局做好统计执法检查工作，对发现的问题，敢于查处；对不配合检查，不接受处理的，严肃追究相关人员的责任。2017年，该局全面开展“四上”企业、投资项目和镇（场）的统计执法检查，配合做好市局两次执法检查。调整思路，加强法制宣传，将重点转移到提高统计公信度上来。采取形式多样的宣传方式，广泛深入开展宣传活动，增强社会公众对政府统计的了解和支持。

【抓统计基层基础】加强镇（场）统计站建设，重点完善镇级统计台账和村级报表，通过开展常态化检查，对不完善的台账、村级报表采取有力措施加以整改；及时掌握镇级统计人员的变动情况，严格落实备案制度。加强企业统计台账建设，严格按照《广东省一套表联网直报单位统计工作规范》的要求，指导、督促网报企业建立完善原始记录和电子台账，确保数出有据，并把此项工作列为执法检查的一项重要内容。抓好“双基”示范点建设，树立“样板”，以点带面，让各镇（场）和企业有样可学。2017年，投入10万元搞好茶阳、百侯、洲瑞镇统计站和工业、贸易、投资企业示范点建设，进行有针对性地培育，使这些示范点成为“五有”“六化”和联网直报企业的样板。

【抓统计优质服务】为党委、政府和社会各界提供统计优质服务，是统计部门有为才有位的关键。加强统计信息化建设。进一步加强网站和网页的安全管理，及时公开统计信息；提升统计月报档次，丰富公开内容，扩大发送范围，及时把统计数据和政务活动信息公布出去。2017年印制精装版月报小册子11期600份，上报专报3期，编辑出版《大埔县统计年鉴》。加强经济运行分析。围绕县委、县政府工作目标任务，开展调查研究，撰写统计分析报告，为领导决策服务。从2017年3月开始，每月定期召开“四上”企业联网直报业务分析汇报会。同时，做好第三次全国农业普查后续工作，总结经验教训，为以后做好大型普查提供借鉴；做好普查数据发布和资料开发应用，让普查结果真正为党委、政府提供“三农”工作决策服务。

县统计局负责人名录：

局　　长：刘永东

副 局 长：廖广企　谢汉娇（女）

党组成员：廖　坚

（刘琪武）

统 计 调 查

【简述】2017年，国家统计局大埔调查队学习贯彻习近平总书记对统计工作的重要批示，提升调查能力和统计数据质量服务水平，围绕统计调查工作，做好各专业数据把控和“三农”普遥感测量工作；围绕提高统计数据质量，做好城乡一体化住户调查样本轮换工作；围绕提高统计法治水平，加大统计法规宣传力度和统计执法检查力度。

【重要经济数据发布】2017年，大埔县全体居民人均可支配收入16857.2元，同比增长9.7%；城镇居民人均可支配收入21977.4元，同比增长9.4%；农村居民人均可支配收入12666.2元，同比增长10%。

【城乡一体化住户调查样本轮换】2017年是城乡一体化住户样本轮换年，根据国家统计局和国家统计局广东调查总队要求，大埔调查队部署住户调查样本轮换工作。争取大埔县委、县政府的支持，发文要求各机关事业单位加强组织协调和指导，做好住户调查样本轮换工作。宣传住户调查样本轮换工作，采取LED电子屏幕投放广告、向居民住户发放“致调查户的一封信”、折页夹报等形式宣传。召开由各乡镇分管领导、统计人员及辅助调查员参加的住户调查样本轮换工作培训会议，对调查各阶段业务工作、调查方式等方面进行专业化培训。入村调查，培训记账。到各住户调查中选点开展调查并培训，采取由调查队业务人员亲自开户、询问问卷、重点培训的方法，保证住户调查样本轮换工作有效开展。

【“三农”普遥感测量工作】2017年，大埔调查队按照国家统计局和广东调查总队的工作部署，开展“三农”普遥感测量工作。从严要求选配辅助调查员，对辅助调查员的数量配备、工作职责和综合素质提出明确要求，通过会场集中学习、督导员一对一指导、样方现场演练和PDA实操等形式，确保调查员熟练掌握调查方法，保证农作物面积遥感测量工作落到实处。在设备采购、技术支持方面加强指导，确保遥感测量工作所需软硬件设备全面配置到位，以保障业务顺利进行。从估产到测产，保证调查员全程参与。估产由调查队调查员与富有经验的老农一并进行，测产则由调查队调查员亲自到田里采割样本、收集脱粒和测重，保证整个流程数据的真实完整。入户调查，将调查耕地与农户建立联系，通过询问、核实等方式，调查农户的种植意向和实际播种面积，采用科学推算方法，保证数据真实有效。

【统计法治宣传】2017年8月1日是《中华人民共和国统计法实施条例》正式实施日。为推动落实统计法治建设，大埔调查队大力普及统计法规知识。采用传单介绍、户外LED电子大屏幕宣传。组织全队干部职工参加“统计法”“统计法实施条例”知识竞赛活动。结合三农普工作与城乡一体化住户调查样本轮换工作,通过悬挂横幅、口头宣传等方式，大力宣传统计法相关条例。

【统计执法检查】2017年，加大统计执法检查力度，严控统计调查数据质量，防止统计造假、弄虚作假行为。每月下乡入户数据质量检查成常态化。“双随机”检查并行，2017年抽取茶阳镇飞鹅岭种猪场作为统计执法检查的对象，严控记账数据质量和记账程序。联合统计执法，与国家统计局梅州调查队共同对大埔县高陂镇新马陶瓷有限公司作统计执法检查，并对该公司统计人员进行统计法制教育培训。

国家统计局大埔调查队负责人名录：

副队长：吴文清（女，主持工作）

（余倩）

安全生产监督

【简述】2017年，大埔县安全生产监督管理局贯彻国家、省、市、县关于安全生产工作的决策部署，突出预防为主，强化依法治理，全面落实“党政同责、一岗双责、齐抓共管、失职追责”的责任体系。全年全县发生生产经营性道路交通事故4起、死亡2人；火灾事故41起、无人员死亡；工矿商贸企业未发生安全生产责任事故。10月，该局被省、市安监局推荐为国家安监总局表彰的“安全生产监管监察先进单位”。

【落实安全生产责任】定期向县委、县政府主要领导汇报安全生产工作。2017年，4次在县委常委（扩大）会议、12次在县政府常务会议（或县长办公会议）汇报安全生产工作，组织筹备全县安全生产季度会议4次、专题会议6次，提出安全生产对策措施，为党委、政府建言献策。健全完善责任体系。该局注重处理综合监管和行业监管的关系，准确定位安监部门的综合监管职能，既要防止不作为，又要杜绝乱作为，压紧压实行业监管责任，力求做到不缺位、不越位、不错位。草拟《关于进一步完善安全生产责任体系的通知》，并以县委办、县府办的文件下发，形成职责明确、责任清晰、横向到边、纵向到底的安全生产责任体系，推动落实“管行业、管业务、管生产经营都必须管安全”的要求。推进企业主体责任落实。制定《大埔县生产经营单位落实安全生产主体责任规定》《安全生产守信联合激励和失信联合惩戒制度》，推行企业安全生产承诺书制度，敦促企业主动向社会作出安全生产承诺，推动企业主体责任的落实。严格督查考核。2017年，县安委办不定期开展检查督查、明察暗访，对16起群众投诉举报案件下发督办通知；对37宗重大事故隐患报县政府挂牌督办，对各镇（场）、各单位履行安全生产责任制情况考核进行年度考核，并将考核结果作为评先评优、提拔晋升的依据。

【强化监管执法】1. 严格落实监管执法工作计划。县安监局制订《2017年度安全生产监督检查工作计划》，对非煤矿山、危化品、烟花爆竹、职业卫生开展日常安全监管，开展汛期及“五一”、国庆等重大节日时段的安全大检查。2017年，全局监督检查企业663家次（比原计划增加30%），排查事故隐患711宗，已全部完成整改。2. 严厉打击非法违法行为。建立日常执法工作机制，把打非治违与隐患排查工作相结合、与专项整治相结合、行政处罚与安全教育相结合，规范执法程序和执法行为。全局立案查处违法违规行为34起，行政处罚30起，罚款13.14万元；关闭高陂、光德非法加油点2处，没收烟花爆竹产品、汽油一批，价值近2万元。3. 加大对县重点行业的监督检查。发挥综合监管职能，加强对县重点行业部门、各镇（场）履行安全生产政策法规情况进行检查指导，组织开展联合执法行动9次，突出加强韩江高陂水利枢纽工程、大潮高速公路工程、龙湾国际建筑工地等重点建设项目的检查督查，推动企业主体责任、部门监管责任和属地管理责任的落实。

【专项治理】开展汛期安全专项整治。重点开展非煤矿山防山体滑坡、危化品防爆防雷等专项整治，督促企业落实防汛度汛措施，加强预警研判和应急抢险准备工作。开展危险化学品安全综合治理、夏季消防安全专项检查，对全县加油站、易燃易爆危化品经营场所进行全面整治，依法关闭居民区、人员密集场所等不具备安全条件的经营场所。发挥综合监管职能，牵头组织相关部门开展联合检查6次，支持、配合相关部门开展专项行动9次，提升“齐抓共管”工作成效。

【开展特别防护期安全生产大检查】严密部署特别防护期安全生产工作。为迎接中共十九大胜利召开，2017年2—10月作为安全生产特别防护期，县安委办组织召开3次专题会议进行部署，把查大风险、除大隐患、防大事故作为根本任务。7—10月，再次部署集中开展安全生产大检查，打击严重违法违规行为44起、关闭取缔生产经营单位7间。

特别防护期间，全县排查事故隐患3256宗，其中重大隐患261宗、市督办28宗，已全部完成整改。加强城市风险点、危险源排查管控工作。督促各地各部门全面查清安全风险底数，加强对9处重大危险源的巡查监管，落实管控措施，严防重大事故发生。推进重点攻坚治理。对市挂牌督办三河镇、银江镇农业机械和百侯镇火灾隐患进行攻坚治理，在2017年年底前迎接市政府的检查验收。全年全县各部门立案查处违法违规行为183起，停产整顿和关闭取缔生产经营单位33家，行政处罚410万元。

【重点行业安全专项整治】开展为期3年的道路交通、危险化学品安全综合治理。县交警大队开展查处违法酒驾、无牌无证驾驶、超速超载的行为，排查清理隐患车辆和问题驾驶人。县交通运输局开展“平安交通”“道路运输平安年”等活动，加强重点营运车辆的动态监管。县安监局严把危险化学品许可条件，加强源头管控，打击非法生产、经营、储存等行为。县消防大队组织开展电气火灾综合治理，强化人员密集场所、易燃易爆单位等消防安全重点单位火灾隐患整治。县教育局联合有关部门深入推进校车交通安全专项治理，加强校园安全管理工作。县住建局加强建筑施工脚手架、提升机、塔吊等重点岗位环节的隐患排查专项整治。县安监局着力加强非煤矿山综合治理，强化作业场所粉尘涉爆企业整治，推进陶瓷、工贸等行业职业病危害专项治理，全面抓好烟花爆竹、涉氨制冷、有限空间作业等重点行业领域隐患治理。县工商和质监局强化电梯、压力容器等特种设备的专项整治。大埔海事处深入开展“平安船舶”等专项整治，强化水上交通安全风险识别、风险控制、风险规避。县旅游局针对重大节假日组织开展旅游安全专项检查。县气象局加强气象信息联运协调机制，开展气象防雷专项治理。同时，相关部门还深入开展民爆物品、电力、农林、水利、环保等专项整治，提升各行业领域风险防范能力建设。

【安全基础保障】加强队伍建设。组织全局干部职工参加国家、省局举办的视频业务讲座、培训班，聘请市安全生产宣讲团专家对1500名镇、村干部和镇级专职安全检查员开展安全知识培训，提高依法履职能力。争取县政府的支持，从2017年8月开始，将专职安全员每人每月工资提高900元，确保基层监管队伍稳定。加强宣教培训。开设大埔安监微信平台，开展“安全生产月”活动，在大埔县特陶科技有限公司向一线员工开展宣传咨询和“我为安全生产献力量”签名活动。在县广播电视台、邮政公司等相关媒体平台开展安全生产公益宣传，普及安全常识，提升社会公众的安全素质。加强应急管理。在三河五丰稀土矿开展全县非煤矿山坍塌事故应急演练，在中石化五虎山加油站开展危化品火灾事故应急演练，督促指导县交通运输局在三河梓里村开展道路交通事故应急救援演练、指导县住建局在县人民医院新建办公大楼开展建筑施工应急救援演练，提高组织协调和应急处置技能。

县安监局负责人名录：

局　长：梁永志

副局长：江逢宾　林华北　刘顺波

（王冰）

招商引资

【简述】2017年，全县招商引资引进项目28个，累计计划投资总额91.73亿元，占市下达40亿元任务的229.32%，引进10亿元以上项目2个，总部经济项目1个；已投入资金10.25亿元，占市下达需完成16亿元实际投入资金任务的64.06%。其中在建项目20个，计划投资总额46亿元；未动工项目8个，计划投资总额45.73亿元。

【夯实招商基础】1. 做好项目储备。紧密结合大埔县情资源实际，围绕“四大产业”发展思路，深入谋划招商项目，充实招商项目储备库，2017年新增8个特色项目列入县重大产业项目储备库，为外出实施精准招商提供有力保证。2. 做好宣传推介。结合梅州市举办第五届世界客商大会相关筹备工作安排，重新编印《大埔投资指南》，更新丰富相关内容，并在第五届世界客商大会举行期间进行发放；有效利用广州市海珠区金龙大厦对外招商引资宣传推介展示平台，多方面展示大埔在对外招商引资方面的优惠政策、产业资源、项目储备情况等突出优势，以及在户外和相关网站投放宣传推介广告，得到很好的效果，进一步扩大大埔的知名度。3. 做好项目台账。为及时掌握对接洽谈项目进展情况，县招商局建立《大埔县2017年招商引资洽谈、签约项目台账》，并做到每周定时更新，同时在每周一召开全局工作例会时，由项目负责领导逐一汇报项目进展情况，提出项目实施过程中遇到的难题和需要解决的事项，并在会中进行讨论研究，力争每个意向洽谈项目都能成为签约项目。

【用活招商方式】1. 实施领导带头外出招商。2017年，县主要领导、分管领导多次带队赴广州、佛山、深圳、东莞等重点区域开展招商引资活动，成功引进投资20亿元的大埔奥园广场城市综合体项目及投资10亿元的广东卓粤汇鑫农业科技股份有限公司油茶种植加工项目。2. 开展“请进来”招商。2017年，成功邀请广东省大埔商会、深圳大埔商会、惠州大埔商会、中铁城建集团高层、广东卓粤集团高层等团体和企业家来埔参观考察，并在考察期间以召开座谈会的形式开展招商宣传推介活动，取得效果。3. 开展节会招商。利用2017年梅州市召开第五届世界客商大会的有利契机，成功签约广东卓粤汇鑫农业科技股份有限公司的油茶种植加工项目、梅州利海旅游度假有限公司生态旅游开发项目等4个项目，对接洽谈一批符合大埔县产业发展实际的重大项目，结识一批有实力、有诚意的客商。此外，通过受邀参加在外商会、同乡会等组织节会庆典的机会，开展招商宣传推介工作，参加广东省大埔商会会馆落成揭幕会、深圳大埔商会第五次会员大会、广州市大埔商会第二届第一次会议大会等7个节会庆典。4. 开展产业招商。紧扣主抓电力产业、陶瓷产业、文化旅游产业、生态健康产业等“四大产业”发展思路，充分发挥产业招商队招商主体作用和“两园五小区”发展平台功能，做好产业招商。2017年，在电力产业方面签订世界500强企业华润集团投资8亿元的风力发电合同项目及大型上市公司阳光能源股份有限公司投资5亿元的风力发电合同项目；在陶瓷产业方面引进梅州市悦盈陶瓷有限公司投资3.5亿元的陶瓷生产项目和广东晏弘陶瓷股份有限公司投资2亿元的陶瓷生产项目；在文化旅游产业方面引进梅州大唐小镇农业科技发展有限公司投资3亿元的农业休闲观光旅游开发项目、梅州市瑞兴源生态园有限公司投资2.5亿元的生态旅游开发项目、大埔县南洋山生态农业开发有限公司投资2.5亿元的观光旅游、酒店综合开发项目等7个项目；在生态健康产业方面引进广东卓粤汇鑫农业科技股份有限公司投资10亿元的油茶种植加工项目、梅州顺兴生物科技有限公司投资2.1亿元的蜜柚精深加工项目、柚通柚美股份有限公司投资1.2亿元的蜜柚精深加工增资扩产项目等4个项目。

【提升招商服务质量】进一步完善项目跟踪服务制度，加强与洽谈项目企业、签约企业的沟通联系，主动走访企业、投资者，帮助他们解决实际困难，坚定投资者信心。主动协助企业办理各项报批手续，做好全程服务，对一些重大项目和重点项目，按照“一事一议、一企一策、特事特办”的原则，主动为企业与相关部门进行沟通协调，简化办事手续，促进项目尽快落地开工。

县招商局负责人名录：

局　长：谢德兴

副局长：刘鹏万　罗俊坚　丘艳艳（女）

（罗庆丰）

建设·环保

城乡建设

【简述】2017年，大埔县住房和城乡规划建设局按照“科学规划、从容建设、依法管理、优质服务”的原则，以规划为龙头，建设为动力，管理为保证，立足职能，狠抓项目建设，开展“两学一做”和纪律教育月学习活动，加强机关作风和党风廉政建设，各项工作成效明显，被县委评为2017年度全面工作先进单位、安全生产监管工作先进单位、社会治安综合治理（平安建设）先进单位、人口和计划生育工作先进单位、机关作风先进单位、重点工作先进单位。

【城乡规划推进】2017年，坚持“城乡建设，规划先行”的原则，把城乡规划放在最突出位置，已完成《大埔县城市总体规划》的第二次修编，并在此基础上编制万川新城、黎家坪新区控制性详细规划，为县城的发展描绘蓝图。完成8个建制镇的总体规划以及完成156个行政村的村庄规划编制。协助做好传统村落、历史建筑等创建报批工作。百侯镇侯南村、三河镇汇城村、西河镇车龙村和北塘村等5个村的中央资金已到位，正在组织实施传统村落保护项目。2017年，邀请清华大学教授罗德胤、北京清华同衡规划设计有限公司对县内29个村开展第五批中国传统村落的普查和申报工作。相关材料正报送省厅、住建部审核批准。抓好规划的实施管理。2017年，核发建设用地规划许可证114份，用地面积102.08万平方米。其中县城核发建设用地规划许可证50份，规划建设用地面积67.01万平方米；镇村建设用地规划许可证64宗，规划建设用地35.07万平方米。

【项目建设效果】围绕2017年县委、县政府对重点工作的部署，县住建局全力抓好主责的12项总投资100.16亿元、年度计划投资18.12亿元的县重点项目建设任务。抓实县城璜腾坑、城东2个“三旧”改造项目建设。推进翰林华府二期、幸福城、碧桂园等城市综合体项目建设，县城扩容提质步伐明显。抓好市政道路等设施建设，组织实施大麻中心大道道路工程（EPC）项目、县城环城大道提升改造（EPC）项目及县城农贸市场（EPC）项目。至2017年底，大麻中心大道工程已基本完成；环城大道提升改造工程有序开展；农贸市场项目已完成第一层框架结构工程，县城建筑垃圾弃土场项目采用BOT模式进行建设，正在有序进行前期工作。垃圾填埋场出水口边坡治理工程全面完工并投入使用，该项目的完成彻底解决县城生活垃圾填埋场出水口边坡安全问题。开展由县住建局指导，高陂、茶阳、大麻三个中心镇实施的中心镇“六个一”创建活动，该项目投资额 28.11 亿元，2017 年度总投资额 3.51 亿元，自项目实施以后，各中心镇因地制宜，突出重点，在规划编制、平台建设、产业发展、基础设施建设等方面都取得有效进展。抓好农村危房改造工作，全年 1078 户危房改造任务全部下达到各镇实施，其中有 1025 户通过验收，验收后先按照每户 2.35 万元的标准发放补助资金，剩余 53 户也基本竣工。抓好棚户区改造工作。全面完成 2017 年度上级下达的 110 户棚户区改造任务。

【建筑事业管理有序】2017 年，抓好项目选址管理。核发《建设项目选址意见书》66 宗，规划面积 73.94 万平方米。其中县城核发 13 宗，规划面积 55.8 万平方米、镇（场）53 宗，规划面积 18.14 万平方米。抓好工程报建及管理。全年城乡核发建设工程规划许可证 58 份，建筑面积 29.09 万平方米。其中县城核发建设工程规划许可证 25 份，建筑面积 11 万平方米；镇村建设工程规划许可证 33 宗，建设规模 18.09 万平方米。所有工程规划，采取报局党组集体讨论决定，同时增加审核建筑风貌环节，下发《广东省新农村住宅建筑设计图集》和《大埔新农村建设农民住宅设计方案》，要求建筑外立面必须注入客家元素。总的办事流程，缩短规划类由原来 60 日，现缩短至 15 日；施工报建类原来 30 日，现缩短至 15 日；建设工程规划验收合格证核发由原来 20 天，现缩短至 7 天。施工图审查 23 宗，面积约 12.5 万平方米。发放施工许可证 34 份，其中公建项目 12 项，建筑面积 2.45 万平方米；私人投资项目 22 项，建筑面积 61.41 万平方米。竣工工程项目 29 项，建筑面积 26.18 万平方米；房屋和市政工程公开招标告知性备案 41 项，邀请招标告知性备案 48 项。抓好造价管理。根据市场调查和预测，进行 52 单招标控制价备案、造价核定和审核定案等工作，定期发布造价信息。抓好新技术推广。在县内规划布点、合理配置混凝土搅拌站及预拌砂浆站点，有商品混凝土搅拌站 6 间，筹建预拌砂浆站 1 间，水泥散装率 93%；2017 年已有多个建筑工地全面使用加气混凝土墙材，提高能源利用水平，促进全县节能减排目标完成。抓好城建档案管理。完善档案资料的收集、分类、整理、录入，2017 年接收进馆工程项目 45 项，入库档案资料 89 卷。抓好安全生产工作。在重大节假日期间、主要会议、特别防护期、安全生产月等时间节点联合有关部门组织 13 次大型安全生产检查，还组织扬尘治理、消防、防台风、起重机械和工人工资支付情况等专项检查，日常工作中不定期进行安全突击检查，制订 17 个各种检查方案，组织应急演练和质量样板观摩会及“三类人员”安全生产考核合格证延期继续教育培训。同步抓好燃气安全管理工作，多措并举，确保建筑施工和燃气行业安全生产形势的持续稳定。抓好信访维稳工作。全年接待来访、办理信访件 80 宗。做到“件件有着落，事事有回音”，确保“四个不发生”，维护全县信访大局稳定。

【工程项目招标运作规范】严格执行《梅州市房屋建筑和市政基础设施工程施工招标文件范本》，规范大埔县房屋建筑和市政基础设施工程施工招投标活动，保障招标人和投标人的合法权益，同时，不断完善招标代理和备案制度，注重引导、激活建筑市场和房地产市场。2017 年，全县实行招标的房建、市政、交通公路、水利工程共 121 项，交易额 19.73 亿元；其中实行公开招标 73 项，交易额 14.7 亿元；实行邀请招标 48 项，交易额 5.03 亿元；通过招投标为业主方节约投资 2183 万元。

【房地产事业推进】学习各项规章制度，严格执行《中华人民共和国房地产管理法》等有关法律法规，进一步整顿和规范房地产市场秩序，鼓励和引导有实力的房地产企业进行科学合理开发。同时，完善商品房预售制度，严格按照有关规定进行核发预售许可、预售资金、商品房交付等监管工作。2017年度，办理预售8宗，建筑面积22.46万平方米。成交商品房面积26.54万平方米，成交数2108套，面积同比增长5.96%。市下达2017年非住宅商品房去库存任务为0.2万平方米，2017年度，完成去库存0.53万平方米，完成年度任务数的265%。2017年全县房地产投资总额约17.74亿元，同比2016年增长215%，其中住宅投资金额约15.4亿元，同比增长330%。

县住建局负责人名录：

局　　长：刘剑涛

副 局 长：张永昭　蔡淑娟（女）　刘　韬

党组成员：刘进伟　梁沐师

肖军胜（—2017.8）

（**黄锡通**）

国土资源管理

【简述】2017年，大埔县国土资源局以服务经济建设为中心，以贯彻落实基本国策为主线，以保护资源保障发展为重点，抢抓粤东西北和原中央苏区振兴发展的重大机遇，主动服务，攻坚克难，积极适应新常态，全力谋求新作为，统筹实现新突破，稳步推进国土资源管理各项工作，为全县经济社会振兴发展提供资源保障和优质服务。

【耕地保护】坚守耕地红线。落实最严格的耕地保护制度，全县耕地总量实现连续18年占补平衡。做好高标准基本农田建设。2016年度高标准基本农田建设规模1271.5公顷（其中上级下达的建设任务为1266.7公顷，落实大潮高速占用已建高标补建任务4.8公顷），建设地点为高陂镇及茶阳镇各14个村。中标单位均已进场施工。推进土地整治垦造水田工作。现有耕地提质改造为水田项目（即旱改水）任务为384.5公顷，上级下达2017年垦造水田任务181.8公顷，已开工垦造水田项目有2个，均在桃源镇新东村（面积16.7公顷）。其他已锁定359.26公顷可改造资源，并已完成45个项目的立项工作，涉及面积318.53公顷。做好永久基本农田划定工作。现全域永久基本农田划定成果已经国土资源部审核通过，任务分解下达至各镇（场），下步将根据划定成果做好明责任、设标志、建表册、入图库等相关工作。基本农田整备区划定工作，有8个镇共332.1公顷。

【用地保障】2017年，用地预审方面，共对县城工业园、省道S221和省道S222线、中医医院、黎家坪气象基地等建设项目出具用地预审文100份；保障重点项目的用地需求，对急需实施的大潮高速移民安置点、建筑垃圾弃土场、三乌市场、县城工业小区等均在调整完善工作中落实到位。用地报批方面，全年单独选址项目报批3宗，分别为大潮高速公路（含大漳支线）用地、省道S221线大埔段改造工程及山丰水库，总面积546.89公顷，均由省政府批准。2017年，第一、二、三批次城市建设用地（总面积22.28公顷）用地报批材料已送至市局报备，正组织报批2017年第四、五批次城市建设用地（面积27.42公顷）。

【土地市场建设】2017年，完成依法征收土地1058.44公顷，收储土地246.24公顷。其中高陂水利枢纽工程完成依法征收土地326.86公顷，确保无障碍施工；大潮高速公路完成征收土地472.85公顷。安置点建设方面，大麻青里汶水塘安置点已完成征收土地32.7公顷；陂寨安置点已完成征收任务；乌槎安置点已完成征收土地14公顷；三河安置点已完成征收土地5.3公顷。产业园区建设方面，广州海珠（大埔）产业园区完成征收土地40.7公顷；高陂赤山至留田过境公路完成征收土地12公顷。县城重点工程建设方面，省道 S221 线过境公路、县城工业小区，农贸市场、建筑垃圾弃土场、密坑工业小区、山丰水库、气象局搬迁等项目共完成协商征收土地 154.06 公顷，县人民医院迁扩建工程依法征收房屋全部拆除。

【地籍管理】2017 年，全县进行土地地类核查 78 宗，通过审查不符合条件退回补充 7 宗；完成权籍调查 5793 宗。农村集体土地所有权数据库完成年度更新，成果已上交省厅备案。全面完成 2016 年度变更调查与遥感监测工作。推进农村地籍调查工作，2017 年 6 月已完成项目招投标，8 月外业调查全面展开。提高不动产登记管理及登记业务水平，增强监管能力，全年处理不动产登记过程中的问题 231 宗，确保登记的准确性和权威性。做好不动产数据整合工作。2017 年 6 月完成招投标，8 月作业单位开始开展对土地、房屋登记资料迁移整合及纸质档案进行扫描建库工作。加强地籍资料成果运用，受理土地登记资料公开查询服务 98 起，为重点项目和征转用提供土地利用现状基础图件 214 批次，为土地调查、案件查处提供基础资料 214 次。

【测绘管理】2017 年，完成发证 2273 宗，宗地测量面积 37.04 公顷；县重点工程项目山丰水库、省道 S221 线过境公路、高陂新工业大道等 6 宗宗地测量 50.46 公顷；其他各类用地 74 宗宗地测量 80.17 公顷；统计测绘产值 180 万元。数字大埔地理空间框架建设成果项目进行专家验收，举行数字大埔地理信息公共服务平台发布仪式；投入 98.38 万元，实施网络及安全设备采购项目，于 2017 年 7 月完成验收并投入使用。

【矿政管理】开展大埔县地质灾害详细调查工作，2017 年野外调查已全面完成并通过省专家组验收。开展全县削坡建房调查工作。至 2017 年底，全县 1.22 万处削坡建房已完成调查、入库，数据已提交县政府和各镇（场）；已对所有削坡建房户实施网格化管理，设置削坡建房网格化管理明示牌。做好汛期地质灾害防治工作。编制下发《大埔县 2017 年地质灾害防治方案》，在汛期前组织人员对全县地质灾害危险点进行逐一排查，汛中结合台风或强降雨进行地灾巡查，汛后对全县在册地灾隐患点进行复查，完善群测群防体系。开展地质灾害应急演练活动，于 2017 年 11 月 17 日举办高陂镇古西村地质灾害应急演练，参加应急演练人员 150 人，提高广大人民群众对地质灾害防范意识和应急反应能力。

【地灾防治】1. 加快推进地质灾害治理工程项目，2017 年向上级争取省级地质灾害防治资金 278 万元，完成验收项目 3 个，分别为大东镇实验学校崩塌治理工程、枫朗镇隔背村背头陇滑坡地质灾害治理和平原中学地质灾害治理项目；正在实施项目 3 个，分别是茶阳镇长兴村湖里（2 期）滑坡治理工程、青溪镇青华村村委崩塌地质灾害治理、三河镇梓里村（东江、曙光组）搬迁避险项目。2. 做好地质灾害预警信息工作。全面建立大埔县地质灾害气象风险预警信息发布平台建设，2017 年汛期发出三级地质灾害气象风险预警 15 次，发出预警短信 2.42 万人次，二级地质灾害气象风险预警 3 次，发出预警短信 4836 人，地灾温馨提示 9 次、1.45 万人。汛期全县共发生地质灾害 19 起，因灾死亡 2 人。3. 加强地灾宣传，争取县政府宣传经费 38.5 万元，保障宣传活动工作落实。全年出动流动宣传车 3 部，树立大型广告宣传牌 1 个、宣传专栏 15 个、悬挂横幅 32 条、张贴标语 1100 条，印制宣传纸品 1000 箱，发放宣传资料 3000 份，并在县电视台、县广播电台滚动播放地质灾害防治警示片等，取得良好宣传效果。

【执法监察】加强土地动态巡查监管。2017 年出动专项行动人力 1125 人次，对全县 2016 年 1 月以后发生的所有违法违规和非法破坏耕地项目进行清理整治，对一些屡禁不止、顶风违法违规兴建的建筑物进行依法强制拆除，已移送兴宁法院7宗，作出裁定3宗。全年立案查处非法开采矿产资源案件1宗，移送公安机关立案侦查1宗。顺利通过2016年度卫片执法检查验收工作。2017年度土地遥感监测图斑198个，正在抓紧核查并上报。

县国土资源局负责人名录：

局　　长：李礼荣（2017.11—）
　　　　　刘锦坤（—2017.9）
党组副书记：郑捷庆（2017.7—）
副 局 长：梁国锋　郭敬旋（女）
　　　　　刘汉华
执法监察队长：陈小东
党组成员：丘伟贤（2017.7—）
　　　　　郑捷庆（—2017.7）

（*赖志旺*）

房产管理

【简述】2017年，大埔县房产管理局以改善住房民生为立足点，不断推进住房保障工作；以强化房地产市场管理为关键点，促进房地产业健康发展；以规范服务简化程序为着力点，依法做好房管工作，开展“两学一做”学习教育和机关作风整治工作，转变工作作风，强化履职尽责，各项工作取得一定成绩，圆满完成全年目标任务，为经济社会发展做出贡献。

【公房经营管理】贯彻依法管房方针，应对房屋租赁市场，调整公房出租策略，抓好房租收缴和公房维护工作，并做好公房的电线线路整改，促进国有资产保值增值。2017年房租、店租收入比2016年增加52万元。

【房地产市场监管】强化房地产市场预售监管，实行商品房网签和预售资金监管及房产价格评估、交易的管理、房屋面积管理和测绘业务及其测绘成果备案等管理，依法规范房产市场行为；配合相关部门依法抓好房地产市场的规范和整顿工作，促进全县房地产市场健康稳定有序发展，维护广大投资者和群众的合法权益，增加财税收入；做好二手房交易和房改房上市交易服务工作，促进全县城镇住房梯级消费的良性循环；配合金融和税务部门严格执行二套房认定标准，做好个人住房信息查询工作。2017年办理商品房交易合同网签备案2644宗，房产交易业务3100宗，协助把关完成房地产税收2亿元；受理房产测绘业务98宗，测绘面积73.82万平方米；办理房屋抵押业务5500宗；接受社会房产档案查询5100人次，出具房产证明、无房证明1.1万份。

【白蚁防治】贯彻实施国家《城市房屋白蚁防治管理规定》，抓好县城新建工程白蚁防治工作，推动县城城市化建设进程。2017年完成新建房屋白蚁防治建筑面积40万平方米。

【保障性住房建设】2017年，公租房分配入住100套，发放租赁补贴225户，较好地解决城镇中低收入家庭、新就业无房职工、外来进城务工人员的住房困难问题，超额完成上级下达的住房保障目标任务。

县房产管理局负责人名录：

局　长：胡锦坤
副局长：胡振城　江爱美（女）　邓周兵

（*肖启荣*）

城市综合管理

【简述】2017年，根据《中共大埔县委 大埔县人民政府关于印发〈大埔县关于深入推进城市执法体制改革改进城市管理工作的实施方案〉的通知》精神，新设立大埔县城市管理和综合执法局。按照精简统一效能的原则，整合市政公用、市容环卫、园林绿化、城市管理执法等城市管理相关职能，设立大埔县城市管理和综合执法局，为县政府工作部门，加挂大埔县城市管理和综合执法大队牌子。县城综局以营造宜居宜业大环境，锻造大埔未来发展核心竞争力，加强机关作风建设、制度建设，创新城市管理，净化、绿化、亮化、美化进一步提升，亮灯率98%，城区道路平整、畅通，公园面貌“景观新美”，市城乡环境综合整治每季度测评排名靠前。2017年11月，县城综局由县住建局大楼搬迁至国土资源局大楼；12月，设立大埔县城市管理和综合执法局，原城市综合管理局的职责并入大埔县城市管理和综合执法局，并设立大埔县文化城市管理中心。

【环卫净化】2017年，实行清扫改革，将清扫路面细化，路面清扫实行“定员、定岗、定任务”。重新制订《岗位责任制度》和《岗位督查考核办法》，以试点区向全城区扩展，实行责任制竞争上岗，对责任管理人员进行调整，通过制度改革，减少中转运输垃圾过程中产生的二次污染，加强垃圾填埋场、中转站、公厕的消毒除臭力度，垃圾运载车辆做到清运、清洗。各乡镇垃圾运输集中到县城处理，生活垃圾日处理量180吨，入场垃圾总量6.57万吨，清运垃圾总量约3.1万吨，填埋场每周清洗一次，生活垃圾处理率100%，实现生活垃圾处理减量化、无害化、资源化。成立卫生监督小队，小队长由所领导兼任，加强日常监管。完善环卫设施。2017年购置电动三轮垃圾车近20辆，垃圾桶、果皮箱新换100个，提升改造公厕。

【城市监察】加大执法执罚力度，抓重点、破难点、解热点，严肃查处各类违法违章建筑。整治市容市貌、规范户外广告、液化燃气安全管理；以“虎山路、万川路、文化广场”为突破口，采取以点带面、逐步推广的方式，每月一主题对县城所有街道、巷道、背街小巷的“六乱”现象进行综合整治，形成整治高压态势。规范管理建筑渣土运输。联合环卫部门对建筑施工车辆“扬、撒、漏”等运输车辆的查处力度，强化工地文明施工建设，把施工围挡、洗车台建设等防污措施作为开工的先决条件进行规范落实，对车辆破旧、车容不整的，环卫部门不予办理准运证，未做到平厢覆盖、密闭运输的实行追究建筑企业刚性处罚，严控运输途中“扬、撒、漏”现象。2017年，组织开展市容环境卫生集中整治16次，出动执法人员3600人次，比2016年增加2750人次；清理纠正进店经营6500间、比2016年增加3000间；规范线内摆卖4900摊、比2016年增加1600间；拆除灯箱广告980只、比2016年增加310只；拆除伸缩帐篷870户、遮阳布650条，比2016年增加620户、330条；拆除广告横幅810条，比2016年增加300条；清刷“牛皮癣”8900处，比2016年增加3100处；清理水泥柱墩等有碍观瞻的废弃物品62车，比2016年增加32车，收缴、暂扣占道堆放、摆卖物品一批。此外，还派出骨干力量12批/次分别到茶阳、三河、大东等乡镇指导、配合整治镇容镇貌和拆除违法建筑。加大对违法建设的拆除力度。针对违建案件的严峻形势，坚持“重心前移、前置管理、源头防范”，采取动态巡查责任制，落实专职管理人员划定巡查区域巡查，并且建立巡查台账。在确认违法违章建筑后，根据《关于大埔县打击非法建筑联动机制的实施意见》规定，县城综局发出告知函给供水、供电部门，要求对非法建筑作停水、停电处理，待处理办齐有关手续后，再发函恢复供水、电,所有案情均形成建议意见上报上级审批,严格按照程序办理，有效保障城市规划建设良性有序进行。6月30日至7月9日，县城综局联合湖寮镇政府组织出动120人，雇请专业技术人员和钩机等大型机械，对黎家坪村东堤南路吴某等七户6层的违法建筑约1800平方米进行强制拆除，县电视台进行跟踪报道,有效打击违法建筑的态势。2017年查处各类违法建设22

宗、比2016年减少4宗，违法建筑面积5073平方米、比2016年减少6741平方米；拆除临时建筑15宗，建筑面积730平方米；向供水、电部门申请配合暂停对违法建筑停水、电16宗，比2016年减少1宗；处理罚款25.92万元、比2016年减少60.75万元。

【园林绿化】加大日常监督和检查力度，对乱砍、伐、踩、摘、搭、拉、挂、栓、绑、钉、摆、堆等影响、损坏或侵占绿化景观行为进行查处。坚持“预防为主、防治结合”的方针，做到及时发现、及时防治，确保不发生严重的病虫灾害。加强树木的修剪整形，保持花卉、树木修剪有型，整齐划一，提升绿化、美化的景观效果。2017年，对县城1050株路树进行封顶重修折，排除路树倒伏和影响行人、行车的安全隐患，解决和改善路树枝柏影响临街店面、住房的热点问题，美化街道路树的造型和景观效果。投入6万元资金，修缮广场、仁和桥景观、花坛、花池带等陈旧、损坏和存在安全隐患的园路、亭、廊、公厕、栏杆、路沿石、浇灌自来水等设施40处，坚决阻止、查处私接、盗用浇灌自来水行为，节约用水。补换改造和点缀种植龙船花、黄芯梅、三角梅、红叶石楠、双夹槐、大红花等灌木袋苗1.05万袋；樟树、细叶榕、仁面子、白玉兰、桂花、秋枫、桃花芯木等乔木650株；改造、建植进城大道、山庄路、文化广场、花坛绿地面积850平方米。2017年，县城建成区绿化覆盖面积320.34公顷，绿地面积271.58公顷，公共绿地面积213.2公顷，绿化覆盖率43.88%，绿地率37.2%，人均公园绿地面积21.32平方米，人均绿地面积27.16平方米。

【城建管理】对城区同仁路、虎山路等城区路段市政砖和路面地板积水等进行修缮，修补路面3320平方米、人行道800平方米、路沿石360米、人行道市政砖1886平方米，清理人行道农作物2850米、水沟堵塞2110米，水泥硬底化360平方米，城区损坏的水泥路面进行沥青修补600平方米。对占用市政人行道整治清运淤泥、杂物50车，出动人（次）85次（工），同时，市政人员加大力度巡查对城区道路设施及施工中占用的人行道有计划地进行修补和养护，对道路坑洞进行重点修补，全年巡查发现对损坏及破裂路灯接线检查并进行更换盖板300块。做好日常市政管理工作，城建所审批占道、开挖路415起，面积2210平方米；处理不申报办理手续31起，给予违章、乱挖乱破处理52起。完成大埔大道、进城大道、畹香大道、大兴路等路段节能、环保LED灯的改造共366盏，更换城区新梅路、义招路等路段的电缆线计7100米，解决因破损、残旧、老化等线路造成路灯不亮的问题。经招投标将县城至三河高速公路出入口11.8公里路段的LED路灯、亮化景观灯工作，进行社会购买服务，解决城建所维修人员不足的问题；全年零星更换残旧、破损灯球2080只，修复线路3150米，更换环城路、河堤路灯庭院灯310盏。确保亮灯率98%。

【公园管理】园内卫生每天安排专人按照“五无二净”要求对所辖地段进行清扫，每周进行一次大扫除，做到不留卫生死角；垃圾做到日产日清，每天及时清运园内垃圾，2017年清运垃圾约600车。抓好西湖公园清淤工程后续工作，在生态广场和滚水坝一带铺贴草皮3000平方米，补种狗牙花和栀子花1500株、美人蕉300株，在长廊出水口外侧种植美人蕉1600株，在大埔赋附近补种龙船花等苗木300株，重新铺打泵站转弯出水泥路面，重新对西门损坏的石板进行更换等。加强西湖、滨江和长寿公园的绿化管理，成立修剪专业队伍，专门负责公园内花木和草坪的修剪、淋水、除虫和施肥管理，使公园花木修剪整形到位，花木病虫害治理到位。园内公厕按照省文明办的要求，在西湖公园万人广场设置无障碍卫生间，同时在公厕设置禁烟标识和文明提示语。

【推进城市网格化管理】2017 年，按照中共大埔县委办公室《关于印发〈县城市容环境网格化管理工作方案〉的通知》要求，以“条块结合，网中有格，格中有人”，按照定区域、定单位、定人员、定责任的四定模式，采取责任单位与职能单位相结合的原则，落实网格管理职责。做到分工明确，相互配合。在城各责任单位，要牵头做好责任地段内的门前三包，即包卫生、包绿化、包秩序工作。同时，在清扫的过程中规范商贩摆卖行为和经营秩序，敦促他们做好“门前三包”工作。通过网格化地段的大扫除，使责任区域的环境面貌焕然一新，推进县城市容环境网格化长效管理。

【县城老城区改造工程】县城老城区全长约 3.65 千米，总面积 8.86 万平方米的市政道路及人行道、灯光、绿化等项目的综合提升改造。2017 年 7—8 月万川路、虎山路街道围闭施工，已完成工程量 45%，铺设沥青路面 8950 平方米，铺设人行道透水砖 6400 平方米，铺设人行道路沿石 2250 米，铺设树池沿石 795 米，铺设供水管网 985 米，铺设综合管网 9650 米，安装电缆线 1800 米，安装路灯 85 杆、LED 灯 205 盏。

【建设数字化城市管理】为理顺城市管理执法体制，破解大埔县城市管理面临的突出矛盾和问题，补齐城市管理工作中的短板，提高城市管理和公共服务水平，促进城乡一体化发展。根据中央、市工作管理会议的部署，以城市管理现代化为指向，以理顺体制、完善机制、法制保障为途径，把深入推进城市管理和综合执法体制改革,改进城市管理工作作为打造“红色大埔，美丽山城”的重要举措，与转变政府职能、规范行政权力运行等有机结合，构建权责明晰、服务为先、管理优化、执法规范、安全有序的城市管理体制，推动城市管理走向城市治理，促进城市运行更加高效有序。2017 年，城市体制改革实施方案已上报县政府，实现住房城乡建设领域行使处罚权的集中行使，已统一着装。同时，拟投入 820 万元建设一个数字化城市管理系统，对环卫、城管、园林绿化、公园等有关事件作出准确判断并及时对监控范围内的突发事件录像取证，快速处理、综合治理。

【大气污染防治和创模工作】1. 控制建筑垃圾污染源。县城的施工工地多，在运输余泥的过程中出现车辆超载和车轮带出余泥的现象，要求施工工地派有工人在撒漏路段清理撒漏的余泥；同时每天安排环卫所洒水车冲洗路面。2. 杜绝垃圾二次污染。加强对重点街道的清洗，每天早晚定时对重点街道进行冲洗；每天组织 3 部机动三轮摩托车，清运城乡接合部的卫生死角，确保垃圾日产日清；每天冲洗县城的各条街道果皮、纸屑的果皮箱，每隔约 40 米安装一套可回收和不可回收分类的果皮箱；城区 4 座公厕每天清洗 2 次；管理县城 3 座垃圾压缩转运站和 1 座垃圾中转站，保证垃圾处理日产日清；管理垃圾处理场的日常运转，将每天产生运载进垃圾场的 180 吨垃圾，实行泥土填埋、消毒杀菌、洒药除臭，最后进行生态膜覆盖等方式处理垃圾。要求建设单位在申领工程规划许可证前，必须先到县环卫所申报工程的开挖时间、行车路线、倾倒地点并完善卫生设施、运输车辆的密封情况等，审验合格后，再签发建筑垃圾准运证方可开工运输余泥。充分利用新闻媒体，县城的 LED 显示屏，不断滚动播放“埔城是我家，清洁靠大家”等环境卫生的宣传口号、创模活动的重要意义，提高市民环境卫生意识。同时，全年做好标志标线的设置工作，在虎山、万川、西环路等 23 条路段进行标志更换及标线划新，共计新划标线 1.07 万平方米（小车、摩托车斑马线等标线），新换标志牌 161 块，总资金 77.9 万元。

【防治 H7N9 禽流感疫情】按照职责划分，加大对东风市场、大昌市场的管理力度，重点对市场摆卖活禽点每天进行清洗、消毒，并做好经营户的宣传工作。对县城各个临时市场摆卖点每天督促一次清洗、消毒。在休市期间，严格按照市场管理制度执行，提高作业人员的防护意识，休市率100%。加强每天巡查监管力度，防止偷卖、偷宰现象发生，确保防控工作落到实处，2017年未发生禽流感疫情。

县城市管理和综合执法管理局负责人名录：

局　长：饶志潘（2017.12—）

原县城市综合管理局负责人名录：

局　长：廖广海（—2017.12）

副局长：吴启泰（—2017.12）

赖钜燊（—2017.12）

（肖秀红）

环境保护

【简述】2017年，大埔县环境保护局树立绿色发展理念，以构建和谐社会、改善环境质量、保障环境安全为目标，落实省、市环保部门和县委、县政府的决策部署，把“绿色发展、生态优先、美丽大埔、环保先行”的理念贯穿于环保工作始终，坚持在保护中发展，在发展中保护，以改善环境质量为目标，以污染减排为抓手，以机关作风建设为保障，严格建设项目，深化总量减排，突出重点领域防治，推进环保设施建设，防控环保风险，守住环保底线；优化环保服务，服务重点项目建设和振兴发展，环境保护各项工作取得明显成效，为加快振兴大埔发展提供良好支撑。全县环境质量持续保持稳定良好，江河水质保持稳定，韩江干流及支流汀江、梅潭河等江河水质达到相应水体功能要求，全县水环境质量、饮用水源水质、环境空气质量、城区环境噪声等效声级全面达标，圆满完成主要污染物总量减排工作任务，通过省、市的考核。

【污染减排】按照县政府《大埔县2017年度污染物减排总量减排工作计划》，县环保局抓好部署落实。加强领导，落实责任；加强部门联动；加强环境基础设施建设，实施工程减排。推进生活污水处理设施建设，建成高陂和茶阳中心镇污水处理厂并投入试运行，正在建设三河镇、百侯镇等梅潭河沿线镇污水处理厂和配套管网工程，拟采用PPP模式铺开镇级污水处理厂建设，前期工作正在推进中；完成农村垃圾处理“一镇一站，一村一点”建设任务，完善“户投放、村收集、镇转运、县处理”的农村垃圾处理模式，改善农村环境。加大对重点减排项目的督查力度，开展污染减排专项执法检查，督促企业做好治污设施运行管理工作，提高污染治理设施运行率和污染物排放达标率。加强淘汰落后产能工作，实施结构减排。按照大埔县淘汰落后产能“实施方案”要求，配合发改、经信等部门，关闭淘汰不符合产业政策的落后产能。同时，加大落后生产能力淘汰力度，依法取缔“小散乱污”企业，促进产业结构调整，依法关闭全县10间实心黏土砖厂。推进规模化畜禽养殖场污染集中整治和深度治理，2017年基本完成梅州市如清农业发展有限公司、大埔县兴伟业实业有限公司、大埔县茶阳镇百福猪场等 11 间养殖场的配套治污设施并整理相关台账资料准备上报。引导农业科学开发，合理使用化肥农药，减少农业污染。加大黄标车和老旧车淘汰力度，推进机动车氮氧化物减排工作；加强机动车环保定期检测和机动车环保标志发放工作，2017年全县淘汰黄标车214辆。2017年上半年市政府对大埔县 2016 年度污染减排目标任务和重点减排工程任务完成情况进行考核，大埔县通过考核。

【环保责任考核】2017年，县环保局加强各类污染源监管和执法力度，强化建设项目环境管理和环境质量监测工作，开展环境综合整治，环境质量持续保持稳定。在水环境质量方面，饮用水源地水源水质达标率100%，在27项统计指标中，年均值达到地表水环境质量标准Ⅱ类水质要求，水质良好。通过市政府对大埔县的环保责任考核。根据《梅州市政府办公室关于2016年度环境保护责任考核情况的通报》得分87.93分，位居全市各县区中游位置，考核结果为“良好”等次。按照梅州市环境保护责任考核领导小组办公室《关于印发〈2017年各县（市、区）环保约束性指标计划〉和〈梅州市2017年各县（市、区）环境保护责任百分制量化指标考核实施细则〉的通知》的部署，县环保局发挥牵头部门作用，会同县公安、水务、畜牧等部门共同抓好2017年环保责任考核工作。

【创建国家环境保护模范城市】2017年是创模工作的攻坚之年和预申报之年，全县落实全市创建国家环境保护模范城市工作会议精神以及县委、县政府的部署，专门成立县“创模”领导小组并下设办公室，围绕以“推进大气污染防治、水环境保护、环保基础设施工程建设、节能减排”等四项重点为基础，推进“创模”工作；加大“创模”工作的组织、协调和落实，材料收集整理汇报等工作，加大“创模”宣传力度，采取多种形式宣传“创模”工作目标、任务、意义，形成人人争做环保模范市民，各行各业参与，全社会共创国家环境保护模范城市的社会氛围。

【落实“四大防治”保障环境质量】开展大气污染防治，保障空气质量。开展黄标车和老旧车辆淘汰、锅炉整治、挥发性有机物污染整治、县城餐饮油烟污染整治、建筑扬尘污染整治和露天焚烧废弃物污染整治等专项治理，不断改善大气环境质量。2017年大埔县完成市政府下达大气污染防治重点任务，县城空气质量优良率98.7%。开展水污染防治工作。对每一河段都建立河长、河段长制，整合资源，集中人财物力，抓好重点流域综合治理，同时，加大对重点领域、重点行业和重点企业的监管，全面推进农村环境综合整治，确保全县江河水质达标。开展土壤污染防治。2017年制订《大埔县土壤污染防治工作方案》；完成农用地土壤污染状况详查点位的核实和布点工作；加强县城污水处理厂污泥处理处置的监管工作，健全管理制度，实施严格的登记和管控制度，督促污水处理厂将污泥送到梅州市污泥处理中心进行处理，防止产生二次污染。开展重金属污染防治。按照国家、省、市重金属污染综合防治工作部署，严格涉重金属项目环境准入，加强有色金属矿开采等涉重金属排污企业的监管，实现稳定达标排放做好危险废物和严控废物监管工作，严格执行转污联单制度，杜绝发生随意倾倒危险废物和污泥的行为。

【落实“四大整治”践行环保为民】1. 开展汀江河青溪库区综合整治后续整治工作。县委、县政府高度重视生态环境保护，继续开展汀江河青溪库区综合整治后续整治工作，全面解决青溪库区存在的网箱养殖、畜禽养殖、垃圾入河、沿河镇和村庄生活污水污染水质问题。2017年，出动巡查监管12次、65人次，巡查养殖13家，无发现复养现象。汀江河水质明显好转，达到Ⅱ类标准，青溪库区周边环境得到明显改善，群众对整治成效赞赏有加。2. 开展违法排污企业环保专项整治。开展定期或不定期检查，对环境违法行为限期整改和治理；落实环境风险防范主体责任，全面排查企业事业单位建设项目环保“三同时”制度落实情况、环评审批和验收情况、排污许可证情况、污染设施的运行等情况，确保守住环境安全底线；以全县环境安全大检查、城区环境综合整治等工作为重点，解决影响群众健康的环保问题，2017年出动执法人员588人次，检查企业196家，发出书面整改通知10份，立案查处企业11家，处罚金额33.15万元，移送涉嫌环境污染犯罪案件1宗；实施排污许可证制度推进国家排污许可证申领试点工作，强化企业环境管理，确保达标排放，全年新核发排污许可证11宗，排污许可证换证、年审20宗；建立环保行政执法与刑事司法衔接信息共享平台，做好商事登记制度改革后有关环保工作衔接工作。3. 开展县城区餐饮油烟污染和经营性娱乐场所环境噪声污染专项整治。会同县公安、工商、文广等部门，加大对城区餐饮服务企业、营业性文化娱乐场所、超范围经营酒吧、商业经营场所的联合巡查和处罚力度，充分发挥新闻媒体舆论导向和监督作用，对噪声扰民严重的餐饮服务企业、营业性文化娱乐场所进行曝光。4. 开展城乡环境综合整治，改善人居环境。实施农村生活污水简单处理、垃圾集中收集处理，推广畜、沼、果生态养殖模式等。抓好畜禽养殖业专项整治，实施《大埔县畜牧养殖区划分方案》，遏止农业源污染，实现畜禽养殖废弃物减量化、无害化、资源化和生态化。加强对“以奖促治”项目实施的检查指导，结合农村小康环保行动计划，推动规模化畜禽养殖污染治理示范工程建设和生态农业示范工程建设；开展畜禽养殖业专项执法检查，严格查处畜禽养殖业违反环保法律法规的行为，依法关闭拆除禁养区内的养猪场，对非禁养区内污染不能达标排放的养猪场依法责令其限期治理。争取上级省、市环保部门支持，推进农村环境综合示范县建设，得到省农村环境综合整治示范建设项目资金1000万元的支持。该项目纳入2017年大埔县重点项目，全县建设110个垃圾池项目已完成并投入使用，先行实施的百侯、湖寮、青溪三镇的污水处理设施正在建设中。

【落实“四大监管”建设和谐环保】1. 加强环境评估监管。加强环境保护服务振兴发展力度，重点是服务广州海珠（大埔）产业转移集聚区、陶瓷产业转型升级、大潮高速公路等项目建设。严格建设项目环评审批把关，对不符合环保法律法规、不符合有关规划和产业政策、不符合清洁生产要求、达不到排放和总量控制目标的项目，一律不予批准，从源头上杜绝污染。2017年审批建设项目环评36项，其中有污染项目19个，当年建成投产项目26个，“三同时”执行率100%。设立环保业务服务平台、环保窗口和开通网上办事大厅，方便群众办事。县综合政务服务中心环保窗口全年受理各类办件119宗，办结率100%，受理12345平台热线67件，投

▲2017年5月16日，县长熊锋松（左二）到高陂枢纽现场调研

诉按时答复率 100%，核发机动车环保标志 1.49 万张。2. 加强全市十大重点环境问题整改落实。按照市政府常务会议的部署，开展重点环境问题的排查，牵头抓好全市十大重点环境问题的整改落实工作，将重点环境整治工作落实到县有关单位，制定重点环境问题整治方案、明确分工、时间进度安排和整治工作要求，督促责任单位抓好整治工作落实。2017 年完成沿河洗砂场环境污染问题，部分镇级生活垃圾临时堆放场环境污染问题，梅潭河流域东山电站和凯达电站水浮莲整治问题等重点环境问题的整治。3. 加强饮用水源监管。划定全县各镇饮用水源保护区，实施严格的水环境保护措施。对全县集中式饮用水源地、重点河段进行重点排查、重点监测，组织对全县 46 个乡镇集中式饮用水源保护区进行现场采样全分析。采取严格的措施保护饮用水源，开展集中式饮用水源地专项执法检查，坚决取缔水源保护区内不合法的各种开发行为。开展韩江及上游汀江、梅潭河水质调查监测，梅潭河双溪电站库区水质调查监测、闽粤交界生态补偿监测工作，及时掌握水质变化动态，确保饮用水安全。4. 加强主要污染源的监管。稳妥处理涉环保“邻避”问题，开展专项执法大检查，对群众反映、举报的问题仔细摸排、追查到底，对检查中发现的环境违法行为坚决立案查处，有效遏制环境违法行为，维护广大群众环境权益。同时，加强国控污染源在线监测监管。对国控污染源粤电公司大埔火电厂、县城污水处理厂实施重点环境监管，监督企业正常使用防治污染设施和在线监测监控系统，确保污染物达标排放。

【排污收费】实施《排污费征收使用管理条例》，抓好排污费征收。县环保局加强对征收排污费工作的领导，提高干部职工的业务水平和开展征收工作的能力，在做好排污申报登记工作基础上，依法、全面、足额征收排污费，全面落实排污费“收支两条线”。2017 年全县征收排污费单位有 81 个，征收排污费总额 68.54 万元。

【环境监测】县环保监测站配合环保执法和监督管理，开展水质监测、责任制考核和主要污染物总量减排监测、工业污染源监测、建筑施工噪声监测等，开展县城大气环境自动监测站可吸入颗粒物、二氧化硫、氮氧化物等项目监测工作。组织专业技术人员定期对省环境监测中心青溪水质自动监测站进行维护，及时处理自动站运转中遇到的困难和问题，确保自动监测站正常运转，及时准确地上报汀江水质监测数据。2017 年，县环保监测站开展监测项目 50 个，获得有效监测数据 13.61 万个，编写年报、季报、月报 30 份。

县环境保护局负责人名录：

局　长：丁练昌

副局长：刘增仁　张中斌

（林智标）

教科文卫体

教　育

综　述

【简述】2017年，大埔县教育实施“文旅旺县”发展思路，以“办强虎山中学、办大家炳职校、办特一批学校、办优初中教育”为目标，围绕“严管理、保稳定、强师资、提质量、重内涵、创特色”的工作思路，以创建“广东省推进教育现代化先进县”为抓手，以提高教育教学质量为中心，深入实施素质教育，推进教育内涵特色发展，提升教育质量，办好人民满意教育。2017年，县教育局获得“国家义务教育质量监测工作优秀组织单位”“大埔县全面工作先进集体”“梅州市教育系统中小学生‘学宪法讲宪法’演讲比赛决赛最佳组织奖”“梅州市第八届运动会体育道德风尚奖”等荣誉。

【普通教育基本情况】2017年，大埔县有中小学校139所，其中高级中学1所，完全中学7所，职业学校1所，教师进修学校1所，初级中学12所，九年一贯制学校8所，特殊教育学校1所，小学108所（其中县直小学5所、镇中心小学11所、村完全小学31所和教学点61间）；幼儿园有49所，其中民办幼儿园30所。全县在职教职员工有4552人，其中中学2090人，职校125人，进修学校32人，小学、幼儿园2286人，特殊学校10人，青少年活动中心9人；具有中学高级教师职称的（含小副高6人）有525人，中级职称教师3004人。全县在校中小学生有5.19万人，其中普通高中7729人、职业高中2581人，初中生1.22万人、小学生2.94万人。在园幼儿有1.28万人。全县户籍人口高中阶段教育毛入学率95.55%，小学和初中入学率为100%，九年义务教育阶段巩固率97.64%，学前三年毛入园率98.03%，学前一年毛入园率100%。全县义务教育阶段学校均完成标准化建设；2012年大埔县提前一年成功创建广东省教育强县；2014年全县14个镇全部完成广东省教育强镇创建任务，实现省教育强镇全覆盖；2015年大埔县通过全国义务教育发展基本均衡县评估认定。

学前教育

2017年，大埔县教育局健全学前教育管理体制，规范办园行为，推进普惠性、规范化幼儿园创建工作，提高办园水平。全县有49所幼儿园，完成规范化建设36所，占比75.8%；普惠性幼儿园40所，占比93%。开展城乡园“手拉手”帮扶活动，发挥省、市级园示范、辐射作用，帮扶带动农村学前教育发展。

义务教育

【简述】2017年，大埔县有义务教育阶段学生4.16万人，其中小学生2.94万人、初中生1.22万人，小学和初中入学率为100%，九年义务教育阶段巩固率97.64%。全县义务教育阶段学校均完成标准化建设，2015年大埔县通过全国义务教育发展基本均衡县评估认定。

【义务教育均衡发展】健全完善学籍管理制度，抓好中小学生的防流控辍工作，九年义务教育阶段巩固率为97.64%，2017年处理问题学籍2000人次。义务教育质量监测有新举措，顺利组织完成2017年国家义务教育质量监测工作，全县有20所中小学600名学生参加质量监测。中考成绩有新突破，修订并实施《2017年中考奖惩办法》，加大中考备考奖惩力度，全县有3211人参加中考，总分平均分613.51分。900分以上的有73人；全县最高分是家炳一中学生廖鹏总分954分。2017年虎中高中阶段最低录取分数线为760.7分，比丰顺中学高出38.9分。

【教育信息化建设】2017年，实施城乡学校教育装备工程，推进教育信息化建设，累计投入5100万元推进信息化基础设施和环境建设，装备交互式液晶智能一体机155套、教师笔记本电脑433部、学生教学终端686部和智慧教室1所，其他各功能场室设施设备一批；全面完成全县22个教学点标准化学校督导验收工作。推进教育信息化建设，完善学校教育专网和校园网，提升网络带宽。全县各学校已与电信运营商签订光纤接入服务协议，宽带接入比例100%，带宽提速至100—500兆，实现数字教育资源全覆盖，100%班级实现优质资源班班通；同时，已托省、市教育资源公共服务平台建立师生网络学习空间，基本实现网络学习空间人人通，提升全县教育信息化、现代化水平。提高教育信息化创新应用水平，开展“一师一优课，一课一名师”活动，全县教师晒课892节（其中课堂实录224节），获“市优”44节、“省优”14节，并推荐3节评选“部优”；同时，开展信息化应用业务培训，提高教育信息化应用水平。

【教育强镇复评工作】2017年，推进枫朗、光德、银江、大东、三河、高陂等6个教育强镇复评工作，累计投入4295万元用于修缮6个镇学校校舍以及补充完善各功能室设备。2017年10月顺利完成枫朗等六个教育强镇复评验收。

【学校德育工作】2017年，坚持立德树人，创新德育工作，德育实效性不断增强。开展文明校园创建活动，实验小学、大埔小学和家炳小学等3所学校被评为第一届“梅州市文明校园”；选派选手参加全市中小学生“学宪法讲宪法”演讲比赛决赛，有3人获奖，大埔小学赖梦颖、虎山中学胡爱婷代表梅州市参加省级复赛，县教育局被市教育局评为“最佳组织奖”；在大埔县美德少年评选活动中，钟鑫等20人被评为美德少年；组织全县教师开展“千名教师大家访”活动，架起家校之间的沟通桥梁。

【特色学校创建】2017年，制发《大埔县特色学校创建工作方案（试行）》，推进素质教育，实施“一校一品”工程，特色办学成效显现。家炳一中开展中国象棋特色教育活动，评为“广东省棋类特色学校”，也是梅州市第一所获此称号的学校；大埔二小、茶阳中小和华侨二中被教育部认定为“全国校园足球特色学校”；在全省中小学特色课程建设优秀成果评选活动中，家炳一中的特色教材《象棋》获省三等奖。

【教学改革和教育科研】1. 落实教学常规。加强教学常规精细化管理，加大对教学常规工作检查力度，对全县16所中小学校教学常规工作进行抽查，促进教学质量提升。2. 开展教研活动。开展“三优”（优秀教学论文、优秀教案、优秀录像课）评比活动和“三课”（讲课、说课、评课）竞赛活动，开展“送教下乡”“同课异构”“优质观摩”等教研活动，为广大教师搭建展示、学习和交流的平台，促进教师教学能力和专业素质的提升。3. 教育科研成果明显。2017年，在全市第八届教育教学成果评审中有 29 项课题分获一、二、三等奖，其中一等奖 2 项、二等奖 13 项。有 62 项课题获市第九届教育科研课题立项。4. 教师在各类教学比赛中取得成绩。全县有 38 人次获省、市级以上荣誉，其中大埔小学老师张婷婷在广东省第七届小学语文教师专业素养展示活动获一等奖。此外，2017 年出版 4 期《大埔教育》和 1 期《大埔教育》（德育版）。

【体育艺术卫生和语言文字工作】1. 体育工作。2017 年，成功举办“钟声杯”教职工乒乓球混合团体赛、全县中小学生田径运动会和“钟声杯”城区教职工羽毛球团体赛；组队参加梅州市“铁汉生态”杯第八届运动会，田径甲、乙组团体总分均获三等奖，25 人次获单项前 6 名；组队参加“市长杯”校园足球联赛高中、初中、小学组决赛，其中小学男子组、女子组和初中女子组均获第四名。大埔二小、茶阳中小和华侨二中被省教育厅认定为“广东省第一批省级青少年校园足球推广学校”；虎山中学、湖山中学、大麻中学、大麻中小、大东实验学校和青溪实验学校等 6 所学校被省教育厅认定为“广东省第二批省级青少年校园足球推广学校”。2. 艺术工作。2017 年，成功举办全县中小学生、幼儿文艺会演，有 33 所中小学、幼儿园 50 个节目参加演出。大埔小学的《老鼠粄粄两头尖》原创舞蹈参加广东省第四届少儿舞蹈大赛暨全国“小荷风采”省选拔赛获银奖。大埔小学一年级学生何琨涛在“第八届广东省少儿戏曲小梅花荟萃”活动决赛中获戏曲小梅花“十佳银花奖”。此外，有 17 人次在全市中小学音乐、美术教师基本功比赛中获奖，其中一等奖 1 人、二等奖 7 人、三等奖 9 人，县教育局获团体总分三等奖。选派 10 名音乐教师参加中南六省第十二届中小学音乐教育协作交流会学习，提升音乐教师能力。3. 卫生工作。加强学校卫生防疫和食品卫生安全工作。同时，做好学生饮用奶推广订购工作，有 9000 名学生饮用，学生及家长反响良好。4. 语言文字规范化建设。2017 年，推荐上送 17 件师生优秀作品参加第八届广东省学生规范汉字书写大赛，有 11 件师生作品获奖，其中特等奖 2 名、一等奖 4 名、二等奖 1 名、三等奖 4 名，杨日应获优秀指导教师奖；大埔小学获“第四批省级语言文字规范化示范校”称号；举办大埔县第二届中小学规范化汉字比赛。

【学校安全工作】把学校安全工作作为教育工作的头等大事来抓好抓细抓实，坚持做到学校安全工作常抓不懈，警钟长鸣。以建设平安校园为目标，强化交通、防溺水、消防等安全教育，2017 年发放中小学生安全教育挂图 2800 份、宣传小扇 4000 份、《食品安全》手册 2500 本、防溺水安全知识光碟 100 张。同时，加强全县中小学实验室安全管理工作，做好危险化学品的综合管理和规范使用，保障学校和师生的生命财产安全。

【教师队伍管理】结合教育系统推进“两学一做”学习教育常态化制度化工作和以“立德树人，做好学生引路人”主题师德建设教育月活动，全面强化师德师风建设，引导广大教师牢固树立“以德立身、以德立学、以德施教、以德育德”的教育理念，促进广大教师重德为师，爱岗敬业。建立健全教师管理机制，规范教职工的请假制度，树立教师良好形象。实行校长、教师轮岗交流制度。2017 年对 3 名义务教育学校校长进行轮岗交流，新提拔 3 名校长；义务教育学校教师交流 140 人，其中骨干教师 32 人；选调补充 45 名教师到县城中小学、幼儿园任教。再次启动原民办代课教师身份认定相关工作，通过审核认定大埔县户口的原民办代课教师有 4649 人，其中民办教师 2980 人、代课教师 1669 人。

【扶贫助学工作】1. 资助政策落实。关爱家庭经济困难学生，实现幼儿园到高中阶段教育资助全覆盖，确保不让一个学生因贫而失学。2017年，全县有3321名学前儿童受助，发放资助金208.4万元,义务教育阶段发放生活费补助金234.88万元、1.52万人次受益，高中、中职阶段发放助学金410.8万元、有4108人次受益,有效解决贫困生的入学问题。落实教育精准扶贫工作，全县精准资助建档立卡贫困学生有3207人次（春季1547人次、秋季1660人次），其中义教阶段2133人次，发放生活补助金694.8万元,让贫困家庭子女都能接受公平有质量的教育。做好生源地信用助学贷款工作，全年办理226笔178.62万元的助学贷款,办理数量及金额居全市之首，为经济困难大学生上大学解决燃眉之急。2．开展扶贫助学。发动廖光明教育基金会、廖梅林先生、邓振龙先生等热心单位或社会团体和个人捐资奖教奖学助学。全年发放350万元助学金，奖励一批中、高考成绩优胜的师生,资助21名贫困大学新生和645名品学兼优的贫困中小学生。全县教育系统开展以“关爱贫困人口，助力攻坚脱贫”为主题的扶贫济困日募捐活动，筹得善款20.6万元。广州市第五中学与大埔县虎山中学结对帮扶工作成效明显。

【作风建设和信访工作】1．抓作风促落实。学习宣传贯彻中共十九大精神和习近平总书记系列重要讲话精神，真正做到把十九大精神学懂、弄通、做实。建立完善党建工作管理机制、贯彻执行民主集中制和落实“三重一大”事项集体决策等制度，把党建工作纳入全县中小学、幼儿园目标管理考核，促进学校党建工作落实。落实党风廉政建设责任制，推进“两学一做”常态化制度化工作，全面推进从严治党，落实中央“八项规定”，反对“四风”，加大治理“弱、松、庸、慢、散、懒、推”的力度，以及“不能为、不想为、不敢为”等突出问题，2017年开展廉政巡查98次，集体廉政谈话2次，个人廉政谈话9人次，以作风转变推动各项工作落实。2．抓信访促和谐。抓好综治信访维稳工作，做好信访隐患排查，把信访隐患化解在基层，控制在当地。2017年办结各类信访、来访、电话访案件160件次，按期办结率100%，解决一批师生及群众关心的热点难点问题。针对近年来咨询类信访件不断增多的现象，加大政务公开力度，利用政府网站主动向社会公开各类重要信息，并公布各股室电话和邮箱，方便群众咨询。

普通高中教育

2017年，大埔县有在读普通高中生7729人，全县户籍人口高中阶段教育毛入学率95.55%。高考成绩逐年攀升，全县2276人参加普通高考，比2016年增加86人，一本上线158人，比2016年增加28人，一本入围率6.94%；二本以上入围894人；一本、二本以上入围率均居全市8县（市、区）第三位。总分最高分理科杨志伟617分、文科范丹蕾576分。其中虎山中学刘桓鑫、黄主敏分别被人民大学和浙江大学录取，大埔县从2013起连续五年有县内学校就读学生考取清华、北大、人大和浙大等名校。在教研教改、特色办学等方面:实验中学被评为第一届“梅州市文明校园”；在全省中小学特色课程建设优秀成果评选活动中，虎山中学的特色教材《记忆策略在物化生记忆中的应用》获省二等奖；虎山中学谢宗梁主持的《高中语文作文教学序列化探究》和家炳一中詹丽君主持的《学情分析与英语有效教学的策略探索》等2项课题获市一等奖；虎山中学江中伟主持的《高中数学课堂教学中学生问题意识培养的研究》和家炳一中谢海波主持的《象棋特色学校的实践与探究》等2项课题获市重点立项；虎山中学完成省级专项课题《基于可视化学习的微课资源开发与应用研究》开题，利用“微课程”促进学科教学的创新应用。

职成教育

【职业教育】2017 年，大埔县田家炳高级职业学校加快构建现代职业教育。家炳职校创新办学思路，立足市场人才需求，采取校企联办、校校合作等模式办学，增强办学活力，加大招生力度，全年招收 600 人，职业教育规模和层次不断提升；提高中等职业教育双证率，2017 年毕业 433 人，取得双证的有 165 人、占比 38.1%。

【成人教育】2017 年，大埔县申报创建“国家级农村职业教育和成人教育示范县”各项工作有序推进，西河、大麻、百侯、高陂四镇成人文化技术学校的硬件设施及多媒体系统等建设已全面完工，《特色与创新》书稿、画册、自评报告、电视专题片等已经完成，年底按照验收标准进行复核检查，查缺补漏。2017 年，大埔县教师进修学校全年招收华南师范大学网络教育学院专科学生 87 人、本科学生 37 人，专科毕业学生 122 人、本科毕业学生 66 人；大埔开放大学（原大埔县电视大学）全年招收专科学生 412 人、本科学生 183 人，专科毕业学生 349 人、本科毕业学生 215 人。

师资队伍培养培训

2017 年，大埔县实施优惠政策，引进 1 名华南师范大学本科毕业生到虎山中学任教，招聘 2 名体育、音乐专业教师到家炳一中任教；定点定岗公开招录 172 名教师到城乡中小学任教，优化师资结构，增强师资力量。同时加强校长、教师继续教育工作，全年投入 353.4 万元开展校长、教师各级各类培训工作。分期分批对中小学、幼儿园教师进行全员培训，有 4351 人次参加中小学、幼儿园教师专技培训；组织 100 名优秀班主任到广州市海珠区跟岗学习，68 名幼儿园骨干教师到珠海培训；组织 326 人次参加“三科教师”新教材培训；组织 53 名优秀校长及语文、英语骨干教师赴泰国开展国际学术交流活动；组织 96 人次全县教学副校长、教导主任到浙江嘉兴南湖实验学校等名校跟岗学习及集中培训；组织 178 人次参加校长、园长和骨干教师省、市级培训；对 175 名新录用教师进行岗位培训，提高师资队伍整体素质和水平。

县教育局负责人名录：

局　　长：郭宣文

副 局 长：饶晓燕（女，—2017.10）
　　　　　朱佳远

党组成员：范瑞华　张森林　廖昌武

（刘逢纲）

2017 年大埔县高考文理科成绩前五名学生名录

表 3

序号	科目	姓　名	性别	毕业学校	总分	录取学校	专　业
1	文科	范丹蕾	女	虎山中学	576	深圳大学	新闻学
2	文科	张凯璐	女	虎山中学	568	华南师范大学	英语（师范）
3	文科	刘凌婧	女	虎山中学	566	深圳大学	广告学
4	文科	张　舒	女	虎山中学	564	华南师范大学	汉语言文学（师范）
5	文科	刘素宝	女	虎山中学	563	深圳大学	人力资源管理
1	理科	杨志伟	男	虎山中学	617	中山大学	临床医学（广州）
2	理科	黄主敏	男	虎山中学	613	浙江大学	工科试验班（建筑与土木）
3	理科	曹宪炳	男	虎山中学	565	南方医科大学	临床医学
4	理科	连镇炎	男	虎山中学	565	南方医科大学	临床医学
5	理科	连国岗	男	虎山中学	558	华南师范大学	物理学（师范）

2017 年大埔县中考成绩前十名学生名录

表 4

序号	姓　名	性别	毕业学校	总分	录取学校
1	廖　鹏	男	大埔县田家炳第一中学	954.50	梅州市东山中学
2	杨丹城	男	大埔县虎山中学	950.00	大埔县虎山中学
3	谢　晗	女	大埔县虎山中学	946.00	大埔县虎山中学
4	蔡耿基	男	大埔县虎山中学	945.60	梅州市东山中学
5	李　誉	男	大埔县虎山中学	945.00	大埔县虎山中学
6	刘颖敏	女	大埔县虎山中学	941.70	大埔县虎山中学
7	杨晓杰	男	大埔县田家炳第一中学	937.40	梅州市东山中学
8	何佳林	女	大埔县大埔中学	937.00	梅州市东山中学
9	池铭和	男	大埔县虎山中学	931.30	大埔县虎山中学
10	陈晓薇	女	大埔县西河中学	929.50	梅州市东山中学

电大教育

【简述】2017年，大埔开放大学发挥系统办学的优势，加强同奥鹏、哈工大等高校的合作，创新办学模式，扎实落实教学管理环节，做好学生学习支持服务，有效构建学生个性化学习环境。教学管理、学籍管理和考核考试等工作得到省、市开放大学领导的肯定和好评。2017年1月哈尔滨工业大学继续教育学院授予广东省大埔县广播电视大学“十年合作贡献奖”（2008—2017）；陈建达被评为梅州市电大系统2017年“优秀教师”；刘金村被评为梅州市广播电视大学系统2017年“先进教育工作者”。4月19日，经大埔县机构编制委员会办公会议同意将原广东省大埔县广播电视大学更名为大埔开放大学。内设办公室、教务室、教研室、继（网）教室、招生办等5个机构，为正科级、公益一类事业单位，事业编制核定为9名，人员经费按县财政补助一类拨付。设校长1名，副校长2名，主任5名。9月27日，大埔开放大学举行挂牌揭幕仪式。12月22日，大埔县人社局批复同意《关于大埔开放大学岗位设置方案》，同意大埔开放大学岗位设置总量9个，管理岗位3个，专业技术岗位6个，其中副高级岗位2个、中级岗位3个、初级岗位1个。

【招生工作】2017年，大埔开放大学招收国家开放大学本、专科新生383人，2017年秋承办农村行政管理专科班，奥鹏、远程教育本、专科新生210人，涉及本、专科10多个专业。有各类在校生1418人，其中国家开放教育生972人；奥鹏、远程教育在籍的本、专科生446人。2017年度国家开放大学毕业生390人，奥鹏、远程教育毕业生118人。

【教学服务管理】制定各专业开课计划以及设置教学任务，做好外聘教师的选聘工作；对新学员开学后分班教学；集中进行《国家开放教育入学指南》的课程教学；加强网络统考课程教学；狠抓面授辅导的学员到课率和网改课程上网学习点击率，对班主任工作实行量化绩效考核；要求建立规范的班级档案，定期集中召开班级学习活动；加强班主任对班级管理工作。为更好地服务学员，建立大埔开放大学的公众微信号，班级建立班QQ群，还有些班级开通班微信号，做到随时与学员保持联络，班主任及时掌握学生的学习、生活动态，有针对性地实施思想教育，学员也能通过班级微信，了解班主任的日常工作动态、生活点滴，拉近师生的距离，避免学员对老师在心理上的陌生感，保证学员和教师之间双向的互动，创新学员管理模式和教学管理模式。

大埔开放大学负责人名录：

校　长：邱志灵（女）

副校长：蓝启铮　蔡红丽（女）

（李宗杜）

科学技术

综　述

【高新技术企业培育】抓好高新技术企业首次认定。至2017年年底，有梅州市林海陶瓷有限公司、大埔县怡丰园实业有限公司、大埔县汇丰源陶瓷工艺有限公司、大埔漳联瓷业发展有限公司、大埔县通美实业有限公司、广东欣红陶瓷股份有限公司等8家企业获得国家高新技术企业首次认定，超额完成市下达新增首次认定国家高新技术企业1家的任务。抓好高新技术企业培育入库。至2017年年底，有梅州市林海陶瓷有限公司、梅州顺源陶瓷实业有限公司、梅州恒辉陶瓷实业有限公司等3家企业获得高新技术企业培育入库，超额完成市下达高新技术企业培育入库2家的任务。抓好高新技术产品申报。全年申报省级高新技术产品14件。

【科技创新平台建设】梅州市一方土实业有限公司申报的“一方土工坊”被省科技厅确定为2017年广东省众创空间试点单位。抓好梅州中富大科技有限公司科技企业孵化器建设，2017年11月，已申报省级科技企业孵化器登记。组织梅州市裕丰陶瓷有限公司、梅州市林海陶瓷有限公司等2家企业申报省级工程中心并已获认定，组织广东欣红陶瓷股份有限公司、广东顺兴种养股份有限公司等6家企业申报市级工程中心并已获认定。至2017年年底，全县规模以上工业企业研发机构覆盖率26.8%（省要求达到20%）。按照省、市提出两年内5亿元以上工业企业实现研发机构全覆盖的要求，加强指导广东粤电大埔发电有限公司自建企业研发机构，2017年6月该企业成立大埔发电公司技术中心，完成市下达5亿元以上工业企业建立研发机构1家的目标任务。组织申报省级专业镇，百侯、湖寮两镇被省科技厅认定为省级专业镇。

【科技计划项目申报实施】2017年，组织企业申报省级科技计划项目5项（立项1项）、县级科技计划项目33项。开展科技计划项目的实施情况检查，从而加快项目的推进实施。根据市科技局《关于申报2017年省级科技专项资金纵向协同管理省市联动项目的通知》精神，组织广东宝丰陶瓷科技发展股份有限公司、梅州玉丰特陶科技有限公司申报专业镇协同创新省市联动、科技型中小企业技术创新领域的项目。组织7家企业申报省级企业研发财政补助资金项目，同比增加4家。组织10家企业申报省级创新券，同比增加10家。

【产学研合作开展】在引导企业加强与华南理工大学、华南农业大学、中山大学、广东工业大学、中科院广州能源所等高等院校和科研院所开展产学研合作的同时，还按照市科技局、市扶贫局《关于开展省级农业科技特派员精准扶贫精准脱贫“千村大对接”行动的通知》要求，组织大埔县建档立卡的相对贫困村填报技术需求，经汇总上报有36个相对贫困村。2017年，大埔西岩茶叶集团有限公司被省科技厅认定为广东省现代农业科技创新中心，5名农业科技人员被省科技厅认定为省级农业科技特派员。

【科技成果转化】2017年，组织推荐梅州玉丰特陶科技有限公司的“无烟无臭节能环保三通道排蜡隧道窑的研发与应用”、大埔县通美实业有限公司的“一种纯天然蜂蜜柚子果酱浓浆及其制备方法”等两个项目申报省级科学技术奖。对广东宝丰陶瓷科技发展股份有限公司完成的“显微结构控制技术在高档青花瓷生产中研究与应用”、广东富大陶瓷文化发展股份有限公司完成的“高韧性复合亚光陶瓷产品的研制及应用”、广东省大埔陶瓷工业研究所完成的“氧化烧成钧花釉的研究与应用”、大埔县通美实业有限公司完成的“红心蜜柚施用生物酵素有机液提升品质的技术”等4项科技成果通过市级鉴定并申报市级科学技术奖。组织评审县级科学技术进步奖8项，其中工业领域4项，农业领域2项，医疗卫生领域2项。

【知识产权工作】组织和引导企业申请专利；深入企业做好知识产权相关知识宣传培训；联合市科技局开展专利执法检查，对涉嫌假冒专利商品进行立案。通过专利执法行动及宣传培训，提高全民对知识产权保护、运用和管理的意识。2017年，全县专利申请量272

件（其中发明专利 15 件、实用新型专利 152 件、外观设计专利 105 件），授权量 169 件（其中发明专利 19 件、实用新型专利 90 件、外观设计专利 60 件）；查处侵权假冒专利案件 3 宗，完成市下达任务 150%；报送知识产权政务信息 4 条，完成市下达任务 133.33%;申报市知识产权保护重点企业 5 家；举办陶瓷产业知识产权培训班 1 期；组织县内 3 家企业做好梅州市知识产权局等单位联合认定的承诺销售“正版正货”的申报工作。

【科技创新政策的落实】1. 优化科技创新环境。草拟《大埔县人民政府关于加快科技企业孵化器建设实施意见的通知》《大埔县人民政府关于加快众创空间发展服务实体经济转型升级实施意见的通知》；同时，会同县财政局草拟《大埔县人民政府关于印发大埔县企业研发经费财政奖补实施方案的通知》。三项政策的出台，优化县内科技创新环境，推动“大众创业，万众创新”。2. 提高科技研发费用占比。争取上级对大埔县科技创新扶持；争取本级财政加大科技研究及开发专项资金的投入；引导医疗机构、科研院所的科研投入；做好企业研发费用加计扣除政策和县级企业研发费用财政奖补政策宣传，激励和鼓励、引导企业尤其是规模以上工业企业加大科技投入。至 2017 年底，全县科技研发费用投入 1.05 亿元，完成市下达科研投入占全县 GDP 比重 1.2%的目标任务。3. 推进创新发展工作落实。根据市委办、市府办《关于 2017 年梅州市落实省创新发展“八大抓手”工作要点的通知》和市科技局《关于印发落实科技创新工作推进方案的通知》，结合实际，县府办印发《2017 年大埔县落实省创新发展“八大抓手”工作要点》和《大埔县落实梅州市科技创新工作推进方案实施意见》，明确各牵头单位和参与单位的工作责任，加快工作推进力度。

【防震减灾及科普活动开展】2017 年，完成省地震局在县内规划建设的 10 个“广东省国家地震烈度速报与预警工程项目建设”和 2 个预警信息接收终端的选址任务；加强对已建成地震监测点的管理维护工作；印发 6 万份防震减灾宣传资料，宣传面基本覆盖全县各中小学校学生及单位；在实验中学开展平安中国防灾宣导系列公益活动，组织师生观看防灾科普文化影视片；在大埔小学、大埔二小组织开展“科普大篷车”进校园活动；在县城举办大埔县蜜柚管理技术科普培训班；组织第 33 届青少年科技竞赛和第 3 届青少年“创客”活动；组织出版四期科普画廊宣传；开展科普进社区、进校园、进企业等工作。

县科学技术局负责人名录：

局　长：饶庆远

副局长：涂小平（女）　赖良新

（吴帅）

科　协

【科普活动】2017 年，大埔县科学技术协会举办科普宣讲活动 6 次，活动受众人次 1550 人次。举办实用技术培训 3 次，实用技术培训人数有 760 人，参加活动的科技人员有 124 人次，参加活动的专家有 12 人次，参加活动的学会、协会 7 个，覆盖 20 个村 8 个社区。在县城举办一期 400 人参加的大型蜜柚技术科普培训班。在科技活动月、科技活动周及全国科普活动月期间发送宣传资料、科普资料 2 万份。配合县科技局、卫计局等部门开展科技咨询活动 6 场、1500 人次，其中参加活动专家 12 人次。举办科普大篷车进校园活动 2 场。

【科普宣传】2017 年，县科协组织青少年开展科普大型宣讲活动 1 场，受众人数 1530 人次。举办青少年科技竞赛 1 项，参加人次 1580

人次，获奖 22 人次。在县城科普长廊出版宣传栏 4 期，宣传科学种养、科学生活、疾病防控、社区生活、校园安全等科普知识。全年全县出版科普宣传专栏 141 期，其中科普长廊 4 期，县城各学校 66 期，镇、村及企业 49 期，社区 22 期。

【科协服务】1. 为科技工作者服务的能力提高。组织科技工作者开展各项科技研发、竞赛，2017 年获各种表彰奖励的科技工作者 12 人次，其中女性科技工作者 3 人次，40 岁以下科技工作者 6 人次。2. 为创新驱动发展服务能力提高。开展“讲、比”活动，2017 年开展“讲、比”活动的企业 3 家，参与“讲、比”活动的科技人员 52 人次，被采纳合理化建议 3 条。3. 服务青少年科技教育活动能力增强。组织青少年科普宣讲活动 1 场，受众人数 1530 人次；开展青少年科技竞赛活动 1 项，参加活动 1580 人次。

县科学技术协会负责人名录：

主　席：饶庆远

副主席：苏志强（专职）　余加昌　黄志放　张学如

（吴帅）

陶瓷研究

【简述】2017 年，广东省大埔陶瓷工业研究所以“创新驱动发展”为主题，围绕全年工作目标，利用现有资源，开展各项工作。全年立项国家级项目 1 项、省级项目 3 项、市级项目 1 项、发明专利申请受理 1 项，市级科技成果鉴定 1 项、县级科技成果鉴定 1 项，市级科学技术奖三等奖 1 项、县级科学技术奖一等奖 1 项，国家级、省级陶艺创新和工艺美术创意设计等奖项金奖 1 项、银奖 5 项、铜奖或精品奖 9 项。

【生产经营】2017 年，主营业务收入 297 万元，同比下降 16%；研发投入 179.79 万元。同比增长 5.1%。

【科研开发】1. 组织科研人员进行各类科研项目的申报，2016 年，申报项目 3 项，立项项目 5 项，获财政支持 178.75 万元；新申请发明专利 1 项、实用新型专利 1 项、外观设计专利 4 项，授权外观设计专利 2 项。2.“氧化烧成钧花釉的研究与应用”项目。完成钧花釉料配方、工艺参数的研究及其烧成制度，制备出具蓝白红紫相间艺术效果的高档钧花釉新产品，并将该釉料用于产品装饰，实现资源的综合利用和减少碳排放；项目产品通过梅州市科技成果鉴定，技术达到国内先进水平，获梅州市科学技术奖三等奖。“陶瓷平板产品硅酸锌定位结晶技术的研究与应用”项目。通过对硅酸锌结晶釉配方、晶种及定位技术的研究，在结晶釉中引入晶种，解决平板图案内结晶釉晶体不能充满于图案内的技术难题。产品结晶定位准确，图案呈现放射状晶花结晶，晶光闪烁。项目技术成果已应用于艺术瓷装饰，受到用户好评。项目产品通过大埔县科技成果鉴定，技术达到国内先进水平，获大埔县科学技术奖一等奖。3. 2017 年，集中组织专业技术人员参加各类型的博览会、精品展等，获国家级、省级陶艺创新和工艺美术创意设计等奖项金奖 1 项、银奖 5 项、铜奖或精品奖 9 项。4.“青花瓷产业集群‘窗口’服务平台”“大埔县中小企业陶瓷技术服务中心”“青花瓷公共技术服务中心”等服务平台发挥功能作用，为产区内企业提供技术咨询、检测、培训等服务，逐步提升研究所的科研创新辐射带动作用。5. 科研项目“资源节约型和能源环保型陶瓷釉料的研制”进展情况。利用低品位的瓷土尾矿和牛肝石作原材料，通过工艺改良和烧成制度创新，制备出高品位的具有艺术效果的花釉陶瓷制品，实现资源的综合利用。6. 新产品开发。油滴黑瓷已初见成效，冰裂纹釉料已开展配方工艺、烧成制度等前期工作。

【安全生产】始终坚持“安全第一，预防为主，综合治理”的方针，组织开展好以“全面落实企业安全生产主体责任”为主题的安全生产月活动和“安全生产万里行”活动，落实隐患排查治理，做好特别防护期生产安全、消防安全等工作；坚持贴近科研生产经营实际、面向广大职工，通过组织开展安全生产系列活动，促进安全生产形势持续稳定。2017年未发生对企业和社会造成严重影响的生产安全等事件；无党员干部违纪违法问题发生，无群众投诉反映作风问题的情况发生。

大埔陶研所负责人名录：

所　长：刘钦志（—2017.1）

　　　　黄南兴（2017.1—）

（黄萌柱）

文化·艺术

文化工作

【简述】2017年，大埔县文化广电新闻出版局贯彻十八届六中、十九大以及十九大关于坚定文化自信、推动社会主义文化繁荣兴盛的重要论述，全面融入梅州市梅江韩江绿色健康文化旅游产业带，融合韩江（大埔）客家文化旅游特色带规划的发展，实施“生态立县、产业富县、文旅旺县、和谐兴县”发展思路，解放和发展文化生产力，增强文化软实力，保障人民群众享有的基本文化权益，推进文化事业繁荣和文化产业快速发展，各项工作圆满完成。

【公共文化建设】2017年，贯彻落实《中华人民共和国公共文化服务保障法》和《中华人民共和国公共图书馆法》，加强大埔县公共文化服务体系的建设，通过政府主导、部门联动、社会参与的方式共同推动公共文化事业发展。1. 文化馆总分馆顺利通过省级验收。为贯彻落实《关于加快构建现代公共文化服务体系的实施意见》，2016年县文化馆被省文化厅确定为全省第一批11个文化馆总分馆建设试点之一。至2017年3月底，建成以文化馆为总馆、11个镇文体中心为分馆、22个村（社区）为服务点的服务网络，形成全面覆盖、均等便捷的公共文化服务体系。2017年4月，省文化厅总分馆验收专家组到大埔县进行试点验收，根据《广东省文化厅关于公布第一批图书馆、文化馆总分馆试点验收结果的通知》文件，县文化馆总分馆试点工作得到省专家的认可并全面验收通过。2. 图书馆评估定级、总分馆建设顺利开展。2017年5月，组织县图书馆对照评估条件开展评估定级工作，成立领导机构，制定实施方案并下发通知，开展前期调查摸底和初评、收集资料、系统上报和申请经费阶段。8月，第六次全国公共图书馆省评估定级专家组通过实地察看和听取报告对大埔县开展第六次全国县级以上公共图书馆评估定级工作开展评估。同时，根据《大埔县2017年图书馆总分馆试点建设工作实施方案》的要求，争取资金182万元，试点工作以县图书馆为总馆，茶阳镇等镇综合文化站7个分馆的目标任务进入收尾阶段，总馆与分馆间全部实现通借通还，为创建国家二级图书馆奠定基础。3. 文化驿站、农村文化俱乐部、基层综合性文化服务中心和乡镇文体广场示范点建设完成。2017年年初制定、下发《大埔县数字化文化驿站（台）建设项目实施方案》《关于做好2017年度“三多三促”农村文化俱乐部建设工作的通知》《关于印发大埔县行政村（社区）综合性文化服务中心建设工作方案的通知》等项目实施方案，并成立专项工作领导小组。县文广新局发挥职能部门作用，到镇、村建设点开展业务性指导，协助各镇、村开展建设工作。规划建设的10个文化驿站、28个“三多三促”农村文化俱乐部、158个综合性文化服务中心和茶阳镇、大东镇文体广场示范点建设工作均已如期完成。12月，市检查验收组对大埔县农村文化俱乐部建设工作进行检查验收，有18个建设点通过检查验收，居全市最多，其中桃源镇新东村《敦本堂》、西河镇下黄砂村《仁和居》获评市级示范奖；县文广局再次获评梅州市“三多三促”农村（社区）文化俱乐部建设优秀组织奖。4.图书馆、博物馆免费开放。图书馆全年办理读者证381份；总接待读者36万人次，书刊借阅4.6万册，其中移动图书馆下载量10万册。博物馆全年开馆日达360天，接待上级领导、海内外游客及社会各界人士33万人次(其中大中小学生12.35万人次，海外人士3.45万人次)，馆内义务讲解1245场次，下乡讲解42场次。

【群众文化活动】组织春节、元宵、国庆等重要期间文娱活动。2017年，组织县广东汉剧传承中心、文化馆、汉乐研究会等单位在大年初一至初四、元宵节、国庆节分别在县文化广场、西湖公园万人广场、西湖汉乐厅等地举办迎新春文艺演出、百姓舞台大家乐、广东汉乐演奏专场、群众广场舞表演等迎新春活动；开展“油菜花旅游文化节”、“南粤古驿道”定向大赛、“纪念三河坝战役90周年”文艺演出活动，弘扬红色革命精神和优秀传统文化。组织开展大埔县2017年群众文艺创作研讨会暨文艺采风活动。2017年5月，带领全县群众文艺创作作者40人到兴宁市举行群众文化创作会和文艺采风活动，梅州市文化馆创作调研部主任李伟东专程到场指导活动。2016年群文作品获丰收。其中由黄培婷、李雅创作的小品《不关我的事》和由廖海力、饶海燕、张玉春创作的快板《学费》均获2016年度广东省群众文艺作品评选二等奖。全年《大埔文艺》出版发行3000册。6月9日晚在西湖公园百姓大舞台成功举办“大埔县2017年‘文化和自然遗产日’非物质文化遗产”艺术展演。组织文化馆及广东汉剧传承保护中心演职人员参加梅州市首届客家文化（非遗）艺术周展演，选送的节目客家山歌和新编现代广东汉剧《青春无愧对夕阳》获一金、七银、五铜以及剧目奖14个奖项，打响大埔县客家文化品牌。联合举办2017年大埔县“龙湾杯”唱响大埔优秀歌曲广场舞大赛。

【文化民生实事】1. 开展“面向特定人群的免费观影活动”。为创建省级文明城市、卫生城市，争取省拨资金29.47万元，通过免费观影的形式，向环卫工人、残疾人士、低保对象等特定人群提供服务，与县嘉和影院签订合同，开展该项工作，观影票已发放至特定人群手中。2. 开展文化下乡活动。2017年，举办“客家香格里拉——文化大埔周六文艺晚会”“百姓舞台大家乐群众文艺活动”“广东汉乐、汉剧专场演出”“新春系列文艺会演”“美丽家园你我共建”等惠民演出活动。11月起，利用财政部、文化部拨给的流动舞台车，分别到镇村、社区、重点项目工程、军队、学校开展大埔县宣传中共十九大精神暨“精准扶贫 精准脱贫”送戏下乡巡回演出活动，观众反响热烈，收到明显效果。全年送戏下乡演出152场次。同时，开展“戏剧进农村”“戏剧进校园”演出活动。农村电影服务队“送电影下乡”完成2940场农村电影放映任务。3. 解决乡镇（公社）老放映员历史遗留问题。根据广东省新闻出版广电局、广东省人力资源和社会保障厅、广东省财政厅《关于印发〈广东省关于妥善解决乡镇（公社）老放映员历史遗留问题的实施意见〉的补充意见的通知》精神，制订《大埔县解决乡镇（公社）老放映员历史遗留问题试行方案》和做好 2017 年发放放映工作年限的经费预算并上报县政府、县财政局及市文化广电新闻出版局。3 月，基本完成乡镇（公社）老放映员放映工作年限补助款的发放工作。至 2017 年符合发放条件的乡镇（公社）老放映员 19 人，发放总金额 24.15 万元。

【文化遗产保护】1. 文物方面。至 2017 年底，全县有文物保护单位 113 处，其中国家级 1 处、省级 17 处、市级 20 处、县级 75 处。2017 年，开展第十一批县级文物保护单位的资料采集、审核工作，并将“华萼楼”等 9 处建筑公布为第十一批县级文物保护单位；将“史庐”等 5 处县级文物保护单位申报为第五批市级文物保护单位。开展第九批省级文物保护单位的申报工作，编制“中共南委机关旧址”等 7 处市保的申报文本，报市局转呈省文物局审批。完成“光禄第”“泰安楼”“花萼楼”“三河中山纪念堂”4 处省级文物保护单位的保护规划编制工作，已通过省专家评审，呈报省人民政府进行公布。推进“一斗堂”“邹鲁故居二期”“中共华南分局五级党委旧址”“三河坝古城墙”维修工程，并定期对四项工程进行检查指导；至 2017 年底，“中共华南分局五级党委旧址”维修工程已完工，并进行初步验收，送县财政局审核。2017 年 3 月，国家级文物保护单位“父子进士牌坊”出现险情，第一时间向上级汇报情况，根据省专家的现场指导和抢险意见，聘请有甲级文物维修资质的潮州市安装总公司对出现险情的父子进士牌坊用钢管架进行支撑加固，对其周边进行围闭隔离；将尽快争取上级资金进行整体修缮。全年巡查省级文保单位 68 次，市级文保单位 35 次，县级文保单位 70 次，并根据巡查情况，对全县各级文物保护单位的安全风险级别按红色风险、橙色风险、黄色风险、蓝色风险进行分级，提出预警；及时掌握文保单位安全情况，做到文物安全属地管理，层层落实文物安全管理责任。对全县 14 个镇进行专项督查，检查各镇贯彻落实“关于做好全县各级文物保护单位消防安全工作的通知”情况，推动各级文物保护单位及特色民居的消防安全工作。2. 非遗方面。参与闽粤赣边客家戏剧联盟，推动戏剧传承发展。2017 年 1 月，由福建武平县文体广新局牵头，闽粤赣三省 11 个剧团自发组建的客家戏剧联盟成立大会在福建省龙岩市武平县举行；大会通过《闽粤赣边客家戏剧联盟章程》，选举产生第一届联盟主席单位，并为 11 个初始成员单位进行授牌。开办广东汉乐、汉剧免费培训班，培育后继人才。由县委组织部、县文联、社科联联合县文广新局和汉乐研究会等单位共同举办为期一个月的暑假广东汉乐、汉剧免费培训班，2017 年 7 月 15 日在大埔小学举行开班仪式，8 月 19 日晚在县城田家炳演艺中心翰林剧场举行青少年暑期免费汉乐汉剧培训班结业会演。非遗保护、申报工作稳步推进。做好广东省第七批非物质文化遗产保护名录和梅州市第六批非物质文化遗产项目代表性传承人的申报工作。10 月，大埔县申报的广东汉乐、广东汉剧、光德陶瓷烧制技艺、西河老鼠粄制作技艺 4 个项目共 7 人（陈以灿、庄长江、余玉其、郑永华、黄志超、黄孟君、丘怀玲）被梅州市人民政府公布为梅州市第六批非物质文化遗产项目代表性传承人；11 月，大埔县上报的项目《西河漳溪墟扫街灯》被广东省文化厅公布为广东省第七批非物质文化遗产保护名录。2017 年 12 月，大埔县成功创建国家非遗保护传承观察点，被文化部批准公布，是广东省2018年唯一的观察点。

【文化市场监管】2017年全县出动检查6144人次、车辆1536辆次，开展“扫黄打非”领域专项行动6次，开展安全生产联合执法行动5次，检查互联网上网服务营业场所528家次，歌舞娱乐场所408家次，游艺娱乐场所48家次，图书报刊门店264家次，印刷企业、复印门店108家次，音像制品门店156家次，影剧院24家次。实施行政处罚案件10宗；取缔游商地摊5处；收缴非法书刊3340册，收缴侵权盗版光碟1210张；在“全国文化市场监管服务平台”报送执法信息18篇；出版“扫黄打非”简报2期；受理各类举报3件，办结率、满意率均100%。

【文化创意产业】主动参加每年在深圳举办的国际文化产业博览会。2017年在第十三届中国（深圳）国际文化产业博览交易会期间，为向客商们展示大埔县别具特色的客家文化，县文广新局在主会场设置陶瓷专馆，准备了青花瓷、白玉骨瓷及创意陶瓷等艺术作品参展，吸引众多客商的眼球；还参加11月在梅州市举办的第五届客家文化创意产品博览会。申报省、市文化企业发展专项资金。做好2017年度梅州市文化产业发展专项资金申报工作。2017年，全县申报有开展百侯非遗和文化文物资源活化利用工作、出口文化陶瓷研发设计服务和培训项目、怡丰园陶瓷文化创意示范区、“艺韵北塘”客家艺术衍生品开发项目、广东省富大陶瓷文化发展股份有限公司、广东吉玉陶瓷股份有限公司6个项目，申请资金共450万元。2017年有两家企业广东省富大陶瓷文化发展股份有限公司和广东省大埔县溪山陶瓷股份有限公司争取上级资金110万元。根据《广东省文化厅关于开展省级文化产业示范园区创建、认定工作的通知》文件要求，推荐大埔县陶瓷文化创意产业园为省级文化产业示范园区资格，已获省文化厅批准。

县文广新局负责人名录：

局　长：吴启兴

副局长：丁明昌　张领华　罗彩霞（女）

（*杨建海　廖子逸*）

客家文化生态保护

【简述】2017年，大埔县客家文化生态保护示范区管委会以“红色文化、客家文化、农耕文化”为主题，以建设中国客家文化生态保护示范区和韩江（大埔）客家文化旅游产业带为抓手，做好客家文化保护传承、挖掘利用、宣传推介、深度融合等工作，推进大埔县国家级客家文化生态保护示范区建设，提高大埔文化软实力，做大做强做旺文化旅游产业，助推文化旅游产业的振兴发展。

【发展小吃产业】宣传《关于加快文化旅游产业发展的实施意见》和《大埔县客家小吃产业发展工作实施方案》等小吃扶持惠民政策，发动大埔、梅州、广州、深圳及省外等地经营大埔小吃的业主，申请开办“大埔小吃”品牌店，对达到统一店面标准、工艺制作标准和质量标准“三统一”要求的大埔小吃品牌店店主，给予一定的资金扶持，培育扶持小吃产业发展。通过各种有效宣传和发动，“大埔小吃”品牌店以县城为中心，辐射乡镇、省内其他大城市。至2017年底，已在大埔县城、深圳、佛山等地挂牌营业的“大埔小吃”品牌店有41间，还有30间经营大埔小吃的店主正在申请完善办理之中。与县人社局、金帆实业有限公司合作，以大埔小吃文化城为依托，做好“大埔小吃”的宣传、孵化与人才培训及研究工作。2017年，县客家文化管委会、县人社局和大埔小吃文化城瑞锦职业培训学校共联合开办7期大埔小吃制作培训班，免费培训328人。与大埔小吃文化城共同研发出鸭松羹、忆子粄、艾粄等

20 款速冻熟制小吃，并获得 SC 食品生产许可证；同时，申请获得“赞粄”商标，大埔小吃赞粄品牌系列产品于 6 月获“岭南名小吃”称号，大埔小吃文化城获“食在广东”品牌餐饮企业等称号，擦亮中国小吃名县品牌。

【落实公司融资项目】适应形势发展需要，做强做大大埔客风文化旅游开发投资有限公司，公司在原有经营范围的基础上，更改增加水利、污水处理、市政及交通基础设施建设等经营项目。公司落实大埔县村村通自来水工程建设和镇级污水处理设施建设项目融资方案，作为该项目保证单位，在县金融办的具体指导下，与农发行大埔县支行实现业务对接，将划入公司的县旅游服务中心、大埔小吃文化城及大埔县文化中心三项房地产评估值作为银行信贷担保金，按照银行信贷程序，完成大埔县村村通自来水工程项目 8200 万元专项建设基金保证担保额度 5200 万元和大埔县村村通自来水工程项目 2.25 亿元贷款保证担保额度 4800 万元融资贷款相关手续；沟通协调推进镇级污水处理设施建设项目。

【宣传推介客家文化】办好办活《大埔县建设国家级客家文化生态保护示范区·工作简报》，全年出版《工作简报》42—52 期；配合编印出版《源流特刊·大埔客家民俗风情》《诗文集萃》等书籍；充分利用微信平台和户外大屏幕宣传客家文化生态保护区建设情况；配合抓好 2017 年坪山梯田油菜花旅游节暨广东省摄影大赛颁奖活动、梅州市百人诗会活动、坪山梯田首届“开耕节”，协助拍摄《战地黄花》《血战三河坝》等一批电视专题纪录片；配合做好央视科教频道《味道》栏目组和央视农业频道（CCTV—7）《美丽中国乡村行》栏目组拍摄工作。通过各种各类活动和平台，以“文化大埔、印象大埔、走进大埔、感知大埔”为主题主线，推介大埔十一大文化，宣传全县文化旅游产业，助力全县精品文化旅游产业发展。在 2017 年 11 月梅州市首届腌面大赛上，大埔小吃品牌店“竹升大埔手工面馆”“记得来小食店”“早点到面店”进入 20 强，其中“记得来小食店”获“梅州十佳腌面店”。

【推进“两学一做”学习教育】学习贯彻中共十九大精神，开展“两学一做”学习教育，通过读原著、学原文、悟原理，引导党员干部以知促行，做讲政治有信念、讲规矩有纪律、讲道德有品行、讲奉献有作为的合格党员。“七一”期间，结合纪念建党 96 周年，组织党员开展一次“重走革命旧址，传承红色精神”主题党日活动，前往革命老区福建龙岩上杭古田会议会址开展党日活动，重温古田会议精神。同时，完善和健全各种制度，用制度管理好人、财、物；加强党员干部的日常监管，抓好班子建设和队伍建设，推进“两个责任”落实，形成“忠诚干净担当”的创业干事新常态，树立全县客家文化队伍良好形象。

县客家文化管委会负责人名录：

主　任：蔡永斌

副主任：丘莹莹（女，—2017.12）

张永利　刘进伟

（蓝伟明）

文 联 工 作

【文艺活动】1. 在重要节庆期间开展文艺活动。2017 年县文联组织举办多项活动。春节期间，组织 20 名书协、诗社会员在县城文化广场、银江镇、大东镇等地开展为民义务挥春活动，送出春联 800 对；并在县城文化广场组织举办迎春摄影作品展，在西湖公园万人广场举办汉乐演奏和广场舞表演活动。3 月上旬，在大埔举办坪山梯田油菜花旅游节期间，组织举办“梅州市第十六次百人诗会”，中华诗词学会、广东中华诗词学会、广东岭南诗社、梅州嘉应诗社、梅州各县(市、区)诗社代表等100人参加活动。4月，在“客家香格里拉”微信平台展出“庆祝建军90周年、纪念三河坝战役90周年将军书画展”，展出由县书协主席张晋奇提供的共和国将军书法作品30幅。10月中旬，组织举办“庆祝中共十九大胜利召开·大埔县书画作品展”活动，展出县书协、美协会员作品90件，并将参展作品结集出版。2. 在发挥职能作用上开展文艺活动。2017年4月，协助组织举办第二季《中国新歌声》全国城市海选大埔赛区的海选工作，举办2场初赛、1场复赛、1场决赛，评选出大埔十佳歌手。6月中旬，在三河镇梓里村组织举办“广东省古村落——梓里村”挂牌揭幕仪式暨《乡梓故里》首发式。7月中旬，组织举办“2017年大埔县客家山歌知识讲座”，邀请山歌大师余耀南为60位学员作一场讲座。11月中旬，组织县汉研会乐手参加梅州市第五届客家文博会大埔馆演出和梅州市客商大会“大埔之夜”文艺晚会演出。12月下旬，组织举办“翰墨丹青·耄耋华章——张达文、郭志群书画艺术暨收藏作品展”活动。指导县舞蹈协会全年组织广场全民健身活动345场次，培训骨干260人次，推广新舞20曲，全年累计参加活动10万人次，同时，还组织舞协会员参加“三八”节、“五一”节、重阳节等活动表演。

【文艺交流】2017年，1月中旬和3月下旬，分别邀请广州市海珠区文联文艺家一行50人和广东省老干书法研究会书法家一行20人莅临大埔开展文艺交流活动，增强两地文艺家的友谊，对提高大埔县文艺水平有促进作用。4月下旬，邀请梅州广东汉乐协会莅埔举办“古韵缘·梅埔情——迎‘五一’梅州·大埔广东汉乐交流音乐会”，两地60名乐手进行交流，为增进地区间的文化交流、传承发展广东汉乐起到作用。8月上旬，邀请中华诗词学会秘书长刘庆霖莅临大埔访问讲学，为县内200位诗词爱好者作一场《诗与诗性思维》的讲座。9月下旬，新加坡南洋客总华乐团一行60人应邀莅临大埔开展文化交流活动，与县汉研会等文化单位联合举办一场“古韵缘·客乡情”专场音乐会。10月中旬，为喜迎中共十九大胜利召开，组织举办“喜迎十九大·文脉颂中华——国家级非物质文化遗产‘广东汉乐·汉剧’梅州·大埔·蕉岭三地文化交流演出”活动。11月上旬，为庆祝中共十九大胜利召开，联合韩江画院，邀请广东画院、梅州市美协、兴宁市美协等单位画家到西河北塘新农村建设示范村开展采风交流活动，对县美术事业的发展具有促进作用。11月下旬，邀请深圳市龙岗区横岗、园山街道文艺家一行40人莅临大埔开展汉乐、汉曲、客家山歌、书画等文艺交流。2017年，还组织县汉研会、书协、美协、摄协、诗社等协会组织会员到县内外开展采风交流60场次。

【文艺创作】2017年，组织协会会员深入基层采风创作，精品频出，在全国、省、市各类比赛中佳绩频传。在省、市群文创作作品评选中，获奖作品名列全市前茅，其中黄培婷、李雅的小品《不关我的事》和廖海力、饶海燕的快板《学费》获省二等奖，罗亦欢的歌曲《你的名字叫人民》获省三等奖，此外，还有三个作品获市一等奖、四个作品获市二等奖、两个作品获市三等奖。由中国音协会员罗亦欢作曲的歌曲《月光光小唱》《啊，客家女》获广东省第三届客家新民歌歌曲作品征集活动优秀歌曲作品奖，《梦的深处是故乡》获“我的小康·我的梦”山东省首届正能量歌曲大赛银曲奖，《人民万岁》获郑州市第三届群众文化艺术节《郑州声音》首届原创歌曲大赛优秀奖。书协陈子润的书法作品入选“正山堂”杯全国第三届茶文化书法大赛、首届“麦华三”杯全国书法篆刻大赛、2017“红棉”杯广东省青年书法篆刻大赛，硬笔书法作品入展全国第三届硬笔书法家作品展览。音协杨冠涛、杨晓黎、张伟滔合作的合唱节目《我和我的祖国》在广东省中职学校师生文明风采大赛中被评为一等奖。组织美协会员参加“梅江颂·海丝情”梅州海丝文化大型画卷创作活动，有四位会员四幅作品入展。选送书协会员作品参加梅州市书展，有四位会员作品入展梅州市第五届书法篆刻临作展，有 10 位会员作品入展梅州市纪念叶剑英元帅诞辰 120 周年书画展。县摄协选送摄影作品参加省展，有 19 件作品获奖。加强与教育部门协作，开展硬笔书法进校园活动，提高学生的硬笔书法水平，在 2017 年第八届广东省中小学规范汉字书写大赛中，有 2 位学生获特等奖。县舞协“文化广场健身队”参加梅州市“舞动芹洋·舞比幸福——集体舞大赛”获三等奖；参加“喜迎十九大·最美中国梦——2017 年大埔县‘龙湾杯’唱响大埔优秀歌曲广场舞大赛”获二等奖。编辑出版《红山茶》(14)、《汉乐研究》(29)、《大埔墨缘》(15)、《万川诗萃》(25)、《诗苑耕耘二十秋》、《诗画大东》、《百将墨迹（四）》等一批文艺书刊。同时，支持鼓励会员出版个人书籍，蓝巨案编著的《湖山轩诗文稿》、蓝昔茂编著的《蓝昔茂诗文续集》等。

【文化品牌打造】1. 打造古村落品牌。抓好第六批“广东省古村落”申报工作。2017 年，完成百侯镇侯北村的“广东省古村落”申报工作。在打造古村落品牌工作中，还利用客家古民居来建设美术馆、书画院等文化设施，以此来活化古民居，发挥古村落的文化功能作用。联合韩江画院利用西河镇北塘村古村落的客家古民居建成美术馆，利用湖寮镇古城村古村落的客家古民居“承思堂”建成“承思堂书院”等。2. 打造中华诗词之乡品牌。在 2016 年大埔县获评“广东省诗词之乡”、县张云栽实验小学获评“广东诗教先进单位”的基础上，2017 年推进诗词进机关、进学校、进农村、进社区、进景区、进企业的诗词“六进”工作，取得实效。同时，将大埔县申报全国“中华诗词之乡”，将县张云栽实验小学申报“全国诗教先进单位”，已按要求完成相关材料并申报中华诗词学会。3. 打造广东汉乐品牌。7 月，组织举办 2017 年暑期青少年广东汉乐汉剧培训班，免费培训青少年学员 300 人。同时，加强对“女子汉乐团”的培训工作，培训女子乐手 60 人。指导光德、高陂、洲瑞等汉研会分会筹措资金举办青少年汉乐培训班，成效明显。组织县汉研会结合实际开展“广东汉乐镇村行”活动，到相关镇村演奏汉乐 8 场。联合县广东汉剧传承保护中心培训打造大埔小学少儿汉乐团，成绩喜人。同时，开展汉乐活动，每星期一、四、日坚持在西湖公园公颜汉乐汉剧厅开展汉乐演奏活动，平时不定期组织汉乐“私伙局”活动等。

【队伍和阵地建设】1. 抓好队伍政治理论学习。组织单位干部职工和协会骨干学习中共十八届历次全会精神和习近平总书记在文艺工作座谈会、中国文联第十次全国代表大会、中国作家协会第九次全国代表大会上的重要讲话精神以及中共十九大精神。2. 强化协会班子建设。县诗社进行换届选举，县书协、县美协、县摄协等协会调整充实理事成员等，提高协会的凝聚力和向心力。3. 发展各级协会会员。县美协新吸收会员 7 人；县书协新吸收会员 10 人，1 人加入省书协；县汉研会新吸收会员 11 人；县摄协新吸收会员 5 人，4 人加入市摄协，7 人加入省摄协；县舞协新吸收会员 8 人；县硬协 1 人加入省硬协。4. 加强协会会员联络沟通。组织会员开展交流采风活动，增强文联和协会的向心力和凝聚力，提高会员的创作热情，提高作品质量。县汉研会在春节、老人节期间组织召开汉乐界老艺人座谈会，县书协、美协举办迎春茶话会和定期组织笔会等。

县文联负责人名录：

主　席：陈秀鸿

副主席：郭冬梅（女，专职）　陈介成　赖启方　林旭稳

（肖伟兰）

图书发行

【教材教辅发行】2017年，广东新华发行集团大埔新华书店有限公司完成集团下达的各项任务，实现全年营销收入1070.61万元，经营利润115万元。全年全县中小学教材发行码洋581.3万元（其中免费教材398.8万元，非免费教材172.8万元，拓展教材9.7万元），同比增长30.3万元，增幅5%，其中拓展教材增长码洋6.44万元。《目录》内教辅全年发行码洋296.9万元，同比增长5.9万元，增幅2%；《目录》外教辅发行235.9万元，同比增长13.1万元，增幅6%。

【门店销售情况】2017年，营销部及时清退滞销商品，优化商品库存结构，利用各种宣传手段开展宣传，并开展营销活动10次，提高门店销售；同时会员卡消费同比减少6万元，加上2017年8月开始市政建设购书中心门前及相临街道施工，影响门店销售，购书中心全年实现销售收入146万元，同比无增减。校园书店销售稳中有增，其中零售6.75万元，学校团购115.34万元，合计122.09万元，同比增长6.61万元；银江文化驿站销售1.08万元。开拓大中专教材市场，取得3所学校的支持，全年实现销售码洋24万元，同比增长22万元。2017年发行政治书籍《全面从严治党面对面——热点面对面2017》《论学习贯彻习近平总书记“7·26”重要讲话精神》《习近平的七年知青岁月》《习近平谈治国理政2》及十九大文件系列重要读物共计两万册，码洋18万元。

【擦亮品牌，回馈社会】2017年完成15个镇、226个村，8096户低保户的文化消费补贴25万元的产品配送。取得广东省书报刊发行业协会支持，于5月向大埔革命老区捐赠图书1.07万册，码洋40.96万元。响应大埔县委、县政府脱贫攻坚、建设新农村的号召，派公司员工到百侯镇武塘、东山两个村驻镇扶贫。

大埔新华书店负责人名录：

总 经 理：黄伟清

副总经理：陈新新（女）

（管干）

广播电视

【简述】2017年，大埔县广播电视台发挥党和政府的喉舌功能，围绕县委、县政府中心工作，以“坚守主阵地，弘扬主旋律，传播党的声音，服务地方发展”为主要任务，坚持一手抓宣传，一手抓经营，提升宣传质量，产业稳步发展，完善内部管理，加强队伍建设，各项事业保持健康稳步发展。

【广播电视宣传】1．打造、培育品牌栏目、节目。2017年，电视方面在《大埔新闻》中用系列报道形式推出“振兴发展看大埔”“两学一做促发展”“聚焦两会”“环境卫生整治在行动”等新闻专栏，重点系列报道有《全力打好四大攻坚战》《砥砺奋进的五年》《学习贯彻十九大精神》《新时代　新征程　新篇

章》等内容；《民生视线》中设立《民生关注》《记者巡城》《城乡扫描》《百姓故事》《生活提示》《新闻追踪》等新闻专栏。同时，打造和培育《教育与生活》《大埔卫生与计生》《大埔公安》等一批特色栏目、节目，形成县级广电传媒完整的新闻节目链。电台方面对播出节目进行改版和专栏节目创新。全天播出16小时，从早上6点开播至晚上22点播音结束。《大埔新闻》每隔一小时全天候滚动播出；推出《法治在线》《科技生活百事通》《健康直通车》《万川天地》《校园时空》《娱乐前线》《生活万花筒》《曲艺之声》《我带大家游大埔》等特色专栏节目，主题鲜明内容健康清新活泼，用爱编辑、用心播报，深受听众青睐。2. 专题片选材广泛、富有特色。2017年推出《美丽大埔航拍系列》（60集）、《人大代表风采》（每月两期）、《舌尖上的大埔》（10集）、《大埔：文化祠堂》、《韩江画院画家系列专题》等专题。同时，完成《万众同心打赢扶贫攻坚战》《青溪库区污染治理》《纪检工作知识竞赛活动》《大埔基层公共服务综合平台：打通便民服务最后一公里》《2017年大埔油菜花旅游节盛况》《风好正扬帆——大埔新农村建设纪实》《三河八一烈士纪念园专题》等专题片的采编制作。3. 加强网站建设，规范网站管理。根据《广东省人民政府办公厅关于推进基层政府网站集约化建设的通知》要求，对政府网站进行集约化建设，完善和调整相关栏目，至2017年年底完成部门网站关停和数据迁移工作；同时，加强县政府门户网站栏目板块设置，设立大埔要闻、报道大埔、图片新闻、部门动态、镇村动态、大埔经济、大埔文化、大埔旅游、大埔生态等栏目，按照要求及时更新领导之窗、重点项目、重点领域信息公开等专栏；每逢重大节日，政府网站设置特别专栏营造节日气氛。2017年年初对政府大院网络进行全面整改，网络安全防护进行升级改造，提高网络和网站的安全运行。4. 对外宣传亮点纷呈。围绕县重点工程和大项目，抓住亮点，精心策划，深入采访，使大批能反映大埔县重点工作动态的新闻稿件在上级电台、电视台播出，展示大埔风采，截至2017年底，梅州市电视台播出大埔台上送新闻580篇，在全市各县级台中排名第二。5. 重大活动报道有策划、有氛围。在坪山梯田油菜花旅游节期间推出《文化旅游看大埔》系列报道；清明节、端午节期间推出《我们的节日》系列报道、三八妇女节推出《妇女风采》系列报道、"五一"劳动节推出《致敬劳动者》系列报道、6月推出《聚焦高考》系列报道、七一建党节和八一建军节及国庆节推出《红色大埔》系列报道等。特别是在县委十二届二次全会重大会议召开后，做好各场活动的会前、会中、会后宣传报道工作，推出《全力打好四大攻坚战》系列报道。10月18—25日中共十九大会议在北京召开期间，于会前推出《砥砺奋进的五年》系列报道；会中及时宣传报道会议召开的盛况，采访社会各界人士，对十九大提出的政策、措施进行解读；会后及时做好学习贯彻的宣传报道，推出《学习贯彻十九大精神》和《新时代　新征程　新篇章》两个系列报道，让十九大精神深入人心。

【广播电视事业建设】1. 帽山微波站专用道路建设。2016年国家发改委安排中央预算内投资项目——帽山微波站专用道路水泥硬底化建设，自2016年12月中旬开始动工，工程稳步推进，至2017年12月底，工程已全面完工并完成验收工作。2. 实施中央和省节目农村无线覆盖工程。实施中央、省电台节目落地工程，在双髻山转播央广新闻、广东电台、梅州电台、大埔电台调频发射和覆盖；抓好广东省农村广播电视无线覆盖工程落地大帽山微波站，在大帽山转播中央节目（12套）和省节目（广东卫视、珠江频道、南方卫视、广东新闻），以及梅州电视和大埔当地电视的高山无线发射节目，让广大边远地区和山村的百姓能收听、收看、收好广播电视，特别是能收到市级和县级广播电视节目。至2017年年底，中央和省节目无线覆盖工程已全面完成并通过省局验收。3. 其他。对双髻山电视转播台大门门楼和两个凉亭进行维修，改善高山台工作环境。争取县委、县政府支持，更新一批电脑、发射机、摄录播等设备，改善办公条件，提高工作效率，提升节目质量。

【广播电视内部管理建设】2017年，台党组组织全台员工学习党的路线、方针、政策，学习中共十八大、十八届历次全会、中共十九大、习近平总书记系列重要讲话和对广东工作作出的“四个坚持、三个支撑、两个走在前列”重要批示精神，以及省委十一届八次全会、市第七次党代会、县委十二届二次全会和县“两会”精神，开展“两学一做”学习教育和纪律教育学习月活动，提高广播电视队伍的理论水平。加强各类人才队伍的建设。立足把大埔新闻栏目做大，把创收栏目做强，把摄、制、编、播等技术做精，实施“人才强台”“科技兴台”战略，搭建人才平台，做好业务培训；同时坚持以人为本，从严管理队伍建设。新闻中心、专题部坚持每周召开一次编前会，加强新闻工作者的道德建设，规范广播电视从业行为，推动广电事业发展。

县广播电视台负责人名录：

台　长：黄伟平（2017.8—）

副台长：黄伟平（—2017.8，主持工作）

罗明媚（女）　杨惠乔（女）

总编辑：杨延彝

（袁焕江　李欣）

党史研究

【简述】2017年，大埔县委党史研究室落实县委、县政府“红色土地绿色崛起”发展思路，推进党史征集、研究、编写工作，做好展示和宣传大埔红色文化、修缮和利用革命旧址及中央苏区县相关政策的调研工作。2017年度被中共大埔县委、大埔县人民政府评为全面工作表扬单位。

【三河坝战役90周年纪念活动】2017年是中国人民解放军建军暨三河坝战役90周年，为铭记光辉历史，传承红色基因，12月1日在大埔县举行纪念“八一”起义军三河坝战役90周年系列活动，由广东省委党史研究室、中共梅州市委、梅州市人民政府联合主办，市委宣传部、市委党史研究室与大埔县委、县政府承办。朱德之孙朱和平等将帅后代以及中央党史研究室第一研究部原副主任、研究员李蓉，中央党史研究室研究员、享受国务院特殊津贴专家王新生，省委党史研究室副主任陈春华，梅州市委常委、组织部部长杜敏琪等党政领导、专家学者80人参加会议。县委党史室与市委党史研究室、县委宣传部、县委办公室等有关部门做好对接工作，邀请省、市领导和中央、省级党史专家80人参加会议，做好联络和会务工作。此次三河坝战役90周年学术研讨会圆满举办，学术研讨会收到论文50篇，并编辑印发《纪念八一起义军三河坝战役论文集》。与会专家学者从不同角度畅谈三河坝战役的重要贡献、历史影响、现实意义等。各位专家学者从党史和军史角度肯定三河坝战役重大历史影响，认为三河坝战役是南昌起义、井冈山会师重大历史事件的关键联系点，也是朱德在建军历史中重要贡献以及领导人民军队进行新民主主义革命的开山之作。

【革命旧址修缮和开发利用】三河坝战役纪念园、中共南方工委纪念园、中央红色交通线纪念园、交通线站点旧址“棣萼楼”“缵诒堂”等革命旧址修缮、纪念设施建设项目列入梅州市补齐软硬基础设施短板重大工程的红色经典旅游项目，建设成效初显。在2016年获得市180万元修缮补助奖金基础上，2017年再次获得梅州市革命旧址修缮专项资金200万元用于中央红色交通线大埔中站、三河坝战役指挥部田氏宗祠和闽粤赣边区党委、边纵成立旧址的修缮工作。另外，协助大东坪山、洲瑞瑞山旅游景区的红色文化展示工作。承办3月6—7日梅州市党史室主任会议暨革命旧址、纪念设施修缮工作现场推进会在大埔县举行，并得到市委领导和兄弟市、县党史部门的肯定和认可。12月1日，在枫朗镇大埔角村中共南方工委纪念园举行闽粤赣边区革命历史陈列馆开馆仪式，邀请闽粤赣老同志及其后代代表、各分会代表、中共南方工委革命同志或革命后代代表等80人参加。同时，配合做好省、市红色村评选工作，三河镇旧寨村、枫朗镇大埔角村、茶阳镇太宁村三个村入选广东省红色村，西河漳北村也被省直机关工委选为红色村建设示范点。

【党史宣传工作】2017年，县委党史室配合县委举办纪念建军90周年县直机关新党员入党宣誓、“南粤古驿道·红色之旅”——庆祝建军90周年广东省系列徒步活动；配合相关部门完成《战地黄花》央视纪录片和《血战三河坝》纪录片的制作，朱德、李井泉、陈赓、罗明等红色后代三河坝寻根之旅，广东主流媒体“南粤星火路”综合采访报道、“八一”南昌起义专题采访报道等；筹办中国人民解放军建军暨三河坝战役90周年系列纪念活动；编印“红色大埔中央苏区丰碑永存”宣传折页；通过中央、省、市各级电视、电台、网络、报刊、杂志、微信以及党政机关宣传平台，提高革命史迹的曝光率和知名度。组写一批反映大埔重视红色文化打造、注重革命旧址修缮保护、党史工作动态的通讯稿在国家、省、市网站、刊物刊载，其中《梅州市全市党史工作会议在大埔召开》《大埔统筹规划加强革命旧址修缮保护和开发》《罗明后代回埔红色之旅》等分别在中共党史网、广东党史网、梅州党史网和《中国老区建设》、《红广角》、《源流》等杂志上发布，提升大埔党史的宣传力度。受邀分别给嘉应学院关工委及优秀团干部、大埔县中青班学员上党史学习课。

【党史征研编工作】2017年，结合纪念中国人民解放军建军暨三河坝战役90周年，编辑出版红色刊物《百将墨迹》；《中国共产党大埔县地方史》（第二卷）完成两次修改进入到统稿、内审阶段；编写《大埔党史》第30期；指导《大埔农运从这里开始——太宁农民运动纪实暨义训堂挂牌揭幕剪影》画册编辑出版工作。加强党史研究学习交流。7月，受邀参加浙江平湖纪念张堂坤烈士座谈会，两位代表在会上发言。12月，纪念三河坝战役90周年学术研讨会，全员参加座谈会，并有一位代表发言。撰写《国家和民族的栋梁——纪念叶剑英诞辰120周年论文》参加由广东叶剑英研究会举办的学术研讨会以及撰写《三河坝战役与朱德建军之路》入选纪念“八一”起义军三河坝战役90周年学术研讨会《论文汇编》。2017年6月，有两人入选苏区精神（广东）研究中心研究员。

县委党史研究室负责人名录：

主　任：黄佳清

副主任：黄志衡　甘海洋

（罗佳瑜）

地方志编修

【简述】2017年，大埔县人民政府地方志办公室贯彻落实国务院《全国地方志事业发展规划纲要（2015—2020年）》《广东省地方志事业发展规划（2016—2020）》及上级地方志工作会议精神，坚定文化自信，求实创新，扎实做好自然村落历史人文普查、地方志资源开发利用、大埔年鉴编纂、地方志信息化建设等工作，并推行权责清单制度，发挥“存史、育人、资政”的功效，真正起到服务中心、服务人民群众、服务经济建设的作用，推动全县方志事业的创新发展。

【推进自然村落历史人文普查】根据《广东省自然村落历史人文普查工作方案》的要求，着力于“一督四抓”，确保全县自然村落历史人文普查工作有条不紊推进。县政府将普查工作列入2017年县政府工作报告，并列入县政府主要工作事项进行督办。落实“四抓”。一抓普查表填写验收。印发大埔县文物保护单位、不可移动文物名录、非物质文化遗产保护名录、省级以上古村落和传统村落名单、传统节日主要民俗活动、行政区划隶属关系等参考资料，指导镇村普查人员开展普查表的填写。全县15个镇（场）1673个自然村的普查表于2017年7月30日填写验收合格。二抓《全粤村情·大埔县卷》初稿编写。按照《广东省自然村落历史人文调查》编写规范，依据验收合格的普查表内容分成五册，组织10多位编辑编写各自然村文稿，在编写过程中再次核对普查表内容的完整性和准确性，客观记述各自然村落的基本现状、历史沿革、人文特点，并结合文字内容配以随文插图。全县1673份《全粤村情·大埔县卷》初稿于2017年9月30日编写完成。三抓《全粤村情·大埔县卷》文稿总纂。按照《广东省自然村落历史人文调查》编辑规范、“大埔县自然村落历史人文调查总纂要点”的要求，组织6位总纂人员对编写好的《全粤村情·大埔县卷》初稿进行总纂，核实补漏，处理重复、雷同问题，突出村落特色，严把人物关，丰富充实随文插图。全县1673份《全粤村情·大埔县卷》文稿总纂于2017年12月31日完成。四抓《全粤村情·大埔县卷》文稿公示、送审。按照省方志办《关于做好全省自然村落历史人文普查结果公示的通知》和《梅州市自然村落历史人文调查文稿审查办法的通知》要求，文稿总纂完成后立即反馈回各镇村进行书面公示。公示结束后，组织总纂人员对镇村公示修改意见进行核实，并在总纂稿上修改完善，再经县审查验收小组复审全面修改后上送市审查验收小组终审。至2017年年底，全县的《全粤村情·大埔县卷》文稿已完成公示，送市终审第一、二、三册972份，占58%；《全粤村情·大埔县卷》文稿第一册已通过市终审验收，并送省出版。

【地方志资料年报和年鉴的编纂出版】1. 抓资料年报的质量和进度，确保年度任务圆满完成。指导、督促各镇（场）、各单位按资料年报报送要求，规范撰写，如期上报地方志年报资料，并严格审查验收每一份年报资料，通过审查验收的，指定专人、专室集中保管。至2017年底，完成2016年资料年报任务。2. 年鉴编纂精益求精，大埔年鉴的综合质量提高。精心设计《大埔年鉴（2017）》编纂总体方案（包括文字版和彩图版两大部分），以

2016 年编目为基础，结合年度特征，合理调整编目，及时催收稿件，落实责任编辑岗位责任制，对稿件反复核实、编辑加工、规范统一，并交叉统稿总编，保证了稿件的质量。全书总纂完成后，进行审读工作，并及时将送审稿清样分送大埔年鉴编委成员和广东人民出版社审定，并按所提意见修改成审定稿，付梓出版。12 月，全书 68 万字、硬壳彩页贴塑烫金精装的《大埔年鉴（2017）》由广东人民出版社出版发行。同时，按组稿要求，落实专人规范撰写《广东年鉴（2017）》和《梅州年鉴（2017）》的《大埔县》专稿并如期上报。

【志书编修】抓好重点，开展中国名镇志文化工程《茶阳镇志》的编纂出版工作。至 2017 年底，已经中指组复审。2017 年 12 月，《大埔县农业志（明清—1985）》出版发行。

【开发利用地方志资源】充分利用方志资源，为各级领导和政府决策提供准确的地情依据，为社会各界提供翔实的地情信息咨询，从而更好地服务于经济社会发展。年内，县方志办上报的《大埔县红色古驿道体验线路》规划建议项目已被省方志办立项。

【地方志信息化建设】1. 加强地情资料室建设。通过多种渠道、有力措施，丰富地情资料室馆藏书籍，藏书 2000 册，涵盖志书、年鉴、族谱、期刊、个人著作等。2. 加强地方志信息化建设。为更好地宣传推介大埔，改版大埔县地情网，调整完善栏目，将能反映大埔地方特色的时政新闻、地方志书、综合年鉴、地情书籍和地情资料（包括图片）数据发布上网，实现资源共享。2017 年，新发布地情书 1 部、综合年鉴 1 部、文章 173 篇、图片 400 幅。

县地方志办公室负责人名录：

主　任：张国华

副主任：黄万海　　肖继海

（连法全）

档　案　管　理

【档案行政管理】2017 年，大埔县档案局（档案馆）贯彻执行有关法律法规和业务工作规范规定，“一门式一网式”办事模式，对行政审批事项和审批结果实行“双公示”，及时更新和公布行政许可和社会公共事项、办事指南等，做到职权依据、行使主体、责任事项明确，公布行政事项监督部门和联系方式、执法人员名单，公开办事流程，接受人民群众的监督。推进社会主义新农村建设档案工作，加强镇、村（居委）档案的监督指导；加强档案保密检查，防止档案泄密；加强国家重点建设项目档案和专业档案工作的督促指导，特别是加强土地确权、地名普查、水利移民、会计等文件材料收集、整理、归档的监督指导，确保档案的完整齐全。同时，采用现场指导的形式，对有关单位档案员进行个别指导，引进社会服务，协助解决档案保管保护中遇到的问题。至 2017 年底，全县累计有 150 个单位档案目标管理升级 174 次，专题档案验收 4 次，测评 1 次。

【档案信息化工作】推进数字档案馆建设，加大档案事业经费的投入，加快档案信息化建设进程。100%完成馆藏档案文件级目录数字化，提高档案的查全率和查准率；投入资金 45 万元完成数字档案馆第三期建设项目，逐步实现馆藏档案全文数字化；开展未进馆档案电子目录备份，探索《数字档案室》建设，逐步实现档案资源区域共享。至2017年底，已著录档案电子目录56万条；累计投入经费95万元，已扫描档案150万页，占馆藏档案数量的32%。

【档案接收、利用】至2017年底，县档案馆馆藏档案全宗单位133个，馆藏文书档案总数6.06万卷1.99万件、照片档案3188张、资料8780册、政府信息9352件，其中2017年依法接收50个全宗单位的档案1290卷7208件，征集照片118张，收集现行文件1380件，接收资料81册。全年鉴定档案1305卷又68件，依法开放档案1103卷又66件，暂不开放202卷2件，方便人民群众查阅利用；为编史修志、为机关工作查考、机构改革、房产转让、市政建设调研、补充人事档案、平息群众争地上访、为工人退休办理社保等服务403人次，提供档案2930卷（册）又143件；收集政府信息1380条，接待查阅政府信息者38人次，提供政府信息130条、复印220页，发挥社会效益。发挥“两基地”功能。挖掘红色大埔史料，发挥爱国主义教育和学生德育基地功能，以充实档案事实依据宣扬红色大埔。

【档案培训、宣传】2017年，组织11名新上岗档案员参加省档案局举办的档案员岗位培训班。举办县档案员技能培训班两期，培训专（兼）职100人；同时，采用现场指导的形式，对有关单位档案员进行个别指导，协助解决档案保管保护中遇到的问题。结合“6·9”国际档案日活动，以“档案——我们共同的记忆”为主题的档案开放日宣传活动，印制1万份宣传彩页，通过邮政投递网络向全县机关、企（事）业单位、社会团体及人民群众等发放，宣传贯彻2016年11月及2017年3月修正后的《中华人民共和国档案法》《中华人民共和国档案法实施办法》。组织人员参加《档案报》举办的档案法律法规有奖竞赛，增强机关团体、企（事）业单位及人民群众的档案法律意识，做到遵法守法。依托《大埔县政府信息公开目录》网站平台主动公开政府信息，免费派送《广东档案》6期420份杂志等，架起档案部门与公众交流的桥梁。

县档案局（馆）负责人名录：

局（馆）长：林万水（—2017.10）

副局（馆）长：黄顺香（女，2017.10—负责全面工作） 余美兴

（*张赞发*）

医疗卫生和计划生育

【卫生强县创建】2017年，大埔县卫生和计划生育局重点抓好县级医疗项目建设。推进县人民医院改扩建工程建设。该项目总投资5.86亿元（含医疗设备），分二期施工。首期工程的感染科大楼已投入使用，住院大楼、医技楼和医院广场主体工程已完成，进入最后装修阶段；二期工程完成立项、环评和概念设计。推进县中医医院迁建工程、县妇幼保健院改扩建工程和县慢性病防治院门诊楼工程项目，三个项目共投资4.82亿元，采用PPP模式运作，于2017年10月30日动工。加强医疗设备装备建设。县人民医院2016年投入资金4853万元购置1.5T 核磁共振和64排螺旋CT等设备，填补大埔县多项医技检查

的空白，2017 年投入 1600 万元，购置妇产科彩超、全自动生化分析仪等设备；县妇幼保健计划生育服务中心投入 779 万元购置孕产妇四维彩超、唐氏筛查仪等设备；县中医医院投入 290.12 万元购置互联网+治未病全程健康管理系统医生工作站+健康管理机 1 套、全自动血凝分析仪等设备。

【计划生育服务管理】突出加强计划生育综合管理，稳定低生育水平。2017 年度，全县户籍人口 58.04 万人，出生人数 7750 人，出生率 13.35‰，人口自然增长率 7.19‰，政策生育率 97.33%，政策外多孩率 2.19%。全面两孩政策稳妥实施。落实计划生育利益导向四项制度，已将城镇独生子女父母计划生育奖励标准从每人每月 80 元提高到 120 元；2017 年 1—12 月全县城镇独生子女父母计划生育奖励 1.4 万人次，发放金额 168.18 万元。生育关怀行动、关爱女孩活动、计生保险和计生困难家庭帮扶救助等工作扎实开展。以创建全省计划生育基层群众自治示范县为目标，促计生基层群众自治工作开展。加强流动人口服务管理。

【医改工作推进】1. 公立医院改革铺开，全部取消药品加成。2017 年 1—10 月，5 间公立医院销售药品 5342.47 万元，让利群众 801.37 万元。按省、市要求同步调整医疗服务价格，将挂号费并入诊查费，调整后的门诊诊查费按定额纳入医保报销。2. 健全全民医保体系。落实整合职工和城乡居民基本医疗保险制度，城乡居民医保财政补助由每人每年 420 元提高到 450 元；推进按病种收费和二级医院推广临床路径管理，开展城乡居民大病保险工作。3. 深化医保制度改革。推行医保支付制度改革，定点医疗机构严格按照《广东省医疗保险诊疗常规》进行日常诊治。4. 完善门诊统筹制度。按照特定病种门诊报销循序渐进、逐步扩大的原则，把高血压（2 期）等 26 个病种纳入报销范围。至 2017 年 11 月 30 日，全县城乡居民医保大病补偿 2762 人，支付金额 1165 万元。5. 医联体工作取得成效。2016 年，3 间县级医院与对口支援的镇卫生院都签订了协议书，县人民医院对口支援高陂中心卫生院、茶阳镇卫生院、枫朗镇卫生院，县中医医院对口支援百侯中心卫生院，县妇幼保健计划生育服务中心对口支援大麻中心卫生院。2017 年，通过医联体建设，提高镇卫生院的医疗服务能力，对口支援的五个镇卫生院诊疗人数明显增加，业务收入明显增多。6. 推进家庭医生签约服务工作。开展家庭医生签约服务工作，优先覆盖老年人、孕产妇、儿童、残疾人等重点人群。至 2017 年 11 月 30 日，家庭医生签约服务 12.05 万人，覆盖率 31.5%；重点人群签约 9.23 万人，覆盖率 61%，贫困村中的精准扶贫对象和计划生育特殊家庭签约 100%。

【公共卫生保障提高】加强疾病预防控制能力建设，落实重大疾病防控任务，开展艾滋病、结核病、登革热、人感染 H7N9 禽流感等重点传染病防控工作，加强疫情监测和预防，抓好重点区域、重点人群防控，2017 年无重大传染病疫情暴发流行。落实常规免疫工作，严格接种单位和接种人员资质管理，做好地方病、寄生虫病和慢性病防治工作。

【妇幼服务增强】做好农村妇女增补叶酸预防神经管缺陷项目。2017 年，新增叶酸服用人数 2341 人，免费孕前优生健康检查 1858 对，完成目标人群任务 80.78%，查出高风险人群 346 对夫妇（633 人次），占 20.51%。做好预防艾滋病、梅毒母婴传播工作。2017 年免费为 3164 名孕产妇提供母婴阻断咨询及“三病”检测。做实农村妇女“两癌”筛查工作。根据省、市文件规定和要求，推进精准扶贫村农村妇女“两癌”免费筛查活动，2017 年 10—12 月完成 3448 名农村精准扶贫村妇女宫颈癌和乳腺癌筛查工作。

【无偿献血】采取多种形式宣传无偿献血科

普知识，2017 年 1—11 月开展无偿献血活动 5 场次，共 980 人次参加无偿献血，献血量 2.52 万毫升，确保救治病人临床用血的需求，保障人民群众身体健康。

【爱卫工作推进】提升“省卫生县城”创建成果，不断改善城乡环境，提高人民群众健康水平，推动经济社会协调发展，县委、县政府于 2017 年 10 月 17 日，召开创建国家卫生县城工作动员大会，各创卫成员单位按照县委、县政府的统一部署，迅速行动，积极主动开展各项创建工作。创建卫生镇、村工作有新进展。2017 年加大省、市卫生村创建力度，对有条件的村申报省、市卫生村，共创建省卫生村 21 个、市卫生村 25 个。

【卫计队伍建设】加强机关作风和卫计系统行风建设；开展“以德润医、崇廉守纪”专题教育活动和开展中共十九大精神和习近平新时代中国特色社会主义思想的大学习大培训工作；针对基础卫生院医护人员缺乏、编外人员比例大的情况，抓好公开招考医技人员工作，充实基层医务人才队伍，2017 年招聘 130 名专业人员。全年实现无公共安全、医疗安全重大事故发生，无集体上访现象出现，卫生计生工作大局稳定。

县卫生和计划生育局负责人名录：

局　　长：李益辉

副 局 长：吴海峰　黄小玲（女）

罗绮红（女）　刘红叶

党组副书记：杨建河（—2017.12）　杨伟钢

县红十字会常务副会长：谢书进

县爱卫办主任：丘国城（2017.12—）

（杨作周）

食品药品监督管理

【简述】2017 年，大埔县食品药品监督管理局坚持以保障人民群众饮食用药安全为中心，贯彻落实习近平总书记“四个最严”和国家总局“四有两责”要求，深化体制改革，打通大埔县食品药品安全监管“最后一公里”。采取日常监管与专项整治相结合的方式，做好“四品一械”安全监管工作，守住不发生重大安全事故的底线，保障了公众饮食用药安全。县食药监局被县委评为“2017 年度社会治安综合治理（平安建设）先进单位”和“2017 年度全面工作表扬单位”；稽查分局被省局评为“全省食品药品稽查工作表现突出集体”。同时，2017 年在市局食品食用农产品快速检测职业技能竞赛中，县局获得团体二等奖，李苑兰、何思浪分别获得个人一等奖、优秀选手称号；在省局竞赛中，张瑚获得个人三等奖。在市局食品安全标准知识竞赛中，池舒耀在个人排名中获得第四名。

【日常监管】针对纳入监管的 3000 家企业单位，坚持统筹兼顾、突出重点，以日常监督为主，彻底排除重大安全隐患点。食品环节确定以大型农贸市场、学校周边和大型超市、食品生产加工单位为重点监管对象，对与人民群众生活息息相关食用的农产品（含水产品）、米及米制品、面及面制品、肉及肉制品、乳及乳制品、食用油等进行重点品种抽检。药品（医疗器械）环节以药品经营企业 GSP 跟踪检查和落实药械不良反应检测为主要工作。同时，通过“六查六看”强化日常监管，指导经营户建立食品药品购销台账，落实索票取证、进货查验和规范宣传，对存在问题的经营户限期进行整改。采取企业自律、行政监管、群众监督，违规必罚、违法必究等手段，进一步落实安全主体责任。每逢节假日期间，为确保广大人民群众度过健康、欢乐、祥和的节日，加大对重点环节、重点品种和重点区域的排查，加强食品药品安全知识宣传，及时发现和消除食品药品安全隐患，防止食品药品安全事故发生。

【专项整治】根据省、市、县统一部署，为防范区域性、行业性、潜在性的食品安全风险，开展校园及周边食品安全专项整治、中药饮片专项整治、农村食品“扫雷”行动、打击食品非法添加“清源”行动、打击药品违法犯罪“雷霆”行动、不合格酒类专项行动、“南粤护老”专项行动、保健食品欺诈和虚假宣传整治、化妆品安全等20个专项整治工作，确保每次行动中做到有方案、有重点、有结果。2017年专项行动出动执法人员1026人次，检查经营食品药品企业1100家次。

【监督执法】根据省、市抽检工作要求及每千人1.5批次食品抽检任务，开展“四品一械”抽检工作。2017年完成772批次的抽检，其中药品95批、医疗器械3批、保健食品9批、化妆品11批、食品654批（流通459批、生产99批、餐饮96批），发现不合格产品10批。全年出动执法人员3449人次，检查食品药品经营企业3045家次，查处食品药品案件107宗，抽检食品药品772批次，没收假冒伪劣食品药品117批次，其中包括不符合食品安全标准的土榨花生油650公斤、假冒伪劣白酒760瓶，罚没金额合计约20.07万元。2017年6月，对查获的假冒伪劣食品药品、过期医疗器械等进行集中销毁，共计110种、170件，货值10万元。全年移送公安机关案件9宗，申请法院强制执行案件1宗。上报药品不良反应255宗、医疗器械不良事件100宗、化妆品不良反应17宗，超额完成年度上报任务；开展文明餐桌行动，与县文明办评选出10户文明餐桌示范店（户）获市一级评选；保障农村宴席和重大活动40宗，保障3.5万人次饮食安全。

【重点推进】抓食用农产品快速检测工作。对县城大昌市场、万川市场、东风市场、黎家坪市场开展每日快检工作，对大麻、百侯、高陂、茶阳四家乡镇市场进行每月不定期快检工作。2017年计划任务数1.15万批，实际快检1.52万批，完成率112.6%，超额完成省下达的任务目标，并在四个市场建立电子公告栏对快检结果进行公告。创建食品安全示范街、市级“放心肉菜示范超市”、市级化妆品市场安全治理示范区等名片工程，发挥食品安全示范的引领带动辐射作用，让人民群众买得放心，吃得安心，用得舒心。结合食品药品网格化监管工作任务，推动基层食品药品监管所建设和农村食品药品协管员队伍建设工作，建立健全的食品药品监管体系，延伸监管触角，消除监管盲区。

【宣传教育】根据依法行政、“七五”普法等工作要求，组织开展法律法规暨业务知识培训班，提高领导干部对法律法规、文书写作规范、现场检查要点等业务知识水平，减少在对法律法规认识上的误区，做到知法懂法，才能用法执法。通过电视台、网站等媒介，公开食品安全工作动态，让人民群众及时了解食品安全新情况。同时在县城四家农贸市场明显位置制作电子显示屏，每天及时公布快检结果和定期更新食品安全法律法规知识及相关小标语。向各类食品生产经营单位张贴、发放食品安全宣传相关资料3000份、发放新《中华人民共和国食品安全法》手册2000份，引导经营单位诚信守法经营，不断强化食品生产经营单位是“安全第一负责人”的责任意识和诚信意识。

县食品药品监督管理局负责人名录：

局　长：何聪华

副局长：陈克胆　丘德志　何振坤

（张帼妮）

体 育

【参加或承办大型体育运动会】

参加梅州市第八届运动会 2017年6月28至8月20日，梅州市第八届运动会在梅县区举行，大埔县体育代表团派出326名运动员参赛，其中竞技组235名运动员，参加田径、男女足球、男女篮球、乒乓球、羽毛球、举重、武术套路、跆拳道、拳击九个大项的角逐；学校体育组91名运动员参加田径、男子足球、男子篮球、乒乓球、羽毛球五个大项的比赛。竞技组获得金牌总数及总分均列第六位；金、银、铜牌分别为17.5枚、8.5枚、18枚（上届获得的金、银、铜牌分别为9.5枚、11枚、14枚）；总分652分（上届获总分539.5分）。其中强势项目举重获得7枚金牌，新设项目武术、拳击获3枚金牌，特色项目女子足球参加乙、丙组比赛均获第五名。学校体育组获958.65分，列第七位。竞技组和学校体育组共获综合团体总分1610.65分，列第七位。

承办"南粤古驿道红色之旅——庆祝建军90周年"广东省系列徒步活动（梅州大埔站） 2017年7月29日上午，由广东省委宣传部、广东省体育局、广东省住房和城乡建设厅主办，市委宣传部、市体育局和大埔县政府承办的"南粤古驿道红色之旅——庆祝建军90周年"广东省系列徒步活动（梅州大埔站）在"八一"起义军三河坝战役纪念园内举行启动仪式。市政府副秘书长梁志坚，市委宣传部、市体育局、梅州军分区相关领导，副县长饶凌云，县委办、县府办、县委宣传部、县人武部、县民政局、县体育局相关负责人及县消防武警官兵、三河镇干部职工、徒步爱好者共1000人参加活动。徒步线路途经三河镇余里村（古驿道）、三河大桥、朱德纪念大桥等地，全程约8公里。

承办2017年南粤古驿道定向大赛（梅州大埔站） 根据省、市、县政府有关工作部署，县体育局、百侯镇牵头相关县直部门做好2017年南粤古驿道定向大赛（梅州大埔站）的办赛工作。10月29日上午，2017年南粤古驿道"天翼高清杯"定向大赛暨中国南粤古驿道文化之旅（梅州大埔站）在百侯镇侯南村举行。省体育局局长王禹平、省体育局副巡视员王卫东、省通信管理局副巡视员杨云才、副市长张晨、省住建规划处处长朱国鸣、县委书记朱汉东、县长熊锋松等领导出席开幕式。参加大赛的省、市领导、嘉宾、媒体记者、运动员（600人）、裁判工作人员共有1090人。通过赛事的成功举办，展示美丽大埔形象、宣传推介大埔县农、副、土特产品和弘扬客家文化，开发富有岭南客家特色的体育休闲和体育旅游线路项目，力求实现"体育赛事搭台，经济文化唱戏"，推动全县体育与旅游、文化产业的融合发展。

【青少年竞技体育】2017年，大埔县青少年竞技体育取得成绩。1月，女足运动员杨莹被省体育局授予女足项目国家一级运动员技术等级称号；11月，杨莹参加2017"一带一路"（广西梧州）国际青少年足球邀请赛勇夺冠军。5月，女子举重运动员陈希参加2017年全国中学生举重锦标赛获女子69公斤级第三名；8月，陈希代表广东参加2017年全国少年举重分龄（13—16岁）锦标赛，夺得女子69公斤级抓举、挺举和总成绩的3项冠军。12 月，女足运动员罗思思代表梅州参加 2017 年广东省青少年女子足球乙组锦标赛获冠军，这一成绩改写了梅州女足 20 多年来参加省足球锦标赛从未夺冠的历史。

【群众体育】2017 年，大埔县群众体育工作成绩有百侯镇、县体育局局长余志国获国家体育总局表彰，分别被评为 2013—2016 年度全国群众体育先进单位、先进个人；县体育局、县老年人体育协会分别被省体育局评为广东省第十七届体育节“优秀组织奖”、广东省第十六届体育节“先进单位”（两届同 1 年评奖）。

【体育彩票】2017 年，全县体育彩票销售量 1550 万元。

县体育局负责人名录：

局　长：余志国

副局长：段定映

（涂伟东　何猛柱）

▲2017 年 5 月 15 日，大埔县举行“中国工农红军梅州大埔三河‘八一’红军小学”授旗授牌感恩捐赠仪式（曾繁昌 摄）

社会生活

人力资源和社会保障

【培训就业】2017 年，大埔县人力资源和社会保障局组织开展招聘会 46 场，进场企业 379 家，提供招聘岗位 1.15 万个，求职登记 6528 人次，成功就业 2423 人。全县城镇新增就业 2282 人，城镇失业人员实现再就业 2166 人，就业困难人员实现再就业 268 人，城镇登记失业率为 2.4%。组织劳动力技能培训 1068 人；新增劳动力转移就业 5397 人；发放劳动力技能补贴 989 人 148.85 万元。

【社会保障】2017 年，全县社会保险总参保人数 74.7 万人次，同比下降 1%；征收各项社保费 3.64 亿元，同比下降 44.8%；支付各项社保费 11.28 亿元，同比增长 21.98%。参加城乡居民社会养老保险有 19.74 万人，同比增长 0.38%，占市下达目标任务的 110.44%。参加 2017 年度城乡居民医疗保险人数 42.08 万人，占市下达目标任务的 98.24%。城乡居民医疗保险补助标准提高至每人每年 450 元，城乡居民养老保险基础养老金提高至每人每年 120 元，同时职工医疗保险基金年度累计最高支付限额从 8 万元提高到 9 万元，城乡居民基本医疗保险基金年度累计最高支付限额从 45 万元提高到 50 万元。城乡居民大病保险起付标准从 1.2 万元降为 1 万元，报销比例统一调整为 70%，年度最高支付限额从 15 万元提高到 16 万元；城乡五保供养对象、建档立卡贫困人员的大病保险起付标准下调至 2000 元，报销比例提高到 80%，不设年度最高支付限额。全国跨省异地就医上线 225 家医疗机构，纳入全省异地就医直接结算平台的定点医疗机构 446 家，覆盖全省各地级市主要定点医疗机构。

【人事人才】2017 年，全县招录乡镇和县直机关公务员 118 人，招聘县直和乡镇事业单位工作人员 434 人，招募“三支一扶”大学生 11 人，安置服务期满“三支一扶”大学生 2 人。机关事业单位养老保险完成参保登记，并实现征收和待遇发放。在全县范围内开展机关事业单位防治“吃空饷”问题长效机制专项督查工作。稳妥有序推进全县中小学教师职称制度改革并开展正常化工作。做好自主择业军转干部的管理服务和军转干部教育培训工作，落实企业军转干部待遇。

【劳动关系】2017 年，建立由政府分管领导牵头、相关部门参与的解决企业拖欠工资问题部门联席会议制度；开展欠薪、欠保、企业关停并转劳资纠纷专项治理；加强隐患排查和风险预警，落实工资支付保证金、应急周转金、建设领域工人工资分账管理等制度，加大行政司法联动打击涉嫌拒不支付劳动报酬犯罪行为；加大劳动保障法律法规宣传力度，落实劳动合同制度。推进劳动争议预防调解工作重心下移，劳动人事争议调解网络实现各乡镇全覆盖，全县有基层调解员 19 人，实现各镇（场）配备一名以上基层调解员；各类举报投诉和案件仲裁按期结案率 100%，劳动关系持续和谐稳定。

县人力资源和社会保障局负责人名录：

局　长：何赞营

副局长：黄元熙　吴萍萍（女）　刘赞华　刘志达

（何斯航）

社会保险

【简述】2017年，大埔县社会保险工作围绕县委、县政府的总体工作部署和目标任务，立足民生为本、坚持思路创新，以建立更加公平可持续的社保制度为目标，以实现社保人群全覆盖为工作重点，推进社保业务标准化、规范化、信息化建设。各项工作稳步有序开展，均按计划顺利实施，发挥社会保险保稳定、惠民生、促发展的作用。7月，制定并下发《大埔县全面实施全民参保登记工作方案》。全年累计15万元用于挂点帮扶大麻镇的扶贫工作。全年信访63件，结案63件，结案率100%。

【落实社保待遇】2017年，执行有关政策，落实县政府工作报告主要工作事项安排，做好各项社保待遇的核发和调整工作。城乡居民基本养老保险基础养老金标准从每人每月110元提高到120元；城乡居民基本医疗保险补助标准从年人均420元提高到不低于450元；职工医疗保险基金年度累计最高支付限额从8万元提高到9万元，城乡居民基本医疗保险基金年度累计最高支付限额从45万元提高到50万元；职工医疗保险门诊特定病种报销比例统一调整为75%，城乡居民医疗保险门诊特定病种报销比例从60%提高到70%，门诊特定病种年度支付限额按病种在原限额基础上提高1000元至6.5万元不等；城乡居民医疗保险普通门诊每人每日每次最高支付限额从30元提高到100元，年度累计最高支付限额从150元提高到500元，报销比例从50%提高到60%；城乡居民大病保险起付标准从1.2万元降为1万元，报销比例统一调整为70%，年度最高支付限额从15万元提高到16万元；城乡五保供养对象、建档立卡贫困人员的大病保险起付标准下调至2000元，报销比例提高到80%，不设年度最高支付限额。

【机关事业单位养老改革】2017年下半年，县社保局联合县人社局召开机关养老改革工作会议，对各参保单位进行业务培训，推进工作的开展。大埔县于2016年10月全面启动全县机关事业单位养老保险参保信息登记工作，对2014年10月至2016年10月机关事业养老保险参保人员的个人缴费进行清理、核对，已完成全县225个单位的参保信息登记工作并已提交上线省机关事业单位养老保险管理信息正式系统，成功清退原机关事业单位个人缴费6400人约1.35亿元到各单位的基本养老账户，于2017年10月1日起启动大埔县机关事业单位养老保险费征缴工作，11月征收全县223个单位9848人1492万元；2017年11月1日起启动待遇发放工作，对全县5806个退休人员的基本退休费、工龄进行核定，按省、市关于机关养老改革三个100%（参保、缴费、发放）的要求，12月实现了核定后退休人员待遇的正常发放。

【落实便民惠民政策】截至2017年年底，全国跨省异地就医上线225家医疗机构，纳入全省异地就医直接结算平台的定点医疗机构446家，覆盖全省各地级市主要定点医疗机构，方便群众就医结算。健全大病保险管理服务，使参保群众在基本医疗保障后得到二次补偿，2017年已赔付城乡居民大病保险4922人次，补偿金额2012万元，减轻群众患重大疾病住院医疗费用负担。企业和机关事业单位退休人员基本养老金水平呈每年递增态势，2017 年总体调整水平为退休人员月人均基本养老金的 5.5%。退休人员的养老金水平得到提高，按照国家的部署，县社保局将调整增加的养老金按时足额发放到位。县社保经办服务大厅标准化建设于 2017 年 9 月完工，10 月正式投入使用，并做好人员和设备配备工作，实现标准化窗口办事，集中办事区域缩短办事时长，提高工作人员的办事效率。推进政务公开，同时配合县政务"一门式一网式"服务模式，借助"互联网+社保经办"，完成公共服务事项目录和办事指南编制工作，并将 38 个事项录入梅州市统一申办受理平台，上传办事指南和办事流程图，完成后社保数据实现与网上办事大厅对接，简化优化办事流程，方便企业和群众办事。

【社保基金风险防控】按照省经办风险管理专项行动要求，强化内部控制和外部稽核工作，把好支付关口，管好用好老百姓的"保命钱"，确保各项社保基金安全。根据省、市通知，2017 年 11 月 1 日至 12 月 20 日开展全县 6.43 万人的城乡居民养老待遇领取资格认证工作，采集参保人的生物特征（指纹、人脸、静脉）进行资格认证，防范和杜绝冒领养老金情况的发生。加强对定点医疗机构和定点零售药店的资格审查，在签订管理协议的基础上，会同人社、财政、审计、卫计等部门定期或不定期对其开展巡查，特别是涉及超范围检查、诊疗用药、出入院标准、挂床住院等违规情况进行稽核检查，2017 年抽调巡查人员 12 人深入各乡镇、各医疗定点机构进行 12 次巡查，强化对医疗服务行为和费用的监控，规范定点医疗机构服务行为。开展城乡居民医保涉农资金专项治理，组织工作人员到镇、村基层以及定点医疗机构开展专项检查，对检查发现的骗取资金的相关单位或个人，移交至相关部门查处。完善内控操作规程，定期开展内控制度执行情况检查，运用社保信息管理系统对电子数据与纸质资料进行对照检查，从制度和流程上防范风险，确保各项社保基金的安全、科学、规范和有序运行。

县社保局负责人名录：

局　长：官营生

副局长：朱品芳（女）　罗育彪

（陈文露）

民　政　工　作

【简述】2017 年，大埔县民政局围绕民生目标，聚力改革创新，推动新常态下全县民政工作新发展，为红色大埔实现绿色崛起做出应有的努力。2017 年度，被县委、县政府评为全面工作先进单位、机关作风先进单位、社会治安综合治理先进单位和计划生育综合治理先进单位。

【社会救助体系建设】从 2017 年 1 月 1 日起，城镇、农村低保标准分别从人月 500 元、340 元提高到 580 元、400 元；城镇、农村低保人均补差水平分别从每月 419 元、191 元提高到 457 元、206 元；城镇特困人员供养标准从人月 500 元提高到 930 元，农村特困人员供养标准从集中供养人月 610 元、分散供养人员 540 元统一提高到 680 元。从 2017 年 1 月 1 日起，提高孤儿最低生活养育标准。孤儿集中供养标准由人月 1340 元提高到 1450 元，分散供养标准由人月 820 元提高到 880 元。

城乡困难群众医疗救助“一站式”结算服务制度不断完善，全年筹集资金近1000万元，为2300人（次）城乡困难群体提供临时医疗和困难救助。在继续做好农房统保的基础上，投入资金70万元，为全县常住人口统一加入自然灾害公众责任保险。抓好民政救助对象与扶贫开发建档立卡人口的数据对比，专门组织有关人员到镇进村入户开展摸底调查，实施精准救助，促进社会救助与扶贫开发两项制度衔接。开展2017年“6·30”扶贫济困日系列活动，全县接受扶贫济困捐款395.5（到账数）万元。

【双拥优抚安置落实】2017年，全县定恤定补优抚对象优待抚恤补助按时足额发放，提高军队离（退）休干部的服务管理水平。完成全县2300名定恤定补优抚对象信息采集。开展解“三难”活动，全年投入资金80万元，帮助优抚对象解决生活、住房和医疗困难800人次。按“五有”标准建立和健全县、镇、村三级复退军人服务组织，县财政将县复员退伍军人服务中心办公经费从每年10万元提高到30万元，并按照“镇级不低于5万元、村级5000元”标准，将镇、村复员退伍军人服务工作经费一并列入财政预算；通过公开招考的形式，及时为镇（场）复退军人服务工作站配备合同制专职工作人员。接待城乡退役士兵105人，为149名2016年冬自主就业城乡退役士兵发放一次性补助金413.6万元，组织100名退役士兵参加全省免费中等职业技能培训。开展拥军优属活动，元旦、春节期间上门慰问驻梅、驻埔部队及优抚对象代表，营造军地、军民团结、合作、共建的氛围。

【基层民主政治建设】2017年，完成村、社区“两委”换届选举工作任务，全县256个村（社区）选出村（社区）“两委”干部1261人，村（社区）党组织书记、主任“一肩挑”比例87.5%，“两委”交叉任职率87.7%，党组织参选率95.1%，村（居）民参选率94.1%。印发《大埔县关于贯彻〈广东省村务监督委员会工作规则〉的实施细则》和《大埔县完善村务监督委员会制度工作实施方案》，完善村（居）务监督委员会运行机制。坚持党的领导、基层群众自治和依法协商有机统一，按照协商于民、协商为民的要求，推动城乡社区协商深入开展，保障人民群众享有更多更切实际的民主权利。制定并印发《大埔县培育村民理事会工作方案（试行）》，明确开展村民理事会建设的目的意义，提出村民理事会建设的具体目标。至2017年年底，全县57个省定贫困村完成村民理事会建设工作。完成全县256个村（居）公共服务站建设，为方便基层群众办事提供统一规范的工作平台。完成基层群众性自治组织特别法人统一社会信用代码赋码工作任务。

【专项社会事务管理】2017年，婚姻登记和收养登记依法依规办理，办理结婚登记3500对、离婚登记1155对，办理收养登记1宗。从严把登记初审关、年度检查关和实施统一社会信用代码制度入手，规范社会组织登记管理和服务，促进全县社会组织健康有序发展。大埔县第二次全国地名普查工作通过省级验收，有关普查成果的转化工作得到有效推进，地名公共服务水平提升，开展平安边界创建活动。提高对流浪乞讨人员的救助服务水平，接待求助人员421人，给予救助380人，协助县内相关部门安置精神病和危重病人20人，接收安置外地送回流浪人员5人，外送流浪人员14人。建立农村留守儿童关爱保护工作联席会议制度，开展以“合力监护、相伴成长”为主题的农村留守儿童关爱保护专项行动。对照粤东西北“双百镇（街）社会工作服务五年计划”有关要求，湖寮镇社会工作站各项工作落实到位，工作稳步推进。以县政府名义印发《大埔县殡葬事业发展“十三五”规划》，规范公益性生态墓地管理，提升殡葬服务水平，全年免除全县户籍人口殡葬基本服务费 600 万元。

【民政基础设施建设】2017 年，大埔县首家民办养老机构——大埔县龙运老年公寓全面建成并投入使用。筹集资金 600 万元，新建占地面积 506 平方米、建筑面积 2525.5 平方米、楼高 6 层的大埔县福利院老年公寓。筹集资金 300 万元，升级改造大埔县福利院（光荣院、托养院、儿童院、颐年院）内部设施，改善院民的生活居住环境。筹集资金 100 万元，完成县救助服务站规范化建设，改造后的县救助服务站按标准设立接待区、办公区、生活区，安装视频监控系统和安检设备，配备救助专用车辆。筹集资金 200 万元，重点抓好殡仪馆视频监控系统、火化炉的升级改造以及祭拜厅、丧属接待室、小广场建设，完善县殡仪馆相关配套设施。全县有 7 间农村居家养老服务站建成并投入使用，有 5 间村级居家养老服务站正在建设和计划建设之中。围绕“苏区典范、红色旅游目的地”的目标，投入资金 900 万元，提升改造“八一”起义军三河坝战役纪念园，成功举办纪念“八一”起义军三河坝战役 90 周年系列活动。

县民政局负责人名录：

局　　长： 罗海涛

副 局 长： 何伟燕（—2017.12）
赖国新（2017.12—）
廖万安　房惠霞（女）

党组成员： 邱云期

（黎明翔）

残联工作

【简述】2017 年，大埔县残疾人联合会贯彻党的十九大和习近平总书记系列重要讲话精神，抢抓机遇，突出重点，狠抓落实，务求实效，残疾人社会保障、康复、教育、就业等取得成效，残疾人生活状况改善。肖永志被大埔县精神文明建设委员会授予 2017 年度大埔县精神文明建设先进工作者。

【残疾人康复】2017 年，免费收训脑瘫儿童 31 名；完成白内障免费复明手术 332 例；假肢装配 31 例，配送辅助器具 305 件；精神病患者免费服药 247 例；新建 9 个、规范运行 6 个镇级社区康园中心，全年服务 300 名残疾人。贯彻落实《残疾人精准康复服务行动实施方案》和《广东省残疾人精准康复服务行动实施方案（2016—2020）》，2017 年为 40% 有康复需求的残疾儿童和持证残疾人实现康复服务。

【残疾人教育】2017 年，协助省残联做好普通高等教育残疾学生的报考工作，2 名残疾考生被普通高等院校录取。开展扶残助学活动，帮助 6 名残疾学子圆读书梦。完成 38 名残疾青壮年扫盲任务。

【就业扶贫】贯彻落实残疾人就业条例，2017 年，全县征收残疾人就业保障金 703.66 万元，按比例安排残疾人就业 95 人。县残联举办培训班 10 期，培训 246 名残疾人，推荐 188 名残疾人实现就业。县残联福利企业——大埔漳联瓷业发展有限公司集中安置残疾人就业 68 人。

【社会保障】在 2017 年春节、助残日、肢残日前后，组织协调县直有关部门和社会各界关心残疾人生活，开展慰问活动，慰问残疾人户 95 户，慰问金额及物资合计 2.05 万元。全县符合低保条件的 3993 名贫困残疾人全部纳入低保，占全县低保户的 40%，基本实现“应保尽保”；1.05 万人（次）的残疾人享受两项津补贴 2284.5 万元；3585 名残疾人免费参加城乡居民医保 53.77 万元；4868 名残疾人免费参加城乡居民养老保险 58.42 万元；761 名残疾人享受燃油补贴 19.78 万元；全年为 2122 名各类残疾人办理残疾人证。

【扶残助残】广东狮子会虎山服务队和大埔县万川爱心协会，志愿者人数近 300 名，2017 年服务 60 多户残疾人家庭，扶持财、物计 40 万元。同时，争取广东狮子会其他服务队的支持，再联合出资 40 万元开展“同桌的你，百村千校”助学活动。梅州市大埔县爱心助残基金会全年为残疾学生、贫困残疾人子女助学和残疾人重大病救助发放资金 17.15 万元，惠及 29 名贫困残疾人家庭。全年向上、向外发送稿件 54 件，专题新闻报道 9 篇。

【重点任务完成】

省市县民生实事　根据《广东省残联关于印发〈2017 年省十件民生实事社区康园中心建设实施方案〉的通知》和《梅州市人民政府办公室关于印发 2017 年市政府重点工作责任分工表和 2017 年市十件民生实事责任分工表的通知》精神，新建 9 个社区康园中心（其中省民生实事 1 个）。县残联作为项目承接单位，按时如期通过省市检查验收组验收。围绕社区康园中心服务功能制订实施方案；专题召开工作会议进行部署，推进社区残疾人康园工疗网络建设；争取政府重视，落实财政配套经费 90.25 万元；成立大埔县康园网络指导中心，加强组织管理和协调，对各镇康园点派专人做好现场选址、规划改造等协调工作。

大埔县残疾人联合会第七次代表大会　2017 年 12 月 14—15 日，县残联在县委、县政府二楼会议室举行第七次代表大会。大会审议通过县残联第六届主席团工作报告，选举产生大埔县残疾人联合会第七届领导班子，确定 2017 年后五年大埔县残疾人事业的指导思想、目标任务。市残联理事长李利平，县委书记朱汉东，县人大常委会主任黄建庭，县政协主席李礼醒，县委常委、纪委书记廖若旦，副县长饶凌云，梅州市大埔县爱心助残基金会理事长陈衡礼，县府办、县委组织部、县总工会、县妇联、团县委等县直各群团组织相关负责人和县残工委成员单位相关负责人参加大会。经过选举，黄建庭、李礼醒、陈衡礼当选为县残疾人联合会第七届主席团名誉主席；饶凌云当选为县残疾人联合会第七届主席团主席；张海琳、钟丹萍为副主席；钟丹萍当选为县残疾人联合会第七届主席团执行理事会理事长；李秋莲当选为副理事长，肖永志当选为理事，并选举产生各专门协会的主席、副主席；推举钟丹萍、罗国辉、肖永志为梅州市残疾人联合会第七届主席团委员大埔县候选人。

残疾人基本服务状况和需求信息数据动态更新　根据《转发关于做好 2017 年残疾人基本服务状况和需求信息数据动态更新工作的通知》精神，2017 年 6 月 29—30 日在县残联六楼培训室分片召开两期培训班。按时完成持证残疾人分配、工作方案、入户调查培训、入户调查、数据录入等工作。全县调查 1.18 万户残疾人家庭，做到底子清、情况明。

残疾人集中服务机构安全性检查　根据《关于立即开展全市残疾人服务机构安全工作检查的紧急通知》和埔府办督字〔2017〕4 号文件要求，制订残疾人康园中心应急方案，对全县残疾人集中服务机构的消防、食品、卫生、服务、物品、保卫安全等进行检查，并对存在安全隐患的地方提出整改意见。县内 1 个残疾人集中就业培训基地、1 个康复医院、15 个康园中心配置安全检查员、消防器材和相关制度，建立安全应急预案，做到定期检查、定期整改，确保残疾人集中服务机构安全运行。

梅州市第七届残疾人运动会实施　为丰富残疾人文化体育生活，激励残疾人发扬自尊、自信、自强、自立的精神，县残联选拔20名残疾人运动员参加市第七届残疾人运动会，取得5金5银2铜的成绩，被评为“组织奖”和“道德风尚奖”。

【信访维权】制定明确的首问工作责任制，对残疾人实行一站式服务，2017年接待残疾人及其家属来信（访）150人（次），大部分的来信（访）反映的问题在初信（访）中得到妥善解决，为社会的稳定和谐创造条件。

县残联负责人名录：

理 事 长：郭成燕（女，—2017.9）
钟丹萍（女，2017.9—）

副理事长：李秋莲（女）

（肖永志）

移　民

综　述

【移民队伍建设】1. 创建和谐机关。发挥党组织的作用，开展“两学一做”学习教育，加强干部职工的学习教育，增强思想政治工作的针对性和实效性，严格执行各项规章制度，抓好领导干部谈话提醒工作，搭建思想交流的平台。同时，鼓舞干部职工解放思想、开拓创新，鼓励干部职工干事创业，在移民工作岗位施展才华。2. 打造廉洁高效的移民队伍。建立完善机关建设长效机制，开展“六基”建设，注重实践，加强掌握基本政策、基本数据、基本情况、基本问题、基本经验、基本技能为主要内容的锻炼，提高移民干部综合素质和本领。改进工作作风，加强局机关效能建设，开展“转作风、下基层、摸事情、谋思路”和整治“庸懒散软”活动，密切联系群众，为群众办实事。强化党风廉政教育，贯彻中共十八大、中央八项规定和有关廉政建设会议精神，加强宣传和警示教育，增强移民干部廉洁奉公、勤政为民的主动性、自觉性。

【移民后扶开展】2017年，贯彻落实中央、省、市关于水库移民工作的一系列决策部署，根据编制好的双溪水库移民后扶“十三五”规划，加大水库移民后期扶持各项工作的落实，推进移民村、库区移民安置区基础设施建设，提高水库移民生产生活水平。2017年落实双溪水库移民后期扶持资金 768.52 万元，主要解决大东镇泮溪、福光、柘林、进滩等村的道路、桥梁、饮水困难和文化广场等基础设施建设。其中移民村建设基础设施建设资金424.34万元，已完成投资79.7万元，移民后扶直补资金345.3万元，发放直补资金345.18万元。

【高陂水利枢纽工程征地移民工作】广东省韩江高陂水利枢纽工程开工至2017年年底，累计完成工程总投资22.81亿元，占工程总投资的 38.54%，其中完成征地移民投资 10.27亿元，占县内征地移民“双包干”总投资的54.6%。2017年完成工程投资11.4亿元，占年度计划的 126%，其中完成征地移民投资5.2亿元，占年度计划的107.8%。2017年是高陂水利枢纽工程建设的第二年，各项工作有序推进，工程导（截）流阶段移民安置工作通过省政府的验收，确保工程阶段性目标的顺利实现。

营造良好社会氛围　为全力推动征地拆迁工作的开展，采用全方位、多渠道的宣传方式，投入资金20万元，加大对工程建设和征地拆迁政策的宣传力度，提高征地政策和工程建设的透明度，争取群众的理解和支持，收到成效。印制宣传读本发至群众手中，宣传工程建设的重要性、必要性及补偿依据、标准等，保障群众的知情权；加强与报社、电视台等单位的合作，利用电视、报刊等媒体，对工程建设进度和影响进行系列宣传报道；库区范围悬挂宣传横幅，在安置点制作宣传牌，为依法征拆工作造势；开展“送戏下乡”活动，营造良好的社会氛围。

征地移民取得成效　1. 征地拆迁工作有成效。至2017年底，依法开展土地丈量与征收工作，并完成目标任务。2. 移民安置工作推进。陂寨安置点主干道建设和场地平整已全面完成，正进行安置地分配，给排水、供电、场内道路工程已进场施工，A区安置地第一次分配已完成，桩基础工程已进场施工；汶水塘安置点场地平整和主干道工程已进场施工；乌槎安置点周边道路和场地平整工程已开始动工建设；汇城安置点正进行规划设计工作。至2017年底，完成搬迁安置的人口252户1270人，搬迁群众均得到妥善安置，生活稳定。3. 专业项目处理。工程区涉及的移动、电信、供电、联通等线路迁改，以及右岸上坝道路（九龙至党溪段）专项迁移已全面完成，基本保障工程无障碍施工。4. 巡查监管工作常抓不懈。随着工程的推进，为防止高陂枢纽库区出现“三抢”行为，以保证征地拆迁补偿的公平、公正，确保群众利益不受侵害，县移民局制定巡查监管制度，与各镇的巡查人员密切配合，做到上下联动、信息互通，对库区土地和房屋进行定期和不定期的巡查，一经发现抢建抢种等行为，采取措施进行阻止，确保征地拆迁和移民安置工作的顺利实施。5. 维护库区稳定有成果。建立移民稳定工作“五大机制”，即事前风险评估机制、移民利益诉求机制、矛盾纠纷化解机制、社会舆论引导机制、干部一线工作机制。在工作推进中，做好政策宣传工作，依法依规解决好移民群众的合理诉求。搞好矛盾纠纷排查调处，妥善处理好涉及移民群众切身利益的矛盾；畅通信访渠道，做好有关移民政策、办理程序等咨询和答复；坚持信访接待制度，指定专人负责接待移民群众来信来访接待工作，做好记录，并为他们宣传征地和移民后期扶持等有关的政策法规。

县移民工作局负责人名录：

局　长：黄海军（—2017.7）
陈亿岳（2017.12—）

副局长：张潘琪　张锦添

（赖承昌）

省属水库移民

【简述】2017年，大埔县省属水库移民工作管理办公室贯彻落实大中型水库移民后期扶持政策精神，突出工作重点，强化工作责任，改善库区和安置区移民的道路、饮水、农田水利等生产生活基础设施环境，促进经济发展。全年投入移民“直补到人”后期扶持资金415.62万元，投入扶持资金1446万元，库区和移民安置区实施村道硬底化、饮水、农田水利等基础设施34宗，帮助移民改善生产生活环境。

【库区和移民安置区基础设施建设】2017年，完成库区和移民安置区17宗村道改造、4宗农田水利设施、4宗饮水、3宗路灯安装和6宗文化信息站等生产生活基础设施项目的实施工作，累计投入扶持资金1446万元，解决库区和安置区 12 个村（街道）移民的 5569 人行路难、8 公顷水田耕作难和 1030 人饮水难的问题以及改善 7 个村的村容村貌和 6019 人的晚上行走照明问题。

【“直补到人”的发放】2017 年，根据上级部门的批复精神，6927 人移民累计后扶资金 415.62 万元，该项目资金按照规定于 2017 年 9 月底由县财政直接拨付到移民户个人账户，促进库区种植业、养殖业发展。

【信访维稳】加强信访工作的领导，强化责任意识，发现群众上访及时处理，决不拖延，对一时难以解决的问题，也给上访群众一个明确的答复，避免矛盾的激化。确保信息畅通，上下互动，做到情况明、底子清，一旦出现问题能及时处理。实行信访工作领导分工负责制，信访工作实行第一把手亲自抓，分工领导具体抓，做到事事能解决，件件有回信，对移民提出的热点难点问题，能够依法依规进行办理，严格执行党的移民政策，在依法依规的情况下，及时解决移民提出的问题，对一些不合理的诉求，也能及时做好解释和疏导工作。加强移民政策和《广东省信访条例》的宣传，使移民知法、懂法、用法，全年没有未办结的涉及移民方面的信访案件，保持全区移民的稳定。2017 年接待来访来电 31 人次，来信 2 封，调解矛盾纠纷和解决信访问题 26 件，结案率 100%。

县省属水库移民办负责人名录：

主　任：孙双级

副主任：林木生　巫汇欣

（杨友旋）

旅　游

【简述】2017 年，大埔县旅游工作树立全域旅游发展的理念，主动对接梅江韩江绿色健康文化旅游产业带规划建设，以推进韩江（大埔）客家文化旅游特色带建设为主线，以红色文化、客家文化、农耕文化为主题，促进文化与旅游深度融合，推动文化旅游产业加快发展。全年全县接待游客 593.86 万人次，比增 10.38%，旅游经济收入 33.84 亿元，比增 12.22%。

【主要成效】2017 年，大埔县继续获评中国最美丽县，从 2014 年起，连续四年入选；获 2017 年广东省旅游工作先进集体；梅州赞粄（老鼠粄、算盘子、笋粄）获“中国金牌旅游小吃”称号；大埔小吃“赞粄”品牌系列产品包括赞粄 · 笋粄、算盘子、老鼠粄、忆子粄、薄饼、鸭松羹，获岭南名小吃称号；此外大埔小吃文化城获得“食在广东”品牌餐饮企业称号。开展一系列的旅游节庆活动。瑞山生态旅游度假村通过专家组评审，成功竞得广东省 2018 年旅游发展专项资金（用于旅游发展）高端旅游项目发展资金。

【景区建设】2017 年，打好红色文化、客家文化、农耕文化三张牌，抓好总投资 65.2 亿元的 24 项文化旅游项目建设。1. 做旺做强红色旅游。打造以三河坝战役纪念园为龙头，青溪中央红色交通线、枫朗南方工委旧址与罗明故居为配套的红色景区。三河坝战役纪念园提升改造工程完成多媒体展馆布展、体验式战壕布展、八一广场雕塑景观布展、将军书法碑廊及瞭望塔建设、三河高速出口至纪念园景观道提升工作；青溪中央红色交通线已完成中央红色交通线纪念馆主体工程，中央红色交通线纪念馆进行装修、布展以及停车场、广场建设，正在对邹日祥旧居、棣萼楼、纪念园周边民居进行“穿衣戴帽”、道路、环境提升及配套基础设施建设；南委旧址已完成旧址门坪、景区入口路面扩宽、木栈道建设、栏杆安装、红色宣誓广场、长廊、停车场、一楼游客接待中心与二楼布展等建设。2. 激活客家文化旅游。抓好百侯名镇旅游区、泰安楼客家文化旅游产业园和张弼士故居旅游区的提升改造。百侯名镇旅游区已基本完成池屋、人字巷等八个氧化塘建设项目，正实施池屋等绿化提升工程；侯南旅游主干道提升项目已进场施工；镇级、侯北村污水处理厂项目已进场施工；侯南南洋休闲山庄建设项目已完成主体工程。泰安楼客家文化旅游产业园得到提升；小吃文化城正常运营开放，大埔小吃文化城瑞锦职业培训学校 2017 年 1—12 月开办 6 期大埔小吃制作培训班，有 268 人参加培训；演艺中心推出《周六有戏》文艺节目。推进甜竹生态乡村旅游区国家 AAA 级旅游景区的申报工作；三河汇城古村落保护开发、万福寺宗教旅游区建设和花萼楼景区建设有序推进。3. 提档升级乡村旅游。按 AAAA 级景区标准打造坪山梯田旅游区和瑞山生态休闲度假区。西岩茶乡度假村农耕博物馆和科普教育基地建设项目有序推进；坪山梯田旅游区完成鸭子前新建旅游公厕；瑞山生态休闲度假区快捷式酒店、餐饮楼、办公楼装修，以及琴湖栈道及景观等建设紧张进行；北塘乡村旅游区种植多彩观赏花。结合美丽乡村建设，加快建设 7 个特色镇（三河镇、百侯镇、大东镇、青溪镇、茶阳镇、西河镇、高陂镇）和 1 个旅游小镇（高陂陶瓷文化小镇）的建设；加快建设湖寮古城，大东坪山、联丰，百侯侯南，大麻小留、坑尾，高陂党溪，西河车龙、北塘村等 9 个乡村旅游示范村。4. 深化旅游业与其他产业发展。抓“工业+旅游”。利用厚重悠久的陶瓷文化和传统技艺，重点打造高陂富大陶瓷工业旅游区，主要建设原料加工、陶瓷生产、产品和名家作品展示、陶艺体验、古陶瓷展示、古龙窑等功能区。该旅游区已建成集陶瓷生产、体验、展示、观赏于一体的工业旅游区。抓“旅游+林业”。广东大埔阴那山森林公园已成功申报为国家森林公园。抓“旅游+农业”。全县已有七个镇上报休闲农业和乡村旅游示范点（大东镇、大麻镇、湖寮镇、三河镇、西河镇、洲瑞镇、枫朗镇）。大麻镇的大留村完成休闲小公园图纸设计、合同签订、土地平整和线杆迁移；桃石村完成主村道路面硬底化建设征地工作；完成污水处理设施设计、规划、征地、清拆工作。枫朗镇推进龙公坑生态观光园建设，已完成租田地、山地，全面完成人工湖建设，完成三层办公楼装修工程 100%。三河镇汇城村旅游示范点项目一期建设全面完工，二期项目建设已完成设计，正申报立项。抓“旅游+文化”。开展省级文化产业示范园区创建工作，推荐大埔县陶瓷文化创意产业园为省级文化产业示范园区，相关资料已全部上报；张弼士旅游区光禄第、泰安楼文化旅游产业园泰安楼、花萼楼、中山纪念堂申报国家级文保单位，已通过省专家的评审。

【宣传推介】主办或协办 2017 年坪山梯田油菜花旅游节启动暨“中国最美丽县——大埔风采”广东摄影大赛颁奖和“梅州市百人诗会颂大埔”采风活动、大埔县蜜柚名茶旅游节暨农村电商发展峰会、百侯镇侯南古村落南粤古驿道定向大赛等;参加市旅游局组织的到杭州、大连、沈阳、深圳等地宣传推介会，开展旅游推介活动。同时，县旅游局组织县内旅游企业到厦漳泉地区，开展宣传推介;邀请电视台、报刊、杂志等媒体制作专题报道；大埔旅游微信公众号资讯发布有 96 期，近 340 条，微信公众号资讯发布质量高，受到广大旅游爱好者的一致好评。

【服务提升】坚持软硬件一起抓，完善公共设施、旅游管理、旅游服务体系，优化整体旅游环境。结合城乡环境综合整治工作，加强景区景点的环境整治。李光耀祖居旅游区顺利通过市旅游局组织的国家 AAA 级景区复核。加大旅游执法检查力度，不定期对旅游企业进行检查，对存在的问题要求限期整改。加强安全生产工作，落实安全责任，突出重点时段、重点地段的安全检查，2017 年旅游市场安全有序，无旅游安全事故的发生。组织县内主要景区、星级酒店和主要旅游镇、旅游村负责人参加 2017 年全市旅游高级管理人员培训班。县旅游局举办 2017 年大埔县导游员、讲解员、旅游企业技能培训班。全县有 2 家旅行社，8 家营业部（新增梅州市中国旅行社有限公司大埔湖寮营业部和盈科美辰国际旅行社有限公司梅州大埔大道营业部）。推进枫朗镇连接西岩茶乡度假村、茶阳古村至甜竹旅游公路改造。完善旅游标识标牌，在交通要道、景区景点设置各类旅游标识标牌 30 块。扶持民宿（客栈）发展，合理发展高星级酒店，规范发展经济型酒店，鼓励发展特色主题酒店、农庄。支持商务酒店、青年旅社、自驾车露营地、乡村旅游点等建设，实现旅游住宿接待多元化。抓好智慧旅游建设，聘请同程公司开发泰安楼客家文化旅游产业园电子地图、电子讲解系统，以此为示范带动其他景区建设。

▲2017 年 12 月 14 日，县委书记朱汉东（右二）到大麻镇大留村调研

【配套日趋成熟】坚持软硬件一起抓,完善公共设施、旅游管理、旅游服务体系，优化整体旅游环境。加快建设大埔至潮州高速（含大埔至漳州支线），完成西岩山、甜竹等旅游公路改造。确定 2017 年新改建旅游厕所 25 座，其中新建 15 座、改扩建 10 座。以大埔小吃文化城为龙头，发展小吃产业，新评定大埔小吃名店 8 家。抓好智慧旅游建设，完成泰安楼客家文化产业园景区景点电子地图、电子讲解。

县旅游局负责人名录：

局　长：黄伟强

副局长：杨耀文（—2017.3）

郭华昌（—2017.9）

廖　丹（女，2017.3—）

（何爱萍）

统 计 资 料

一、综合

国民经济和社会发展主要指标

表 5

指 标 名 称	单位	2017 年	2016 年	+、-%
一、经济总量指标	—	—	—	—
工农业总产值	万元	1146129	1103123	3.9
工 业	万元	794880	756560	5.07
农 业	万元	351249	346563	1.35
生产总值（当年价）	万元	804731	791823	—
第一产业	万元	200220	197045	—
第二产业	万元	225155	242069	—
第三产业	万元	379356	352709	—
人均生产总值（现行价）	元	20989	20707	—
生产总值（不变价）	万元	823445	766922	7.4
第一产业	万元	183024	176323	3.8
第二产业	万元	260175	243013	7.1
第三产业	万元	380246	347586	9.4
人均生产总值（不变价）	元	21477	20055	7.1
二、人口与劳动力	—	—	—	—
年末总人口	人	568836	579629	-1.86
其中：乡村人口	人	436237	464645	-6.11
城镇人口	人	132599	114984	15.62

续表 5

指　标　名　称	单位	2017 年	2016 年	+、-%
三、农业生产	—	—	—	—
1. 农业总产值（现行价）	万元	351249	346563	1.35
2. 耕地面积	亩	262305	263437	-0.4
3. 造林面积	亩	7500	680	1003
4. 年末实有森林面积	公顷	191009	190990	0.01
5. 主要农产品产量	—	—	—	—
粮　食	吨	100809	99650	1.2
蔬　菜	吨	206490	198448	4.1
家禽肉	吨	4694	4649	1
猪　肉	吨	15263	15317	-0.4
花　生	吨	3372	3252	3.7
甘　蔗	吨	8916	8623	3.4
水　果	吨	221130	209698	5.5
茶　叶	吨	4999	4761	5
烤　烟	吨	2119	2057	3
水产品	吨	7675	7619	0.7
四、工业生产	—	—	—	—
1. 工业总产值（现行价）	万元	794880	756560	5.07
规模以上	万元	475480	432860	9.85
规模以下	万元	319400	323700	-1.33
2. 规模以上工业企业发电量	万千瓦小时	408115	380029	7.39
五、固定资产投资和房地产	—	—	—	—
固定资产投资	万元	780177	596039	30.9

续表 5

指 标 名 称	单位	2017 年	2016 年	+、-%
其中：建筑工程	万元	429713	340633	26.15
安装工程	万元	40171	80175	-50.24
设备购置	万元	44350	74530	-40.49
其他费用	万元	265943	100161	165.52
建筑业总产值	万元	48208	22569	113.6
职工平均人数	人	1589	1414	12.38
全员劳动生产率	元/人	303386	159611	90.09
全部施工房屋面积	平方米	910270	848956	7.22
全年竣工房屋面积	平方米	234018	203969	14.7
房地产销售面积	万平方米	31.76	22.08	43.9
六、商业	—	—	—	—
社会消费品零售总额	万元	537370	490979	9.5
其中：批发零售贸易业	万元	488780	450891	8.4
住宿和餐饮业	万元	48590	40088	21.2
七、在岗职工人数与平均工资	—	—	—	—
全部在岗职工年末人数	人	19274	18049	6.79
其中：国有单位职工人数	人	13829	13270	4.21
全部在岗职工年平均工资	元/人	69239	64322	7.64
其中：国有单位职工工资	元/人	74804	70096	6.72
八、运输、邮电	—	—	—	—
1. 公路通车里程	公里	2699	2696	—
2. 铁路营运里程	公里	60	60	—
3. 内河通航里程	公里	108	108	—

续表 5

指　标　名　称	单位	2017年	2016年	+、-%
4．客运量	万人	381	296	28.72
5．旅客周转量	万人公里	45780	43257	5.83
6．货运量	万吨	1138	980	16.12
7．货运周转量	万吨公里	125036	116452	7.37
8．邮政业务总量	万元	4491.3	4164.77	7.84
9．电信业务总量	万元	4000	3850	3.9
九、财政、金融	—	—	—	—
财政收入	万元	191316	165038	15.92
其中：一般公共预算本级收入	万元	97028	96011	1.06
财政支出	万元	418911	381259	9.88
银行存款余额	万元	1530884	1382444	10.74
住户存款余额	万元	1025724	916323	11.94
银行贷款余额	万元	724529	620383	16.79
十、教育、卫生	—	—	—	—
高等教育在校学生数	人	1418	895	58.4
中职学校在校学生数	人	2590	2585	0.19
普通中学在校学生数	人	20080	20000	0.4
小学在校学生数	人	29403	28609	2.78
幼儿园在园幼儿数	人	12863	12793	0.55
医院病床数	张	1000	1055	-5.21
卫生技术人员	人	1903	1656	14.92

说明：生产总值的速度按 2015 年不变价计算

二、核算

地区生产总值（按现行价格计算）

表 6 单位：万元

指标名称	绝对额		构成（%）	
	2017年	2016年	2017年	2016年
地区生产总值	804731	791823	100	100
农林牧渔业	203483	200011	25.29	25.26
#农、林、牧、渔服务业	3263	2966	0.41	0.37
工业	180741	201362	22.46	25.43
#开采辅助活动	—	—	—	—
#金属制品、机械和设备修理业	—	—	—	—
建筑业	44414	40707	5.52	5.14
批发和零售业	69652	66180	8.66	8.36
批发业	19121	16851	—	—
零售业	50531	49329	—	—
交通运输、仓储和邮政业	21600	21316	2.68	2.69
住宿和餐饮业	23238	23093	2.89	2.92
住宿业	4944	5168	—	—
餐饮业	18294	17925	—	—
金融业	33294	31730	4.14	4.01
房地产业	46896	39319	5.83	4.97
房地产业（K门类）	16990	12790	—	—
居民自有住房服务	29906	26529	—	—
其他服务行业	181413	168105	22.54	21.23
营利性服务业	43546	40159	—	—
#信息传输、计算机服务和软件业	7353	6945	—	—
非营利性服务业	137867	127946	—	—
第一产业	200220	197045	24.88	24.88
第二产业	225155	242069	27.98	30.57
第三产业	379356	352709	47.14	44.55

地区生产总值（按 2015 年不变价格计算）

表 7　　单位：万元

指标名称	2017年	2016年	以上年为100的速度（%）	
			2017年	2016年
地区生产总值	823445	766922	7.37	9.33
农林牧渔业	186377	179341	3.92	3.6
#农、林、牧、渔服务业	3353	3018	11.1	-1.21
工业	218473	201982	8.16	17.78
#开采辅助活动	—	—	—	—
#金属制品、机械和设备修理业	—	—	—	—
建筑业	41702	41031	1.64	1.9
批发和零售业	70525	64281	9.71	7.23
批发业	18934	15997	—	—
零售业	51591	48284	—	—
交通运输、仓储和邮政业	22669	21888	3.57	6.72
住宿和餐饮业	23776	22502	5.66	5
住宿业	4404	4416	—	—
餐饮业	19372	18086	—	—
金融业	34198	31802	7.53	14.54
房地产业	42444	37667	12.68	10.91
房地产业（K门类）	14668	11214	—	—
居民自有住房服务	27776	26453	—	—
其他服务行业	183281	166428	10.13	8.77
营利性服务业	44441	39974	—	—
#信息传输、计算机服务和软件业	7814	7161	—	—
非营利性服务业	138840	126454	—	—
第一产业	183024	176323	3.8	3.69
第二产业	260175	243013	7.06	14.76
第三产业	380246	347586	9.4	8.73

三、人口、从业人员、计划生育

2017年村（社区）、村民小组及从业人员情况

表8

单位名称	村、社区（个）	村民小组（个）	从业人员（人）	
			合计	农业
合计	256	4065	204833	97584
湖寮镇	23	335	51697	7561
茶阳镇	27	419	18063	11228
高陂镇	36	585	28373	13572
青溪镇	13	198	7203	5222
三河镇	13	191	9051	4173
大麻镇	23	380	14781	8124
银江镇	13	251	6858	5363
洲瑞镇	9	151	6101	3603
光德镇	11	209	10147	2621
桃源镇	6	119	5197	2957
枫朗镇	23	338	16253	12841
百侯镇	15	285	9339	7528
大东镇	13	171	7338	2718
西河镇	28	420	13898	9752
丰溪场	3	13	534	321
洲瑞场	0	0	0	—
大埔场	0	0	0	—
其他	0	0	0	—

2017 年人口及出生、死亡情况

表 9

单位名称	总户数（户）	总人数（人）		当年出生、死亡（人、‰）				
		合计	其中：城镇人口	出生数	出生率	死亡数	死亡率	自然增长率
合　计	183600	568836	132599	9383	16.5	12202	21.45	-4.96
湖寮镇	41825	95468	58476	1943	20.35	1609	16.85	3.5
茶阳镇	16665	58858	13076	772	13.1	1113	18.91	-5.79
高陂镇	28278	88015	17493	1343	15.26	2049	23.3	-8.02
青溪镇	6117	21147	3506	321	15.2	513	24.26	-9.08
三河镇	8247	21066	2210	298	14.1	468	22.22	-8.07
大麻镇	12940	39777	5219	570	14.33	1168	29.36	-15.03
银江镇	7672	28028	3386	384	13.7	676	24.12	-10.42
洲瑞镇	4457	18731	3985	272	14.52	401	21.41	-6.89
光德镇	8914	35275	1916	715	20.27	566	16.05	4.22
桃源镇	4210	19888	5898	357	17.95	373	18.76	-0.8
枫朗镇	15139	53523	7025	968	18.09	1215	22.7	-4.61
百侯镇	9627	30063	3525	407	13.5	720	23.95	-10.41
大东镇	7317	22904	2032	496	21.66	357	15.59	6.07
西河镇	12192	36093	4852	537	14.88	974	26.99	-12.11

说明：此表数据由县公安局提供

2017年计划生育主要指标

表10

镇别	总人口数（人）	平均人口数（人）	出生人口（人）				政策生育率（%）	多孩率（%）	出生率（‰）	死亡率（‰）	自然增长率（‰）
			合计	男	女	性别比（%）					
总　计	580406	580423	7750	3998	3752	106.56	97.33	7.1	13.35	6.16	7.19
湖寮镇	101600	101615	1622	833	789	105.58	97.41	6.6	15.96	4.43	11.53
茶阳镇	57760	57864	679	343	336	102.08	97.2	6.92	11.73	4.72	7.02
高陂镇	90611	90681	1096	564	532	106.02	97.08	8.12	12.09	8.78	3.31
青溪镇	20900	21055	270	141	129	109.3	97.78	4.81	12.82	6.74	6.08
三河镇	21270	21256	263	137	126	108.73	97.34	14.45	12.4	9.22	3.15
大麻镇	40460	40429	507	261	246	106.1	97.44	5.92	12.54	4.58	7.96
银江镇	28664	28592	359	185	174	106.32	98.05	6.96	12.56	6.5	6.05
洲瑞镇	18467	18457	262	129	133	96.99	96.95	6.87	14.2	6.01	8.18
光德镇	36622	36585	543	285	258	110.47	97.61	6.08	14.84	5.33	9.51
桃源镇	19359	19331	299	154	145	106.21	97.32	7.02	15.47	4.35	11.12
枫朗镇	52339	52273	737	382	355	107.61	97.42	6.78	14.1	4.8	9.3
百侯镇	30928	30865	341	176	165	106.67	96.77	5.87	11.05	7.5	3.53
大东镇	23470	23436	339	177	162	109.26	97.35	6.78	14.47	7	7.5
西河镇	36083	36128	411	217	194	11.86	97.57	8.03	11.38	8.39	2.99
丰溪林场	1873	1861	22	14	8	175	86.36	13.64	11.82	5.37	6.5

说明：此表数据由县卫生和计划生育局提供

四、农业

农业主要指标

表 11

项　　目	单位	2017年	2016年	增减数	+、-%
一、年末耕地面积	亩	262305	263437	-1132	-0.4
其中：水（旱）田	亩	205682	206590	-908	-0.4
二、粮食总产量	吨	100809	99650	1159	1.2
其中：稻谷总产量	吨	86535	85848	687	0.8
三、瓜类（果用瓜）	吨	42268	40065	2203	5.5
四、烤烟总产量	吨	2119	2057	62	3
五、茶叶总产量	吨	4999	4761	238	5
六、水果总产量	吨	221130	209698	11432	5.5
其中：柚子	吨	177214	167338	9876	6
七、生猪饲养量	头	340734	336486	4248	1.3
其中：年末存栏	头	128748	120325	8423	7
年末出栏	头	211986	216161	-4175	-1.9
八、肉类产量	吨	20830	20955	-125	-0.6
其中：猪肉产量	吨	15263	15317	-54	-0.4
九、耕牛年末存栏	头	12938	19907	-6969	-35
十、“三鸟”年末存栏	只	996058	1015001	-18943	-1.9
十一、水产品产量	吨	7675	7619	56	0.7

2017年年末耕地面积

表12 单位：亩

单位名称	合计	其中		
		水田	水浇地	旱地
合计	262305	205682	605	56018
湖寮镇	12285	10275	168	1842
茶阳镇	33044	24494	19	8531
高陂镇	38575	30263	40	8272
青溪镇	17123	14620	—	2503
三河镇	11497	7685	—	3812
大麻镇	17636	15151	5	2480
银江镇	15320	12327	6	2987
洲瑞镇	11142	8946	70	2126
光德镇	11339	9843	—	1496
桃源镇	4960	3896	—	1064
枫朗镇	26890	19055	39	7796
百侯镇	18508	14219	1	4288
大东镇	15429	10960	187	4282
西河镇	26253	21916	70	4267
丰溪场	1147	1095	—	52
洲瑞场	652	621	—	31
大埔场	505	316	—	189

农业总产值

表 13　　单位：万元

单　位　名　称	2017年现　价	2017年可比价	2016年现　价	发展速度（%）
合　计	351249	357370	346563	103.1
湖寮镇	32102	32672	31659	103.2
茶阳镇	35793	36429	35299	103.2
高陂镇	36961	37508	36451	102.9
青溪镇	22369	22744	22060	103.1
三河镇	19948	20263	19673	103
大麻镇	33344	33936	32884	103.2
银江镇	25080	25501	24734	103.1
洲瑞镇	12535	12745	12362	103.1
光德镇	12026	12216	11860	103
桃源镇	9282	9419	9154	102.9
枫朗镇	30268	30805	29850	103.2
百侯镇	20500	20844	20217	103.1
大东镇	13178	13412	12996	103.2
西河镇	32416	33023	31968	103.3
丰溪场	1982	2016	1955	103.1
洲瑞场	—	—	—	—
大埔场	—	—	—	—
其　他	13465	13837	13441	103

五、工业

全部工业基本情况

表 14　　　　单位：万元

项　　目	企业数（个）	总产值（现价）	增加值（现价）	增加值（可比价）
合　　计	510	794880	238865	244380
一、规模以上	56	475480	151965	151452
1．采矿业	1	10720	650	488
2．制造业	48	289616	76451	76240
其中：陶瓷制造业	39	212405	54354	54732
3．电力、燃气及水的生产和供应业	7	175144	74864	74724
其中：电力生产业	6	161993	70953	70734
二、规模以下	454	319400	86900	92928
1．采矿业	41	—	—	—
2．制造业	174	—	—	—
其中：陶瓷制造业	106	—	—	—
3．电力、燃气及水的生产和供应业	239	—	—	—
其中：电力生产业	225	—	—	—

说明：此表数据为 2017 年 12 月底快报数

六、运输

机动车辆、民用船舶实有数

表 15

指 标 名 称	单位	合　计		其中：私人	
		2017年	2016年	2017年	2016年
一、民用汽车	辆	20484	18926	19390	18026
1. 载　　客	辆	18350	16980	17380	16080
	客位	114820	107970	108070	101220
2. 普通载货	辆	2010	1822	2010	1822
	吨位	4358	3960	4358	3960
3. 专用载货	辆	50	50	—	—
	吨位	710	710	—	—
4. 其他专用	辆	14	14	—	—
5. 特　　种	辆	60	60	—	—
轮胎式拖拉机	辆	120	150	120	150
手扶拖拉机	辆	580	640	580	640
摩托车	辆	60020	59308	59720	59108
两轮摩托车	辆	59720	59100	59420	58900
其他机动车	辆	—	—	—	—
载货挂车	辆	10	8	10	8
机动车驾驶员	人	80600	77300	—	—
汽车驾驶员	人	48320	47885	—	—
二、机动船	艘	19	19	19	19
	吨位	1672	1672	1672	1672
	客位	—	—	—	—
其中：货船	艘	19	19	—	—
	吨位	1672	1672	—	—

说明：此表数据由县交通运输局提供

七、邮政、电信

邮政发展情况

表16

指　标　名　称	计算单位	2017年	2016年
一、邮政业务量	万元	4491.3	4164.77
其中：函　件	万件	35.63	16.55
报　纸	万份	224.47	230.33
杂　志	万份	12.35	13.46
集　邮	万枚	20.26	19.51
二、邮政通信工具	—	—	—
邮运汽车	辆	12	10
电子信箱总容量	个	—	—
语音信箱总容量	个	—	—
三、邮政通讯网	—	—	—
邮政局（支局）	处	13	13
其中：设在农村	处	10	10
邮路长度	公里	1965.4	1965.4
其中：航空邮路	公里	—	—
农村投递路线	公里	1808	1808
四、邮政通讯水平	—	—	—
平均每人每年发函件数	件	—	—
平均每百人每年订报刊数	件	—	—

说明：此表数据由县邮政局提供

电信发展情况

表 17

指　标　名　称	计算单位	2017年	2016年
一、电信业务量	万元	4000	3850
其中：长途电话	万次	—	—
移动电话用户	万户	5.2	3.5
市内电话用户	万户	2.1	1.8
农村电话用户	万户	2.4	2.2
互联网宽带接入用户	万户	6.6	4.7
二、电信通信工具	—	—	—
电话交换机总容量	万门	4.83	4.83
其中：市话交换机	万门	0.76	0.76
电话机总数	万部	0.83	0.83
其中：市话话机	万部	0.15	0.15
三、电信通信网	—	—	—
电信局（支局）	处	15	15
其中：设在农村	处	14	14
长途电话电路	路	—	—

说明：此表数据由中国电信股份有限公司大埔分公司提供

八、贸易与餐饮业

社会消费品零售总额及批发零售住宿餐饮业机构情况

表18

项　　目	单位	2017年	2016年	+、-%
社会消费品零售总额	万元	537370	490979	9.5
按地域分：县城零售额	万元	339109	294253	15.2
县以下零售额	万元	198261	196726	0.8
按行业分：批发零售贸易业	万元	488780	450891	8.4
住宿餐饮业	万元	48590	40088	21.2
批发零售住宿餐饮业机构	个	10046	9018	11.4
其中：1. 限额以上批发零售业	个	10	7	42.9
2. 限额以上住宿餐饮业	个	2	3	-33.3
3. 个体贸易业	个	8328	7561	10.1
4. 个体住宿餐饮业	个	1706	1447	17.9

贸易业商品销存总额

表 19　　单位：万元

项　目	总　计	按行业分组		按规模分组	
		批发业	零售业	限额以上	限额以下
销售总额	—	—	—	—	—
2017年	537447	78791	458656	32069	505378
2016年	498820	72451	426369	34428	464392
2017年比2016年增长（%）	7.7	8.8	7.6	-6.9	8.8
其中：	—	—	—	—	—
1. 批发	—	—	—	—	—
2017年	48667	26036	22631	17266	31401
2016年	49694	21106	28588	16430	33264
2017年比2016年增长（%）	-2.1	23.3	-20.8	5.1	-5.6
2. 零售	—	—	—	—	—
2017年	488780	52755	436025	14803	473977
2016年	449126	51345	397781	17998	431128
2017年比2016年增长（%）	8.8	2.7	9.6	-17.8	9.9

九、人民生活

2014—2017 年大埔全体居民家庭基本情况

表 20

指标名称	单　位	2014年	2015 年	2016年	2017年
一、人均可支配收入	元	12618.6	13902.6	15368.60	16857.18
（一）工资性收入	元	5061.3	5593.5	5994.70	6729.30
（二）经营净收入	元	3835.1	4221.6	4482.60	4770.87
（三）财产净收入	元	472.6	485.6	496.70	485.62
（四）转移净收入	元	3249.7	3602.0	4394.60	4871.39
二、人均生活消费支出	元	9705.7	10899.8	12095.70	13375.94
（一）食品烟酒	元	4008.4	4408.6	4871.20	5296.87
（二）衣着	元	373.3	428.9	367.70	422.27
（三）居住	元	2078.1	2088.8	2388.50	2663.72
（四）生活用品及服务	元	718.1	531.7	623.90	740.66
（五）交通通信	元	687.2	891.7	1092.90	1223.21
（六）教育文化娱乐	元	802.1	1123.8	1205.90	1417.89
（七）医疗保健	元	941.1	1239.9	1099.00	1190.09
（八）其他用品和服务	元	97.2	186.5	446.60	421.23
三、收入与上年同比增长	%	12.0	10.2	10.5	9.7

2014—2017 年大埔农村居民家庭基本情况

表 21

指标名称	单　位	2014年	2015 年	2016年	2017年
一、人均可支配收入	元	9484.0	10432.4	11520.00	12666.24
（一）工资性收入	元	3520.5	3822.5	4126.90	4414.80
（二）经营净收入	元	3068.1	3424.9	3852.60	4077.90
（三）财产净收入	元	48.6	53.4	69.80	91.60
（四）转移净收入	元	2846.9	3131.6	3470.70	4081.94
二、人均生活消费支出	元	8535.0	9729.0	10768.10	11778.50
（一）食品烟酒	元	3712.7	4066.2	4501.60	4802.30
（二）衣着	元	161.1	227.5	239.40	289.00
（三）居住	元	1807.9	1860.9	2217.70	2704.50
（四）生活用品及服务	元	429.1	442.9	525.50	558.50
（五）交通通信	元	628.2	671.0	780.80	839.90
（六）教育文化娱乐	元	682.8	973.1	941.00	990.70
（七）医疗保健	元	1073.8	1317.6	1053.80	1159.30
（八）其他用品和服务	元	39.3	169.7	508.30	434.30
三、收入与上年同比增长	%	13.2	10.0	10.4	10.0

十、财政、金融

财政收入情况

表22 单位：万元

项　　目	2017年	2016年	+、-%
一般公共预算本级收入合计	97028	96011	1.06
一、增值税25%	7549	8582	-12.04
二、改征增值税50%	5702	2343	143.39
三、营业税50%	174	4603	-96.22
四、企业所得税	3182	2982	6.7
五、企业所得税退税	0	0	0.0
六、个人所得税20%	1129	1162	2.86
七、资源税	19296	18744	2.95
八、城市维护建设税	2612	2612	—
九、房产税	2127	1703	24.91
十、印花税	1924	2056	-6.43
十一、城镇土地使用税	593	680	-12.8
十二、土地增值税50%	3219	4826	-33.3
十三、车船税	657	540	21.62
十四、耕地占用税	12603	11985	5.16
十五、契税	4922	4038	21.89
十六、烟叶税	959	1019	-5.81
十七、其他税收收入	0	0	0.0
十八、专项收入	2327	3006	-22.59
十九、行政事业性收费收入	5835	15016	-61.14
二十、罚没收入	1059	2671	-60.35
二十一、国有资本经营收入	0	121	—
二十二、国有资源(资产)有偿使用收入	20597	4586	349.15
二十三、其他收入	25	2436	-98.99
二十四、政府住房基金收入	537	300	79.17
基金收入	33538	7785	330.77
地方库收入	130566	103796	25.79
省库收入	20955	23234	-9.81
中央库收入	39795	38008	4.7
收入合计	191316	165038	15.92

财政支出情况

表 23　　　　单位：万元

项　　目	2017年	2016年	+、−%
一般公共预算本级支出合计	358971	352948	1.71
一、一般公共服务	48342	40722	18.71
二、公共安全	11320	10404	8.81
三、教育	76758	74619	2.87
四、科学技术	6350	1061	498.46
五、文化体育与传媒	6846	26698	−74.36
六、社会保障和就业	46913	46107	1.75
七、医疗卫生	59848	54798	9.22
八、节能环保	7616	7373	3.3
九、城乡社区事务	33318.31	6367	423.3
十、农林水事务	35597	38981	−8.68
十一、交通运输	8189	15283	−46.42
十二、资源勘探电力信息等事务	856	4134	−79.3
十三、商业服务业等事务	3640	3073	18.42
十四、国土资源气象等事务	3630	7168	−49.35
十五、住房保障支出	3566	3840	−7.14
十六、粮油物资储备等事务	1307.63	1396	−6.34
十七、金融监管等事务支出	0	0	0.0
十八、债务付息支出	1201	503	139.02
十九、其他支出	3673	10411	−64.72
二十、债务发行费用支出	0.06	10	−99.4
基金支出合计	59940	28311	111.72
支出总计	418911	381259	9.88

说明：此表数据由县财政局提供

银行存款计划执行情况

表 24 单位：万元

项　　目	2017年末余额	2017年初余额	+、−%
一、各项存款	1530884	1382444	10.74
（一）境内存款	1528110	1379744	10.75
1. 住户存款	1025724	916323	11.94
（1）活期存款	498511	441107	13.01
（2）定期及其他存款	527213	475216	10.94
2. 非金融企业存款	142723	64229	122.21
（1）活期存款	138294	60630	128.1
（2）定期及其他存款	4429	3599	23.05
3. 广义政府存款	359660	399189	−9.9
（1）财政性存款	46582	47089	−1.08
（2）机关团体存款	313078	352100	−11.08
4. 非银行业金融机构存款	3	3	—
（二）境外存款	2774	2701	2.7
二、金融债券	—	—	—
三、卖出回购资产	—	—	—
四、借款及非银行业金融机构拆入	—	—	—
五、联行往来（净）	—	—	—
六、应付及暂收款	17674	18552	−4.73
七、各项准备	10969	9594	14.33
八、所有者权益	70153	53362	31.47
九、其他	−275497	−373652	−26.27
资金来源总计	1354183	1090300	24.2

银行贷款计划执行情况

表 25　　单位：万元

项　　目	2017年末余额	2017年初余额	+、-%
一、各项贷款	724529	620383	16.79
（一）境内贷款	724419	620326	16.78
1. 住户贷款	414797	342335	21.17
（1）短期贷款	50538	31372	61.09
（2）中长期贷款	364258	310962	17.14
2. 非金融企业及机关团体贷款	309622	277991	11.38
（1）短期贷款	69579	46782	48.73
（2）中长期贷款	235088	226097	3.98
（3）票据融资	4955	5113	-3.09
（4）融资租赁	0	0	0.0
（5）各项垫款	0	0	0.0
3. 非银行业金融机构贷款	0	0	0.0
（二）境外贷款	110	58	91.63
二、债券投资	80183	60728	32.04
三、股权及其他投资	—	—	—
四、买入返售资产	—	—	—
五、存放非银行业金融机构款项	—	—	—
六、联行往来（净）	533951	393877	35.56
七、金银占款	—	—	—
八、外汇占款	—	—	—
九、应收及预付款	6199	5697	8.8
十、投资性房地产	—	—	—
十一、固定资产	9322	9614	-3.04
资金运用总计	1354183	1090300	24.2

说明：此表数据由县人民银行提供

保险业务情况

表 26　　　　单位：万元

项　　目	2017年	2016年	+、-%
财产保险	—	—	—
一、保险费合计	2695	2461	9.51
1. 企业财产险	97	51	90.2
2. 家庭财产险	82	86	-4.65
3. 运输工具及责任险	1642	1375	19.42
4. 农业险	553	644	-14.13
5. 责任险	155	133	16.54
6. 意外险	87	165	-47.27
7. 健康险	79	7	1028.57
8. 工程险	0	0	0.0
二、赔偿合计	1318.07	842	56.54
1. 企业财产险	41.53	25	66.12
2. 家庭财产险	69.6	5.3	1213.21
3. 运输工具及责任险	697.8	323.7	115.57
4. 农业险	353.88	463	-23.57
5. 责任险	72.67	9	707.44
6. 意外险	28.95	13	122.69
7. 健康险	53.64	3	1688
8. 工程险	0	0	0.0
人寿保险	—	—	—
一、保费收入	7418	6927	7.09
二、赔款支出	356	404	-11.88

说明：此表数据由县财产、人寿保险公司提供

十一、劳动工资

全部在岗职工年末人数

表 27　　单位：人

项　　目	2017年	2016年	+、-%
总　　计	19274	18049	6.79
一、按企事业机关分组：	—	—	—
企　业	6829	6692	2.05
事　业	6807	7572	-10.1
机　关	5638	3785	48.96
二、按行业分组：	—	—	—
1．农、林、牧、渔业	35	42	-16.67
2．采矿业	30	30	
3．制造业	2146	2043	5.04
4．电力、燃气及水的生产和供应业	1713	1783	-3.93
5．建筑业	1022	1010	1.19
6．交通运输、仓储及邮政业	442	589	-24.96
7．信息传输、计算机服务和软件业	139	150	-7.33
8．批发和零售业	735	557	31.96
9．住宿和餐饮业	38	38	—
10．金融业	571	514	11.09
11．房地产业	219	213	2.82
12．租赁和商务服务业	90	86	4.65
13．科学研究、技术服务和地质勘查业	86	66	30.3
14．水利、环境和公共设施管理业	711	237	200
15．居民服务和其他服务业	0	0	0.0
16．教育	4475	4575	-2.19
17．卫生、社会保障和社会福利业	641	1823	-64.84
18．文化、体育和娱乐业	35	32	9.38
19．公共管理和社会组织	6146	4261	44.24

全部在岗职工年平均工资

表28 单位：元

项　　目	2017年	2016年	+、-%
职工年平均工资	69239	64322	7.64
一、按企事业机关分组：	—	—	—
企　业	59620	57962	2.86
事　业	82797	70545	17.37
机　关	64412	63057	2.15
二、按国民经济行业分组：	—	—	—
1．农、林、牧、渔业	53600	44000	21.82
2．采矿业	95667	90067	6.22
3．制造业	45036	46712	-3.59
4．电力、燃气及水的生产和供应业	87938	82221	6.95
5．建筑业	31198	30719	1.56
6．交通运输、仓储及邮政业	48881	45599	7.2
7．信息传输、计算机服务和软件业	32183	23100	39.32
8．批发和零售业	39818	41041	-2.98
9．住宿和餐饮业	36000	42105	-14.5
10．金融业	115680	104111	11.11
11．房地产业	59342	57207	3.73
12．租赁和商务服务业	59200	61395	-3.58
13．科学研究、技术服务和地质勘查业	49244	57682	-14.63
14．水利、环境和公共设施管理业	31266	56768	-44.92
15．居民服务和其他服务业	0	0	0.0
16．教育	94743	82479	14.87
17．卫生、社会保障和社会福利业	99730	50261	98.42
18．文化、体育和娱乐业	49886	47094	5.93
19．公共管理和社会组织	63592	62360	1.98

十二、教育、卫生

各类学校基本情况

表 29

项　　目	单位	2017年	2016年	+、-%
一、高等学校	—	—	—	—
学校数	所	1	1	
毕业生数	人	508	426	19.25
招生数	人	593	297	99.66
在校学生数	人	1418	895	58.44
教职工数	人	20	10	100
#专任教师	人	8	7	14.29
二、中等师范学校	—	—	—	—
学校数	所	1	1	—
毕业生数	人	0	0	—
招生数	人	0	0	—
在校学生数	人	0	0	—
教职工数	人	36	32	12.5
#专任教师	人	31	29	6.9
三、普通中学	—	—	—	—
学校数	所	27	26	3.85
毕业生数	人	6870	6959	-1.28
招生数	人	7100	6696	6.03
在校学生数	人	20080	20000	0.4
教职工数	人	2085	2199	-5.18
#专任教师	人	1920	1940	-1.03
四、职业中学	—	—	—	—
学校数	所	1	1	—

续表 29

项　　目	单位	2017年	2016年	+、-%
毕业生数	人	1181	1018	16.01
招生数	人	1186	671	76.75
在校学生数	人	2590	2585	0.19
教职工数	人	118	125	-5.6
#专任教师	人	104	109	-4.59
五、小　学	—	—	—	—
学校数	所	47	48	-2.08
毕业生数	人	4320	4157	3.92
招生数	人	5118	5180	-1.2
在校学生数	人	29403	28609	2.78
教职工数	人	1986	1913	3.82
#专任教师	人	1867	1856	0.59
六、幼儿园	—	—	—	—
幼儿园数	所	49	43	13.95
招生数	人	6373	7137	-10.7
在园幼儿数	人	12863	12793	0.55
教职工数	人	952	806	18.11
#专任教师	人	605	557	8.62
附：1. 成人教育在校学生数	人	—	—	—
2. 特殊教育在校学生数	人	52	96	-45.83
3. 小学毕业生升学率	%	100	100	—
4. 初中毕业生升学率	%	98.65	98.77	-0.12
5. 学龄儿童入学率	%	100	100	—

说明：此表数据由县教育局、开放大学提供

2017年卫生机构、床位、人员情况

表 30

项　　目	单位	总 计	其　　中	
			县	乡 镇
卫生机构	个	23	9	14
病床位	张	1000	550	450
卫生人员	人	2579	1099	1480
其中：1. 卫生技术人员	人	1903	885	1018
执业医师	人	502	269	233
执业助理医师	人	430	233	197
注册护士	人	524	348	176
药剂人员	人	166	57	109
检验人员	人	62	41	21
其他	人	193	79	114
2. 其他技术人员	人	273	19	254
3. 管理人员	人	172	69	103
平均拥有病床	张/万人	26.16	14.39	11.77
平均拥有卫生技术人员	人/万人	49.78	23.15	26.63

说明：此表数据由县卫生和计划生育局提供

十三、文化、广播、电视

文化和广播、电视基本情况

表 31

项　　目	计算单位	2017年	2016年
一、文化、文物事业机构	—	—	—
电影放映单位	个	2	2
艺术表演团体	个	1	1
文化馆	个	1	1
公共图书馆	个	1	1
公共图书馆藏书	千册	187.321	175.82
博物馆	个	1	1
二、文化、文物事业机构人员	—	—	—
电影放映单位	人	—	—
艺术表演团体	人	40	40
文化馆	人	26	22
公共图书馆	人	9	9
博物馆	人	10	10
三、广播电视事业基本情况	—	—	—
广播电台	座	1	1
乡镇调频广播电台	座	—	—
电视台	座	1	1
电视发射和转播台	座	2	2
电视人口覆盖率	%	99	99
有线电视台	座	—	—
四、杂志、报纸出版情况	—	—	—
杂志出版种数	种	—	—
总印数	万册	—	—
报纸出版种数	种	—	—
总印数	万份	—	—

说明：此表由县文化广电新闻出版局和县广播电视台提供

十四、环保

环境保护基本情况

表 32

项　　目	单　位	2017年	2016年
一、当年资金运用情况	—	—	—
竣工环保项目投资	万元	966.38	2031
安排治理污染资金	万元	948.38	1662
二、工业“三废”情况	—	—	—
废水排放量	万吨	112.03	124.14
其中：符合标准	万吨	—	—
废水排放达标率	%	—	—
废气排放量	万标立方米	1763473	1740890
其中：经处理量	万标立方米	1695721	1058602
废气处理率	%	96.2	60.8
二氧化硫排放量	吨	2704	1235
粉尘排放量	万吨	0.026	0.02
粉尘回收量	万吨	21.96	16.64
粉尘回收率	%	99.9	99.8
固体废物产生量	万吨	38.33	23.54
固体废物综合利用	万吨	38.22	23.51
固体废物利用率	%	99.7	99.8
三、“三废”综合利用效益	—	—	—
综合利用产品产值	万元	185	170
综合利用利润	万元	30	34

说明：此表数据由县环境保护局提供

（摘自《大埔县统计年鉴（2017）》）

镇场简况

湖　寮　镇

【简述】湖寮镇地处梅潭河中游，是大埔县城所在地，东邻百侯镇，西接三河镇、大麻镇，南依高陂镇，北靠茶阳镇、西河镇。2002年，镇政府迁驻畹香大道起点南端之新址。2017年，全镇区域面积201.46平方公里，耕地面积833.3公顷，山地面积2万公顷。管辖19个村民委员会、1个林场和4个社区居委会。全镇户籍总人口9.7万人，常住总人口9.85万人，其中农业人口3万多人。

【农村经济】2017年，全镇农村经济总收入9.75亿元，农民人均纯收入1.41万元，分别同比增长11.05%和10%。全年完成国税收入6367.3万元，地税收入4307.21万元。

【基础设施建设】1. 交通运输。2017年，完善镇域交通体系，其中璜腾坑至高道联络线一标段2.45公里路面改造已完成路基施工，剩余二标段已完成招投标及合同签订；同时，配合抓好县城过境公路和湖寮至高陂连接线建设。2. 水利水电。抓好民生水利工程建设，顺利保障山丰水库导流洞工期目标；全面完成莒溪河中小河流域整治工作，一河两岸治理成效明显；镇域农田水利陂头、水圳三面光、小型农田水利工程配套改造等工作完成。3. 新农村建设。以配合创建国家卫生县城为主要抓手，抓好新型城镇化建设。推进城乡环境综合整治，投入93万元配齐垃圾清运车、简易垃圾池、垃圾桶等设施，并引导村级抓好日常保洁人员的聘用和管理，全年城乡环境综合整治工作县内排名第四。巩固提升文明城市水平，完成迎宾大道河腰村段绿化美化和23座房屋穿衣戴帽工程，开展打击“三抢两违”行为，震慑效果明显，全镇城乡建设秩序得到好转。同时，扎实做好禁养区养猪场搬迁工作，签订协议206户，占总任务数的98%，农村环境突出问题得到有效解决。

【农业】发展生态农业，2017年完成种粮1315.67公顷，总产量6871吨，新种蜜柚100公顷、茶叶3.3公顷、南药33.3公顷、烤烟33.3公顷，并顺利申评为省级蜜柚专业镇，加快发展“互联网+农业”新模式，蜜柚产品溢价能力提高。同时，全年完成677本农村土地承包经营权确权登记颁证工作，新增市级农民专业合作社1家、县级5家。2017年，邀请设计公司对莒村新农村建设示范点，以及长新、长教、莒村田园综合体进行规划设计。

【工业】2017年，重点抓好县城科技工业园建设，大埔县特陶科技有限公司完成主体厂房建设，高压陶瓷真空管壳性能研制与产业化项目完成投资2410万元；总部经济起步良好，业广利天王表厂总部成功落户湖寮镇，业广利电子（梅州）有限公司主楼建设有序进行；引导广东泉之乡矿泉饮料有限公司投入1100万元完成厂区扩建，并以大埔小吃文化城为核心，推动小吃工业化生产、连锁化经营。

【旅游业】2017年，在长新村投入152万元租用山地100公顷、种植蜜柚5万株，打造集农业产业、旅游观光、休闲体验于一体的长新村兴瑞科技产业园。在双髻山村，结合蜜柚公园内原有景观，投入62.7万元完善公路沿线基础设施、改造部分公园景观，并通过奖补政策推动髻山园农家乐完成提质升级。在下沥村，按照“政府引导、村民主导”

模式，投入21.3万元完成“百亩荷塘”景点荷塘观景亭、260米荷塘栈道、2.09公里圳道改造和观光标识牌建设，吸引游客前往观赏，带动农民增收致富。

【国土环保】2017年，环境卫生综合整治期间，动员干部1000人次参与卫生保洁，并将此项行动形成规范，每周二、周五按时开展。增配生活垃圾分类收集桶8682个、查处“两违”78宗、开展除“四害”集中消杀3次，并发动群众，做好宣传工作，上墙制度150块，印制3.5万份《致群众一封信》在全镇派发。同时，落实干部挂牌上岗、网格化划分区域、定时开展集中整治等办法，逐步形成环境整治长效机制，城乡面貌得到改善。加强生态建设，完成璜腾坑山场8.57公顷植树造林示范点规划设计，全年碳汇造林25.93公顷，营造生物防火林带3.8公里；推进梅潭河生态环境综合整治，开展猪场回迁行为巡查20次，查处回迁猪场1间。在城乡结合地区，以莒村（南桥水）防洪堤加固工程项目为依托，并在上一轮扶贫攻坚和美丽乡村示范点建设基础上，持续开发长新、莒村、长教“北部三村”，美化“一河两岸”。同时，以璜腾坑至高道联络线改造为基线，加快推进大安、双坑、高道“南部三村”的资源挖掘。

【科教文卫体】继续跟进年初计划根据自然资源、人文历史特色申报的省级历史建筑32户、特色民居22户的相关工作，为后续旅游资源开发、文化传承提供保障。

【计划生育】2017年，全面转变计生工作，强化咨询服务职能，受理二孩登记755人，为465对育龄夫妇开展免费孕前优质健康检查，全年人口自然增长率11.53‰。

【社会保障】开展社会保障工作。全年新增低保22户45人，完成事实无人抚养儿童摸底调查工作，纳入补助儿童23人；复退军人工作站、社会工作服务站成立并投入使用，特殊人群保障工作增强。做好精准扶贫、精准脱贫工作。全年“脱贫攻坚八项工程”筹集各级资金380万元，拨付44.4万元省级帮扶资金用于45户有劳动能力户发展脱贫增收项目；划拨县级资金180万元用于完善村级基础设施、村集体经济及贫困户脱贫增收等项目；投入19.3万元对261户贫困户进行节日慰问和大病补助；113户精准扶贫危房改造前期信息录入全面完成；镇级通过“6·30扶贫济困日活动”筹得资金89.76万元。

【社会治安】创新改进信访维稳工作，利用“广东省社会治安综合治理信息系统”和“广东政法综治E通”等平台，划定152个网格，构建“网格定员定格、信息及时反馈”新体系。2017年排查治安苗头问题2149个，受理矛盾纠纷114宗171人次，调处107宗，成功率93.85%。

湖寮镇党、政、人大负责人名录：

党委书记：何政文

副 书 记：饶志潘（—2017.11） 刘志强 杨国志

党委委员：何苑平（女） 赖永铭 杨栋才 钟用柱（2017.1—） 蓝集良 肖胜良 丘牡兰（女） 饶 勇 朱 芳（女） 杨培彬（—2017.1）

镇　　长：饶志潘（—2017.11）

副 镇 长：何苑平（女） 张创新 黄竞国 丘德昌

人大主席：李万贤

副 主 席：贺佳胜

（*古碧梅*）

百 侯 镇

【简述】百侯旧称“白堠”，民国以后改为百侯，取“多出人才”之意。百侯镇位于大埔县东部，西接湖寮镇，东连枫朗、大东镇，北靠西河镇，南依枫朗、高陂镇，是距县城最近的一个镇，仅 11 公里，省道 S221 茶上线贯穿其中。2017 年，全镇总面积 112.27 平方公里，有山地 7038 公顷，耕地面积 863.27 公顷，其中水田面积 765 公顷。下辖 14 个行政村和 1 个居民委员会，295 个村民小组，有 9627 户 3.02 万人，素有“文化之乡、华侨之乡、干部之乡”之美誉。

【农村经济】2017 年，全镇农村经济总收入 7.3 亿元，较 2016 年增长 11.5%；农村人均纯收入 1.32 万元，同比增长 12.6%；地税收入 338 万元，完成全年任务数的 105.2%；国税收入 472.2 万元，同比增长 13.5%。

【基础设施建设】顺应群众期盼，兴办基础设施建设，提高群众的获得感和幸福感。2017 年，累计投入资金 700 万元，实施并完成侯南银子坑、帽山转水烷等共 13 公里村道硬底化建设工程；完成 12 间村级卫生站规范化建设项目，“两基”示范镇项目高质量通过上级验收；农村超高速无线局域网安装项目完成；村级公共服务站全面投入使用；侯北、南山中小河流专项治理基本完工；村村通自来水工程有序推进。

【农业】全镇形成果、林、蔬、烟、畜并举发展的农业产业化格局，2017 年粮食作物种植面积 1678.13 公顷，总产量 1.1 万吨，其中谷物种植面积 1421.93 公顷，产量 7723 吨；豆类种植面积 55.6 公顷，产量 173 吨；薯类种植面积 200.6 公顷，产量 3064 吨。发展高效精致农业，壮大特色优势产业，依托百侯农业资源丰富的优势，通过培育龙头企业、扩大农业基地种植面积、发展农民专业合作社、促进农旅结合等模式创新发展，辐射带动农民增收致富。有省级农业龙头企业 3 家、市级 5 家，全镇省市县农业龙头企业总数 14 家，蜜柚种植总面积 1733.3 公顷。探索“互联网+”农业经营模式，引进企业在侯北打造农业示范基地，以点带面，推动全镇农业产业升级发展。

【旅游业】2017 年，全面对标县创建广东省全域旅游示范县的战略部署，主动融入韩江（大埔）客家文化旅游特色带规划建设，打造历史人文特色小镇。项目带动补短板。扭紧古镇旅游景区提升建设作为县重点项目这一抓手，持续加大投入，实施并完成景区灯光提升工程、侯南旅游主干道沥青铺筑、百侯休闲山庄主体工程建设等系列项目；云庐、新兰居、延辉楼等 3 间特色民宿也已处于试业阶段；加快如意客栈、耕读客栈等原住户民宿改造、古镇文创产品开发等项目，着力补齐景区旅游服务短板，加快实现古镇旅游区由静态文化向动态体验转变。宣传推动亮品牌。坚持“引进来”直面宣传与“走出去”展示推介相结合，合作拍摄《广东历史文化名镇、名街》专题片；成功承办 2017 年南粤古驿道定向大赛(梅州大埔站)；借势 CCTV7、CCTV10 栏目到百侯取景拍摄《味道》《美丽乡村中国行》等节目，以独特的视角，诠释古镇魅力，彰显人文之美，吸引潜在游客群体认识百侯、关注百侯、走进百侯。招商联动聚合力。在引进深圳市德金辉实业有限公司重点打造百侯休闲山庄的基础上，加强与经验足、规模大、有情怀的大企业联系、沟通，探索专业企业管理运营或政企合作共建共营等模式，致力实现优势互补，提升古镇旅游产业发展水平。

【国土环保】坚持以点带面、全域治理、全民参与的整治理念，推进城乡环境综合整治，加快构建美丽宜居镇村，在全县2017年城乡环境综合整治测评排第二名。强设施，增强环境卫生基础。多方筹集资金，增置垃圾运输车15辆（其中包括配备给各村的三轮运输车13辆），垃圾桶600个，密闭垃圾箱30个；完成侯南、东山及曹鲇等十个村级生态氧化塘建设，侯北、曲滩等村级小公园建设完成，加快推进镇区、侯北两个1000吨污水处理厂建设。治脏乱，优化环境综合质量。注重方式创新，以“一村一点、两种模式、三级联动、四层管理、五种途径”的工作思路，多措并举，立体推进，有效破解农村生活垃圾收运难题，确保常清常洁常净。同时，抓好乱搭乱建、乱堆乱放等“六乱”专项整治，完成82户农村危房改造任务。加强禁养区内畜禽养殖整治和禁养区外畜禽养殖管理，累计搬迁养猪场13座，坚决杜绝直排污水污染饮用水源。推试点，改善镇、村环境面貌。坚持“典型带动、特色争创、递次推进”的原则，选取侯南、侯北、曹鲇、曲滩等四个村作为全镇城乡环境综合整治示范村，分别由挂镇县领导、书记、镇长挂点，实现点上开花、面上结果。加快构建系列长效管理机制体系，推动城乡环境综合整治由应检式的被动模式向常态化的主动模式转变。

【科教文卫体】2017年，加大教育投入，实施“教育强镇”战略。树立科教兴镇理念，优先发展教育事业，不断增加教育投入，完善教学设施建设，促进教育均衡发展，培养高素质人才，全镇有幼儿园3所，小学4所，中学1所。引导发展民间艺术团队，开展群众性文体活动。支持培养广东汉乐演奏队、太极拳协会、舞狮队等民间艺术表演队伍，弘扬百侯传统民间艺术形态；结合“春节”“五一”“十一”等法定节假日，举办乒乓球、篮球比赛，活跃群众文娱氛围；开展“庆三八”“庆七一、颂党恩”等文体活动，在全镇掀起全民健身热潮，几乎每天在各个公园都可以看见群众耍太极、跳健身舞的身影，让广大村民充实精神文化生活。

【计划生育】2017年，以稳定低生育水平，提高出生人口素质为中心，采取措施，夯实基层基础，构建长效工作机制。全镇出生341人，出生率11.05‰，其中政策内出生330人，政策出生率96.77%，死亡232人，自然增长率3.53‰。

【社会保障】2017年，发放低保医疗救助金、房屋倒塌救济款等社会救济金合计63万元；扩大各类保险覆盖面，完善镇、村医疗卫生服务网络，推进城乡居民基本医疗保险，完善城乡最低生活保障制度，提高“五保户”、残疾人等特困群体和重点优抚对象的综合保障水平。

【社会治安】2017年，加大全镇信访维稳工作力度，始终坚持把信访维稳工作当作一项重要工作来抓，以维护社会稳定为首要任务，以创建“平安百侯”为载体，通过创新社会管理、与驻点直联工作相结合等手段，把矛盾纠纷化解在基层，全年调处矛盾纠纷186宗，调处率100%，调解成功率98%，维护全镇的政治稳定和社会安定。

百侯镇党、政、人大负责人名录：

党委书记： 廖昌元（—2017.9）
邓越林（2017.9—）

副 书 记： 邓越林（—2017.9）
江维杰（2017.11—）
黄均绪（—2017.9） 丘孝思
李淑颖（女，2017.9—）

党委委员： 李志浩（—2017.11） 邱建华

钟丽惠（女）　段及敏
李敏逸　廖武锋（2017.1—）
曾勇夫　钟用往（—2017.1）
镇　　长：邓越林（—2017.11）
江维杰（2017.11—）
副 镇 长：李志浩（—2017.11）
张利娜（女，—2017.11）
丘　炼　温向国（2017.11—）
人大主席：何荣朋（2017.1—）
副 主 席：刘千和

（张海韩）

枫　朗　镇

【简述】枫朗地处梅潭河上游，位于大埔县的东南部，东邻大东镇、福建省平和县，南与饶平县相连，西接高陂镇，北依百侯镇，距县城 19 公里，省道 S221 线、县道枫高线贯穿其中，是古今东进闽南，南下潮汕的交通要塞。2017 年，下辖 23 个村民委员会，336 个村民小组，总人口 5.45 万人。全镇区域面积 167.83 平方公里，山地面积 1.29 万公顷，耕地面积 1186 公顷。

【农村经济】2017 年，全镇农村经济总收入 10.92 亿元，同比增长 10%；农村人均年纯收入 1.31 万元，同比增长 11.8%。完成国税收入 532.7 万元，完成任务的 100.5%；实现地税收入 512 万元，完成任务的 100.9%。同时，成功引进计划投资约 3.5 亿元的梅州市强润混凝土责任有限公司，至 2017 年底投入 8000 万元。

【基础设施建设】1. 交通运输。截至 2017 年底，依法完成征地、拆迁房屋工作，确保大漳高速公路建设顺利施工；梅溪村至和村村路面重铺工程完成。2. 水利水电。推进村村通自来水工程，通过扩网、改造、联通、整合和新建等措施，把符合国家水质标准的自来水接引该镇各个村，打通村民饮用水“最后一公里”。同时，加快污水处理设施建设工作，全面推行河长制，实现“河角无杂物，河中无障碍，河岸无垃圾”。3. 新农村建设。围绕新农村建设，精心规划，抓好“大埔角村、隔背村、四联村、下木村、梅溪村”示范村的建设，开展“三清三拆三整治”工作，全镇清理垃圾 1463 吨，清理污泥 1343 吨，拆除露天厕所、猪牛栏 650 间，新建厕所 15 个；同时，重点完善村庄连接路水泥硬底化、饮用水、停车坪、污水处理、堤坝加固等建设，其中打通断头路 7 条，加固堤坝 5 处。

【农业】重点发展茶叶和蜜柚健康产业。2017 年新增茶叶种植面积 200 公顷，全镇茶叶种植总面积 3333 公顷；新增蜜柚种植面积 33.3 公顷，蜜柚种植面积 1433 公顷。发展精致高效农业。2017 年全镇粮食作物的播种面积为 3223.87 公顷，总产量 2.22 万吨。西岩山万亩茶园累计投入 5038 万元，完成茶博物馆、茶体验村，完善景区绿化及相关配套建设；三溪茶场观光园累计投入 2159 万元，完成茶文化公园——陆羽、制茶工艺石雕、茶园绿化及完善茶园相关基础设施；龙公坑农业生态园累计投入 1571 万元，完成铁皮石斛大棚主体工程及配套设施建设。发展“一村一品”特色农业。种植青梅面积 206.7 公顷；烤烟 46.7 公顷；油茶 333.3 公顷；秀珍菇、无花果、东魁杨梅、枇杷、春甜橘等特色种植业 200 公顷。

【旅游业】围绕打造旅游名镇的目标，充分发掘枫朗镇绿色生态资源和革命历史文化资源，扎实做好南方工委旧址建设，逐步完善周边配套设施。通过2017年的建设和布展，闽粤赣边区革命历史陈列馆于2017年12月1日正式开馆。同时，完善西岩茶乡度假村配套设施，建成集茶叶加工和茶文化展示于一体的茶博馆，同步推进三溪云岽茶园、龙公坑农业生态观光园建设，打造农业观光新景点，助推红色枫朗实现绿色崛起。

【工业】累计投入1.03亿元，完成10万吨熟料储备仓主体工程与配套设施，打造枫朗矿业建材小区，以宏宝100万吨粉磨站为中心，带动发展下游产业，形成一个以梅州市宏宝水泥有限公司为核心，多企业共同发展的矿业建材小区。

【国土环保】1. 抓好保护国土资源工作。加强建设用地管理，做好登记发证工作。2017年办理土地审批4宗，上报国有土地使用权出、转让4宗。加强土地执法监察力度，做好信访和土地纠纷的调处工作。全年接待群众来访50人次，调处土地纠纷15宗，及时将违法用地制止在萌芽状态10宗。2. 做好安全生产大检查。2017年，枫朗镇检查387间次单位厂矿企业，排查出一般隐患问题113项，其中马上整改88项，限期整改25项，并已全部落实专人负责跟踪督促，确保全镇安全生产形势持续稳定，人民群众安居乐业。3.推进环境综合大整治。全年投入300万元，添置垃圾桶、新建垃圾池、镇区门店统一制作广告牌、聘请第三方专业垃圾转运服务团队，每天分五条线路对各村固定转运堆放点的垃圾进行统一清运，重新修缮规范枫朗镇区街道、大埔角市场，整合路肩资源用于公共停车，科学规划停车线，彻底整治街道“六乱”行为，对全镇山边、路边、水边垃圾盲点进行全覆盖清理，全镇卫生得到有效改善。

【科教文卫体】2017年，加快建设教育现代化，推进“班班通”项目，抓好教师继续教育工作，培养高素质教师队伍，教育教学水平不断提高。2017年10月，枫朗镇顺利通过教育强镇复评验收。考上县重点中学学生有17名。坎下村的三祝堂和上山下村的赖氏宗祠被评选为梅州市文化祠堂，墩背村、上木村新建农村文化俱乐部通过上级验收合格，大埔县文化馆枫朗分馆以及枫朗服务点通过省级验收。

【计划生育】枫朗镇坚持以人民为中心，统筹兼顾，不断增强卫生计生治理能力。2017年，全镇出生人口737人，出生率14.1‰；其中一孩出生266人，计划内266人；二孩出生421人，计划内417人；多孩出生50人，计划内35人。政策生育率97.42%。性别比107.61：100，自然增长率9.3‰。

【社会保障】2017年，紧扣社会保障工作“保障民生”的主题，创新工作措施，顺利完成上级下达的城乡居民医疗保险等工作任务。发放耕地地力保护补贴120.08万元，发放农业机械购置补贴2.36万元，发放生态公益林款261.8万元。按时足额发放农村835户、城镇13户人员最低生活保障金，确保193位五保户和孤寡老人衣食有保障，解决652户医疗救助困难户。给209个重点优抚对象发放优抚补助，全额兑现优抚补助标准，为部队输送6名兵员。同时，对全镇496户1101人贫困人口采取“一户一策”的帮扶措施，做到有针对性、动态化管理，确保“扶到点上、扶到根上、扶到人头”。2017年，预脱贫198户509人。

【社会治安】坚持“稳定是发展的基础”的理念，在社会治安、信访维稳、安全工作等方面下功夫，为全镇创造一个安定和谐的发展环境。加大矛盾调解力度，维护大局稳定，强化治安管控，提升群众安全感。2017年，全镇受理调处纠纷256起，答复信访41件；受理治安案件26起，查处26起，查处违法人员 23 人。坚持每月一次的安全生产例会制度，开展各项专项整治，对重点行业、重点领域、重点部门做到“查深、查细、查透、查实”，对发现的问题及时采取措施，落实整改工作，确保各行各业生产安全，人民群众安居乐业。

枫朗镇党、政、人大负责人名录：

党委书记：黄庆清（女，—2017.9）
何维龙（2017.11—）

副 书 记：廖周磷　黄大鹏　丘楚生

党委委员：罗志龙　李瑞杰　黄庆锋
张庆彪　余善谋　赖建宁
邓初阳

镇　　长：廖周磷

副 镇 长：罗志龙　罗焕新　蒋琳琳（女）

人大主席：邓增城

副 主 席：郭永亮

（罗俊河）

大　东　镇

【简述】大东镇位于闽粤两省四县（平和、永定、饶平、大埔）的交界处，东与福建省平和县的长乐乡和九峰镇、北与福建省永定区的湖山乡相邻，西与百侯镇和西河镇、南与枫朗镇和饶平县的饶洋镇连接。2017 年，全镇总面积 98.27 平方公里，下辖 13 个行政村，有 2.34 万人。镇政府设在塘市圩，距县城 35 公里。

【农村经济】2017 年，全镇农村经济总收入 5.59 亿元，同比增长 12%；农村人均年纯收入 1.29 万元，同比增长 11.5%；实现国税收入 344.6 万元，任务完成率 100.53%；实现地税收入 220.15 万元，任务完成率 102.87%。

【基础设施建设】重点项目有序推进。2017 年，提前完成上级下达的大漳支线高速大东段依法征地拆迁任务，确保工程实现无障碍施工；配合推进梅潭河（大东段）中小河流治理工程建设，打造 5 公里长的生态水系；按计划推进福光村福田安新农村建设，共建整洁有序的美丽乡村。投入资金 240 万元，完成 7 条、总长 6.05 公里的农村新公路路面硬底化建设；投入资金 680 万元，完成 18 宗圳道陂头的清淤维修和 4 宗山塘水库的除险加固；计划投资 1047.11 万元推进桥梁路网建设，进滩华能大桥、新福光大桥已完成测设、立项、招投标等工作，白土官宅大桥进入测设阶段。

【农业】2017 年，大东镇着力发展有特色、有亮点、有潜力的农业生产项目，加快农业产业化转型升级，不断引进“优、特、新”产业项目，做大做强蜜柚、大东板栗等主导产业，发展火龙果、茂谷柑等特色农产品，引进茶叶种植等生态休闲农业。全年粮食作物播种面积 800 公顷，总产量 0.65 万吨；新增蜜柚种植面积 90 公顷；新增广东屏翠山茶业有限公司省级农业龙头企业 1 个。

【旅游业】2017 年，完善坪山梯田 AAA 级景区和花萼楼的旅游基础设施建设，开发观音山观光旅游景区、清溪湾生态旅游区等新资源。投入 500 万元推进坪山景区观景台建设、油菜花种植等，打造新景点，成功举办 2017 年油菜花节；投入 100 万元保护开发花萼楼，对花萼楼加固维护，布置诗词书法展览室，整治周边环境。全年累计接待游客 34 万人次，实现旅游收入 800 万元。

【科教文卫体】2017 年，顺利通过广东省“教育强镇”复评验收；全面普及义务教育，把控辍保学落到实处，全镇适龄儿童入学率100%，巩固率 100%；加强师资队伍建设，改善学校教学条件；加强文化事业建设，建成福光村积庆居、三坤村余庆居 2 个农村文化俱乐部，完善 8 个村综合性文化服务中心建设；投入 20 万元升级改造镇文体中心，满足广大人民群众日益增长的精神文化需求。

【国土环保】2017 年投入资金 410 万元，建设完善镇垃圾中转站 1 个，配备垃圾运输车、铲车各 1 辆，垃圾勾臂车 1 辆，放置密闭垃圾箱 20 个、垃圾桶 810 个；组织出动 1 万人次，清扫生产生活垃圾 1500 吨，清理梅潭河双电库区漂浮垃圾 20 吨，依法拆除“两违”建设 2 处，组织“灭四害”专项行动 2 次；种植、打造牌坊至镇区沿线花带，统一制作镇区店面招牌。

【社会保障】2017 年，投入扶贫资金 765 万元，抓好交通道路、农田水利、安全饮水等基础设施建设和产业帮扶、贫困户脱贫等工作。解决贫困户养老和医保问题；开展技能培训 8 次，发放果苗、化肥、农药、鸡鸭苗等农资扶持贫困户发展生产。2017 年度预脱贫人口 46 户 151 人脱贫。贯彻执行各项支农惠农政策，全年发放 773.3 公顷、95 万元的地力补助资金；发放农机购置补贴 8800 元；发放生态公益林效益补偿款 6182.1 公顷、208 万元。危房改造方面，争取资金 133.15 万元，完成危房改造 37 户。民政救济方面，全镇农村低保户有 383 户 748 人，全年发放低保资金 193 万元；发放优抚资金 57 万元；发放大病医疗救助资金 26 万元；发放重度残疾人补贴 224 人、53 万元，残疾人生活津贴 151 人、27 万元。

【计划生育】全面实施二孩政策，保持适度生育水平。2017 年，全镇户籍人口出生 292 人，出生率 12.48‰，政策生育率 98.29%，自然增长率 7.39‰。

【社会治安】2017 年，镇综治中心接待群众来访 68 次、88 人次，其中 33 宗现场调处；网信案件 10 宗、结案 10 宗，上级部门转办案件 5 宗、结案 5 宗，结案率 100%。社区矫正进一步深化，全年社区矫正对象 14 人，解除 6 人，没有出现脱管、漏管和重新犯罪现象。全镇接处 113 宗警情，受理查处各类治安案件 18 宗，当场调处各类民事纠纷 76 起，救助群众 23 起，无重大刑事案件。

大东镇党、政、人大负责人名录：

党委书记：何维龙（—2017.11）
郭斌欣（2017.11—）

副 书 记：郭斌欣（—2017.11）
曾春生　李建峰

党委委员：林文科　黄永钢　伍伟均
刘雯文（女）　唐上清
刘招迎（—2017.11）
罗　晓（—2017.9）

镇　　长：郭斌欣（—2017.11）
曾春生（2017.12—）

副 镇 长：熊志刚　何维勤　林文科

人大主席：杨　震

副 主 席：赖礼权

（*赖丽婷*）

高 陂 镇

【简述】高陂镇位于大埔县南部，地处韩江中游，东与百侯镇、枫朗镇、潮州市饶平县毗邻；南与光德镇、桃源镇、丰顺县潭江镇接壤；西与洲瑞镇、银江镇交界；北与湖寮镇、大麻镇相连。2017 年，全镇总人口 8.8 万人，辖区面积 308.95 平方公里，是大埔县地域面积最大的镇，也是全国重点镇、广东省确定的首批重点建设中心镇和陶瓷专业镇。该镇耕地面积 2625 公顷，山地面积 2.4 万公顷。下辖 35 个行政村和 1 个社区居委会。

【农村经济】2017 年,全镇农村经济总收入 18.14 亿元，同比增长 10%；农村人均年纯收入 1.34 万元，同比增长 9%；国、地税完成税收 7040 万元，同比增长 13.5%。固定资产投资额超 500 万元的项目有 23 个，新增规模以上企业 1 家。

【基础设施建设】围绕全县“一主三附”发展定位，抓好中心镇“六个一”项目建设，13 项“六个一”工程，计划总投资 21.6 亿元，至 2017 年底完成投资 8.9 亿元，晋昊大道提升、园区和安置区路网、陂寨和乌槎排涝站、中心卫生院迁建、沿江金岸小区等项目稳步推进。投入资金 65 万元完成陂寨临时农贸市场建设。投入资金 600 万元完成高陂自来水厂扩容改造和重新铺设大型供水管道，城区居民饮用水问题得到根本性解决。

【陶瓷产业】2017 年，全镇陶瓷产值 10 亿元，新增规模以上企业 1 家，引进项目总投资额 3.5 亿元的梅州市悦盈陶瓷有限公司招商项目。发挥“白玉城”陶瓷产业优势，加快广州海珠（大埔）产业园区“一纵两横”路网、供排水和供电等基础设施建设，促进欣红、嘉庆、益成等 17 家入园企业加快建设。发展壮大产业集群经济，重点推进宝丰、富大、怡丰园等陶瓷企业进行技改项目建设，坚持以产业链重点研发领域和技术需求为突破口，持续推进陶瓷企业科技、文化创新驱动，推动企业快建设、快投产、快见效。

【旅游业】加大对农村文化建设的投入，按标准着力抓好村级综合性文化服务中心建设，完成 1 个省级示范点和 21 个普通点的建设任务。坚持特色化引领，融入韩江（大埔）客家文化旅游特色带，打好“名人名居”和“陶瓷文化”两张牌，抓好全镇旅游发展规划和高陂水利枢纽工程库区旅游规划编制工作，以李光耀祖居国家 AAA 级旅游景区为依托，深入挖掘党溪、三洲、银滩等历史人文和自然资源丰富的扶贫村，发展乡村旅游扶贫开发项目，将“绿水青山”转变成“金山银山”，有效促进农村生态环境的修复和提升。同时，动员富大陶瓷等企业继续创新工业旅游模式，完善“旅游+文化+传承+商贸”的发展模式，加快推进以富大国家 AAA 级工业旅游景区为核心的陶艺产业园建设，促进乡村旅游提质增效。2017 年全镇接待游客 13.6 万人次。

【农业】坚持现代化引领，着力于农业产业结构调整，以蜜柚、茶叶等产业为龙头，秉承“集约化、标准化、品牌化、市场化”发展思路，推进农业持续发展。新种植蜜柚 56.67 公顷、茶叶 42.67 公顷；新培育省、市、县龙头企业 3 家，农民专业合作社 6 家。农村土地确权颁证工作有序推进，已完成 29.5% 颁证任务。规范土地流转服务管理，发展高标准农田建设，全面完成古东、坪溪、桃花和三洲四个村的高标准农田土地租赁工作。全年全镇发放耕地地力保护补贴资金 168 万元，基本农田保护经济补偿资金 79 万元。2017 年全镇粮食作物播种面积 2880 公顷，总产量 1.57 万吨。

【国土环保】以新农村示范村建设为抓手，打好美丽城乡建设攻坚战，不断优化人居环境。完成 9 个省定贫困村社会主义新农村示范村建设规划设计，整合资金 630 万元开展“三清三拆三整治”成效明显，新农村示范村创建工作扎实推进。每年投入 300 万元，通过承包方式购买全镇生活垃圾转运及镇街清运保洁等社会服务，卫生保洁实现常态化和精细化管理，镇村污水处理设施建设有效加快。推进城乡环境综合整治，招聘15名市容市貌协管员成立城监队伍，开展“六乱”整治和打击“两违”行动，依法拆除水田建房、违章搭建19处，户外无序广告牌78块。强化水污染防治，全面落实“河长制”，全镇水环境质量、饮用水源水质全面达标。完成碳汇造林653.87公顷，抚育2173公顷，森林覆盖率为80.2%。

【科教文卫体】1. 教育方面。加强师资队伍建设，完善办学条件，不断提升教育水平，2017年顺利通过省教育强镇的复评验收。2. 文化方面。继续加大对农村文化建设的投入，按标准着力抓好村级综合性文化服务中心建设，完成1个省级示范点和21个普通点的建设任务。3. 卫生方面。完成项目投资2亿元的高陂中心卫生院迁建升级关键性房屋收赎、爆破平整等各项前期准备工作。完成中心卫生院中医馆、住院病房升级改造等项目，投资183.5万元完成全镇18间新建改造和6间修缮公建民营卫生站规范化建设。

【计划生育】2017年，全面落实人口与计划生育工作目标责任制，加强流动人口的管理及计划生育工作队伍建设，提高服务水平。截至2017年12月31日，共出生婴儿1096人，计划生育率97.08%。

【社会保障】1. 抓好精准扶贫工作。至2017年底，落地光伏发电项目、村道硬底化、村卫生站、村级文化广场等帮扶项目255个，投资总额1450万元。争取危房改造资金282万元，完成97户危房改造。523人实现预脱贫，精准扶贫扎实推进。2. 推进社会保障体系建设。全镇1811户五保户和低保户享受到城乡居民最低生活保障金，完成城乡居民医疗保险参保缴费工作，农民看病难、看病贵的难题得到有效解决。

【社会治安】2017年，推进“平安高陂”“法制高陂”建设，投入76万元，完成党的十九大等重大时期安保维稳任务。加强社会综合治理，综治信访维稳中心全年受理信访案件78宗，已办结78宗，办结率100%，同时推进综治“中心+网格化+信息化”建设，有效化解矛盾。

【重点项目】2017年，有29个县级以上的重点项目落户高陂，总投资额为139.07亿元，年度计划投资额为20.82亿元，占全县年度重点项目投资额的20.7%。推进交通基础设施项目建设，大潮高速（含大漳支线）已全面动工建设，高陂赤山至留田段过境公路正在实施，高陂陶瓷产业集聚区道路建设已完成，晋昊大道完成提升改造。全年依法开展征地、丈量与拆迁房屋等工作，保障韩江高陂水利枢纽工程、大潮高速（含大漳支线）、广州海珠(大埔)产业转移园、高陂过境公路等重点项目无障碍施工。

高陂镇党、政、人大负责人名录：

党委书记：罗振康（—2017.6）
黄海军（2017.6—）

副 书 记：葛志发（—2017.8）
沈俊亮（—2017.9）
罗绍辉　吴千捷（2017.9—）
丘伟彬（2017.9—）

党委委员：吴千捷（—2017.9）　刘文社
温建昌　陈传祺　张炎贤
罗振宇　郭珊珊（女，2017.3—）
李　俊（2017.3—）
林紫鹏（2017.12—）
李国贤（2017.12—）

镇　　长：葛志发（—2017.9）
丘伟彬（2017.10—，镇长人选）

副 镇 长：吴千捷（—2017.9）
张秋丽（女）　张桂超
朱海秋　林紫鹏（2017.12—）

人大主席：刘荣德

副 主 席：连德海

（陈思媚）

光　德　镇

【简述】光德镇位于大埔县南部，北面、西面接高陂镇，西南与桃源镇相连，东、南毗邻潮州市饶平县，距离县城公路里程 65 公里。2017 年，全镇区域面积 125.96 平方公里，其中耕地面积 410 公顷，山地面积 9630 公顷。下辖 10 个行政村和 1 个社区居委会，全镇总人口 3.52 万人。

【农村经济】2017 年，全镇农村经济总收入 13.85 亿元，同比增长 10.8%；税收 6748.5 万元，同比增长 12%，其中国税收入 6229.2 万元，同比增长 17.9%，地税收入 519.3 万元，下降 29.6%；村级集体经济收入 148 万元，同比增长 9.6%；农村人均年纯收入 1.34 万元，同比增长 11.4%。2017 年，全镇粮食作物播种总面积为 1000 公顷，总产量 6010 吨。

【基础设施建设】2017 年，抓好大潮高速公路光德段依法征地拆迁工作，基本完成征地拆迁任务，保障工程无障碍施工。优化路网结构，投入资金 700 万元，完成上漳金山下、富岭正坑村自然村等 15 条村道共 13 公里的道路维修、拓宽和水泥硬底化工程，完成上澄荷树下至金坑 2.6 公里道路路基建设，新开机耕道路 3.5 公里，新建和维修桥梁 4 座。完善农田水利基础设施，投入资金 400 万元，完成上漳、下漳、雷峰、富岭、澄坑五个村国家农业综合开发和高标准农田建设；新建和维修圳道 14.5 公里，修复陂头 3 座，清理溪道 5 公里。

【陶瓷产业】擦亮“广东省陶瓷技术创新专业镇”品牌，加强科技创新，促进扩能增效，推动陶瓷产业转型升级，加快创新驱动发展，不断做精做优陶瓷产业。2017 年，全镇规模以上企业 13 家，规模以上陶瓷企业产值 5.7 亿元；纳税 200 万元以上企业 4 家。

【农业】坚持现代化引领，以蜜柚、茶叶等产业为重点，抓好基地化建设、标准化生产、品牌化管理、市场化经营，推进农业持续发展。2017 年，新增水果种植面积 6.7 公顷、茶叶种植面积 10.7 公顷、南药种植面积 6.7 公顷。

【招商引资】2017 年，深入实施乡贤回归投资兴业工程，新引进计划投资 3 亿元、位于上澄村的大唐小镇生态农业休闲旅游观光项目，县级重点项目——梅州瞻裕生态园累计完成投资 2960 万元。

【国土环保】城乡环境改善。开展“六乱”整治和打击“两违”行为，镇容镇貌取得明显改观。年投入资金 280 万元，设垃圾回收点 230 个、大小垃圾桶 2560 个、垃圾中转站 1 个，购置垃圾转运车 2 辆，村垃圾收集车 11 辆。上漳、富岭、澄坑三个村实行生活垃圾清运外包服务试点，保证全镇生活垃圾及时收集、转运。推进富岭、上坪、上澄、九社 4 个城乡环境综合整治示范村建设，投入资金 110 万元完善各项基础设施。加强森林资源管护和森林防火责任制落实，开设防火林带 4.5 公里，全镇森林覆盖率 78.53%。社会主义新农村建设有新成效。坚持“一村一品”的发展思路，开展“三清三拆三整治”工作，累计完成“三清理”垃圾杂物 600 吨，完成“三拆除”危旧房、露天公厕、猪舍牛栏等 500 间、共计 7000 平方米，平整土地 8300 万平方米。

【科教文卫体】2017 年，坚持教育优先发展，配合县创建省教育现代化先进县，投入资金62万元，完善各中小学校教育基础设施，通过教育强镇复评验收。各村乡友会、慈善会开展文教事业捐款活动，全镇累计发放奖教奖学金30万元；慰问困难家庭及老人400人次，发放慰问金20万元。投入资金30万元，完善上漳、下漳、雷峰、富岭等村文体活动场所。完善基层医疗卫生服务体系，加快推进镇卫生院拆建工程，完成“三通一平”，进入大楼主体建设；完成上漳、下漳、雷峰、上磜、上澄、九社等村卫生站公建民营规范化建设。

【社会保障】2017年，农村养老保险参保人数1.17万人，超额完成考核目标任务；城乡居民医疗保险参保人数2.78万人，参保率98.08%。完善低保、五保对象动态管理制度，实现应保尽保。

【社会治安】推进“平安光德”建设，完善治安防控体系，严厉打击“涉黄赌毒、涉盗抢、涉诈骗”等各类违法犯罪活动，提升公共安全水平，2017年全镇刑事案件、治安案件大幅下降，无发生重大要案，治安形势明显好转。以法律服务进村（社区）为载体，完善“一村（居）一法律顾问”制度，基层民主法治化水平得到提高。做好人民内部矛盾纠纷排查调处，把矛盾纠纷化解在基层，解决在萌芽状态。全年镇信访维稳中心受理案件18宗，办结18宗，办结率为100%；调解村级矛盾纠纷110宗，达成协议107宗，调解成功率97.3%。转变政府职能，提升行政效能，推进“一门式一网式”政务服务改革，全年受理群众服务事项776件，已办结775件，办结率99%。

光德镇党、政、人大负责人名录：

党委书记： 庄乃仕
副 书 记： 邓瑜瑾　苏常均　江思峰
党委委员： 郑礼华　廖益贤　廖国新
郭万里　杨思娟（女）
余家词　李啸尘
镇　　长： 邓瑜瑾
副 镇 长： 郑礼华　黄歆坤　毛维礼
人大主席： 郭庆亮
副 主 席： 林其铭

（**蔡爱霞**）

桃源镇

【简述】桃源镇位于大埔县最南端，东连光德镇、北接高陂镇、西和西南邻丰顺县潭江镇，西南邻潮州市潮安区，东南界潮州市饶平县，地处两市（梅州市、潮州市）四县（潮安县、饶平县、丰顺县、大埔县）交汇之处，省道S222线贯穿南北穿境而过。经纬度北纬24° 04′ 56.34″，东经116° 38′ 50.14″，镇政府所在地属桃星村，地址在桃源镇府前路，距县城48公里。2017年,全镇总面积76.76平方公里，下辖6个村委会和1个街道居委会。全镇总户数4266户，总人口2.01万人。

【农村经济】2017年，全镇实现农村人均纯收入1.3万元，同比增长9.8%；固定资产投资完成1.5亿元，同比增长9.3%。国、地税收入4374万元，同比增长22.9%；其中国税收入3744万元，同比增长23.7%；地税收入630万元，同比增长18.2%。争取上级扶持资金420万元，确保社会各项事业发展和机关正常运转。

【基础设施建设】1. 交通运输。2017年，投入 250 万元推进新东村 1.6 公里村道改造建设；投入 16 万元完成团结村村道改造；投入 1000 万元完成桃星村原集体瓷厂至尖山林场 3.2 公里公路硬底化改造；投入 100 万元维修改造总长 12 公里的上墩村至丰顺县官溪村公路，将原 3.5 米宽路面扩至 5 米，改善大埔和丰顺两地的交通环境，方便两地群众的往来交流。2. 新农村建设。2017 年，累计投入 120 万元继续巩固城乡环境综合整治成果，开展卫生大整治 60 次，在全县各镇（场）环境综合整治测评中名列前茅，环境卫生工作得到群众的支持和认可。主动谋划省定贫困村团结村创建社会主义新农村示范村工作，发挥好村民理事会、外出乡贤作用，创建前期“三清三拆三整治”工作顺利推进。推进“宜居乡村”建设，投入 200 万元完成桃星村前进自然村 0.6 公里“一溪两岸”休闲健身长廊建设，投入 50 万元完成桃源中学操场旁公园建设；在小流域河流整治的基础上，投入 60 万元在桃源溪建设 4 条水挡，营造桃源水景观。开展“绿满梅州”大行动，投入 20 万元购买树苗，兴起植树造林高潮。总计划投资 1458 万元的镇、村两级饮水工程已完成 80%。镇级污水处理厂规划建设有序进行。

【农业】稳定粮食生产，2017 年粮食种植面积 499.6 公顷，总产量 2561 吨，鼓励农民开展耕山致富，2017 年上半年新植蜜柚 6.7 公顷，新植茶叶 7.3 公顷，全面完成农村土地确权颁证工作。

【陶瓷工业】落实镇领导班子成员联系企业制度和专业镇建设要求，协助解决企业在发展中遇到的各种问题，鼓励企业提高产品质量和附加值，不断拓宽销售市场，新上 1 家规模企业。2017 年，全镇陶瓷产值 6.5 亿元，比增 9.5%；其中 11 家规模陶瓷企业实现陶瓷产值 6.04 亿元，比增 10.1%。

【旅游业】主要旅游景点有特色陶瓷工业小区、水口南安寺和张侯祠、狮子石崇。其中大埔县桃源镇富源陶瓷工艺厂、广东昌隆陶瓷股份有限公司、广东吉玉陶瓷股份有限公司等企业生产的旅游陶瓷产品尤其受到国内外游客青睐。

【国土环保】做好耕地保护工作。加强国土资源执法监察工作，维护国土资源管理秩序，2017 年巡查 150 次，纠正和查处各类国土资源违法行为 3 宗，制止违法占地建房 3 宗、面积 300 平方米，无矿产资源违法开采行为。调处土地矛盾信访纠纷 6 宗。做好建设用地管理工作。鼓励引导村民使用未利用地、村内宅基地和老房拆建建房，严厉制止占用耕地建房的行为，全年报批私人建房 27 宗。扎实做好矿产资源管理工作。未发现无证非煤矿山非法开采行为。做好地质灾害防灾工作。

【科教文卫体】2017 年，全面完成年度新兵征集任务，征集新兵 6 名；加强农村文化基础设施建设，新建团结、新东村农村文化俱乐部，依托农村文化俱乐部丰富干部群众的休闲生活。投资 190 万元的镇卫生院综合大楼建设年底完成，计划投资 180 万元的 6 个村级卫生站已完成建设并顺利通过验收。

【计划生育】加强人口与计划生育工作，强化优质服务管理，树立优生优育风尚，实现人口均衡发展，严格执行计划生育“一票否决制”。2017 年，全镇人口出生 299 人，人口自然增长率 11.12‰。

【社会保障】1. 社会救助。深入实际，了解民情，为群众排忧解难，落实好最低生活保障线制度。落实好低保对象 206 户的救助金，继续实行社会化发放和动态管理。落实好特困老人的供养金。有集中供养特困老人 5 人，分散供养特困老人 40 人，按时按标准发放供养金。参加城乡居民医保 1.51 万人，完成任务人数的 97.48%。2. 社会优抚。按标准兑现好复退定补对象 6 人，五老定补对象 1 人、参战退伍军人 26 人、老兵 44 人补助对象的经费，继续实行社会化发放，按时按标准发放普优对象优待金。3. 政策补贴。新型农村合作医疗兑现报销 348 人；将残疾人专职委员纳入公益性岗位；为 57 位符合条件的精神、智力、重度残疾人免费购买城乡居民基本养老保险费；为 158 位重度残疾人发放 2.94 万元两项津（补）贴。4. 扶贫开发。坚持把扶贫攻坚列入镇主要工作日程，分类施策，多措并举，科学制定帮扶计划与帮扶措施，2017 年有 36 户，110 人脱贫。加大对贫困户技能培训，联合县农业局、镇农业发展中心开展培训 2 次，累计 98 人次。广州市海珠区民政局投入 120 万元帮扶团结村贫困户再就业和产业等项目，其中投入 40 万元帮助该村建设光伏发电站并成功并网发电，每年可为村集体和贫困户带来 6 万元收入。健全农村最低生活保障、五保供养、临时救助、农村社会养老保险等社保体系，进一步实施危房改造工程，全镇 9 户贫困户危房改造对象已全部竣工。

【社会治安】加强社会综合治理建设，始终将信访维稳作为重中之重的工作来抓，定期召开研判会议，加强排查，特别是在中共十九大和省第十二次党代会召开期间和“六四”、“香港回归祖国二十周年”重点时期以及村“两委”换届选举期间，加大工作力度，重点排查社会矛盾纠纷、涉军群体、治安隐患和来信来访等方面不稳定因素。2017 年排查矛盾纠纷 20 起，成功调处 20 起，调解成功率 100%。同时，加强社会治安防控体系建设，加大违法犯罪打击力度，提升公众安全感。全年立刑事案件 4 宗，破案 2 宗，刑事拘留 10 人，查处治安案件 8 宗，其他群众纠纷均得到有效化解。

桃源镇党、政、人大负责人名录：

党委书记： 吴文新
副 书 记： 钟永彩　何源选　张锦声
党委委员： 郭美超　黄国辉　陈宏海　刘辉彝　杨增枫
镇　　长： 钟永彩
副 镇 长： 刘辉彝　曾春华　许道生
人大主席： 黄令城
副 主 席： 邓礼东

（张威盛）

大麻镇

【简述】大麻镇位于大埔县西部，韩江纵贯其境，距离县城直线 15 公里，公路里程 27 公里。东临湖寮镇，北接三河镇，南联高陂镇、银江镇，西与梅县区松口、三乡、南福、雁洋镇为邻。2017 年，全镇区域面积 229.82 平方公里，下辖 22 个村民委员会和 1 个社区居委会，有 385 个村民小组，总人口 4.05 万人。

【农村经济】2017 年，大麻镇农村经济总收入 7.68 亿元，同比增长 10%；农村居民人均纯收入 1.27 万元，同比增长 8%。全年完成国税收入 556.14 万元，完成目标数的 100.55%；地税收入 416.24 万元，完成目标数的 105.59%。

【农业】大麻镇被定为省粮食创高产活动试点镇。2017 年，粮食种植面积 1400 公顷，产量 8800 吨。新种植蜜柚面积 86.67 公顷，茶叶 26.67 公顷，其他果树 53.3 公顷。经认定市级农业龙头企业 1 家、县级 6 家，有省级农民专业合作社 1 个。全镇有 8 个村列入高标准农田建设，粮食亩产量达到省粮食创高产的要求。

【基础设施建设】大麻镇按照县委、县政府《关于 57 个省定贫困村创建社会主义新农村示范村的方案》要求，把小麻村、大留村、桃石村、中兰村、敬里村等五个省定贫困村的新农村示范村创建工作摆上议事日程。其中大留村被列为全县 2017 年完成的 20 个新农村示范村之一。五个省定贫困村开展“三清三拆三整治”工作，提升乡村环境卫生水平；同步开展饮水工程、道路硬底化工程、污水处理、垃圾处理、公共服务设施、房屋改造、产业发展和乡风文明提升八大项目，综合提升贫困村软硬件设施水平。

【国土环保】2017 年，全镇实施农村危房改造任务 81 户，改善农村困难群众的居住条件。镇财政投入资金 270 万元用于开展镇、村两级环境综合整治、添置环卫设施设备和购买镇区生活垃圾转运及镇街清运保洁服务；同时，通过悬挂宣传横幅、出版宣传栏、公开信等措施加大宣传力度，初步形成全民共同参与的良好氛围，使镇区、农村环境面貌得到进一步提升。

【科教文卫体】2017 年，坚持教育优先发展，扎实推进投资 1010 万元的大麻中学教师宿舍楼和投资 800 万元的大麻中心小学综合楼建设，镇区学校扩容提质加快。2017 年大麻中学升学率 90%，有 3 名教师获市优秀教师称号，17 名教师获得县优秀教职工表彰。在基本公共卫生服务方面。为辖区内常住居民建立健康档案总数 2.04 万人，纸质建档率 76.8%，电子建档率 76.8%。投入 100 万元对预防接种门诊、公卫办、药房、妇幼科、住院部治疗室等科室进行改扩建，已全部达到示范镇建设的标准。另外，在全镇 22 个村已完成卫生站的公建民营设置。

【计划生育】2017 年，全镇人口出生率为 12.54‰，政策生育率为 97.44%。

【社会保障】落实农民医疗保障工程。2017 年完成 2.88 万人的医保参保任务数，符合条件的五保老人实现应保尽保。提供就业培训与机会。全年新增就业困难人员再就业 25 人，劳务输出 990 人次，促进创业 12 人次，新增就业 240 人次，失业再就业 6 人次。完善镇级公共服务中心和 22 个行政村的公共服务站建设。打赢打好脱贫胜仗。所有纳入低保的贫困户实现应保尽保，全部贫困户参加医疗保险，将 60 周岁以上符合领取待遇的老人纳入城乡居民社会养老保险，实现 124 户 352 贫困人口脱贫。全镇筹集扶贫资金 2053.16 万元（单位自筹资金 921.74 万元，财政资金 740.3 万元,社会资金 67.42 万元,行业资金 323.7 万元），实施农村人居环境整治建设新农村，开展道路硬底化、农田水利、文体广场等村项目 119 个；助学、培训、慰问、医保、就业转移等户项目 2008 个，参与贫困户 476 户。

【社会治安】2017 年，镇综治信访维稳中心接待来访案件 52 宗，其中经现场调解成功的案件有 33 宗，已受理并分流相关部门处理的案件有 19 宗，成功调处 17 宗；上级交办信访案件 37 宗、网信案件 21 宗均已按程序答复；一年内大麻镇未发生重大的刑事案件、治安案件、民转刑案件。

【重点项目】推进大潮高速公路（含大漳支线）征地拆迁工作。完成依法征地任务，红线内土地面积已交地给大潮高速公司业主方，占任务数 100%。做好依法丈量拆迁工作；完成各标段租用便道 16.9 公里，租用三集中场地及填土区 8.6 公顷；实现控制性工程韩江大桥两岸及双峰顶隧道无障碍施工；全面完成附麻村安置区范围 1 公顷的土地依法征收工作，全面进入施工。抓好水利工程建设。完成韩江高陂水利枢纽工程淹没区及汶水塘安置区的依法征收土地丈量，依法拆迁房屋等工作。同时，推进库区周边公路建设。

大麻镇党、政、人大负责人名录：

党委书记：肖建文（—2017.8）

葛志发（2017.8—）
副 书 记：陈亿岳（—2017.11）
朱益山（2017.11—）
黄启兴　刘斯民
蓝文峰（挂职）
党委委员：温胜东　陈应勇　杨国松
温新霞（女）　余志坚
黄文东　张璐（女，—2017.11）
钟创辉（2017.11—）
镇　　长：陈亿岳（—2017.11）
朱益山（2017.11—）
副 镇 长：温胜东　丘　涛　连思伟（女）
人大主席：朱益山（—2017.12）
副 主 席：曹月荣（女）

（伍祚怡）

三河镇

【简述】三河镇地处大埔县西部，距大埔县城 17 公里。东临湖寮镇、茶阳镇，北接青溪镇，南联大麻镇，西与梅县区松口镇为邻。2017 年，全镇区域面积 152.24 平方公里，耕地面积 490.6 公顷，山地面积 1.2 万公顷。下辖 12 个行政村、1 个社区居委会，总人口 2.13 万人。

【农村经济】2017 年，全镇农村经济总收入 4.68 亿元，同比增长 11.6%；农村居民人均收入 1.31 万元，同比增长 11.8%；国税收入 2280 万元，地税收入 357 万元；规模以上企业实现产值 15.82 亿元；完成固定资产投资 1.2 亿元。

【基础设施建设】2017 年，争取资金支持，抓好农村基础设施建设，投资 1000 万元的梓里溪约 11.5 公里流域的综合治理工程全面完工。总投资 856 万元的梓里、汇东、汇城、良江、旧寨、小坑 6 村连片 379 公顷耕地高标准农田建设任务完成，新修建水圳 20.3 公里、机耕路 3 条 6.3 公里，重建小型拦河坝 5 座。投入 2500 万元完成国道 G235 线五丰至三河大桥段路面改造工程、县道 X072 线朱德大桥至中山大桥段提升改造工程、韩江源及老街沥青路面工程建设；总投资 380 万元的梓里村村通自来水工程基本完成，新铺设自来水主管 11 公里、支管 5 公里，新建蓄水池及过滤池各一座，惠及群众 4200 人；总投资 203 万元的旧寨村饮水工程进展顺利，蓄水池建设基本完成，自来水管网敷设加快推进。

【农业】2017 年，新增县级农业龙头企业培养对象 1 家、农民专业合作社 3 家，全镇农业新型经济主体不断增加。粮食种植面积 907.27 公顷、年产量 4471 吨，蜜柚种植面积 1255.4 公顷、年产量 1.88 万吨，新增蜜柚加工企业 2 家，灵芝孢子粉栽培、肉牛养殖、金钱龟养殖等特色农业加快培育。基层农技“科技示范户+辐射带动户”技术服务模式完善，全镇 10 人获评县农业科技示范户，农业生产中采用新技术的辐射带动作用进一步显现。休闲农业加快发展，富祥农庄获评中国乡村旅游模范户。第三次农业普查完成，农业“家底”基本掌握。

【工业】2017 年，乡贤回乡投资项目大埔博富能电池有限公司锂离子动力电池生产线全面投产，年产值破亿元大关；粤电大埔电厂累计发电 28.4 亿千瓦时、实现年产值 12.7 亿元，成为梅州重要的电力外送基地。以三河工业园、三河电力产业集聚区为招商平台，实施“乡贤回乡投资兴业工程”，突出以商引商，全年引进大埔县毓德红色文化传播有限公司红色培训及户外拓展项目 1 个，计划投资总额 3 亿元。

【旅游业】2017 年，投入 5600 万元完成三河坝战役纪念园及周边环境提升工程、三河坝红色旅游景区道路提升改造工程等 10 个项目建设，累计提升改造旅游公路 7.1 公里、民房店面 73 间，搬迁猪场 3 间、迁坟 7 穴，新建将军书法碑林 1 座、瞭望塔 1 座，改善旅游环境、完善旅游服务能力，红色特色小镇建设稳步推进。成功承办“八一”起义军三河坝战役 90 周年纪念活动、“南粤星火路”纪念建军 90 周年采访报道等系列活动；协助完成央视《战地黄花》、江西南昌电视台《南昌起义》纪录片、梅州电视台《激战三河坝》纪录片等专题系列片拍摄工作；三河坝战役纪念园成功申评广东省干部党性教育教学基地，三河红色文化品牌效益逐步显现，全年累计接待游客 73 万人次。

【国土环保】2017 年，做好耕地的保护和复垦工作，落实土地动态巡查工作，做到每周有巡查。加强建设用地管理，做好登记发证工作，加强土地使用权流转的跟踪和监督。加强土地执法监察力度，做好信访和土地纠纷的调处工作，对违法案件发现一宗处理一宗，并做到巡查有档案、有汇报，有效制止各种违法用地行为。做好地质灾害防治和矿产资源管理工作，2017 年，实施梓里村（东江、曙光组）滑坡特大型地质灾害避险工程搬迁工作，与搬迁区域范围内的 84 处房屋签订搬迁协议，并对 48 处房屋进行拆除。在地质灾害防治工作方面，成立地质灾害防治领导小组，对全镇 13 个地质灾害隐患点和 755 处削坡建房点实行“网格化”管理，确保一对一有效防控。同时做好非煤矿山的监管工作，坚决取缔非法矿场，禁止非法开采稀土矿、瓷土矿、石矿及其他矿产资源的行为，全镇未出现偷开偷采现象，全年未发生一宗安全生产事故。

【科教文卫体】2017 年，投资 1000 万元的三河镇卫生院迁建工程进入收尾验收阶段；村卫生站标准化建设扎实推进。顺利通过广东省教育强镇复评验收工作。以文化项目建设为抓手，引导群众摒弃旧风俗、树立新风尚，实施综合性文化服务中心、“农家书屋”和文化俱乐部等项目建设，完成小坑村、良江村文化俱乐部建设和梓里村、白石村、源坑村、小坑村、汇城村、旧寨村、汇东村、五丰村、陈金村的综合性文化服务中心建设，其中梓里村和汇东村列为示范村。举办篮球赛、足球赛、文艺会演等活动，丰富广大干部群众的文化生活。

【计划生育】2017 年，全镇出生 225 人，人口出生率为 10.53‰，其中政策外出生 4 人，政策出生率 98.22%，婴儿男女性别比 92.31，女性新婚 115 人，落实免费孕前优生健康检查 102 人。

【社会保障】2017 年，镇设立社会救助服务窗口，专人专职负责民政救助方面的工作。救灾工作。全镇 12 个村不同程度受灾；因暴雨和山体滑坡损坏房屋 58 间，房屋后坎塌方 50 处，农作物受灾面积 7.3 公顷，公路塌方 39 处，塌方面积约 6550 立方米，得到中国人财保险公司的农村住房入保理赔 9.65 万元，保障灾民的基本生活。特困户救助工作。低保总户数 420 户，新增低保户 32 户，取消 35 户（其中 14 户转五保），基本实现低保户对象进出“两畅通”的局面。五保户工作。五保户分散供养 129 人，敬老院集中供养 12 人，在院老人集体统一伙食，管理制度化，完善敬老院居住条件，使五保老人的吃、穿、住、医、葬得到保障。优抚安置工作。按时、足额发放 2017 年的义务兵、优待金 22.5 万元。精准扶贫工作。有贫困户 295 户 547 人，其中有劳动能力贫困户 126 户 346 人，无劳动能力户169户201人。2017年到账扶贫资金754.6万元（其中专项资金364.7万元，帮扶单位自筹资金389.9万元），共使用帮扶资金707.6万元，用于实施各类帮扶项目，增加相对贫困村和贫困户收入，脱贫94户261人（2016年脱贫178户217人）。

【社会治安】2017年，狠抓社会治安综合治理（平安建设）各项工作措施落实，取得明显成效，全镇未发生重大恶性案件、未发生群体性事件、未发生公共安全事故。全年累计排查受理各类信访案件49宗，已调处答复47宗，调处成功率95.9%。派出所全年接警266次，其中立行政案件16起，查处23人；刑事案件8宗，破7宗，破案率87.5%；调处纠纷105宗，其他各类警情137起。推进“无邪教”创建示范工程，被评为“全国创建无邪教示范乡镇”，全镇实现无邪教组织、无邪教人员、无邪教活动、无邪教案件的“四无”目标。

【环境整治】以打造汇东、汇城、旧寨和五丰四个县级新农村建设示范村为抓手，重点推进三江六岸美丽乡村连片规划建设，落实治污保洁、拆旧添绿、文明创建等工作，推进全镇城乡环境综合整治，优化城乡人居和发展环境。至2017年底，投入350万元开展圩镇“六乱”的集中整治和卫生死角的清理行动；投入200万元完成垃圾临时堆放场露天焚烧问题的专项治理；开展以生活垃圾、生活污水为重点的治脏、治污行动，投资350万元的汇城污水处理厂建设项目进入工程验收阶段，计划总投资700万元的旧寨污水处理厂、社区污水处理厂已完成选址及设计工作；投入30万元对汇东、社区地下排污排水设施进行升级改造；投入1900万元重点抓好三河圩镇街道路面、三河高速出口至三河大桥约5公里沥青路面铺设及绿化提升工程建设；投入600万元对汇东村112间民房店面进行“穿衣戴帽”工程建设，统一打造坡顶灰瓦、白色外墙、风格浓郁的“客家建筑”。

三河镇党、政、人大负责人名录：

党委书记：李礼荣（—2017.9）
廖昌元（2017.9—）

副书记：戴庆生　郑伟鑫　曾维鑫
汪东东（挂职）

党委委员：曹立亮　黄杏锋（—2017.8）
江善果　刘锦坤　卢优裕
汪育庆　杨广志
丘莹莹（女，2017.9—）

镇　　长：戴庆生

副镇长：汪育庆　刘鹏程
陈玉婷（女，—2017.1）
林紫鹏（2017.1—2017.12）
温文华（2017.12—）

人大主席：余泰春

副主席：蓝金华

（张丹）

银江镇

【简述】银江镇位于大埔县西部，地处梅、埔、丰边陲，毗邻三县八乡镇，居韩江上游，距县城45公里，东接洲瑞镇、高陂镇，西邻梅县区三乡和梅江区西阳，南连丰顺县、梅县区，北与大麻镇、梅县区三乡交界，素有大埔“西大门”之称。2017年，全镇总面积为208.2平方公里，下辖13个行政村，251个村民小组，总人口2.8万人，省道S333线贯穿 8 个行政村 28 公里长，还有省道 S224 线连接丰顺县。全县的最高峰海拔 1357 米的银窿顶山就位于胜坑村。

【农村经济】2017 年，把金针菜发展作为调整农业结构、促进农民增收的重要工作来抓，稳步推进金针菜“一镇一品”建设。于 2017 年年初出台《银江镇发展金针菜种植实施方案》，对新种植金针菜和连片新种植金针菜的农户，给以补助和奖励，调动农户种植金针菜的积极性。全年完成国税入库 581.28 万元；地税入库 250.45 万元。

【基础设施建设】2017 年，投入资金 90 万元，完善龙山公园后续工程，对明德村至龙山公园 1000 米长的登山道进行路基填筑、道路硬底化、安装路灯；投入资金 30 万元，对胜坑小公园进行提升改造；筹集资金 790 万元，对宫坪至双公、晋谷斜村道、冠山路口至冠山电厂、李子坪至上友福等 9 条村道 16.46 公里进行道路硬底化建设。

【农业】银江镇现有耕地面积 1021.53 公顷，2017 年粮食作物播种面积 976.5 公顷（其中春收播种面积 65.8 公顷，夏收播种面积 520.2 公顷，秋收播种面积 390.5 公顷），产量 7139 吨。发展特色农业，加大宣传力度、出台激励政策等，推进金针菜“一镇一品”建设，全镇新发展金针菜种植面积 28.78 公顷，发放奖补资金 28.24 万元，其中胜坑村委发展 2.2 公顷连片金针菜种植基地，调动周边群众种植金针菜的积极性，促进农民增收、农村发展。

【国土环保】2017 年，完成国土资源调查等工作，做好耕地保护工作，按时完成基本农田保护区责任书的签订工作，确保做到“五有”齐全。同时，开展土地动态巡查，河口、昆仑村违法用地、违法建设现象得到有效遏制。

【科教文卫体】2017 年，严格按照“卫生两基示范镇”创建实施方案要求，投入资金 300 万元，推进镇卫生院标准化建设和公建民营村卫生站标准化建设，实施完成卫生院内部修缮系列工程和明德、坑头等 5 间村卫生站新建工程及昆仑、车上等 8 间村卫生站修缮工程；推进卫生镇、村创建工作，至 2017 年底全镇 13 个村成功申报创建市级卫生村，冠山、坑口 2 个村成功申报创建省级卫生村，全镇医疗卫生服务能力提升，村容村貌得到改善。筹集资金 500 万元，实施中心小学功能室扩建和家炳八中篮球场、羽毛球场建设等项目，更新一批教育设备设施，教育基建、学校设施和教学质量全面提升，顺利通过省教育强镇复评验收。

【计划生育】2017 年，加强计生队伍建设，坚持依法行政，规范计生服务管理，进一步落实优惠政策，实行部门配合层级动态管理等工作措施，计生工作取得长足进步。全镇出生 295 人，出生率 10.35‰，政策内出生 290 人，政策生育率 98.31%，自然增长率 4.46‰。

【社会保障】2017 年，执行好上级各项强农惠农政策，解决孤寡老人、五保户、低保户、受灾特困户等弱势群体的生活问题，让广大人民群众共享改革发展成果。2017 年全镇在册农村低保户 507 户、976 人，补差标准从人均每月 340 元提高到 400 元；城镇低保户 16 户、22 人，补差标准从人均每月 500 元提高到 580 元。全镇在册五保户 143 人，人均月享受补助金从 530 元提高到 680 元。为全镇农村住房购买受灾保险，2017 年 8 月坑头村发生龙卷风灾害，受灾损毁农房 20 座。镇民政办联系保险公司，对农户进行理赔，减轻受灾群众负担。

【社会治安】2017 年，做好日常与重大节庆活动期间的信访维稳工作，做好隐患排查和矛盾纠纷调解，全年信访办调处各类信访矛盾纠纷 22 起，其中矛盾纠纷 6 起，群众来信来访 16 起，22 起信访矛盾纠纷均已解决。抓好安全生产工作，牢固树立“安全第一、预防为主”的思想意识，进一步加大工作力度，对地质灾害点、易发生山体滑坡的区域、采石场、瓷土开采场、小水电站等加强巡查监控。

银江镇党、政、人大负责人名录：

党委书记：吴振佳

副 书 记：谢宏坤 陈 演 郭济雄

党委委员：利 杰 连佳权 刘妙荣
陈 婵（女） 黄满锋
谢 德 饶林中（—2017.8）
赖志光（2017.8—）

镇　　长：谢宏坤

副 镇 长：连佳权 黄俊岳 邓海俊

人大主席：黄岭东

副 主 席：赖达明

（张煜伦）

洲瑞镇

【简述】洲瑞镇地处大埔县西南部，离县城及梅城各65公里，东北及东南连高陂镇，西及西北紧依银江镇，西南与丰顺县砂田镇毗邻。因洲瑞镇地貌四周环山，中间低平，形如盆状，故素有“金盆乡”之美称。2017年，全镇面积83.25平方公里，下辖9个行政村，150个村民小组，农户3472户，总人口1.83万人。

【农村经济】2017年，坚持发展第一要务，聚焦重点项目建设和企业发展，综合实力不断提升。完成国税1478.3万元，完成地税368.3万元，完成国地两税任务。全年全镇粮食种植面积1026.4公顷，粮食总产量4165吨，其中水稻种植面积700公顷，亩产362公斤，总产量3803吨。

【基础设施建设】1. 交通运输。筹集资金400万元，完成田背村作新片蛇树尾头、大坪头至下段、田背小队和下营村坪顶下、天丰至大窝口及葵坪村水口桥等村道升级改造工程，改善群众的生产生活条件。配合县公路局完成嶂岸至赤水的公路护栏建设工程，做好县道X008线洲瑞至高陂段、赤水至党溪的旅游公路改造工程前期准备工作。2. 水利水电。投入资金70万元完成南村村、下营村和陂营村的坑道改造工程。3. 新农村建设。坚持因地制宜，强化规划，以点带面推进省定贫困村大坑村创建社会主义新农村示范村的各项工作。实施“三清三拆三整治”，清理村巷道及生产工具、建筑材料乱堆乱放，清除建筑垃圾8处20吨，清理房前屋后和村巷道杂草杂物、积存垃圾10处45吨，清理沟渠池塘溪河淤泥、漂浮物和障碍物10处45吨；拆除危旧房、废弃猪牛栏及露天厕所茅房24间488平方米，拆除非法违规商业广告、招牌3处6平方米；完成整治生活垃圾、生活污水、水体污染28宗；已完成行政村通自然村道硬底化长度0.3公里；已建设垃圾收集点35个，配置保洁员2名；集中供水已铺设管道长度1.1万米，受益农户190户。

【工业】大埔三和实业有限公司以陶瓷工业小区为中心，创新陶瓷产品研发，深入挖潜市场，推广精品瓷器生产和个性化产品研发，取得良好的经济效益。2017年，总产值3839万元，其中专业化陶瓷汤匙吊烧生产线生产汤匙500万支，产值500万元。

【招商引资】实施“乡贤回乡投资兴业工程”，引进深圳市绿雅园艺有限公司大埔分公司到洲瑞镇投资，建设计划总投资额为5000万元、占地23.3公顷的樱花基地，打造一个集现代农业与休闲旅游于一体的乡村旅游目的地。至2017年底，该基地已投入资金600万元，首期种植日本樱花和杏花5000株，各项建设扎实推进。

【旅游业】2017年，瑞山生态文化旅游度假区投入资金4亿元，完成年度投资计划。快捷式酒店1、2、3号楼和餐饮楼、主题酒店等主体装修工程已完成97.3%，游客接待中心的建设工作有序推进，环山道路硬底化、天池、瑞山文化广场、停车场等基础设施建设已基本完成。

【国土环保】1. 国土资源管理。坚持依法依规、动真碰硬，从加大宣传、建章立制、强化监管等方面着手，开展农村土地"三乱"整治。镇国土城建部门落实每日巡查制度，各村实行国土资源巡查监管包村包户责任制，凡发现群众有违法用地、违法建设行为的，发现一宗，处理一宗。2017年在葵坪村拆除违法建筑1座。2. 土地确权。通过宣传、组织、培训"三到位"，在全县率先完成农村土地确权登记颁证工作。完成实测面积477.67公顷，实测率100%，全镇9个村150个村民小组3442户完成签印确认工作，已颁证3615本，颁证率105%。

【科教文卫体】1. 教育。通过发动外出乡贤和广大群众捐资支持，筹集资金50万元，完成瑞中大道和善心桥建设，改善实验学校的交通环境。推进实验学校教师宿舍楼建设项目，已完成征地和规划设计等前期准备。2. 环境卫生和医疗卫生。推进城乡环境综合整治，开展整治"六乱"和打击"两违"行为，累计投入资金200万元，建成垃圾中转站，配齐环卫设施和保洁人员，镇级污水处理厂和村污水处理站已完成方案制定和选址工作。做好田背、华光、陂营和南村等4个环境综合整治示范村的规划、建设工作，并通过县整治办的验收。开展禁养区生猪养殖专项整治，全面完成13户养殖户搬迁清理工作。2017年投入资金262万元，新建7间卫生站和修缮2间卫生站。下营村成功通过广东省卫生村的验收。镇卫生院的医疗设备逐步更新完善，扎实推进群众健康档案、"两癌"筛查等工作。3. 文化。完成华光念慈庐和下营助吾庐等两个"三多三促"农村文化俱乐部的建设，建成赤水、南村、下营、田背和华光等5个综合性文化服务中心，农村公共服务不断优化。4. 科技。配合经信部门做好"原中央苏区高速无线局域网"的建设；配合电信部门做好"智慧洲瑞"信息平台建设。通过"智慧洲瑞"直接面向群众宣传推介洲瑞镇文化旅游资讯、及时发布三防预警、森林防火等信息，发布惠农、种养技术、健康等各类咨询信息，为群众办事生活增添便利。5. 体育。镇机关男子篮球代表队参加2017年大麻片区男子篮球友谊赛获得第二名。

【计划生育】2017年，全镇出生195人，出生率10.55‰，政策生育率96.41%，完成县下达的人口计划指标。

【社会保障】通过实施就业扶贫工程、融合特色产业进行产业帮扶，落实民生措施等举措，形成"资金跟着贫困户走、贫困户跟着产业项目走"的产业扶贫格局，多渠道、多元化助推精准扶贫，预脱贫67人。由帮扶单位广州市海珠区沙园街道办投入资金47.5万元，建成大坑村光伏发电扶贫项目，年均发电量可达5.66万千瓦时，年收益4.6万元，将全部用于大坑村42户贫困户117人贫困人口脱贫增收和建设新农村示范村项目；投入产业扶贫资金100万元入股三和实业有限公司，通过收取分红增加村集体收入。

【社会治安】发挥人民调解和"一村一法律顾问"的作用，开展矛盾纠纷的排查和化解，2017年调处各类矛盾纠纷83宗，成功调处81宗，成功率98%，收到信访案件21宗，回复20宗。定期召开稳定形势研判会，完善

"中心+网格化+信息化"建设，各村均配齐网格员，实现综治网格化工作全覆盖。贯彻执行"党政同责、一岗双责、齐抓共管、失职追责"制度。全年全镇组织 200 人次，开展联合或者部门检查 15 次，排查整改 10 处安全隐患，全年未发生重大安全事故。制定《护林员管理和考核办法》和《森林防火半专业扑火队伍管理方案》，强化对护林员和半专业扑火队伍的管理和考核，调动护林员的工作积极性。通过横幅、宣传牌、发放公开信等形式进行宣传，加强重点时间、地段的巡查，组织护林员、扑火队员培训 6 次，保障森林资源安全。

洲瑞镇党、政、人大负责人名录：

党委书记：罗铁锋
副 书 记：丘伟彬（—2017.9）
陈方华（2017.11—）
郭永辉　刘文捷
党委委员：钟裕桓　魏宝俊　徐欣妹（女）
黄晋锋　郭汉周
镇　　长：丘伟彬（—2017.10）
陈方华（2017.11—镇长人选）
副 镇 长：钟裕桓　杨畅生　田加昌
人大主席：余家威
副 主 席：李小坚

（刘达意）

茶阳镇

【简述】茶阳镇是大埔老县城，位于粤闽两省三县（区）交界处，在梅州三大江之一——汀江河畔上，是红色革命老苏区，是广东省首批中心镇之一。2017 年，全镇辖区面积 294.3 平方公里，下辖 26 个村和 1 个街道社区，共 5.9 万人。有耕地面积 1847.3 公顷，其中水田面积 1444.1 公顷；林业用地面积 2.42 万公顷。茶阳镇东邻福建省永定区下洋，南接西河镇、湖寮镇，西临三河镇、青溪镇，北靠丰溪林场和福建省永定区；西北距梅州机场 62 公里；距大埔县城 27 公里；距福建永定土楼群 32 公里；省道 S221、S332 线和梅坎铁路贯穿全镇；梅龙高速公路沿途经过茶阳镇沿坑村、广陵村、迪麻村、角庵村、梅林村，在梅林村设有互通连接线。

【农村经济】2017 年，全镇农村经济总收入 12.5 亿元，居民人均纯收入 1.25 万元；本级一般公共预算收入 2889.58 万元，支出 2988.32 万元，收支基本平衡。财税收入 4653.26 万元，同比增长 10.23%（其中国税收入 2990.05 万元，完成全年任务的 102.3%，同比增长 21.02%；地税收入 1918.03 万元，完成全年任务的 100.21%，同比增长 18.21%）。

【农业】2017 年，全镇粮食作物播种面积 1533.3 公顷，总产量 9077 吨。以蜜柚、烤烟、茶叶、柑橘四大传统产业为重点，引导群众结合山地气候、土壤错位发展精致高效农业，把推动农业机械化作为加快山区农业转型升级、发展现代农业的重要举措，推动农业产业发展绿色化、绿色资源产业化，促进全镇农业农村经济持续健康发展。发展永裕生态山羊有限公司黑山羊养殖基地，新引进努比亚黑山羊 750 头、海门白山羊 300 头，年出栏 2000 头。发挥农业等资源要素与旅游的叠加效应，打造聚德生态农业观光采摘体验园项目。该项目已投入 8000 万元，开发山地 186.7 公顷，种植三红蜜柚 5 万棵，并引种阳桃、脐橙、黄皮等 10 种名优水果。按时按质完成第三次全国农业普查工作，并完成统计站的标准化建设。

【招商引资】2017 年，茶阳镇引入大埔县中清农业科技有限公司的中草药基地开发、养生服务项目，项目开发地址在茶阳镇蓝田村背头坑，计划总投资 3.1 亿元，计划固定资产投资 5400 万元，至 2017 年底已投入资金 6425 万元。

【基础设施建设】2017 年，继续配合推进 110 千伏茶阳输变电站建设。完善茶阳开发区污水管网（第二期）改造工程。配合实施小靖河、长治水中小流域综合治理项目。筹资完成福阳桥附属设施建设，改善新老城区居民交通往来条件和生产生活环境。对进城门楼到仙基桥段进城大道进行整治，规划建设人行道、绿化带，优化排水系统，新安装路灯 57 盏、灯箱广告 114 个，拆除商户违规搭建挡雨棚 156 个，并统一为商户安装 312 个招牌，打造一条干净、整洁、有序、靓丽的景观大道。配合推进 933 公顷高标准农田建设。对西门河及小靖河河堤进行提升改造，规划建设一条整洁的人行道，铺设地砖并在周边种植花带和树木，为群众增添一个休闲好去处。完成食品工业小区扩容提质第一期 3 块土地共 2 万平方米的征地拆迁工作，为发展酒、水、蜜柚加工等生态健康产业提供足够的空间。推进茶阳镇贫困革命老区农田水利基础设施建设项目。总投资 1400 万元，截至 2017 年底，项目完成率 87%，其中群丰村已全面完成，太宁村、恋墩村、洋门村的建设正进行中。做好高陂水利枢纽工程依法征地任务工作。

【社会保障】2017 年，全面建立农村城镇居民最低生活保障制度，落实低保对象 911 户 1923 人、五保人员（含分散供养人员）189 人、优抚对象 235 人，共发放低保救助金 655 万元、优抚款 150 万元、五保救助金 150 万元；成立退伍军人服务站，做好退伍军人的接待来访、资料建档归类等工作，确保退役军人合法权益。

【社会治安】1．抓安全生产工作。健全“党政同责、一岗双责、失职追责”安全生产责任体系，抓好各项安全防范工作，组织开展安全生产大检查，促进企业主体责任的落实和安全生产责任体系健全与完善，增强人民群众的生产安全意识。2017 年，开展 3 类 15 次安全生产大检查，查处各类安全隐患 33 处，落实整改 33 处，全年没有发生安全生产责任事故。2．抓基层治理工作。深入调查，全面掌握全镇基层治理的新情况新问题，对农村土地、农村“三资”管理、基层公共服务平台等问题进行集中治理，力争从源头上减少矛盾。全年解决 17 宗因土地问题引发的纠纷，完成自办案件 11 宗，排查线索 25 条，开展“两违”整治行动 21 次，整治“两违”行为 8 宗。3．推进平安建设。完善社会治安防控体系，投入 10 万元将原旅游办和水管所改造提升为联勤指挥室，配置电视、监控设备、会议桌等办公软件，将全镇治安监控视频系统接入其中。通过资源共享、统一管理，增强镇综治信访维稳中心的监管能力，并加强政法部门打击辖区内的各类违法犯罪行为的力度，确保社会治安稳定。2017 年，查处各类治安案件 31 宗，侦破刑事案件 10 宗，调解各类纠纷 61 起，解决公民求助 172 起。4．抓综治信访维稳工作。对比较难解决的信访上访案件进行专题研判，由包案领导和涉及部门制定解决方案，实行一事一策。2017 年，全镇排查矛盾纠纷 25 件，已化解 25 件；受理群众来信 39 件，按时答复 39 件；受理网访 28 件，按时答复 28 件。

【计划生育】制定镇村干部计划生育包村包户责任制考核办法，坚持“三为主、三结合”工作机制。2017 年全镇出生人口 679 人，出生率 11.73‰，政策外生育 19 人，政策生育率 97.2%，死亡人口 273 人，人口死亡率

4.72‰、人口自然增长率7.02‰。

【科教文卫体】完善教学教育条件，优先保证教育经费，学前适龄幼儿毛入园率100%，小学升学率100%，初中入学率100%，高中入学率83.5%。开展群众文化体育活动，2017年10月23日，茶阳镇广场舞代表队参加2017年大埔县“龙湾杯”唱响大埔优秀歌曲广场舞大赛，获得三等奖；2017年12月24—31日，茶阳镇足球代表队参加梅州市乡镇足球联赛。

茶阳镇党、政、人大负责人名录：

党委书记：郭文彬

副 书 记：曾令根　罗长江　刘盛免

党委委员：沈镜章　罗建学　赖裕林　肖徽强　黄小玲（女）　钟晓科　吴建华

镇　　长：曾令根

副 镇 长：沈镜章　黄志刚　钟　东

人大主席：钟春柱

副 主 席：赖付基（女）

（郭婉婷）

西 河 镇

【简述】西河镇位于大埔县东北部，北与福建省永定区接壤，东、南、西分别与大东镇、百侯镇、湖寮镇、茶阳镇相邻，距县城22公里，是中国葡萄酒之父、张裕葡萄酒创始人张弼士的故乡，是粤闽边界的商品集散地。2017年，全镇地域面积208.73平方公里，下辖27个行政村和1个社区居委，总人口3.6万人。

【农村经济】2017年，西河镇全镇农村经济总收入8.85亿元，同比增长12.25%；农村居民人均纯收入1.36万元，同比增长13.35%；全年完成国税入库556.45万元，完成地税入库208.3万元，完成国税、地税入库目标任务。

【农业】结合各村当地农户的种植习惯和精准扶贫工作，将特色产业提升纳入省级新农村连片示范建设和贫困村示范村新农村建设，采取成立专业合作社、引进企业集约田地的方式，开展标准化基地种植，提高农村土地效益，至2017年底，“一中心、七基地、多品牌”的现代农业产业格局已初具规模。“一中心、七基地”是长寿农产品展销中心，北塘长寿蔬菜种植示范基地、东塘香米种植示范基地、黄堂莲蓬水产示范基地、东方蜜柚种植示范基地、南丰村百香果种植示范基地、石涵菊叶薯蓣种植示范基地、纯德猕猴桃种植示范基地。同时，发展“互联网+现代农业”，利用已落户的“大客汇·乡城品”等电商平台，完善人才培养、政策扶持和配套设施等发展电子商务，形成“一村一品一店”，走质量兴农之路。农业主导产业有烤烟、甜玉米、茶叶、西瓜、蜜柚、优质香稻等品种。2017年，全镇种植早晚水稻1200公顷，蜜柚973公顷，烤烟366.7公顷，玉米172.7公顷，茶叶165.7公顷，西瓜456.7公顷。粮食总产量1.08万吨，出栏生猪2.2万头，蜜柚总产量1.68万吨，烤烟总产量404吨，玉米总产量494吨。

【新农村建设】西河镇省级新农村连片示范建设区选取北塘村、东塘村、黄堂村、漳溪村、东方村等5个行政村，18个自然村为主体建设村，连片总面积42平方公里，人口1.2万人。新农村示范片围绕“产业提升发展、服务设施完善、村容整洁宜居、精神文明和谐”的目标，以“农业基地化，农村景区化，景区产业化”和“全域旅游”为理念，以漳河绿道绿色健康产业带为纽带，打造“旅游+农业”、健康、文化艺术为特色的西河镇省级新农村示范片。出台《大埔县省级新农村连片示范建设工程实施方案》《大埔县西河镇省级新农村建筑风貌提升改造奖补基金实施办法》《大埔县西河镇省级新农村环境综合整治奖补基金实施办法》。2017 年，省级新农村示范片建设工程投入 6720 万元，完成年度投资计划 102%，建成北塘美术馆、五彩花田、民俗小广场、滨水步道等 65 个项目。

【旅游业】采取艺术进乡村的形式，引进韩江画院将玉堂公小筑提升改造为北塘美术馆，2017 年 9 月 16 日北塘美术馆揭牌成立。开展美术作品展和写生活动，增强西河镇的艺术文化魅力，形成富有文化特色的旅游竞争力。发展“文化体验式”旅游，开展北塘中秋之夜、迎新春送春联、张弼士故居采摘玉米等活动，吸引游客旅游观光体验，带动旅游业的发展。加大旅游配套设施投入，在北塘国家 3A 级旅游区种植“小天使”“醉蝶花”多种品类观光花；张弼士国家 AAA 级旅游景区后码头打造美食长廊，并修建电商农产品展览中心、黄堂百亩荷塘，为全域旅游的发展奠定基础。发展旅游观光、体验采摘、农家乐、民宿等休闲农业与乡村旅游项目。全年累计接待游客 32 万人次，带动消费 1600 万元，产生经济效益 200 万元，直接解决就业人数 230 人，带动就业 400 人。

【国土环保】2017 年，西河镇开展环境综合整治活动，推进“三清三拆三整治”工作。“三清”主要清理各主体建设村房前屋后道路两侧的杂草杂物、公路与池塘的暴露垃圾、污水沟和排水沟等，全年清运各类垃圾 1200 吨。“三拆”主要拆各类残破旧屋、残垣断壁、猪栏茅寮等，全年各主体村已完成拆除残破旧屋 297 个，总面积 3.42 万平方米。“三整治”人居环境整治方面，在五个主体村公路沿线采用客家特色元素对建筑风貌进行提升改造，已投入 1700 万元，改造 452 户 6.88 万平方米；污水处理设施建设方面，采取 PPP 模式，建设北塘村、东塘村、黄堂村、漳溪村、东方村人工湿地 5 个，北塘村、黄堂村氧化塘 2 个，镇级污水处理厂 1 个，各污水处理工程均已动工建设，部分已完成建设；主体村管网整治方面，通过联合供电、移动、电信、广播电视等部门对北塘村下北塘主景区、黄堂村黄堂坑自然村、漳溪村黄斜角自然村及主村道、主巷道的电力线、电信线和有线电视线进行改造提升。

【基础设施建设】路网工程，完成 4.6 公里的东塘、黄堂、北塘连接线路面硬底化工程，黄堂村 1.2 公里的观光电瓶车道路面硬底化工程，黄堂村至车龙村的全长 1.3 公里的观光电瓶车道和漳溪村一河两岸 2.2 公里环河绿道路面铺装工程，推进绿化、亮化、文化展示和群众活动场所工程建设；小广场工程，完成漳溪村黄斜角小广场、漳溪村铁吊桥休闲广场、东塘村广场、北塘村金三角广场、黄堂村溪南小广场、东方村古榕树小广场主体工程，推进亮化、文化展示工程建设；绿化亮化工程，完成官厅村至东塘大桥沿线绿化，省道 S221 线和县道 X005 线道路两旁绿化亮化等。绿道工程，打通北塘村至漳溪村新农村绿道路网连接线断头路，主要有北塘村靖西接东塘广场绿道约 3 公里，黄堂村溪南埠接漳溪铁吊桥约 4 公里，正施工建设中。建成后使北塘、东塘、黄堂、漳溪沿河绿道全线贯通，为建设漳河绿道绿色健康产业带全域旅游打下交通路网基础。

【社会保障】推动新型农村养老保险和新型农村合作医疗全覆盖，完成目标任务。2017 年发放低保金 300 万元，全镇 220 位五保老人每人每月领取 682 元生活补助，实现应保尽保；发放 236.8 万元危房改造补助资金，完成危房改造 262 户。开展精准扶贫工作，精准识别贫困户 634 户，贫困人口 1273 人。十个重点贫困村筹集帮扶基金 4043.64 万元，帮助贫困子女就学 191 人，为 496 位 60 岁以上老人购买养老保险，给 1273 位贫困人口购买合作医疗。2017 年 166 户贫困户、523 人贫困人口实现预脱贫。

【科教文卫体】创建卫生强镇，推进镇卫生院迁建项目，推进村级卫生服务站建设项目，提高卫生计生服务质量。加快文化强镇建设步伐，创建并完善大埔县文化总馆西河分馆，综合性文化服务中心建设已完成 17 个行政村，以“三多三促”建设模式，新建设下黄砂村“仁和居”、东方村“永福堂”农村文化俱乐部，成功举办“三百工程”文化惠民进基层等文艺演出，开展社会主义核心价值观宣传，北塘村、黄堂村、东塘村、漳溪村、漳北村被评为大埔县精神文明建设先进单位。西河镇成人文化技术学校成功通过省教育厅、专家组的督导验收，被评定为省级示范性乡镇成人文化技术学校。

【社会治安】2017 年排查各种矛盾纠纷 57 宗，成功化解 52 宗，办结率为 91.2%，在 2017 年金砖国家峰会、中共十九大、世界客商大会等特别防护期，西河镇社会大局保持平稳，健全“党政同责，一岗双责”安全生产责任体系，开展打非治违专项行动，突出抓好企业生产、食品卫生等领域的监管治理，深入企业检查、指导安全生产 164 次，发现隐患 21 项，全部整改完毕。全年全镇无发生重特大安全事故。

西河镇党、政、人大负责人名录：

党委书记： 丘武秋

副 书 记： 余茂滨　黄明宏
江维杰（—2017.11）
胡育锋（2017.11—）

党委委员： 胡育锋（—2017.11）
张庆海　丘增标　陈晓斌
邓秀丽（女）　蔡振霆　郭凯帆
谢振新（2017.11—）

镇　　长： 余茂滨

副 镇 长： 胡育锋（—2017.11）
谢振新　张享基

人大主席： 何少华

副 主 席： 赖则力

（*张颖妍*）

青溪镇

【简述】青溪镇地处大埔县西北部，是著名革命老区，粤闽两省三县（梅县、永定、大埔）交界地。青溪北接福建省永定区峰市，西邻梅县区松东，东北与茶阳镇接壤，南接三河镇。青溪镇是县境汀江航运起点，顺流而下可达潮汕。2017 年，全镇地域面积 164.05 平方公里，镇政府驻地坪沙，距县城直线 22 公里，公路里程 42 公里。辖 13 个行政村、199 个村民小组，总人口 2.16 万人。

【农村经济】2017 年，全镇农村经济总收入 5.15 亿元，农村人均纯收入 1.19 万元，同比增长 12% 和 10%；国税收入 270.3 万元，地税收入 256.93 万元，完成任务数的 100.07% 和 101.07%。

【基础设施建设】推进乡村道路建设，投入资金 400 万元完成下坪沙村、蕉坑村、河背村等移民道路基础设施建设，改善群众交通往来条件。开展镇村环境卫生综合整治。投入资金 200 万元，新修建 55 个垃圾池，购置 2000 个垃圾桶，向上级有关部门争取垃圾压缩车、垃圾桶转运车各一辆。同时在各村建立长效的卫生保洁机制，全镇三条线卫生保洁工作得到提升，取得成效。完成溪口村、青丰村和镇区污水处理设施选址、征地等相关工作；并实施祝丰村、青华村自来水管网改造工程。投入资金 400 万元完成下坪沙村小公园建设和青华村、长丰村文体活动场所建设，建成 5 个旅游公厕。投入资金 590 万元，完成中央专项彩票公益金支持农田水利项目建设，提升农业生产发展条件。

【农业】严格落实发放各类惠农补贴，提高农民的生产积极性。2017 年，全镇粮食播种面积 582.6 公顷，总产量 3127 吨，园林水果播种面积 1178.6 公顷，总产量 2.03 万吨。青溪镇融合现代农业与旅游产业，发展以体验观光为内容的农业旅游，发展现代农业。坚持质量兴农，加快从增产导向转向提质导向，把斯红羊肉、青溪飞鸡、青溪蜜柚从数量扩张转移到质量提升和品牌建设上，提高农产品附加值，打响青溪特色农业品牌。

【旅游业】2017 年，“江畔人家”休闲度假区投入资金 3078 万元，完成民俗文化园、山顶观景台、休闲景观路等项目建设。推进青溪中央红色交通线的建设，2017 年投入资金 3036 万元，完善中央红色交通线沿线基础设施，完成纪念馆主体工程，同时抓好交通线沿线的环境卫生整治工作和库区保洁工作，并对沿线三个站点的周边民居实施穿衣戴帽工程。青溪生态文明建设，完成碳汇造林 40 公顷，建设生态景观林 13.3 公顷，建设乡村绿化美化示范村 1 个（下坪沙村），保持生态公益林面积 1 万公顷。初步完成坪沙镇级森林公园总体规划、青溪森林小镇建设规划并顺利通过评审。

【科教文卫体】2017 年，针对农村老人、妇女、儿童、返乡农民工的文化需要，开展扶老助残、婚育知识、种养技术培训、政策解读、法规宣传等相关活动，吸引农民走进农家书屋，培养农民的阅读习惯，提高农家书屋的利用率。完善学校基础设施建设，改善办学条件，加强校园绿化、美化和文化建设。做好文物保护相关工作，各文物保护单位均制定安全保卫制度、安全预案制度。文艺创作推陈出新，协助上级单位组织举办送戏下乡等节目，青溪文化站被评为省特级文化站，坚持出版《青溪文艺》专刊。按照示范镇要求建设，投入 200 万元，基本完成改造村卫生院和村级卫生站建设并顺利通过验收，青溪卫生院被国家卫计委评为 2016 ~ 2017 年度群众满意的乡镇卫生院。

【计划生育】强化目标管理，完善镇村干部包村包户计划生育工作责任制，促进计划生育工作。2017 年全镇出生 270 人，出生率 12.82‰，死亡 142 人，死亡率 6.74‰，自然增长率 6.08‰，被评为 2017 年度人口与计划生育工作先进单位。

【社会治安】严格落实建立“中心+网格化+信息化”工作模式的要求，确保中心运作规范、网格充分发挥作用、专业队伍密切配合，围绕“排查防控违法犯罪、排查化解矛盾纠纷、排查排除公共安全隐患”三大任务，改进和创新社会治理方式，提升综治管理服务水平，稳步推进“中心+网格化+信息化”工作模式。防控违法犯罪，化解矛盾纠纷。2017 年全镇累计受理各类信访矛盾纠纷案件 48 宗 49 人次，已调处化解 44 宗，调处率 91.67%；镇安监办牵头整改安全隐患 7 个。

【社会保障】2017 年，落实城乡居民养老保险、城乡居民医疗保险、农村低保优抚等各项惠民措施，全镇覆盖率 100%。全镇贫困人口 206 户 566 人全部购买城乡医疗保险，患有大病贫困户 119 人全部纳入大病救助，符合低保/五保条件的贫困人口292人全部纳入最低生活保障，60岁以上贫困户202人全部领取城乡居民养老金，建档立卡贫困户在校生96人生活费补助发放到位，危房改造启动资金82户发放到位，帮助有劳动能力贫困户130人成功就业。开展新时期精准扶贫工作，4个精准扶贫村累计投入帮扶资金800万元，面上贫困村及河背通过集中入股县自来水公司，帮助分散贫困户解决持续增收问题；祝丰村光伏发电实现与南方电网并网发电，青华村、长丰村光伏发电项目建设稳步推进。

青溪镇党、政、人大负责人名录：

党委书记：张伟东（—2017.9）
谢彦博（2017.9—）

副书记：谢彦博（—2017.9）
丘佳纳（2017.9—）
刘国先 郭永富

党委委员：刘斯科 连增美（女） 彭柳军
宋福中 邓永明 梁永生
杨旭海

镇长：谢彦博（—2017.9）
丘佳纳（2017.9—，镇长人选）

副镇长：刘斯科 黄俊 曾家良

人大主席：袁春华（女）

副主席：谢华荣

（*黄育清*）

丰溪林场

【简述】大埔县丰溪林场创办于1958年，原属汕头地区管辖，1963年转为县办，1984年4月被广东省人民政府批准建立省级自然保护区，保护区总面积为105.9平方公里。1996年8月被省林业厅批准建立丰溪省级森林公园。地理位置在北纬24° 39′，东经116° 47′。处于大埔县北部，北部、东部与福建省永定区毗邻，西部、南部与茶阳镇相邻，距离县城54公里。海拔在450米~1098米之间，全场总面积为29.91平方公里。下辖3个村民委员会，13个村民小组，总人口1800人。丰溪保护区主要保护对象为中亚热带常绿阔叶林和珍稀动植物，是广东省综合性保护区之一，有高等植物227科，2026种，其中属国家一级、二级、三级有54种。脊椎动物286种，其中属国家一级保护动物有蟒蛇、云豹、豹、华南虎共4种，二级保护动物有36种。保护区内还有许多具观赏、药用、肉用、皮用等价值的资源动（植）物。

【农村经济】2017年，全场粮食作物播种面积111.67公顷，总产量460.3吨。全场农村经济总收入2235万元，农村居民人平收入8789元。

【社会保障】筹集10万元为全场居民缴交城乡居民医疗保险，对2017年考取大学本科以上的丰溪籍学生一次性发放奖学金每人3000元；对2017年下半年度就读高中（含高中）以上非义务教育阶段的在册贫困户家庭学生及家庭遭遇变故影响就学的学生一次性发放助学金每人1000元。为做好3个村的环境卫生工作，场聘请9名保洁人员，定时定点收集和清运垃圾，解决垃圾乱堆乱放和脏乱差问题。

【基础设施建设】2017年，投入100万元建设一条科普教育径；投入60万元打造耀子石溯溪步道；投入30万元建设美丽乡村，在各村分别种植银杏、樱花、红枫；投入30万元完善办公楼周边的绿化、亮化和休闲小道的建设，规范场部周边村民家禽的养殖，美化和净化了环境。筹资 30 万元建设溪上村掩树下村道，解决三斗小组的村民出行难问题。

【资源管护】全场有林地 2832.6 公顷，其中国有林地 428 公顷，村集体林业用地 2354.2 公顷。毛竹林 1000 公顷，活立木蓄积量 15 万立方米，森林覆盖率 98%。场党委坚持把森林资源保护当作发展第一要务，强化森林资源管护工作，加强野生动植物的保护。2017 年，投入 40 万元建设护林驿站；加强护林员队伍建设，聘请 11 名村级专职护林员，组建 40 人的半专业扑火队伍。明确责任，强化工作职责，落实护林员管护责任，严厉打击乱搭、乱建、乱挖、乱采、破坏林地植被的行为，保护好现有林木资源，连续 60 年无山火发生，发案率为零。

【社会治安】完善综治工作机制，落实综治维稳目标责任，做好重点人群教育和稳定工作，做好源头预防工作，完善信访工作网络，深入村群众调研信访问题，加大矛盾纠纷排查调处力度，引导上访和非访群众通过合法渠道，合情合理地反映问题，2017 年，丰溪林场没有突发事件的发生。

丰溪林场负责人名录：

党委书记：巫运发
副 书 记：陈裕华
党委委员：江平先　饶拱辅
场　　长：巫运发
副 场 长：郑育才　谢捷新
罗文育（2017.10—）

（黄均）

▲2017 年 11 月 24 日，县委书记朱汉东（左二）到枫朗镇下木村调研新农村建设工作

人　物

新 闻 人 物

余 志 国

余志国，1966 年 1 月生，广东大埔银江镇人。1983 年 8 月参加工作，中央党校行政管理专业本科函授毕业，曾任银江区公所电影队放映员，银江乡人民政府干事、副乡长，县委调研室副主任，县委办副主任、主任科员，县国土资源局副局长、党组副书记、主任科员，2013 年 5 月任县体育局局长、党支部书记。2017 年 8 月，被国家体育局评为“2013—2016 年度全国群众体育先进个人”。

一、承办 2016—2017 年南粤古驿道定向大赛（梅州大埔站赛）事

余志国带领县体育局干部职工主动作为，狠抓工作落实，牵头组织协调县有关单位、部门做好承办 2016、2017 年南粤古驿道定向大赛（梅州大埔站赛）事各项工作，将比赛办成千年客家文化与现代体育完美结合的体育盛会——集体育、娱乐、休闲、观光、摄影、美食于一体的综合性活动，让参加活动领导、嘉宾、媒体记者、运动员和慕名而来的游客，在大埔县邂逅古老时光、古朴的建筑、淳朴的民风、青山绿水、红色情结、各种大埔名小吃……生动实践“体育+”发展思路，呈现出“三好”特点。一是环境好。沿线各镇、村加强环境卫生整治，争取群众支持，为赛事嘉宾、运动员、志愿者提供休息区、厕所等，展示大埔人民热情好客的一面。以秀丽的人文环境和人居环境吸引各方关注，从而达到宣传大埔、推介大埔的目的。二是宣传好。累计邀请传统媒体、新媒体 80 多家，加强宣传报道；邀请外地嘉宾、运动员共 600 多人观看富有大埔客家特色的“周末百姓舞台”等文艺表演，其中有列入国家非物质文化遗产目录的广东汉乐。精心挑选排练、组织展演开幕式暖场节目广东省非物质文化遗产项目——花环龙、鲤鱼灯舞、杯花舞，传播弘扬大埔客家文化；发挥大埔人文环境和自然环境优势，制作分发多角度全方位推介大埔的宣传手册资料 1000 份 4000 册，全方位、多角度推介大埔。三是效应好。赛事各项工作围绕获得最大效应为目标，把该项赛事作为提升大埔形象的平台和载体，实现“体育搭台，旅游、文化、经济唱戏”的效益。2016 年、2017 年，县体育局连续两年被省体育局授予南粤古驿道定向大赛“优秀组织奖”。

二、参加梅州市第七、八届运动会

2014 年 7—8 月，梅州市第七届运动会在五华县举行，大埔县选拔、组建运动员 149 人的体育代表团（总人数 181 人）参加市七运会取得较好成绩。参加田径、女子足球、排球、篮球、乒乓球、羽毛球、三棋（围棋、中国象棋、国际象棋）、跆拳道、举重等 9 个大项 11 个小项比赛，共获 9.5 枚金牌、11 枚银牌、14 枚铜牌，其中首次组队参加市运会女足比赛获得第四名。2017 年 6—8 月，梅州市第八届运动会在梅县区举行，大埔县体育代表团派出 326 名运动员参赛。竞技组（县体育局具体负责组织参赛工作）235 名运动员，参加田径、男女足球、男女篮球、乒乓球、羽毛球、举重、武术套路、跆拳道、拳击9个大项的角逐，获金牌17.5枚、银牌8.5枚、铜牌18枚，总分652分。其中女足丙组淘汰赛战胜传统强队兴宁，女足乙组大比分击败蕉岭（15∶5）。

三、加强公共体育设施建设

2014年、2015年，县体育局争取中央、省级体育彩票公益金及筹集其他资金1100万元完成县体育中心整体提升改造，建设400米环形塑胶跑道田径场、11人制标准人工草皮足球场；看台翻新；修缮安保、卫生功能设施；安装大型高清电子显示屏；东侧增建2000个座位多功能室内篮球馆和标准5人制灯光足球场各一座；实施全民健身广场美化、亮化、净化工程；完善综合训练馆、游泳池相关设施。提升县体育中心在全县全民健身、体育竞赛和业余体育训练中的功能作用，为加快大埔体育事业发展提供基础设施保障，也为广大群众参与健身锻炼提供良好的场地设施条件。

四、发展足球运动

2013年11月，余志国组织和具体指导成立首个县级足球社团——大埔县足球协会，凝聚社会各界力量，营造足球运动发展的良好氛围，为全县群众性足球运动的普及和提高作出贡献。2015年5月，首次组队参加梅州市女足选拔赛，战胜足球传统强县，获得第四名，并首次向市体校女足队输送5名运动员，其中1人被市体校输送到省女足集训队（后任队长），为大埔县参加各级各类女足比赛奠定后备人才基础。2016年2—3月，县体育局业余体校培养输送女足运动员杨莹代表广东参加全国女足U14（14岁以下）锦标赛获亚军。2016年7月，首次举办面向乡镇基层的县级大型足球赛事——大埔县乡镇足球联赛，全县15个镇（场）全部组队参赛，参赛运动员180人，赛事覆盖面广、比赛日程长、投入经费多、推动效应强；2017年续办第二届。2017年12月，县男足代表队获得2017年梅州市“赛翡蓝宝石球王杯”足球比赛季军；同月，县女足运动员罗思思代表梅州参加2017年广东省青少年女子足球乙组锦标赛获冠军，这一成绩改写梅州女足20多年来参加省足球锦标赛从未夺冠的历史。

（涂伟东　何猛柱）

张衍国

张衍国，1968年11月出生，广东大埔百侯镇南山村人。1991年清华大学本科毕业，1994年获清华大学硕士学位，2000年获得清华大学博士学位。自1994年起在清华大学能源与动力工程系任教，是清华大学能源与动力工程系教授、博士生导师，清华大学热能工程系教授，中国国际工程咨询公司专家组专家，中国工程院垃圾处理调研组专家，工业加热编委会副主任，北京热华能源科技有限公司董事。2018年4月，在北京举行的第十二届中国发明家论坛暨第十届发明创业奖颁奖典礼上，获“发明创业奖·人物奖”特等奖，被授予“当代发明家”称号。

研究领域。张衍国长期致力于劣质燃料的燃烧、余热利用、固体燃料的热转化等技术的开发和应用及节能改造等技术服务，并及时跟踪前沿课题，开发高炉渣干法粒化技术、可燃固体废弃物超临界热处理、生物质碳化、固体燃料微型热发电等技术。同时还致力于研究各种低品位燃料燃烧及热转化过程中的化学反应规律、物流组织和污染控制等。

拥有发明专利31项。张衍国对清洁能源的突出贡献，使他获节能协会节能减排技术发明奖一等奖、2007年度北京市科学技术奖三等奖、第四届“发明创业奖”（2008年）、第十二届北京技术市场金桥奖（2009年）。2013年，为实现科技成果转化，他联合社会资本成立北京热华能源科技有限公司，精心设计以工农业废弃物如咖啡渣、中药渣、造纸废料、稻壳、玉米芯、酒糟、树皮锯末等作为燃料的工艺路线，打造精品工程，在国内外赢得了口碑。至 2017 年，公司已经成长为拥有自主核心技术的清洁能源服务商，已授权专利 34 项，其中发明专利 10 项，PCT 专利 2 项，构建集工业研发、高端装备制造、工程安装服务、热能运营管理为一体的经营管理体系，产业布局涵盖了东南亚、韩国、日本等国家。

张衍国主持并参加多项 973、自然科学基金和省校合作课题，承担数十项企业研发、应用课题。他主持开发的多流程循环流化床技术、垃圾清洁焚烧发电技术、循环流化床导热油炉、循环流化床热风炉、高温熔渣干法粒化技术应用广泛。其中热华能源与清华大学共同开发的多流程循环床技术是国际首创的新技术，在同容量的设备中能效最高、排放最优，拥有国际专利和一批海外用户，经专家鉴定属于国际领先。该技术填补了国内外空白，应用产品累计实现产值逾 4 亿元，远销美国、越南、印尼、蒙古等国家及地区。

张衍国在国内外专业期刊上发表文章 166 篇，其中 SCI、EI 收录 82 篇；发表专著 6 部。他出版《垃圾清洁焚烧发电技术》和《炉内传热原理与计算》等专著，为更多有志于清洁能源领域的人士提供技术参考。

（县方志办整理）

▲2017 年 3 月 11 日，县长朱汉东（前排左一）率队赴港拜会田家炳（前排中）

逝世人物

丘昌涛

丘昌涛，祖籍广东大埔银江，1929 年 3 月生于马来西亚。1952 年毕业于清华大学电机系，1981 年毕业于美国通用电气公司（G、E）电力系统工程研究班。历任东北电力学院教员、副教授、教授、科研所所长、院长，清华大学兼职教授，中国电机工程学会理事、电工数学专委会主任，中国自动化学会遥测遥感遥控专业委员会第三届副主任委员，吉林省科协三届委员，吉林省电机工程学会副理事长、常委，英国张量学会会员，纽约科学院院士，英国剑桥国际名人传略协会会员，美国国际名人传略研究院荣誉研究顾问。专于网络的张量理论、电机最优化设计。

1986 年，丘昌涛应邀赴英国剑桥大学、伦敦大学及兰卡斯特大学讲学访问，曾两次组织国际工程数学及应用会议（ISEMA’1988 及 1992）。著有《张量几何及其在电机和电力系统中应用》（科学出版社，1991）、《电力系统可靠性》（华中理工大学出版社，1992）等 4 部，译有美 H. H. Happ 著《分块法及其在电力系统中的应用》（科学出版社，1987），主编《现代工程数学及应用》（中国电力出版社，1999）和《电工数学进展》（万国学术出版社、中国科技出版社 1993—1999）。发表有 84 篇论文，其中有《网络射影论》（论文修正了网络的张量分析创始人克隆提出的功率不变性假设的错误）及《多机电力系统多变量控制优化设计》《电机设计最优化方法的研究》《电力系统自适应 OEC 最佳参数设计》《微机型同步电机参数识别器》《电力系统分块射影分析》等。有多篇论文获吉林省科协二等优秀论文及中国电机工程学会优秀论文奖。

丘昌涛从事电力系统、电机、电工数学的研究和教学 46 年，在电机的优化设计、网络的射影论及其应用、电力系统自适应最佳控制优化设计、电力系统可靠性等方面的精湛的研究，作出创造性的突出贡献。有重大科研成果 10 项，其中“异步电机最优化设计”获 1985 年国家科技进步三等奖，“网络的射影论及其在电机和电力系统中的应用”获 1986 年国家教委科技进步二等奖，“电力系统最佳控制优化设计软件包”获水电部 1986 年科技进步三等奖，“同步电机机数识别器”获 1986 年国家专利。1990 年起享受国家津贴，全国高等学校先进科技工作者（1990），全国电机工程优秀科技工作者（1988、1994），全国归侨、侨眷、侨务工作者先进个人（1982），全国优秀归侨、侨眷知识分子（1989），吉林省有突出贡献专家（1985）等。其事绩被录入英国剑桥国际名人传略中心及美国国际名人传略研究院出版的多种名人录中。

2015 年 5 月 31 日，丘昌涛因病在深圳逝世，享年 87 岁。

（县方志办整理）

▲2017 年 12 月 15 日，大埔县残疾人联合会第七次代表大会在县城召开

▲2017 年 11 月 2 日，梅州农业学校 2017 年大埔县村（社区）干部中专班开学典礼

附　　录

重要文件选载

中国共产党大埔县委员会

埔委〔2017〕5 号

中共大埔县委关于坚持全面从严治党扎实开展巡察工作的意见

（2017 年 6 月 5 日）

为落实全面从严治党要求，强化党内监督，规范巡察工作，深入推进我县党风廉政建设和反腐败工作，夯实管党治党责任，为加快振兴发展，与全省同步建成小康社会提供坚强政治保证，按照中央、省委、市委关于开展巡察工作的有关要求及《中共广东省委巡视工作领导小组印发〈关于建立市县党委巡察制度的指导意见（试行）〉的通知》（粤巡发〔2016〕2 号）和《中共梅州市委巡察工作领导小组印发〈关于坚持全面从严治党扎实开展巡察工作的意见〉的通知》（梅市发〔2017〕3 号）精神，现就我县坚持全面从严治党扎实开展巡察工作提出如下意见。

一、指导思想

以马克思列宁主义、毛泽东思想、邓小平理论、“三个代表”重要思想、科学发展观为指导，深入贯彻习近平总书记系列重要讲话精神，落实全面从严治党、依规治党和“把纪律挺在前面”要求，坚持实事求是、依法依规，坚持群众路线、发扬民主，坚持政治巡察，突出问题导向，紧扣“六项纪律”，深化“四个着力”，聚焦党风廉政建设和反腐败斗争，切实发挥巡察的震慑、遏制、治本作用，加强党的先进性和纯洁性建设。

二、巡察机构和人员

建立健全县委承担巡察工作主体责任，县委巡察工作领导小组组织实施，纪检监察机关、组织部门及相关部门支持配合的巡察工作体制机制。

（一）成立县委巡察工作领导小组　县委成立巡察工作领导小组，组织实施全县巡察工作。县委巡察工作领导小组向县委负责并报告工作。领导小组下设办公室（以下简称“县委巡察办”）。领导小组组长为组织实施巡察工作的主要责任人，由县委常委、县纪委书记担任，副组长由县委常委、县委组织部部长担任，成员由1名分管联系巡察工作的县纪委副书记、1名县委组织部副部长和县委巡察办主任组成。

县委巡察工作领导小组的主要职责：贯彻中央、省委、市委和县委的有关决议、决定以及市委巡察工作领导小组的工作要求；研究提出巡察工作规划、年度计划和阶段任务安排；听取巡察工作情况汇报；研究巡察成果的运用，分类处置，提出相关意见和建议；向县委报告巡察工作情况；对县委巡察组进行管理和监督；研究处理巡察工作中的其他重要事项。

（二）设立县委巡察工作领导小组办公室　县委巡察办为县委巡察工作领导小组日常办事机构，设在县纪委。县委巡察办承担县委巡察工作领导小组日常工作，负责协调配合市委巡察有关工作；贯彻县委有关巡察工作的决议、决定、指示；负责综合协调、组织指导、制度建设、监督管理、服务保障等工作。

（三）组建县委巡察组　县委巡察工作领导小组根据工作需要组建若干县委巡察组，承担巡察任务。县委巡察组向县委巡察工作领导小组负责并报告工作，实行组长负责制。组长原则上由正科级干部担任，副组长由副科级干部担任。建立巡察组组长、副组长库，组长、副组长根据县委巡察工作领导小组部署的巡察任务确定，一次一授权。巡察组其他工作人员原则上从县纪委、县委组织部、县公安局、县检察院、县财政局、县审计局及有关部门抽调。巡察工作人员实行任职回避、地域回避、公务回避，对不适合从事巡察工作的人员应当及时予以调整。建立健全巡察工作人员的监督管理和激励机制。

三、巡察范围和内容

县委巡察组的巡察对象和范围包括：县委工作部门领导及其成员，县政府部门和直属机构、县人民团体党组（党委）领导班子及其成员；县属国有企业、事业单位党委（党组）领导班子及其成员；县委要求巡察的其他单位党组织领导班子及其成员；必要时向被巡察单位下属机关和基层单位党组织延伸巡察。被巡察单位党组织的主要负责人为重点巡察对象。

县委可以根据工作需要，对各镇（场）党委、政府领导班子及其成员进行巡察。

原则上每届县委任期内，至少对县委所管理的部门和企事业单位党委开展一次巡察。县委可根据工作需要，针对重点人、重点事、重点问题或巡察整改情况，开展机动灵活的专项巡察。

县委巡察组对巡察对象执行《中国共产党章程》和其他党内法规，遵守党的纪律，落实全面从严治党主体责任和监督责任等情况进行监督，着力发现以下问题：

（一）违反政治纪律和政治规矩，存在违背党的路线方针政策的言行，有令不行、有禁不止，阳奉阴违，拉帮结派等问题；

（二）违反廉洁纪律，以权谋私、贪污贿赂、腐化堕落等问题；

（三）违反组织纪律，违规用人、拉票贿选、买官卖官，以及独断专行、软弱涣散、严重不团结等问题；

（四）违反群众纪律、工作纪律、生活纪律，搞形式主义、官僚主义、享乐主义和奢靡之风等问题；

（五）上级党委巡视、巡察反馈意见整改和移交问题线索办理中存在的问题和县委要求了解的其他问题。

要注意把与群众利益密切相关的行政审批权、行政执法权、干部人事权和资金资源分配权等方面的重点问题，以及与重点问题相关的重点人、重点事作为巡察的重中之重。

要着力发现为官不为等方面存在的消极腐败行为，重点围绕省委《关于贯彻“三个区分开来”治理为官不为的意见》提出的八个方面问题，倒逼干部作风转变、行政效能提升，强化政务环境建设，营造干事创业环境。

四、工作方式和权限

（一）县委巡察组的工作方式　听取被巡察党组织的工作汇报和党风廉政建设、选人用人专题汇报；与被巡察党组织领导班子成员和其他干部群众进行个别谈话；受理反映被巡察党组织领导班子及其成员和下一级党组织领导班子主要负责人问题的来信、来电、来访等；向有关知情人询问情况；抽查核实领导干部报告个人有关事项的情况；调阅、复制有关文件、档案、会议记录等资料；召开座谈会；列席被巡察单位的有关会议；进行民主测评、问卷调查；开展专项检查以适当方式到被巡察单位的下属单位和基层单位了解情况；提请有关单位予以协助；县委或者县委巡察工作领导小组批准的其他方式。

（二）县委巡察组的工作权限　县委巡察组依靠被巡察党组织开展工作，不干预被巡察单位的正常工作，不履行纪律审查的职责。县委巡察组应当严格执行请示报告制度，对巡察工作中的重要情况和重大问题及时向县委巡察工作领导小组请示报告。特殊情况下，县委巡察组可以直接向县委书记报告。

巡察期间，经县委巡察工作领导小组批准，县委巡察组可以将被巡察党组织管理的干部涉嫌违纪违法的具体问题线索，移交有关纪律检查机关或者政法机关处理；选人用人方面的具体问题线索，移交有关组织人事部门处理；对群众反映强烈、明显违反规定并且能够及时解决的问题，向被巡察党组织提出处理建议。

五、巡察程序

（一）制定计划　县委巡察办根据县委巡察工作领导小组确定的工作重点，制定年度巡察工作计划和阶段性工作方案，报县委审批同意后组织实施。

（二）巡察准备　县委巡察工作领导小组建立县委巡察机构与县纪委、县委组织部、县政法机关、县审计局、县信访局等部门和单位的沟通联络机制。县委巡察组在开展巡察前，应当通过这一机制了解被巡察党组织领导班子及其成员的有关情况。特别重要或者敏感的内容，相关部门应当向巡察组组长单独通报。同时，通过拓展其他渠道收集有关舆情等信息，努力做到巡察工作有的放矢。县委巡察组应当督促被巡察党组织针对党风廉政建设方面存在的普遍性问题主动进行整改。

（三）巡察了解　县委巡察组进驻被巡察单位后，应当向被巡察党组织通报巡察任务，召开有被巡察单位领导班子成员及中层以上干部、下属单位班子成员参加的巡察动员会。发布巡察公告，公布巡察组联系方式，按照规定的工作方式和权限，开展巡察了解工作。

巡察期间，按照规定的工作方式和权限，深入了解、核查有关情况，对重点问题、线索要重点核查。查阅资料，应当根据资料管理规定办理相关手续。被巡察单位要指定联络领导和联络员，积极协助配合巡察组开展相关工作。

（四）线索及问题处置　县委巡察组对反映被巡察党组织领导班子及其成员的重要问题和线索，可以进行深入了解。对发现的党员干部重要问题和线索，应当及时报告县委巡察工作领导小组。

对巡察发现的问题和线索，县委作出分类处置的决定后，县委巡察办依据干部管理权限和职责分工，按照相关规定进行移交。对领导干部涉嫌违纪的线索和作风方面的突出问题，移交有关纪律检查机关；对执行民主集中制、干部选拔任用等方面存在的问题，移交有关组织部门；其他问题移交相关单位。纪律检查机关、组织部门等单位收到巡察移交的问题或线索后，应当及时研究提出处理意见，并于3个月内将办理情况反馈县委巡察办。县委巡察办应当依据县委作出的分类处置决定，建立巡察发现问题和线索台账，实行统一管理、跟踪督办。

（五）巡察报告　巡察结束后，县委巡察组应经集体讨论并形成巡察报告，如实报告了解的重要情况和问题，并提出处理建议。对党风廉政建设等方面存在的普遍性、倾向性问题和其他重大问题，应当形成专题报告，分析原因，提出建议。

县委巡察工作领导小组应当及时听取巡察组的巡察情况汇报，研究提出处理意见，报县委决定。县委应当及时听取县委巡察工作领导小组有关情况汇报，研究并决定巡察成果的运用。

（六）反馈意见　经县委同意后，巡察组应当及时向被巡察党组织领导班子及其主要负责人分别反馈巡察情况，指出问题，有针对性地提出整改意见。根据县委巡察工作领导小组要求，县委巡察办将巡察的有关情况通报县委、县政府有关领导及其职能部门，推动巡察发现问题的整改。

（七）督促整改　被巡察党组织在收到巡察组反馈意见后，应当认真做好整改，并在2个月内将整改情况和主要负责人组织落实情况报告报送县委巡察办，特殊情况经县委巡察办同意后按规定时间上报。被巡察党组织主要负责人是落实整改工作的第一责任人。

建立健全县委巡察办与县委督查室联合督办机制，对巡察发现的倾向性、普遍性、政策性问题，督促有关部门研究解决。

县委巡察办视情况会同县委巡察组采取回访等适当方式，了解和督促被巡察单位整改落实工作并向县委巡察工作领导小组报告。必要时县委巡察工作领导小组可以直接听取被巡察党组织有关整改情况的汇报。巡察进驻、反馈、整改等情况，应当以适当方式在党内通报，向社会公开，接受党员、干部和人民群众监督。

（八）结果运用　各级党组织应当把巡察结果和整改情况，作为党风廉政建设责任制检查考核、责任追究的重要内容，作为干部选拔任用的重要依据。

六、纪律与责任

（一）加强对巡察工作的领导　县委和县委巡察工作领导小组应当加强对巡察工作的领导，对领导巡察工作不力、发生严重问题的，依据有关规定追究相关责任人员的责任。

（二）积极支持配合巡察工作　全县纪检监察组织、审计机关、政法机关和组织、信访等部门及其他有关单位，应当支持配合巡察工作，如实完整提供相关信息，协助办理有关事项。对违反规定不支持配合巡察工作的行为，有下列情形之一的，视情节轻重，依据有关规定追究相关责任人员的责任：

1. 故意向巡察机构不真实、不完整介绍有关情况的；
2. 拒绝或者不按照要求向巡察机构提供相关文件材料的；
3. 对巡察机关提请予以协助的事项不按要求给予协助的；
4. 对巡察移交的问题和线索不及时研究办理的；
5. 其他不支持配合巡察工作的情形。

（三）巡察工作人员工作纪律　巡察工作人员应当严格遵守巡察工作纪律，忠诚履职，勇于担当，有下列情形之一的，依据有关规定，视情节轻重，给予批评教育、组织处理或者纪律处分；涉嫌犯罪的，移送司法机关依法处理：

1. 玩忽职守，贻误工作，对应当发现的重要问题没有发现的；
2. 弄虚作假，不如实报告巡察情况，隐瞒、歪曲、捏造事实的；
3. 泄露工作秘密的；
4. 滥用职权，工作中超越权限，造成不良后果的；
5. 利用工作的便利谋取私利或者为他人谋取不正当利益的；
6. 有违反工作纪律的其他行为的。

（四）被巡察单位的责任和义务　被巡察党组织领导班子及其成员应当自觉接受巡察监督，积极配合县委巡察组开展工作。党员有义务向巡察组如实反映情况。被巡察单位及其工作人员有下列情形之一的，依据有关规定，视情节轻重，对该单位领导班子主要负责人或者其他有关责任人员，给予批评教育、组织处理或者纪律处分；涉嫌犯罪的，移送司法机关依法处理：

1. 隐瞒不报或者故意向巡察机构提供虚假情况的；
2. 拒绝或者不按照要求向巡察机构提供相关文件材料的；
3. 指使、强令有关单位或者人员干扰、阻挠巡察工作，或者诬告、陷害他人的；
4. 无正当理由拒不纠正存在的问题或者不按照要求整改的；
5. 对反映问题的干部群众进行打击、报复、陷害的；
6. 不按要求公开巡察整改情况的；
7. 其他干扰巡察工作的情形。

（五）投诉和举报　被巡察单位的干部群众发现巡察工作人员存在违纪违规行为的，可以向县委巡察工作领导小组或县委巡察办反映，也可以依照规定直接向有关部门、组织反映。

七、组织领导

县委巡察工作领导小组对巡察工作负总责，在开展巡察工作、形成联动格局中发挥主导作用，对县委巡察办进行领导和指导。县委巡察办负责组织开展具体的巡察工作，并向领导小组负责并报告工作。各巡察组承担具体的巡察任务，并向领导小组负责并报告工作。被巡察单位党组织和党员干部要坚持党性原则，严明党的纪律，切实增强接受巡察监督的自觉性和主动性。

中共大埔县委办公室　　2017年6月5日印发

中共大埔县委文件

埔发〔2017〕4 号

中共大埔县委　大埔县人民政府关于印发《大埔县贯彻落实〈法治政府建设实施纲要（2016—2020 年）〉实施方案》的通知

各镇党委、人民政府，丰溪林场，县有关单位：

《大埔县贯彻落实〈法治政府建设实施纲要（2016—2020 年）〉实施方案》已经县委、县政府同意，现印发给你们，请认真遵照执行。

中共大埔县委
大埔县人民政府
2017 年 7 月 25 日

大埔县贯彻落实《法治政府建设实施纲要（2016—2020 年）》实施方案

为贯彻落实《中共中央国务院关于印发〈法治政府建设实施纲要（2015—2020 年）〉的通知》（中发〔2015〕36 号），深入推进依法行政，加快建设法治政府，根据《广东省委省政府关于印发〈广东省法治政府建设实施纲要（2016—2020 年）〉的通知》（粤发〔2016〕20 号），《梅州市委市政府关于印发〈梅州市法治政府建设实施纲要（2016—2020 年）〉的通知》（梅市发〔2016〕8 号），结合我县实际，制定本实施方案。

一、总体要求

（一）指导思想

全面贯彻党的十八大和十八届二中、三中、四中、五中、六中全会精神，以马克思列宁主义、毛泽东思想、邓小平理论、“三个代表”重要思想、科学发展观为指导，深入贯彻习近平总书记系列重要讲话精神，按照省委、省政府关于深入推进依法行政、加快建设法治政府的部署要求，以体制机制创新为突破口，以提高制度建设质量、规范行政权力运行、保证法律法规严格执行为着力点，坚持科学规划、统筹安排、重点突破、整体推进，推动全县依法行政和法治政府建设迈上新台阶，为我县加快振兴发展提供有力的法治保障。

（二）目标要求

到 2020 年，基本建成职能科学、权责法定、执法严明、公开公正、廉洁高效、守法诚信的法治政府，依法行政工作水平处于中上游。

（三）基本原则

坚持中国共产党的领导，坚持人民主体地位，坚持法律面前人人平等，坚持依法治国和以德治国相结合，坚持从中国实际出发，坚持依宪施政、依法行政、简政放权，把政府工作全面纳入法治轨道，实行法治政府建设与创新政府、廉洁政府、服务型政府建设相结合。

（四）衡量标准

政府职能依法全面履行，依法行政制度体系完备，行政决策科学民主合法，宪法法律严格公正实施，行政权力规范透明运行，人民权益切实有效保障，依法行政能力普遍提高。

二、主要任务和具体措施

（一）依法全面履行政府职能

目标：牢固树立创新、协调、绿色、开放、共享的发展理念，简政放权、放管结合、优化服务，切实转变政府职能，推进机构职能职权法定，行政效能和服务水平显著提高。

措施：

1．深化行政审批制度改革。积极衔接国家、省、市行政审批制度改革的最新成果，落实取消、调整、指定地方实施的审批事项。动态清理规范行政审批中介服务事项，规范中介服务行为。坚持服务便民利民、办事依法依规、信息公开透明、数据开放共享的原则，积极稳妥推行“一门式一网式”政府服务模式改革工作，真正实现便民高效。有序推进行政许可标准化工作，完成行政许可和公共服务事项标准编写，并推动行政许可标准在实体大厅和网上办事大厅应用运行。加强监督管理，落实行政许可年度报告制度，逐步建立健全审批、管理、监督运行机制。［县编办、县经信局、县政管办等部门，各镇（场）按职责分工分别负责］

【注：除分别负责外，列在首位的为牵头单位】

2．全面推行权责清单制度。严格按照“法无授权不可为、法定职责必须为”的原则，将各类行政职权的设立依据、行使主体、运行流程、对应责任等以清单的形式向社会公布，接受社会监督。2016 年年底前，县级政府基本完成县政府工作部门、依法承担行政职能的事业单位和镇级政府权责清单的公布工作。根据国家、省、市的改革要求和法律法规的立改废释情况，对权责清单进行动态管理。［县编办、县法制局等有关部门，各镇（场）按职责分工分别负责］

3. 加强市场监管，促进公平竞争。依照职权法定原则，依法严格明确落实部门的监管责任，按照国家、省、市的统一部署，建立健全市场准入负面清单制度，建立健全与市场准入负面清单制度相适应的体制机制。全面清理涉及市场准入、投资经营的规范性文件。投资推动市场监管方式深化改革，创新监管方式，加强事中事后监管，构建“企业自治、社会监督、政府监管”三位一体严管共治新模式。加快建立对重点领域的风险评估指标体系，风险监测和跟踪制度。探索和建立保障市场公平竞争的劳动者权益保护，完善商事仲裁工作机制，维护公平、合理的市场秩序。[县发改局、县人社局、县工商局、县经信局、县食药监局、县司法局、县法制局等有关部门，各镇（场）按照职责分工分别负责]

4. 深化商事制度改革。推进工商登记注册制度便利化，进一步推进“先照后证”改革，完善“五证合一”（工商营业执照、组织机构代码证、税务登记证、社会保险登记证、统计证）、“一照一码”工作流程。加快推进电子营业执照和企业登记全程电子化改革，建设电子营业执照系统。制定完善商事制度改革后续监管有关办法，建立完善企业经营异常名录管理制度及企业公示信息抽查制度。加大企业登记综合服务窗口整合，推动行政审批部门优化整合，简化审批流程，进一步推进市场准入便利化和规范化。探索建立保障市场公平竞争的劳动者权益保护机制。健全对外投资促进制度和服务体系，支持大埔企业扩大对外投资，推动装备、技术、标准和服务走出去。（县工商局、县编办、县发改局、县人社局、县经信局、县政管办等有关部门按照职责分工分别负责）

5. 推进社会治理机制创新。推进社区网格化管理，构建县、镇、村（居）、小区四级治理网络，整合公安、安监、消防、工商、食药监、卫计、环保等部门各类政务服务资源、工作网络、基层队伍，实现管理架构多位一体、多网合一和多员合一。健全完善矛盾纠纷排查预警机制和基层社会矛盾分析研判机制，制定重大决策社会稳定风险评估工作实施意见。进一步加强社会治理机制、能力、人才队伍和信息化建设，提高社会治理科学化和法治化水平。支持和发展社会工作服务机构和志愿服务组织，重点培育和优先发展行业协会商会类、科技类、公益慈善类、城乡社区服务类社会组织。进一步加强“一村（社区）一法律顾问”工作，积极发挥律师在社会治理创新中的专业服务作用。[县委政法委、县发改局、县民政局、县公安局、县安监局、县消防大队、县工商局、县食药监局、县卫计局、县环保局、县司法局等有关部门，各镇（场）按照职责分工分别负责]

6. 优化公共服务。进一步优化政府职能，逐步把不该由政府管理的事项转移出去，健全政府购买公共服务制度。建立社会组织承接公共服务事项的目录管理制度，适合由社会组织提供的公共服务和解决的事项，交由社会组织承担。加强政府购买公共服务质量监管，建立政府购买公共服务质量第三方评估机制，实行公关服务提供主体动态调整机制。（县发改局、县编办、县人社局、县民政局、县财政局、县教育局、县文广新局、县卫计局等有关部门，各镇政府按照职责分工分别负责）

7. 强化生态环境保护。坚定绿色发展理念，以法治建设推动我县生态文明试点地区建设。重点推动森林保护、区域河流治理、水资源保护等领域的制度建设。严格执行环评审批制度，加强环境执法检查，严厉打击环境违法行为，建立健全联动执法、网格化执法、移动执法等机制，加大对重点行业、重点区域、重点企业的检查力度，加快构建行政执法、舆论监督、公众参与的多元环境监管体系。严格落实环境保护“一岗双责”要求，建立统一监管所有污染物排放的环境保护管理制度，强化对环保责任制考核结果运用。[县发改局、县环保局、县住建局、县水务局、县法制局等有关部门，各镇（场）按照职责分工分别负责]

（二）加强规范性文件管理

目标：政府制度建设质量和效率显著提升，围绕中心、突出重点，保证规范性文件制定质量，构建适应我县经济社会发展需要的制度体系，为改革发展提供及时的制度保障，引领和推进法治现代化。

措施：

8. 加强规范性文件管理工作。完善规范性文件制定程序，落实合法性审查、集体讨论决定等制度，实行制定机关对规范性文件统一登记、统一编号、统一印发制度。规范性文件不得设定行政许可、行政处罚、行政强制等事项，不得减损公民、法人和其他组织合法权益或者增加其义务。涉及公民、法人和其他组织权利义务的规范性文件，应当按照法定要求和程序予以公布，未经公布的不得作为行政管理依据。推行重大或者关系人民群众切身利益的规范性文件政策解读制度。推行规范性文件审查情况统计分析报告制度。加强备案审查制度和能力建设，健全公民、法人和其他组织对规范性文件的建议审查制度，加大备案审查力度，做到有件必备、有错必纠。完善规范性文件定期清理工作机制。[县法制局、各有关部门，各镇（场）按职责分工分别负责]

（三）推进行政决策科学化、民主化、法治化

目标：行政决策制度科学、程序正当、过程公开、责任明确，决策法定程序严格落实，决策质量显著提高，决策效率切实保证，违法决策、不当决策、拖延决策明显减少并得到及时纠正，行政决策公信力和执行力大幅提升。

措施：

9. 进一步完善依法决策机制。进一步完善重大行政决策公众参与、专家论证、风险评估、合法性审查、集体讨论和跟踪倒查等程序。积极探索建立行政决策尤其是关于经济方面重大决策的成本效益分析制度，在行政决策过程中充分考虑县情以及决策过程中的成本，认真考量政策施行后的执行成本、社会成本以及预期效益，保障决策的科学化，使其更加符合实际。2020年前县政府及其部门、各镇政府普遍制定重大行政决策事项并向社会公布。[县府办、县法制局、各有关部门，各镇（场）按照职责分工分别负责]

10. 创新重大决策公众参与机制。深化、整合政府信息公开发布平台，充分利用现代信息和网络技术加强重大行政决策公众参与的平台建设，为社会各阶层提供合法利益表达和有序参与的畅通渠道。严格落实《广东省重大行政决策听证规定》，加强我县重大行政决策听证工作。探索建立重大行政决策的公开公示制度，对事关经济社会发展全局和涉及群众切身利益的重大行政决策事项，除依法应当保密的之外，决策机关在做出决策前应通过各种媒介向社会公布决策草案，负责对决策背景、决策内容、决策目的、目标设置、手段选择、法律依据、涉及人群和社会影响等情况予以充分解释说明。探索建立文化教育、医疗卫生、环境保护、公用事业等重大民生决策事项的民意调查制度，广泛征求社会公众意见，与利害关系人进行充分沟通，注重听取有关人大代表、政协委员、人民团体、基层组织、社会组织的意见。探索建立完善的意见回应机制。对行政决策中公众参与所提出的意见建议，行政决策部门应当进行归纳整理；对合理意见建议应当予以采纳，并在意见建议回应中说明采纳情况，没有采

纳的应当说明理由。[各有关部门，各镇（场）按照职责分工分别负责]

11. 提高重大决策专家论证质量。严格落实《广东省重大行政决策专家咨询论证办法（试行）》，进一步完善行政决策咨询论证专家工作。对专业性、技术性较强的决策事项，组织专家、专业机构进行论证，选择论证专家要注重专业性、代表性、均衡性，支持其独立开展工作。探索实行专家信息和论证意见适度公开机制。[县府办、各有关部门、县法制局，各镇（场）按照职责分工分别负责]

12. 完善重大行政决策风险评估机制。严格执行我县有关社会稳定风险评估方面的制度，进一步加强重大决策社会稳定风险评估工作，将我县重大工程项目、重大政策制定以及其他对社会稳定有较大影响的重大行政事项全部纳入风险和可控性评估管理，未经评估或者评估存在重大社会风险的，不得作出决策。探索建立部门论证、专家咨询、公众参与、专业机构测评相结合的风险评估工作机制，通过舆情跟踪、抽样调查、重点走访、会商分析等方式对决策可能引发的各种风险进行科学预测、综合研判，确定风险等级并制定相应的化解处置预案。[县府办、县法制局、各有关部门，各镇（场）按照职责分工分别负责]

13. 加强重大决策合法性审查。建立行政机关内部重大决策合法性审查机制，明确政府及其部门法制机构在重大决策，合法性审查中的职责，未经合法性审查或经审查不合法的，不得提交讨论或作出决策。建立政府法制机构人员为主体、吸收专家和律师参加的法律顾问队伍，发挥法律顾问在制定重大行政决策、推进依法行政中的积极作用。[县法制局、各有关部门，各镇（场）按职责分工分别负责]

14. 严格重大决策责任追究。决策机关应当及时跟踪决策执行情况和实施效果，根据实际需要进行重大行政决策后评估。探索建立行政决策督查机制。探索建立重大行政决策责任终身追究制度，着力构建“可溯源、可追责”的重大行政决策档案制度和信息公开制度。加强行政决策档案管理，实现决策过程全记录，对决策严重失误或者依法应该及时作出决策但久拖不决造成重大损失、恶劣影响的，按照“谁决策、谁负责”的原则，严格追究行政首长、负有责任的其他领导人员和相关责任人员的党纪政纪和法律责任。[县监察局、县人社局、县法制局、各有关部门，各镇（场）按职责分工分别负责]

（四）坚持严格规范公正文明执法

目标：完善权责明确、行为规范、监督有效、保障有力的行政执法体制，提高行政执法能力和水平，提升执法效果和效率。

措施：

15. 合理配置执法资源。根据不同层级政府的事权和职能，按照减少层次、整合队伍、提高效率的原则，合理配置执法力量，推进执法重心下移，充实基层执法力量。[县编办、县法制局、各有关部门，各镇（场）按职责分工分别负责]

16. 大力推进综合执法。推行综合行政执法体制改革，减少政府执法队伍种类，对职能相近、执法内容相近、执法方式相同的部门进行机构和职能整合，重点在食品药品安全、工商质检、公共卫生、安全生产、文化旅游、资源环境、农林水利、交通运输、城乡建设等关系群众切身利益的重点领域探索跨部门执法。[县编办、县法制局、各有关部门，各镇（场）按职责分工分别负责]

17. 完善城市管理执法体制。理顺城市管理执法层级关系，明确城管执法职责范围，加强城市管理综合执法机构和队伍建设，加大对城管执法的监督力度，提高城市管理执法水平。[县编办、县法制局、县住建局，各镇（场）按职责分工分别负责]

18. 严格管理行政执法队伍。2016 年年底前，各执法单位对行政执法人员进行一次严格清理，全面落实行政执法人员持证上岗和资格管理制度，未经执法资格考试合格，未持有合法有效的行政执法证件，不得授予执法资格，不得从事执法活动。全面实行行政执法人员网上考试，建立统一、高效的培训考试方法。[县法制局、县编办、各有关部门，各镇（场）按职责分工分别负责]

19. 健全行政执法和刑事司法衔接机制。完善行政执法案件移送标准，移送程序和证据要求，建立行政执法机关、公安机关、检察机关、审判机关信息共享、案情通报、案件移送制度，加强移送衔接工作监督和责任追究，实现行政处罚和刑事处罚的有效衔接。[各有关部门、县检察院、县法院、县公安局，各镇（场）按职责分工分别负责]

20. 规范行使行政执法自由裁量权。各行政机关对本单位行使的行政许可、行政处罚、行政强制、行政征收等职权的裁量范围、幅度、标准进行细化量化，并向社会公开。完善行政处罚自由裁量权适当性审查工作机制，加强对县执法部门的行政处罚自由裁量权标准和规则的适当性审查。建立随机抽取被检查对象、随机选派检查人员的“双随机”机制。[县法制局、各有关部门，各镇（场）按职责分工分别负责]

21. 全面规范行政执法程序。明确界定重大行政执法事项范围，重点规范行政许可、行政处罚、行政强制、行政征收、行政收费、行政检查等执法行为。落实重大执法决定法制审核制度，探索建立行政执法公示制度，及时向社会公布行政执法抽查及处理结果。加强执法台账、执法文书管理，落实行政执法全过程记录制度，加强登记立案、监督检查、调查取证、行政决定等行政执法全过程记录工作，确保执法工作有据可查。进一步优化执法记录仪等科技信息手段在行政执法过程中的应用，健全执法全过程记录工作机制。[县法制局、各有关部门，各镇（场）按职责分工分别负责]

22. 全面落实行政执法责任制。严格确定不同部门及机构、岗位执法人员的执法责任，建立健全常态化的责任追究机制。加强执法监督，建立健全投诉举报、情况通报等制度，坚决排除对执法活动的干预，防止和克服部门利益保护主义，防止和克服执法工作中的利益驱动，惩治执法腐败现象。[县法制局，县监察局、各有关部门，各镇（场）按职责分工分别负责]

23. 加强行政执法经费使用效能。提高执法经费预算管理，按照事权和支出责任相适应原则，健全责任明确、分类负担、收支脱钩、财政保障的执法经费保障机制，严禁行政事业性收费和罚没收入以各种形式返还。严禁下达或者变相下达罚没指标，严禁将行政事业性收费、罚没收入同部门利益直接或者变相挂钩。改善执法条件，合理安排执法装备配备、科技建设、基础设施方面的投入。[县财政局、县法制局、各有关部门，各镇（场）按职责分工分别负责]

（五）强化对行政权力的制约和监督

目标：严格规范行政权力运行，基本建成对行政权力进行内部和外部制约监督的体系，审计和监察等专门监督的作用得到有效发挥。

措施：

24. 健全行政权力运行制约和监督体系。坚持用制度管权、管事、管人，坚持决策权、执行权、监督权既相互制约又相互协调，完善各方面监督制度，确保行政机关按照法定权限和程序行使权力，切实把权力关进制度的笼子。加强行政程序制度建设，严格规范作出各类行政行为的主体、权限、方式、步骤和时限。发挥政府诚信建设示范作用，加快政府守信践诺机制建设。[县监察局、县人社局、各有关部门，各镇（场）按职责分工分别负责]

25. 自觉接受党内监督、人大监督、民主监督、司法监督。在党委对党风廉政建设和反腐败工作的统一领导下，各镇（场）党委及县直各部门党组（党委）要切实履行主体责任，主要负责人是第一责任人，对本级政府本部门党风廉政建设负总责。认真执行向本级人大报告工作制度，接受询问和质询制度，报备规范性文件。认真研究处理人大及其常委会组成人员对政府工作提出的有关审议意见，及时研究办理人大代表和政协委员提出的意见和建议，切实改进工作。支持人民法院依法受理行政案件，健全行政机关依法出庭应诉制度，尊重并执行人民法院生效裁判。检察机关对在履行职责中发现的行政违法行为进行监督，行政机关应当积极配合。[各有关部门，各镇（场）按职责分工分别负责]

26. 加强行政监督和审计监督。完善政府内部层级监督，改进上级行政机关对下级行政机关的监督，建立健全常态化、长效化监督制度。加强对政府内部权力的制约，对财政资金"分配使用、国有资产监管、投资、采购、公共资源转让、公共工程建设等权力集中的部门和岗位实行分事行权、分岗设权、分级授权，定期轮岗，强化内部流程控制，防止权力滥用。监察机关要切实履行监督责任，确保廉政建设各项任务落实。完善审计制度，健全有利于依法独立行使审计监督权的审计管理体制，建立具有审计职业特点的审计人员管理制度，基本形成与国家治理体系和治理能力现代化相适应的审计监督机制。对公共资金、国有资产、国有资源和领导干部履行经济责任情况实行审计全覆盖。（县监察局、县审计局、县府办、县有关部门，各镇政府按照职责分工分别负责）

27. 完善社会监督和舆论监督机制。建立对行政机关违法行政行为投诉举报登记制度，畅通举报箱、电子信箱、热线电话等监督渠道，方便群众投诉举报、反映问题，依法及时调查处理违法行政行为。发挥广播、电视等传统媒体监督作用，加强与互联网等新兴媒体的互动，重视运用和规范网络监督，建立健全网络舆情监测、收集、研判、处置机制，推动网络监督规范化、法治化。（县委宣传部、县监察局、县信访局、县政管办、各有关部门，各镇政府按照职责分工分别负责）

28. 全面推进政务公开。坚持以公开为常态、不公开为例外原则，推进决策公开、执行公开、管理公开、服务公开、结果公开。完善政府信息公开制度，拓宽政府信息公开渠道，进一步明确政府信息公开范围和内容。重点推进财政预算、公共资源配置、重大建设项目批准和实施、社会公益事业建设等领域的政府信息公开。完善政府新闻发言人、突发事件信息发布等制度，做好对热点敏感问题的舆论引导，及时回应人民群众关切。创新政务公开方式，加强互联网政务信息数据服务平台和便民服务平台建设，提高政务公开信息化、集中化水平，推行"互联网+"依申请公开政务信息办理。[县府办、县政管办、各有关部门，各镇（场）按职责分工分别负责]

29. 完善纠错问责机制。加强行政问责规范化、制度化建设，增强行政问责的针对性和时效性。加大问责力度，坚决纠正行政不作为、乱作为，坚决克服懒政、庸政、怠政，坚决惩处失职、渎职。认真落实党风廉政建设责任制，坚持有错必纠、有责必问，对"四风"问题突出、发生顶风违纪问题或者出现区域性、系统性腐败案件的地方、部门和单位，既要追究主体责任、监督责任，又要严肃追究领导责任。（县监察局、县审计局、县委组织部、县人社局、各有关部门，各镇政府按照职责分工分别负责）

（六）依法有效化解社会矛盾纠纷

目标：构造多元化的矛盾纠纷解决机制，保护公民、法人和其他组织的合法权益，保障和监督行政机关依法行使职权，依法有效化解行政争议。

措施：

30. 健全依法化解纠纷机制。构建对维护群众利益具有重大作用的制度体系，建立健全社会矛盾预警机制、利益表达机制、协商沟通机制、救济救助机制。及时收集分析热点、敏感、复杂矛盾纠纷信息，加强群体性、突发性事件预警监测。强化依法应对和处置群体性事件机制和能力。依法加强对影响或危害食品药品安全、安全生产、生态环境、网络安全、社会安全等方面重点问题的治理。加大普法力度，引导和支持公民、法人和其他组织依法表达诉求和维护权益，建立律师参与化解重大社会矛盾和历史遗案制度。[县委政法委、县公安局、县司法局、县安监局、县食药监局、县环保局、各有关部门，各镇（场）按照职责分工分别负责]

31. 加强行政复议、应诉工作。加强对行政复议应诉工作的领导，建立政府和部门一把手负责行政复议、应诉工作制度。加强复议和应诉业务培训，提高行政复议应诉能力和水平。创新行政复议审理方式，加大行政复议案件开庭审理的广度和深度。完善行政复议和调解制度，合法合理化解行政争议。加强行政复议工作保障，推动相关机构设置、人员配备与所承担的工作任务相适应，落实办案场所和有关装备保障，行政复议经费列入本级政府预算。依法出庭应诉，落实行政机关负责人出庭应诉制度，加强与法院的业务联系与沟通。[县法制局、县编办、县财政局、各有关部门，各镇（场）按职责分工分别负责]

32. 完善行政调解、行政裁决、仲裁制度。健全行政调解制度，进一步明确行政调解范围，完善行政调解机制，规范行政调解程序。健全行政裁决制度，强化行政机关解决同行政管理活动密切相关的民事纠纷功能。有关行政机关要依法开展行政调解、行政裁决工作，及时有效化解矛盾纠纷。完善仲裁制度，提高仲裁公信力，充分发挥仲裁解决经济纠纷、化解社会矛盾、促进社会和谐的作用。[县法制局、县司法局、县人社局、各有关部门，各镇（场）按照职责分工分别负责]

33. 加强人民调解工作。贯彻落实《人民调解法》，健全人民调解组织网络，实现村委会、居委会人民调解组织全覆盖，推进企事业单位、乡镇街道、社会团体、行业组织中人民调解组织建设。重点协调解决消费者权益、劳动关系、医患关系、物业管理等方面的矛盾纠纷，促进当事人平等协商、公平公正解决矛盾纠纷。完善人民调解、行政调解、司法调解联动工作体系。[县司法局、县委政法委、县信访局、县工商局、县卫计局、县住建局、县民政局、各相关部门，各镇（场）按照职责分工分别负责]

34. 完善信访工作制度。把信访纳入法治化轨道，保障合理合法诉求依照法律规定和程序就能得到合理合法的结果。规范信访工作程序，畅通信访渠道，健全及时就地解决群众合理诉求机制。严格实行诉访分离，健全涉法涉诉信访退出普通信访领域后的衔按机制。完善网上信访信息系统，引导更多群众通过网上信访表达诉求。推进依法分类处理信访诉求工作，加强信访部门与职能部门间沟通衔接，形成协调联动的分类处理机制，完善信访依法终结制度，引导群众在法治框架内解决矛盾纠纷。推动群众逐级走访，规范信访秩序，依法处置信

访活动中的违法行为。[县委政法委、县信访局，各镇（场）按照职责分工分别负责]

35. 推动法治文化建设。采取多种形式，健全普法宣传教育联动机制，实行政府机关谁执法谁普法的普法责任制，建立司法行政人员、行政执法人员、律师、仲裁员、基层法律服务工作者、人民调解员等以案释法制度。加强普法讲师团的建设，建立健全讲师的进入和退出机制，提高普法的质量。加强普法志愿者队伍建设，建立与高等院校法律院系的联系机制。支持人民团体开展群众性法治文化活动、参与群众普法教育、抓好普法和法律服务志愿者队伍建设。努力营造学法、遵法、守法、用法的良好社会氛围，率先走进法治文明。[县司法局、县委宣传部、县法院、县检察院、县公安局、县民政局、各有关部门，各镇（场）按照职责分工分别负责]

（七）全面提高政府工作人员法治思维和依法行政能力

目标：培育法治精神，政府工作人员的法治思维和依法行政能力全面提升，政府法制队伍实现专业化、职业化。

措施：

36. 全面提升各级领导干部的法治素养。以提高领导干部运用法治思维和法治方武处理问题的能力为目标，落实领导干部学法用法制度，县政府每年至少举办一期领导干部法治专题培训班，县政府领导班子每年举办两期以上法治专题讲座，全面提高领导干部运用法治思维和法治方式解决实际问题的意识和能力。[县委组织部、县委宣传部、县府办、县人社局、县法制局，各镇（场）按照职责分工分别负责]

37. 树立重视法治素养和法治能力的用人导向。抓住领导干部这个“关键少数”，把法治观念强不强、法治素养好不好作为衡量干部德才的重要标准，把能不能遵守法律、依法办事作为考察干部的重要内容。在同等条件下，优先提拔使用法治素养好、依法办事能力强的干部。[县委组织部、县人社局，各镇（场）按照职责分工分别负责]

38. 加强政府工作人员的法治培训。健全政府工作人员法律知识培训制度和行政执法人员岗位培训制度，定期组织开展行政执法人员通用法律知识、专门法律知识、新法律法规等专题培训。加大对公务员初任培训、任职培训中法律知识的培训力度。完善政府工作人员法治能力考查测试制度，将考查和测试结果作为领导干部任职的重要参考，促进政府工作人员学法用法工作制度化、规范化和长效化。[县委组织部、县委宣传部、县人社局、县法制局、各有关部门，各镇（场）按照职责分工分别负责]

39. 强化政府法制队伍的专业化建设。积极推进法制队伍专业化建设工作，要求政府及部门法制机构人员的业务水平与其承担的职责和任务相适应。鼓励法制机构人员、行政执法人员参加国家统一法律职业资格考试，取得职业资格。[县委组织部、县人社局、县编办、县法制局、各有关部门，各镇（场）按照职责分工分别负责]

三、组织保障和落实机制

40. 自觉接受党对法治政府建设的领导。各级政府及县政府部门要在党委统一领导下，建立健全由行政首长直接挂帅的依法行政工作领导协调机制，谋划和落实好本地区、本部门法治政府建设的各项任务，主动向党委报告法治政府建设中的重大问题，及时消除制约法治政府建设的体制机制障碍。各级政府及县政府部门要结合本地区、本部门实际，每年部署法治政府建设年度重点工作，发挥牵引和突破作用，带动法治政府建设各项工作全面深入开展，

部署情况纳入依法行政考评范围。[各相关部门，各镇（场）按照职责分工分别负责]

41. 落实第一责任人责任。党政主要负责人要切实履行推进法治政府建设第一责任人职责，将建设法治政府摆在工作全局的重要位置。对不认真履行第一责任人职责，本地区、本部门一年内发生多起重大违法行政案件、造成严重社会后果的，依法追究主要负责人的责任。县、镇政府每年第一季度要向同级党委、人大及常委会、上一级政府报告上一年度法治政府建设情况，县政府部门每年第一季度要向本级政府报告上一年度法治政府建设工作情况，报告要通过政府网站等向社会公开。[各有关部门，各镇（场）按照职责分工分别负责]

42. 强化考核评价和督促检查。县政府要加强贯彻落实《广东省法治政府建设指标体系（试行）》和《广东省依法行政考评办法（试行）》，完善法治政府建设指标，全面推进依法行政考评，结合实际改进依法行政考评方法，加大考评公开力度，强化考评结果运用。将行政系统内部考评与社会评议相结合，科学设定依法行政考核指标并纳入政府绩效考核评价体系，将考评结果作为领导班子和领导干部综合考核评价的重要内容，对于工作不到位、责任未落实的部门和人员，严格施行责任追究制与限时办结制度。全面推行以行政首长为重点的行政问责制度，明确问责范围，规范问责程序，强化问责落实。探索建立领导班子和领导干部述职述廉述法三位一体的考核制度。加强对法治政府建设进展情况的督促检查，结合法治政府建设年度重点工作，开展定期检查和专项督查，对工作不力、问题较多的，要及时约谈、责令整改、通报批评。[县委组织部、县法制局、各有关部门，各镇（场）按照职责分工分别负责]

43. 切实加强政府法制机构和队伍建设。县人民政府及其部门要充分发挥法制机构在推进依法行政、建设法治政府方面的组织协调和督促指导作用。坚持政府法制机构和队伍建设只能加强、不能削弱的原则，落实省政府关于加强市、县政府法制机构建设的要求，确保法制机构设置、人员配置与其承担的工作任务相适应。特别要注重加强基层政府法制机构和队伍建设，着力解决基层政府法制机构人数少、任务重等现实难题，下大力气改变当前基层法制机构力量单薄与不平衡的现状。不断提高法制机构人员的思想政治素质和业务工作能力，加大法制机构人员的培养、使用和交流力度，重视提拔政治素养高、法律素养好、工作能力突出的法制干部。[县委组织部、县编办、县法制局、各有关部门，各镇（场）按照职责分工分别负责]

各镇（场）、各部门主要负责人要亲自抓落实，结合实际制定相关工作任务的实施方案，提出时间进度安排，每一年要向县政府报告落实规划任务措施的进展情况。县法制局要牵头做好督促检查，各有关部门要积极配合，及时协调沟通，形成工作合力，切实把各项部署落到实处。在本纲要实施过程中，要注意研究法治政府建设的新情况、新问题，解放思想、勇于探索，求真务实、扎实工作，推动法治政府建设一步一个脚印向前迈进，为我县实现法治政府基本建成的目标而努力。

中共大埔县委办公室　　2016 年 7 月 26 日印发

中共大埔县委文件

埔发〔2017〕8号

中共大埔县委关于印发《中国共产党大埔县委员会工作规则》的通知

各镇（场）党委，县直和省、市驻埔各单位党组（党委）：

现将《中国共产党大埔县委员会工作规则》印发给你们，请认真贯彻执行。

中共大埔县委

2017年9月19日

中国共产党大埔县委员会工作规则

第一章 总 则

第一条 为落实全面从严治党要求，加强和改进中国共产党大埔县委员会（以下简称县委）工作，推进党的建设制度化、规范化、程序化，提高党的执政能力和领导水平，根据《中国共产党章程》《中国共产党地方委员会工作条例》《中国共产党广东省委员会工作规则》《中国共产党梅州市委员会工作规则》和党内有关规定，结合我县实际，制定本规则。

第二条 县委在全县发挥总揽全局、协调各方的领导核心作用，贯彻落实党中央治国理政新理念新思想新战略，协调推进“四个全面”战略布局，对全县经济建设、政治建设、文化建设、社会建设、生态文明建设实行全面领导，对全县党的建设全面负责。

第三条 县委工作必须遵循以下原则：

（一）坚持高举中国特色社会主义伟大旗帜，坚决贯彻党的理论和路线方针政策，牢固树立政治意识、大局意识、核心意识、看齐意识，做到对党忠诚、为党分忧、为党担责、为党尽责。

（二）坚持以人民为中心的发展思想，立党为公、执政为民，认真践行党的宗旨和群众路线，把党的正确主张变为群众的自觉行动。

（三）坚持解放思想、实事求是、与时俱进、求真务实，深入贯彻落实“四个全面”战略布局和五大发展理念，牢牢扭紧振兴发展“三大抓手”，积极融入“一区两带六组团”发展格局，建设梅州绿色发展先行地。

（四）坚持民主集中制，增强县委领导集体活力和党的团结统一，发挥全县各级党组织和广大党员的积极性主动性创造性。

（五）坚持党要管党、从严治党，始终保持党的先进性和纯洁性，不断增强自我净化、自我完善、自我革新、自我提高能力。

（六）坚持在宪法和法律范围内活动，依据党章和其他党内法规履职尽责，提高运用法治思维和法治方式深化改革、推动发展、化解矛盾、维护稳定的能力。

第四条　县委主要实行政治、思想和组织领导，把方向、管大局、作决策、保落实：

（一）贯彻落实党中央、省委和市委决策部署，对全县重大问题作出决策。

（二）通过法定程序使县委的主张成为党内规范性文件和县政府重要文件。

（三）加强对全县宣传思想文化工作的领导，牢牢掌握意识形态工作领导权、话语权。

（四）按照干部管理权限任免和管理干部，向本级国家机关、政协组织、人民团体、国有企事业单位等推荐重要干部。

（五）支持和保证人大、政府、政协、法院、检察院、人民团体等依法依章程独立负责、协调一致地开展工作，发挥这些组织中党组的领导核心作用。

（六）加强对全县群团工作和统一战线工作的领导。

（七）动员、组织全县各级党组织和广大党员，团结带领群众实现党的目标任务。

第二章　组织和成员

第五条　县委由县党代表大会选举产生，由委员、候补委员组成，每届任期5年。

县委常务委员会（以下简称常委会）由县委全体会议（以下简称全会）选举产生，由县委书记、副书记和常委会其他委员组成。

第六条　县委委员、候补委员配备应当具有代表性，符合党龄、年龄、性别、专业等方面要求。人选应当包括书记、副书记和常委会其他委员，一般还应当包括县政府领导班子成员，县人大常委会、县政协、县法院、县检察院主要负责人，县委、县政府有关部门主要负责人，县总工会、团县委、县妇联主要负责人，各镇（场）党委主要负责人，以及适当比例的基层党员。

县委任期内，委员出缺的由候补委员按照得票多少依次递补，递补后仍有空缺的可以召开县党代表大会或者党代表会议补选。

因调离本县、辞去公职、退休等原因不适宜继续担任县委委员、候补委员的，应当辞去或者由县委按程序免去其县委委员、候补委员职务。死亡、丧失国籍、被追究刑事责任、被停止党籍、受到留党察看以上党纪处分的，委员、候补委员职务自动终止。辞去、免去或者自动终止县委委员、候补委员职务的，应当报市委备案。

第七条　常委会委员配备，遵从市委决定。常委会委员名额为9至11人。县委设书记1

名、副书记2名。

县委换届时，书记、副书记和常委会其他委员由全会选举产生，并报市委审批。新当选的书记、副书记和常委会其他委员一般应当任满一届。在县党代表大会闭会期间，县委书记、副书记和常委会其他委员的调动、任免，遵从市委决定。

第三章 职 责

第八条 县委在县党代表大会闭会期间，执行党中央、省委、市委的指示和县党代表大会的决议、决定，领导全县的工作。

县委应当通过召开全会的方式履行以下职责：

（一）制定贯彻执行党中央、省委、市委决策部署以及县党代表大会决议、决定的重大措施。

（二）讨论和决定全县经济社会发展战略、重大改革事项、重大民生保障等经济社会发展重大问题。

（三）讨论和决定全县党的建设方面的重大问题，审议通过重要党内规范性文件。

（四）决定召开县党代表大会或者党代表会议，并对提议事项先行审议、提出意见。

（五）听取和审议常委会工作报告或者专项工作报告。

（六）选举书记、副书记和常委会其他委员；通过县纪委全会选举产生的书记、副书记和常委会其他委员。

（七）决定递补县委委员；批准辞去或者决定免去县委委员、候补委员；决定改组或者解散下一级党组织；决定或者追认给予县委委员、候补委员撤销党内职务以上党纪处分。

（八）研究讨论本县行政区划调整以及有关党政群机构设立、变更和撤销方案。

（九）对常委会提请决定的事项或者应当由全会决定的其他重要事项作出决策。

第九条 常委会在全会闭会期间行使县委职权，主持经常工作。其主要职责是：

（一）召集全会，向全会报告工作并接受监督；对拟提交全会讨论和决定的事项先行审议、提出意见。

（二）组织实施党中央、省委、市委决策部署以及县委全会决议、决定，审议通过重要党内规范性文件，讨论决定重大体制和重大政策调整，讨论县政府重要文件草案或者草案中涉及的重大问题。

（三）向市委请示报告工作，讨论和决定下级党组织请示报告的重要事项。

（四）对全县经济社会发展和宣传思想文化工作、组织工作、纪律检查工作、群众工作、统一战线工作、政法工作等方面经常性工作中的重要问题作出决定。

（五）按照有关规定推荐、提名、任免干部，必要时对重要干部的任免可以征求县委委员意见；教育、管理、监督干部；研究决定党员干部纪律处分有关事项。

（六）对应当由常委会决定的其他重要事项作出决定。

第十条 县委书记主持县委全面工作，组织常委会活动，协调常委会委员的工作，对县委工作负主要责任。

担任政府正职的县委副书记主持政府全面工作，组织政府党组活动。不担任政府职务的县委副书记主要协助书记抓党的建设工作，同时可以根据需要协调和负责其他方面工作。

常委会其他委员根据分工负责有关工作，履行分管领域从严治党责任。

第十一条　县委建立职责清单制度，明确常委会及其成员职责，并在一定范围内公开。

第十二条　县委履行全面从严治党主体责任，书记履行抓党建第一责任人职责。常委会应当定期研究党建工作，每年至少向市委和县委全会专题报告 1 次抓党建工作情况。充分发挥县委党的建设工作领导小组职能作用。加强基层党组织建设，实行基层党组织书记抓党建工作述职评议制度，完善党建工作综合评价体系，确保党建各项部署落到实处。

县委履行党风廉政建设主体责任，领导和支持纪律检查机关履行监督责任，坚持纪在法前、纪严于法，严格执行和维护党的纪律，坚持标本兼治、综合治理，加大教育、监督、惩处力度，推动形成不敢腐、不能腐、不想腐的廉洁从政环境。

第十三条　县委及其成员应当加强思想政治建设，坚持用马克思列宁主义、毛泽东思想、中国特色社会主义理论体系武装头脑，深入学习贯彻习近平总书记系列重要讲话精神，坚定理想信念，严守政治纪律和政治规矩。严肃党内政治生活，坚决克服自由主义、分散主义、好人主义、个人主义，按照规定参加民主生活会和组织生活会。严格落实中央关于改进工作作风、密切联系群众的各项规定，坚决反对形式主义、官僚主义、享乐主义和奢靡之风。自觉践行“三严三实”要求，带头营造良好政治生态。严格遵守《中国共产党廉洁自律准则》等有关规定，切实做到为民、务实、清廉。

第十四条　县委应当如强对县人大、县政府、县政协等的领导，建立健全沟通协调机制，完善研究经济社会发展战略、定期分析经济形势、研究重大方针政策的工作机制，完善县委、县人大常委会、县政府、县政协主要领导同志定期研究工作机制，及时通报重要情况，研究重要工作。注重通过国家机关、政协组织、民主党派、人民团体、基层单位等渠道，就经济社会发展重大问题和涉及群众切身利益实际问题，广泛协商、广集民智、增进共识、增强合力。

第四章　组织原则

第十五条　县委必须始终在思想上政治上行动上同党中央、省委、市委保持高度一致，坚决贯彻执行党中央、省委、市委的决策部署和决定，坚决维护党中央、省委、市委权威，任何工作部署都必须以贯彻中央、省委、市委精神为前提。

县委应当每年向市委作 1 次全面工作情况报告，执行党中央、省委、市委某项重要决定的情况应当专题报告。遇有重大突发事件、重大问题应当及时请示报告。

第十六条　县委应当支持和保证下级党组织依法依规正常履职。凡属下级党组织职责范围内的事项，如无特殊情况，应当由下级党组织处理。

县委作出与下级党组织有关的重要决定，一般应当事前征求下级党组织意见。需要县党代表大会代表、下级党组织和党员了解的重要情况和重大问题，应当及时通报。

在下级党代表大会闭会期间，县委可以根据工作需要，调动、任免下级党组级负责人。镇党委书记市管，遵从市委决定。

第十七条　县委应当坚持民主集中制，实行集体领导和个人分工负责相结合的制度。凡属应当由全会或者常委会会议讨论和决定的事项，必须由集体研究决定，任何个人或者少数人无权擅自决定。在集体讨论和决定问题时，个人应当充分发表意见。个人对集体作出的决定必须坚决执行，有不同意见的可以保留，也可以向市委报告。

常委会委员应当根据分工和集体决定，勇于担当、敢于负责，切实履行职责；对不属于自己分管的工作，也应当从全局出发关心支持，加强研究，积极提出意见和建议。

第十八条 县委书记应当带头执行民主集中制，充分发扬党内民主，善于集中正确意见，支持常委会其他委员在职责范围内独立负责开展工作，自觉接受常委会其他委员监督，不得凌驾于组织之上、班子之上，不得搞独断专行。

常委会其他委员应当支持书记开展工作，自觉接受书记对其工作的督促检查。

常委会委员应当在党性原则基础上维护团结，互相信任、互相谅解、互相支持、互相监督。

第十九条 常委会委员代表县委的讲话和报告，署名发表或者出版同工作有关的文章、著作、言论，应当事先经过常委会审定或者县委书记批准。

常委会委员在调查研究、检查指导工作或者参加其他公务活动时发表的个人意见，应当符合县委集体决定精神。

第二十条 县委及其常委会议事决策坚持集体领导、民主集中、个别酝酿、会议决定，实行科学决策、民主决策、依法决策。完善“三重一大”决策制度。

健全决策咨询机制，重大决策一般应当在调查研究基础上提出方案，充分听取各方面意见，进行风险评估和合法合规性审查，经过全会或者常委会会议讨论和决定。

第五章 全 会

第二十一条 县委全会每年至少召开 2 次，遇有重要情况可以随时召开。全会由常委会召集并主持，议题一般由常委会征询县委委员、候补委员意见后确定，方案由常委会会议审定。

第二十二条 全会应当有三分之二以上县委委员到会方可召开。县委委员、候补委员因故不能参加会议的应当在会前请假，其意见可以用书面形式表达。

根据工作需要，常委会可以确定有关人员列席全会。

第二十三条 表决可以根据讨论和决定事项的不同，采用举手、无记名投票或者记名投票等方式进行。赞成票超过应到会县委委员半数为通过。未到会县委委员的意见不得计入票数。县委候补委员没有表决权。

第二十四条 对县委委员、候补委员作出撤销党内职务以上党纪处分决定，必须由全会三分之二以上多数决定。在特殊情况下，可以先由常委会作出处理决定，待召开全会时予以追认。对县委委员、候补委员的上述处分，必须经市委批准。

第二十五条 县委通过全会作出的决策，由常委会负责组织实施。决策执行过程中需作重大调整的，应当通过召开全会决定。

第二十六条 全会决定的重大事项可以公开的，应当在党内进行通报或者通过新闻媒体公开发布。

第二十七条 县委可以根据工作需要召开扩大会议，但不得代替全会作出决策。

第六章　常委会会议

第二十八条　常委会会议一般每月召开 2 次，遇有重要情况可以随时召开。常委会会议由书记召集并主持。书记不能参加会议的，可以委托副书记召集并主持。

会议议题由书记提出，或者由常委会其他委员提出建议、书记综合考虑后确定。

第二十九条　常委会会议应当有半数以上常委会委员到会方可召开。讨论和决定干部任免事项必须有三分之二以上常委会委员到会，与会常委会委员应当发表同意、不同意或者缓议等明确意见。常委会委员因故不能参加会议的应当在会前请假，其意见可以用书面形式表达。

常委会会议讨论决定重大问题，常委会委员因故不能参加的，根据工作需要，会后及时向其通报情况。

县人大常委会党组书记、县政协党组书记列席常委会会议。根据工作需要，会议召集人可以确定有关人员列席有关议题并进行汇报和答询。

第三十条　表决可以根据讨论和决定事项的不同，采用口头、举手、无记名投票或者记名投票等方式进行，赞成票超过应到会常委会委员半数为通过。未到会常委会委员的意见不得计入票数。会议讨论和决定多个事项，应当逐项表决。

常委会会议讨论和决定的干部任免等事项涉及常委会委员本人及其亲属的，本人应当回避。

第三十一条　常委会会议，由专门人员如实记录，决定事项应当编发会议纪要。经常委会会议讨论通过、以县委名义上报或者下发的文件，由书记签发。

第三十二条　遇重大突发事件、抢险救灾等紧急情况，不能及时召开常委会会议决策的，书记、副书记或者常委会其他委员可以临机处置，事后应当及时向常委会报告。

第三十三条　常委会会议作出的决策，由常委会委员分工负责组织实施。决策执行过程中需作重大调整的，应当通过召开常委会会议决定。

第三十四条　常委会可以根据工作需要召开扩大会议，但不得代替常委会会议作出决策。

第三十五条　常委会委员可以根据工作需要，在其职责范围内主持召开议事协调会议，研究解决有关问题，但不得超越权限作出决策。

第七章　书记专题会议

第三十六条　书记专题会议根据工作需要召开，会议由书记召集并主持，副书记和其他有关常委会委员等参加，议题由书记确定。

第三十七条　根据工作需要，书记可以确定有关人员列席会议。

第三十八条　书记专题会议主要职责是酝酿需要提交常委会会议审议的重要事项、及时沟通情况、统一思想认识、明确工作原则。书记专题会议不得代替常委会会议作出决策。

议事范围包括：

（一）提交常委会会议审议前需要酝酿的重要事项。

（二）县委重大问题研究、重点工作推进、重要举措落实以及重大突发事件处置等事项。

（三）涉及干部人事、纪律检查、巡视方面的事项。

（四）县政府需提请县委先确定工作原则再进行决策执行的重要事项。

（五）县人大常委会党组、县政协党组需提请会议研究的重要事项。

（六）其他需要书记专题会议酝酿的事项。

第三十九条 书记专题会议应当如实做好记录，讨论研究事项可以编发会议纪要。

第八章 监督检查和追责

第四十条 县委向县党代表大会负责并报告工作，应当自觉接受党中央、省委、市委的领导和工作监督，并接受市纪委和县纪委监督，接受下级党组织和党员群众的监督，接受各民主党派和无党派人士的民主监督。

县委应当有计划地邀请县党代表大会代表列席全会或者常委会会议等重要会议，适当增加列席的人员数量和频次。定期组织代表进行专题调研，开展提案提议，充分听取意见建议。

第四十一条 县委应当定期对基层党委及其成员履行职责情况进行监督检查，加强对党委书记贯彻执行民主集中制情况、不担任政府职务的党委副书记抓党的建设工作情况的评价，建立健全奖惩机制。监督检查具体工作由县委组织部牵头，县纪委、县委有关部门参与。

第四十二条 完善县委督促检查工作机制，规范督促检查工作程序，建立健全听取督促检查工作汇报、督查调研、督促整改等督查评估反馈制度机制，推动中央、省委、市委和县委重大决策贯彻落实。

第四十三条 违反本规则有关规定的，根据情节轻重，给予批评教育、责令作出检查、诫勉、通报批评或者调离岗位、责令辞职、免职、降职等处理；应当追究党纪政纪责任的，依照《中国共产党纪律处分条例》《中国共产党问责条例》《行政机关公务员处分条例》等有关规定给予相应处分；涉嫌违法犯罪的，按照国家有关法律规定处理。

第九章 附 则

第四十四条 基层党委应当根据《中国共产党地方委员会工作条例》《中国共产党农村基层组织工作条例》《中国共产党党和国家机关基层组织工作条例》《中国共产党梅州市委员会工作规则》及本规则，结合实际制定和完善工作制度。

第四十五条 本规则由县委负责解释，具体工作由县委办公室会同县委组织部承担。

第四十六条 本规则自发布之日起施行。本规则中凡与中央及省委、市委的有关规定、要求不相符的，按上级规定执行。此前县委有关规定，凡与本规则不一致的，以本规则为准。

中共大埔县委办公室 2017 年 9 月 19 日印发

先进集体、先进个人、获奖成果名录

国家级先进集体名录

表 33

单　位	授称时间	授予单位	荣誉称号
大埔县	2017.10	中国茶叶流通协会	2017 年度全国重点产茶县
大埔县	2017.10	中国茶叶流通协会	2017 年度中国最美茶乡
大埔县	2017.6	中国城市竞争力研究会	2017 中国最美丽县
大埔县	2017.5	中国国土经济学会	2017 中国深呼吸小城 100 佳
百侯镇人民政府	2017.8	国家体育总局	2013—2016 年度全国群众体育先进单位
大埔农商行总行营业部	2017.12	中国银行业协会	2017 年中国银行业文明规范服务“三星级营业网点”
县国税局办税服务厅	2017.4	全国妇联	全国“巾帼文明岗”

省级先进集体名录

表 34

单　位	授称时间	授予单位	荣誉称号
大埔县	2017.12	广东县域旅游竞争力研究课题组	旅游创新发展十强县（市）
大埔县	2017.4	省信访工作联席会议	2016 年广东省信访工作通报表扬单位
县园林所	2017.3	省妇联	广东省“巾帼文明岗”
县妇女儿童工作委员会办公室	2017.5	省妇女儿童工作委员会、省人社厅	2011—2015 广东省实施妇女儿童发展规划先进集体
西河镇北塘村	2017.6	省妇联	广东省家庭文明建设示范点
县国家税务局高陂分局	2017.4	省总工会	广东省职工模范小家

续表 34

单 位	授称时间	授予单位	荣誉称号
联通大埔县分公司	2017.2	联通广东省分公司	优秀区县分公司
百侯镇人民政府	2017.9	省科技厅	广东省技术创新专业镇（旅游）
百侯镇人民政府	2017.12	省体育局	2017年南粤古驿道“天翼高清杯”定向大赛优秀组织奖
枫朗镇上山下村	2017.12	省爱卫会	广东省卫生村
枫朗镇石圳村	2017.12	省爱卫会	广东省卫生村
枫朗镇上木村	2017.12	省爱卫会	广东省卫生村
枫朗镇保安村	2017.12	省爱卫会	广东省卫生村
大东镇进滩村	2017.12	省爱卫会	广东省卫生村
大东镇东光村	2017.12	省爱卫会	广东省卫生村
桃源镇桃锋村	2017.12	省爱卫会	广东省卫生村
桃源镇新东村	2017.12	省爱卫会	广东省卫生村
桃源镇团结村	2017.12	省爱卫会	广东省卫生村
桃源镇桃星村	2017.12	省爱卫会	广东省卫生村
三河镇白石村	2017.12	省爱卫会	广东省卫生村
三河镇余里村	2017.12	省爱卫会	广东省卫生村
三河镇先觉村	2017.12	省爱卫会	广东省卫生村
三河镇源坑村	2017.12	省爱卫会	广东省卫生村
三河镇陈金村	2017.12	省爱卫会	广东省卫生村
银江镇坑口村	2017.12	省爱卫会	广东省卫生村
银江镇冠山村	2017.12	省爱卫会	广东省卫生村
洲瑞镇下营村	2017.12	省爱卫会	广东省卫生村
青溪镇青溪村	2017.12	省爱卫会	广东省卫生村
青溪镇祝丰村	2017.12	省爱卫会	广东省卫生村

续表 34

单　位	授称时间	授予单位	荣誉称号
青溪镇上坪沙村	2017.12	省爱卫会	广东省卫生村
大埔农商行	2017.2	省农村信用社联合社	广东省农村合作金融机构2015年度综合考核农商行B类三等奖
大埔农商行	2017.2	省农村信用社联合社	广东省农村合作金融机构2016 年度深化改革转型升级奖
县旅游局	2017.12	省人社厅、省旅游局	广东省 2017 年旅游工作先进集体

市级先进集体名录

表 35

单　位	授称时间	授予单位	荣誉称号
百侯镇人民政府	2017.7	梅州市委、市政府	2016 年度人口与计划生育工作先进单位
县公路局	2017.1	梅州市精神文明建设委员会	梅州市文明单位
枫朗镇梅溪村	2017.12	梅州市爱国卫生运动委员会	梅州市卫生村
枫朗镇清泉溪村	2017.12	梅州市爱国卫生运动委员会	梅州市卫生村
枫朗镇仙子下村	2017.12	梅州市爱国卫生运动委员会	梅州市卫生村
枫朗镇三溪村	2017.12	梅州市爱国卫生运动委员会	梅州市卫生村
县纪委	2017.1	梅州市精神文明建设委员会	梅州市文明单位
县妇联	2017.1	梅州市精神文明建设委员会	梅州市文明单位

续表 35

单　位	授称时间	授予单位	荣誉称号
县司法局	2017.1	梅州市精神文明建设委员会	梅州市文明单位
县旅游局	2017.1	梅州市精神文明建设委员会	梅州市文明单位
县经信局	2017.1	梅州市精神文明建设委员会	梅州市文明单位
县工商局	2017.1	梅州市精神文明建设委员会	梅州市文明单位
县气象局	2017.1	梅州市精神文明建设委员会	梅州市文明单位
县文化馆	2017.1	梅州市精神文明建设委员会	梅州市文明单位
县田家炳实验中学	2017.1	梅州市精神文明建设委员会	梅州市文明单位
县政管办	2017.1	梅州市精神文明建设委员会	梅州市文明窗口
县妇保院	2017.1	梅州市精神文明建设委员会	梅州市文明窗口
茶阳镇	2017.1	梅州市精神文明建设委员会	梅州市文明镇
大麻镇	2017.1	梅州市精神文明建设委员会	梅州市文明镇
西河镇北塘村	2017.1	梅州市精神文明建设委员会	梅州市文明村
高陂镇党溪村	2017.1	梅州市精神文明建设委员会	梅州市文明村
枫朗镇大埔角村	2017.1	梅州市精神文明建设委员会	梅州市文明村
湖寮镇城西社区	2017.1	梅州市精神文明建设委员会	梅州市文明社区

续表 35

单　位	授称时间	授予单位	荣誉称号
县田家炳实验中学	2017.11	梅州市精神文明建设委员会	第一届梅州市文明校园
县田家炳高级职业学校	2017.11	梅州市精神文明建设委员会	第一届梅州市文明校园
县张云栽实验小学	2017.11	梅州市精神文明建设委员会	第一届梅州市文明校园
县大埔小学	2017.11	梅州市精神文明建设委员会	第一届梅州市文明校园
县田家炳小学	2017.11	梅州市精神文明建设委员会	第一届梅州市文明校园

国家级先进个人名录

表 36

姓　名	授称时间	授予单位	荣誉称号	所在单位及职务
余志国	2017.8	国家体育总局	2013—2016 年度全国群众体育先进个人	县体育局局长

省级先进个人名录

表 37

姓　名	授称时间	授予单位	荣誉称号	所在单位及职务
张　栋	2017.4	省总工会	广东省“五一劳动奖章”	梅州市林海陶瓷有限公司技术员
李文彦	2017.7	中共广东省农村信用社联合社委员会	优秀共产党员	大埔农商行党委委员、副行长

续表 37

姓　名	授称时间	授予单位	荣誉称号	所在单位及职务
罗乃裕	2017.1	中共广东省委保密委员会办公室、省国家保密局	保密工作金质奖章	县保密局副局长
罗育祥 邓秀芳	2017.9	省妇联	广东省十大优秀书香家庭	县进光中学退休老师 县进光中学退休教工
丘玲娇	2017.9	省妇联	广东省百户最美家庭	银江镇河口村村民
邓亿娜	2017.3	省文物局	广东省博物馆讲解员讲解比赛三等奖	大埔县博物馆负责人
黄培婷 李　雅	2017.4	省文化厅	2016 年度全省群众文艺作品评选获二等奖	大埔县文化馆职工
廖海力 饶海燕	2017.4	省文化厅	2016 年度全省群众文艺作品评选获二等奖	大埔县宣传部干部 大埔县文化馆职工
刘华强	2017.3	中国工商银行广东省分行	2016 年度个人信贷业务先进个人	中国工商银行大埔支行副行长
范荣皓	2017.3	中国工商银行广东省分行	2016 年度个人信贷业务先进个人	中国工商银行大埔支行客户经理
张俊航	2017.3	中国工商银行广东省分行	2016 年度科技发展奖	中国工商银行大埔支行信贷综合经理
叶伟青	2017.2	中国工商银行广东省分行	2016 年度电子银行业务先进个人	中国工商银行大埔支行客户经理
丘牡香	2017.3	省文明办	2016 年第四季度“广东助人为乐好人”	大埔县万川爱心协会会长

市级先进个人名录

表 38

姓　名	授称时间	授予单位	荣誉称号	所在单位及职务
郭文彬	2017.12	梅州军分区	梅州市基层武装部优秀教导员	茶阳镇党委书记
王宏焰	2017.12	梅州军分区	嘉奖	县人武部军事科科长
何正东	2017.12	梅州军分区	优秀基层干部	县人武部政治工作科科长
饶建兵	2017.12	梅州军分区	优秀职工	县人武部职工
谢彦博	2017.1	梅州市精神文明建设委员会	梅州市精神文明建设先进工作者	青溪镇镇长
邓增城	2017.1	梅州市精神文明建设委员会	梅州市精神文明建设先进工作者	枫朗镇人大主席
连云学	2017.1	梅州市精神文明建设委员会	梅州市精神文明建设先进工作者	县文明办副主任
张文莉	2017.1	梅州市精神文明建设委员会	梅州市精神文明建设先进工作者	县田家炳实验幼儿园园长
丘牡香	2017.8	梅州市精神文明建设委员会	梅州市助人为乐模范	大埔县万川爱心协会会长
杨梅亮	2017.8	梅州市精神文明建设委员会	梅州市敬业奉献模范	大埔县第二实验幼儿园园长
张金珍家庭	2017.8	梅州市精神文明建设委员会	第一届梅州市文明家庭	银江镇明新村冬坑村民小组村民

续表 38

姓　名	授称时间	授予单位	荣誉称号	所在单位及职务
蓝小松家庭	2017.8	梅州市精神文明建设委员会	第一届梅州市文明家庭	湖寮镇龙岗村圳尾村民小组村民
曹展岭家庭	2017.8	梅州市精神文明建设委员会	第一届梅州市文明家庭	湖寮镇文明路一巷 15 号居民
罗礼萍家庭	2017.8	梅州市精神文明建设委员会	第一届梅州市文明家庭	桃源镇府前路二巷居民
刘　晏家庭	2017.8	梅州市精神文明建设委员会	第一届梅州市文明家庭	湖寮镇人民路三巷三号居民

▲国家森林公园授牌仪式

县级先进集体、先进个人名录

中共大埔县委文件

埔发〔2017〕1 号

★

中共大埔县委　大埔县人民政府
关于表彰 2016 年度全面工作先进单位、表扬单位和先进个人等的决定

（2017 年 5 月 17 日）

2016 年，我县在上级党委、政府的正确领导和全县人民的共同努力下，认真贯彻落实党的十八届五中、六中全会精神和抓住省委、省政府进一步促进粤东西北地区振兴发展的战略机遇，按照市委、市政府的工作部署和要求，以开展“两学一做”学习教育活动为抓手，扭紧“三大抓手”，发展“四大产业”，推动全县经济社会平稳较快发展，涌现了一批全面工作、创建平安大埔暨社会治安综合治理、人口和计划生育、重点项目建设、机关作风建设、纳税大户等先进单位和先进个人。为表彰先进，树立榜样，经逐级评选，县委、县政府审定，决定授予高陂镇党委、政府等 52 个单位为“全面工作先进单位”，百侯镇党委、政府等 37 个单位为“全面工作表扬单位”，何政文等 76 位同志为“全面工作先进个人”；授予湖寮镇等 20 个单位为“创建平安大埔暨社会治安综合治理先进单位”，黄庆清等 50 位同志为“创建平安大埔暨社会治安综合治理先进个人”；授予百侯镇等 19 个单位为“人口和计划生育工作先进单位”，刘克松等 10 位同志为“人口和计划生育工作先进个人”；授予县财政局等 28 个单位为“机关作风先进单位”；授予广东省高陂水利枢纽工程等 10 个项目为“重点项目建设年度考评先进单位”；授予广东粤电青溪发电有限责任公司等 26 家企业为“纳税大户”的光荣称号。

希望受表彰的先进单位和先进个人，发扬成绩，再接再厉，戒骄戒躁，为我县经济和社会发展再创佳绩，再立新功。各（镇）场和县直各单位，全县广大干部群众要以受表彰的先进单位和先进个人为榜样，振奋精神，同心同德，开拓创新，拼搏奋进，为如期实现今年的经济社会发展目标，全力加快大埔振兴发展作出新的更大的贡献。

附：

1.大埔县2016年度全面工作先进单位、表扬单位和先进个人名单

2.大埔县2016年度创建平安大埔暨社会治安综合治理先进单位和先进个人名单

3.大埔县2016年度人口和计划生育工作先进单位和先进个人名单

4.大埔县2016年度机关作风先进单位名单

5.大埔县2016年度重点项目建设年度考评先进单位名单

6.大埔县2016年度国有企业、工业、旅游、农业龙头、新兴产业、陶瓷企业纳税大户名单

（此件发至各镇场，县直和省、市驻埔各单位）

▲2017年5月17日，中共大埔县委十二届第二次全体（扩大）会议在县城召开

大埔县2016年度全面工作先进单位、表扬单位和先进个人名单

一、先进集体（52个）

（一）镇党委、政府（5个）

高陂镇　湖寮镇　三河镇　桃源镇　茶阳镇

（二）县直单位（25个）

县委办公室　县人大机关　县政协机关　县纪检监察机关　县委组织部
县委老干部局　县委宣传部　县委政法委　县公安局　县政府办公室
县发改局　县审计局　县人社局　县林业局　县移民工作局
县工商局　县地税局　县国税局　县财政局　县经信局
县食品药品监督管理局　县中小企业局　县卫计局　县交通运输局
县住建局

（三）村党支部、村委会（22个）

湖寮镇：黎家坪村、新寨村
枫朗镇：上山下村、双溪村
高陂镇：古田村、三洲村、赤山村
桃源镇：桃锋村
洲瑞镇：田背村
三河镇：梓里村
西河镇：漳北村、漳溪村
百侯镇：侯南村
大东镇：白土村
光德镇：砂坪村
大麻镇：桃石村、那口村
银江镇：明新村
茶阳镇：西坑村、下马湖村、乌石村
青溪镇：青华村

二、表扬集体（37个）

（一）镇党委、政府（5个）

百侯镇　大麻镇　青溪镇　大东镇　枫朗镇

（二）县直单位（14个）

县委统战部　县总工会　县直机关工委　县旅游局　县检察院
县粮食局　县统计局　县省属水库移民办　县供销合作社
农村商业银行大埔支行　中国邮政公司广东省大埔县分公司
广东烟草梅州市有限公司大埔县分公司　县体育局　县公路局

（三）村党支部、村委会（18个）

湖寮镇：河腰村
大东镇：家荣村
桃源镇：团结村
银江镇：胜坑村
西河镇：横溪村、黄堂村
百侯镇：旧寨村
高陂镇：大塘坝村、岩霞村
大麻镇：小麻村
三河镇：小坑村
青溪镇：桃林村
枫朗镇：和村村
光德镇：上澄村
洲瑞镇：陂营村
茶阳镇：浒田村、广陵村
丰溪林场：溪上村

三、先进个人（76人）

（一）镇、场（28人）

何政文　湖寮镇党委书记
饶志潘　湖寮镇党委副书记、镇长
黄竞国　湖寮镇副镇长
丘克强　湖寮镇农业服务中心主任
黄伟宁　湖寮国土资源所所长
廖昌元　百侯镇党委书记
黄庆清　枫朗镇党委书记
罗志龙　枫朗镇党委委员、副镇长
何维龙　大东镇党委书记
葛志发　高陂镇党委副书记、镇长
吴千捷　高陂镇党委委员、副镇长
黄俊林　高陂镇党政办主任
杨思娟　光德镇党委委员
吴文新　桃源镇党委书记
肖建文　大麻镇党委书记
黄启兴　大麻镇党委副书记
郭永辉　洲瑞镇党委副书记
郭济雄　银江镇党委副书记
周华襄　银江镇党政办主任
戴庆生　三河镇党委副书记、镇长
赵运标　三河镇党政办副主任
郭文彬　茶阳镇党委书记
沈镜章　茶阳镇党委委员、副镇长
汪凤鸣　茶阳镇农村事务办公室主任
袁春华　青溪镇人大主席
胡育锋　西河镇党委委员、副镇长
何立俊　西河镇纪委专职副书记
饶拱辅　丰溪林场党委委员

（二）县直单位（25人）

沈开鉴　县委县政府接待办副主任
谢秀平　县委组织部干部室主任
杨良柱　县纪委第一纪检监察室主任
罗同兴　县政协办公室主任
吴莲香　县妇联主席
何赞道　县委党校校长
郑永华　县广东汉剧传承保护中心主任

李　波　县人民法院政工科科长
刘　俊　县司法局政工办副主任
汪德欢　县政府调研室主任
廖列兴　县发改局局长
黄敬春　县审计局局长
何赞营　县委组织部副部长、县人社局局长
赖经雄　县农业局局长
张回里　县水务局局长
刘思法　县工商局局长
李品良　县地税局局长
徐炳辉　县国税局局长
蓝尚柏　县商业服务中心主任
黄小涛　县陶产办主任
陈冠球　县城镇集体企业联社主任
罗应忠　县质量技术监督局局长
郭宣文　县教育局局长
刘锦坤　县国土资源局局长
刘志敏　县环卫所所长

（三）村党支部、村委会（23人）

湖寮镇：刘克松（黎家坪村党支部书记、村委主任）
　　　　陈增金（莒村村党支部书记）
百侯镇：萧光扬（侯北村党支部书记、村委主任）
枫朗镇：郭伟生（黄沙坑村党支部书记、村委主任）
　　　　罗建文（墩背村党支部书记）
大东镇：陈惠坚（柘林村党支部书记、村委主任）
高陂镇：苏党华（逆流村党支部书记、村委主任）
　　　　李达基（稼社村党支部书记、村委主任）
　　　　丘加坚（渡头村党支部书记、村委主任）
光德镇：黄建清（砂坪村党支部书记、村委主任）
桃源镇：钟河源（新东村党支部书记、村委主任）
大麻镇：谢有典（下村村党支部书记、村委主任）
　　　　刘曾华（敬里村村委主任）
洲瑞镇：刘曙有（陂营村党支部书记、村委主任）
银江镇：黄尚谋（河口村党支部书记、村委主任）
三河镇：李其昆（五丰村党支部书记、村委主任）
茶阳镇：谢家党（群丰村党支部书记、村委主任）
　　　　张冬生（街道社区党支部书记、居委主任）
　　　　徐振源（茅坪村党支部书记、村委主任）

青溪镇：江如想（虎市村党支部书记、村委主任）
西河镇：李道周（北塘村党支部书记、村委主任）
陈月华（上黄砂村党支部书记、村委主任）
丰溪林场：温兆云（上山村党支部书记）

大埔县2016年度创建平安大埔暨社会治安综合治理先进单位和先进个人名单

一、先进单位（20个）

1．镇场（5个）

湖寮镇　百侯镇　三河镇　高陂镇　青溪镇

2．县直单位（15个）

县检察院　县司法局　县财政局　县林业局
县妇联　县安监局　县粮食局　县工商局
县人社局　县国税局　县卫计局　县住建局
县经信局　县交通运输局　县文广新局

二、先进个人（50人）

1．镇场（21人）

黄庆清　枫朗镇党委书记、综治委主任
何维龙　大东镇党委书记、综治委主任
庄乃仕　光德镇党委书记、综治委主任
罗铁锋　洲瑞镇党委书记、综治委主任
巫运发　丰溪林场党委书记、综治委主任
何剑东　湖寮镇综治办副主任
饶　勇　湖寮镇党委委员
丘孝思　百侯镇党委副书记
黄大鹏　枫朗镇党委副书记
杨广志　三河镇党委委员、派出所所长
朱益山　大麻镇人大主席、综治办主任
林清贤　大麻镇信访办副主任、综治办专干
郭济雄　银江镇党委副书记
葛志发　高陂镇党委副书记、镇长
张达柯　高陂镇信访办主任
何源选　桃源镇党委副书记
黄明宏　西河镇党委副书记

何立俊　西河镇纪委副书记、综治办主任
罗长江　茶阳镇党委副书记
何常春　茶阳派出所副所长
刘国先　青溪镇党委副书记

2. 县直单位（25 人）

谢德祯　县委、县政府机关保卫中心副主任
刘晋勋　县外事侨务局副局长
罗丽萍　县信访局秘书股副股长
杨初航　县委政法委办公室主任
罗彩霞　县文广新局副局长
余兴才　县公安局治安大队教导员
赖忠耿　县公安局交警大队大队长
黄茂科　县公安局交警大队内勤中队长
赖国营　县司法局副局长
刘　晓　县人民检察院办公室主任
赵敏如　县人民法院刑庭庭长
黄福宴　政府系统党委办公室主任
梁永志　县安监局局长
郑　彦　县综合政务服务管理办公室主任
何道武　县粮食局局长
李友元　县农业局副局长
罗质平　县农机局局长
苏　明　县国税局办公室主任
庞永忠　中国邮政集团公司大埔县分公司总经理
杨展琴　县经信局法规监察股股长
郭宣文　县教育局局长
连演辉　县教育局基础教育股股长
刘剑涛　县住建局局长
何　芳　县交通运输局监察股股长
黎宗恒　大埔火车站派出所所长

3. 优秀法制副校长（2 人）

张旭明　进光中学法制副校长
段定郭　西河中学法制副校长

4. 安全文明小区建设积极分子（2 人）

管伟涛　湖寮镇万川路宝商大厦小区管理小组长
杨　震　湖寮镇畹香大道富安和小区管理小组长

大埔县2016年度人口和计划生育工作先进单位和先进个人名单

一、先进单位（19个）

1. 计划生育工作先进镇（4个）

百侯镇　西河镇　洲瑞镇　湖寮镇

2. 计划生育综合治理先进单位（5个）

县公安局　县法院　县教育局　县民政局　县住建局

3. 计划生育工作村（居）民自治先进村（10个）

湖寮镇：黎家坪村　茶阳镇：浒田村　高陂镇：古野村　三河镇：旧寨村

银江镇：明德村　洲瑞镇：赤水村　枫朗镇：双溪村　百侯镇：侯南村

大东镇：岩东村　西河镇：漳溪村

二、先进个人（10人）

村级计划生育工作先进个人

刘克松　湖寮镇黎家坪村党支部书记

陈胜俊　青溪镇长丰村党支部书记

何国坤　大麻镇小麻村党支部书记

黄建清　光德镇砂坪村党支部书记

萧光扬　百侯镇侯北村党总支部书记

刘常青　高陂镇陂村村计生专干

江红霞　三河镇汇城村计生专干

刘祥争　洲瑞镇田背村党支部书记

钟河源　桃源镇新东村党支部书记

张武曾　西河镇黄堂村党支部书记

大埔县2016年度机关作风先进单位名单

A类单位11个

县财政局　县国税局　县林业局　县公安局　县人社局　县安监局

县卫计局　县地税局　县发改局　县房管局　县住建局

B类单位5个

县委办公室　县政府办公室　县人大机关　县政协机关　县委组织部

C类单位3个

县总工会　县妇联　县委老干部局

D类单位4个

农业银行大埔支行　农村商业银行大埔支行

广东电网公司大埔供电局　　　　　　建设银行大埔支行

镇场 5 个

百侯镇　　高陂镇　　桃源镇　　大麻镇　　三河镇

大埔县 2016 年度重点项目建设年度考评先进单位名单

一、一等奖（3 名）

1. 广东省高陂水利枢纽工程
2. 大埔县龙潭寨广东文艺家创作基地“碧桂园”城市综合体
3. 大埔县阴那山万福寺大景区（康美六村联动美丽乡村建设）

二、二等奖（3 名）

1. 大埔县万川翰林城市综合体项目（二期）
2. 大埔县坪山梯田旅游区
3. “八一”起义军三河坝战役烈士纪念园基础设施建设

三、三等奖（4 名）

1. 大埔县西岩山脉万亩茶园项目
2. 大埔县科技工业园
3. 2016 年新建配网工程
4. 广东省高陂水利枢纽工程陂寨移民安置点主干道

大埔县 2016 年度国有企业、工业、旅游、农业龙头、新兴产业、陶瓷企业、纳税大户名单

一、2016 年纳税 500 万元以上国有企业（5 户）

1. 广东粤电青溪发电有限责任公司
2. 广东烟草梅州市有限公司大埔县分公司
3. 大埔县梅江蓬辣滩水电站有限公司
4. 大埔县新诚基工贸有限公司
5. 广东电网梅州大埔供电局

二、2016 年大埔县工业、旅游、农业龙头、新兴产业、陶瓷企业按（埔府办〔2013〕64 号）文件规定统计达到奖励标准的纳税大户（5 户）

1. 梅州新马陶瓷股份有限公司

2．梅州市林海陶瓷有限公司

3．广东恒润达陶瓷实业发展股份有限公司

4．大埔县水力发电设备总厂

5．梅州玉丰特陶科技有限公司

三、其他企业纳税大户（1户）

业广利电子（梅州）有限公司

四、大埔县2016年工业、旅游、农业龙头、新兴产业、陶瓷企业年纳税额达到200万元以上未达到计奖标准的只授牌不奖励（15户）

1．广东宝丰陶瓷科技发展股份有限公司

2．大埔县怡丰园实业有限公司

3．梅州峰联陶瓷有限公司

4．广东富大陶瓷文化发展股份有限公司

5．广东吉玉陶瓷股份有限公司

6．梅州市裕丰陶瓷有限公司

7．梅州市溪山陶瓷有限公司

8．大埔县发源陶瓷有限公司

9．大埔县佳联陶瓷厂

10．梅州市金冠陶瓷有限公司

11．广东昌隆陶瓷股份有限公司

12．大埔县高陂昌辉陶瓷工艺厂

13．梅州恒辉陶瓷实业有限公司

14．梅州顺源陶瓷实业有限公司

15．大埔县汇丰源陶瓷工艺有限公司

中共大埔县委办公室 2017年5月17日印发

中共大埔县委文件

埔发〔2017〕3号

中共大埔县委　大埔县人民政府关于表彰 2016年“广东扶贫济困日”活动成绩显著单位和个人的通报

各镇党委、人民政府，丰溪林场，县直各局以上单位，省、市驻埔各单位：

在2016年“广东扶贫济困日”活动中，各级各单位和社会各界秉承团结互助、乐善好施、扶贫济困的良好社会风尚，踊跃参与献爱心、搞帮扶、助兴学各项活动，全县共募集扶贫济困资金833.71万元（实际到账），募捐资金全部用于扶贫济困和兴教助学工作，在凝聚社会力量、服务困难群众、促进和谐稳定等方面取得了新成效。

为弘扬善举，树立典型，鼓励先进，进一步倡导“一份捐赠一份爱心”的理念，广泛发动和组织社会各界开展形式多样的扶贫济困活动，提高活动的社会参与度和影响力，切实改善我县城乡贫困人口和困难群众生产生活条件，县委、县政府决定对在2016年“广东扶贫济困日”活动中为大埔县扶贫济困、兴教助学作出突出贡献，个人捐赠款物3万元以上（含3万元）的邓振龙等46位先生（女士）和捐赠款物5万元以上（含5万元）的广州金融控股集团有限公司等71个省、市驻埔单位、县属机关、企事业单位、各社会团体，以及中央、省、广州市、梅州市挂钩扶贫单位颁发荣誉证书，以表铭谢。

希望受表彰的单位和个人一如既往地支持扶贫济困慈善事业，把更多的关爱奉献给需要帮助的困难群众；社会各界和广大市民要以受表彰的单位和个人为榜样，学习他们播撒爱心、乐善好施的崇高品德，学习他们勇担社会责任、真诚回报社会的慈心善举，学习他们不图回报、甘于奉献的高尚情操，积极参与到我县的精准扶贫精准脱贫工作中去，帮扶我县建档立卡的相对贫困村、贫困人口脱贫奔康，为加快大埔振兴发展、与全省同步全面建成小康社会做出新的贡献！

特此通报

附：大埔县2016年“广东扶贫济困日”活动成绩显著单位和个人名单

中共大埔县委
大埔县人民政府
2017年6月28日

大埔县2016年“广东扶贫济困日”活动成绩显著单位和个人名单

（以捐资金额多少为序，同等金额排名不分先后）

一、捐赠款物5万元以上（含5万元）的机关、企事业单位和社会团体（71个）

广州金融控股集团有限公司、梅州市交通运输局、广州市海珠区卫生和计划生育局、刘一褒基金会有限公司、广州市海珠区人力资源和社会保障局、中国建设银行深圳分行、田家炳基金会、叶剑英基金会、广州市海珠区环境保护局、广东粤电青溪发电有限责任公司、东莞市福宝有限公司、梅州市乐得鲜贸易有限公司、广东省港澳办、大埔县百侯中学广州校友会、广州市海珠区司法局、大埔县经济和信息化局、梅州市人力资源和社会保障局、中国社会福利基金会、广东大埔农村商业银行股份有限公司、大埔县虎山中学深圳校友会、大埔县公路局、广州华南国际名车展览中心、大埔县虎山中学2001届高三(4)班、广东陆加壹集团有限公司、广东狮子会、广州市海珠区人民武装部、广州市海珠区人民政府新港街道办事处、大埔县财政局、广东爱教教育投资有限公司、广州市海珠区教育局、广东省大埔县国家税务局、广东省大埔县地方税务局、大埔县洲瑞镇旅深同乡会、大埔县虎山中学广州校友会、大埔县万川爱心协会、珠海车辆交易中心、中共大埔县委办公室、大埔县人民政府办公室、中国共产党大埔县纪律检查委员会、中共大埔县委组织部、中共大埔县委宣传部、大埔县民政局、大埔县人民检察院、大埔县交通运输局、大埔县扶贫开发局、大埔县林业局、业广利电子（梅州）有限公司、中共大埔县委老干部局、大埔县教育局、梅州玉丰特陶科技有限公司、大埔县公安局、大埔县新诚基工贸有限公司、广州海珠（大埔）产业转移工业园管委会、大埔县审计局、大埔县人力资源和社会保障局、大埔县质量技术监督局、大埔县住房和城乡规划建设局、大埔县金融服务办公室、大埔县房产管理局、大埔县卫生和计划生育局、大埔县国土资源局、大埔县高陂镇人民政府、大埔县工商行政管理局、政协广东省梅州市委员会、双溪学校87届同学会、江苏省常州市华狮化工有限公司、东莞市东美食品有限公司、广州市洲山投资有限公司、广州市海珠区住房和建设水务局、广州市海珠区官洲街道办事处、广州粤泰集团股份有限公司。

二、捐赠款物3万元以上（含3万元）的个人（46人）

邓振龙先生、廖光明先生、赖国香先生、廖梅林先生、刘　晓先生、何绍贤先生
何添赞先生、肖良文先生、蓝道威先生、廖衍平先生、曾令汉先生、赖汝衍先生
何汝精先生、肖曾祥先生、肖永开先生、肖建华先生、肖京华先生、陈衡礼先生
胡开良、曹玉生伉俪、邓友泉先生、柯宗庆先生、张阳带先生
吴贵柱、吴全柱、吴淑明兄妹、许万禄先生、黄勤力先生、杨小扬先生、李林开先生
张　绰先生、黄建宏先生、何瑞香女士、何展国先生、钟荣茂先生、刘建平先生
刘国武先生、陈志云先生、袁澄海先生、刘达全先生、罗汉江先生、赖为基先生

李维海先生、黄启杭先生、林雄星先生、郭正韵先生、黄　平先生、李荣洲先生
胡开强、曹梅香伉俪、张汉谋先生

▲2017 年 12 月 12 日，海珠·大埔对口帮扶工作座谈会在县城召开

国家级获奖成果名录

表 39

单位（姓名）	授称时间	授予单位	荣誉称号	成果内容	所在单位及职务
刘钦志	2017.5	中国工艺美术文化创意奖评委会	中国工艺美术文化创意奖银奖	青花挂盘《和唱》	大埔陶研所正高级工艺美术师
邓志广	2017.5	中国工艺美术文化创意奖评委会	中国工艺美术文化创意奖铜奖	陶瓷《山河竞秀》	大埔陶研所高级工艺美术师
游茂育	2017.5	中国工艺美术文化创意奖评委会	中国工艺美术文化创意奖铜奖	陶瓷《高瞻远瞩》	大埔陶研所助理工艺美术师
罗循永	2017.5	中国工艺美术文化创意奖评委会	中国工艺美术文化创意奖铜奖	陶瓷《美富双娇》	大埔陶研所助理工艺美术师
郭晓川	2017.12	中国陶瓷工业协会	第四届生肖陶瓷大赛银奖	《几何 dog 系列陶瓷》	梅州市溪山陶瓷有限公司设计主管
郭福康					梅州市溪山陶瓷有限公司广东省工艺大师
郭　珊					梅州市溪山陶瓷有限公司业务经理
郭裕彬	2017.12	中国陶瓷工业协会	第四届生肖陶瓷大赛铜奖	《青花来福》	梅州市裕丰陶瓷有限公司总经理
郭细杰					梅州市裕丰陶瓷有限公司设计师
邓耀欣	2017.12	中国陶瓷工业协会	第四届生肖陶瓷大赛银奖	《一对旺旺狗》	广东欣红陶瓷股份有限公司副总经理

续表 39

单位（姓名）	授称时间	授予单位	荣誉称号	成果内容	所在单位及职务
张　栋	2017.12	中国陶瓷工业协会	第十届“中陶奖”中国陶瓷产品设计大赛获潮州杯铜奖	缥缈之梦	梅州市林海陶瓷有限公司业务经理、设计主管
张枫北					梅州市林海陶瓷有限公司业务副经理、设计副主管
郭荣娜					梅州市林海陶瓷有限公司设计师
黄建宏	2017.12	中国陶瓷工业协会	第十届“中陶奖”中国陶瓷产品设计大赛获潮州杯金奖	手绘青花骨质瓷28 寸玉壶春瓶《访友图》	大埔县怡丰园实业有限公司省工艺大师
黄进添	2017.12	中国陶瓷工业协会	第十届“中陶奖”中国陶瓷产品设计大赛获潮州杯银奖	手绘青花骨质瓷18 寸灯笼瓶《美丽家园》	大埔县怡丰园实业有限公司市工艺师
郭红珍	2017.12	中国陶瓷工业协会	第十届“中陶奖”中国陶瓷产品设计大赛获潮州杯铜奖	窑变釉《柳丝幻影》花瓶+烛台	广东欣红陶瓷股份有限公司总经理、设计主管
邓耀欣	2017.12	中国陶瓷工业协会	第十届“中陶奖”中国陶瓷产品设计大赛获潮州杯金奖	窑变釉《水墨祥云》花瓶组	广东欣红陶瓷股份有限公司副总经理、设计副主管
李金星	2017.12	中国陶瓷工业协会	第十届“中陶奖”中国陶瓷产品设计大赛获潮州杯金奖	红楼梦大观园	大埔县漳联瓷业发展有限公司省工艺美术师、设计师
郭晓辉					大埔县漳联瓷业发展有限公司设计主管

续表 39

单位（姓名）	授称时间	授予单位	荣誉称号	成果内容	所在单位及职务
李金星	2017.12	中国陶瓷工业协会	第十届“中陶奖”中国陶瓷产品设计大赛获潮州杯铜奖	山水	大埔县漳联瓷业发展有限公司省工艺美术师、设计师
郭晓辉					大埔县漳联瓷业发展有限公司设计主管
张增标	2017.12	中国陶瓷工业协会	第十届“中陶奖”中国陶瓷产品设计大赛获潮州杯铜奖	花釉提子	梅州恒辉陶瓷实业有限公司副总经理
游茂育	2017.12	中国陶瓷工业协会	第十届“中陶奖”中国陶瓷产品设计大赛获潮州杯银奖	彩瓷薄胎美人瓶	广东省大埔陶瓷工艺研究所助理工艺师
钟镇昌	2017.12	中国陶瓷工业协会	第十届“中陶奖”中国陶瓷产品设计大赛获潮州杯铜奖	宠物猫花瓶	广东吉玉陶瓷股份有限公司副总经理、设计主管
钟双标					广东吉玉陶瓷股份有限公司设计师
郭煜强	2017.12	中国陶瓷工业协会	第十届“中陶奖”中国陶瓷产品设计大赛获潮州杯铜奖	套二咖啡底梅花茶叶罐	梅州峰联陶瓷有限公司总经理、设计主管
郭　欣					梅州峰联陶瓷有限公司设计师
罗常庆					梅州峰联陶瓷有限公司设计师

续表 39

<table>
<tr><th>单位（姓名）</th><th>授称时间</th><th>授予单位</th><th>荣誉称号</th><th>成果内容</th><th>所在单位及职务</th></tr>
<tr><td>邓锦栋</td><td rowspan="2">2017.12</td><td rowspan="2">中国陶瓷工业协会</td><td rowspan="2">第十届“中陶奖”中国陶瓷产品设计大赛获潮州杯银奖</td><td rowspan="2">年年有鱼黄金瓷罐</td><td>大埔县发源陶瓷有限公司副经理、设计主管</td></tr>
<tr><td>黄文斌</td><td>县陶协会秘书长</td></tr>
<tr><td>郭晓川</td><td rowspan="2">2017.12</td><td rowspan="2">中国陶瓷工业协会</td><td rowspan="2">第十届“中陶奖”中国陶瓷产品设计大赛获潮州杯铜奖</td><td rowspan="2">彩色翅膀的精灵</td><td>梅州市溪山陶瓷有限公司设计主管</td></tr>
<tr><td>卢万坚</td><td>梅州市溪山陶瓷有限公司设计师</td></tr>
<tr><td>郭福康</td><td>2017.12</td><td>中国陶瓷工业协会</td><td>第十届“中陶奖”中国陶瓷产品设计大赛获潮州杯金奖</td><td>莲翼</td><td>梅州市溪山陶瓷有限公司省工艺大师</td></tr>
<tr><td>郭福康</td><td rowspan="2">2017.12</td><td rowspan="2">中国陶瓷工业协会</td><td rowspan="2">第十届“中陶奖”中国陶瓷产品设计大赛获潮州杯金奖</td><td rowspan="2">静待花开</td><td>梅州市溪山陶瓷有限公司省工艺大师</td></tr>
<tr><td>郭永平</td><td>梅州市溪山陶瓷有限公司设计师</td></tr>
<tr><td>郭福康</td><td>2017.12</td><td>中国陶瓷工业协会</td><td>第十届“中陶奖”中国陶瓷产品设计大赛获潮州杯铜奖</td><td>竹鸣</td><td>梅州市溪山陶瓷有限公司省工艺大师</td></tr>
<tr><td>卢万坚</td><td>2017.12</td><td>中国陶瓷工业协会</td><td>第十届“中陶奖”中国陶瓷产品设计大赛获潮州杯铜奖</td><td>紫藤萝瀑布</td><td>大埔县宏达陶瓷工艺厂设计师</td></tr>
</table>

续表39

单位（姓名）	授称时间	授予单位	荣誉称号	成果内容	所在单位及职务
郭伟亮	2017.12	中国陶瓷工业协会	第十届“中陶奖”中国陶瓷产品设计大赛获潮州杯铜奖	健康客家围屋陶炉	梅州市亮鑫源实业有限公司总经理、设计主管
黄小涛					县陶产办主任、设计师
郭志山	2017.12	中国陶瓷工业协会	第十届“中陶奖”中国陶瓷产品设计大赛获潮州杯铜奖	梅花与鸦	广东宝丰陶瓷科技发展股份有限公司设计主管
郭志锋					广东宝丰陶瓷科技发展股份有限公司设计员
黄丽君					广东宝丰陶瓷科技发展股份有限公司设计员
邓国舟	2017.12	中国陶瓷工业协会	第十届“中陶奖”中国陶瓷产品设计大赛获潮州杯银奖	12 寸通花牡丹果盘	广东昌隆陶瓷股份有限公司省工艺大师
邓俊兴					广东昌隆陶瓷股份有限公司总经理、设计主管
黄智凤	2017.12	中国陶瓷工业协会	第十届“中陶奖”中国陶瓷产品设计大赛获潮州杯银奖	八珍味——陶瓷器皿	梅州市小瓷科技有限公司设计师
黄志理					梅州市小瓷科技有限公司设计师

续表 39

单位（姓名）	授称时间	授予单位	荣誉称号	成果内容	所在单位及职务
朱建欢	2017.12	中国陶瓷工业协会	第十届“中陶奖”中国陶瓷产品设计大赛获潮州杯铜奖	野趣	广东富大陶瓷文化发展股份有限公司设计师
黄福传					广东富大陶瓷文化发展股份有限公司董事长
陈国新	2017.12	中国陶瓷工业协会	第十届“中陶奖”中国陶瓷产品设计大赛获潮州杯铜奖	福、禄、寿	梅州金源海陶瓷发展有限公司设计师
杨海山					梅州金源海陶瓷发展有限公司总经理、设计主管
黄建宏	2017.5	中国（深圳）国际文化产业博览交易会　中国工艺美术文化创意奖评审委员会　深圳国际文化产业博览交易会有限公司　中国（深圳）国际文化产业博览交易会组委会	中国工艺美术文化创意奖　银奖	《高士图》28 寸	大埔县怡丰园实业有限公司省工艺大师

续表 39

单位（姓名）	授称时间	授予单位	荣誉称号	成果内容	所在单位及职务
李金星	2017.5	中国（深圳）国际文化产业博览交易会　中国工艺美术文化创意奖评审委员会　深圳国际文化产业博览交易会有限公司　中国（深圳）国际文化产业博览交易会组委会	中国工艺美术文化创意奖 银奖	《大白春夜宴桃李圜序图》	大埔漳联瓷业发展有限公司设计师
李金星	2017.5	中国（深圳）国际文化产业博览交易会　中国工艺美术文化创意奖评审委员会　深圳国际文化产业博览交易会有限公司　中国（深圳）国际文化产业博览交易会组委会	中国工艺美术文化创意奖 铜奖	《欢乐图》	大埔漳联瓷业发展有限公司设计师
郭晓辉					大埔漳联瓷业发展有限公司设计主管
郭志山	2017.5	中国（深圳）国际文化产业博览交易会　中国工艺美术文化创意奖评审委员会　深圳国际文化产业博览交易会有限公司　中国（深圳）国际文化产业博览交易会组委会	中国工艺美术文化创意奖 铜奖	《梅花盘》	广东宝丰陶瓷科技发展股份有限公司设计主管
黄丽君					广东宝丰陶瓷科技发展股份有限公司设计员
郭志峰					广东宝丰陶瓷科技发展股份有限公司设计员

省级获奖成果名录

表 40

单位（姓名）	授称时间	授予单位	荣誉称号	成果内容	所在单位及职务
张锦鄰	2017.4	省烟草学会	2016 年学术年会优秀论文三等奖	《如何提升散叶收购管理工作水平》	县烟草分公司职工
杨煜基	2017.4	省烟草学会	2016 年学术年会优秀论文表扬奖	《浅析大埔县烟草专卖零售许可证管理现状》	县烟草专卖局职工
刘紫豪	2017.4	省烟草学会	2016 年学术年会优秀论文表扬奖	《烟叶采烤一体化的讨论》	县烟草分公司职工
李美婷	2017.9	中国人民银行广州分行、广东省金融文学艺术联合会、广东省金融系统青年联合会	广东省金融系统建功十三五喜迎十九大征信诗歌创作大赛“三等奖”	诗歌《诚去诚来》	大埔农商行三河支行客户经理
杨舒章	2017.12	省教育厅、省总工会	首届广东省中小学青年教师教学能力大赛（高中信息技术组）二等奖	教师教学能力大赛	虎山中学教导副主任
曾　萍	2017.12	省教育厅、省总工会	首届广东省中小学青年教师教学能力大赛（初中语文组）三等奖	教师教学能力大赛	家炳一中教师
严贞焰	2017.12	省教育厅、省总工会	首届广东省中小学青年教师教学能力大赛（初中美术组）三等奖	教师教学能力大赛	家炳六中教师
县文化馆	2017.5	广东省舞蹈家协会	广东省第四届少儿舞蹈大赛　银奖	原创舞蹈《老鼠板板两头尖》	
大埔小学					
饶建玲					县文化馆职工
郭燕平					县文化馆职工

续表 40

单位（姓名）	授称时间	授予单位	荣誉称号	成果内容	所在单位及职务
刘钦志	2017.10	省工艺美术协会	2017广东省工艺美术精品大展金奖	釉下青花挂盘《山水.咏柳》	大埔陶研所正高级工艺美术师
刘钦志	2017.10	省工艺美术协会	2017广东省工艺美术精品大展精品奖	釉下青花美人瓶《吟诗仕女》	大埔陶研所正高级工艺美术师
邓志广	2017.10	省工艺美术协会	2017广东省工艺美术精品大展精品奖	13寸釉下青花圆瓷板《争春》	大埔陶研所高级工艺美术师
邓志广	2017.10	省工艺美术协会	2017广东省工艺美术精品大展银奖	釉下青花圆瓷板《客家风光》	大埔陶研所高级工艺美术师
邓志广	2017.10	省工艺美术协会	2017广东省工艺美术精品大展精品奖	14寸釉下青花圆瓷板《江山多娇》	大埔陶研所高级工艺美术师
游茂育	2017.10	省工艺美术协会	2017广东省工艺美术精品大展银奖	陶瓷《高瞻远望》	大埔陶研所助理工艺美术师
游茂育	2017.10	省工艺美术协会	2017广东省工艺美术精品大展精品奖	陶瓷《寒山秋水》	大埔陶研所助理工艺美术师
游茂育	2017.10	省工艺美术协会	2017广东省工艺美术精品大展精品奖	陶瓷《鸟语花香》	大埔陶研所助理工艺美术师
罗循永	2017.10	省工艺美术协会	2017广东省工艺美术精品大展银奖	陶瓷《虾趣》	大埔陶研所助理工艺美术师
罗循永	2017.10	省工艺美术协会	2017广东省工艺美术精品大展精品奖	陶瓷《富贵有余》	大埔陶研所助理工艺美术师
邓俊兴	2017.4	广西陶瓷行业协会、广西工艺美术协会	日用陶瓷类 金奖	勾连茶具	广东昌隆陶瓷股份有限公司总经理
黄建宏	2017.4	广西陶瓷行业协会、广西工艺美术协会	艺术陶瓷类 银奖	《山居图》	大埔县怡丰园实业有限公司广东省工艺大师

续表 40

单位（姓名）	授称时间	授予单位	荣誉称号	成果内容	所在单位及职务
邓凌丛	2017.4	广西陶瓷行业协会、广西工艺美术协会	日用陶瓷类 铜奖	《家训》	大埔县桃源富源陶瓷工艺厂总经理
郭晓川	2017.4	广西陶瓷行业协会、广西工艺美术协会	艺术陶瓷类 铜奖	逸美	梅州市溪山陶瓷有限公司设计主管
郭晓川	2017.4	广西陶瓷行业协会、广西工艺美术协会	艺术陶瓷类 优秀奖	静谧	梅州市溪山陶瓷有限公司设计主管
郭裕彬	2017.4	广西陶瓷行业协会、广西工艺美术协会	艺术陶瓷类 优秀奖	年年有余	梅州市裕丰陶瓷有限公司总经理
郭煜强	2017.4	广西陶瓷行业协会、广西工艺美术协会	艺术陶瓷类 优秀奖	洋莲青花瓶	梅州峰联陶瓷有限公司总经理
大埔县聚缘轩爱心协会	2017.11	省文明办	2017 年广东省最佳志愿服务项目	“大手牵小手，我们一起走”关爱失亲贫困儿童	

市级获奖成果名录

表 41

单位（姓名）	授称时间	授予单位	荣誉称号	成果内容
西河镇北塘村	2017.3	市人民政府	梅州第五批文物保护单位	振德楼
西河镇北塘村	2017.3	市人民政府	梅州第五批文物保护单位	宜斋公祠
枫朗镇石圳村	2017.3	市人民政府	梅州第五批文物保护单位	史庐

续表 41

单位（姓名）	授称时间	授予单位	荣誉称号	成果内容
枫朗镇坎下村	2017.3	市人民政府	梅州第五批文物保护单位	罗明故居
三河镇汇城村	2017.3	市人民政府	梅州第五批文物保护单位	华萼楼
梅州玉丰特陶科技有限公司	2017.1	市人民政府	2016 年度梅州市科学技术奖二等奖	无烟无臭节能环保三通道排蜡隧道窑的研究与应用
大埔县通美实业有限公司	2017.1	市人民政府	2016 年度梅州市科学技术奖二等奖	一种纯天然蜂蜜柚子茶果酱浓浆及其制备方法
广东宝丰陶瓷科技发展股份有限公司	2017.1	市人民政府	2016 年度梅州市科学技术奖三等奖	环境友好型抗菌紫砂陶瓷的研制
梅州恒辉陶瓷实业有限公司 大埔县高陂恒辉陶瓷工艺厂	2017.1	市人民政府	2016 年度梅州市科学技术奖三等奖	一种陶瓷花豹纹釉复合矿化剂及其制备方法
广东省大埔陶瓷工业研究所	2017.1	市人民政府	2016 年度梅州市科学技术奖三等奖	茶叶末艺术釉的研制与应用
大埔县人民医院	2017.1	市人民政府	2016 年度梅州市科学技术奖三等奖	NT-proBNP 在老年慢性充血性心力衰竭中的应用

主 题 索 引

索引说明

一、本索引采用主题分析方法，款目按汉语拼音字母（同音字按声调）顺序排列。

二、文中的类目题、分目题用黑体排版，其余用宋体排版。表格在其款目后注明“表”。

三、索引款目后的数字表示内容所在的页码，数字后面的拉丁字母（a、b）表示栏别（即版面的左右栏）。

四、同一主题的内容在文中多次出现的，在其款目后用不同的页码标明。

五、本索引对《特辑》《大事记》《人物》《附录》等篇不做内容主题分析。

A

B

C

K

Y

Z